Vida de Leonardo

Carlo Vecce
Vida de Leonardo
El chico de Vinci, el hombre universal, el errante

Traducción de Carlos Gumpert

Papel certificado por el Forest Stewardship Council®

Título original: *Leonardo, la vita*
Primera edición en castellano: febrero de 2025

© 2024, Giunti Editore S.p.A., Firenze-Milano (www.giunti.it)
Esta obra se edita gracias al acuerdo con Giunti Editore a través de Oh! Books Literary Agency
© 2025, Penguin Random House Grupo Editorial, S.A.U.
Travessera de Gràcia, 47-49. 08021 Barcelona
© 2025, Carlos Gumpert, por la traducción

© Diseño: Penguin Random House Grupo Editorial, inspirado en un diseño original de Enric Satué

Penguin Random House Grupo Editorial apoya la protección de la propiedad intelectual. La propiedad intelectual estimula la creatividad, defiende la diversidad en el ámbito de las ideas y el conocimiento, promueve la libre expresión y favorece una cultura viva. Gracias por comprar una edición autorizada de este libro y por respetar las leyes de propiedad intelectual al no reproducir ni distribuir ninguna parte de esta obra por ningún medio sin permiso. Al hacerlo está respaldando a los autores y permitiendo que PRHGE continúe publicando libros para todos los lectores. De conformidad con lo dispuesto en el artículo 67.3 del Real Decreto Ley 24/2021, de 2 de noviembre, PRHGE se reserva expresamente los derechos de reproducción y de uso de esta obra y de todos sus elementos mediante medios de lectura mecánica y otros medios adecuados a tal fin. Diríjase a CEDRO (Centro Español de Derechos Reprográficos, http://www.cedro.org) si necesita reproducir algún fragmento de esta obra.

Printed in Spain – Impreso en España

ISBN: 978-84-204-7750-3
Depósito legal: B-21298-2024

Compuesto en MT Color & Diseño, S.L.
Impreso en Unigraf, Móstoles (Madrid)

AL77503

Introducción

Esta es la historia de un chico de campo. Hijo natural de un notario y de una esclava, una muchacha fuerte y salvaje venida desde muy lejos. Tan salvaje como ella, rebelde, inquieto, será nuestro protagonista. Abandonado a su suerte, corre descalzo, tan pronto como tiene ocasión, siguiendo el arroyo hasta la casa de su madre, quien, libre por fin, trabaja en los campos sobre los que se yergue el pueblo. Siente una desesperada necesidad de ella, de sus abrazos, de su sonrisa. Y ella le da todo lo que tiene, le enseña todo lo que sabe: el amor, el espíritu de libertad, el respeto absoluto por la vida y por todas las criaturas vivientes, el sentido de la belleza, la capacidad de soñar, de imaginar, de comprender, de mirar más allá de la superficie de las cosas. Quizá le dé también ese nombre que significa libertad: Leonardo.

Los años pasan rápido, y he aquí que el niño es ya un maravilloso adolescente. La cara de un ángel y una cascada de rizos rubios. Entra de aprendiz en el taller de un artista florentino, en pleno Renacimiento. En Milán se convierte en un hombre admirado por todos a causa de su genial inteligencia, su carácter brillante y generoso, su afable conversación. Sabe dibujar y pintar como nadie, y parece capaz de realizar cualquier empresa, increíbles obras de ingeniería y arquitectura, máquinas fantásticas para la paz y la guerra. Toca divinamente la lira, es alto, fuerte, agraciado en sus modales y proporciones, viste a la moda, una túnica rosada corta que le llega a la rodilla y hermosas medias ajustadas. Es apuesto, es consciente de serlo y le gusta exhibirse. Siempre lleva el pelo largo y encaracolado. En este hombre universal nadie reconocería al niño arisco y salvaje de otros tiempos. Pero ese niño sigue aún ahí, dentro de él. Y continúa haciendo lo que siempre ha hecho: jugar, soñar, imaginar.

Más tarde, empieza otra vez a moverse, a viajar. Como rabo de lagartija, es incapaz de quedarse quieto. Todo se mueve a su alrededor. Un mundo inestable, en perenne metamorfosis: los ríos que corren hacia el mar, el mar que casi parece respirar cuando sube y baja con la marea, las nubes que navegan en el azul y las estrellas perdidas en la infinita oscuridad de la noche, las montañas erosionadas por el viento y el agua y todas las formas vivientes que nacen, crecen, mueren y vuelven a nacer de nuevo. Y también él, el errante, sigue recorriendo los caminos del mundo, perdiéndose, equivocándose, pero sin detenerse jamás, sin mirar atrás. ¿Qué anda buscando? ¿Cuáles son las infinitas preguntas que se plantea y a las que no sabe dar respuesta? ¿Cuántas son las obras inacabadas, las indagaciones recién iniciadas e inmediatamente abortadas, los proyectos grandiosos que quedaron a medias? Pero ¿qué más da? Completamente absorto en esa andadura, ni siquiera se percata del paso del tiempo y de que a esas alturas se ha convertido en un viejo peregrino, con el pelo cada vez más largo y ralo, todo blanco, como su barba. Tiene casi el aspecto de un filósofo antiguo, un mago, un sacerdote de alguna religión sapiencial. Esa es la imagen que le devuelve sin piedad el espejo, pero él sabe que es solo una máscara. No es su verdadero rostro. El abismo que hay en su alma, el dolor infinito de un niño separado de su madre, ¿quién puede conocerlo de verdad?

¿Cómo podía yo contar esta historia? En primer lugar, escuchando la voz de sus coetáneos. Es una voz fragmentaria, en sonido directo, árida y enjuta a veces pero siempre concreta, hecha de vida y de sangre, de recuerdos que pertenecen a quienes lo conocieron en persona o dejaron constancia, al menos, de lo que habían oído sobre él: los documentos, los papeles de sus familiares, los contratos, las cartas, las crónicas, las declaraciones de impuestos, las denuncias y juicios, los informes de los embajadores, los cuadernos de notas de artistas e ingenieros, las alabanzas de los poetas cortesanos, el diario de viaje del secretario de un cardenal.

Un tal Antonio Billi empezó a recopilar algunas noticias sobre su vida en Florencia entre 1516 y 1525. Sus cuadernos se han perdido, pero queda una transcripción parcial posterior.[1] Otras noticias, hacia 1540, se las debemos a un personaje desconocido a quien ahora conocemos como Anónimo Gaddiano, porque el manuscrito que conserva su recopilación procedía de la biblioteca de la familia florentina Gaddi.[2] No se trata de auténticas biografías sino de embriones de biografías, como la escrita en latín por un ilustre historiador humanista, Paolo Giovio, que tuvo la oportunidad de tratarse con Leonardo entre Milán y Pavía en 1510-1511, y en Roma en 1513-1516. Redactada hacia 1540, su «vida» permaneció inédita hasta finales del siglo XVIII. Lo que se publicó en cambio fue la *Vita di Lionardo da Vinci pittore, et scultore fiorentino* de Giorgio Vasari, que abre la tercera parte de las *Vite de' più eccellenti architetti, pittori et scultori italiani, da Cimabue insino a' tempi nostri*,[3] impresa en Florencia por primera vez por Torrentino en 1550, y luego, en una segunda edición ampliada, por Giunti en 1568.

Aquí es donde empieza el mito. Más allá de la muerte, Leonardo retoma el viaje en el tiempo y se convierte poco a poco en el artista divino, tan *«vario et inestabile»* en su ingenio y tan ávido de perfección que era casi incapaz de terminar sus propias obras, y luego, hasta hoy, en el genio universal, el mago y el hechicero en relación directa con los misterios de la naturaleza, el héroe romántico y decadente, el dandi y el esteta, el santo y el demonio, el Cristo y el Anticristo, el gran iniciado, el superhombre, el titán solitario y precursor de la ciencia y la tecnología modernas, el gran maestro de alguna oscura secta de espíritus «iluminados», el icono pop mundial en el que se encarna todo y lo contrario de todo. Un juego de espejos, en el que la imagen se multiplica al infinito y se confunde con todas las inquietudes y ansias de nuestro tiempo. ¿Pero dónde está él, el chico de Vinci? ¿Dónde se ha escondido?

---

[1] Florencia, Biblioteca Nazionale Centrale, Magliabechiano XIII 89, f. 50 v.
[2] Florencia, Biblioteca Nazionale Centrale, Magliabechiano XVII 17, ff. 88r-v y 90r
[3] *Vida de Leonardo da Vinci, pintor y escultor florentino* en *Vidas de los más excelentes arquitectos, pintores y escultores italianos, desde Cimabue hasta nuestros días*. [Hay distintas traducciones al castellano, (aunque no siempre completas), como la de Cátedra, 2011, que reproduce la edición de 1550]. *(N. del t.)*.

Yo prefiero otra voz, clara y verdadera: la suya. Una voz hecha de palabras y de imágenes. Las palabras que fluyen en la escritura diaria de miles y miles de páginas en cuadernos, libretas, hojas sueltas; y las imágenes que se fijan en otros miles de dibujos, bocetos, gráficos y en unas pocas pinturas sublimes. Tal vez se trate de la mayor invención de Leonardo, una forma de comunicación global y extraordinaria en su modernidad. El signo gráfico permanentemente suspendido entre oralidad y escritura, entre palabra e imagen, en una tentativa de capturar y representar la variedad, la movilidad, la impermanencia de la naturaleza, de la cantidad continua en perpetuo devenir. Una escritura infinita, abierta, libre, sin jerarquías. Una escritura «de futuro», un desafío al tiempo y a la muerte. Una obra inmensa, proyección de una mente prodigiosa que, libre de todo esquema y prejuicio, deja abiertas todas las posibilidades. Un canto de libertad.

Parece una paradoja, pero siento esa voz mucho más cercana a nosotros que a sus coetáneos. Hasta finales del siglo XVIII, el corpus de manuscritos permaneció casi completamente ignorado, enterrado en unas cuantas bibliotecas y colecciones privadas, y se conocían muy pocos originales de sus pinturas. El resto era leyenda.

El redescubrimiento del verdadero Leonardo es una historia de nuestro tiempo, que va desde el descubrimiento y publicación de los códices y dibujos hasta la aplicación de las tecnologías más avanzadas en el estudio y restauración de las pinturas. En los últimos tiempos, en obras como *La adoración de los Reyes Magos*, *La Virgen de las rocas* e incluso la *Mona Lisa*, hemos podido ver, por primera vez en quinientos años, algo que solo veía Leonardo: las primeras ideas en movimiento, los esbozos y bocetos de sus visiones. Y entendimos que esas obras no estaban «inacabadas». Entendimos por qué quería dejarlas así para siempre y no terminarlas nunca. Eran pedazos de su alma y de su cuerpo de los que no era capaz de desprenderse. Eran laboratorios, obras de construcción de sueños. Eran obras abiertas a la complejidad y al misterio de la vida. Su belleza es la belleza de la creación, y esto es lo que las acerca a Dios.

Es hermoso escuchar la voz de Leonardo. Cuando escribe es como si hablara consigo mismo: se hace preguntas, se contesta, se inventa un interlocutor, un oponente al que contrarrestar o un discípulo, un chiquillo al que enseñar algo. Una voz cálida, tranquila, a la que le gusta contar historias y fábulas de animales con el mismo tono con el que describe los fenómenos de la naturaleza, para luego, de repente, elevarse al encanto de la poesía y dejarte con la boca abierta ante las maravillas de la creación, o abandonarse a la ira, al sarcasmo, al pesimismo, herido por la maldad y la locura de los hombres. Una voz personal, privada, tan íntima a veces que casi te da vergüenza haber espiado su mundo interior.

Llevo muchos años escuchando esa voz, perdiéndome en el laberinto de los manuscritos y de las visiones de Leonardo. He analizado y publicado sus textos, los escritos literarios, el *Libro de Pintura* y el Códice Arundel, guiado por maestros como Carlo Pedretti y Paolo Galluzzi.[4] He tratado de reconstruir los horizontes culturales de quien nunca fue un *«omne sine letras»*, en distintas investigaciones sobre su biblioteca promovidas por la Accademia dei Lincei, y difundidas en la red desde el portal del Museo Galileo de Florencia.[5]

Al principio, quizá fuera sobre todo su aventura humana lo que me atrajo; desde que, a los quince años leí, casi por casualidad, el ensayo de Freud *Un recuerdo infantil de Leonardo da Vinci*. Fue el primer encuentro con Leonardo para un adolescente que se preguntaba acerca de la vida, de la belleza, del amor, del sexo. Cuando volví a encontrarme con *él*, en las páginas de los códices, seguía siendo la historia del hombre entre los hombres lo que me interesaba.

En parte llegué a escribir esa historia, hace más de veinticinco años, en una monografía traducida a varias lenguas ex-

---

[4] Leonardo da Vinci, *Libro di pittura*, edición facsímil del Códice Vaticano Urbinate Latino 1270 editado por C. Pedretti, transcripción crítica de C. Vecce, Florencia, Giunti 1995; Id., *Il Codice Arundel 263 nella British Library*, edición en facsímil en la reorganización cronológica de sus archivos de C. Pedretti, transcripciones y notas críticas de C. Vecce, Florencia, Giunti 1998, Edición Nacional de los Manuscritos y Dibujos de Leonardo da Vinci.

[5] *La biblioteca di Leonardo*, edición de C. Vecce, Florencia, Giunti, 2021.

tranjeras.[6] Pero es una historia tan grandiosa que, incluso cuando crees haberla abrazado en su totalidad, te das cuenta de que has abrazado una sombra, mientras que la vida, la de verdad, se te escapaba. Así que volvía al laberinto para perseguir los más diminutos detalles, con la ilusión de aferrarle la mano y estrechársela con fuerza, antes de que se desvaneciera de nuevo: escrituras y reescrituras, tachaduras, signos gráficos aparentemente sin sentido, etcétera, nombres de lugares y de familiares y amigos y discípulos, fechas y signos del tiempo, listas de libros y de cosas, anotaciones de compras diarias, recuentos de dinero, recuerdos y confesiones, triunfos y derrotas. Con todo eso, poco a poco, junto con los documentos, los estudios, los descubrimientos de los últimos veinte años, fue tomando forma esta nueva «vida».

Todavía faltaba algo. La pieza más importante del mosaico. Caterina, su madre.[7] Es ella quien ilumina toda la vida de su hijo, quien nos acerca a él desde una dimensión plenamente humana y nos hace comprender que el misterio de su obra no se compone de enigmas insondables y oscuros sino de los simples e inmensos misterios de la vida: amar, nacer y dar a luz, sufrir y gozar, vivir y morir. La suya es una historia de sufrimiento y de dolor, de esperanza y de libertad, la historia de la mujer que, siendo la última en la tierra, dio a luz al mayor genio de la humanidad. En definitiva, no es más que una historia de amor, la de una madre y su hijo. La historia de una separación, y de una pérdida. Cuántos miles de millones de historias como esta, y cada una de ellas única, irrepetible y maravillosa. La historia de cada uno de nosotros. Y él, el niño, pasará toda su vida intentando encontrarla de nuevo, recuperar algo de lo más profundo de su corazón. La caricia de una mano, la luz de una sonrisa.

---

[6] C. Vecce, *Leonardo*, Roma, Salerno Editrice, 1998, segunda edición 2006.
[7] C. Vecce, *Il sorriso di Caterina. La madre di Leonardo*, Florencia, Giunti, 2023 [Trad. española de C. Gumpert, *Caterina*, Alfaguara, Madrid, 2024]; Id., «Per Caterina», *Leonardiana*, 1 (2023), pp. 11-48.

I. El chico de Vinci

1. Tres horas después del ocaso

Anchiano, cerca de Vinci, 15 de abril de 1452

El sol se está poniendo. Una montaña lejana, una oscura silueta entre la niebla, el centelleo de un río tal vez. El toque del Ángelus ha resonado hace poco entre los despeñaderos del Montalbano. A la campana de la torre de Santa Croce en Vinci ha respondido la campanita, más modesta pero cercana, de la pequeña iglesia rural de Santa Lucia a Paterno.

Todavía es viernes, un día como cualquier otro, como todos los demás. Los campesinos interrumpen su trabajo en los olivares, las mujeres se santiguan devotamente bajo los umbrales de sus casas. Rezan por la mujer a la que han llevado a la vieja casa de la almazara, debajo del palomar. Embarazada de nueve meses. Hace ya bastante que ha roto aguas. En el silencio de los olivos solo se oyen sus gritos, desgarradores. María, la madre de todos, la ayudará, la salvará.

De repente, tres horas después del ocaso,[1] cesan los gritos. Pocos instantes más tarde, bajo las primeras estrellas de un sereno cielo primaveral, el llanto de un niño.

¿Quién es la madre? Nadie lo sabe, no es del pueblo. El padre es el joven notario ser Piero da Vinci, pero vive en Florencia. No está casado, y por lo tanto el niño, como suele decirse, nace de buena sangre, es hijo natural.

Sin embargo, hay quien lo acoge de inmediato en la familia, sin vergüenza y sin preocuparse por la cháchara de la gente: el padre de Piero, Antonio, un viejo que tiene más de ochenta

---

[1] En aquella época, en Italia, la cuenta de las horas del nuevo día empezaba al ponerse el sol, por lo que la tercera hora de la noche del sábado 15 de abril de 1452 corresponde, en el cómputo actual, a las 22.30 horas del día anterior.

años. Un milagro, una gracia de Dios, un primer nieto que quizá el viejo ya no esperaba ver, al final de su larga vida.

La vieja casa de la almazara, donde nace el niño, no se encuentra en Vinci, en el pueblo o en el castillo, sino en la colina, en Anchiano, un poco más en alto. El viejo Antonio conoce bien la casa porque la menciona en otro documento escrito de su puño y letra, una escritura privada fechada el 18 de octubre de 1449.

No es notario, pero sabe leer y escribir, tiene experiencia en el mundo y no desdeña que sus compañeros del pueblo le pidan que intervenga en disputas y contratos como mediador, procurador y pacificador. Más de dos años antes, en otra casa de Vinci, cerca del molino municipal, mientras jugaban a *tavola real*, interrumpieron la partida para hacer que redactara un contrato de arrendamiento sobre la almazara de Anchiano. El propietario era el notario florentino ser Tomme di Marco di Tommaso Bracci; los arrendatarios, Orso di Benedetto y Francesco di Iacopo. En la redacción del documento intervinieron también dos agentes fiscales del municipio de Florencia, supervisores de la zona y de los caminos que cruzan la cadena montañosa del Montalbano.[2]

Anchiano es una pequeña aldea a escasa distancia de Vinci, en la igualmente pequeña parroquia de Santa Lucia a Paterno. Un punto estratégico, porque por él pasa la antigua carretera que atraviesa el Montalbano, subiendo hasta la torre de Sant'Alluccio y bajando después por el otro lado hacia Carmignano y Bacchereto. En otros tiempos era un castillo gibelino en perpetua lucha con los güelfos de Vinci y Florencia, que al final lo derribaron en 1327. Lo único que queda es un coágulo de casas de campo en la cresta, con vistas al barranco, por un lado, y por el otro al inmenso espacio de viento y nubes que se extiende, más allá de los vapores de las marismas de Fucecchio, desde los blancos Alpes Apuanos hasta el Monte Pisano y la temblorosa línea del horizonte marino.

---

[2] ASF, *Corporazioni religiose soppresse dal governo francese*, 43, 12, 5, 1.

Es en este lugar donde, según la antigua tradición de la gente de Vinci, nace el niño. Una tradición que confirman las más recientes indagaciones de archivo: los padrinos y madrinas de su bautismo no solo serán vecinos del abuelo Antonio en el pueblo de Vinci, sino que también están todos relacionados de una forma u otra con Anchiano y Santa Lucia a Paterno: algunos han nacido allí, otros tienen propiedades, trabajan la tierra, hay quienes están casados con una muchacha de allá arriba, o han instalado en esos lares a su anciana madre.

Aunque muy modificada con el tiempo, la antigua casa sigue ahí, entre los olivos: tres grandes habitaciones en una sola planta, con suelo de terracota y chimenea y nichos en las gruesas paredes para guardar herramientas o adornos; y un ala más modesta, en cuyo extremo se encuentra un horno para cocer pan, y bajo el cual hay un pasaje descendente hacia un patio interior, que da a la densa y misteriosa vegetación del valle.

La almazara, que perteneció hasta 1445 al notario florentino ser Lodovico di ser Duccio Franceschi y más tarde a ser Tomme, pasará, tras la muerte de este último en 1479, a los servitas de Florencia, es decir, al importante convento de la Annunziata.

Casualmente, el procurador de los frailes será ser Piero, el padre del niño, que comprará la propiedad en 1482 y la hará restaurar, colocándole el escudo familiar: le habría gustado instalar una pequeña posada, una casa «de viajeros» para los caminantes y peregrinos que pasaban por allí, pero al final no hará nada al respecto. Desde entonces la casa permanecerá como posesión de la familia Da Vinci. Algunos de los herederos de ser Piero fueron a vivir allí después de su muerte en 1504, y permanecieron en ella, generación tras generación, hasta 1624, cuando un tal fray Guglielmo, último descendiente del Guglielmo hijo de ser Piero, lo donó a su convento de Santa Lucia alla Castellina.

Por tanto, en 1452 ni la casa ni la almazara pertenecían a Antonio ni a ser Piero. Pero quizá precisamente por eso el lugar, mejor que la casa del pueblo, podía ofrecer la tranquilidad y discreción necesarias para la feliz conclusión de un embarazo irregular.

2. «Reciviò como nomme Lionardo»

Vinci, 16 de abril de 1452

Este adorable fruto del pecado ha de ser bautizado lo antes posible, de lo contrario, si muere, acabará en un limbo sin dolor ni alegría por toda la eternidad.

Quizá tuviera lugar el mismo día después del nacimiento, domingo *in albis*, en la sencilla pila bautismal de piedra de la iglesia de Santa Croce, en Vinci. El bautismo lo oficia el párroco, el padre Piero di Bartolomeo Pagneca. Es posible que no estén presentes ni el padre ni la madre, pero, como compensación, a la fiesta asiste un montón de gente. La gente de Vinci.

Aquí los tenemos, a los testigos de aquel bautismo, mientras entran en la iglesia y se acercan de inmediato a contemplar al hermoso niño de ojos muy abiertos.

Papino di Nanni Banti es un pequeño propietario de tierras con un modesto comercio de alcarrazas y charcutería, y también Meo di Tonino Martini trabaja como agricultor por cuenta propia.

Arrigo di Giovanni Tedesco es el mayoral de la poderosa familia florentina de los Ridolfi en la finca Ferrale, y el fundador de la capilla de Santa Barbara, en la iglesia de Vinci.

El acomodado propietario Piero di Andrea Bartolini, conocido como «di Malvolto», y su compadre el herrero Nanni di Venzo, que también se ha traído consigo a su hija Maria, de dieciséis años, son cuñados porque están casados con dos hermanas, Menica y Fiore, hijas de Barna di Nanni y monna Niccolosa.

Y entre los testigos también está ella, monna Niccolosa, viuda y domiciliada en Mercatale. Se ha traído consigo una gran cantidad de mujeres de la ciudad: monna Lisa, viuda del mediador y negociante Domenico di Bertone; monna Antonia, viuda del comerciante de ganado Giuliano Bonaccorsi y madre de Andrea, antiguo clérigo de Santa Croce y beneficiario de la capilla de San Matteo, y ahora sacerdote de San Piero en Vitolini; y, por último, monna Pippa di Previcone.

Todos son amigos de Antonio y su mujer, monna Lucia. Papino, Nanni y el sacerdote Piero son también vecinos, al igual que Piero di Domenico Cambini y el herrero Giusto di Pietro.

Después del bautismo, el viejo vuelve cansado a casa. Siente que todavía le resta algo importante por hacer. Del extraordinario acontecimiento que ha ocurrido en su familia ha de quedar huella, y el instrumento más natural para hacerlo es la escritura.

Es algo que Antonio siempre ha sabido. Cuando era niño le enseñaron que lo que no escribes no existe. Necesitamos fijar ese punto en el fluir del tiempo, registrar el comienzo de la nueva vida, en continuidad con las existencias que la han precedido y con las que vendrán después. Una misteriosa cita entre generaciones.

Antonio abre un registro que perteneció a su padre notario, ser Piero di ser Guido. A lo largo de los años, ha ido utilizando la última página para escribir las noticias de los nacimientos y bautismos de sus hijos, Piero, Giuliano, Violante y Francesco, como si se tratara de un libro de recuerdos, pequeño y privado. Queda un espacio vacío en la parte inferior. El anciano vuelve a tomar la pluma en la mano, la moja en el tintero y se pone a escribir: «1452 / Naze un nieto mío fijo de ser Piero mi fijo a día 15 de abril en sábado a horas 3 de noche. Recivió como nomme Lionardo. Bautizolo el cura Piero di Bartolomeo da Vinci, Papino di Nanni Banti, Meo di Tonino, Piero di Malvolto, Nanni di Venzo, Arigho di Giovanni Tedesco, monna Lisa di Domenicho di Brettone, monna Antonia di Giuliano, monna Nicholosa del Barna, monna Maria fija de Nanni di Venzo, monna Pippa de Nanni di Venzo di Previchone».[1]

«Recivió como nomme Lionardo». Una extraña elección. Nadie en la familia Da Vinci se ha llamado nunca así.

---

[1] ASF, *Notarile Antecosimiano*, 16.912, f. 105v

San Leonardo de Noblac, el ermitaño de Limoges, es un santo muy venerado en estos lugares, porque se especializó en dos tareas de pareja dificultad: ayudar a los encarcelados y esclavos a liberarse de las cadenas, y a las mujeres a llevar a término un embarazo difícil. Un hermoso nombre, que se dice que tiene en su interior la fuerza del león y el ardor del fuego. Pero sobre todo es un signo de libertad.

Antonio se pregunta si el pequeño algún día podrá llevar el apellido Da Vinci. A él le gustaría, pero nació bastardo, y solo tendrá derecho al apellido si su padre lo legitima, y Piero bien podría no hacerlo. No importa. Por ahora, y para siempre, el niño es y será Leonardo di ser Piero di Antonio da Vinci: «Un nieto mío fijo de ser Piero mi fijo». Qué más da.

3. Notarios y, asimismo, mercaderes

*Vinci, Florencia, Barcelona, Marruecos
entre los siglos XIV y XV*

El nombre del lugar de nacimiento, Vinci, coincide con el de la familia, Da Vinci, que a su vez deriva del pueblo de origen. ¿En qué época? Probablemente cuando uno de sus antepasados decidió por primera vez dar el gran salto: abandonar el condado y trasladarse definitivamente al centro de la vida civil y política de la poderosa ciudad-estado que fue creciendo durante el siglo XIII, Florencia.

A esta gran ciudad habían vinculado su destino el pueblo y el castillo de Vinci desde 1254, una vez emancipados del dominio feudal de los condes de Guidi, permaneciendo siempre fieles al bando güelfo y disfrutando de un largo periodo de paz a partir de la segunda mitad del siglo XIV en adelante. De castellanía, Vinci pasó a ser en 1372 una corregiduría administrada por un podestá, dos capitanes del bando güelfo y treinta consejeros.

Sin embargo, desde hacía tiempo los Da Vinci, pese a conservar algunas propiedades en el pueblo y sus alrededores, se habían trasladado a Florencia, intentando unirse a uno de los grandes gremios, las corporaciones más poderosas de la ciudad: el gremio de Jueces y Notarios. El primer notario de la familia, activo entre 1330 y 1360, fue ser Guido di Michele, quien logró que ambos hijos, Piero y Giovanni, estudiaran y fueran admitidos en la profesión. Ser Piero, una vez obtenida la investidura notarial del conde Guido di Battifolle, fue nombrado embajador en Sassoferrato, promovido a cargos importantes y nombrado incluso notario de la Signoria. Su carrera pública significó una indudable afirmación en la ciudad para una familia que provenía de un pequeño pueblo de provincias. Hasta su muerte, en 1417, ser Piero vivió, en efecto, en la prestigiosa barriada de San Michele Berteldi, en la circunscripción de Santa Maria Novella, junto a las viviendas de la oligarquía de la ciudad y a pocos pasos de los palacios del poder.

Ser Giovanni, en cambio, tras una primera intentona en Florencia junto con su hermano, decidió probar la fortuna de la emigración en una de las capitales del mundo mediterráneo, Barcelona, que albergaba una rica y numerosa colonia de mercaderes florentinos. Se trasladó a la ciudad catalana con su mujer, Lottiera di Francesco Beccanugi, instalándose cerca de la Lonja de los Mercantes y de la grandiosa catedral en construcción, Santa María del Mar. Su hijo Frosino, tras adquirir la ciudadanía, se introdujo de inmediato en el comercio de mercancías importantes como lanas preciosas y tintes entre Mallorca y Valencia, en estrecha colaboración con la sociedad del gran comerciante de Prato, Francesco di Marco Datini.

El espejismo de la riqueza y la aventura de las mercadurías de ultramar es muy contagioso. Así, también el joven Antonio, hijo de ser Piero di ser Guido, nacido hacia 1372, en lugar de aspirar a ser notario como su padre prefirió seguir el ejemplo de su primo Frosino y marcharse a Barcelona.

Durante casi quince años estuvo involucrado en las transacciones de su primo, especializándose en la compraventa de especias y materias primas necesarias para la actividad que constituía el centro del poder económico de Florencia y Toscana, la industria textil. Navegó entre Barcelona, Valencia, Mallorca y Marruecos, desafiando los peligros de las tormentas y de los piratas, se adentró en las rutas caravaneras hasta Fez, capital del sultanato, envió detalladas cartas comerciales desde los puertos marroquíes. Posteriormente su actividad se concentró en Barcelona, junto a Frosino, en la recaudación de impuestos a los comerciantes florentinos en nombre del rey Martín el Humano.

En las cartas de su primo Frosino aparece incluso el nombre de una de sus mujeres, Violante. Luego, en un momento determinado, no sabemos por qué, Antonio lo dejó todo y regresó a Toscana. Solo. Con más de cuarenta años, sin patrimonio, sin profesión ni inscripción en los gremios, tuvo que empezar de nuevo desde cero. Una segunda vida, completamente nueva y nada fácil.

Poco después de su regreso se casó con Lucia, hija del notario ser Piero Zosi, de Bacchereto, una localidad de la ladera oriental del Montalbano célebre por los hornos que producen jarras de terracota (su suegro también posee uno). Durante algún tiempo los dos pasaron estrecheces en Florencia y acabaron por trasladarse a la otra orilla del Arno, al más popular barrio de Santo Spirito, gonfalón del Dragón, que seguiría siendo para siempre el barrio al que Antonio pertenecía como ciudadano florentino.

A la muerte de su padre, ser Piero di ser Guido, en 1417, Antonio decidió regresar a Vinci y apañárselas con los humildes asuntos de la vida cotidiana del pueblo: el cultivo de la tierra, algunos contratos de alquiler, la compraventa de aceite y cereales, los litigios, la construcción de una nueva casa o la restauración de algún ruinoso edificio agrícola.

Vivían de las poco holgadas rentas de algunas propiedades heredadas de su padre: algunas fincas cerca de Vinci, una en la Costereccia di Orbignano, en la barriada de Santa Maria al Pruno, otra en la Colombaia, en la barriada de Santa Croce, un campo de trigo en un lugar llamado Linari cerca del arroyo Streda, y varias otras pequeñas parcelas esparcidas por la zona; y también dos solares edificables, uno en el castillo y otro en el pueblo. Producción total: cincuenta fanegas de trigo, veintiséis barriles y medio de vino, dos tinajas de aceite, seis fanegas de sorgo. No era gran cosa.

Luego llegaron también los niños. Tarde, muy tarde. Antonio se acercaba ya a los sesenta años y su mujer superaba los treinta.

El nacimiento del primer hijo, bautizado Piero Frosino en memoria de su padre y de su aventurero primo, el 19 de abril de 1426, fue un acontecimiento tan importante, y tal vez inesperado, que Antonio abrió el último protocolo notarial de su padre ser Piero y empezó a escribir en la última página en blanco del libraco un largo recuerdo del nacimiento y bautismo, anotando con orgullo todos los nombres de los padrinos que asistieron.

Entre otros, un viejo amigo florentino, prohombre del barrio de Santo Spirito y vinculado a las magistraturas de la ciudad, Cristofano de Francesco Masini, y un chico llamado Piero di Malvolto, que veinticinco años después también participa en el bautismo de Leonardo.[1]

El nombre de su hijo Piero aparece más tarde por primera vez en la declaración catastral de 1427, en la que Antonio, a pesar de las diversas propiedades que posee, insiste en el hecho de que se encuentra «sine veros recursos», «sine labor», e incluso «sine casa», porque la familia todavía vivía en una «casita en el condado» de propiedad de Antonio di Lionardo di Cecco, quien pagaba así algunas de ciertas deudas contraídas con él.[2]

El 31 de mayo de 1428 Antonio volvió a abrir el registro del padre y anotó el nacimiento de un segundo hijo, Giuliano, que sin embargo murió en seguida. Después del dolor, una nueva alegría: el nacimiento de una hija, Violante Elena, el 31 de mayo de 1432. El 14 de junio de 1436, en la última página del viejo libro notarial, a los nombres de Piero, Giuliano y Violante Antonio añadió el de un cuarto y último hijo, Francesco Guido.[3]

El caso es que, con la ampliación de la familia, a Antonio le hacía falta una casa más grande, que es la que aparece en su declaración catastral de 1433: una casa «con una porción de huerto» comprada en el pueblo, casi al final del camino que conduce al castillo (actualmente via Roma), en el lado derecho, limítrofe al norte con las propiedades de Piero di Domenico Cambini y Papino di Nanni Banti, y al sur con los terrenos de la iglesia de Santa Croce.[4]

Se trata de la casa en la que seguirá viviendo la familia durante las siguientes décadas, y donde probablemente también vivió el pequeño Leonardo en sus primeros años.

Había sido propiedad de uno de los habitantes más acomodados del pueblo, Giovanni Pasquetti, quien, al morir en 1422 sin herederos, se la había legado a los carmelitas y al hospital de Santa Maria Nuova de Florencia; pero los frailes y los hospitalarios habían decidido deshacerse de ella, confiando su

---

[1] ASF, *Notarile Antecosimiano*, 16.912, f. 105v.
[2] ASF, *Catasto*, 67, ff. 158v-159r.
[3] ASF, *Notarile Antecosimiano*, 16.912, f. 105v.
[4] ASF, *Catasto*, 490, f. 43r.

venta a un activo corredor llamado Domenico di Bertone.[5] Como es natural, Antonio no tenía todo ese dinero y tuvo que contraer algunas deudas. En el catastro de 1433 declaraba que aún debía pagar veintitrés de los treinta florines acordados al hospital de Santa Maria Nuova.

Domenico era un viejo amigo de Antonio: veinte años más tarde, en el bautismo de Leonardo, estaba presente su esposa monna Lisa, que entretanto había enviudado.

Unos diez años después los hijos de Antonio empezaron a abandonar el nido. Era lo razonable, querían vivir su vida.

La primera en marcharse fue Violante, que se había casado con un tal Simone d'Antonio da Pistoia. Simone no tardó en revelarse, sin embargo, como alguien poco de fiar, desagradecido con el abuelo Antonio, a quien acusaba de no haberle pagado toda la dote de su hija.

En 1453, un año después del nacimiento de Leonardo, Simone se ve involucrado en una red de juego clandestino junto con el sacerdote de Vitolini, Andrea di Giuliano Bonaccorsi y otro holgazán llamado «el Buscarruidos». Un asunto que también causará dolores de cabeza a su cuñado notario ser Piero, obligado a escribir una carta de disculpa a su colega de la curia de Pistoia ser Ludovico di Luca, que había apoyado a Simone en una disputa familiar y solo recibió como recompensa indiferencia e ingratitud.[6]

Su hijo Piero, en cambio, se mudó a Florencia en los años cuarenta con la intención de llegar a ser notario. No le resultó fácil, dado que no era hijo de notario. En la línea familiar, por culpa de Antonio, se había saltado una generación, y Piero tuvo que volver a empezar de cero, sin contactos ni facilidades.

Es posible que suspendiera más de una vez en los difíciles exámenes de admisión al gremio, en su austera sede de via del Proconsolo. En efecto, de sus primeras escrituras, con la asistencia de un notario mayor, ser Bartolomeo di Antonio Nuti, no hay constancia hasta 1449.

---
[5] ASF, *Santa Maria Nuova*, 70, ff. 66r-67v; 80, ff. 106r-107r.
[6] ACVP, III, B.41, 1-2.

El 2 de marzo, en Pisa, en la capilla de San Casciano, otorgó una modesta dote. El 7 de marzo, en Florencia, en Santa Felicita, Oltrarno, redactó un poder para Francesco d'Andrea Franchi, párroco de Bacchereto (el pueblo de su madre Lucia), un sacerdote de vida un tanto irregular que un día acabaría excomulgado.[7]

Mientras tanto el joven notario ya había empezado a ocuparse de pequeños asuntos burocráticos en Florencia, por cuenta de su padre, entre otros. En 1446, fue él quien llevó en propia mano la declaración de impuestos de Antonio a la oficina catastral de Florencia.[8]

El matrimonio de Violante, los estudios de Piero. Gastos continuos, a las que las modestas rentas de Antonio no podían hacer frente. De modo que hubo que vender, poco a poco, las escasas tierras que la familia poseía aquí y allá en los alrededores de Vinci.

De todo ello ofrece un despiadado testimonio el catastro de 1451, el año anterior al nacimiento de Leonardo: un campo de trigo de tres fanegas y otra pequeña finca de una fanega y media llamada Canapale, cerca del arroyo Streda, vendidas respectivamente a Papino di Nanni Banti y al cura de Vitolini, Andrea de Giuliano Bonaccorsi, el mismo enredado en cuestiones de juego con Simone y «el Buscarruidos»; un sótano en el Mercatale, vendido a Biagio di Nanni, un amigo del sacerdote Piero di Bartolomeo y de Piero d'Andrea Buti; una parcela de dos fanegas y media en Campagliana, en la barriada de San Lorenzo ad Arniano, cultivada con trigo y olivos, vendida a Canetto Franchini; un campo de trigo de seis fanegas junto a la iglesia de San Bartolomeo a Streda, vendido a Marco di ser Tomme Bracci; y por último, otro campo de trigo de cinco fanegas en la via Franconese, vendido a monna Lisa, viuda de Antonio di Lionardo.[9]

---

[7] ASF, *Notarile Antecosimiano*, 16.823, ff. 1r-4v.
[8] ASF, *Catasto*, 657, f. 53r-v.
[9] ASF, *Catasto*, 693, f. 199r-v.

4. La mujer del Buscarruidos

Campo Zeppi, primavera de 1453

¿Y la madre de Leonardo? ¿Cómo se llama? ¿Qué ha sido de ella? El abuelo Antonio, en su recuerdo del nacimiento de Leonardo, ni siquiera nos dice quién es, ni deja constancia de la condición ilegítima del niño. Le basta con escribir lo siguiente: «Un nieto mío, fijo de ser Piero mi fijo».

El nombre de la madre aparecerá, en cambio, seis años después, en otro documento de Antonio, el último de su larga vida: la declaración presentada ante el catastro y en este caso también escrita por su hijo ser Piero en Florencia el 27 de febrero de 1458 (en el documento aparece escrito «1457», según la antigua costumbre florentina que hacía comenzar el año el 25 de marzo).[1] Es la primera vez que, entre las «boccas», es decir, los miembros de la familia, aparece el nombre de Leonardo «non legíptimo». En las declaraciones de impuestos, cada hijo a cargo implica una deducción de doscientos florines del importe total imponible: no está mal, pero para los bastardos la deducción no es automática, hay que esperar a una resolución especial. Antonio no la obtendrá y por lo tanto tendrá que desembolsar nada menos que siete florines en impuestos.

En la declaración sigue apareciendo ser Piero, a pesar de que lleve casado ya algunos años con una mujer llamada Albiera y viva en Florencia. El otro hijo, Francesco, tío de Leonardo, «estase en la villa y non faz nada». Ese dolor de muelas de Simone, el marido de Violante, sigue reclamando el resto de los ciento sesenta florines de la dote. La situación económica de la familia, en cambio,

---

[1] ASF, *Catasto*, 795, ff. 502-503; 796, f. 591r.

ha mejorado un poco gracias a los ahorros del abuelo y al trabajo del joven notario. En el Monte, que aúna las inversiones de la deuda pública florentina, constan ahora depositados 1.397 florines y doce dineros, pero también las deudas de Piero en Florencia: tres florines que debe al papelero Giovanni Parigi, cuatro florines y tres dineros al vinatero Iacopo di Maffeo y nada menos que ocho florines a la iglesia de la Badia Fiorentina, por el alquiler un lugar donde ejercer la notaría, un cuchitril probablemente, pero justo enfrente del Palazzo del Podestá.

Piero, que es el verdadero redactor del documento, registra con precisión incluso un legado que le hizo el negociante y usurero Vanni di Niccolò di ser Vanni, con quien tuvo trato entre 1449 y 1451. Agradecido por sus servicios, Vanni llegó a dejarle, en los codicilos de su testamento, el 29 de noviembre de 1449, «los alimentos de por vida y la devolución de la casa en mientras viviera», es decir, el usufructo de su casona con jardín en via Ghibellina, del lado de Canto alla Briga: quizá la casa donde vivió Piero en sus primeros años florentinos. Pero ahora, más de seis años después de la muerte de Vanni en 1451, Piero escribe con amargura que el legado «está extinguido y anulado» por culpa de los otros herederos, los frailes jerónimos de Fiesole, y, sobre todo, del santo y moralizador obispo Antonino Pierozzi, que afirma que se trata de «bienes obtenidos no lícitamente».

Pero no nos dejemos distraer por estas miserias. La noticia más importante del documento es otra: la que atañe a la madre de Leonardo. El abuelo Antonio (es decir, Piero) está obligado a declarar su nombre si quiere obtener esa reducción fiscal que nunca llegará. Leemos así en el documento, al final de la lista de las «boccas»: «Lionardo fijo del dicho ser Piero no legíptimo nacido de él et de la Chaterina que al presente es la mujer del Buscarruidos de Piero del Vaccha da Vinci, de años cinco».

Así que aquí tenemos el nombre. La madre se llamaba Caterina y se desposó, justo un año después del nacimiento de Leonardo, en la primavera de 1453, con un oscuro campesino, Antonio di Piero d'Andrea di Giovanni Buti, apodado el Buscarruidos.

Se trata, sin duda, de un hombre de confianza de Antonio y de ser Piero, alguien en tan desesperada situación como para aceptar casarse con una mujer que ha sido de otro, sin dote, obviamente, pero con la vaga perspectiva de permanecer relacionado de alguna manera con una familia de condición mejor que la suya.

Los dos cónyuges se van a vivir a Campo Zeppi, parroquia de San Pantaleo: una colina a escasa distancia de Vinci. A sus pies discurre el arroyo Vincio y desde lo alto puede disfrutarse de encantadoras vistas del castillo Vinci y del de Montalbano. A un lado y al otro de la cresta descienden campos, olivares, viñedos.

Esta es la tierra en la que lleva más de un siglo asentada la numerosa tribu de los Buti. En lo alto, en algunas casas labriegas reunidas alrededor de una gran era, conviven todos, grandes y pequeños, y un hatajo de niños descalzos.

El padre de Antonio, Piero d'Andrea di Giovanni Buti, apodado «del Vacca», figuraba en el catastro de 1427 como trabajador, es decir, cultivador por cuenta propia, campesino propietario. Dado que, como todos los Buti, Piero no sabía escribir, la declaración la redactó en su nombre Biagio di Nanni, el amigo de Antonio da Vinci y del sacerdote Piero di Pagneca. Piero declaró en 1435 la propiedad de la casa, doce fanegas de terreno con viñedos y algunas parcelas de bosques y pastos, la mitad de un horno de ladrillos y una producción de cinco fanegas de trigo y tres toneles de vino. Pero también tenía varias deudas: cincuenta liras por ganado ajeno perdido en 1431 y treinta y cuatro liras con Arrigo di Giovanni Tedesco, el mayoral de los Ridolfi. El catastro de 1451 registra a Piero con su primogénito Iacopo pero sin los nombres de los otros hijos, Antonio y Andrea, y sin que vuelva a haber noticias del horno.

Antonio, nacido entre 1423 y 1426, abandonó temprano a su padre, junto con su hermano menor Andrea, para ir en busca de fortuna. Quizá se ganara el poco recomendable apodo de Buscarruidos cuando se alistó como soldado en las milicias florentinas que, en la década de los cuarenta, se dedicaban principalmente a controlar los ingobernables dominios de Pisa.

Su primera declaración catastral no se produce hasta el 15 de octubre de 1459, y es allí donde por primera vez aparecen los nombres de su esposa, «Monna Chaterina su mugier», y de sus dos primeras hijas: Piera, de cinco años, y Maria, de dos. No hay indicación alguna de profesión o de propiedades. El saldo que debe pagar es solo de tres dineros, pero más tarde el impuesto se reduce a un dinero y nueve céntimos.[2]

En los registros catastrales anteriores ni siquiera aparece el nombre de Antonio. En realidad, desde 1449 el Buscarruidos trabaja en pequeños chanchullos y oficios, pero sin declararlos. Entre 1449 y 1453 fue tejero en un horno del Mercatale que le alquilaron las monjas del convento de San Pietro Martire en Florencia, pero el 1 de agosto de 1452 todavía tenía que pagar el alquiler trienal de veinticuatro florines, que había expirado en marzo.

En 1453 las cosas parecen ir un poco mejor: el 3 de marzo el Buscarruidos recibe del convento un crédito de cinco florines por una tinaja de aceite, y el 24 de mayo otros tres florines y diez dineros por el tejar.[3] Esa misma primavera se casa con Caterina, pero también se deja arrastrar a la red de juego clandestino que ya hemos mencionado, junto con Simone d'Antonio y el cura de Vitolini.

Con el nombre que lleva a cuestas, el Buscarruidos no puede evitar verse envuelto en peleas y riñas entre pueblos. El 26 de septiembre de 1470 fue convocado a Pistoia, junto con Giovanni Gangalandi, un almazarero de Anchiano, en calidad de persona presente en los hechos. En el juicio se deben determinar las responsabilidades de un tumulto que estropeó la celebración del 8 de septiembre en la iglesia parroquial de Santa Maria di Massa Piscatoria, en las marismas de Fucecchio, a pocos kilómetros de Campo Zeppi. Es posible que el Buscarruidos no fuese solo un mero testigo, sino uno de los que zurraban, y por eso prefiriera no presentarse a la audiencia.

En todo caso, las relaciones con ser Piero seguirán siendo buenas, pues este sabe que puede confiar en ese campesino pela-

---

[2] ASF, Catastro, 871, f. 17p.
[3] ASF, *Conservatorio de Mantellate, San Pietro Martire*, 75, f. 56r

gatos con quien ha casado a Caterina. El Buscarruidos comparecerá como testigo en un acto de compromiso redactado en el castillo de Vinci el 30 de noviembre de 1472 entre los hermanos Piero y Francesco da Vinci y la familia Luperelli. El 16 de octubre de 1479 viajó a Florencia y se prestó a servir de testigo del testamento de Giovanni di ser Tomme Bracci, otorgado por ser Piero. A su vez, parece que Antonio, para sus cosas, confía sobre todo en Francesco da Vinci, que actuará de testigo cuando el 9 de agosto de 1480 Antonio venda las tierras de Cafaggio a la ya mencionada familia de los Ridolfi, que poco a poco están devorando casi todas las antiguas propiedades de los Buti.

A lo largo de los años, y con una cadencia casi regular, Caterina traerá al mundo numerosos hijos de Antonio: Piera en 1454, Maria en 1457, Lisabetta en 1459, Francesco en 1461, Sandra en 1463. Las hermanas y el hermano de Leonardo. En la última declaración catastral del Buscarruidos, del 10 de octubre de 1487, «Monna Catterina mugier de Antonio» aparece entre las «boccas de hembras» antes de los nombres de Piera, Lisabetta y Sandra, y se le atribuye la edad de sesenta años, lo que permite que fijemos su fecha de nacimiento en 1427 y, en consecuencia, una edad de veinticinco años cuando dio a luz a Leonardo: aproximadamente, porque sabemos cuán incierta o genérica era la indicación de la edad en esos documentos.[4]

Antonio continuará acumulando deudas para mantener a esa familia formada casi exclusivamente por mujeres, y tendrá que enajenar fatalmente otros pedazos de tierra ancestral para dotar a sus hijas. En todo caso, conseguirá casar a Piera, Maria y Lisabetta, e incluso con algo de dote, pero pronto enviudarán, y con hijas a cargo. Una maldición, todas estas hembras: más bocas que alimentar.

Francesco, carente de oficio y de futuro, buscará la soldada, como hizo en el pasado su padre, y morirá a causa de un disparo de espingarda en Pisa.

Poco después, hacia 1490, falleció el propio Buscarruidos.

---

[4] ASF, *Catasto*, 1.130, f. 29v.

5. El misterio de Caterina

Florencia, 2 de noviembre de 1452

Caterina, ¿quién es esa mujer? ¿Quién era antes de casarse con el Buscarruidos? ¿De dónde viene? Si es hija de campesinos y si es una muchacha hermosa, ¿por qué a los veinticinco años, en 1452, aún no está casada?

Uno de los primeros biógrafos de Leonardo, el anónimo recopilador de noticias que recibe el nombre de Anónimo Gaddiano o Magliabechiano, nos ofrece un atisbo de sus orígenes: «Lionardo da Vinci, ciudadano florentino, maguer fuesse legítimo fijo de ser Piero da Vinci, era por parte de madre nacido de buena sangre». Nacer de buena sangre no significa de buena cuna, ni de sangre noble, sino, de forma más sencilla, hijo natural, hijo de su madre o de «mater ignota», nacido fuera del matrimonio y de las convenciones religiosas y sociales, concebido de la unión de dos criaturas impulsadas únicamente por la fuerza del amor y de la pasión.

Las investigaciones más recientes en el catastro de Vinci entre 1451 y 1459 han enumerado todas las posibles Caterinas, solteras y casadas, y solo una de ellas podría ser identificada con la madre de Leonardo, una Caterina di Antonio di Cambio nacida en una familia de pequeños agricultores con tierras propias; el problema es que en 1452 esa chica tenía solo catorce años, y no veinticinco.

Otras investigaciones se han centrado en otra Caterina, huérfana de un pobre desgraciado llamado Meo Lippi, y acogida por su abuela en la granja de Mattoni, entre Vinci y Campo Zeppi; pero ella también tiene solo quince años y, además, no se casó con el Buscarruidos sino con otro propietario de tierras de Mattoni, Taddeo di Domenico di Simone Telli.

Caterina, no identificable con ninguna de las homónimas de Vinci y su territorio, proviene de fuera, probablemente de Florencia, porque es en esa ciudad donde ser Piero reside y trabaja de manera estable desde principios de 1451, después de poco más de un año de estancia en Pisa; en particular, en el periodo junio-julio de 1451, la actividad notarial de Piero se concentra en Florencia.[5] La convergencia de todos estos datos (la incompatibilidad con todos las homónimas registradas en los documentos catastrales del territorio de Vinci, y por tanto la probable procedencia externa; la residencia habitual en Florencia; la edad de veinticinco años, demasiado avanzada en aquella época para una mujer todavía soltera) parece, por lo tanto, sugerir una historia por completo diferente: ¿y si Caterina fuera una esclava?

Se trata de una situación perfectamente aceptable en la sociedad y las costumbres de la época. Después de la gran crisis de la peste negra en 1348, para compensar la escasez de mano de obra se reintrodujo la esclavitud en Europa. Una historia poco conocida, y quizá reprimida en nuestra conciencia colectiva, porque está ligada al lado oscuro de la llamada «civilización occidental», a partir del Renacimiento: la expansión imperial y colonial, el capitalismo, la explotación de los recursos naturales y del trabajo humano a escala global.

Todo empezó entre los siglos XIV y XV. En el Mediterráneo había un flujo ininterrumpido de barcos cargados de esclavos y esclavas, procedentes de los puertos genoveses y venecianos del mar Negro, de Caffa, en Crimea, y de Tanais, en la desembocadura del Don. En Italia y Florencia, el mercado italiano requería sobre todo chicas y mujeres jóvenes, hermosas, altas, fuertes, generalmente de origen ruso, tártaro y circasiano. Dados los elevados costes de compra y mantenimiento, no todo el mundo podía permitírselo: solo las familias de patricios y comerciantes adinerados.

---

[5] 17 ASF, *Notarile Antecosimiano*, 16.823, ff. 52r-57r. En esta época Piero solía ejercer en la Badia Fiorentina, en el taller de ser Piero da Gagliano, frente al Palacio del Podestà. Únicamente el 7 de julio se encuentra en San Donnino, en casa de Gherardo di Piero (f. 56r).

El propio Cosme de Médici, más tarde conocido como «el Viejo», que dirigirá la Signoria hasta su muerte en 1464, se trajo una de Venecia, la circasiana Maddalena, y tuvo con ella un hijo, Carlo, futuro eclesiástico. Consideradas en el peldaño más bajo de la sociedad, el destino de las esclavas era servir como criadas, cuidadoras y también concubinas, esclavas sexuales, que, de quedar embarazadas, podían seguir siendo rentables como nodrizas después de dar a luz, dando su leche a los hijos de sus amos, o cedidas en alquiler. En cambio, sus propios hijos les eran arrebatados para ser entregados y confiados a instituciones de caridad como el Hospital de los Inocentes, para contribuir a la repoblación de la ciudad.

Caterina, como Maria y Magdalena, puede ser un típico nombre de esclava, que con el bautismo católico borra el nombre original de la joven; pero también podría ser su nombre real, que se remonta al culto oriental por santa Catalina de Alejandría.

Hay muchas esclavas con ese nombre en Florencia. Por ejemplo, en la antigua casa de Vanni, a la que Piero acudió entre 1449 y 1451, vivía una «Caterina esclava» que Vanni dejó a su esposa Agnola en su testamento. Los codicilos del testamento, del 29 de noviembre de 1449, fueron redactados por el propio ser Piero. Pero esa Caterina, a la muerte de Vanni en 1451, pasó al parecer al servicio de monna Agnola, y ya no consta ningún documento sobre ella, ni ninguna relación con el notario.

Sin embargo, hay otra esclava Caterina que pasa por la vida de ser Piero. Lo recuerda nada menos que el caballero Francesco di Matteo Castellani, hombre de letras y humanista cercano a Cosme de Médici, además de mecenas de Luigi Pulci. Heredero de una ilustre familia ya en decadencia, Francesco aún conserva la pompa del pasado en su espléndido palacio del Lungarno, el Castello d'Altafronte, que hoy es la sede del Museo Galileo, junto a los Uffizi. Como muchos de sus contemporáneos se dedicó a escribir un libro de recuerdos, las *Ricordanze* [Remembranzas], en el que aparece la noticia de una esclava arrendada como nodriza de su hija Maria en mayo de 1450, por la nada módica suma de dieciocho florines al año:

«MCCCCL. Rechuerdo cómo a día <...> del mayo año antes antedicto la Chaterina de <...>, esclava de monna Ginevra, mugier de Filippo, es dezir de Donato di Filipp[o] del Tinta cajero, vino a estar con nosotros como nodriza de Maria mi fija a razón de salario de f. dieciocho al año, comenzando dicto día y continuando durante dos o tres años a nuestro plazer, y para lo que más o menos la niña nezesitara, dándole lacte sana. Y así quedamos de acuerdo, es decir, mi madre con dicta monna Ginevra, siendo mediador Rusticho de <...> chamarilero, dato que dicta monna Ginevra deve aver marcado en el libro rojo A a c. 56, donde se le pone por acreedor y deudor de todo lo que se le dará por dicto salario».[6]

La nota de las *Ricordanze* presenta incertidumbres (¿cómo se llama el marido de Ginevra: Filippo o Donato?) y espacios en blanco (para el día y los patronímicos de Caterina y del mediador Rustico). Es probable que Francesco escribiera al cabo del tiempo y no recuerde con claridad. El chamarilero Rustico, mediador entre la soberbia madre de Francesco, monna Giovanna Peruzzi, y monna Ginevra, podría ser el chamarilero Bartolomeo di Marco di Bartolomeo del Rustico. Su padre es un conocido orfebre que ha trabajado en la Annunziata y en el Palazzo dei Priori, un plebeyo con ambiciones literarias que a lo largo de los años ha construido un manuscrito singular, *Dimostrazione dell'andata al Santo Sepolcro*, un viaje imaginario enriquecido con animados dibujos a pluma y acuarela: parte de las iglesias de Florencia, que conoce a la perfección, hasta las fabulosas ciudades del Levante, que nunca ha visto.[7]

El detalle más extraño es la expresión «la Chaterina de»: debía seguir el nombre de su padre, que Francesco ya no recuerda. Evidentemente alguien le había dicho ese nombre. Un caso singular, porque el patronímico, en documentos de este tipo, nunca acompaña el nombre de una esclava. Para quienes no están siquiera considerados como seres humanos, el origen familiar no importa en absoluto.

---

[6] ASF, *Corporazioni religiose soppresse dal governo francese*, 90, 84, 2, f. 38p.
[7] Florencia, Biblioteca del Seminario Arzobispal Mayor, Códice Rustici.

Sin embargo, en la primera guarda de sus *Ricordanze,* dos años y medio después, Francesco añade esta otra nota: «Ser Piero d'Antonio di ser Piero otorgó la liberation de la Catherina nodriza de Maria facta per monna Ginevra d'Antonio Redditi ama de la dicha Catherina et mugier de Donato di Filippo di Salvestro di Nato a día 2 de noviembre de 1452, dato que el papel por error dize a día 2 de diciembre de 1452 y así lo leí yo Francesco Matteo Castellani este día 5 de noviembre de 1452».

Así pues, Caterina fue liberada, y es precisamente ser Piero da Vinci, a instancias de su ama monna Ginevra di Antonio Redditi, esposa de Donato di Filippo di Salvestro Nati, quien otorga el acta de liberación. Francesco conoce bien a ser Piero, y seguirá confiándole en lo sucesivo la ejecución de actas muy importantes.[8]

El acta de liberación de Caterina aún existe, en la minuta abreviada conservada en el primer y más antiguo protocolo notarial de Piero.[9] Estamos en casa del marido de Ginevra, Donato, en via di Sant'Egidio o, como se decía entonces, Santo Gilio, detrás de la iglesia de San Michele Visdomini y de las oficinas de la Fabbrica del Duomo, y a la sombra de la gran cúpula de Santa Maria del Fiore. Pocas veces en los escritos del joven pero ya preciso notario se acumulan tantos errores, tantos descuidos. Le tiembla la mano, la confusión reina en su mente. Incluso la fecha, al principio, está equivocada, como si Piero no pudiera fijar en el calendario un día que debió resultarle muy agitado: al principio escribe «die XXX octobris», luego borra y corrige con «die prima novembris», mientras Castellani nos recordaba que el día fue el 2 de noviembre, e incluso en el papel que leyó decía «a día 2 de diciembre». Un error imperdonable para un notario. Que también supone un problema para Castellani, quien tendría que pagar un florín y medio por ese mes extra de alquiler de la nodriza.

Objeto del contrato, la esclava de Ginevra: Caterina, hija de Jacob, su esclava o sirvienta, originaria de Circasia *(«Catherine*

---

[8] ASF, *Notarile Antecosimiano,* 16.829, ff. 728r-732v (sobre la Capilla del Crucifijo de la Annunziata); 16.830, ff. 158r, 563r-568v.
[9] ASF, *Notarile Antecosimiano,* 16.823, f. 116r-v.

filia Iacobi eius schlava seu servi de partibus Circassie»). Aquí tenemos el patronímico, que Castellani se olvidó de escribir. Que conste en un documento público significa que es un nombre importante, especialmente para Caterina, que es una esclava. Ginevra declara que la compró con su propio dinero *(«de suis proprios pecuniis et denariis»)*, antes de casarse con meser Donato, y que ahora quiere liberarla como recompensa por los servicios que fielmente le ha prestado durante tantos años. De manera que ser Piero escribe la fórmula mágica *«liberavit et absolvit ab eius servitute»* y, en el momento en que Caterina ya ha dejado de ser una cosa y ha vuelto a ser una persona, certifica también emocionalmente su presencia física, allí delante de él y su aceptación: *«Presentem et acceptantem»*. Ginevra, sin embargo, cambia de opinión, le hace anular la fórmula liberadora y ordena añadir la odiosa y lamentablemente habitual condición según la cual la liberación solo tendría efecto después de su muerte.

Eso es lo que dice la minuta abreviada, pero sabemos con certeza que las cosas no fueron así. Monna Ginevra vivirá mucho tiempo y gozará de excelente salud, pues sobrevivió a su marido Donato, fallecido en 1466, y llegó incluso a casarse inmediatamente después con el viejo e influyente abogado de la Badia Fiorentina Tommaso di Iacopo Salvetti, y en el catastro de 1458 consta como poseedora de otra esclava de solo quince años.[10]

Así pues, el 2 de noviembre de 1452, Caterina, hija de Jacob, fue liberada de inmediato, como recuerda Castellani, y abandona tanto la casa del caballero como la de Ginevra. En un carrito se lleva consigo algunos muebles de su habitación que le ha regalado su ama y que ser Piero anota escrupulosamente en el codicilo: una cama, un cofre con dos cerraduras; un colchón, un par de sábanas, una manta, y las demás pobres cosas de su uso coridiano *(«unum lectum, unam lectieram, capsam cum duobus serramis, et unam cultricem et unum par linteaminum et unum*

---

[10] ASF, *Catasto*, 833, f. 725r.

copertorium, prout ad presens dicta Caterina habet, et plura alia super lectilia, prout videbitur dicte domine Ginevre»).
Es la libertad, sin embargo, el regalo más grande. Y signo de libertad es también el nombre del niño, Leonardo, nombre acaso invocado y elegido por su madre antes de que él naciera. La gran fiesta de San Leonardo tiene lugar apenas cuatro días después. El 6 de noviembre.

Caterina, la hija de Jacob, es circasiana, es decir, pertenece a uno de los pueblos más libres, orgullosos y salvajes de la tierra, ajeno a la historia y la civilización. Un pueblo que vive en estrecho contacto con la naturaleza y con los animales, y que desconoce la escritura, la moneda, el comercio, las leyes y las instituciones civiles y políticas, con la excepción de un férreo código moral transmitido oralmente de generación en generación; pero para compensar, es un pueblo que ama y conoce la poesía, la música y la danza, que venera la naturaleza y los animales, los caballos, las águilas, los lobos, los osos, y que posee un rico y antiquísimo acervo de cuentos, relatos, sagas, mitos sobre unas criaturas semidivinas llamadas Nart. Tal vez no se trate siquiera de un pueblo propiamente dicho, con una identidad única y precisa o una lengua única, sino de una miríada de tribus grandes y pequeñas, dispersas en las mesetas de la cadena del Cáucaso, desde el mar Negro hasta el mar Caspio. Algo parecido a los nativos del continente americano.

Una esclava circasiana, en la Italia del Renacimiento, está considerada como una salvaje que no sabe leer ni escribir y habla nuestra lengua con dificultad, porque todavía tiene la costumbre de articular los sonidos en la garganta, según su lengua arcaica, hecha enteramente de consonantes guturales.

En Florencia, una joven esclava circasiana vale mucho porque es sana, alta, musculosa, fuerte, de buena sangre, una perfecta máquina reproductora, una criatura que parece destinada a hacer el amor, a preñarse y procrear y amamantar y también a trabajar duramente en todas las tareas domésticas sin protestar, habla poco o nada, y, por último, según dicen todos, está dotada de una turbadora belleza. Nadie se preocupa en exceso por si tiene alma o su propio mundo interior de sentimientos, dolores, esperanzas, sueños.

¿Es posible que sea ella la madre de Leonardo?

En ese caso, el 2 de noviembre de 1452, también estaría allí él, de seis meses y medio, envuelto como los querubines del Hospital de los Inocentes, en el regazo de Caterina *«presentem et acceptantem»*, en esa vieja casa de via di Santo Gilio. Pero cuando nació, el 15 de abril, todavía era hijo de una esclava. ¿Y dónde estaba Caterina en julio de 1451, cuando hacía el amor con Piero? No hay duda: estaba en casa Castellani, donde amamantaba desde mayo de 1450 a Maria, hija de Francesco y Lena. Y si era una nodriza, acababa de dar a luz en la primavera de aquel año. ¿Sería también hijo de Piero? ¿Un recién nacido que acabó en el Hospital de los Inocentes?

Leonardo no es el primer hijo de Caterina y no sería el único hijo ilegítimo de Piero. En 1516 un documento da fe del entierro en la Badia Fiorentina de un cierto Pierfilippo di ser Piero da Vinci. ¿Será tal vez el primer hijo de Caterina, el desconocido hermano mayor de Leonardo?[11]

Antes de estos documentos, no sabemos nada sobre Caterina y su mundo. Un mundo lejano y fabuloso, del que fue arrancada siendo niña o adolescente en una incursión tártara o en un enfrentamiento con los venecianos. Esclavizada, fue vendida y revendida de mano en mano, como un objeto que, poco a poco, se va depreciando con el uso. Una historia cuyo contexto general, en todo caso, es posible reconstruir.

La clave es el marido de Ginevra, la última ama confirmada de Caterina. Donato di Filippo di Salvestro Nati es un viejo aventurero florentino, hijo de un fabricante de cajas que se nacionalizó veneciano a principios del siglo XV y pasó casi toda su vida en la ciudad lacustre en múltiples y no siempre afortunadas actividades empresariales: la artesanía de lujo de las cajas de marfil en el taller de Baldassare degli Ubriachi, la especulación

---

[11] ASF, *Ufficiali poi Magistrato della Grascia*, 191, f. 53r.

financiera en los bancos de Rialto y, sobre todo, la gestión de los talleres de batihojas de oro, fundamentales en la producción de los tejidos *auroserici*, de seda y oro, que estaban cambiando la moda y la economía del Renacimiento.

Después de la liberación de Caterina, Piero contrae la obligación, con Donato y Ginevra, de redactar, probablemente de manera gratuita, una enorme cantidad de documentos más o menos relevantes: poderes, testamentos, compraventas y, sobre todo, mandatos para recuperar los capitales que Donato ha dejado en Venecia.[12]

Como es sabido, la industria de los tejidos de seda y oro y de los batihojas se sustentaba en la mano de obra femenina de esclavas circasianas y tártaras importadas a través de Constantinopla desde el puerto de Tanais, actual Azov, en la desembocadura del Don, punto de llegada del ramal norte de la Ruta de la Seda, la avanzadilla extrema de la civilización europea, en los confines de la nada.

Nacida libre, fuera del tiempo, entre los bosques y los manantiales de las tierras altas del Cáucaso, Caterina, tras verse arrastrada a la corriente de la Historia, cruzó el mar Negro, vio las cúpulas doradas de Constantinopla en su postrer resplandor antes de la conquista turca, llegó a Venecia y por último a Florencia, precisamente con Donato, que volvió allí a los sesenta años, a principios de la década de los cuarenta, para casarse con Ginevra. El mundo de Caterina es infinitamente más vasto que el de Donato y Ginevra y que el de casi todas las personas que conocerá en su vida.

Si ella es realmente la madre de Leonardo, las consecuencias son estremecedoras. Leonardo no es de sangre italiana. Lo es solo a medias, y en su otra mitad, quizá la mejor, es hijo de una esclava, de una extranjera en el peldaño más bajo de la escala

---

[12] ASF, *Notarile Antecosimiano*, 16.823, ff. 156r y 160r-161r (1454), y otros seis actos en las hojas sin numerar del volumen (1455-1456); 16.824, y ff. 170r-173v; 16.825, f. 315r; 16.826, ff. 128r-v, 355v; 16.827, f. 118r; 16.830, ff. 81r, 183v-184r; 16.841, ff. 4r-5r.

social y humana, de una mujer que se bajó de un barco y vino de a saber dónde, sin voz, sin dignidad, sin permiso de residencia, que no sabía leer ni escribir, y que apenas hablaba nuestra lengua. Una mujer que supo sobrevivir a toda la violencia y humillación que le fue infligida, transmitiéndole su mayor sueño a su hijo. El sueño de la libertad.

6. El vuelo del milano

Vinci, 1453-1462

Leonardo, en sus manuscritos, no nos deja casi ningún recuerdo de su infancia ni de su relación con esta extraordinaria madre que tan profundamente influyó en la formación de su carácter y personalidad.

Solo muchos años después, hacia 1505, en el margen de una hoja dedicada al vuelo de los pájaros, escribió una «primer remembranza», la más antigua de su vida: «Este scribir tan distintamente del milano pareze ser destino mío porque mi primer remembranza de mi infantia es que me parezió que estando en la cuna que se me acercó un milano y me abre la boca con la cola, muchas vezes golpeándome en los labios con tal cola».[1] El milano es una pequeña ave rapaz muy común en la campiña toscana. Leonardo observa su vuelo fascinado, porque puede aprender algo para la construcción de su máquina voladora. Con sus grandes alas y, sobre todo, su ancha cola, el milano tiene la costumbre de planear en círculos en lo alto del cielo, quedando como suspendido a la luz del mediodía, para luego dejarse caer en picado de forma repentina y sorprender a sus pequeñas presas.

Más que un recuerdo, es una fantasía, un ensueño, una construcción simbólica de sus oscuros orígenes y de la novela de su vida. ¿Quién es entonces el milano? ¿Y qué es esa cola que golpea y se abre paso con fuerza en los labios del niño? ¿Una señal de amor o de violencia? No puede haber una respuesta clara, todo se confunde en el sueño y en la reminiscencia: la lactancia materna de Caterina en los primeros años, la separación forzada

---

[1] CA, f. 186v.

de ella, el trauma original, la herida incurable que se produjo en el alma de quien no podrá jamás llamar madre o mamá a esa mujer, y nunca sabrá decir a qué familia pertenece de verdad. Además, en el imaginario de la época, en los bestiarios y en los libros de sueños, el milano nunca es un buen augurio: es símbolo de envidia y presagio de la muerte de los padres. Nacer bajo el signo del milano no parece preludiar un gran futuro.

¿Con quién pasó Leonardo su infancia? Según la ley florentina, el hijo de una esclava hereda la condición de su padre, es decir, nace libre, y el padre está obligado a mantenerlo y darle una educación adecuada. Pero ser Piero aún no está en condiciones de hacerlo. En Florencia vive con dificultades los albores de su carrera.

En la primavera de 1453 se casa apresuradamente, y sin siquiera exigir dote, con Albiera, la hija de dieciséis años de un mercader de calzado, Giovanni Amadori: un hombre temeroso de Dios y devoto del beato Giovanni Colombini, fundador de los jesuatos. En realidad, Albiera ni siquiera salió de casa, porque los recién casados, sin saber dónde vivir, se las apañaron en una pequeña habitación de la casa de Amadori en Borgo de' Greci en el lado de via Nuova di San Romeo; y poco después se mudaron a una pequeña casa alquilada cercana, en lo que hoy es via Borgognona, y en ese momento se llamaba via de' Vergognosi.

A Piero ni se le pasa por la cabeza llevarse a Leonardo con él. Debe pensar en sí mismo y en su nueva familia, ya ha tenido suerte en haberse librado de las graves consecuencias jurídicas que se ciernen sobre los culpables de dejar preñada a una esclava ajena. Afrontó sus responsabilidades, hizo todo lo que le pareció adecuado: medió con Ginevra, Donato y Francesco, salvó a Caterina consiguiendo que fuera liberada, se la llevó a Vinci e incluso le encontró un pobre marido diabólico, y salvó a Leonardo de un futuro triste en un orfanato. Ahora, sin embargo, el niño debe permanecer en Vinci, confiado a sus abuelos y al cuidado de su madre.

Caterina, como es natural, sigue amamantándolo y siendo en lo sucesivo su principal referente afectivo. Entre esas dos casas, la casa oscura de su abuelo en el pueblo de Vinci y la casa en Campo Zeppi repleta de niñas y animales que corren y juegan libremente en la era, no hay duda de cuál es la preferida del pequeño Leonardo.

Pero ¿en qué idioma le canta su madre canciones de cuna para que se quede dormido? ¿Qué le cuenta de sus orígenes, de los lugares fabulosos donde nació, de las sagas primordiales de los míticos héroes Nart y de su pueblo perdido, de las historias que hablan de altísimas montañas sagradas y de inmensas fuerzas naturales, relámpagos, tormentas, ríos voraginosos, manifestaciones de las terribles palabras con las que nos hablan los dioses? ¿Cómo lo educa en el respeto y la veneración de la verdadera madre de todos nosotros, la naturaleza, y de la vida de todas sus criaturas, transmitiéndole su propio deseo inextinguible de libertad?

En la otra casa, la del abuelo Antonio, el niño vive junto a su tío Francesco, que en 1452 tenía solo dieciséis años, y «estase en la villa y non faz nada». Francesco es para él casi un hermano mayor, un compañero de juegos. Su nombre aparecerá a menudo, y en tono de broma, entre sus escritos juveniles posteriores.[2]

El niño también acude a la iglesia de Santa Croce, donde fue bautizado, y ve al sacerdote Piero di Bartolomeo Pagneca. El primer encuentro con una obra de arte tiene lugar en la misteriosa oscuridad de la iglesia: una estatua de madera de la Magdalena realizada por el fraile camaldulense Romualdo da Candeli en 1455 por encargo de monna Nanna di ser Michele Tocci da Vinci, un expresivo icono femenino que impresiona por la desnudez del cuerpo macerado por la penitencia y el ayuno y cubierto tan solo por sus larguísimos cabellos.

Además, la educación temprana del niño se nutre de una variada literatura popular que, en distintas formas de oralidad, se escucha en recitales públicos en la plaza o en la anteiglesia, o en lecturas colectivas en casa durante las largas tardes de invierno,

---

[2] CA, ff. 18v, 878v.

junto al fuego: cantares caballerescos, historias de santos, facecias, lemas, refranes y, sobre todo, fábulas, las historias del mundo de la naturaleza y de los animales y de los hombres, siempre espejados unos en otros, cíclica y sabia repetición de acontecimientos y significados morales.

Junto a su abuelo Antonio, descubre Leonardo algo absolutamente ajeno al mundo de su madre: la escritura. El viejo mercader, descendiente de notarios, es muy consciente de la importancia de la escritura y se encarga de enseñarle los primeros rudimentos. Lo que no escribes no existe. Y el papel no solo sirve para jugar, para arrugarlo o tirarlo al hogar y ver cómo arde. Por primera vez en su vida, aparece ante Leonardo algo llamado «libro», un objeto compuesto por hojas de papel dobladas e insertadas entre sí y cosidas y «atadas» juntas. Quizá el primer «libro» que el anciano abuelo muestre a su nieto, para enseñarle el valor de la escritura y de las letras, y hacerle deletrear carácter por carácter y leer en voz alta su propio nombre, *Lionardo*, sea precisamente el protocolo notarial de su antecesor como notario, ser Piero di ser Guido, en la que está anotado el recuerdo de su nacimiento.

Entre esas hojas y los demás papeles de su abuelo (alguna antigua carta comercial de sus años españoles, un registro de cuentas, quizá un portulano, una carta de navegación, o incluso algo escrito en árabe o hebreo), y tal vez incluso un verdadero libro de lectura, un confuso y misceláneo manuscrito de poesía, literatura y devoción, copiado por el propio Antonio con la típica escritura de su clase social, la mercantil; entre los papeles y libros del sacerdote que lo bautizó, destinatario de una recomendación de la curia de Pistoia en 1448, «al sacerdote Piero Pagneca hiziera encuadernar los libros», los registros parroquiales donde se guarda memoria del bautismo de Leonardo;[3] es aquí que el pequeño Leonardo descubre la magia de la escritura y la lectura, de la voz y la palabra que se convierten en signo y letra, que se encarnan en gotas de tinta oscura que la pluma deposita sobre el papel. Es aquí donde comienza a darse cuenta del

---

[3] ACVP, *Date* (1441-1506), 20 rojo, f. 1r.

poder y de la importancia de la escritura y de la lectura, y de la distancia social y cultural que separa a quienes ostentan ese poder (su abuelo, su padre, el sacerdote) de quienes están excluidos de él (su madre, Caterina). Es aquí también donde empieza a escribir, solo, guiado en parte por su abuelo, pero sobre todo por sí mismo (y por tanto invirtiendo mentalmente la imagen y escribiendo al revés, porque es zurdo), imitando las formas y módulos de la escritura de Antonio.

Qué escritura tan extraña. Camina al contrario, como la escritura hebrea o árabe. Para leerla hay que reflejarla en un espejo. Algunos podrían mirarla con recelo. La mano izquierda, según se dice, es la mano del diablo.

Nada de esto. Es la escritura natural de un zurdo, autodidacta y nunca corregida. Una forma de expresión personal, privada e inimitable que acompañará a Leonardo durante toda su vida.

Sin embargo, mucho antes de escribir, el niño se da cuenta de que dispone de un instrumento expresivo mucho más inmediato y eficaz que la palabra, ya sea oral o escrita.

Acostumbrado a estar a menudo solo y a jugar solo, en la casa del pueblo, en el huerto, en el campo donde huye ir a ver a Caterina, Leonardo desarrolla una extraordinaria aptitud para la observación visual, y por tanto para la imaginación y la creación, y probablemente empiece ya a dibujar, con todo lo que encuentra en sus manos, un carboncillo, una piedra blanca, un trozo de tiza, y dondequiera que esté: no en el precioso papel, porque de lo contrario su abuelo se enfadaría, sino en un trozo de madera, una piedra lisa, una pared enlucida donde alguna mancha de humedad ya le ha hecho imaginar las formas fantásticas de montañas o nubes lejanas.

Su madre le ha enseñado a fantasear y a dibujar, porque ella también, puesto que habla poco y mal, se ayuda en la comunicación con el dibujo: cuando era niña aprendió a reproducir las formas de plantas y animales sobre telas y cueros trabajados a mano por los pueblos de las tierras altas del Cáucaso; y cuando era una joven esclava en Venecia trabajó las maravillosas volutas de los brocados de las manufacturas de tejidos de seda y oro.

El dibujo es el medio que se inventa Leonardo para recuperar la relación con la realidad y el mundo que lo rodea: adueñarse de las formas de las cosas y de las criaturas, o hacerse la ilusión por lo menos de haberse adueñado de su vida y de su alma. Y en esto su verdadera maestra, junto a su madre, es la naturaleza; mejor dicho, más que maestra, es su verdadera compañera de juegos y aventuras. Con ella pasa Leonardo su infancia, inmadura, inquieta, repleta de sueños, promesas, profecías, expectativas. Las nubes en el horizonte se descargan en violentas tormentas interiores, como las que el chiquillo observa desde la colina, hacia el valle del Arno, los grandes fenómenos naturales que lo aterrorizan y lo atraen: trombas de agua, torbellinos, diluvios, tormentas eléctricas.

7. La sombra de Piero

Florencia, 1462

Caterina, el abuelo Antonio y la abuela Lucia, el tío Francesco, y además las hermanitas y el hermano pequeño de Campo Zeppi, y el propio Buscarruidos, arisco pero buena persona. Quien está totalmente ausente en la infancia de Leonardo en Vinci es su padre. Ser Piero tiene otras cosas en las que pensar. A estas alturas ya ha conseguido una posición decente en Florencia. Su principal lugar de trabajo es la Badia Fiorentina.

El monasterio benedictino de Santa Maria ha sido reformado recientemente por el gran abad humanista portugués Gomes Eanes, el «bendito Gomezio», que hizo florecer de nuevo la biblioteca, y confió la administración legal al abogado y jurista Tommaso di Iacopo Salvetti, que reside allí cerca, en via Ghibellina.

Un lugar estratégico, frente al Palazzo del Podestá, el actual Bargello, cerca del centro del poder político en el Palazzo de la Signoria, de la sede del Colegio de Notarios en via del Proconsolo y de los almacenes de los papeleros que abastecen las materias primas del trabajo de notarios, escribanos, cancilleres: papel, pergamino, tinta, tinteros, plumas y estuches.

Al principio Piero tuvo que luchar y hacer sacrificios. Arrostró una larga estancia en Pisa y luego aceptó encargos ocasionales para clientes no siempre recomendables, viejos usureros y chanchulleros como Vanni y Donato, o para viudas y familias arruinadas que se peleaban incluso por cuatro trapos. A diferencia de muchos de sus colegas más estirados, no desdeñaba acercarse a comerciantes y banqueros judíos, y prestarles sus servicios, y con el tiempo se convirtió en el notario de confianza de toda la comunidad judía tanto en Florencia como en Empoli y sus alrededores. Mientras tanto, sin embargo, poco a poco, con discreción, consiguió también introducirse en el círculo de las ricas familias burguesas y mercantiles implicadas en los asuntos públicos de la Signoria.

A partir de 1453, ser Piero trabaja habitualmente el palacio del Gremio de la Lana o el Tribunal de Mercancías. Cada vez tiene más familiaridad con el Palazzo della Signoria, y llegará a ser nombrado, si bien solo en una ocasión, y únicamente durante dos meses, en marzo-abril de 1485, notario de la Signoria.

Entre sus clientes destaca la presencia de numerosos conventos y monasterios, tanto masculinos como femeninos. La lista es impresionante, sobre todo si pensamos que las instituciones religiosas eran los principales clientes de los talleres artísticos de la época, elemento que resultará fundamental para el futuro del hijo ilegítimo del notario. Como es natural, al principio están los benedictinos, los de la Badia Fiorentina, a los que se suman las monjas de Santa Brigida al Paradiso y las de Sant'Apollonia; luego está la Cartuja de San Lorenzo a Monte Acuto; los canónigos regulares agustinos de San Donato a Scopeto; los vallombrosanos de Passignano y San Salvi, y las vallombrosanas de San Giovanni Evangelista saliendo por Porta Faenza; los olivetanos de San Miniato al Monte y los de San Bartolomeo di Monteoliveto; los jesuatos de San Giusto; los camaldulenses de San Salvatore a Camaldoli; los servitas de la Annunziata; las dominicas observantes de San Pietro Martire junto a la puerta de San Pier Gattolino, la actual Porta Romana; las clarisas de Santa Maria a Monte. Y la lista ciertamente no termina aquí.

Cuando muere el abuelo Antonio, hacia 1462, corresponde a Piero hacerse con las riendas de la familia. Es entonces cuando toma la decisión más importante: traerse a la ciudad a su madre Lucia, a su hermano Francesco y a su hijo Leonardo.

A Francesco le encuentra de inmediato mujer y trabajo, sin salir de casa Amadori: Francesco se desposa con la hermana pequeña de Albiera, Alessandra, y entra en el mismo gremio de su suegro, el de los zapateros. A estas alturas no hay sitio para todos en la casa Amadori de Borgo de' Greci, ni en la más pequeña y oscura de via de' Vergognosi. Piero y Albiera, acompañados por la abuela Lucia, Francesco, Alessandra y Leonardo, alquilan un nuevo alojamiento en un edificio del gremio de cambistas en la piazza di Parte Guelfa, frente a la pequeña iglesia de San Biagio, o Santa Maria sopra Porta. Pero son años tristes y difíciles.

La pobre Albiera, que perderá a su primera hija, Antonia, en 1463, intenta de nuevo darle un heredero a Piero, pero morirá de parto, y el 15 de junio de 1464 es enterrada justo enfrente, en San Biagio, junto a su pequeña hija Antonia.

Solo podemos imaginar cuál fue la primera impresión que recibió Leonardo de Florencia cuando llegó allí, a la edad de diez años, siguiendo a su abuela Lucia y a su tío Francesco. En los días claros, desde lo alto del Montalbano, ya había vislumbrado la cúpula de Santa Maria del Fiore, o Santa Liberata, que se elevaban allí, contra el telón de fondo de las montañas lejanas. Para sus adentros, recordando lo que le contaba su abuelo, había fantaseado con la ciudad de su padre: porque Florencia, ante todo, es la ciudad de su padre. La ciudad de un desconocido, que lo arranca del campo, de Vinci, de la naturaleza. Y sobre todo de Caterina, de su madre, aunque no pueda decir que es su madre.

La realidad supera toda posible imaginación de ese chico de campo, empezando por las murallas y la puerta que ha de cruzar, San Pier Gattolini, por donde se accede a San Frediano y Santo Spirito, los barrios populares de Oltrarno donde vivieron en otros tiempos el abuelo Antonio y la abuela Lucia: una sucesión ininterrumpida de tiendas, almacenes, mercados, talleres, de gente que va y viene, obreros, artesanos, mujeres, carros, animales, mulas, caballos y jinetes, trompetas y heraldos, todos sin parar, entre gritos, imprecaciones, blasfemias, cantos, hasta el río rápido y grandioso que aparece de repente entre las tiendas de orfebrería encaramadas en el Ponte Vecchio. Y luego, más allá del puente, las altísimas y severas casas de piedra del antiguo cerco amurallado y las torres de las familias en otros tiempos orgullosas y potentes, y las calles más estrechas y oscuras, y las tiendas en cuyo interior se vislumbran riquezas y esplendores que no tienen igual en el mundo, sedas, terciopelos, brocados, objetos de oro y de plata, cántaros, jarrones; y el Palazzo della

Signoria con esa torre que parece desaparecer en el cielo, el inmenso edificio de Santa Maria del Fiore, la cúpula de Brunelleschi, el campanario de Giotto; y el baptisterio de San Giovanni, con esa puerta completamente nueva y enteramente dorada hecha por Lorenzo Ghiberti, que es tan hermosa que la llaman la Puerta del Paraíso. Así de impresionado queda el chico de campo, con la nariz en alto, los ojos desorbitados, la boca abierta, contemplando la ciudad de su padre.

Todo es maravilloso aquí abajo, empezando por el microcosmos que gira alrededor del asiento del notario: esa pluma suya que nunca se está quieta, el olor metálico de la tinta, las resmas de papel nuevo que van y vienen en manos de los aprendices de las papelerías a pocos metros de distancia, las hojas de pergamino recién curtido que han de cortarse y coserse para los documentos originales, los rótulos y cuadernos. Una tarea continua, ininterrumpida, que es para el chico motivo de admiración ilimitada; y, además, tal vez, de rivalidad, una confrontación que perdurará durante toda su vida a través de una incesante, obsesiva, bulímica actividad de escritura, como si su objetivo inconfesable fuera el de escribir, cuantitativamente, más que su padre notario. Una forma como cualquier otra de demostrarle su existencia. Si no escribes, no existes.

En las inmediaciones de los lugares de trabajo de su padre, la Badia Fiorentina y los palacios del Podestá y de la Signoria, Leonardo tiene la oportunidad de conocer, incluso antes que los talleres de artistas y artesanos, los de los libreros, papeleros y estacionarios, es decir, esos libreros-papeleros medievales que guardan en depósito los ejemplares de los libros de texto autorizados por los profesores de los Estudios o por los colegios profesionales (por ejemplo, médicos, jueces y notarios) para prestárselos a los estudiantes con el fin de que los copien, a cambio de cierta cantidad de dinero.

Aquí puede saciar ser Piero su hambre de papel, siempre endeudado con el papelero Giovanni Parigi, un renombrado proveedor de pergaminos para los lujosos códices eclesiásticos; y es quizá él quien, para pagar su deuda, lo favorece cara al rico encargo del obispo de Pistoia Donato de Médici, para el nuevo gradual de la catedral de Pistoia.[1] Aquí Piero también puede tener tratos con el príncipe de los libreros florentinos, Vespasiano da Bisticci, que fue cliente suyo en un poder del 24 de noviembre de 1452: el primer acto redactado veintidós días después de la liberación de Caterina.[2] También el niño deambula por las mismas tiendas, manipula papeles y pergaminos, observa a los escribas e iluminadores manos a la obra, se cruza con clientes asiduos como Francesco Castellani y Luigi Pulci.

A esos bancos van llegando también los primeros fascículos cubiertos de una escritura que, aunque parezca elaborada por una mano humana, es obra en cambio de una extraordinaria máquina que presiona el papel con una prensa parecida a la que se utiliza para hacer vino. La tinta se deposita sobre el papel mediante pequeños tipos de plomo, que para cada hoja cambian de posición en extrañas cajas de madera. Este nuevo arte nace con la creación y manipulación de esas diabólicas piezas de plomo. Las ha inventado un metalúrgico alemán igualmente diabólico llamado Gutenberg, y todo está en manos de antiguos artesanos orfebres, venidos desde Alemania.

El primer florentino que abraza esta novedad es, de hecho, un antiguo orfebre, Bernardo Cennini, discípulo de Ghiberti y Verrocchio. En 1471 realizará Cennini el primer libro impreso florentino, el comentario virgiliano de Servio. Un libro en latín, para profesores y estudiantes de Humanidades: pero pronto seguirán libros y folletos en la lengua de todos, la vernácula, como un arroyuelo que poco a poco irá creciendo y convirtiéndose en un río, y ya nadie lo detendrá.

En ese río no tardará en aprender a nadar un espabilado aprendiz de Antonio del Pollaiolo, Filippo di Giunta, que acabará montando su propio negocio y alquilará una tienda en la Badia: quien le redactará el contrato será, mira por dónde, el

---

[1] ACP, ms. O ejecutado en 1457 en la abadía de San Bartolomeo de Pantano en Pistoia por el amanuense Andrea Tedesco y el iluminador Domenico di Nanni.
[2] ASF, *Notarile Antecosimiano*, 16.823, f. 117r.

propio ser Piero.[3] Filippo y su hermano Lucantonio se cuentan entre los editores más emprendedores e innovadores de la época, y Lucantonio incluso se instalará en la capital editorial europea, Venecia, distinguiéndose por la producción de grandes libros ilustrados.

El joven Leonardo aún no lo sabe, pero un día los hermosos libros de Filippo y Lucantonio entrarán también en su biblioteca. Por ahora, se limita a admirar estas nuevas máquinas, estas prensas tipográficas que producen libros y no vino, y que serán el tema de sus primeros dibujos en el Códice Atlántico.[4]

---

[3] ASF, *Notarile Antecosimiano*, 16.837, ss. 185v-186v
[4] CA, ff. 995r (hacia 1478), 1.038r (hacia 1497).

8. El ábaco y las letras

Florencia, 1462-1466

¿Qué hacer con Leonardo? Es necesario darle una educación, devolverlo a la normalidad. El mundo de Piero, a diferencia del de Caterina, está hecho por entero de escritura: la escritura profesional del notario que, día tras día, año tras año, papel tras papel, registra los acontecimientos de la vida de los demás. El chico, sin embargo, está excluido a priori de este camino: por ley, los hijos ilegítimos no pueden acceder a la profesión notarial. Queda el comercio, acaso en el taller de zapatería de Amadori y del tío Francesco, que sigue viviendo con ellos: un buen local, inicialmente situado frente al banco de Cosme de Médici en Orsanmichele, y luego asociado al taller de Giovanni de Domenico Giugni en el Canto degli Antellesi, cerca de la piazza della Signoria. También para eso es necesaria la escritura, como bien sabía el abuelo Antonio, pero más que las palabras lo que hacen falta son números, de modo que el ábaco se vuelve imprescindible, la aritmética mercantil, el arte de echar cuentas. Y en Florencia la escuela del ábaco, desde los tiempos del pisano Leonardo Fibonacci, ha sido siempre una escuela de excelencia, y también una escuela de lengua vulgar, escrita y oral.

Piero envía a Leonardo a estudiar con uno de los mejores maestros florentinos, uno de esos que los documentos señalan como vecino suyo, y cliente también: Benedetto d'Antonio da Cristofano, Banco di Piero Banchi y el anciano Calandro di Piero Calandri, de ilustre linaje de abacistas. El primero es el candidato más probable para ser el maestro del chico: Benedetto, conocido como «del Ábaco», de la misma edad que ser Piero y discípulo de Calandro, es autor de un *Trattayo d'ábaco* y de una *Pratica d'arismetrica*, y está en estrecho contacto con el entorno de los artesanos y escultores que trabajan en el Palazzo, Giuliano y Benedetto da Maiano, Francione y Monciatto. Ser Piero lo conoce bien: casi todos los actos notariales del maestro son obra suya, y solo uno de su amigo y colega ser Benedetto de ser Francesco da Cepperello.[1]

Con todo, hay que tener cuidado a la hora de elegir. No basta que el maestro sea bueno: también debe gozar de una moral intachable y no atentar contra la virtud de sus alumnos más agraciados; y el joven Leonardo sin duda lo es.

Y en cambio la gente no habla bien del maestro Benedetto, y sobre él penden incluso varias acusaciones de sodomía en la magistratura de los Oficiales de Noche. Precisamente en 1468, un chico de catorce años de San Frediano, Giovanni Andrea Salutati, lo acusará de haber abusado de él en el jardín de la escuela, en Santa Maria della Scala: «*Benedictus magister arismetricis ipsum sodomitavit hodie in eius orto posito contra hospitale Scalarum, ex parte anteriore*».[2] Veinte años más tarde, un decaído funcionario de la Signoria, Lodovico Buonarroti, confiará a su hijo de diez años, otro Leonardo, al algebrista Raffaello di Giovanni Canacci. Confianza muy incauta. Terminará con una denuncia contra Canacci, culpable de haber cometido «*pluries et pluries vitium soddomie ex parte posteriori*» con el pequeño Leonardo Buonarroti en su taller. Y no será la única víctima de ese *magister*.

Los proyectos pedagógicos de ser Piero en el campo del ábaco se revelan completamente inútiles. Leonardo parece disfrutar yendo más allá de las enseñanzas de su maestro, confundiéndolo con preguntas extrañas y negándose luego a aprender las reglas prácticas de la contabilidad mercantil.

No van mejor las cosas con la educación lingüística y literaria. Fracasa totalmente en latín, o, como se dice entonces, en la gramática, en las «letras». A lo sumo, Leonardo comienza a acercarse a los textos vernáculos que circulan entre comerciantes, notarios y artesanos: la *Comedia* y el *Convivio* de Dante, el *Decamerón* de Boccaccio, las novelas cortas de Sacchetti, los opúsculos

---

[1] Sus minutas abreviadas en ASF, *Notarile Antecosimiano*, 2.308.
[2] SF, *Ufficiali di Notte e conservatori dell'onestà dei monasteri*, 12, f. 25v

devocionales, las adaptaciones en lengua vulgar de los clásicos antiguos o los textos religiosos. Como escribirá un día Giorgio Vasari, el chico se revela desde el principio «admirable y celestial», pero también «variado et inestable», y dotado de una característica que, en la Florencia de la época, se consideraba el peor de los defectos: «Empezaba a aprender muchas cosas; y una vez empezadas, acababa abandonándolas».

Tras la muerte de Albiera, ser Piero volvió a casarse de inmediato, en 1465, con la hija de quince años de un notario amigo y colega suyo en la Badia, Francesca di ser Giuliano Lanfredini, quien esta vez le aporta incluso una pequeña dote: ciento cincuenta florines.

Su actividad está cada vez más arraigada en el corazón de la ciudad, entre los edificios del poder. El 16 de enero de 1467 se muda incluso a la piazza della Signoria, alquilando una casa a Simone d'Inghilese Baroncelli. Sin embargo, apenas permanecerá unos meses en ella. En octubre de 1467 se traslada de nuevo, a poca distancia, a via delle Prestanze (hoy via dei Gondi): a la mitad de una casa que le alquila Michele di Giorgio del maestro Cristofano, que a su vez se la ha alquilado al gremio de comerciantes. La cuota anual no es pequeña: veinticuatro florines. Pero la ubicación es extraordinaria. De un lado, el Palazzo della Signoria, y del otro, la piazza di San Firenze y el Canto dei Cartolai, donde se agolpan las tiendas de papeleros y libreros, a pocos pasos de la Badia. Familia y negocios reunidos, podríamos decir, porque es también en la Badia donde instala ser Piero el 25 de octubre de 1468 su nuevo despacho, junto con su colega ser Piero di Carlo di Viva: «Una tienda con un minuto almacén apta para officio de notaría situata frente a la puerta del palagio de los potestá de Florencia», que le alquila el padre Arsenio di Matteo, síndico y procurador de la Badia.

En casa la situación familiar está lejos de ser idílica, debido a la convivencia forzada entre la recién casada Francesca, el hijo ilegítimo Leonardo, su anciana madre Lucia, su hermano Francesco y su mujer Alessandra.

En última instancia, el 23 de enero de 1469, los dos hermanos acaban tomando una decisión y proceden a repartirse los no excesivamente conspicuos bienes de la herencia de su padre en Vinci y sus alrededores. La casa del pueblo donde ambos crecieron y la finca Colombaia pasan a Francesco; a Piero, las fincas Costareccia y Linari.[3]

La asignación de la casa a Francesco tal vez refleje su deseo de regresar al pueblo y abandonar la actividad comercial, en la que no ha tenido excesivo éxito; al contrario, carga con una deuda de más de cien florines y con distintos acreedores. Piero le deja la antigua casa de su abuelo sin demasiados remordimientos, porque mientras tanto, el 6 de noviembre de 1468, se ha comprado la casa de al lado, antigua propiedad de Piero di Domenico Cambini, por solo veintisiete florines, dadas las malas condiciones del inmueble, con los forjados caídos: «Una casa casi en ruinas, et sin palcos y con un poco de huerto».

El notario comienza a invertir las ganancias de su actividad en su pueblo natal, comprando terrenos y granjas. Entre sus interlocutores favoritos se encuentran las monjas florentinas de San Pietro Martire, que tienen varias propiedades en Vinci. El 1 de septiembre de 1469 les alquila el mismo horno de ladrillos que años antes le había sido concedido al Buscarruidos. También en su nombre, Francisco procederá el 30 de septiembre de 1472 a la permuta de ciertas tierras con el convento. Y, juntos, los dos hermanos ocuparán una casa de las monjas en el castillo de Vinci en enfiteusis o alquiler perpetuo, el 20 de septiembre de 1473.[4]

De momento, sin embargo, siguen todos juntos, en la casa de via delle Prestanze, y formalmente solidarios incluso ante las autoridades fiscales. La declaración en el catastro de 1469 fue compilada por ser Piero a nombre de «los fijos et erederos di Antonio di ser Piero di ser Guido, Barrio Santo Spirito, Gonfalón del Dragón».[5] El notario registra en ella la prestigiosa direc-

---

[3] ASF, *Notarile Antecosimiano*, 19.456, f. 47v.
[4] ASF, *Conservatorio de Mantellate, San Pietro Martire*, 75, f. 56r y 47, f. 54r; ASF, *Corporazioni religiose soppresse dal governo francese*, 43, 6, 7, 1.
[5] ASF, *Catasto*, 909, ff. 483r-484r

ción de su nueva tienda: «Ser Piero da Vinci está en el palagio del podestà», y la de su casa compartida de alquiler en via delle Prestanze. Entre las «boccas» aparecen la abuela Lucia, de setenta y cuatro años, Francesca, la esposa de Piero, de veinte años, y luego su hermano Francesco, de treinta y dos años, con su esposa Alessandra, de veintiséis años; y también hay una sirvienta, una «menegilda», a la que se paga ocho florines al año. Al final siempre se añade a Leonardo «non legíptimo»: «Lionardo fijo del antedicho ser Piero non legíptimo, d'años 17».

Pero no es seguro que el niño, inscrito, como de costumbre, para obtener una desgravación fiscal, haya ido alguna vez a vivir a esa casa. Porque Piero ya había encontrado previamente la manera de colocarlo en otro sitio. Es decir, de quitárselo de encima.

9. En el taller de Andrea

Florencia, 1466-1467

Cada vez que regresa a casa cansado después de un largo día de trabajo, ser Piero mira a su hijo, que crece hermoso y saludable. Casi siente rencor por este único hijo suyo que, en lugar de escucharlo y aprender dócilmente el ábaco o las letras, está allí sentado durante horas, en silencio, solo, garabateando los preciosos folios de papelería que necesita para su trabajo, o consumiendo todos los demás materiales del escritorio, las plumillas, la tinta, el lacre.

El muchacho es muy celoso, y esconde todo lo que hace en una cajita o una bolsa debajo de la cama. Un día, ser Piero aprovecha su ausencia y echa un vistazo a lo que hay dentro de esa cajita: un manojo de dibujos, apresurados bocetos de la realidad cotidiana, actitudes, expresiones, personas, animales, flores, paisajes. El niño va más allá de la pura y simple reproducción de la realidad. Vuela hacia mundos imaginarios que solo él ve, crea formas vivientes que nunca han existido, pero que siguen siendo posibles, en un proceso infinito de descomposición y recombinación. Es posible que ese extraordinario desarrollo de la imaginación no sea otra cosa que la proyección de su enorme e irreprimible deseo de libertad. La enseñanza más grande y hermosa que le ha dejado su madre, Caterina.

Ser Piero, preocupado, no logra comprender todas las tempestades que se agitan en el alma del chiquillo, pero al menos comprende por fin que su educación debe seguir otros caminos. Basta de ábaco, de letras, de comercio. Saca algunos de esos dibujos y se los lleva a uno de los artistas contemporáneos más importantes. Uno de sus clientes. Un amigo suyo.

Andrea es el quinto hijo de un pobre hornero, Michele di Francesco di Cione, pero todos lo llaman del Verrocchio, por el nombre de uno de sus antiguos protectores, el orfebre Francesco di Luca Verrocchio: en 1453 Francesco lo había ayudado contribuyendo a exonerarlo de un cargo de homicidio culposo de un compañero durante un apedreamiento.

Andrea era un chico inteligente, capaz de aprender o hacerse de forma turbulenta con los secretos de múltiples artes, desde la orfebrería hasta la metalurgia y la fundición, desde la plástica hasta la pintura, incluso con el viejo Donatello, de regreso a Florencia por entonces. Apreciado por la élite de la ciudad y por la familia Médici, tenía un próspero taller que rivalizaba con el de Antonio y Piero del Pollaiolo. Ser Piero da Vinci es su notario de confianza, y es a él a quien Andrea suele recurrir para los actos que más le importan, aquellos que atañen directamente a su vida privada: como el primer acto redactado para él por ser Piero, en su casa de la piazza di Parte Guelfa, el 13 de diciembre de 1465, para resolver la disputa con su hermano Maso sobre la herencia de su padre y, por lo tanto, sobre la propiedad de la casa con tienda contigua ubicada en via dell'Agnolo, cerca de Malborghetto, hoy via de' Macci, parroquia de San Ambrosio.[1]

No pasa mucho tiempo, y al notario ser Piero, que conoce esa casa y ese taller, se le ocurre la idea de confiar al artesano a su único hijo, que ha cumplido catorce años en 1466. Tal vez sea a causa de su nueva esposa, Francesca, a quien puede que no le guste la presencia de toda esa gente en su casa: el bastardo ya crecidito, ese fracasado del tío Francesco con su esposa, e incluso su suegra.

Es Vasari quien nos cuenta que ser Piero llevó los dibujos de Leonardo a Andrea «que era muy amigo suyo», rogándole que le dijera sinceramente si el niño tenía vocación de artista: «Quedó Andrea harto sorprendido viendo los grandísimos comienzos de Lionardo, y animó a ser Piero a que se dedicara a ello; entonces

---

[1] ASF, *Notarile Antecosimiano*, 16.826, f. 87v

él arregló con Lionardo que fuera al taller de Andrea: lo cual Lionardo hizo de buena gana más allá de lo esperado: y ejerció no solo una profesión, sino todas aquellas donde el dibujo intervenía». Y así, de un día para otro, el chico se ve catapultado al mundo de los artesanos y artistas, e incluso se va a vivir allí, como es normal en un aprendiz, a las pequeñas habitaciones anejas al ruidoso taller de via dell' Agnolo. Y así tiene por fin la oportunidad de cotejar sus sueños con la realidad concreta y material del obrar artístico.

Es un momento estimulante para Verrocchio y su taller. En 1467, el gremio de mercaderes, para el que también trabaja ser Piero, encarga al artista la realización del grupo en bronce de la *Incredulidad de Santo Tomás* para la iglesia de Orsanmichele. Una gran empresa que involucrará en los años sucesivos todas las habilidades técnicas y artísticas del atelier. Sin duda dejará una huella en la formación del nuevo aprendiz, influenciado también por las otras obras de Verrocchio, que se caracterizan por un gusto precioso en los detalles decorativos y la búsqueda del movimiento: el lavamanos y las tumbas de Giovanni y Piero de Médici en la Sacristía de San Lorenzo, el nervioso David del Bargello, la Resurrección de Careggi, el relieve en plata del Duomo, la tumba del cardenal Niccolò Forteguerri en la catedral de Pistoia. Una influencia recíproca: en el rostro de adolescente guerrero del David emerge una sonrisa ambigua e intrigante, que podría ser la sonrisa del joven alumno, modelo para el maestro.

Andrea representa una universalidad de intereses que no puede encontrarse en ningún otro artista de la época: es al mismo tiempo pintor, escultor, restaurador de antigüedades, decorador de interior y exterior, orfebre, tallista, experto en metalurgia, consultor en cuestiones de ingeniería y arquitectura, y medio alquimista. En su taller no existen encargos ni tareas reservados exclusivamente a la creación individual. Todo es en común, entre maestro y discípulos, y todos cooperan en la realización de la obra, aunque sea solo en la resolución de mínimos problemas técnicos o en la ejecución de detalles decorativos.

Una confusión jubilosa y creativa, que no perdona ni siquiera el cuaderno de estudio del maestro, en el que no es raro encontrar notas y garabatos de sus muchachos: incluso del propio Leonardo, que escribe en una hoja de papel, con su característica letra invertida, el recuerdo de un crédito debido a otro estudiante, tal vez nada más que una broma: «nicholò / di michele / debbe / s. ccc F. 50».[2] Es uno de los primeros vestigios de la escritura que acompañará toda su existencia. Un simple fragmento de vida cotidiana, como los que emergen en sus papeles más antiguos: las pequeñas deudas, los secretos, es decir, las recetas de los colores, las bromas y los juegos que los niños se gastan en la tienda, como echar vino tinto sobre aceite de linaza hirviendo, para liberar llamas altas y repentinas, o de colores.[3]

El taller es una escuela, un laboratorio, una academia, un aula universitaria, un lugar de encuentro y discusión y de ósmosis continua de ideas, frecuentado por nobles y plebeyos, humanistas e iletrados, clientes y mecenas. Y obviamente por artistas, empezando por los aprendices y estudiantes que compartieron pan y alojamiento con Leonardo: el escultor, algo más anciano, Francesco di Simone Ferrucci, Pietro Perugino, Lorenzo di Credi, Agnolo di Polo y Nanni Grosso; y luego los maestros colaboradores, los «externos» ya bien establecidos: Alessandro Filipepi, más conocido como Botticelli, Domenico Ghirlandaio, Francesco Botticini, Biagio d'Antonio y por último Filippino Lippi, hijo de artista y fruto del amor del fraile carmelita Filippo y de la hermosa monja Lucrecia Buti.

---

[2] París, Musée du Louvre, Département des arts graphiques, RF 453r.
[3] CA, ff. 704dr, 958r, 1057r, 1.112v.

10. El aprendiz

Florencia, 1466-1470

El ámbito en el que destaca el chico desde un principio es el dibujo. A su predisposición natural se añade ahora la larga práctica de los aprendices propia de los talleres artísticos. Cuando, muchos años después, Leonardo se ponga a escribir su propio *Libro de pintura*, le resultará natural recordar el aprendizaje que completó con Verrocchio.

De forma ordenada, aprendió a utilizar la perspectiva, a respetar las medidas y proporciones de las cosas y a representar los miembros del cuerpo humano. Hay un precepto que le planteará algunas dificultades al principio, dada su tendencia a aprender solo de la maestra naturaleza: el aprendiz no debe plasmar las formas de las cosas y de las criaturas directamente del natural, sino que debe copiar e imitar dibujos de los «buenos maestros», además de retratar relieves y modelos plásticos y comparar sus resultados con otros dibujos sacados de los mismos modelos.[1]

Entre las primeras enseñanzas que recibe, Leonardo se sorprende sobre todo ante el hecho de que no hay que confiar en exceso en la vista, en la experiencia de los sentidos, en la habilidad natural de la mano para reproducir las formas. En Florencia, en las décadas anteriores, con la invención de la perspectiva lineal, atribuida a Brunelleschi, se produjo una extraordinaria revolución técnica y estética en el campo de la pintura. Los objetos y figuras de una composición deben situarse en un espacio virtual, mental, abstracto, construido como una suerte de rigurosa estructura geométrica. Por lo tanto, el aprendiz debe estu-

---

[1] A, ff. 90v, 97v, 113r (hacia 1492).

diar y aplicar nociones de geometría y óptica, que van desde Euclides hasta las más avanzadas teorías de científicos árabes como Alhacén, disponibles en Florencia en una traducción vernácula utilizada también por Ghiberti. La pintura está cada vez más cerca de la ciencia, y aspira a convertirse en una forma de conocimiento de la realidad más que de su representación.

Entre los ejercicios escolares corrientes era necesario moldear cabezas en arcilla y terracota para dibujarlas luego en escorzo y en diversas posiciones y condiciones de luz y sombra, o reproducir, nuevamente con el dibujo, objetos de singular complejidad como una esfera armilar o un tocado de moda en la Florencia de aquella época llamado *mazzocchio*. Para no cometer errores, puede utilizarse un instrumento hoy llamado prospectógrafo: un eje vertical con un orificio o una pequeña varilla hueca, montado sobre una mesa de trabajo frente a un panel de vidrio o papel transparente. El dibujante coloca el objeto que ha de dibujar a cierta distancia del panel transparente, se sienta en el lado opuesto y lo observa a través del agujero, mientras su mano traza cuidadosamente sus contornos en la lámina transparente. Leonardo quedó tan impresionado por este sencillo instrumento que nos dejó un pequeño dibujo en una hoja de estudio posterior, con la nota «pon el ojo en un chañón».[2]

Al igual que en las escuelas de ábaco, también en los talleres artísticos se realiza parte de la enseñanza a través del juego, de forma recreativa, y colectiva. Naturalmente, se trata de juegos destinados a agudizar la capacidad de juzgar inmediatamente, de un vistazo, medidas y proporciones. Por ejemplo, un niño dibuja una línea en la pared, y los demás, a una distancia de al menos diez brazos, es decir, unos seis metros, deben conseguir adivinar su longitud, y el que más se aproxime gana, como se desprende de algunas hojas posteriores.[3]

Pero el juego que probablemente más le guste a Leonardo es el que potencia su capacidad de imaginar y soñar: cuando el maestro obliga a sus discípulos a mirar algunas feas manchas de

---

[2] CA, f. 5r. Véase también A, f. 104r.
[3] A, f. 106v; CA, f. 958r.

humedad en la pared, o es él mismo quien lanza al azar salpicaduras de color o tinta, o en el peor de los casos incluso escupitinajos, y les pide que digan lo que ven, y Leonardo, adelantándose a todos los demás, empieza a describir, como si los tuviera ante sus ojos, paisajes fantásticos adornados de montañas, ríos, rocas, árboles, llanuras, valles y cerros, y también batallas de hombres y animales e infinitas cosas más, y no se detendría nunca si por él fuera.[4]

El chico no tarda en convertirse en dueño absoluto de los materiales que emplea en sus dibujos, empezando por las herramientas con las que su idea pasa de la mente a la mano y de la mano a la hoja y se transforma en signo, o en sueño: la punta metálica, de plomo o plata, al principio, el primer trazo fino y casi evanescente, y a veces solo una incisión invisible; luego negro de humo o carboncillo, para repasar la primera composición trazada con una punta de metal; y después todas las demás técnicas, contaminadas entre sí: las pinceladas con témperas de colores, o con tinta de acuarela, o con albayalde para dar al claroscuro los destellos de luz necesarios.

Como es natural, no falta la primera herramienta que tuvo en la mano desde pequeño, imitando a su abuelo y a su padre: la pluma y la tinta, normales para la escritura pero inusuales en el dibujo, porque fijan las líneas para siempre, sin que sea posible borrarlas o taparlas; aunque eso a Leonardo no le importa, porque para él el trazo de la pluma es un signo inestable, libre, en perpetuo movimiento, que se superpone a sí mismo en ondas y espirales.

La elección del papel también resulta fundamental: no ya el de barba utilizado por el padre notario, sino papel de diversas formas, composiciones y formatos según el uso que se le dé, de grano grueso o fino, sutil como un velo, transparente o translúcido, papel propiamente dicho, papel de cáñamo y limo, papel de trapo, etcétera; y además siempre hay que tratarlo antes de

---

[4] A, f. 102v.

dibujarlo, colorearlo (de azul, rojo, ocre, rosa, gris, marrón), enlucirlo o «ahuesarlo», es decir, alisarlo con polvo de huesos.

No faltan dibujos de «buenos maestros» que imitar en el taller de Verrocchio, normalmente recogidos en libros de taller y álbumes de bocetos. En ocasiones, se trata de auténticos cartones parciales realizados por el maestro, perforados para trasladar la imagen con la técnica del estarcido a algún cuadro, y reciclados como material didáctico para los alumnos. En uno de estos cartones, la espléndida cabeza de una mujer joven, ya perforada para el estarcido, hay algunas intervenciones del joven Leonardo, reconocibles por su típico plumeado sinistrorso.[5]

Después de haber aprendido a la perfección la perspectiva y las formas y proporciones de los objetos y figuras, el discípulo puede salir del taller e ir por ahí para capturar la vida tal como se le presenta, dibujar con una punta de plata, o bien con una piedra negra o roja o al carboncillo en un «librito», es decir, un cuaderno de bolsillo de pequeño formato hecho de hojas de papel teñido o ahuesado, que ha de ser cuidadosamente conservado como un precioso depósito de ideas, actitudes, movimientos.[6] Desgraciadamente, no ha llegado hasta nosotros ninguno de los «libritos» del primer periodo florentino de Leonardo, pero algunas de sus hojas juveniles posteriores recopilaron y reelaboraron en copias a limpio los dibujos tomados del natural en los «libritos» perdidos: rostros, manos, extremidades y también detalles de engranajes y máquinas, que no le parecen muy diferentes de los cuerpos humanos.

Los rostros le fascinan, por la mutabilidad de sus expresiones y por las características físicas que los conforman, especialmente en las cabezas de los ancianos, que casi parecen modeladas y esculpidas por la acción del tiempo. Una ciencia antigua, la fisonomía, le enseña que siempre existe una correspondencia entre el interior y el exterior, entre el alma y la máscara que la cubre. Leonardo se deleita en representar las cabezas de viejos huraños, de jóvenes efebos, de mujeres y niños risueños, y a ve-

---
[5] Oxford, Christ Church Gallery, 0005.
[6] A, f. 107v.

ces los transforma en caricaturas grotescas o en animales feroces, leones y dragones, que se enzarzan entre sí.

Con todo, además del dibujo, ¿cuál fue la primera producción artística de Leonardo junto con Verrocchio? Vasari dice que el niño, «gozando de un intelecto tan divino et maravilloso que, siendo boníssimo geómetra, no solo obró en la escultura, haciendo en su juventud de arcilla algunas cabezas de mujeres risueñas, que debían ser formadas por l'arte del yeso, e igualmente cabezas de querubines que parecían salidas de la mano de un maestro; pero en arquitectura también fizo muchos dibujos tanto de plantas como de otros edificios».

Aunque hoy no existe un acuerdo total sobre su autoría, algunas obras plásticas de terracota tienen muchas posibilidades de acercarse al estilo y al lenguaje del joven Leonardo: el *Cristo joven* en terracota que perteneció a la colección Gallandt; un ángel volador en el Louvre, parecido a los del Cenotafio Forteguerri; una Virgen sonriente contemplando a su hijo, que también ríe, y un san Jerónimo sentado meditabundo con un libro, ambos hoy en el Victoria and Albert Museum de Londres.

Por otra parte, queda absolutamente confirmada la derivación de gran parte de sus primeras obras gráficas de relieves y modelos plásticos, como exige la enseñanza del dibujo en el taller. Por ejemplo, Verrocchio había realizado algunos retratos en bajorrelieve de los grandes adalides de la antigüedad —Escipión, Aníbal, Alejandro Magno, Darío—, representados de perfil con un precioso equipamiento de armadura y escudo, y de uno de ellos extrajo Leonardo un dibujo que se convirtió en símbolo de una belleza heroica, varonil y ceñuda.[7]

Luego, siguiendo el ejemplo del maestro, Leonardo moldeó algunas pequeñas esculturas de terracota, «modelos de figuras en arcilla», como escribe Vasari; «et les ponía encima blandos trapos, cubiertos de barro, y luego con pazienzia se ponía a dibu-

---

[7] Londres, British Museum, Department of Prints and Drawings, 1.895.0915.474.

jarlas sobre finíssimas telas de batista o lino, trabajándolas de negro y blanco con la punta del pincel, que era cosa admirable».

Estas son sus primeras obras maestras que se conservan: maravillosos dibujos de drapeados, realizados sobre delicadas láminas de lino coloreadas con tonos verdes, azules, beis o marrones, y retocadas con la punta de un pincel y pinceladas de albayalde para plasmar con mayor eficacia el claroscuro y el relieve.[8]

El estudio de los drapeados es un ejercicio escolar habitual en el taller de Verrocchio, un concurso en el que todos se aventuran y que servirá para componer los drapeados de obras escultóricas como *La incredulidad de Tomás*. Pero el discípulo ciertamente va más allá. Hay algo inquietante en esas formas diáfanas y sin cabeza que emergen de la oscuridad, en esos fantasmas cubiertos de harapos que la vida parece haber abandonado de repente.

---

[8] Florencia, Gallerie degli Uffizi, Gabinetto dei disegni e delle stampe, 420E, 433E; París, Musée du Louvre, Département des arts graphiques, 2.255-2.256, RF 41.904-41.905, RF 1.081-1.082; París, Fondation Custodia, Collection Frits Lugt, 6.632; Rennes, Musée des Beaux-Arts, 794-I-2.506; Londres, British Museum, Department of Prints and Drawings, 1.895.0915.489

11. La Medusa

Florencia, 1470-1472

El 15 de agosto de 1470, Verrocchio vuelve a la casa de su amigo notario ser Piero para que redacte el contrato de alquiler de su antigua casa-taller en via dell'Agnolo.[1]

Se trata de una mudanza a lo grande, con todo el material de trabajo y de enseñanza, los bocetos de plástico, las herramientas, las máquinas, los fogones. Se traslada a una nueva ubicación detrás de la catedral, en via dell'Oriolo, parroquia de San Michele Visdomini: justo donde vivían Donato Nati y su esposa Ginevra y la esclava Caterina, la madre de Leonardo. La casa, propiedad del diácono Guglielmo di Iacopo Bischeri, es más pequeña que la anterior pero más prestigiosa, porque ya había sido alquilada a Donatello y Michelozzo. En los documentos se la define como «un taller con varias estancias».

En una de estas «estancias» se alojará también Leonardo. Tiene dieciocho años nuestro joven aprendiz, y un desesperado anhelo de libertad. Le gustaría establecerse por su cuenta, abrir un taller independiente, pero no podrá hacerlo hasta que se inscriba en el gremio de pintores, la Compagnia di San Luca; y no puede inscribirse porque aún no ha hecho nada.

Leonardo comienza a experimentar esa condición paradójica que lo acompañará durante toda su vida. Por un lado, le gustaría volver a ser el chico solitario que era, para poder especular con calma y tranquilidad sobre las cosas de la naturaleza: «Si tú estás solo, tú serás todo tuyo», escribirá un día. Pero, por otro lado, se da cuenta de que es mejor obrar y dibujar en compañía,

---

[1] ASF, *Notarile Antecosimiano*, 16.828, ff. 43v-44r. Contratos posteriores: 4 de agosto de 1471 (f. 176r), y 25 de diciembre (f. 205r).

porque solo de esa manera se activa un mecanismo virtuoso de competencia y mejora recíproca.[2] Al mostrarse demasiado solitario, se corre el riesgo de ser tachado de loco, abstracto, extravagante. En Florencia ya hay muchos artistas así.

La nueva ubicación del taller, cerca de la Fabbrica del Duomo, fomenta el contacto con los laboratorios y las máquinas que pertenecieron a Brunelleschi y a Donatello y, por lo tanto, la práctica de las artes mecánicas y de la ingeniería. En estos campos, la transmisión de conocimientos prácticos y sabiduría técnica y constructiva se remonta, sin solución de continuidad, a las generaciones anteriores, hasta los ingenieros tardomedievales. Es una sabiduría diferente a la de los humanistas, que no se aprende en los libros, no de los *auctores*, sino a través de la experiencia de las cosas, la cultura práctica del ver y del hacer.

Sin embargo, incluso en este entorno circulan algunos libros. Tras la muerte de Verrocchio en Venecia en 1488, en su taller florentino, en una lista compilada en 1490 por su hermano Maso se encontrarán cinco, todos de ámbito literario-religioso, y todos de interés para el joven Leonardo: una Biblia en vulgar, un «Cien Novelas» que podría ser el *Decamerón* de Boccaccio o las *Trecento novelle* de Sacchetti, los *Triunfos* de Petrarca, las epístolas de Ovidio, y un «Moscino in forma» que podría ser una de las primeras ediciones de *Guerrin Meschino*.[3]

Es probable que circularan también cuadernos manuscritos con colecciones de dibujos y modelos tecnológicos, misceláneas, libros de ábacos, libros de recetas y de «secretos», vulgarizaciones de traducciones latinas de textos griegos o árabes sobre matemáticas, álgebra, geometría, óptica, mecánica, desde Alhacén hasta Filón de Bizancio. Predomina la lectura colectiva, realizada por el maestro en voz alta, con ejemplos prácticos, modelos y experimentos, y con la ayuda constante del dibujo.

Algunos de los primeros folios tecnológicos de Leonardo, en efecto, revelan la recuperación de ideas procedentes de la tra-

---
[2] A, ff. 106v-107v.
[3] ASF, *Tribunale della Mercanzia*, 1539, ff. 301r-302v.

dición ingenieril florentina que se remonta a Brunelleschi, a través de cuadernos y misceláneas como los de Bonaccorso di Vittorio de Lorenzo Ghiberti, o de copias de los tratados del sienés Mariano di Iacopo, apodado «el Taccola».[4]

Con todo, como es natural, la experiencia directa siempre es mejor. Ahora Leonardo tiene la oportunidad de estudiar de cerca algunas de las máquinas diseñadas por Brunelleschi para la construcción de la cúpula de la catedral. Y también participa en una de las obras de ingeniería y metalurgia más importantes de la época: el remate de la cúpula con la gran bola de cobre dorado izada en la linterna el 27 de mayo de 1471, como recordará una tardía nota suya: «Acuérdate de la soldadura con que se soldó la bola de Santa Maria del Fiore, de cobre estampado en piedra, como los triángulos de esa bola».[5]

Una anécdota contada por Giorgio Vasari, y probablemente inventada, nos ayuda en cualquier caso a comprender la difícil situación que vive el joven.

Un campesino de Vinci le había pedido a ser Piero que le pintara en Florencia una rodela, es decir, un escudo de madera redondo, en forma de rueda. Como es natural, el notario se lo encarga a su hijo, que se encierra en su cuartucho (una de las «estancias» del nuevo taller de Verrocchio) y pinta en él un «animalejo de lo más horrible y espantoso», con la intención de provocar «un efecto similar al de la cabeza de la Medusa», es decir, petrificar de terror al observador, y que no es más que una monstruosa combinación de detalles de «lagartos, lagartijas, grillos, mariposas, langostas, nóctulos».

El joven trabaja febrilmente, a oscuras, sin permitir la entrada a nadie, y demasiado absorto en su propia imaginación para percatarse del hedor a putrefacción de los cadáveres de esos pobres animales que ha matado y descuartizado. Cuando termina, manda llamar a su padre y lo hace esperar fuera de la puerta, mientras

---

[4] CA, ff. 5r, 6r, 7r, 24r, 26r-v, 30r-v, 89r, 138r, 165r-v, 808r-v, 891r, 926v, 965r, 1.054v, 1.074r, 1.083v, 1.084r, 1.087r, 1.112r-v, 1.117bv.
[5] G, f. 84v (hacia 1514-1515).

coloca la rodela sobre un caballete, con una cuidadosa disposición de luces que hace que el animal parezca vivo y listo para saltar hacia adelante. Ser Piero entra en la habitación, se asusta y hace ademán de huir; pero Leonardo lo detiene diciendo: «Esta obra ha servido al propósito que tenía; lleváosla, pues, ya que este es el fin que de la obra se espera».

La invención del «monstruo de la rodela» corresponde en realidad a la técnica combinatoria típica del estilo de Verrocchio, en la que detalles reales de diferentes orígenes convergen para crear figuras fantásticas, inexistentes pero posibles. Una idea de cómo podría haber aparecido el monstruo de la rodela nos la sugiere, por ejemplo, el improbable y zafio dragón, mitad jabalí y mitad gruesa serpiente, afrontado y derrotado por Perseo en una pintura tardía de Piero di Cosimo, *La liberación de Andrómeda*. La pintura tiene el poder mágico y casi divino de aparentar cosas terribles y aterradoras, y por lo tanto de engañar al espectador, que cree hallarse realmente ante seres monstruosos, o ante fenómenos naturales catastróficos. El cuadro, o el fresco, es como un teatro.

El mismo propósito teatral se encuentra en otra obra juvenil perdida, *Cabeza de Medusa*, es decir, la mítica criatura de melena serpentina capaz de petrificar con una sola mirada, derrotada también por el héroe Perseo, y decapitada.

Según el Anónimo Gaddiano, Leonardo pintó «una cabeza de bruja con admirables y raros agrupamientos de serpientes» (en el manuscrito, la palabra *bruja* es una corrección sobre *Medusa*).

En el siglo XVI la obra acabó en el armario secreto del gran duque Cosimo: «uno cuadro de leño pintada una furia infernal de mano de Lionardo da Vinci sin ornamento»;[6] y allí también lo verá Vasari: «Una cabeza de una Medusa en un cuadro al óleo, con un tocado en la cabeza de un agrupamiento de serpientes; la más rara y extravagante invención que pueda imaginarse, pero

---

[6] ASF, *Guardaroba Medicea*, 28, f. 29v.

como era obra que requería tiempo, quedó inacabada, como casi siempre acaecía en todas las cosas suyas».

En la *Medusa* hace su primera aparición un tema recurrente en la imaginación de Leonardo: las líneas curvas y sinuosas que se entrelazan, se anudan y se compenetran entre sí, y según la ocasión se convierten en los cabellos serpentinos de la Medusa o de una Furia, las melenas y rizos de mujeres y niños, las espirales retorcidas de una planta trepadora, el serpenteo de un curso fluvial, el vórtice de una ola. Las formas de la vida.

En la habitación oscura, cerrada y secreta en la que el joven ha pintado la rodela y ha montado el horroroso teatro del que su padre ha sido espectador y su hijo creador y director, se manifiesta una desesperada búsqueda de libertad creativa, que habrá de recuperar después de los primeros años de aprendizaje. La soledad del estudio es una característica contradictoria de un carácter abierto por naturaleza al diálogo con los demás, pero esquivo ante cualquier controversia, cualquier choque o antagonismo. ¿Hasta qué punto le pesa el recuerdo del nacimiento ilegítimo? ¿Hasta qué punto le pesa la cercanía de ese padre tan influyente en la vida pública florentina, circunstancia que hace posible que los demás jóvenes artistas de modesta extracción lo acusen de no ser más que un bastardo fracasado, mantenido en la ociosidad artística por los buenos oficios paternos, pero carente de auténtica profesionalidad, incapaz de sustentarse con el fruto de su propio trabajo? En lo más profundo de su corazón, Leonardo sabe que está solo, terriblemente solo, en esta tierra.

Luego, por fin, un rayo de luz. A los veinte años Leonardo obtuvo el ansiado reconocimiento. Su nombre queda inscrito, solemnemente y en mayúsculas, en el gran registro en pergamino de la Compagnia di San Luca, la guilda de los pintores: LIONARDO DI SER PIERO DA VINCI PINCTOR.[7] En 1472, el libro de contabilidad de la Compañía registra las cuotas que adeuda del periodo pasado, y de la fiesta de San Lucas, patrón de la

---

[7] ASF, *Accademia del disegno*, 1, f. 11v.

compañía y del arte de la pintura, que se celebrará el 18 de octubre.[8]

La compañía es una rama secundaria del gremio de médicos, farmacéuticos y boticarios. Más que una corporación, es una hermandad laica de inspiración religiosa, que sin embargo fomenta la participación en el gran círculo de los encargos y de la producción artística. El joven tiene pues el mayor interés en pagar las modestas sumas que se le piden: solo dieciséis dineros al año, más la ofrenda para la fiesta de San Lucas, que son otros cinco dineros. El problema que se le presenta ahora es ganar esos escasos dineros sin tener que humillarse pidiéndoselos a su padre.

---

[8] ASF, *Accademia del disegno*, 2, f. 93v.

12. Santa Maria della Neve

Montevettolini, cerca de Monsummano, 5 de agosto de 1473

Entre 1468 y 1473 los hermanos Piero y Francesco regresaron con frecuencia a Vinci y sus alrededores, mostrando un nuevo interés por las propiedades heredadas de su padre e incrementándolas con nuevas adquisiciones.

Leonardo aprovecha estos viajes y vuelve él también al pueblo. Recién admitido en el gremio de pintores, está a punto de recibir sus primeros encargos y quiere volver a estudiar la naturaleza y el paisaje en los lugares que le resultan más familiares: las laderas del Montalbano. Necesita sacar nuevas energías del contacto directo con su tierra y suspender por un momento las incertidumbres y ansiedades vividas en Florencia.

De este modo puede volver a ver la iglesia donde fue bautizado, y la vieja casa de su abuelo Antonio, deshabitada desde hace unos años y ya desatendida y deteriorada, el techo se está cayendo a pedazos y las tarimas del forjado están cediendo, como en la casa contigua que su padre Piero compró recientemente.

Puede subir a Anchiano, donde le dijeron que nació, en la casa con la almazara entre los olivos, y continuar por los bosques, pasando por la iglesia de Santa Lucia a Paterno, hasta la Torre di Sant'Alluccio, donde recientemente ha brotado un manantial milagroso, y el municipio de Vinci quiere construir una pequeña capilla dedicada a la Virgen. Pasada la cresta se encuentra el pueblo de Bacchereto, con los hornos de jarras y terracota esmaltada de la familia de la abuela Lucia.

Y, sobre todo, podrá recorrer de nuevo el sendero que frecuentaba cuando era niño, entre viñedos y setos, con la misma emoción de entonces, hasta las casas de Campo Zeppi. Para abrazar a su madre, que siempre lo espera.

Es el 5 de agosto de 1473. En un pueblo cercano se celebra una fiesta, Santa Maria della Neve, en memoria de un gran milagro que la Virgen había realizado tiempo atrás, haciendo caer la nieve en pleno verano. Leonardo sigue a los hombres y mujeres que van allí en peregrinación. En la alforja, algo de pan y queso, una bota de vino, su inseparable «librito» de bocetos, una piedra roja o negra, un estilo de plata que le ha regalado su padre por su ingreso en la Compagnia di San Luca. En el camino va captando imágenes: rostros de campesinas, animales, árboles y plantas, una libélula, el vuelo de un pájaro, un talud rocoso entre pedregales y cascadas, con un cisne y un pato.[1]

Suben hasta Montevettolini, pequeña aldea fortificada frente a la colina de Monsummano, con vistas al Valdinievole. La vista abarca desde las marismas de Fucecchio hasta el Monte Pisano. La pequeña capilla de Santa Maria della Neve se levanta nada más salir de la aldea. Se oye el sonido del agua que fluye clara hacia el lavadero situado bajo el talud. Una larga serpiente negra está tomando el fresco, un poco molesta por el alboroto. Después del rito, alguien que ha traído hasta aquí bloques de hielo en un carro desde los neveros de las montañas de Pistoia se divierte desgranándolos y dejándolos caer sobre la gente, simulando el milagro.[2] Leonardo se aleja y sube por la colina, y se pierde en la contemplación del espacio, la luz y el aire de ese día de verano.

Así nace su primer dibujo fechado, el *Paisaje de Valdinievole*, en una hoja de papel que lleva la siguiente nota en la parte superior izquierda: «Día de sancta Maria della neve / a día 5 de aghosto de 1473».[3] No se trata de lo que bosquejó realmente ese día en su «librito», sino de un estudio de conjunto, realizado algún tiempo después, en Florencia.

El dibujo a pluma se superpone a un primer boceto a punta de plomo, con dos tintas diferentes que corresponden a dos ver-

---

[1] W, 12395r.
[2] VU, f. 13r: «Traerá nieve de estío a los lugares cálidos, tomada de las altas cumbres de los montes, y se dejará caer en las fiestas de las plazas en el tiempo del estío».
[3] Florencia, Gallerie degli Uffizi, Gabinetto dei disegni e delle stampe, 8P.

siones distintas. En el reverso aparece el bosquejo de una colina, un arco de piedra entre los árboles, un curioso desnudo masculino que parece representar un Mercurio o un Perseo dando vueltas en el aire, un rostro sonriente en el que está escrito, en sentido regular, «jo. morando. dant. estoy. chontento».

La escritura de la fecha se coloca en la hoja cuando se ha completado el dibujo. Leonardo traza cuidadosamente las palabras, una a una, dilatando algunas letras, por debajo o por encima de la línea, con ojales, rizos, florituras caligráficas. Es una escritura solemne, como puede serlo la escritura de un libro o de un documento notarial, y sugiere una relación profunda con el dibujo. No se encuentra allí por casualidad: es un signo intencionado, decisivo en la interpretación. Y es, ante todo, una fecha, el recuerdo de un día o, mejor dicho, de un día especial. La indicación de la fiesta religiosa, en los libros de recuerdos, sigue la costumbre de un mundo en el que el tiempo no deja de ser el de la Iglesia, marcado por el ritmo del año litúrgico y la alternancia de las estaciones y de las fases de la vida campesina.

El registro del tiempo es un elemento fundamental de la escritura. Permite fijar un acontecimiento, un texto, un dibujo, en un momento preciso del flujo temporal, y confiarlo a la memoria como un punto de esa línea que, compuesta por muchos otros puntos, se convierte en historia: historia colectiva e historia individual.

En los años venideros, el calendario de la vida de Leonardo se irá construyendo, día a día, con las fechas presentes en sus manuscritos: señales de orden en el caos, tañidos de un reloj interno, marcadores de un inmenso libro de recuerdos, y para nosotros, preciosas coordenadas de navegación, de reconstrucción cronológica, de orientación en el laberinto.

13. La Montaña Sagrada

Florencia, 1473

Una vez de regreso a Florencia desde Vinci, Leonardo realiza su primera obra, la *Anunciación*, al óleo y temple sobre una tabla de álamo más larga que alta, de dos metros de longitud y un metro de altura. Una obra misteriosa, de la que no se conoce ni el origen ni el autor del encargo.[1] Lo único que sabemos es que, durante siglos, antes de llegar a los Uffizi, estuvo expuesta al culto en la pequeña iglesia del convento de San Bartolomeo a Monteoliveto, sobre una colina a las afueras de Porta San Frediano. Si fue realizada expresamente para ese convento, esa sería entonces la primera vez que ser Piero ayudaba a su hijo a encontrar trabajo, en un episodio que se vincula a la historia de la mujer a la que amó y que fue la madre de Leonardo.

Dicho convento, en efecto, entregado en régimen de encomienda a los olivetanos de San Miniato al Monte, lleva años afectado por obras de reconstrucción, finalizadas por fin hacia 1472 únicamente gracias a un conspicuo legado de Donato Nati, con la cláusula de que se realicen el sepulcro del donante y la capilla familiar, dedicada a la Virgen. El testamento fue redactado el 16 de abril de 1466 por el notario de confianza de Donato, ser Piero da Vinci.[2] El síndico y procurador del convento, que supervisa las obras y los encargos, es fray Lorenzo di Antonio di Iacopo Salvetti, sobrino de Tommaso Salvetti, abogado de la Badia Fiorentina y nuevo marido de Ginevra, tras la muerte de Donato; y es asimis-

---

[1] Florencia, Gallerie degli Uffizi, inv. 1.890 n.º 1.618.
[2] ASF, *Diplomatico, San Miniato al Monte, Normali*, 16 abril de 1466; *Quaderni*, 16 abril de 1466; *Normali*, 23 abril de 1466; abreviatura en *Notarile Antecosimiano*, 16.842, ff. 43r-44v.

mo ser Piero quien redacta el 6 de julio de 1470, en favor de fray Lorenzo, el poder para recibir el cobro de los títulos de Donato en el Monte de Piedad de Venecia.[3] No debe de haberle resultado difícil convencerlo de que confiara la ejecución de la tabla para la capilla de Donato a un joven y prometedor pintor, recién salido del taller de Verrocchio y que, casualmente, también es su hijo.

La *Anunciación* es un tema común en la iconografía cristiana y en la pintura florentina, a caballo entre la Baja Edad Media y el Renacimiento. Leonardo conoce bien las obras de sus predecesores —Fra Angelico, Lorenzo Monaco, Filippo Lippi y Botticelli—, pero quiere crear algo completamente nuevo, en un espacio abierto al paisaje y a la naturaleza.

Quizá el único cuadro que realmente influya en Leonardo para la composición de su *Anunciación* sea otra *Anunciación* pintada entre 1467 y 1473 para el otro convento olivetano de Florencia, San Miniato al Monte, en la capilla del cardenal de Portugal: la que pintó Alessio Baldovinetti, también amigo de ser Piero.

LA ANUNCIACIÓN

Al igual que la tabla de Leonardo, el mural de Baldovinetti se adapta asimismo a la pared de la capilla, a distancia del Ángel de la Virgen, y por encima de ellos aparece pintada una hilera de cipreses y árboles que retoma una composición anterior suya en la iglesia de San Giorgio alla Costa. Por su parte, Leonardo sustituye la abstracta y geométrica espaldera de Baldovinetti por un muro bajo que permite ver todo el paisaje de fondo.

Detrás de la Virgen aparecen una casa y una puerta abierta, a través de la cual se entrevé, en la oscuridad de la habitación, un elevado lecho cubierto de rojo. La escena sagrada se sitúa en un espacio similar al que antecede a la iglesia, una terraza delimitada por un muro bajo y una hilera de árboles con vistas al Arno y a la ciudad. La casa y la puerta, en efecto, reflejan las palabras grabadas en el arquitrabe del

---

[3] ASF, *Notario Antecosimiano*, 16.828, f. 36r.

portal: NON EST HIC ALIUD NISI DOMUS DEI ET PORTA CAELI. Son las palabras pronunciadas por Jacob al despertar del sueño maravilloso de los ángeles que subían y bajaban del cielo.

El joven artista se entregó por completo en la temprana *Anunciación* de Monte Oliveto, para demostrar públicamente las habilidades adquiridas durante sus años de aprendizaje. En primer lugar, la perspectiva, trazada sobre la preparación en yeso y cola, la llamada «imprimación». Luego, un complejo juego combinatorio de diferentes ideas figurativas, y de distintos orígenes, algunas de las cuales eran reflejadas en la tabla a partir de los cartones preparatorios.

Cada una de esas ideas es, en sí misma, una obra maestra, pero aún falta la visión de conjunto. Aquí convergen los ejercicios de los años de aprendizaje, testimoniados por espléndidos dibujos: la cabeza y el brazo del ángel;[4] los ropajes;[5] las flores que tapizan el prado, y el lirio blanco y recto que porta el ángel.[6]

La radiografía nos revela que el ángel, originalmente, tenía la cabeza inclinada, con la mirada hacia el suelo, como si el mensajero asexuado no tuviera el valor de mirar a los ojos de la mujer, la madre, la cuna divina de la fecundidad.

Un elemento exquisitamente verrocchiesco es la base del atril colocado delante de la Virgen, que recuerda la tumba de Piero di Cosimo de Médici en San Lorenzo, realizada entre 1470 y 1472. Sobre el atril, un libro. El primer libro que aparece en el mundo de Leonardo. Las páginas diáfanas y transparentes de ese libro viviente parecen abrirse por sí solas ante el ligero roce de los dedos de la Virgen, fluctuar en la atmósfera y quedar suspendidas en la eternidad. Sobre ellos, en tinta negra y roja, una escritura indescifrable: un experimento de escritura secreta, esotérica, que imita la escritura hebrea y tal vez aluda a la perdida lengua originaria de Caterina.

---

[4] Florencia, Gallerie degli Uffizi, Gabinetto dei disegni e delle stampe, 449E; Oxford, Christ Church Gallery, 0036.

[5] París, Musée du Louvre, Département des arts graphiques, 2.255; Roma, Istituto nazionale per la grafica, 125.770.

[6] W, 12.418r.

Donde Leonardo se muestra ya enteramente él mismo es en la representación de la naturaleza que envuelve el relato sagrado. Las plantas, los árboles y las flores, inmersos en una atmósfera milagrosa, tiemblan con vida propia, a diferencia de las frías ilustraciones propias de jardines botánicos de los pintores de su época. La profundidad está definida por la cuidada construcción de la perspectiva, en relación simbólica con el paisaje lejano: el punto de fuga coincide en efecto con la base de la gran montaña, en proporción áurea con la altura del cuadro. Allí, en ese espacio que se pierde en el infinito, aparece el primer paisaje sublime leonardesco, formado por montañas suspendidas sobre agua y vapores. Un espacio abierto. Un espacio de libertad.

¿Cuál es el significado de ese enigmático paisaje, que nada tiene que ver con el paisaje toscano y con los fondos convencionales de las otras Anunciaciones coetáneas? ¿A qué obedece esa montaña altísima, casi vertical, difuminada y transparente que emerge entre las nubes? Y a sus pies, ¿qué es esa exótica ciudad portuaria rodeada de murallas, faros, torres y torreones, y ese brazo de mar o estuario de río que se adentra entre las tierras repleto de barcos, navíos y galeras trazados con pinceladas microscópicas?

Como es natural, podría plantearse una alegoría religiosa: según san Agustín, el mar es figura del mundo y la montaña es figura de Cristo. Pero, para Leonardo, esa montaña y esa ciudad evocan algo más, un desgarrón en el tiempo y el espacio: el mundo fabuloso de su madre Caterina, la montaña sagrada del Cáucaso, blanca, con hielos eternos, hogar de los dioses y de los gigantes, y la ciudad costera donde ella había perdido su libertad, y el barco que se la había llevado para siempre.

Para los entendidos, la *Anunciación* se impondrá de inmediato como una enigmática obra maestra, digna de ser imitada y emulada. Los primeros en hacerlo serán su condiscípulo Lorenzo di Credi, en un panel sobre la predela de la *Madonna di Piazza* de la catedral de Pistoia, hoy en el Louvre; y Ghirlandaio, para el paño de la Virgen, en el retablo del altar mayor de la iglesia de San Giusto dei Gesuati en Florencia.

14. Primeras vírgenes

Florencia, 1474-1475

Después de la *Anunciación* no llegan nuevos encargos, y ello supone un problema. Leonardo ya no es un crío. Tiene más de veinte años. Probablemente, para dormir y trabajar, todavía transite en una de las «estancias» que Verrocchio pone a disposición en su taller. No es la suya una vida fácil.

Una hoja en la que dibuja una piedra de molino y un mecanismo obsidional es en realidad un papel reciclado en cuyo envés aparece el recibo de pago de otro artesano, el carpintero Antonio di Leonardo da Bolonia, por el alquiler de una «cama provista» por parte del carpintero Piero di Michele, desde el 9 de mayo de 1474 al 28 de enero de 1475, por una lira y trece dineros al mes.[1] Quizá Leonardo se viera obligado también a alquilar una «cama provista».

Para sobrevivir, acepta pintar para clientes particulares algunos cuadritos de devoción privada, pinturas de pequeñas dimensiones que representan a la Virgen con el Niño. Un tema tradicional, desde luego, pero que él interpreta de una manera absolutamente original, proyectando en la imagen de la madre y del niño su historia personal, su sufrida relación con su propia madre. El tema es siempre el mismo: el amor total entre la Madre y el Hijo, que es un niño desnudo, vivaz, inquieto, que juega según las ocasiones con un clavel, una granada, una jarra, un frutero, un gato, una rueca. Y ese niño siempre es él, Leonardo. La Virgen, en cambio, tiene la mirada baja, nunca pueden vérsele bien los ojos. A veces sonríe, otras veces no, como si ya cono-

---

[1] CA, f. 1.039v.

ciera el sufrimiento, la desesperación, la pasión y la cruz que les aguarda a ambos.

Precisamente por ser tan vitales e interiorizadas, no todas sus vírgenes llegan a completarse definitivamente. Lo que fascina a Leonardo, más que la finalización de la obra, es la fase creativa de la invención, el simple movimiento de una idea visual que se plasma en una pluralidad de dibujos. Solo algunas de estas ideas acabarán evolucionando hasta convertirse en cartones listos para el estarcido y, en años posteriores, en copias y reelaboraciones de taller por parte de sus discípulos.[2]

Entre estas primeras creaciones se cuenta la *Virgen de la granada*, o *Madona Dreyfus*, concebida por él, pero ejecutada por su amigo Lorenzo di Credi, con influencias venecianas y sobre todo de Bellini.[3] La *Virgen del Clavel*, en cambio, es ciertamente suya.

LA VIRGEN DEL CLAVEL

En la *Virgen del clavel*, un niño regordete y vivaz extiende sus manos hacia un clavel filiforme que una pensativa Virgen no sabe si ofrecer o alejar. En la iconografía cristiana, el clavel, puntiagudo como un clavo y rojo como la sangre, evoca evidentemente el simbolismo de la Pasión. Un motivo nórdico, muy practicado por Rogier van der Weyden y Hans Memling.

Especialmente esmerada es la preparación del fondo arquitectónico, y de la figura de la Virgen, trasladada mediante el estarcido desde un cartón, a su vez derivado de dibujos de Verrocchio.[4]

En el centro de la composición, un detalle importante, que volverá en cuadros posteriores: el broche del manto de la

---

[2] Londres, British Museum, Department of Prints and Drawings, 1860.0616.100r-v
[3] Washington, National Gallery of Art, 1952.5.65
[4] Londres, British Museum, Department of Prints and Drawings, 1895.0915.785r-v; París, Musée du Louvre, Département des arts graphiques, 18.965r.

Virgen. Se trata de una joya que circula en el taller del maestro y que ya aparece representada en otros dibujos y pinturas suyas y de Ghirlandaio, Lippi y Lorenzo di Credi: un cristal de roca, ovalado y convexo, engastado en una corona de perlitas, pulido y espejado de modo que refleje el espacio de delante, como en ciertos espejos de la pintura flamenca.

Otra muestra de habilidad, abajo a la derecha, es la jarra de cristal transparente, que un día Vasari celebrará con estas palabras: «Una jarra llena de agua con algunas flores dentro, en la que, además de la maravilla de la viveza, había imitado las gotas de rocío por encima, de modo que parecía más viva que la viveza».

Rasgos inconfundibles de su estilo son el drapeado y la misteriosa relación con el paisaje de fantásticas montañas que se vislumbran más allá de las dos bíforas, fuera de la habitación oscura.

La pintura, al temple y al óleo sobre una tabla de álamo, se encuentra hoy en mal estado de conservación. Hay demasiado aceite en la mezcla de pigmentos, y su envejecimiento ha provocado lo que se conoce como «craquelado», el agrietamiento de la superficie.[5] Los signos del tiempo, que erosiona y disuelve implacable la vida y las obras de los hombres.

---

[5] Múnich, Bayerische Staatsgemäldesammlungen, Alte Pinakothek, 7.779.

15. Ginevra

Florencia, 1475

Por fin llega el primer retrato. No se trata de una Virgen, sino de una criatura de carne y hueso: una adolescente de diecisiete años, Ginevra, que se había quedado recientemente huérfana de un rico banquero vinculado a los Médici, Amerigo di Giovanni de Benci.

La casa de Ginevra de Benci, un espléndido palacio en via degli Alberti, hoy via de' Benci, es un refinado cenáculo de cultura humanística, y el propio Amerigo se ha dedicado al mecenazgo intelectual y artístico: en 1462 donó a Marsilio Ficino un magnífico códice de Platón. Además, y no es casualidad, los Benci son buenos clientes del notario ser Piero da Vinci, que lleva muchos años otorgando documentos para su casa.[1] De nuevo, para Leonardo, la sombra de su padre.

Pero ¿por qué hacer un retrato a Ginevra? En Florencia, una buena ocasión (la única, muchas veces) para retratar a una mujer de alta cuna es su matrimonio: el 15 de enero de 1474 Ginevra, recientemente huérfana, se ha casado con Luigi di Bernardo di Lapo Nicolini. Su marido, un insignificante comerciante florentino, no tiene mucho que ver con el asunto. Todo el mundo lo sabe en Florencia. La bella adolescente, que ya fue retratada de niña por Verrocchio en un maravilloso busto de mármol,[2] es el

---

[1] ASF, *Notario Antecosimiano*, 16.824, f. 257v (1462, escritura para Dianora, viuda de Andrea di Francesco de' Benci); 16826, ff. 8r-v y 16r-v (1465, poderes de Amerigo y Francesco di Giovanni de' Benci); 16.842, f. 1r-v (1460, testamento de Maddalena di Piero di Giovanni Bandini Baroncelli, viuda de Giovanni di Amerigo de' Benci).

[2] Nueva York, Frick Collection. Otro busto, también de Verrocchio, en el que Ginevra sostiene en sus manos un ramo de prímulas (Florencia, Museo del Bargello, *Dama de las prímulas*) se remonta a unos años más tarde.

centro de la admiración de un círculo de intelectuales y poetas que le dedican poemas en lengua vernácula y en latín, todos celebrando sus virtudes: Lorenzo el Magnífico, Cristoforo Landino, Alessandro Bracci y, sobre todo, el patricio veneciano Bernardo Bembo, que llegó a Florencia en enero de 1475 como embajador de la Serenísima, junto con su hijo Pietro. Amor platónico, se dice; pero quizá incluso algo más.

Esta pintura, no cabe duda, nació en este contexto. Leonardo trabaja con esmero en un dibujo que solo recoge la figura femenina, transferida mediante estarcido sobre la tabla de álamo. Realiza la pintura al óleo y al temple, pero luego cambia de técnica cuando pinta la alegoría del reverso, ejecutada al temple al huevo, lo que le da ese efecto de superficie mate.[3]

Leonardo es consciente de que, con este cuadro, se la está jugando. Es su tarjeta de presentación ante los Médici y la élite florentina.

GINEBRA DE BENCI

El de Ginevra de Benci es su primer retrato de mujer, pero de una mujer completamente envuelta en un velo de misterio. El rostro enigmático y surrealista de Ginevra parece más el de una esfinge pálida que el de una chiquilla arisca.

Una original novedad, respecto a la tradicional representación de perfil, es la postura de tres cuartos y la mirada dirigida al espectador. Una idea que, como en las Madonas, proviene del norte, de los grandes flamencos y también de Antonello da Messina. Tal vez del propio Bembo, que ha vuelto hace poco de Borgoña trayendo consigo un intenso retrato suyo realizado por Hans Memling.

En la parte inferior del cuadro, hoy perdido, quizá estuvieran las hermosas manos de Ginevra, en la misma pose que la *Dama de las prímulas* de Verrocchio.

---

[3] Washington, National Gallery of Art, 1967.6.I.a.

Entre la mujer y el paisaje se estipula una intensa relación simbólica. Su tocado se confunde con la copa de un arbusto invasor y tentacular, su pelo y sus rizos se convierten en frondas confusas y espesas de finas agujas: el follaje de un enebro, un *genevero* o *ginevro*, que alude abiertamente al nombre de Ginevra.

Se trata de un *senhal*, un juego literario que desde los tiempos de los trovadores provenzales sirve para identificar, en la poesía lírica y amorosa, el nombre de la mujer amada: Petrarca había sido un maestro en ello en su cancionero de amor a Laura, recurriendo al simbolismo del laurel y al antiguo mito de la metamorfosis de Dafne. Otra Ginevra, la hermanastra de Lorenzo el Magnífico, fue retratada por Lorenzo di Credi con una planta de enebro parecida.[4]

¿Quién es el refinado ideador del mensaje simbólico del retrato? Es la propia pintura la que sugiere su nombre.

El reverso de la tabla, también pintado, presenta un motivo alegórico de follaje entrelazado de laurel, palmera y enebro sobre un fondo de pórfido, piedra símbolo de la eternidad, y por lo tanto de la eternidad de esa relación amorosa. Entre el follaje se extiende una cartela en la que puede leerse la inscripción VIRTVTEM FOR/MA DECORAT. Es el lema de la propia Ginevra, como si el cuadro hablara, explicándonos, en términos neoplatónicos, que la belleza de Ginevra, admirablemente reproducida por el pintor, no es más que el ornamento externo de su virtud interna.

Sin embargo, la indagación con la reflectografía revela una escritura preexistente completamente diferente: VIRTVS ET HONOR. Virtud y honor: es el lema personal de Bernardo Bembo, quien lo utiliza como acompañamiento de una empresa compuesta precisamente por las figuras de un laurel y una palmera. Fue pues Bembo, autor de los poemas en los que declara explícita y públicamente su amor platónico por Ginevra, quien pidió a Leonardo que creara este extraordinario homenaje a su amada.

---

[4] Nueva York, Metropolitan Museum of Art, 43-86-5.

Después de su encuentro con Ginevra, Leonardo seguirá sintiéndose atraído por figuras de seductoras mujeres-esfinges capaces de doblegar cualquier cosa ante su voluntad: la *Dama del unicornio*, la mujer que amansa al animal feroz y salvaje;[5] en *Filis y Aristóteles*, la cortesana que se divierte sometiendo al viejo filósofo, obligado a gatear mientras ella lo cabalga y lo azota;[6] y por supuesto la *Magdalena*, no afligida ni arrepentida en el desierto sino resplandeciente con su vestido de cortesana, sonriendo, con el pelo suelto, en el acto de volverse y abrir el frasco de pomada.[7]

El vínculo de amistad con la familia Benci y con los hermanos de Ginevra nunca dejará de ser sólido. Cuando abandone Florencia, Leonardo les confiará, en depósito, las obras inacabadas y lo que no podrá llevarse consigo. El hermano menor de Ginevra, Giovanni, guardará para él durante años un «mapamundi» y un «libro mío y de jaspes».[8] Su firma, repetida dos veces, aparece en una hoja que data de 1478: «Giovanni d'Americo Benci et chomp».[9] En otro lugar Leonardo recordará un «libro de Giovanni Benci», lo que podría referirse a un texto que le interesó mucho: el *Libro di medicina di cavalli* de Giordano Ruffo.[10]

A la rama pobre de la familia, la de los Benci lineros, pertenecía en cambio Tommaso, autor de la versión en vulgar del *Pimandro*, ya traducido al latín por Marsilio Ficino. El *Pimandro* es uno de los textos de la tradición hermética que retoma el mito platónico del andrógino, la criatura original que reúne en sí las partes masculina y femenina. Leonardo nunca lo cita directamente, sino que asimila su contenido, consciente de su plena sintonía con su aspiración a una sexualidad que fuera más allá de una identidad de género definida. Además, el conocimiento de

---

[5] Londres, British Museum, Department of Prints and Drawings, 1860.0616.98v; Oxford, Ashmolean Museum, WA 1855.83.1.

[6] Hamburgo, Kunsthalle, 21487r.

[7] Londres, The Courtauld Gallery, D.1978.P.80.

[8] CA, f. 331r; Ar, f. 190v.

[9] CA, f. 879v. En el anverso, Leonardo transcribe un verso de *Acerba*, de Cecco d'Ascoli: «Si de deleite se alimenta tu mente» (libro VIII, cap. 31: leyenda del castor que se corta los testículos con los dientes para salvarse de los cazadores).

[10] L, f. 1v

los textos herméticos está vinculado a esa parte de la formación del artista que atañe a campos afines a la alquimia: la química empírica utilizada en pinturas y óleos, la metalurgia, la física y la mecánica.

En los manuscritos, Leonardo registrará otros nombres de discípulos de Ficino: Bernardo di Simone Canigiani y Niccolò Capponi.[11] En todo caso, se trata de contactos episódicos. Leonardo no frecuentó el círculo ficiniano ni se dejó influenciar demasiado por el neoplatonismo, más allá de algunas sugerencias genéricas compartidas por toda una época.

En los años sucesivos la brecha acabará acentuándose, según vaya confiriendo mayor valor al momento de la experiencia sensible de los fenómenos naturales frente al de la abstracción conceptual y de la formalización de leyes e ideas no sometidas al escrutinio de la *sperientia*.

---

[11] CA, ss. 18r y 1.024v.

16. Un ángel para Verrocchio

Florencia, 1475-1476

Ni siquiera tras matricularse en la Compagnia di San Luca ni después de sus primeras pruebas pictóricas logra Leonardo una independencia plena del taller de Verrocchio; y tal vez tampoco le interese. Además, el maestro sigue apreciándolo y le pide que colabore en la realización de sus cuadros.

Uno de ellos es *Tobías y el ángel*, donde el joven pinta los detalles naturalistas del vivaz perrillo y del pez casi transparente.

En ese mismo contexto se sitúa otro célebre episodio que nos cuenta Vasari. Verrocchio está trabajando en una gran tabla al temple sobre madera de álamo, el *Bautismo de Cristo*, para el monasterio de San Salvi en Vallombrosa, y quiere confiar a algunos de sus discípulos las partes de la obra que considera menos importantes.

A un «jovencillo» Leonardo le corresponde el primer ángel en la parte inferior izquierda, el que sostiene las ropas que Cristo se ha quitado para su bautismo en el Jordán; y el resultado es tan bueno que las figuras de Verrocchio acaban pareciendo desmañadas: «Y causa fue aquello de qu'Andrea nunca más quisiera tocar los colores, indignándose de que un chiquillo supiera más que él». No se trata más que de una leyenda, por supuesto, esta historia del maestro indignado que renuncia a sus pinceles. El caso es que ese ángel es tan hermoso que, a principios del siglo XVI, será una de las pocas cosas dignas de ser recordadas por quienes acudan a visitar San Salvi: «En Sancto Salvi fermosos cuadros et uno ángel de Leonardo Vinci».[1]

---

[1] F. Albertini, *Memoriale di molte picture e statue sono nella inclyta cipità di Florentia*, Florencia, Turbini, 1510, f. a7r.

En realidad, cuando trabaja en la tabla, Leonardo ya no es un chiquillo ni un jovenzuelo, ni siquiera un discípulo, sino un maestro colaborador. Los tiempos son muy distintos a los señalados por Vasari.

Verrocchio empezó esa obra mucho antes de que ser Piero llevara a su hijo a su taller, en 1464, es decir, cuando su hermano Simone, monje en Vallombrosa, fue nombrado por primera vez abad del monasterio, cargo que volvió a ocupar repetidas ocasiones, hasta 1475-1478. Como es natural, no nos sorprenderá saber que tanto el convento como fray Simone se cuentan entre los fieles clientes del notario ser Piero da Vinci.[2] Desatendida durante algunos años, ahora, con motivo de la nueva reelección de fray Simone como prior en 1475, se reanuda y se completa la realización de la tabla, y Andrea, que ya ha creado la figura del Bautista y el fondo rocoso de la derecha, decide involucrar a Leonardo, que trabaja al óleo no solo con el ángel sino también con la figura de Cristo, las aguas en primer plano y el paisaje.

BAUTISMO DE CRISTO

En el *Bautismo de Cristo*, el ángel de Leonardo es una auténtica obra maestra de síntesis e inteligencia de los espacios, con ese rostro sonriente enmarcado por una cascada de rizos rubios que se eleva para mirar al Salvador. En esta única figura se condensan todos los logros expresivos de años anteriores: el estudio de los claroscuros en los ropajes, el esfumado en el rostro del ángel, los brillos y reflejos en el cabello, la representación del escorzo y el movimiento.

El lejano paisaje de la izquierda también logra un altísimo nivel. Un paisaje esfumado e inalcanzable, irreductible a las reglas de la perspectiva, un espacio «ajeno» respecto a la

---

[2] ASF, *Notariale Antecosimiano*, 16.827, ff. 90r-91v, 137r; 16.831, ff. 66r-67v, 68r-v; 16.829, ff. 80r-84v, 627v-631r, 838r-851v; 16.833, ff. 245r-247v, 447r-452v, 536r-v, 551r-v.

composición de Verrocchio, con el que se unen, por caminos misteriosos y simbólicos, las aguas transparentes de abajo.

Un singular testimonio de las intervenciones de Leonardo son también, como en este caso, las huellas dactilares que suele dejar en sus obras, por ejemplo en el retrato de Ginevra de Benci, porque tiene la costumbre de extender la pintura incluso con los dedos.[3]

La colaboración entre maestro y discípulo prosigue en otros encargos relevantes desde el punto de vista político y diplomático, y relacionados de una forma u otra con la familia Médici. Una circunstancia habitual para Verrocchio, quien se encargó en marzo de 1471 del aparato decorativo instalado para la entrada solemne en Florencia del duque de Milán, Galeazzo Maria Sforza.

Son los años del ascenso de Lorenzo el Magnífico, y la estrategia de conquista paulatina del poder en las instituciones de la república pasa también por el mecenazgo y la promoción de grandes acontecimientos que quedan impresos en el imaginario colectivo y le granjean el favor popular.

Este es el caso, por ejemplo, de la justa del 28 de enero de 1475, cuyo vencedor fue el hermano de Lorenzo, Juliano de Médici, y que fue inmortalizado en las *Estancias* de Poliziano. Entre los participantes estuvo también Bernardo Bembo, el amante platónico de Ginevra de Benci.

El estandarte del cortejo de Juliano, como es natural, se encargó al taller de Verrocchio, quien ya había realizado la enseña de la justa de Lorenzo en 1469, en honor a su amante Lucrezia Donati, con el lema, tan querido por Lorenzo, de «*Le temps revient*». Del que se creó para Giuliano queda memoria en una lista compilada tras la muerte de Andrea en 1490 por su hermano Maso: «Para la pinctura d'un estandarte con un geniecillo para la justa de Giuliano».

---

[3] Florencia, Gallerie degli Uffizi, inv. 1890 n.º 8.358.

Perdido el original, nos queda un pequeño dibujo trapezoidal, *Venus y Cupido*, evidentemente el boceto del que se derivó el cartón del estandarte. En él puede verse la figura reclinada y drapeada de una Venus que representa a la mujer amada por Giuliano y cantada por Poliziano, Simonetta Vespucci. Tiene los párpados bajos, como si la joven estuviera durmiendo o soñando. A la izquierda, un Cupido, entre hojas y juncos.

El dibujo de base, con punta de metal, es de Verrocchio, pero Leonardo interviene con tinta clara de acuarela, añadiendo algo de paisaje vegetal a la izquierda: sus adorados lirios estiliformes, que además tienen también un significado político, como símbolos de la ciudad de Florencia.[4]

---

[4] Florencia, Gallerie degli Uffizi, Gabinetto dei disegni e delle stampe, 212E.

17. Paraíso e infierno

Florencia 1475-1476

El joven Leonardo sueña con el paraíso. Un Edén de cuerpos desnudos, en armonía con la naturaleza que los rodea. Adán y Eva, en el Paraíso Terrenal.

Este es el tema del cartón de una «guardapuerta», nos cuenta Vasari, es decir, de un tapiz destinado a cerrar la abertura de una puerta. El tapiz, de seda y oro, debía realizarse en una manufactura de Flandes y luego enviarse al rey de Portugal. Pero el cartón de *Adán y Eva* nunca se completó, porque el divino «ingenio» de Leonardo, en lugar de limitarse a ejecutar el dibujo de base que los artistas flamencos utilizarán en el tejido, se dispersa en la creación de un admirable jardín original, con una infinidad de plantas y animales exóticos y un grado de perfección técnica digno de un cuadro más que de un cartón.

La obra permanece en Florencia, por lo tanto, y Vasari, que probablemente la vio en persona, nos la describe detalladamente, diciendo que se encuentra en la casa de Ottaviano de Médici, donada «por el tío de Lionardo»: «Un cartón de Adán y de Eva cuando pecan en el paraíso terrenal; donde con el pincel trazó Lionardo en claroscuro y resaltado con albayalde una pradera de infinitas hierbas con algunos animales, que en verdad puede decirse que en cuanto a diligencia y naturalidad no hay en el mundo ingenio divino capaz de crear nada semejante. Aquí se ve la higuera, más allá el escorzo de las hojas y de las vistas de las ramas, realizado con tanto amor que se extravía el ingenio solo con pensar cómo un hombre pudo tener tanta paciencia. Se ve además una palmera que tiene la redondez de las ruedas de palma trabajadas con tan grande y maravilloso arte que nada más que la paciencia y el ingenio de Leonardo podrían haberlo hecho».

Es probable que se trate de una historia real. La hipótesis de un homenaje al rey de Portugal Alfonso V por parte de la ciudad de Florencia y de los propios Médici parece plenamente creíble.

Las relaciones económicas y políticas entre Florencia y Portugal nunca han sido tan florecientes. En Lisboa había echado raíces una animada comunidad de comerciantes y banqueros florentinos, mientras que Florencia sigue siendo destino de príncipes y viajeros portugueses enamorados del Renacimiento, empezando por el cardenal Giacomo d'Aviz, sobrino del rey Juan y fallecido en Florencia en 1459, para quien se construyó una espléndida capilla en la iglesia de San Miniato al Monte. El gran Gomes Eanes fue abad de la Badia durante veinte años, asistido por el abogado Tommaso Salvetti, un viejo amigo de ser Piero da Vinci.[1]

En 1474, el científico Paolo dal Pozzo Toscanelli envió, a través del canónigo Fernão Martines, una importante carta al rey Alfonso, continuador de las exploraciones oceánicas de Enrique el Navegante, sobre la posibilidad de llegar a las Indias por mar poniendo rumbo hacia occidente. Y ahora, con toda la razón, el rey Alfonso quiere celebrar sus éxitos y victorias en las costas africanas con una serie de grandes tapices, encargados a las manufacturas de Tournai hacia 1475.

Probablemente sea esta la misma ocasión en la que se pretendía incluir la «guardapuerta» concebida por Leonardo: una visión, más que del Paraíso terrenal, del nuevo paraíso incontaminado que los exploradores portugueses están descubriendo en África.

El Paraíso Terrenal, símbolo de una naturaleza aún no corrompida por el pecado original. Los cuerpos desnudos de Adán y Eva, sueño de una condición edénica perdida, sirven de contrapunto al episodio quizá más oscuro y dramático de la juventud de Leonardo: su involucración en un juicio por sodomía. Una letra escarlata, una marca de infamia destinada a permanecer grabada en él en los años sucesivos.

---

[1] Salvetti aparece en varios actos de ser Piero: ASF, *Notarile Antecosimiano*, 16.826, ff. 35r, 128r-v, 196v, 246r, 355v; 16.827, ff. 8v, 118r, 175r-176v.

El 9 de abril de 1476 se celebra en Florencia una audiencia para examinar una denuncia anónima, enviada a través del tambor, la caja cilíndrica en la que todo ciudadano privado, protegiéndose mediante el anonimato, puede denunciar a la Signoria delitos o comportamientos morales desviados.

La denuncia se presenta contra un joven de diecisiete años, un tal Iacopo Saltarelli, que vive en Vacchereccia frente a Chiassolino del Buco con su hermano Giovanni y es aprendiz en un taller de orfebrería, de ahí el probable vínculo con el taller de Verrocchio, para el que tal vez preste Iacopo su cuerpo como modelo. Quizá también posara para Leonardo, para el cuerpo desnudo de Adán en la «guardapuerta».

El muchacho, que debe mostrarse complacido con su belleza angelical y que viste de negro, un estilo elegante e inusual para la época, es acusado de haber mantenido relaciones sexuales con muchos hombres, nada menos que «varias docenas», escribe el anónimo y bien informado delator: «El cual Iacopo va siempre aquejado de muchas miserias et consiente en complazer a aquellas personas que le requieren símiles desventuras, et de aquesta manera ha tenido que ver con muchas cosas, o sea, ha servido a varias dezenas de personas». Gente de diversos orígenes sociales, pero vinculadas en todo caso a ese mundo vivaz y desordenado de artesanos y artistas. La acusación es muy grave: si se confirma, puede conllevar incluso la pena de muerte, para el joven y sus amigos.

A continuación, el anónimo menciona los nombres de quienes «han actuado a sodomitar dicho Iacopo». Aunque solo los de algunos. Quizá él mismo sea uno de tantos, quizá tenga celos de ese ángel y quiera vengarse de él, para lo que nombra a quienes le parecen de trato más frecuente con él, de modo que su condición, confirmada por la *vox publica*, no pueda ser cuestionada. Cuatro son los imputados: Bartolomeo di Pasquino, orfebre también, con taller en la propia Vacchereccia, primer escenario del asunto; Baccino, fabricante de jubones cerca de Orsanmichele; otro petimetre elegante que viste de negro, un joven de buena, o más bien excelente, familia, Leonardo, conocido como Teri de' Tornabuoni, la misma familia que monna Lucrezia, la austera y religiosa madre de Lorenzo de Médici; y por último «Lionardo di ser Piero da Vinci, está con Andrea de Verrocchio». Aunque sea independiente desde hace algunos años, Leonardo todavía aparece como vinculado a Verrocchio, y es a la sede de ese taller a donde van a buscarlo los agentes de la Signoria.

La desproporción entre el castigo que pendía sobre ellos y el pecado cometido, muy extendido y casi tolerado en la Florencia de la época, incluso en el círculo laurenciano, y la presencia entre los acusados de un vástago de la familia Tornabuoni y del hijo inadaptado e ilegítimo de un influyente notario aconsejan a los jueces absolver a todos los imputados, a falta de testimonios directos de los hechos, salvo la denuncia anónima. En el margen de la hoja, la mano del canciller anota: «*Absoluti cum conditione ut retamburentur*», es decir, con la condición de que se posponga el examen del caso si vuelve a aparecer en el tambor. Y puntualmente, el enemigo anónimo de Iacopo da otra vez señales de vida en el tambor, con una denuncia fechada el 7 de junio, esta vez en latín y aún más explícita: «*Iacobus de Saltarellis facit se sogdomitare a pluribus, maxime ab infrascriptis, videlicet a Leonardo ser Pieri de Vincio, manet cum Andrea del Verrochio; Bartholomeo Pasquini aurifice; Leonardo de Tornabuonis alias el Teri; Baccio farsettario en Orto Sancti Michaelis*». Las cosas se ponen feas. Leonardo figura ahora como el primero en la lista. Pero por suerte, o por intervención de los Tornabuoni o de los Médici, los jueces, que empiezan a aburrirse de la historia, confirman la absolución, reescribiendo al margen la fórmula habitual: «*Absoluti ut retamburentur*».[2]

Hasta aquí los datos de los documentos de archivo, tan elocuentes en su frialdad. No sabemos nada más, en cambio, sobre los efectos psicológicos y morales que el asunto tuvo en Leonardo: el miedo, la angustia de sumirse en un escándalo que podría involucrar también a su padre; la pérdida de libertad, la inte-

---

[2] ASF, *Ufficiali di notte e conservatori dell'onestà dei monasteri*, 18, 2, ff. 41v y 51r.

rrupción de la actividad artística, tal vez la fuga de Florencia, o incluso la muerte.

No sabemos si el joven conoció la cárcel de Stinche en el periodo comprendido entre las dos denuncias. Curiosamente, entre sus primeras hojas aparecerá el dibujo de un «instrumento para abrir una prisión desde dentro», para facilitar una posible fuga.[3] En otra hoja en la que está dibujado el mismo instrumento leemos, en un torpe latín, el comienzo del Salmo VI, que parece ser la oración más adecuada para quien pide ser salvado de un castigo terrible: *«Domi\<ne\> in furore tuo arguas me neque innira tua eripias me»*.[4]

En cualquier caso, la historia saca a la luz por primera vez, y de la manera más cruel, bajo los focos de un tribunal, la compleja e indefinida sexualidad de Leonardo, formada en la confusión emocional de sus años de infancia, cuando no estaba seguro de cuál era su verdadera familia.

En 1476, a la edad de veinticuatro años, en su relación con Iacopo, Leonardo es denunciado como un sodomita que dirige sus impulsos y deseos hacia un ser de su mismo sexo. Pero el documento no dice nada de lo que expresa toda su obra figurativa: la búsqueda desesperada de una belleza ideal, la tensión infinita hacia el sueño de lo andrógino. Y tampoco dice nada sobre cómo afronta las relaciones con los demás y con la comunidad ciudadana.

Por más que el juicio termine con una absolución, la mancha, el estigma de la infamia del sodomita, permanece. Para siempre.

No sabemos cuál fue la reacción de ser Piero ante las vicisitudes judiciales de su hijo. Desde hace algún tiempo, sus vidas discurren completamente separadas.

En febrero de 1474 el notario pierde también a su segunda esposa, Francesca, enterrada en la iglesia de la Badia Fiorentina

---

[3] CA, f. 34r.
[4] CA, f. 1.094r.

el 21 de febrero.[5] Probablemente fue enterrada en una fosa temporal, a la espera de ser trasladada a la nueva tumba familiar, una sepultura de tierra cerca de la puerta del coro y hacia la zona del órgano, rematada por un epígrafe con las armas familiares: SEP. S. PIERANTONII S. PETRI DE VINCIO ET SUORUM ANNO D.NI MCCCCLXXIIII. La sepultura —hoy desaparecida en las distintas reformas de la iglesia— estaba cubierta por una sencilla losa rectangular de piedra, de 2,75 metros de largo por un metro y medio de ancho, con una tapa redonda de mármol y el escudo familiar compuesto por «listones amarillos 4 y rojos 3», tal vez una incrustación de mármol rojo y bronce dorado. Un gran honor para Piero, la concesión del entierro en la Badia, junto a las familias florentinas más ilustres. En realidad, eran los monjes los que estaban en deuda con él, a causa de favores y mediaciones y también de dinero: en 1478 el notario consta como acreedor suyo por 364 florines.

El luto no duró mucho. Ser Piero volvió a casarse en seguida, el 25 de mayo de 1475, con Margherita di Francesco di Iacopo di Guglielmo Giulli, comerciante de sedas, y su tercera esposa, además de la cuantiosa dote de 985 florines, le aportó inmediatamente un primer hijo varón y legítimo, Antonio, nacido el 26 de febrero de 1476; y le dará otros seis en casi diez años. A partir de ese momento, en casa de ser Piero ya no habrá sitio para Leonardo.

---

[5] ASF, *Ufficiali poi Magistrato della Grascia*, 190, f. 122r.

18. Aquestos miserables días nuestros

Florencia, enero-marzo de 1478

A pesar de todo, ser Piero sigue ayudando a su hijo. Lo hace a escondidas, sin que Leonardo esté al corriente, para que no le pese el hecho de obtener encargos únicamente gracias a las recomendaciones de su padre. Y quizá también para evitar que corra demasiado la voz de que ese joven de vida irregular es su hijo. Pero el caso es que todo el mundo lo sabe.

A lo largo de los años, sagazmente, ser Piero ha ido acercándose poco a poco a la camarilla medicea. En 1475 otorgó unas escrituras para el poderoso Agostino de Domenico d'Agostino, el potente factótum de Juliano y Lorenzo de Médici,[1] en un intento por hacer olvidar que solo unos años antes se había puesto al servicio de sus más acérrimos adversarios, los Pazzi, los Bandini Baroncelli, los Dietisalvi.[2]

En 1477 Lorenzo el Magnífico se convirtió en uno de los nuevos *Operai* del Palazzo della Signoria, la comisión que supervisa las obras y las piezas artísticas del Palazzo Vecchio, y entre lo primero que había que hacer allí se contaba la creación de un nuevo retablo para la capilla de San Bernardo, pues el antiguo, obra de Bernardo Daddi, ya no gustaba.

El día de Nochebuena se confiere el encargo a Piero del Pollaiolo, pero a continuación le es revocado de inmediato. Alguien (ser Piero, o el propio Lorenzo) sugiere el nombre de Leonardo y el 10 de enero de 1478 los Señores confían la obra a «Leonardo ser Pieri de Vincio pictori».

---

[1] ASF, *Notarile Antecosimiano*, 16.829, ff. 264v-269r, 273r-v; 16.830, f. 469r-v.
[2] ASF, *Notarile Antecosimiano*, 16.823, ff. 67r-69v, 120r-123v, 153r-v; 16.826, ff. 29r, 199v, 213v, 217v; 16.828, ff. 70v, 72r-v, 144v.

Es posible que sea también una sorpresa para Leonardo recibir al mensajero de la Signoria que le comunica la buena noticia, en lugar de la notificación de una multa por deudas o una orden de detención. Se trata de su primer encargo público importante, y nada menos que para el Palazzo Vecchio, en pleno corazón del poder.[3]

El 16 de marzo, Leonardo recibe veinticinco grandes florines a cuenta y empieza a preparar un cartón. ¿Cuál es el tema del retablo? Ningún documento nos lo dice, pero es indudable que se trata del santo al que está dedicada la capilla: Bernardo de Claraval, el doctor de la Iglesia que exaltó la figura de la Virgen María como gran mediadora entre Dios y los hombres. Fue ese el aspecto de su inmensa obra doctrinal y exegética que más impresionó a Dante: la *Divina Comedia* termina precisamente con la sublime oración a la Virgen, recitada por san Bernardo. La iconografía tradicional representa por ello al santo en el momento en que, rodeado de sus amadísimos libros, se ve arrebatado por la visión mística de la Virgen María.

El *Retablo de san Bernardo* es también el primer caso de una obra encargada a Leonardo que, abandonada por él después de haber preparado el cartón (que se ha perdido), pasará luego a su amigo Filippino Lippi, como un día atestiguará el Anónimo Gaddiano: «Empezó a pinctar una tabla en dicho Palacio, la cual de después según su diseño fue terminada luego por Filippo di Fra Filippo». Después de un paréntesis de asignación a Ghirlandaio, en efecto, Lippi completó en 1486 la tabla, conocida como *Pala degli Otto* o *Madona con el Niño y cuatro santos*, aunque acabaría colocada en otro lugar, la Sala dei Duecento, y siendo muy diferente a la idea original: la *Pala degli Otto* pasa a ser de hecho una conversación sagrada de la Virgen en el trono con cuatro santos; es verdad que la Virgen y el Niño parecen

---

[3] ASF, *Signori e collegi, Deliberazioni in forza di ordinaria autorità*, 94, ff. 5v y 27r (antes 4v y 26v). Por el anticipo recibido, Leonardo seguirá inscrito como deudor en el libro de contabilidad de la Camera dell'arme del Palacio desde 1493 hasta 1511: ASF, *Camera dell'arme, Libro del massaio*, 34, f. 4r.

inspirarse en Leonardo, y que también está presente san Bernardo, pero es uno entre muchos, no el protagonista.

En cambio, hay otro retablo de Lippi que probablemente sigue la composición leonardesca: la *Visión a San Bernardo*, ahora en la Badia Fiorentina pero originalmente en el monasterio delle Campora fuori Porta Romana. Sobre el atril y junto al santo, un sinfín de libros, símbolo de su altura doctrinal; y bien nos gustaría apreciar, en el niño que lo mira encantado y con la boca ligeramente abierta, un recuerdo de la época fabulosa en la que el niño Leonardo descubrió por primera vez la magia del mundo de la escritura y de los libros.

El asunto del *Retablo de san Bernardo*, solo esbozado, es importante por otra razón. Para Leonardo, entrar en el Palazzo Vecchio significaba poder relacionarse con su entorno cultural y humanístico.

Así lo sugiere, en una hoja del Códice Atlántico, una importante lista de nombres de personas a las que ver, conocer y escuchar. Allí encontramos, por orden de aparición, al ingeniero Carlo Marmocchi, encargado de regular el reloj astronómico de la torre; a Francesco di Lorenzo conocido como «Filarete», extravagante heraldo de la Signoria y organizador de la ceremonia pública basada en predicciones astrológicas; al joven notario ser Benedetto da Cepperello, al servicio de los Médici y familiar de Clarice Orsini, esposa de Lorenzo, un protegido de ser Piero, que lo ha ayudado tras la muerte de su padre ser Francesco;[4] al maestro de ábaco Benedetto, colaborador de las obras del Palacio con el papel de aparejador;[5] a Toscanelli, familiarmente llamado «maestro Pagolo médico», y dedicado a especulaciones astronómicas desde lo alto de la torre; al pintor Domenico di Michelino, autor del célebre retrato de Dante en Santa Maria del Fiore; a un personaje llamado «el Calvo de li Alberti», identificable como Bernardo d'Antonio degli Alberti, primo y heredero del gran Leon Battista, y encargado de la conservación y

---

[4] ASF, *Notarile Antecosimiano*, 16.828, ff. 29-32v; 16.829, ff. 27v-30v.
[5] ASF, *Operai di Palazzo*, 1469-1477, ff. 5v6v, 8v.

publicación de sus obras; y por último al erudito bizantino Giovanni Argiropulo, traductor y comentarista de esos textos de Aristóteles a los que Leonardo se acercaría en los años siguientes, la *Physica* y el *De coelo et mundo*.[6]

Hay algo que une a todos estos personajes, además de su común presencia en el Palazzo Vecchio: la atención al tema del tiempo y a su medición a través de instrumentos mecánicos, observaciones astronómicas y cálculos aritméticos ligados a la práctica del ábaco y a la contabilidad mercantil, y por último a su inscripción en escrituras públicas y privadas. No es casualidad que el resto de la hoja esté ocupado por textos y dibujos de extraños *orioli*, es decir, relojes de aire y de agua.[7] En cierto momento, Leonardo deja escapar una importante reflexión moral sobre el tiempo, y escribe para sí mismo, como si estuviera pensando en voz alta: «No nos faltan maneras ni vías de conpartir y medir aquestos miserables días nuestros, que aun con todo deveríamos contentarnos de no malgastar y pasar envano y sin loa ninguna, y sin dejar memoria alguna de sí en las mentes de los mortales».

La paradoja es que nosotros, pobres criaturas humanas, inmersas en el fluir del tiempo, somos capaces incluso de medirlo, con instrumentos cada vez más sofisticados, y nos hacemos la ilusión de poseerlo, pero luego acabamos siempre perdiéndolo, en miles y vanas ocupaciones, sin conseguir realizar ninguna obra digna de conservar nuestro nombre y la memoria de nuestra vida, como si nunca hubiéramos nacido ni vivido. E incluso si lográramos dejar una pequeña señal de nuestra existencia, ¿cuánto tiempo podría durar ese recuerdo, antes de que nuevas generaciones de hombres hayan ocupado el lugar de las antiguas y las nuevas civilizaciones hayan borrado por completo las anteriores? A pesar de su juventud, Leonardo ya está obsesionado

---

[6] CA, f. 42v.
[7] Con este ámbito han de relacionarse los dibujos contemporáneos de grandes mecanismos de relojería: CA, f. 878r-v, 926r-v, 956r-v. Otros dibujos de relojes mecánicos con escape de foliot, llamados por Leonardo «tienpo de reloj»: CA, ff. 948r, 964r, 1111v (reloj de la Abadía de Chiaravalle cerca de Milán).

por el sentimiento del tiempo y su imparable carrera: el tiempo que huye, el tiempo que falta, el tiempo de la obra, el tiempo de la máquina y de los relojes, el tiempo de la historia y el tiempo de la naturaleza.

Una obsesión compartida por toda una sociedad, porque en Florencia el tiempo del mercader, como decía Alberti, es «cosa muy preciosísima» y hay que saber emplearla bien. ¡Mucho cuidado con perderlo o desperdiciarlo! Es un tiempo que puede ser «compartido y medido», y que se convierte en medida de los fenómenos de la naturaleza y de la vida. A finales de la Edad Media, la revolución tecnológica de las artes mecánicas permitió la creación de instrumentos de medición del tiempo cada vez más precisos, relojes mecánicos con mecanismos de escape, artefactos admirables en las torres de iglesias y edificios cívicos construidos entre los siglos XIII y XV, capaces de marcar las horas, los días, el curso del sol, de la luna y de las estrellas. Serán estas herramientas las que hagan posible el estudio experimental de los fenómenos físicos y el progreso de la ciencia y de la tecnología. El tiempo mismo (el tiempo de las cosas) parecerá transformarse adquiriendo una dimensión abstracta, científica, objetiva y matemáticamente mensurable. Con todo, a pesar de los relojes y de los calendarios, el tiempo de los hombres, en su condición de tiempo de la vida y medio de orientación en el mundo social, sigue anclado a una percepción orgánica, a una conciencia individual y colectiva.

El tema del tiempo también es una obsesión muy personal, porque quizá haya ya gente que esté empezando a murmurar acerca de Leonardo como alguien que solo sabe perder dicho tiempo; a presentarlo como un discípulo de Verrocchio, muy bueno, por supuesto, capaz de hacer cosas sublimes, drapeados, esfumados y paisajes, pero que luego marea la perdiz con la obra y corre el riesgo de no terminarla nunca.

Con todo, no siempre es culpa suya. Al menos no tiene responsabilidad alguna por haber interrumpido de repente la realización del *Retablo de San Bernardo* y haber tenido que huir. En ese mismo palacio donde trabaja han caído de un día para otro las tinieblas de una sangrienta tragedia.

19. Huida y regreso

Florencia y Vinci, abril-diciembre de 1478

26 de abril de 1478. En la catedral de Santa Maria del Fiore se está celebrando la Pascua. De repente, durante la misa, un puñado de conspiradores de la familia de los Pazzi, a causa de su antiguo e insaciable odio hacia sus rivales los Médici, se lanzan a traición contra Lorenzo y Juliano de Médici.

Juliano cae apuñalado por los asesinos, Lorenzo consigue librarse refugiándose en la sacristía, mientras los conspiradores se dispersan sin lograr incitar la revuelta del pueblo, que, muy al contrario, se pone abiertamente del lado de los Médici, y al grito de «¡Bolas, Bolas!», aludiendo al blasón de la familia, causa una matanza entre los asesinos y sus familias.

La ciudad se ve conmocionada por las venganzas y los ajustes de cuentas. Incluso ser Benedetto da Cepperello, el notario amigo de Leonardo en el Palazzo Vecchio, resulta sospechoso y es encarcelado por los oficiales de Rubelli, y la mujer de Lorenzo, Clarice, tiene que afanarse para intentar exonerarlo.

Ser Piero cierra su puesto y permanece escondido en su casa, y solo sale el día 29 para ir a otorgar un documento en un lugar seguro, el Palazzo del Podestà.[1]

¿Dónde está Leonardo en estos momentos? ¿En el palacio, con la intención de preparar el cartón del *Retablo de San Bernardo*? De ser así, el azar hace que se vea involucrado en los dramáticos acontecimientos que se producen en el edificio y en la plaza, arriesgando su propia vida.

---

[1] ASF, *Notarile Antecosimiano*, 16.832, f. 34r.

El arzobispo de Pisa Francesco Salviati, uno de los conspiradores, entra en palacio mediante engaños, pero el gonfalonero se encierra por dentro y toca las campanas llamando a asamblea. El viejo Iacopo de Pazzi permanece fuera con sus hombres gritando «Pueblo y libertad» en la plaza, pero luego huye ignominiosamente. El obispo y los demás, encerrados en el interior del Palacio, son detenidos y ahorcados de inmediato, esa misma tarde, de las ventanas. El mismo final aguarda a Iacopo de Pazzi y a su sobrino Francesco.

En tres días se cuentan más de setenta muertos en los disturbios, pero las ejecuciones continuaron durante muchos más. La venganza no perdona siquiera a algunos miembros de los Pazzi que en años anteriores se habían vinculado a la camarilla de los Médici, con matrimonios y acuerdos familiares, y que probablemente no tuvieron nada que ver con la conspiración: se ven obligados al exilio el hermano de Francesco, Guglielmo, marido de Bianca de Médici, la hermana de Lorenzo, y todos los hijos de Piero de Pazzi, uno de los cuales, Renato, es ahorcado. Los intentos de mediación de un viejo amigo de Lorenzo, Braccio Martelli, marido de Costanza di Piero de Pazzi, resultan vanos.

El 30 de abril, en una atmósfera oscura de luto y venganza, se celebra el funeral de Juliano en San Lorenzo.

Leonardo es testigo directo de estos días de sangre y horror. Y sin pensárselo dos veces, lo deja todo y sale huyendo. ¿A dónde? A Vinci, por supuesto. Al nido protector de la tierra donde nació. Así lo demuestra un documento fechado en Vinci el 3 de mayo, pocos días después del torbellino que ha devastado Florencia.

En el castillo, los concejales del Municipio, después de haber nombrado procurador municipal al ausente ser Piero da Vinci, conceden a Francesco da Vinci y a su hermano el arrendamiento del molino del castillo. Francesco insiste en introducir una cláusula especial, que en efecto acaba incluyéndose: el usufructo de Leonardo (*«Leonardi spurii filii dicti ser Petri»*) en caso de que ambos beneficiarios, Francesco y Piero, mueran sin herederos legítimos.[2]

---

[2] ASF, *Notarile Antecosimiano*, 6.173, f. 232r-v.

El tío Francesco, que ha vuelto a vivir en Vinci con Alessandra, su mujer, desencantado y desilusionado de la vida, se da cuenta de las dificultades que vive su sobrino en Florencia y duda de su capacidad para triunfar. También para él, la huida de Florencia y el regreso al pueblo podría ser un salvavidas. En el acto está presente el propio sobrino, *«ibidem presentes, ceivedis et acceptantis»*. Una extraña apuesta de futuro, dado que el padre ser Piero ya ha empezado a tener esos primeros hijos legítimos que privarán al hijo «spurio» y nunca legitimado de toda posible herencia.

Un detalle importante: el documento registra la presencia del Buscarruidos entre los concejales. ¿Qué se dijeron el hijo de Caterina y él? No es improbable que en aquellos días de espera y tensión el Buscarruidos lo llevara a Campo Zeppi, con Caterina. Leonardo probará el vino de la última cosecha y discutirá con sus hermanas, ya mayores de edad, como él, y algunas de las cuales incluso esposas y madres. El 29 de junio participará él también en la gran fiesta de bodas de su hermana Maria con un campesino de Faltognano, Andrea di Pasquino. Luego, cuando el Buscarruidos y las hermanas y todos los demás se hayan retirado, tendrá la oportunidad de quedarse un rato a solas con su madre, para tomarle las manos o mirarla a los ojos, en silencio, sin hablar.

El nombre de su querido tío Francesco reaparece en otras hojas de la época. La frase «Francesco d'Antonio in Florencia y cardador en Bacchereto deven dar florines MCCCCIIII», con la exagerada cifra de la deuda, parece incluso una broma hacia el tío, junto a una caricatura del perfil de una cara bonachona y sonriente y de nariz grande, con una expresión en latín igualmente irónica, *«in dei nomimi ammen anno domini ammen Francesco d'Antonio»*, y la firma en escritura regular «E/Lionard».[3] La misma fórmula vuelve a aparecer en otra hoja, junto a su firma: *«in dei nomini amme\<n\>* / Yo Lionardo».[4] No es una fór-

---

[3] CA, f. 878v (hacia 1478).
[4] CA, f. 1.054r. Véase también f. 22r: «In nomine dei».

mula cualquiera: es la misma que aparece miles de veces al principio de los documentos redactados por su padre ser Piero en el curso de su larga vida.

«*In nomine dei*» aparece en una hoja que certifica el diseño de unas máquinas textiles para la borra y para batir el oro, señal de cierto interés por el sector textil, una excelencia de la economía local, de Prato a Valdinievole, que en años pasados había visto involucrado a su abuelo Antonio.[5] Pero le anima también el deseo de aliviar, con la ayuda de las máquinas, el cansancio monótono y alienante del trabajo humano, y sobre todo del trabajo de las mujeres, como su madre, Caterina. Al mismo tiempo, estimulado por su tío Francesco y su nueva actividad como molinero, Leonardo empieza a proyectar los mecanismos hidráulicos del molino.[6]

Puede resultar extraño, pero es precisamente en los momentos de crisis y de soledad cuando siente Leonardo la necesidad de escribir los nombres de las personas que conoce, con las que tiene trato y por las que siente cariño, como para evocar su presencia, en el momento en que esos amigos no están ahí con él.

En una hoja escribe «Vante di Francesco da Castello Fiorentino et chardador».[7] En otro lugar registra, con una letra extrañamente regular, de izquierda a derecha, después de la frase «me encontré en los días últimos aviendo sido apremiado», y un verso de Petrarca («*S'amor non è che dunque*», R. V. F. 132,1), los nombres de Bernardo di Simone, Salvestro di Stefano, Bernardo d'Iacopo, Francesco di Matteo Bonciani, Antonio di Giovanni Ruberti, Antonio da Pistoia. En el envés, junto a los nombres repetidos de Bernardo di Simone y Bernardo di Maestro Iacopo, leemos otra vez el de su tío Francesco, «Francesco d'Antonio / Francesco d'Antonio di ser Piero», y el inicio fragmentario de una carta que deja traslucir la amargura de aquellos meses: «Como os dije en días pasados, sabéis bien que estoy sine nin-

---

[5] CA ff. 19r, 22r.
[6] CA, ff. 26v y 46ar.
[7] CA, f. 1112v.

gún / de los amigos»; «el invierno, el invierno / qué quiere / qué quiere de nuestros asuntos».[8]

Sin amigos, pero sin dinero también. Y de nuevo lo ayuda su padre: no directamente, sino mediando ante sus amigos judíos, los del banco judío de Empoli, que conceden al joven artista un pequeño préstamo de una lira y catorce dineros. El nombre de «Lionardo da Vinci» aparece así en una lista de deudores del banco, incluida por ser Piero en un arbitraje del 20 de noviembre de 1478.[9]

Lo mejor, pese a todo, es permanecer en Vinci. No es buena idea regresar a Florencia demasiado pronto. El papa ha excomulgado la ciudad, ha estallado la guerra, y con la guerra ha vuelto también la peste, que se ensañará a partir de septiembre y durará, entre altibajos, tres años por lo menos. Todo languidece: la vida civil y social, el comercio, el trabajo de los artistas. Como afirma el cronista Luca Landucci, «están los ciudadanos muy despavoridos y no hay gente que quiera trabajar».

A finales de año Leonardo logra regresar a Florencia y reiniciar su actividad artística. Lo atestigua un breve recuerdo fechado que marca, como sucederá a menudo en el transcurso de su vida y de su obra, un nuevo comienzo, un momento de felicidad creativa y de proyectos: «d<ice>mbre 1478 | Inizié · las · 2 · Vírgenes · Marías». En el resto de la hoja leemos algunos de esos nombres de amigos que el artista tiene la costumbre de escribir: «Y chompa' en Pisstoia / Fieravanti di Domenicho en Florencia y chompa' / amantissimo cuanto mío / in dei nom <ine> / amant<issimo> cuanto»; luego, además de algunos bocetos de mecánica, dos cabezas enfrentadas, el perfil de una madura cabeza viril y el rostro de un joven.[10]

Se trata de una recuperación positiva, tras la crisis de primavera-verano, y es una recuperación que vuelve a la composición de las Madonas. En este caso, suele pensarse en obras que la

---

[8] CA, f. 18r-v.
[9] ASF, *Notarile Antecosimiano*, 16.832, f. 187v.
[10] Florencia, Gallerie degli Uffizi, Gabinetto dei disegni e delle stampe, 446Er.

tradición y la crítica llamarían la *Madona Benois* y la *Virgen y el Niño con un gato*. En realidad, en sus dibujos se multiplican una pluralidad de invenciones, todas parecidas y todas diferentes, entre las que también podríamos mencionar la llamada *Estudio para la Madona con un Cuenco de Frutas*.[11]

MADONA BENOIS

En las últimas Vírgenes florentinas de Leonardo se va avanzando hacia una concepción más madura de la espacialidad y del movimiento. Es la conquista de una nueva libertad de lenguaje, gracias al desarrollo de la técnica gráfica con pluma y tinta, a menudo acuarelada. La llamada *Madona Benois* forma parte de este proceso evolutivo de formas e ideas, como lo demuestran los numerosos dibujos de otras Madonas que nunca llegaron a ejecutarse. Aún no se sabe si la obra se empezó en Florencia y se terminó en Milán, o si permaneció en Florencia, como parece indicar su influencia en creaciones similares de Lorenzo di Credi y Filippino Lippi.

Como en la *Virgen del clavel*, la Virgen sonriente ofrece al Niño dos florecitas de crucífera, y el Niño las contempla pensativo, sin decidirse a tomarlas. Quizá esas florecitas de pétalos blancos en forma de cruz sean otro símbolo de la Pasión. Arriba a la derecha, una ventana se abre a un cielo azul vacío. En el vestido de la Virgen, el mismo broche con el cristal convexo que se convierte en espejo del mundo que no vemos.[12]

En cuanto a la curiosa *Virgen y el Niño con un gato*, habiéndose perdido el cartón o el cuadro original (si alguna vez existió), sobreviven los animados dibujos de estudios preparatorios, en los que prevalece el motivo dinámico del felino que juega con el Niño, un *lusus* con el que se aligera serio y pesado el convenciona-

---

[11] París, Musée du Louvre, Département des arts graphiques, RF 486r.
[12] San Petersburgo, Museo del Hermitage, 2.773.

lismo de la escena.[13] Y el gato con el que juega Jesús siempre puede transformarse en otro niño, un poco mayor: san Juan Bautista, que también empieza a aparecer en estas composiciones.[14] Una cosa es cierta: en todos estos dibujos, tanto el niño como el gato están vivos y coleando, y han sido retratados del natural; tal vez en Campo Zeppi, en sus visitas a Caterina y a sus hermanas. El gato no quiere saber nada de quedarse quieto, posando, sino que intenta librarse por todos los medios del abrazo asfixiante y de las pequeñas torturas a las que lo somete el niño.

El gato, retratado junto con una perrita en un hermoso dibujo con punta de metal,[15] es solo el primero de los muchos pequeños amigos, de las maravillosas pequeñas personas que aparecerán en la obra de Leonardo, señal de su inmenso amor por los seres vivos de la creación. Con el paso de los años, su preferencia se inclinará de forma natural hacia los caballos y los pájaros, símbolos de fuerza y libertad. Cuando tiene ocasión de pasar por algún mercado donde se venden pájaros, cuenta Vasari, Leonardo no duda en pagar el precio a los propietarios, abrir sus jaulas y dejarlos volar libres por el cielo.

De regreso a Florencia, Leonardo no vuelve a casa de Verrocchio. En el juicio por sodomía, el nombre del maestro también ha aparecido en los papeles procesuales, dado que constaba que el discípulo aún residía con él. Su presencia ya no es bienvenida. A esas alturas, quien está a cargo del taller de Verrocchio es el fiel Lorenzo di Credi.

Para volver a trabajar en sus Vírgenes, Leonardo se ve obligado a montar su propio pequeño taller, con algunos ayudantes jóvenes. La tan anhelada independencia se ha hecho realidad. Pero la elección de estos primeros mozos no resulta muy feliz, porque uno de sus aprendices lo mete de inmediato en un buen lío.

---

[13] Florencia, Gallerie degli Uffizi, Gabinetto dei disegni e delle stampe, 421Er-v; Londres, British Museum, Department of Prints and Drawings, 1.856.0621.1r-v, 1.857.0110.1r-v, 1.860.0616.98r; Bayona, Musée Bonnat-Helleu, AI 152.

[14] W, 12.276r; París, Musée du Louvre, Département des arts graphiques, 2.316r.

[15] Londres, British Museum, Department of Prints and Drawings, 1.895.0915.477.

El 4 de febrero de 1479 el señor de Bolonia escribe a Lorenzo el Magnífico informándole de la conducta de un tal «Paulo de Leonardo da Fiorenze», enviado desde Florencia a Bolonia por la «mala vida» que llevaba y encarcelado allí durante seis meses: «Paulo de Leonardo de Vinci de Fiorenzia, ya haze varios días, por la mala vida que allí llevava en Fierenzia, fue mandado aquí con la finalidad de que uviera de enmendarse y liberarse de las malas conversaziones que estaba teniendo y por las cartas de V. M. fue sometido a prisión, onde permanezió seis meses».[16] Giovanni II Bentivoglio pide ahora que se le conceda la gracia y la revocación de su exilio de Florencia, evidentemente impulsado por una súplica del interesado, que había demostrado buena conducta, para poder así volver a su actividad artística habitual, el trabajo de la taracea.

El apodo de «Paulo de Leonardo de Vinci da Fiorenze» no parece dar lugar a dudas. Se trata de un fámulo de Leonardo, implicado tal vez en algún otro escándalo de sodomía y obligado a trasladarse a Bolonia para escapar, él, que no cuenta con protectores, de una condena cierta y ejemplar. Y también Leonardo prefiere cambiar de aires durante unos meses y dejar plantadas las Madonas.

---

[16] ASF, *Mediceo avanti il Principato*, 37, f. 49r.

20. A los pies del ahorcado

Colle di Val d'Elsa y Florencia,
noviembre-diciembre de 1479

Para aquellos que también tienen formación en ingeniería, es fácil encontrar trabajo en tiempos de guerra. Y de hecho la guerra continúa y el enemigo está a las puertas. Florencia debe afrontar la amenaza de una Liga encabezada por el papa Sixto IV y el rey de Nápoles.

Los ejércitos de la Liga, al mando de Federico da Montefeltro, tienen rodeado Colle di Val d'Elsa. La ciudadela fortificada, después de siete meses de asedio y mil veinticuatro disparos de bombarda que han hecho trizas las murallas, se rinde el 15 de noviembre de 1479.

Las armas resolutorias son las que están transformando definitivamente la guerra en algo «sucio» e innoble: las armas de fuego, y, sobre todo, las bombardas. En el campo enemigo, al servicio de Federico, se encuentra uno de los mayores expertos en nuevas tecnologías militares: el ingeniero sienés Francesco di Giorgio Martini.

Es probable que Leonardo esté allí, en Colle, al otro lado, junto con los ingenieros florentinos que se afanan por reforzar las murallas y las defensas, Francesco di Giovanni, apodado Francione, y su discípulo Francesco d'Angelo, conocido como «la Cecca», dos artesanos y arquitectos célebres asimismo por la creación de ingeniosas máquinas para espectáculos y fiestas. Los habrá conocido en el Palazzo della Signoria, donde ambos trabajan desde hace años, y probablemente los haya seguido desde el verano, viviendo así su primera experiencia directa en el mundo de la guerra y viendo por primera vez en acción las nuevas y aterradoras armas de fuego.

Leonardo también aprovecha este tiempo para aprender a fabricar bombardas. Para él, discípulo de Verrocchio, que ya ha visto de cerca los procedimientos de fundición de las estatuas en bronce, se trata simplemente de aplicar las mismas técnicas, desde la realización de las formas hasta la fundición, como se desprende de algunos dibujos.[1]

Otros dibujos, en cambio, están dedicados al montaje y transporte de armas y bombardas, carros autopropulsados, artillería múltiple, puentes móviles, sistemas de defensa en las murallas, complejos sistemas de encastre de maderas, máquinas hidráulicas, como solo Francione y la Cecca podrían haberle enseñado.[2]

En una de estas hojas, junto al dibujo de una bombarda, aparece también un poema, no autógrafo. Son breves epigramas latinos compuestos por un humanista de la localidad, Lorenzo Lippi, amigo de Lorenzo el Magnífico y Poliziano, y testigo directo del asedio de Colle.

Los versos están dedicados a la terrible bombarda utilizada por Federico da Montefeltro para derribar las murallas de Colle, y que recibió el nombre de Gibelina. Al principio, es ella misma la que habla, invitando a los habitantes de Colle a rendirse, abrir las puertas y bajar los puentes levadizos: «*Pandite iam portas, miseri, et subducite Pontes*». Sin embargo, los sitiados responden con orgullo que reemplazarán los muros derrumbados con sus propios torsos. La Gibelina concluye entonces el diálogo profetizando que acabarán rindiéndose de todos modos, destruidos del mismo modo que las murallas.[3]

La toma de Colle, sin embargo, no marcó el fin de Florencia sino la conclusión de la guerra. Se alcanza una tregua el 24 de noviembre. El 6 de diciembre, con una audaz iniciativa, Lorenzo el Magnífico viaja solo a Nápoles para llegar a un acuerdo con su gran enemigo, el rey Fernando de Aragón, y lo consigue. Florencia está a salvo.

---

[1] CA, ff. 53r, 60r, 61r, 76v.
[2] CA, ff. 80v, 89r, 90r, 91v, 94r, 114r, 138r, 169r, 171r, 812r, 1039r, 1.069r-v, 1.074r, 1.095ar-br.
[3] CA, f. 80r.

Leonardo intenta acercarse a los Médici mediante la invención de alegorías que podrían usarse para realizar medallas o pinturas conmemorativas.

La primera de todas representa a la Fortuna en vuelo con un querubín trompetista en brazos que detiene a la Muerte cuando esta, a horcajadas sobre la Envidia y la Ingratitud y seguida por la Ignorancia y la Soberbia, está a punto de quemar con una antorcha una planta de laurel.

O, en otro caso, es la Fortuna la que apaga con un escudo las llamas que envuelven un tronco con una insignia heráldica desde la que la Fama sale volando; en el blasón, un grifo rampante: emblema de Braccio Martelli, uno de los más fieles seguidores de Lorenzo, pero también el mediador para la pacificación de la ciudad después de la conspiración de Pazzi. Quizá Leonardo también albergue esperanzas en él como posible protector.[4]

Leonardo regresa de nuevo a Florencia. Justo a tiempo para presenciar otro episodio del teatro de violencia que ensombrece la sociedad de la época: el ahorcamiento del último de los conspiradores que hasta ahora había conseguido escapar de la justicia florentina, Bernardo di Bandino Baroncelli, quien asestó materialmente la puñalada definitiva a Juliano de Médici.

Su ajetreada huida por el Mediterráneo se vio interrumpida por la implacable venganza de Lorenzo, que consiguió que lo capturaran en Constantinopla, en junio. Gracias a las buenas relaciones entre florentinos y turcos obtuvo de inmediato la extradición.

Bernardo, arrastrado a Florencia, llegó allí el 23 de diciembre, fue juzgado apresuradamente y ahorcado el 29, dos horas antes del amanecer, de las ventanas del Palazzo del Capitano, detrás del Palazzo della Signoria. Ni siquiera le cambian las ropas turcas que vestía en Oriente y que llevaba puestas en su último viaje. Lo matan tal como está.

---

[4] Londres, British Museum, Department of Prints and Drawings, 1.886.0609.42v; 1.895.0915.482

Leonardo está bajo esas ventanas, bajo los calcetines y las botas del ahorcado que aún se balancea en el aire frío de un amanecer de finales de año. Empieza a dibujar un «retrato de un ahorcado» en una de sus «libretas», y luego empieza también a escribir, para no olvidar detalle alguno, ni siquiera los colores y el estilo exótico de las ropas. Una vez en casa, copia todo en una hojita, primero con piedra negra, luego a pluma y tinta, repasando con cuidado, como si fuera un buen notario que redacta la macabra lista de esta fotografía *post mortem*: «birretín de amusco / jubón de raso negro / brial negro forrado / aljuba turquesa forrada / de cuello de zhorros / el chollar de la aljuba / forrado de terciopelo acolchado / lado negro y rrojo / Bernardo di Bandino / Baroncigli / medias negras».[5]

Quizá espera que le encarguen pintar el retrato del condenado en el momento de la ejecución. Un género, el de la pintura infamadora, bastante inquietante, pero eficaz, de la sociedad de la época: la justicia ejemplar debe servir de advertencia a la posteridad. En julio de 1478, a Botticelli se le pagaron nada menos que cuarenta florines por los retratos de ocho conspiradores ahorcados, ejecutados al fresco en el muro que remata la Puerta de la Aduana de ese mismo palacio: echando cuentas, cada ahorcado vale cinco florines.

Leonardo también había quedado impresionado por un fresco del siglo XIV en la Badia, la iglesia donde su padre se ha hecho construir la tumba familiar: el traidor Judas colgado del árbol. Un detalle importante: Baroncelli ya había sido representado por Botticelli en 1478, en contumacia, entre los ocho ahorcados; y bajo la pintura hay también un epitafio macabro, atribuido al propio Lorenzo: «Soy Bernardo Bandini, un nuevo Judas, / traidor mortal en la iglesia fui, / rebelde para esperar muerte más cruel». Cuando el condenado entra en el palacio, se ve obligado a pasar bajo la imagen de sí mismo ya muerto y a leer la inscripción burlona.

Entonces, ¿qué pretende Leonardo? ¿Ofrecerse a la Signoria para rehacer el retrato de Botticelli?

---

[5] Bayona, Museo Bonnat-Helleu, AI 659r.

Nadie le encargará esa triste tarea. Debajo de ese cadáver, Leonardo está cada vez más solo. Y también es más pobre. Si no fuera por la ayuda de otro notario, ser Matteo, que de vez en cuando le pasa un poco de dinero, ni siquiera tendría de qué vivir: «Dineros que io recibí de ser Matteo / primero doblones 20 luego en 3 veces 3 sueldos y más tarde 6 doblones / y luego 3, y luego 3, 3, sueldos 40 doblones 12».[6]

Hace ya algún tiempo que no puede contar con su querido tío Francesco, que ha regresado definitivamente a Vinci, donde declara en el catastro de 1480 que vive «en una villa sin negozio ni ocupación».[7] Tampoco puede recurrir a su padre, quien en cambio sí dispone de medios para ayudarlo.

---

[6] CA, f. 704 dr.
[7] ASF, *Catasto*, 999, f. 490r-v.

21. La Adoración

Florencia, 1480-1481

Ser Piero siguió comprando casas y terrenos en Vinci, hasta un total de tres fincas, tres casas de labranza y veintiséis terrenos, incluida la vieja casa de Anchiano donde nació Leonardo. Pero desde 1469 ya no vuelve a mencionar a su hijo entre las bocas de la familia.

Su nueva esposa, Margarita, después de perder a su hija Maddalena recién nacida en 1477, le dio la alegría de un segundo hijo, Giuliano, a finales del año siguiente, mientras que otro, Lorenzo, llegó en 1480.

Y luego, la familia se muda de casa. Abandona la via delle Prestanze, invadida por las obras del nuevo palacio de los Gondi, y acaba ocupando, el 1 de marzo de 1480, la casona de via Ghibellina que había pertenecido a Vanni di ser Vanni. Ser Piero vivirá allí a partir de ahora, rodeado de sus numerosos hijos legítimos, hasta el final de sus días.[1]

Para Leonardo ya no hay sitio allí. Esa ha dejado de ser su familia. Mejor dicho, ninguna familia ha sido ni será nunca la suya.

Ser Piero está siempre presente, en la sombra, sufriendo por este hijo espurio cuya grandeza intuye oscuramente y que, sin embargo, tan mal lo pasa en su vida, incapaz aún de encontrar su camino. Y por eso, una vez más, intenta ayudarle a conseguir un trabajo mejor que el de retratar a ahorcados.

Durante muchos años ha sido notario de los canónigos regulares agustinos de San Donato a Scopeto, un convento fuera

---

[1] ASF, *Catasto*, 1.001, ff. 124r-126v; Roma, Accademia nazionale dei Lincei, Archivio storico, *Genealogia. Scritture della Famiglia da Vinci*. I

de Porta Romana, y es buen amigo del prior Benedetto Ardinghi de Florencia y del vicario Antonio di Iacopo de Verona. Un tal Simone di Antonio di Piero, guarnicionero y padre de un fraile de ese mismo convento, ha legado a los frailes una propiedad en Valdelsa con la condición de que se encarguen de realizar una tabla para el altar mayor, y también de «dotar» a una muchacha de extracción modesta.

De esa manera, los frailes recurren a Leonardo, quien a finales de marzo de 1480 acepta el encargo, basado tal vez en un contrato informal o incluso de viva voz, con un simple apretón de manos. La intervención de Piero debió ser decisiva, ya que el notario, a su vez, se puso a entera disposición del convento, recorriendo a menudo personalmente la vereda que salía de Porta Gattolina y redactando en San Donato una numerosa serie de documentos, exactamente entre 1480 y 1481.[2]

Pero el tiempo pasa, y en julio de 1481 los frailes, preocupados, sienten la necesidad de que el acuerdo, titulado «Giornale E», se plasme negro sobre blanco en su registro. En el documento, al principio, a Leonardo se le llama «Lionardo di ser Piero da Vinci», para no olvidar el papel de su padre en el acuerdo. En anotaciones posteriores, el fraile escribano demuestra un poco más de respeto hacia él y antepone al nombre Lionardo la sigla M°, es decir, «Maestro». Por fin alguien lo reconoce como tal: es la primera vez que el título de maestro aparece en documentos relativos a Leonardo.

La tabla debía completarse en un plazo de veinticuatro meses, o treinta como máximo: es decir, contando desde finales de marzo de 1480, antes de finales de marzo de 1482 o de finales de agosto. Pero los frailes, que evidentemente están al corriente de que ese joven pintor tiene fama de no haber acabado casi nada, no se fían demasiado y añaden algunas cláusulas que hacen el encargo quizá excesivamente draconiano.

Para empezar, tras la entrega de la obra, el pintor podrá tomar posesión de la finca de Valdelsa, en efecto, pero sin poder

---

[2] ASF, *Notarile Antecosimiano,* 16.829, ff. 424v-427v, 670v-671v; 16.832, ff. 440v, 455r, 470v, 499r, 527r, 539r, 576r, 650r, 705v-706r.

servirse de ella de ninguna manera, ni siquiera para estipular un contrato de alquiler, porque los frailes se reservan el derecho, durante tres años, a rescatarla por trescientos florines. Además, tendrá que pagar de su propio bolsillo los colores, el oro en polvo previsto para los vestidos, las aureolas y los fondos, y todo lo que sea necesario para la obra, «et por demás deve pagar de su bolsillo todo aquello que se gaste en fazer la dota de 150 florines como sello en el Monte a la hija de Salvestro di Giovanni». Hasta la dote de la muchacha. No, eso es demasiado.

Leonardo da largas y sigue tirando de la cuerda. Los frailes se ven obligados a adelantar veintiocho grandes florines para la dote, «porque él dezía no tener medios para hacerlo, et el tiempo pasava y nos acarreava perjuizio». En resumen, la muchacha tiene que casarse, no puede esperar a la conveniencia del pintor. Además, los frailes deben asimismo adelantar el dinero de los colores adquiridos en el convento de los jesuatos, también llamado *ingesuati*, por un total de un florín y medio, cuatro liras, tres dineros y cuatro denarios.

Es solo el comienzo de una larga serie de deudas e impagos, puntualmente anotados en el diario del convento. En julio, Leonardo debe un florín y seis dineros «por un cargamento de ramas et otro de leña gruesa los enviamos a Florencia para la pintura que fizo del uriolo», es decir, por los materiales probablemente utilizados para pintar la esfera exterior del reloj de la iglesia. En agosto, se registra otra deuda de cuatro florines y diez dineros por una onza de azul y una onza de amarillo, colores preciosos y caros adquiridos a los jesuatos. En el mismo mes ordenan llevar a su alojamiento en Florencia una cantidad considerable de cereal, un *moggio* de trigo, es decir, veinticuatro fanegas, naturalmente a crédito; y entre finales de septiembre y mediados de octubre le entregan un tonel de buen vino tinto en el mismo convento.[3]

A partir de esa fecha, es posible que a Leonardo ya no se le viera por aquellos lares. Un pago de seis florines, en octubre, vuelve a remitirse a manos de ser Piero y no a las de su hijo. Y el nota-

---

[3] ASF, *Corporazioni religiose soppresse dal governo francese*, 140, 3, ff. 74r, 75r, 77v, 79r, 81v, 83r.

rio, para mantener contentos a los frailes, debe seguir trabajando para ellos, probablemente gratis, durante todo el año 1482.[4]

Hace ya bastante tiempo que el retablo de San Donato se ha identificado con la famosa e inacabada *Adoración de los Magos*.[5] Leonardo nunca la entregó al convento, y este se vio obligado, muchos años después, a recurrir a Filippino Lippi. Se convertirá en un hábito para este pintor tomar el relevo de su colega para completar los trabajos que deja inacabados, retomando acaso la idea de base. Lo hará también con su *Adoración*, finalizada en 1496.

Sin embargo, la idea de la *Adoración* nació mucho antes del encargo de San Donato: entre 1478 y 1480. El tema es mediceo, porque los mayores patrones de la grandiosa cabalgata organizada para la Epifanía por la Compañía de los Reyes Magos son los Médici.

Se trata de un gran espectáculo popular especialmente querido por Lorenzo, que, nacido el 1 de enero de 1449, fue llevado con gran pompa a la pila bautismal precisamente el 6 de enero, coincidiendo con la fiesta de los Reyes Magos. Pintar una Adoración en Florencia es un acto de homenaje a la familia dominante, de forma más significativa ahora que Lorenzo ha recuperado el control de la ciudad tras la conjura de los Pazzi.

Leonardo conoce bien las otras Adoraciones florentinas, repletas también de caballos y figurantes: en el Palacio Médici en via Larga, el *Viaje de los Magos a Belén* de Benozzo Gozzoli y el tondo de la *Adoración* iniciado por Fra Angelico y terminado por Filippino Lippi; la *Adoración Lami* en Santa Maria Novella y el *Tondo Pucci*, ambos de Botticelli.

La tabla inacabada de Leonardo irá a parar a casa de los Benci: un día, como recordará Vasari, será propiedad del hijo del amigo de Leonardo, Amerigo di Giovanni d'Amerigo: «Comenzó una tabla de la Adoración de los Magos, con muchas cosas hermosas, especialmente cabezas; la cual estaba en casa

---

[4] ASF, *Notarile Antecosimiano*, 16.832, ff. 5v-8v (6 marzo), 15r-19r (14 marzo), etcétera; 16.829, ff. 457v-461v, 486v-491r.
[5] Florencia, Gallerie degli Uffizi, inv. 1890, n.º 1.594.

d'Amerigo Benci frente a la galería de los Peruzzi, la cual también esta quedó incompleta como otras cosas suyas».

En realidad, la *Adoración* no es una obra «incompleta», porque, a partir de cierto momento, la perspectiva que guiaba a Leonardo no era la de completar o perfeccionar, sino simplemente la de crear y especular. Creemos tener frente a nosotros una tabla de madera, cuando es en cambio una enorme hoja de dibujo, una obra abierta, o mejor dicho, la primera gran obra abierta de la historia del arte moderno, disponible para el añadido de nuevas ideas, figuras, movimientos, cambios de posición y de expresión, intervenciones realizadas directamente, a mano alzada y superpuestas a lo largo del tiempo.

Leonardo partió de materiales de no excelsa calidad: ocho tablas de madera de álamo que, unidas entre sí, forman un cuadrado perfecto de cuatro brazos florentinos de lado, es decir, aproximadamente 244 centímetros. En la preparación de yeso y cola no emplea cartón alguno. Plantea cuidadosamente la perspectiva en un dibujo preparatorio[6] y traza la cuadrícula en la tabla con las herramientas tradicionales habituales, es decir, clavos, hilo de bramante y escuadras.

El punto de fuga no está en el centro del cuadrado, sino que se desplaza hacia lo alto, en proporción áurea con la anchura de la tabla: aún hoy es visible en el tronco del árbol el agujero del clavo del que partían los hilos guía de las diagonales. La impresión que tenemos es la de estar mirando la escena desde una posición elevada, de arriba a abajo. Una perspectiva extraña, si pensamos que la tabla estaba destinada en cambio a colocarse en alto respecto al observador, es decir, sobre un altar.

LA ADORACIÓN DE LOS MAGOS

En la *Adoración de los Magos*, el artista dibuja directamente sobre la capa de yeso con piedra negra y carboncillo,

---

[6] Florencia, Gallerie degli Uffizi, Gabinetto dei disegni e delle stampe, 436Er.

luego repasa con un pincelito los contornos de las figuras que decide conservar y realiza los sombreados con una acuarela azulada y añil, para fijar por último toda la composición con una imprimación a base de blanco de plomo semitransparente. En esta fase se realizaron, con el siguiente orden, las estructuras arquitectónicas, trazadas con precisión con escuadras, compás y carboncillo fino; luego, a mano alzada, las figuras humanas, desnudas, casi transparentes, que se superponen unas a otras.

Entre las numerosas figuras se insertan asimismo temas que nada tienen que ver con la composición: por ejemplo, arriba a la derecha, un cachorro de elefante, un animal exótico que está dando que hablar porque lo han llevado en procesión por el norte de Italia, desde Venecia hasta Milán, en 1479, extravagante regalo del rey Alfonso de Portugal al rey Luis XI de Francia; y los dibujos de los artistas que lo han visto acaban de llegar a Florencia procedentes de Milán y Venecia.

Otro pintor habría empezado a dibujar justo entonces, cubriendo definitivamente las variantes descartadas, pero no fue eso lo que hizo Leonardo, sino que continuó variando y creando libremente sobre la imprimación, modificando las figuras con pinceladas puntuales, pasando los primeros trazos de color: verde para la cepa de los árboles, el cielo azul a base de costoso lapislázuli. Y así, lo que es la obra nunca la termina.

De haberse terminado, la *Adoración* no habría sido bien recibida entre los frailes de San Donato. Su composición altera el esquema tradicional del tema, muy popular entre los pintores florentinos y vinculado a la leyenda tardomedieval de los Reyes Magos. Leonardo descuida los elementos decorativos y populares, y va al corazón de la historia.

El nacimiento del Niño es un acontecimiento que trastoca dramáticamente el equilibrio de la civilización clásica y pagana simbolizada al fondo de la imagen por las ruinas de templos antiguos. Una ciudad del hombre puramente racional, una utopía de construcción y planificación que prescinda del misterio, de la trascendencia, de la propia muerte, ha dejado de ser posible. A cambio, la vida, la naturaleza, el caos original prevalece sobre todo, con su corazón oscuro y terrible, representado en ese vórtice de personas y «cabezas», o más bien de fantasmas, de larvas apenas esbozadas, en el dibujo y en los claroscuros.

El Niño en primer plano, en el centro de la composición, es el punto de llegada y salida de todas las líneas de fuerza, el momento de síntesis de todos los conflictos. Alrededor de ese centro se desarrolla un movimiento centrífugo y centrípeto al mismo tiempo: las figuras se ven atraídas, empujadas y repelidas, sin que sea posible distinguir nada más en el caos. El espacio escultórico queda insuflado de vida por esta sensación de movimiento cíclico e incesante: es más, precisamente la inversión de la relación entre lo cercano y lo lejano es lo que proporciona el máximo contraste.

Al fondo, entre las inquietantes ruinas de edificios, arcos y escaleras, parecen transcurrir escenas de guerra, con hombres armados a caballo. En el centro, delante de una palmera, símbolo de la victoria, se alza un joven nogal. Sus raíces, encajadas entre las rocas, emergen milagrosamente del Niño, revelando por lo tanto su verdadera naturaleza: es el Árbol de la Vida del que se sacará la madera de la Cruz, instrumento de la Salvación de la humanidad y de la creación, como lo sugieren las Escrituras y los sermones de San Agustín.

La obra resume de esta manera, con sublime intuición, tanto la tradición cristiana como la cultura clásica y humanista, con todas las sugestiones neoplatónicas y herméticas que impregnaron la Florencia de la época de Lorenzo el Magnífico.

En cualquier caso, su primera idea parece mucho más humilde y modesta, casi familiar, una simple «adoración de los pastores»: la Virgen arrodillada adorando al Niño que juega con san Juan niño, mientras junto a ella se encuentra sentado un viejo san José que se apoya en su cayado, y luego grupos de pastores transeúntes y ángeles en fuga.[7]

---

[7] Bayona, Musée Bonnat-Helleu, AI 658; Venecia, Gallerie dell'Accademia, Gabinetto dei disegni e delle stampe, 256r y 259r; Hamburgo, Kunsthalle, 21.488r. Una figura parecida, de otra mano, se encuentra en CA, f. 995r.

Posteriormente la composición evoluciona hacia la forma de la *Adoración de los Magos*. En un dibujo aparece por primera vez el telón de fondo arquitectónico con las escaleras de un templo en ruinas, en el que irrumpe un grupo de soldados y caballeros durante una ceremonia religiosa: una enigmática escena que alude a los trágicos acontecimientos de la conjura de los Pazzi.[8]

Los innumerables personajes que luego se añadirán a la tabla se elaboran en una nutrida serie de dibujos, que destacan por la representación de cuerpos masculinos desnudos en diferentes actitudes;[9] o de caballos, que se convertirán en un tema privilegiado de la obra gráfica de Da Vinci.[10]

En marzo de 1480, los agustinos de San Donato a Scopeto tenían también otro excelente motivo para rendir homenaje a los Médici. El 15 de marzo Lorenzo el Magnífico regresa de su misión en Nápoles y toda Florencia se prepara para las grandes celebraciones por la paz. Vuelve Lorenzo, y vuelven los hermosos tiempos de la paz. *Le temps revient*, «el tiempo se renueva», siempre ha sido su lema.

Las celebraciones culminan el 25 de marzo de 1480, fiesta de la Encarnación y comienzo del nuevo año según la costumbre florentina, con una ceremonia en Santa Maria del Fiore y la procesión del sagrado icono de la Virgen de Impruneta. Simbólicamente, es el comienzo de una nueva edad dorada, después de la temporada de violencia y guerra. Exactamente lo que aparece en la extraordinaria y visionaria alegoría de Leonardo.

Si se presta atención, las figuras encaramadas en las escaleras y en las ruinas de la *Adoración* se dedican a la reconstrucción de un templo: el templo de la convivencia civil.

---

[8] París, Musée du Louvre, Département des arts graphiques, RF 1978r.
[9] París, Musée du Louvre, Département des arts graphiques, 2.258r-v; París, École des Beaux-Arts, EBA 424; Colonia, Wallraf-Richartz Museum, Fondation Corboud, Graphische Sammlung, Z 2003; Bayona, Musée Bonnat-Helleu, 660; Londres, British Museum, Department of Prints and Drawings, 1.886.0609.42.
[10] Cambridge, Fitzwilliam Museum, PD. 121.1961; Londres, British Museum, Department of Prints and Drawings, 1952.1011.2.

22. El santo y el león

Florencia, 1481

No sabemos mucho sobre la probable relación de Leonardo con los Médici ni, en particular, con Lorenzo. El Anónimo Gaddiano cuenta que Leonardo «estuvo de joven con el Magnífico Lorenzo de Médici, et dándole provisión para él, lo hizo trabajar en el jardín de la plaza de San Marco de Florencia».

El llamado Jardín de San Marcos es un lugar estratégico en la geografía de la ciudad, incluso desde un punto de vista político. A la misma plaza, a poca distancia del palacio de los Médici, da el convento dominico de San Marcos, que siempre ha sido objeto de atención de la familia. En el convento tiene su sede la Compañía de los Reyes Magos y Cosme el Viejo creó allí una importante biblioteca pública, la primera de la ciudad.

En 1480, el jardín contiguo al convento fue adquirido y ofrecido a Clarice Orsini, esposa de Lorenzo, y utilizado sobre todo como museo o almacén al aire libre de mármoles y esculturas antiguas, relieves, sarcófagos, fuentes, pilas, bajo la mirada experta del escultor Bertoldo di Giovanni, discípulo de Donatello, «custodio o guardián de muchas hermosas antigüedades», escribirá Vasari, y guía y cabeza visible de «una escuela de excelentes pintores y escultores». Se trata de una suerte de laboratorio permanente para los jóvenes artistas que gravitan en la órbita de los Médici, que allí pueden estudiar libremente la Antigüedad, realizar dibujos a partir de modelos plásticos y ejercitarse en el realce, o incluso probar suerte en el difícil arte de la restauración escultórica, entendida como recreación de las partes que faltan en las esculturas mutiladas.

Leonardo quiso referirse a este jardín cuando, en una hoja de bocetos geométricos que data de 1508, escribió la nota «Trabajos de Hércules a Pier F. Ginori / El jardín de los Médici».[1] Sin embargo, el retorno al estudio de la escultura, y en particular a la escultura antigua, lleva por sí mismo a una mejor comprensión de la relación de las figuras en el espacio. Eso es lo que puede verse en una obra iniciada en consonancia con la *Adoración*, y que quedó igualmente inconclusa: el *San Jerónimo*.[2]

Entre *San Jerónimo* y la *Adoración de los Magos* también la técnica es muy similar: una preparación en yeso y cola sobre una tabla de nogal, una clase de madera poco común en Florencia. La diferencia es que esta vez Leonardo realiza el estarcido de un cartón parcial, por lo menos en lo que a la figura del santo se refiere; sobre todo para la cabeza en escorzo, un verdadero desafío de perspectiva, derivada quizá de una escultura de Verrocchio.

De esa cabeza realiza un pequeño dibujo al carboncillo que es el único testimonio que se conserva de los trabajos preparatorios.[3] Luego repasa las señales del estarcido con un pincel y lo fija todo con una imprimación semitransparente. Al fondo, empieza a extender un velo de color, con pigmentos índigo de azurita. Utiliza en el cuadro una témpera grasa, es decir, con un alto porcentaje de óleo, y extiende a menudo el color con los dedos y la mano, dejando sus habituales huellas dactilares.

SAN JERÓNIMO

En el excepcional estudio anatómico del *San Jerónimo*, arrodillado en un espacio absoluto hecho de rocas y desierto, destaca la búsqueda de un movimiento de torsión, acentuado por la mirada dirigida hacia lo alto. El santo está representado en dura penitencia en la soledad del desierto, y no en su estudio rodeado de libros. Su relación con el paisaje desnudo y agreste es también una relación moral, interior. Es un paisaje

---

[1] CA, f. 783v
[2] Roma, Musei Vaticani, inv. 40.337.
[3] W, 12.441v.

de dolor, de sufrimiento, de mortificación, en el que los nervios y la carne se retuercen en un grito desesperado.

A la figura atormentada del santo se contrapone la silueta del león plácidamente agazapado a sus pies, sinuoso como una serpiente. Casi un fantasma, porque Leonardo lo dejó apenas bocetado, solo un dibujo prácticamente. No sorprende en absoluto, es la tradición iconográfica la que exige la presencia del león, al que, según la leyenda, el santo curó extrayéndole una molesta espina. Para Leonardo, sin embargo, es algo más. Casi una firma. En su nombre está el león, con su valor y su fuerza; y también hay fuego, tormento y ardor. Ese león que mira al santo es él, Leonardo.

Por último, un detalle sorprendente, y completamente ajeno a todo. En una abertura entre las rocas del desierto aparece el dibujo de una iglesia, un simple cuerpo central y una fachada de doble orden y volutas. Es evidente la referencia a Santa Maria Novella, cuya fachada había sido realizada pocos años antes a partir de un genial proyecto de Leon Battista Alberti. ¿Será quizá una idea para la nueva iglesia de San Giusto dei Gesuati?

No se conocen ni la época ni el comitente del *San Jerónimo*. Pero es probable que la tabla naciera junto con la *Adoración*, y con los mismos materiales y pigmentos. De hecho, el santo es el patrón de los frailes jesuatos, la hermandad laica fundada por san Juan Colombini.

Desde 1439, la sede de los jesuatos en Florencia es el convento de San Giusto alle Mura, fuera de Porta ai Pinti, reconstruido a mediados del siglo XV: allí trabajarán también Ghirlandaio y el iluminador Gherardo di Giovanni di Miniato. Los frailes, muy vinculados al mundo de los talleres artísticos, gestionan un taller de vidrieras, con hornos para fundir vidrios de colores, y están especializados en el suministro de pigmentos preciosos, los mismos que se utilizan para la *Adoración*: el azul cielo llamado «ultramar», porque se obtiene moliendo lapislázuli importado de Oriente, y el amarillo, producido en Nápoles con amonio y antimonio. El *San Jerónimo* podría nacer incluso como una especie de pago en especie, una compensación a los jesuatos por los materiales y pigmentos impagados.

Leonardo recordará el convento florentino de los jesuatos en una anotación tardía sobre un libro de lectura, una copia de las *Epístolas* de Falaris *(«inhesuado / pístolas de falari»)*.[4] En una lista de dibujos y materiales llevados a Milán en 1482, en cambio, anotará los «dibujos de fornillos», quizás los mismos que los frailes utilizan para fundir el vidrio,[5] e inmediatamente después «ciertos san Jerónimos», es decir, los bocetos preparatorios de la pintura inacabada.[6]

A principios del siglo XVI, el notario ser Andrea, hijo del Banco di Piero Banchi, era el procurador del convento; Banco, recordémoslo, había sido un renombrado maestro del ábaco y cliente de ser Piero da Vinci. Por el fundador de los jesuatos sentía una devoción especial el suegro de los hermanos ser Piero y Francesco da Vinci, el comerciante Giovanni di Zanobi Amadori, quien en 1452 había copiado de su puño y letra precisamente la vida de Colombini escrita por Feo Belcari.[7]

---

[4] CA, f. 638br.
[5] Estudios coetáneos de hornos y hornillos en CA, f. 87r. Véase también un hornillo con alambique en CA, f. 216r (hacia 1485); un hornillo de crisol CA, f. 835r (hacia 1485); una fragua catalana en CA, f. 959r (hacia 1490).
[6] CA, f. 888r.
[7] Florencia, Biblioteca Nazionale Centrale, Magliabechiano XXXVIII 58.

23. La caverna

Florencia, 1481-1482

A principios de los años ochenta Leonardo vive lo que podemos considerar una crisis profunda. Como artista tiene la percepción cada vez mayor de haber logrado ver cosas que otros no ven, y de ser capaz de representarlas como a los demás les resultaría imposible; pero al mismo tiempo advierte como hombre toda la precariedad y marginalidad de su condición, la soledad, la incapacidad de crear esa obra maestra sublime que podría haberlo redimido, ante sus conciudadanos, ante su padre.

No es casualidad que precisamente en este periodo intensifique su uso de la escritura: ya no y no solo para breves anotaciones o listas o recetas en los márgenes de hojas de dibujos, como era normal en el caso de los artistas de su tiempo. Ahora la escritura registra los movimientos del pensamiento, las primeras observaciones científicas y tecnológicas importantes, la lectura apasionada de pocos pero decisivos libros, su visión del mundo y de la vida. Una aventura extraordinaria que continuará durante toda su vida, día tras día, en miles y miles de papeles.

Nace así, en unas hojas del Códice Atlántico y del Códice Arundel, su escrito literario más antiguo: la visión de un monstruo marino y de una caverna, un relato fragmentario de filosofía natural que escenifica el encuentro con la Madre Naturaleza.[1]

La historia comienza de la manera más sencilla: Leonardo está observando el paulatino proceso de crecimiento de la tierra, un organismo vivo que, poco a poco, extendiéndose por el

---

[1] CA, f. 715rv; Ar, ff. 155r-156v.

mundo entero, devora también los vestigios de antiguas civilizaciones. En este momento aparece un inmenso monstruo marino que surca las aguas del océano, símbolo e instrumento de la fuerza desmesurada de la naturaleza: «Poderoso y ya animado istrumento de la artifiziosa naturaleza». El monstruo, aparentemente invencible y superior a todas las demás criaturas, debe doblegarse sin embargo a la ley superior y misteriosa de la necesidad. El animal encalla en una playa y, vencido por la muerte, queda reducido a un cadáver desecado que, con el tiempo, cubierto de depósitos y sedimentos, se transforma en una enorme montaña. Y, mientras tanto, la tierra sigue creciendo, hasta restringir el espacio de la esfera de aire que la rodea, aprisionar el agua en sus entrañas, y llegar casi a los límites de la esfera de fuego, y el fuego reducirá la superficie terrestre a una tierra reseca y sin vida: «Y este sea el fin de la terrestre naturaleza».

Volviendo a la imagen de la caverna viviente (el cadáver vacío del monstruo marino, armadura de la gran montaña), Leonardo empieza por sorpresa a contar la historia en primera persona. Es un pasaje extraordinario, que nos revela en profundidad las aspiraciones e inquietudes de su alma, incesantemente agitada por un «anhelante deseo», una sed de conocimiento que le empuja a «ver la gran copia de las diversas y extrañas formas fechas por la artificiosa naturaleza». Al llegar a la entrada de la cueva, Leonardo intenta en vano mirar en su interior. Los gestos que hace para doblar y adaptar su capacidad visual se describen de manera tan realista que parecen ciertos: «Doblados mis riñones en arco, y quieta mi cansada mano sobre la rodilla, y con la derecha me hice tin<ieblas> a las bajas y cerradas pestañas». Pero todo es inútil, la oscuridad es demasiado densa. Y entonces, en su interior, se abren paso dos sentimientos opuestos y coincidentes, el miedo y el deseo: «Miedo por la amena<za>dora y oscura espelunca, deseo de ver si ahí dentro huviere al<go> milagroso». Indeciso entre el deseo de entrar allí y descubrir las razones seminales de las cosas, y el miedo irracional a la oscuridad, Leonardo parece intuir que en la base de la inmensa máquina del mundo no hay nada más que el vacío, la nada.

La meditación llega a una conclusión provisional en lo que parece una auténtica disputa sobre la ley de la naturaleza. Se alternan las voces de dos interlocutores, precedidas, como en un debate escolar, de las didascalias *contra* y *pro*. A la primera objeción del *contra* («¿Por qué la naturaleza no ordenó que el uno animal no viviese de la muerte del otro?»), el *pro* responde retomando la idea inicial del crecimiento perpetuo, al que la propia naturaleza parece poner remedio ordenando «que muchos animales sean alimento unos para otros», y con otros cataclismos que periódicamente destruyen a parte de los seres vivos. Respondiendo a una nueva objeción del *contra*, el *pro* concluye así: todas las criaturas, y el hombre mismo, «a semejanza de la mariposa en la luz», están impulsados por el mismo «desseo de repatriarse y volver al primero caos», que no es otra cosa más que el deseo de «desfacción», de muerte. Un deseo inscrito en una misma quintaesencia, espíritu de los elementos y alma del cuerpo humano. Esta es la razón por la que el alma desea volver a su creador: «Y quier que sepas que aqueste mismo desseo es en esa quinta esencia compañía de la naturaleza, y el hombre es el modelo de lo mundo».

«A semejanza de la mariposa en la luz»: la pequeña mariposa nocturna atraída por esa misma llama que la consume es el símbolo del «desseo de repatriarse y volver al primero caos». Pero el verdadero protagonista del relato, instrumento de la necesidad, es el tiempo, superior a la propia naturaleza: es él quien cambia toda forma, la vida y la belleza, y quien hace posible el fluir de las cosas: «Con el tiempo todo va variando».[2] Es en el tiempo donde se suceden todas las *sperientie* y fenómenos descritos en el relato: el crecimiento de la tierra, la desaparición de las civilizaciones humanas, la grandiosa carrera del monstruo marino sobre las olas, su muerte y transformación en montaña, las conchas y los fósiles que fueron criaturas vivientes, y, como remate, la propia tierra transformándose en un desierto sin vida. En el triunfo del tiempo incluso la idea de la muerte queda superada. Con afán de precisión, prefiere utilizarse en cambio la palabra *desfacción*: para la criatura como para el mundo, para el micro-

---

[2] Ar, f. 57r.

cosmos como para el macrocosmos, se trata de la disolución de la unidad de huesos, nervios, panículos, órganos, del conjunto de partículas y átomos y su recombinación en nuevas unidades, en nuevas formas.

Aquí empezamos a reconocer los primeros libros que leyó Leonardo en estos años, y que contribuyeron a formar su original concepción de la naturaleza.

En primer lugar, la gran enciclopedia de las ciencias naturales que es la *Historia natural* de Plinio el Viejo. En la visión del monstruo marino se retoman varios capítulos del libro IX, dedicados a las ballenas y monstruos que pueblan los océanos, admirables instrumentos de la naturaleza; y también la imagen final del cadáver vacío que se ha convertido en una gran cavidad englobada en la montaña.

La profecía del fin del mundo y de la vida, basada en las consecuencias necesarias de las leyes naturales, está también teñida de acentos característicos de la predicación y de la literatura bajomedieval sobre el Apocalipsis y el Juicio Final, de Antonio Pucci a Luigi Pulci, acentos que se encuentran asimismo en el *Triunfo de la eternidad* de Petrarca.

Y en última instancia está Dante, por supuesto. El Dante de la *Divina Comedia*, pero también del *Convivio*.

Un testimonio significativo de estas primeras lecturas se encuentra en una hoja contemporánea del Códice Atlantico, que presenta algunas breves transcripciones.[3]

En el reverso, varias recetas por perfumes y colores.[4] Además del esbozo de un soneto, no autógrafo, en el que un amigo le pide perdón por una falta oscura (¿quizá la denuncia en el proceso por sodomía?), leemos algunos versos de las *Pistole* de Luca Pulci y del *Triunfo de amor* de Petrarca, y luego, sobre todo, algunos fragmentos de las *Metamorfosis* de Ovidio, tomados no del original latino sino de la vulgarización del notario de Prato Arrigo de' Simintendi.

---

[3] CA, f. 195r-v.
[4] Véase también CA, ff. 18v, 304v, 570br, 704p.

El primer pasaje es el comienzo del libro XIII, el discurso de Ayax, que se disputa con Ulises la posesión de las armas de Aquiles. Pasamos luego al decimoquinto y último libro de la obra, con un pasaje sobre la inexorable fuga del tiempo, ante el cual incluso la gran belleza se corrompe y se desvanece: «Oh tiempo, consumidor de las cosas y oh envidiosa antigüedad, todas las co<sas> las destruyes tú y todas las cosas consumes con los duros dientes de la vejiez, poco a poco con lenta muerte. Cuando Elena se mirava en el espejo, viendo las mustias arrugas en su rostro causadas por la vejiez, llorava y pensava para sí por qué fue raptada dos vezes».

Sí, las *Metamorfosis* de Ovidio fueron el gran libro de naturaleza del joven Leonardo en la Florencia de los años setenta. Conocemos incluso el nombre del propietario del manuscrito, quizá tomado en préstamo y nunca devuelto. Al final de la página, después de las citas de Ovidio, se encuentra en efecto el exlibris: «Este libro es de Michele di Francesco Bernabini y de su discendienzia».

Al pie de la hoja, un último fragmento de escritura: «Di, di, di, dime cómo pasan las cosas por allá, y dime si la Caterina quiere hacer / di, dime cómo pasan las cosas». Quizá sea el principio de una carta al tío Francesco pidiendo información sobre Caterina. Quizás sea solo una prueba de pluma: pero entonces es aún más significativo, porque ese nombre aflora de forma espontánea, inconsciente. El nombre de la madre. El nombre de Caterina.

Tantas preguntas, ninguna respuesta. A finales de 1481, a Leonardo solo le quedaba una amarga incertidumbre.

En octubre, los mejores pintores florentinos fueron llamados a Roma para decorar las paredes de la Capilla Sixtina: Botticelli, Signorelli, Ghirlandaio y Perugino. Nadie se acordó de él.

El maestro Verrocchio, su segundo padre, también hace las maletas. Ha sido llamado a Venecia para la realización de la obra más grande de su vida, el monumento ecuestre del condotiero Bartolomeo Colleoni, y mientras tanto ha confiado su taller al discípulo que evidentemente a lo largo de los años consideró más seguro y digno de confianza: no Leonardo, desde luego, sino Lorenzo di Credi, que será también su futuro heredero.

Por si fuera poco, Leonardo se encuentra lleno de deudas: con los frailes de San Donato, por la *Adoración* que no ha llegado a terminar; con los jesuatos, por los colores y por el nunca entregado *San Jerónimo*; con la Signoria, por esos veinticinco florines recibidos en 1478 por pintar el *Retablo de San Bernardo*, y computados implacablemente en el libro de deudores del Palacio hasta 1511; e incluso con el comerciante Giovanni di Niccolò Bini, que el 4 de abril de 1481 hizo condenar al «pinctor Lionardo di ser Piero da Vinci» por el Tribunal de Mercanzia a abonar la suma de tres florines, diecinueve dineros y cuatro denarios, por la compra de un precioso «corte de raso verde para jubón», que evidentemente el artista no le había pagado.[5] La orden de comparecencia fue llevada el día anterior «a la casa que alberga su vivienda» por el mensajero del tribunal, y la entregó a uno de sus muchachos («en la persona de un joven»), porque el maestro está ausente, o no ha sido encontrado, o quizá se haya escondido dentro.

Ya no es posible seguir así. A este paso, corre el riesgo de terminar de nuevo en la cárcel de Stinche. A sus casi treinta años, el hijo bastardo del notario no ve un gran futuro por delante y aprovecha la primera oportunidad para marcharse. Para recuperar su libertad.

---

[5] ASF, *Tribunale della Mercanzia*, 7.265.

II. El hombre universal

1. Una lira de plata

Milán, febrero de 1482

Todavía hace frío. La llanura lombarda, atravesada por ríos y canales por los que se deslizan perezosamente las barcazas, está cubierta por el ligero manto de las últimas nieves. Pero el día está terso, el aire límpido. Leonardo desmonta de su caballo, sube ágilmente por el camino de sirga del canal y ve Milán por primera vez. Allá, hacia el norte, sobre el fondo de las cumbres blancas e indiferentes de los Alpes, las majestuosas e inacabadas obras del Duomo.

¿Por qué emprende este viaje, su primer gran viaje, el que cambiará su vida o, mejor dicho, la transformará, en su totalidad, en un único, largo e ininterrumpido viaje?

Según los biógrafos antiguos, lo único que debía hacer el artista era llevarle al duque un instrumento musical de parte de Lorenzo el Magnífico. El Anónimo Gaddiano escribe de esta manera: «Fue elocuente al hablar et raro sonador de lira, et fue maestro de la de Atalante Migliorotti [...]. Tenía treinta años cuando por el dicho magnífico Lorenzo fue enviado al duque de Milán junto con Atalante Migliorotti a obsequiarle una lira, que único era en tocar tal istrumento». En nada más, pues, que un refinado intercambio de cortesías consiste por lo tanto la misión de este extraño embajador, «raro sonador de lira», como si el donante y el donatario no estuvieran entre los actores más poderosos y con menos escrúpulos de la política italiana y europea. El duque es, naturalmente, Ludovico Sforza, conocido como «el Moro», que sin embargo no es el duque de Milán. Tiene en sus manos, cierto es, tanto al ducado como a su verdadero soberano, su sobrino menor de edad Gian Galeazzo Maria Sforza, pero su único título es el de duque de Bari, que le concedió el rey de Nápoles.

Vasari, por su parte, omitirá los nombres de Lorenzo y Atalante y creará cierta confusión sobre el duque y las fechas, haciendo aún más misterioso el verdadero motivo de ese viaje y añadiendo algunos detalles, inventados quizá, pero que contribuyen a la leyenda biográfica de un genio admirable y extravagante, de un hombre universal sin duda, pero no siempre digno de confianza. Según nos cuenta, Leonardo no solo era el portador sino también el creador del instrumento, hecho nada menos que de plata, «en forma de cráneo de caballo, rara y original ocurrencia, de modo que la armonía fuera con mayor tuba y más sonora de voz», es decir, construido de tal manera que la caja de resonancia amplificara el sonido mucho más que las liras normales, dando al acompañamiento un carácter casi mágico, un efecto particular. Si queremos hacernos una idea de cómo estaba hecha, basta con observar uno de sus extraños dibujos: el cráneo de un animal monstruoso, entre cuyos dientes anteriores y las vértebras cervicales se tensan las cuerdas de una viola.[1]

En este momento, continúa Vasari, el propio Leonardo, una vez llegado a la corte, empieza a tocar delante del duque y de todos los músicos y, naturalmente, los supera sin esfuerzo. No sorprende esto al lector de Vasari: ya se había hablado del músico Leonardo al comienzo de su relato biográfico. El futuro hombre universal, habiendo recibido de la naturaleza «un espíritu elevadísimo y pleno de donaire», en lugar de progresar en materias aburridas como el ábaco y los principios de las letras, había preferido dedicarse también a la música, aprendiendo a tocar la lira *da braccio*, es decir, un instrumento de cuerda de la familia de las violas, y a cantar improvisando, convirtiéndose en «el mejor declamador de rimas improvisadas de su tiempo».

La pasión por la música no es una invención de los primeros biógrafos. De todas estas habilidades, construir instrumentos musicales, tocar, cantar, encontramos abundantes huellas en sus manuscritos: estudios sobre acústica y propagación del soni-

---

[1] B, f. C.

do; cuestiones teóricas de armonía musical; dibujos de inusuales instrumentos de percusión, viento y cuerda; notaciones musicales; aprendizaje y ejercitación directa de la música instrumental y del canto.

En su primera aparición en la corte, Leonardo se presenta como un músico, un animador, un intérprete de textos poéticos improvisados, más recitados que cantados, con un delicado acompañamiento de la lira *da braccio*, como lo hacen otros célebres personajes contemporáneos, Serafino Aquilano y Baccio Ugolini, este último en el doble papel de emisario de los Médici y actor-cantante en el *Orfeo* de Poliziano en Mantua.

El nombre de Atalante Migliorotti, omitido por Vasari pero no por el Anónimo, encaja muy bien en ese contexto. El joven Atalante, discípulo de Leonardo en el arte de la lira, es conocido por todo el mundo como Atalante «el de la viola». Procede de una buena familia florentina, la de los Migliorotti, residente en la céntrica piazza degli Agli, inscrita en el arte menor de los cerrajeros y amiga de los Médici: Manetto Migliorotti fue elegido varias veces prior y gonfalonero de la compañía, y formó parte de la confraternidad asistencial de los *Buonomini*; uno de sus parientes, Simone di Matteo, recordará un día, en una afectuosa carta a Leonardo, haberlo ayudado, en los difíciles años florentinos, casi como un padre: «Yo te crie con la leche de mi hijo».[2] Atalante es hijo natural de Manetto, quien lo registra así en su declaración de impuestos de 1481: «Attalante fijo mío natural d'años 14».[3] Un bastardo como Leonardo: en lugar de ser destinado al comercio, se ha convertido en un virtuoso intérprete de lira, otro de esos jóvenes músicos que estaban de moda en las cortes de la época.

Cuando Atalante acompaña a Leonardo a Milán, solo tiene quince años. Un muchacho divino, tan hermoso como un ángel.

Leonardo ha intentado repetidamente captar el movimiento de ese rostro en el instante en que levanta o vuelve la mirada, y la

---
[2] CA, f. 591v.
[3] ASF, *Catasto*, 1.022, f. 100r.

ondulación móvil de su cabello: «Una cabeza en un rostro rizado», escribirá al comienzo de una lista de dibujos, y luego «una cabeza de perfil con hermoso cabello», y «un retrato de cabeza de Atalante que levanta el rostro». Otra mano (¿la de Atalante?) añade a la lista: «Una cabeza con cara de joven de hermoso cabello».[4]

La lista es un inventario de dibujos y materiales de taller, en su mayoría traídos de Florencia, pero también producidos en los primeros años milaneses.

Aquí tenemos los bocetos de las obras pictóricas: «ciertos san Jerónimos»; «una cabeza de Cristo hecha con pluma»; «8 san Sebastianes», variaciones del cuerpo asaetado de san Sebastián atado al árbol mientras las flechas lo hieren;[5] cabezas y gargantas de viejos y viejas, de niñas y gitanos, figuras enteras desnudas, «muchas piernas, brazos, pies y gestos», y «muchas composiciones de ángieles» para la *Adoración*.

Se acuerda del nombre de algunos de los modelos: además de Atalante, «la cabeza de Ieronimo da Feglino» y «la cabeza de Gian Francesco Boso», tal vez dos artistas milaneses vinculados a la corte, Girolamo Figino y Gian Francesco Bossi; y también hay «una cabeza del Duque».

También hay obras de otros: «Una pequeña historia de Girolamo da Feghine», y «una historia de la Pasión hecha en forma», es decir, grabada.

Luego, variaciones de Vírgenes: «Una Nuestra Señora acabada / otra casi que está de perfil / la cabeza de Nuestra Señora que va al cielo». Esta última, que se refiere al tema de una Asunción, podría ser el detalle de una nueva composición, quizá un retablo entero, como sugiere el otro apunte «4 dibujos de la tabla de Santo Agniolo». ¿Se trata de un primer encargo milanés para la iglesia de Sant'Angelo de los Frailes Menores?

Por último, ejercicios sobre sus temas favoritos: «Muchas flores retratadas del natural», «muchos dibujos de grupo», es

---

[4] CA, f. 888r. Un posible retrato de Atalante en W, 12.432r y 12.276v.
[5] Véase también Bayona, Musée Bonnat-Helleu, 1211; Hamburgo, Kunsthalle, 21.489.

decir, nudos y tejidos, hornillos, cuerpos en perspectiva, instrumentos navales, mecánicos e hidráulicos.

Que la singular embajada de la lira se produjo realmente lo sugiere un oscuro soneto de un poeta florentino, Bernardo Bellincioni, antiguo compañero de Lorenzo y Luigi Pulci, que debería haber participado en nombre del Magnífico, pero en cambio no fue: «Sonetto a Lorenzo de Médici quando mandó la viuola al duque de Milán et, haviendo recivido el encargo, non fue et hizo aqueste».[6]

En todo caso, Leonardo no viaja solo. Además de Atalante, forma parte de la brigada otro personaje estrafalario, Tommaso Masini da Peretola, conocido como «Zoroastro» por presumir de múltiples facetas como mago, filósofo, experto en los misterios de la naturaleza. Zoroastro es una figura intermedia entre el chico para todo y el discípulo, experto en artes menores y aplicaciones prácticas de la mecánica y la orfebrería. Se jacta él también de ser un bastardo y de linaje ilustre: nada menos que Bernardo di Giovanni Rucellai, ilustre humanista y cuñado del Magnífico (está casado con su hermana Nannina). Apasionado por las antigüedades romanas, Bernardo había sido protagonista de una memorable *peregrinatio* entre las ruinas de Roma junto con Lorenzo, Leon Battista Alberti y Donato Acciaiuoli en 1471. Su abuelo Giovanni, fallecido en 1481, había sido el gran mecenas de Leon Battista, autor de los proyectos de la maravillosa fachada de Santa Maria Novella y del propio palacio Rucellai en via della Vigna Nuova. Y al servicio de Giovanni y su familia también encontramos, como es natural, al notario ser Piero da Vinci.[7]

Ahora bien, en aquel fatídico año 1482, fue el propio Rucellai quien viajó a Milán como embajador florentino. Esta es la

---

[6] B. Bellincioni, *Rime,* Milano, Filippo Mantegazza detto il Cassano, a spese di Guglielmo di Rolando di Sannazaro, 15 luglio 1493, f. n8r-v.
[7] ASF, *Notarile Antecosimiano*, 16.828, f. 7r; 16.831, f. 502r; 16.831, f. 94r; 16.833, ff. 122r-v, 176r-177r.

verdadera embajada a la que se suma la improbable caravana de Leonardo, Atalante y Zoroastro.

Nombrado ya el 10 de diciembre de 1481 junto con Pierfrancesco da San Miniato, Rucellai parte de Florencia el 7 de febrero de 1482. Viajan todos juntos y juntos se presentan ante el Moro, a tiempo para participar en las festividades del carnaval ambrosiano, el 23 de febrero. Una oportunidad propicia para la recepción de la corte en la que se presentará la lira de plata y actuarán Leonardo y Atalante.

La asociación con Rucellai y su más seria misión diplomática puede conferir así mayor sentido a la presencia de Leonardo. Quizá se le pidiera un mínimo asesoramiento en un sector en el que, en Florencia, ya había demostrado su valía durante la guerra de 1479: la arquitectura y la ingeniería militar. De hecho, este es el principal tema de conversación entre Rucellai y el duque: la guerra.

El 6 de marzo, Bernardo da cuenta a Lorenzo de la satisfacción del Moro con un diseño para la fortaleza de Casalmaggiore. En la carta no se dice quién hizo ese dibujo, pero quizá la mano de Leonardo ya estuviera en él. La situación política en el tablero italiano es de un enorme enredo, entre la extraña y sangrienta guerra de los Rojos y la inminente guerra en Ferrara. El Moro, obsesionado por los antiguos e irreductibles enemigos que él mismo contribuye a exacerbar —los franceses, los suizos y los venecianos— se muestra mucho más interesado en la guerra que en la música. Y, de hecho, tras su fugaz aparición en la corte como músico y el posible asesoramiento como ingeniero militar, el duque no parece mostrar el menor interés por Leonardo y este siente de nuevo el riesgo de verse en la misma condición de fracaso que ha vivido en Florencia. ¿Volver a Florencia, pues? Ni pensarlo siquiera. Allí no era nadie, aquí puede convertirse en alguien.

Habiendo llegado a Milán a la sombra de Rucellai, Leonardo quizá intente apoyarse en otros florentinos como los Portinari, los acaudalados responsables del banco medíceo, ubicado en un suntuoso palacio oficial en via dei Bossi. O, de manera más realista, aprovechar la hospitalidad de los frailes de la Observancia de Sant'Angelo, quizá a cambio de la promesa de una hermosa tabla de la Asunción.

Sí, debe volver a practicar su arte, a lo que realmente sabe hacer mejor, y empuñar de nuevo los pinceles. Como pintor, sin embargo, no podrá empezar por su cuenta, en esta ciudad nueva y desconocida. Es necesario entrar en contacto con los artistas milaneses, aquellos que ya están bien introducidos en las relaciones con la clientela pública y privada, y con las instituciones civiles y religiosas.

Dos de esos colegas le propondrán formar sociedad con ellos, y firmar un contrato juntos con una importante hermandad.

2. La Madre sin tacha

Milán, 1483-1485

Ha pasado más de un año desde su llegada a Milán. Un año difícil, de penurias y humillaciones. El 25 de abril de 1483, Leonardo entra, con dos hermanos milaneses, en el atrio del convento franciscano de San Francesco Grande, detrás de la antigua basílica de San Ambrosio.

Los esperan, en el huerto que bordea la antigua via di Santa Valeria, los miembros de una hermandad laica de devotos del culto a la Inmaculada Concepción, la Escuela o Cofradía de Santa Maria della Concezione.

Solo cinco años antes, gracias a la concesión de Francesco Sansone, ministro general de los Frailes Menores, en la Escuela se había construido una capilla dentro de la iglesia, que se servía para sus funciones de un pequeño edificio exterior, entre el atrio y el huerto. Los cofrades han sido rápidos, no han querido perder el tiempo, y confían su asesoramiento artístico al padre guardián del convento, fray Agostino de Ferrari.

Fue él quien, el 8 de mayo de 1479, estableció los detalles de la decoración de la capilla, encargada a los pintores Francesco Zavattari y Giorgio Della Chiesa: una bóveda azul salpicada de estrellas doradas y en el centro la figura de Dios Padre «todo en oro rayado con lo manto de azul ornado d'oro», y además serafines, y un derroche de oro en los elementos arquitectónicos.

Tampoco los pintores, honestos profesionales lombardos, quisieron perder el tiempo. El trabajó quedó finalizado el 8 de diciembre del mismo año, fiesta de la Inmaculada Concepción, por una retribución de cuatrocientas liras imperiales.[1]

---

[1] ASMi, *Notai*, legajo 1.945, notario Antonio de Capitani.

Sobre el altar se encuentra ya una majestuosa máquina escenográfica, una estructura de madera tallada y dorada, en parte ejecutada por Giacomo del Maino entre 1480 y 1482 por la elevada retribución de setecientas liras imperiales; árbitro en la evaluación y verificación, el gran arquitecto Giovanni Antonio Amadeo.[2]

La devoción mariana suscitada por los frailes entre los fieles ha dado lugar también a generosos legados testamentarios. En su lecho de muerte, el 28 de julio de 1482, el orfebre Innocenzo della Croce donó un espléndido collar para que se colocara alrededor del cuello de la estatua de la Virgen, que a su vez estará cubierta con riquísimos brocados: es una joya suntuosa, digno ornamento de la Reina del Cielo, compuesto por catorce flores de oro con perlas y letras esmaltadas en negro.[3]

Solo faltan las tablas pintadas, los «cuadros» que se insertarán en el grandioso marco del Maino: sobre todo la obra mayor, que se colocará delante del nicho con la estatua de la Virgen. Quizá haya que prever un mecanismo que permita mover la tabla y permitir que se vea la sagrada imagen con motivo de la fiesta de la Inmaculada Concepción.

Por esa razón están todos allí, en el jardín de la Escuela, este 25 de abril, artistas y cofrades, y entran en el recinto de la Escuela para sentarse en taburetes alrededor de una larga mesa frailera: de un lado Leonardo y los hermanos Evangelista y Giovanni Ambrogio de Predis, por el otro, el prior Bartolomeo Scarlione, Giovanni Antonio di Sant'Angelo y los demás cofrades.

En el contrato el «*dominus magister*» Leonardo siempre es identificado como florentino, y como hijo de un tal «dominus Petrus»: «*dominus magister Leonardus de Vintiis filius domini Petri florentinus*». A continuación, aparece la indicación genérica de su actual residencia milanesa: «*Habitator in civitate Mediolani*». No hay dirección precisa porque aún no tiene casa. Quizá sea huésped de esos dos colegas milaneses.

---

[2] ASMi, *Notai*, legajos 1.946-1.947, notario Antonio de Capitani.
[3] ASMi, *Cimeli*, legajo 1, fasc. 42, n.º 9-10.

El contrato es muy similar al ya estipulado con Zavattari y Della Chiesa en 1479. Los artistas deberán ejecutar y entregar la obra antes de la fiesta de la Inmaculada Concepción, el 8 de diciembre de 1483, y recibirán ochocientas liras imperiales, es decir, doscientos ducados, más una compensación una vez terminada la obra que será establecida por una comisión integrada por el hermano Agostino y dos cofrades más. Los pagos mensuales de cuarenta liras continuarán hasta enero-febrero de 1485, por lo que es razonable pensar que el plazo del 8 de diciembre se aplazó hasta la fiesta de 1485.

Igual de detalladas, y probablemente redactadas también por fray Agostino, son las especificaciones con la «Lista de los hornamentos que se an de fazer al rettablo de la Conception de la gloriossa Vergine Maria», debidamente firmada por los artistas.

A los cofrades les gusta el brillo del oro y la abundancia de decoración, no solo en el dorado del retablo sino también en las vestiduras de la Virgen y de Dios Padre. Increíbles han de ser las de María, que debe aparecer como la verdadera Reina del Cielo: la sobreveste será de «brocado d'oro azul tramarino», el gonete de «brocado d'oro en laca fina en carmesí al óleo», e incluso el forro de «brocado d'oro verde al óleo». Son las mismas telas que revestirán la estatua en la hornacina del altar. Es evidente que entre los cofrades pertenecientes al animado mundo artesanal y empresarial de la ciudad no faltan quienes dirigen la industria milanesa más nueva y rica de la época, los talleres de batido de oro y tejido de oro y seda. En su opinión, la Virgen no puede dejar de vestirse así.

Y luego, una multitud de figuras: sobre todo criaturas angelicales, como los serafines «puestos de senaprio rayados», es decir, de cinabrio, de un vivo color rojo carmín, y los ángeles «hornados de sopraoro, el camesí pinctado al stilo greco al óleo». Las demás figuras también irán vestidas al «stilo greco o moderno».

En el retablo central, «la tabla del medio», estará naturalmente la Inmaculada, «la Nuestra Señora con su fijo», triunfante entre ángeles y profetas. En los paneles laterales, cuatro ángeles cantando y tocando. Atrás, un espectacular telón de fondo de «montañas et piedras trabajadas al óleo separatas en varios colores».

Junto a Leonardo, en la firma del contrato están Evangelista y Giovanni Ambrogio, dos de los seis hermanos De Predis, o Preda. Se trata de una activa y reconocida familia de artistas y artesanos, gente práctica y sin pretensiones que tal vez haya ayudado y acogido al vagabundo florentino en su incierto primer año milanés; su casa, en Porta Ticinese, parroquia de San Vincenzo al Prato, no está lejos de San Ambrosio y San Francesco Grande. Ellos también hacen un poco de todo: grabado y acuñación de medallas y monedas, miniaturas sobre manuscritos, pintura, comercio de jarrones y joyas y objetos suntuarios. Le han cogido cariño, eso es todo. Uno de los hermanos, Cristoforo, debió de impresionar la imaginación del florentino por la discapacidad que padece desde su nacimiento: es sordomudo, pero la naturaleza lo ha compensado con excelentes dotes para el dibujo y la iluminación; cuando se inclina sobre los códigos, parece abstraerse por completo y encerrarse en su propio mundo interior. Un ejemplo vivo de la primacía del ojo y de la pintura, que puede prescindir incluso de los demás sentidos.

Evangelista es un excelente escultor de madera, por lo que se encargará de finalizar el gran retablo de madera de Del Maino: probablemente fue el primero al que interpeló la confraternidad.

El hermano menor, Giovanni Ambrogio, nacido en 1455 y por lo tanto más joven que Leonardo, trabaja como miniaturista siguiendo los pasos de Cristoforo, pero también ha ayudado a su otro hermano Bernardino en la ceca de Milán. Su especialidad parece ser la de realizar retratos de perfil en monedas, medallas y miniaturas, actividad ciertamente apreciada en la corte, donde en 1482 fue certificado como «pinctor de lo Illustrísimo Señor Ludovico Sforza». Y tal vez fuera allí donde conoció a Leonardo, y fuera él quien lo propuso a los frailes. Ahora se contenta con ayudarle a pintar, de hecho, le deja enteramente la mejor parte, el retablo central, después de haber visto los dibujos de su amigo y colega, y de haberse dado cuenta de lo que es capaz de hacer. Él se reserva las otras piezas del políptico, los paneles laterales de los ángeles músicos: hoy solo quedan dos, en la National Gallery de Londres, y tal vez ni siquiera sean obra suya. En los años siguientes, Giovanni Ambrogio siguió trabajando como miniaturista y retratista de corte, al servicio de los Sforza, de los Borromeo e incluso del emperador Maximiliano de Habsburgo, en Innsbruck.

En la sala de la Escuela Leonardo escucha al notario Antonio de Capitani leer el largo contrato en latín y las especificaciones en lengua vernácula, y luego a los artistas y cofrades discutir entre ellos. ¿Qué habrá pensado de esa resplandeciente cascada dorada y de esos ángeles revoloteando que se está comprometiendo a pintar?

No es lo suyo, nunca hará algo así, tal vez sonría para sus adentros. Pero cuando el notario le pone ante las narices el pliego de especificaciones, ya firmado por el prior Scarlione y fray Giovanni Antonio, y le entrega la pluma ya mojada en tinta, no le queda más remedio que firmar, delante de Evangelista y Ambrogio, con la mano derecha y en escritura regular, y con una fórmula latina no indigna de un hijo de notario: «*Io Lionardo da Vinci in testimonio ut supra subscripsi*».[4]

Y así, con ese trazo de pluma, sin darse cuenta, Leonardo se ve envuelto en uno de los debates teológicos más acalorados de la época. El verdadero tema del cuadro, el que obsesiona a los buenos cofrades, es, en efecto, la exaltación del culto a la Inmaculada Concepción.

María, según la tradición oriental y los evangelios apócrifos, fue concebida por Ana y Joaquín «inmaculada», es decir, sin la tacha del pecado original y, por lo tanto, su cuerpo podía acoger a Cristo sin necesitar ser purificado por el bautismo: una doctrina controvertida, en la propia Iglesia, a diferencia del dogma de la maternidad virginal, es decir, de la concepción de Cristo por intervención del Espíritu Santo.

---

[4] ASMi, *Cimeli*, legajo 1, fasc. 42, n.º 1, notario Antonio de Capitani.

En la Europa bajomedieval, el culto, promovido por franciscanos y carmelitas y por innumerables cofradías laicas y religiosas, se fue extendiendo cada vez más y ha sido recientemente reconocido por Sixto IV en 1476, con la institución de la fiesta de la Inmaculada Concepción el 8 de diciembre. Como es natural, el papa, es decir Francesco della Rovere, antes de serlo ha sido franciscano y general de la orden; mientras que el actual general, Francesco Sansone de Brescia, ferviente inmaculista, es el mismo que ha aprobado la construcción de la capilla en el convento milanés de San Francesco Grande.

Del otro lado, ferozmente contrarios, los dominicanos. En Milán, en el convento de Santa Maria delle Grazie, fray Vincenzo Bandello ha acusado abiertamente a los inmaculistas de herejía. Quizá el objetivo fuera también arremeter contra la prestigiosa figura de un místico portugués convertido del judaísmo, el beato Amadeo Mendes da Silva, fundador de una nueva congregación llamada «los amadeitas», huésped del convento de San Francesco Grande y que murió y fue enterrado allí en olor de santidad en 1482.

A Bandello le replicó el franciscano Bernardino de' Busti, autor de un oficio de la Inmaculada aprobado por el papa el 4 de octubre de 1480, y de nueve sermones *De immaculata conceptione*, recopilados y publicados en 1492. No es casualidad que sea Bernardino el teólogo que asiste a los cofrades en la construcción de la capilla de la Inmaculada Concepción en San Francesco Grande.

Así nació la *Virgen de las rocas*, pintada al óleo sobre tabla y luego trasferida a lienzo.[5] Leonardo la realiza entre 1483 y 1485 en un estilo que todavía tiene ecos de su origen florentino.

LA VIRGEN DE LAS ROCAS

En la *Virgen de las rocas*, el programa figurativo del pliego de especificaciones ha cambiado radicalmente. En efecto, en

---

[5] París, Musée du Louvre, inv. 777.

el cuadro no hay rastro del estático y tradicional grupo de la Virgen y el Niño entre ángeles y profetas, sino la representación sagrada de una antigua leyenda narrada por los evangelios apócrifos, el encuentro en el desierto entre el niño Jesús y el pequeño Juan Bautista: una historia muy apreciada por la tradición iconográfica florentina, a la que le gusta representar a los dos santos niños jugando juntos. En el *Protoevangelio de Santiago*, san Juan niño, con su madre Isabel, se había librado de la matanza de los inocentes por parte de Herodes gracias a la milagrosa intervención de Dios, que desgarró un monte para esconderlos a ambos, e hizo aparecer ante ellos una luz que era un ángel enviado para protegerlos.

La *Vida de Juan según Serapión*, en cambio, relata el encuentro en el desierto entre san Juan niño y Jesús, al regreso de este con la Virgen tras la huida a Egipto. El ángel es probablemente el arcángel Uriel, que en hebreo significa «luz de Dios», y al que se nombra como el cuarto arcángel en la visión mística del beato Amadeo.

La nueva ambientación permite ampliar el motivo de las rocas y pedruscos, que se convierten en elementos fundamentales de la escena, cargados de oscuros valores simbólicos, como en el mito de la caverna que se abre y revela al hombre el misterio íntimo de la Naturaleza. Aquí el misterio es también y sobre todo el de la Inmaculada Concepción, que parece fusionarse con el otro misterio, el de la maternidad virginal: un interior-exterior que se juega con atmósferas húmedas y densas y con juegos de luces artificiales que se destacan en la tiniebla viva, un guante que se descubre y se da la vuelta, el útero de la tierra que presenta la antítesis de las fuerzas vitales, en las cavidades atravesadas por el agua fecundadora. Las estratificaciones geológicas de esas rocas pulidas acarrean la señal de inmensos procesos de erosión y transformación, provocados por el aire y el agua.

Las figuras se articulan en un teatro de gestos, vinculándose entre sí en una compleja red de relaciones: a la izquierda, san Juan niño, arrodillado y rezando, se vuelve hacia el Niño que lo bendice con una expresión seria y absorta. La Virgen se inclina sobre los dos niños, una madre «inmaculada», es decir, sin tacha, purísima y sin pecado, una madre que huye al desierto rocoso para salvar a su hijo. ¿Pero quién puede ser esta madre sin tacha a los ojos de su hijo que ahora se ha convertido en el pintor que la pinta? ¿Quién sino Caterina?

María observa a san Juan niño, envolviéndolo con su mano derecha y casi empujándolo dentro del círculo mágico, y levanta su mano izquierda sobre la cabeza del Niño, en un misterioso acto de protección. Bajo esa mano se extiende el detalle más enigmático del cuadro, el dedo índice de la mano del ángel arrodillado detrás del Niño, apuntando hacia el san Juan niño. Pero la mirada del ángel, su sonrisa ambigua, no se dirige a la escena sagrada. Nos está mirando a nosotros.

Todo dentro de una perfecta geometría. En la composición piramidal los gestos confluyen en líneas rectas que se intersecan formando el icono de la cruz, profecía de la Pasión, acontecimiento del que la Virgen quisiera alejar a su hijo. El tema original, enteramente dedicado al origen de la vida, se proyecta hacia adelante, hacia la Pasión y la Muerte, en una dimensión cíclica, de eterno retorno. Signos de la Pasión son, por lo tanto, también los elementos botánicos que emergen del árido escenario geológico: la palmera, el venenoso acónito, el iris lanceolado.

En el centro exacto del cuadro, todas las energías, todas las líneas de fuerza parecen converger en un solo punto: la gema ovalada y convexa engastada en una corona de perlas como prendedor en el manto de la Virgen. Una joya que ya hemos visto antes: en las primeras Madonas de Leonardo y en los dibujos y pinturas de Verrocchio y sus alumnos. Ahora esa gema parece reflejar el mundo oscuro que hay al otro lado del cuadro: el perfil de un gran ventanal, tal vez el interior del estudio milanés del artista, la gran sala en la que está pintando la *Virgen de las rocas*. Pero también el mundo que el ángel mira sonriendo. El mundo futuro que aún sigue siendo posible, inconsistente e ilusorio como todo mundo posible, el sueño de un sueño, en el que nos encontramos, ahora. *Miroir profonde et sombre.*

3. Una partitura, una carta

Milán, 1485

A pesar de todos sus esfuerzos por darse a conocer, Leonardo parece seguir estando al margen de la corte de los Sforza. Ningún documento coetáneo da fe de su implicación en tareas o encargos, ni siquiera de poca entidad.

El aspirante a ingeniero se adapta a ofrecer a potenciales empleadores pequeños ingenios útiles para la vida diaria. Lo más extraño es un asador automático, impulsado por el mismo aire caliente que hace girar un soplillo, representado en un dibujo que se acompaña de una leyenda escrita en sentido regular: «Esta es la verdadera manera de cuozinar los asados, sibien según el fuego sea templado o fuerte l'asado gira despacio o rápido».[1]

Quizá la única mención sobre él sea la que aparece en la correspondencia diplomática. Alguien lleva al duque a ver la aún inacabada *Virgen de las rocas*, y al duque se le ocurre la idea de utilizarla para fortalecer las relaciones con un poderoso soberano extranjero, el rey Matías Corvino de Hungría.

El 13 de abril de 1485, en nombre del Moro, el secretario ducal Aloisio Terzago escribe al embajador milanés en Buda, Maffeo da Treviglio, prometiendo al rey Matías un regalo excepcional: «Una figura de Nuestra Señora, la más hermosa, excelente et devota que quepa fazer, sin gasto de ninguna clase». Se aclara que la obra ha sido realizada por «un excelente pinctor que, haviendo visto la experientia del'ingenio suyo, pareze que no lo conozemos».[2]

La carta no menciona explícitamente el nombre de Leonardo, pero no se ve a quién más podría estar aludiendo el duque.

---

[1] CA, f. 21r.
[2] ASMi, *Notai, Archivio della Curia Arcivescovile*, legajo 138, n.º 39.

¿De qué obra se trata? ¿De la propia *Virgen de las rocas*? ¿O de otra Virgen de grandes dimensiones, no un pequeño cuadro de devoción privada sino una tabla digna de un soberano, derivada del anterior proyecto florentino de la Virgen arrodillada en adoración al Niño?

De esta época también data el único retrato masculino de Leonardo, el *Retrato de un músico* de la Pinacoteca Ambrosiana.[3]

En los siglos que seguirán, parte de la composición fue repintada, lo que hizo creer que el apuesto joven representado era un príncipe. Y en cambio es un músico, o más bien un cantor, como lo han revelado las restauraciones modernas, que han permitido descubrir un detalle interesante en la parte inferior derecha: una mano con una pequeña partitura musical.

RETRATO DE UN MÚSICO

En la partitura, en manos del músico, hay una serie de notas que suben y bajan por las líneas, y dos palabras fragmentarias, «Cant\<tus\> Ang\<elorum\>». Las palabras no pertenecen al texto cantado, sino que indican su género: se trata de un auténtico canto de ángeles, música celestial. De hecho, el análisis de una parte del fraseo musical, un hexacordo descendente, ha permitido identificarlo como un pasaje del más hermoso motete del compositor flamenco Josquin des Préz, *Illibata Dei Virgo nutrix*, canción dedicada, mira por dónde, precisamente a la Inmaculada Concepción. Una pieza tan importante del repertorio de Josquin que el músico inscribe su propio nombre en el texto, en forma de acróstico: la secuencia de las letras iniciales de los versos forma en efecto «IOSQUINDESPREZ».

Pero el cuadro no es un retrato de Josquin. El homenaje de Leonardo consiste únicamente en evocar su música angelical a través de la partitura. El joven cantor es, por el contra-

---

[3] Milán, Pinacoteca Ambrosiana, inv. 99.

rio, otra persona: Atalante Migliorotti, con su «hermoso cabello», su mirada absorta, su boca entreabierta como si de repente hubiera dejado de cantar, distraído o afectado por algo que no podemos ver. Quizás la propia *Virgen de las rocas*, que, como *Illibata Dei Virgo nutrix*, es un himno a la Inmaculada Concepción.

¿Por qué retratar al cantor Atalante Migliorotti? ¿Y para quién? La obra podría ser una suerte de carta de presentación visual del joven amigo «Atalante de la viola», un homenaje a un príncipe para obtener su favor, un encargo importante o su inclusión en una corte.

A mediados de los años ochenta, Atalante se separa de Leonardo y vuelve a Florencia. Alcanzó fama cuando, en 1490, Francesco Gonzaga lo llamó a Mantua para representar una representación del *Orfeo* de Poliziano en el palacio Marmirolo. Atalante, naturalmente, tendrá que subirse al escenario como músico y cantor para el papel más importante: el del divino Orfeo.

Como en 1482, también tras este viaje estará la mano protectora de Lorenzo el Magnífico.

Antes de abandonar Milán, Atalante ayuda a Leonardo por última vez, escribiéndole una carta de presentación para un «Señor mío Ilustrísimo», que no puede ser otro que el duque. De esa carta no nos ha llegado el original sino tan solo el borrador, conservado en el Códice Atlántico; y ni siquiera sabemos si la carta llegó a ser completada y entregada a su destinatario.[4]

Su amigo amanuense se la escribe al dictado. No es que Leonardo sea incapaz de escribirlo él mismo. A pesar de su predilección por la escritura invertida o especular, de derecha a izquierda, no faltan entre sus hojas ejemplos de escritura regular, de izquierda a derecha. Sin embargo, como utiliza siempre la escritura habitual mercantil que aprendió por sí solo en el seno de su familia, de su abuelo mercader y de su padre notario, qui-

---

[4] CA, f. 1.082r.

zá le parezca demasiado humilde para una carta dirigida a una persona ilustre. Lo que necesita en ese momento es la escritura que está de moda entre las élites políticas y culturales, y que el joven Leonardo, bastardo y plebeyo, nunca ha llegado a aprender del todo bien: la escritura de cancillería a la antigua, la cursiva humanista.

¿De qué trata la carta? Para obtener la atención del duque, tendrá que volver a cambiarse de vestimenta. Ya no se presentará con los ropajes donosos y algo afeminados del músico con jubón y medias largas rosas, ni tan siquiera con los del pintor, considerando los todavía modestos encargos que sus amigos logran conseguirle. Lo que al Moro le interesa de verdad es la guerra, y está vacante el puesto de superintendente de las fortalezas del ducado, a causa de la muerte de su titular, Bartolomeo Gadio, en 1484. De tal manera, mejor las botas y el viril chaquetón de cuero de ingeniero militar.

En el breve preámbulo, no sin ironía, Leonardo declara haber «visto y considerado» en profundidad las «pruebas», es decir, las demostraciones prácticas de los otros ingenieros, «que se reputan maestros et compositores de istrumenti bélicos», y no le han parecido en absoluto originales; de modo que promete presentar sus invenciones («los secretos míos»), sintéticamente enumeradas en una lista de diez puntos. Instrumentos y sistemas bélicos de todas clases se materializan ante nuestros ojos, uno tras otro, dando testimonio de la conciencia que sin duda tuvo Leonardo de la revolución tecnológica que se estaba gestando en el arte de la guerra a finales de la Edad Media.

Para la guerra de movimientos se construirán puentes móviles con los que superar los obstáculos naturales y desplazar rápidamente al ejército, tanto en retirada como en persecución del enemigo. Al asedio de ciudades y fortalezas, que absorbe la mayor parte de los esfuerzos bélicos de la época, dedica Leonardo más espacio, proyectando sistemas hidráulicos para vaciar el agua de los fosos, andamios y escalas de arpones para superarlos y trepar por las murallas, herramientas para derruir las fortalezas incluso cuando se hallen fuera del alcance del fuego de artillería, galerías subterráneas para realizar salidas o para colocar minas, así como algunos de los antiguos instrumentos arrojadizos medievales, brigolas, balistas y trabuquetes, pero rediseñados de una manera nueva, «fora de l'usado».

Las ideas más innovadoras aparecen en el ámbito de la batalla campal, que ya en el curso del siglo xv empezó a verse trastocada por el uso de las armas de fuego, por las gigantescas bombardas que consiguieron derribar incluso los inexpugnables muros de Constantinopla, y hasta por las aún imprecisas armas de hombro, los arcabuces y los cañones de mano. Leonardo no se inclina por las grandes bombardas, pesadas y de difícil desplazamiento, sino por armas tácticas y manejables: bombardas ligeras con las que disparar como metralla «piedras minutas a semejanza casi de tormenta, et cum el fumo de ellas causando grand espanto al enemigo, cum grave danno suyo et confusión», y luego de nuevo morteros, bombardas y pasavolantes, de formas hermosas pero también útiles, y siempre «fora del común uso», e incluso carros armados, «cubiertos, securos et inofensibles, y en los cuales entrando dentro el inimigo cum su artiglería, no hay tan grand multitud de gentes en armas que no rompieran». Por último, en la batalla naval, destaca la indicación de cascos blindados capaces de resistir disparos de bombardas.

Leonardo, sin embargo, no es un verdadero hombre de guerra, ni el especialista en armas de destrucción de masas que le gustaría hacernos creer. Sus conocimientos técnicos y teóricos son muy limitados, a pesar de su breve experiencia bélica al final del periodo florentino. De tal modo, se esfuerza por adquirir nuevos conocimientos lo más rápidamente posible y de diferentes maneras. El primero, como es natural, es el contacto directo con otros ingenieros que ya trabajan en el sistema de defensa del ducado; el resultado, además de la entrada en su léxico de nuevas palabras lombardas y no florentinas, es una intensa labor de diseño de máquinas de guerra, como lo demuestran los numerosos dibujos de la época. Se trata a menudo de máquinas gigantescas o irrealizables, ballestas o bombardas de dimensiones colosales, en las que el aspecto visionario prevalece sobre el práctico.

Al final de la carta al duque, por tanto, aflora el temor de que los sorprendentes inventos que promete crear sean considerados «imposibles e infactibles», y por tanto declara su voluntad de «fazer de ellos esperimento» en el parque del Castillo.

No toda la lista está dedicada a la guerra. En el décimo y último punto, «en tiempos de paz», recuerda por fin Leonardo que es un artista discípulo de Verrocchio, y evoca las obras de arquitectura e ingeniería hidráulica, las esculturas en mármol, bronce y terracota y las pinturas que sería capaz de hacer; todo ello, como siempre, «ad parangón de qualquier otro», es decir, dispuesto a competir con cualquiera y superarlo, como lo había hecho cuando tocaba la lira.

Al final, Leonardo suelta el as que considera ganador: «Se potrá dar curso al cavallo de bronze, que será gloria inmortal et aeterno onor de la feliz memoria del Señor vuestro patre et de la ínclita casa esforzesca».

Alguien, en la corte, ha sabido aconsejarlo bien. Esa es la única empresa artística por la que siente auténtico interés el Moro: el gran monumento ecuestre en memoria de su padre Francesco Sforza, signo visible del poder alcanzado por la dinastía en los dominios de Milán. El proyecto se remonta a 1473, en tiempos del difunto duque Galeazzo Maria. En aquel momento se vieron involucradas las maestranzas lombardas de Cristoforo y Antonio Mantegazza.

Como veremos, para conquistar la imaginación y el orgullo del duque y obtener el encargo, Leonardo multiplicará las dimensiones de la obra, creando un inmenso coloso. Ningún señor italiano, ningún condotiero, tendría jamás un monumento tan enorme.

4. Ingeniero arquitecto

Milán, 1485-1490

Para presentar las visiones evocadas en la carta a Ludovico el Moro no solo hace falta el dibujo, por maravilloso que pueda llegar a ser. También se necesitan las palabras y la estrategia comunicativa de una narrativa elocuente.

Leonardo es muy consciente de la absoluta necesidad de mejorar sus habilidades lingüísticas y comunicativas si quiere llegar a convencer a alguien en la corte, al entorno de secretarios y humanistas y al propio duque. Ni siquiera le basta con hablar en florentino, a pesar del prestigio cultural que este idioma ha adquirido a esas alturas en toda Italia. Debe aprender a hablar más o menos como la élite, debe fingir que sabe latín utilizando palabras rimbombantes que puedan parecer antiguas o inusitadas, o tal vez citando algunas frases hermosas de autores antiguos a los que nunca ha leído. Tiene que crecer, ya no puede seguir siendo el chico plebeyo y bastardo que era en Florencia. Y el mejor amigo, para este crecimiento, es un libro.

No es un libro fácil, el tratado *De re militari* del humanista de Rimini Roberto Valturio. El texto original está en latín, y Leonardo nunca ha llegado a aprender latín, pero, por suerte para él, también está disponible la traducción vernácula de Paolo Ramusio, publicada recientemente en Verona por Bonino Bonini, en 1483, con dedicatoria al condotiero Roberto Sanseverino, capitán general de la República de Venecia, y con un amplio conjunto de xilografías. Uno de los libros ilustrados más hermosos del Renacimiento. Leonardo empieza a leerlo con avidez y, por primera vez en su vida, siente la necesidad de anotar en algún lugar sus impresiones de lectura y de transcribir breves extractos de las páginas que más le impresionan. Las hojas sueltas que hasta ahora utilizaba para dibujar, garabatear y emborronar ya no le bastan. Va al tenderete de un papelero milanés y compra unos fascículos ya confeccionados.

Así, entre 1485 y 1487 nace su primer cuaderno de trabajo, el actual Códice B, que no se aleja mucho, desde el punto de vista metodológico, de una miscelánea humanística. De hecho, muchas páginas del cuaderno atestiguan la relación directa con el libro, el Valturio, y a veces también recogen los números de los folios. El libro, a su vez, no le sirve en realidad para aprender la técnica militar, sino más bien para elevar su nivel de lenguaje a la altura de los humanistas, y para acercarse a la gran tradición de los autores antiguos, de los *auctores*, o *altori* como él los llama, hasta ahora casi completamente desconocidos.

Como si fuera un humanista aficionado, Leonardo se entretiene transcribiendo o reelaborando las frases de los antiguos en su cuaderno misceláneo para fijarlas en la memoria y tal vez utilizarlas más adelante: «Virgilio dize: era el escudo blanco y sin laude, porque entre las gentes antiguas las verdaderas laudes, confirmadas por testigos, eran materia para las pincturas de los escudos, y eran cual huesos de ciervo unidos, cruzados y endurezidos. [...] Lucrecio en el terzero de las cosas naturales: las manos uñas y dientes eran las armas de las antiguas gentes».[1] Del mismo modo, lo que le atrae de las máquinas de guerra no es su viabilidad real, sino la inspiración creativa a partir de la que se empieza a imaginar esos fantásticos instrumentos: tanques autopropulsados, bombardas, la increíble *architronito* (un extraño cañón de vapor), maquinarias para la guerra submarina y las más variadas muestras de armas blancas (espadas, dagas, lanzas), caracterizadas por una extravagante analogía con los dientes de dragones y otros animales monstruosos.

Entre los numerosos dibujos de instrumentos de guerra desarrollados en este periodo, algunos más elaborados y de mayor tamaño parecen haber sido realizados con la intención de presentárselos de verdad a alguien: un taller de fundición de bom-

---

[1] B, ff. 7v e 8v.

bardas y armas de fuego, con un grandioso sistema de elevación;[2] espingardas de caballete y de mantelete;[3] morteros gigantes que desencadenan una terrorífica lluvia de bombas explosivas;[4] armas de fuego de múltiples cañones;[5] enormes ballestas, y ballestas múltiples;[6] naves acorazadas;[7] catapultas y honderos;[8] nuevos modelos de cañones de mano y fusiles,[9] carros falcados, con el macabro despliegue de cadáveres mutilados de enemigos, o bien acompañados del proyecto de un tanque.[10] Característica común de todos estos diseños: las colosales dimensiones de las máquinas, alrededor de las cuales se afana una multitud de pequeñas criaturas humanas.

Además de las máquinas militares, mencionadas explícitamente en la carta al duque, Leonardo sigue dedicándose a los estudios de carácter tecnológico que ya había iniciado en Florencia.
Naturalmente, entre los dibujos más antiguos aparecen copias de máquinas diseñadas por otros ingenieros, pero en muchos otros casos la orientación es la de una refundación original de la mecánica. Esas máquinas son, a menudo, auténticos sueños tecnológicos que nadie, ni siquiera él, sería capaz de construir.
En el Códice B y en los folios coetáneos del Códice Atlántico son frecuentes los proyectos basados solo en premisas teóricas y quizá nunca experimentados, pero siempre orientados hacia algún posible uso práctico, e incluso a su explotación industrial, desde máquinas textiles hasta relojes.

Su otro gran interés en estos años es la arquitectura y el urbanismo. En línea con el debate propuesto por los arquitectos y

---

[2] W, 12.647r.
[3] CA, ff. 32r, 47v, 76v.
[4] CA., ff. 31r, 33r.
[5] CA, f. 16r, 157r.
[6] CA, ff. 142r, 147av y bv, 149ar y br, 153r, 155r, 1.070r, 1.071r.
[7] CA, f. 172r.
[8] CA, ff. 141r, 145r, 148br, 150r, 151r, 152r, 160ar y br, 181r, 182r, 756r-v.
[9] CA, f. 143r.
[10] Londres, British Museum, Department of Prints and Drawings, 1.860.0616.99; Turín, Biblioteca Reale, 15.583. Véase también CA, f. 113v.

teóricos del humanismo, Leon Battista Alberti, Antonio Averulino, más conocido como «Filarete, Francesco di Giorgio Martini. Leonardo ya ha tenido oportunidad de hojear sus tratados. En Milán sigue vivo en particular el legado de Filarete, que había trabajado para Francesco Sforza, concibiendo una ciudad ideal llamada Sforzinda y fundada sobre un nuevo concepto de funcionalidad: tanto el edificio como la ciudad se asimilan a un organismo viviente, cuyas funciones deben regularse y administrarse de manera armoniosa. La motivación de tales reflexiones se debe a las condiciones de la propia ciudad de Milán, que atraviesa una fase de caótica expansión demográfica y económica. La capital del Ducado no es desde luego una ciudad ideal ni armoniosa. Las calles están sucias y son insalubres y de vez en cuando estalla una plaga. La última es de este mismo año, 1485.

El Códice B presenta numerosos estudios arquitectónicos, en su mayoría iglesias de planta central que hacen referencia a modelos de Alberti o Filarete, y a la cúpula florentina de Brunelleschi. La gran novedad, sin embargo, la constituye el análisis en profundidad de las cuestiones urbanísticas. Leonardo propone construir casas y grupos de casas en distintos niveles: bajo tierra estarán los servicios, los sistemas de alcantarillado, las tuberías de agua, las vías de comunicación terrestre y fluvial, las carreteras y canales, los comercios y las actividades industriales; arriba, los jardines y zonas residenciales destinadas a la clase noble.

Muchas de estas ideas parecen referirse a la pequeña ciudad que, en una posición estratégica junto al río Ticino, sueña con transformar el Moro en una ciudad ideal, Vigevano. Las aguas del río se encargarán de limpiar los canales subterráneos y la red de alcantarillado, y el sistema hídrico será alimentado por un entramado de conductos subterráneos en la ciudad y por canales de riego en los alrededores.[11]

Como es natural, habría que conseguir hacer llegar al duque todas estas ideas y convencerlo de su bondad. Entre los papeles de Leonardo siguen acumulándose borradores de cartas,

---

[11] B, ff. 15v-16r, 36r, 37r, 38r, 39r.

de las que no sabemos si alguna vez fueron enviadas o recibidas. Allí también encontramos un encabezamiento de carta formal, escrito en sentido regular y con letra de cancillería, para ser copiado en la correspondencia oficial: «Ill.mo et ex.mo / Al mío Ill.mo Sr. Lodovico / Duque de Bari / Leonardo da Vinci / Firentino &c. / Leonardo».[12]

Entre estos bocetos emerge claramente un proyecto vinculado a la remodelación urbana de Milán.

A falta de un gran río en las cercanías, como el Ticino, el proyecto se basa principalmente en el sistema de canales, cuyo mantenimiento se garantizará involucrando a los particulares en el disfrute de los ingresos: «Habrá, Señor, muchos gentilomnes que farán entre ellos aquestos gastos, permitiéndoles disfrutar de l'entrada de las aguas, molinos y paso de canales. Y cuando se les venda el precio, devolverán el canal de Martigiana».[13]

En un folio, Leonardo dibuja en piedra roja una planimetría de la ciudad de Milán, con sus puertas y sus canales, y anota dos frases impactantes, de esas que podrían conmover al duque, prometiéndole lo que más anhela un príncipe, la obediencia de sus súbditos y la gloria, obtenida además sin gasto alguno: «Dadme alturidad que sin gasto vuestro todas las tierras se harán obedecer a sus jefes, los cuales jefes apr<...> / La primer fama se faz eterna junto con los habitadores de la ciudad por él edificada o acrecentada».

Más tarde, después de haber hablado de los canales y de la necesidad de mantenerlos limpios, se lanza incluso a hablar de política. ¿Cómo se mantienen los pueblos fieles y obedientes a sus señores? «Por dos caminos: ya sea por sanguinidad o por cosas sanguineadas», es decir, por parentesco directo, o garantizando a los súbditos y sus descendientes la posesión estable de bienes e ingresos. La ciudad se ampliará con casas nuevas y suntuosas y se hará más espaciosa, eliminando el hacinamiento excesivo de los «desharrapados», causa de las epidemias: «disgre-

---

[12] FoIII, f. 62v. Otros ejemplos del mismo escrito: CA, f. 892v; W, 12.349v.
[13] FoIII, f. 15r.

gharía tamaña congregazión de gentes, que a semejanza de cabras unas encima de otras están, llenando cada rincón de fedor, faziéndose semilla de pestilente muerte». Y el proyecto también podría extenderse a otras ciudades del ducado: a Lodi, por ejemplo.

Como es obvio, en esta ciudad ideal, limpia y reluciente, y donde todo parece estar en su sitio, no hay demasiada preocupación por el destino y la función de las clases bajas, es decir, de los «desharrapados». Con realismo desencantado, Leonardo ve la red de relaciones de poder tal como es en realidad: una estructura piramidal y elitista.[14]

---

[14] CA, f. 184v. En la misma hoja, un mapa esquemático de la ciudad de Milán con sus puertas.

5. El cimborrio de la catedral

Milán, 1487-1490

Y por fin, en 1487, quizá por recomendación del duque, Leonardo logra encontrar un trabajo más o menos estable y recibir pagos regulares. La Fabbrica del Duomo de Milán lo llama, junto con el carpintero Bernardino Maggi de Abbiate, para realizar un modelo en madera del cimborrio que se está erigiendo.

El tesorero Iacopo de Porris adelanta ocho liras al «magistro Leonardo fiorentino» el 8 de agosto.[1] El 28 de septiembre, Bernardino pide que le sea saldada su retribución total,[2] y adjunta a su solicitud una lista firmada por el propio Leonardo, quien el día 30 recibe un nuevo pago de ocho liras.[3] Además de las ocho liras habituales, el tesorero Ingresto de Osio le paga otras cuarenta el 11 de enero de 1488.[4] En los años siguientes, hasta 1494, los pagos se estabilizan en la suma de doce liras al año, señal de la continuidad de su actividad de consultoría.[5]

De esta manera, Leonardo aparece involucrado por primera vez en unas obras a gran escala en Milán, en un contexto similar al de Santa Maria del Fiore, cuando a Verrocchio y su taller se les había confiado la finalización de la cúpula de Brunelleschi, superando el problema técnico de colocar la bola de cobre sobre la linterna.

El cimborrio de la catedral de Milán plantea cuestiones mucho más delicadas, tanto desde el punto de vista técnico como

---

[1] AVFDM, *Registri*, 263, f. 81v; 667, f. 37r; 277, f. 36v.
[2] AVFDM, *Registri*, 263, f. 81v; 667, f. 49r.
[3] AVFDM, *Registri*, 263, f. 81v; 667, f. 49v; 277, ff. 43v y 62v.
[4] AVFDM, *Registri*, 263, f. 81v; 669, f. 3r; 277, f. 62v.
[5] AVFDM, *Registri*, 279, f. 93r; 283, f. 87v.

estético. El proyecto original fue obra de Gabriele Stornaloco de Piacenza, «experto en arte geométrico», a finales del siglo xiv: un proyecto precioso, pero de difícil realización.

Filarete y Giovanni Solari lo intentaron en el siglo xv, y más tarde el hijo de este, Guniforte. A la muerte de Guniforte en 1481, los diputados de la Fabbrica del Duomo, para esquivar las rivalidades entre los maestros lombardos que aspiraban a sucederle en tan prestigioso puesto, consideraron más adecuado llamar a los expertos extranjeros que trabajaban entonces en la catedral más grandiosa de Europa, la de Estrasburgo: el maestro Giovanni Nexemperger de Graz (su verdadero nombre era Hans Niesenberger, maestro de obras de la catedral de Estrasburgo), seguido de su hijo Giovanni, del ingeniero adjunto Alessandro da Marbach, del fraile dominico Giovanni Mayer y de una multitud de carpinteros y lapicidas. Los alemanes insinuaron dudas sobre las estructuras ya construidas, dijeron que todo podía derrumbarse, empezaron a derribar aquí y allá lo realizado por Guniforte, la bóveda, las pechinas, los arcos de relieve, y al final se marcharon sin haber logrado nada. Aunque no todos: Marbach y Mayer permanecieron como colaboradores de Gian Giacomo da Bellinzona, más conocido como «Dolcebuono».

Mientras tanto, el cimborrio seguía en el aire. Es necesario reanudar los trabajos a toda costa, por lo que los diputados piden ayuda a los mejores ingenieros contemporáneos: esta vez, todos italianos. Luca Fancelli llega de Florencia en 1487 y el problema de la estática le asusta en seguida: «La gupola de la catedral aquí pareze amenazar rruina, de ahí se ha deshecho y vase investigando en refazerla», escribe preocupado a Lorenzo el Magnífico. Presentan otros modelos y proyectos ingenieros como Giovanni Battagio, Pietro da Gorgonzola, Marco Leguterio, Giovanni da Molteno y Simone de' Sirtori, así como Mayer. La parte del león se la llevan los arquitectos lombardos Giovanni Antonio Amadeo y Dolcebuono. Apoyados por los operarios locales que temen ser apartados por los maestros extranjeros, insisten en volver al proyecto original. Al solicitársele su opinión, interviene también en la disputa un arquitecto de las Marcas, residente en Milán desde hace unos diez años, Donato Bramante: al principio defiende la idea de construir un cimborrio alto y de planta cuadrada, pero acaba adaptándose al proyecto de la estructura octogonal con arcos rampantes. Entonces se invita a ir a Milán al gran ingeniero sienés Francesco di Giorgio Martini, quien presenta su propio modelo.

El 27 de junio de 1490, los modelos presentados oficialmente al Moro, al vicario del arzobispo y a los diputados de la Fabbrica son cuatro: uno de Martini, uno de Amadeo y Dolcebuono, otro de Simone de' Sirtori y el último de Giovanni Battagio. Al final, como era de esperar, se imponen Amadeo y Dolcebuono: a ambos se les asigna el encargo de ejecutar el modelo definitivo el 1 de julio.

Del trabajo de Leonardo no aparece mención alguna en los documentos. Desvanecido en el aire. Y lo cierto es que se había comprometido de verdad en la empresa. Como atestiguan sus dibujos, sube a los andamios de las obras y examina atentamente, con su habitual curiosidad, otros detalles de la parte superior de la catedral, proyectando numerosas estructuras de cimbras. Allí arriba se entretiene también en observar el extraño mecanismo que permite el descenso de un importante relicario, el Clavo de la Santa Cruz, con ocasión de las solemnidades litúrgicas: «En el duomo en la polea del clavo de la cruz».[6]

Mantiene contactos tanto con Amadeo como con Dolcebuono, y este último le regala o le presta incluso un «libro», probablemente uno de sus cuadernos de dibujos y medidas, que Leonardo recuerda junto con la *Agricoltura* de Piero Crescenzi y un cuaderno de dibujos de cuerpos desnudos de su colega De Predis: «Libro de Piero Crescenzo / los desnudos de Giovanni Ambrosio / compáss / libro de Gian Iacomo».[7]

No faltan los encuentros con otros maestros y artistas que trabajan en la Fabbrica. «Maestro Ambrogio del vidrio» es el fraile dominico Ambrosino de' Tormoli da Soncino, encargado tanto de las vidrieras de la catedral como de las de Santa Maria delle Grazie.[8]

---

[6] L, f. 15r.
[7] W, 12.668r.
[8] CA, f. 395av.

El «tudesco en Domo»[9] es en cambio el antiguo ayudante de Nexemperger que ahora trabaja con Dolcebuono, fray Giovanni Mayer, dominico también, originario de un pequeño pueblo cerca de Graz llamado Hausdorf, y antiguo fraile en el convento de Viena. Su relación con Leonardo es tan estrecha que este le permite escribir, con su fea letra gótica, en uno de sus cuadernos de trabajo, con los que tan cuidadoso es. ¿Qué escribe fray Giovanni? Simplemente el borrador de una carta que tendrá que ser firmada por un poderoso e innombrado cardenal, que quizá pudiera ser Ascanio Sforza, el hermano del Moro. Una recomendación para la restitución del título de *magister*, que le concedió nada menos que el maestro general de la orden dominicana, el ilustre humanista Leonardo Mansueti de Perugia.[10] En pocas palabras, el buen fraile acaba de ser despedido de la Fabbrica, y Leonardo le ayuda a encontrar otro trabajo.

Parece ser que el modelo de madera se terminó y fue entregado a la comisión, porque el 10 de mayo de 1490 Leonardo solicita su devolución, con el fin de reparar los contrafuertes desprendidos y dañados *(«spalas et areptas seu devastatas»)*, comprometiéndose en cualquier caso a devolverlo a petición de los diputados de la Fabbrica del Duomo.[11]

Siete días después, el 17 de mayo, Giovanni Antonio da Landriano, tesorero de la Fabbrica, le paga el saldo de sus haberes por un total de «liras 12».[12] El escueto lenguaje de los documentos no nos dice más, excepto que, de nuevo, Leonardo da un paso a un lado ante decisiones ya tomadas en otros lugares, y en vísperas de la llegada de Francesco di Giorgio a Milán.

Habiéndose perdido el modelo, quedan los dibujos, evidencia de su intuición de las relaciones de fuerza entre las diferentes partes de una estructura.[13] La idea más interesante, derivada en

---

[9] B, f. 10v.
[10] A, f. 97r (h. 1492).
[11] AVFDM, *Ordinazioni capitolari*, III, f. 224v.
[12] AVFDM, *Registri*, 673, f. 23r; 841, f. 60v
[13] CA, ff. 400r, 535r, 719r, 850r, 851r, 1.060r; FoIII, f. 55v; B, ff. 10v, 27r, 78v; Tr, ff. 8r-v, 9r, 12r, 20v, 21r, 27r-v; W, 19.134v.

parte de Vitruvio, es la analogía entre el edificio y el cuerpo humano. La arquitectura se parece un poco a la medicina, la de la tradición hipocrática y galénica, que cura las enfermedades restableciendo el equilibrio de los humores: «Medizina es renivelazión de desigualados elementos».[14]

Estas ideas, que desplazan la cuestión a un nivel muy diferente al de otros ingenieros, intenta exponerlas Leonardo en la presentación de su modelo. En una breve nota se dirige directamente a los diputados, diciendo: «Os gustará ver un modelo que resulte útil para vosotros y para mí y de utilidad será para aquellos que pábulo son de nuestra utilidad».[15] En un borrador más amplio del informe, insiste en la analogía entre medicina y arquitectura: «Señores patres diputados, al igual que los médicos, tutores, curadores de los enfermados, devemos comprender qué es el omnee, qué es vida, qué es la sanitad y en qué manera una igualdad, una concordanzia de elementos la mantiene, y así una discordanzia de aquestas las ruina y la desfaze, y conoziendo bien las ante dichas naturalezas, podrá repararlas mejor que quien está privado de ellas». Y así, para curar al «enfermo Domo», concluye Leonardo, la solución es muy sencilla: lo único que hace falta es un «médico arquitecto».[16]

---

[14] Tr, f. 4r.
[15] FoIII, f. 68r.
[16] CA, f. 730r.

6. Maestros y amigos

Milán y Pavía, 1488-1490

Un trozo de papel doblado tres veces: mientras deambula por Milán, Leonardo lo lleva en el bolsillo, lo abre de vez en cuando, le echa un vistazo, vuelve a cerrarlo y reemprende su camino. Se trata, en efecto, de una lista de cosas que hacer y ver, personas a las que conocer y libros que leer, testimonio de la red de conocidos con los que el artista sabe que puede contar en Milán. Todo es preguntar y pedir, correr de un lado a otro, en días marcados por propósitos como *déjate ver, recuerda, pregunta, retrata, intenta conseguir*.[1]

Muchos puntos del recordatorio sirven para el reconocimiento de Milán y su territorio, según el proyecto urbanístico: los planos, las medidas de algunos edificios relevantes (el castillo, la Corte Vecchia, la basílica paleocristiana de San Lorenzo, de la que queda también un evanescente dibujo),[2] el sistema de canales, con el consejo de expertos como el cantero Paolo apodado «Assiolo», «bon maestro de aguas». El estudio del agua tiene como objetivo fines prácticos, la construcción de vías navegables y el mantenimiento de canales y tuberías, y se concentrará en los canales milaneses, en particular en el de Martesana, con las esclusas de San Marco y la Incoronata.[3] La tradición empírica es la misma que la de los ingenieros de Siena, quienes aportaron notables avances entre los siglos XIV y XV en la técnica del control de las aguas.

Entre los nombres mencionados por Leonardo, el arquitecto Dolcebuono, el ferrarés Giannino Alberghetti, fundidor de

---

[1] CA, f. 611ar.
[2] CA, f. 28p.
[3] Fo III, ff. 57v-58r; CA, ff. 408r-v, 574ar, 656ar-v, 935r.

bombardas y experto en ingeniería militar, y una serie de distintos maestros con los que quiere consultar: un «maestro del ábaco», un «maestro Antonio», un «maestro Giovanni Franzese», un «maestro Giannetto» experto en ballestas. También hay un rico mercader florentino que acaba de volver de Flandes, Benedetto Portinari, sobrino de Tommaso, que había encargado un famoso tríptico a Hugo van der Goes, y ahora él también, Benedetto, regresa con un tríptico de Hans Memling; pero Leonardo, en lugar de hablarle de arte, solo va a preguntarle «la manera como se corre sobre el yielo de Flandes», es decir, cómo funciona la técnica de deslizamiento y patinaje sobre hielo.

Por último, está Bramante, en Milán desde 1478. Es la primera vez que su nombre aparece en los papeles de Leonardo, y en una frase un tanto enigmática: «gruppi di Bramante». ¿Qué son esos «grupppi»? Quizá se refiera a los *groppi*, es decir, los nudos, las invenciones de entrelazamientos fantásticos que se utilizan en la decoración de edificios, vestidos, joyas, miniaturas y encuadernaciones de libros. Un tema que siempre ha fascinado a Leonardo, porque los nudos, o *groppi,* en toscano se llaman *vinci*. Es decir, el nombre de su pueblo.

La anotación sobre los «gruppi di Bramante», como las demás del recordatorio, se refiere a algo que Leonardo pretende ver o estudiar detenidamente. Lo más probable es que los «gruppi di Bramante» sean la bóveda con frescos de ramas y frondas entretejidas en una de las estancias del palacio del noble milanés Gaspare Ambrogio Visconti, protector del artista de las Marcas y su invitado en el mismo edificio: la llamada *Camera de li arbori*, adyacente a la *Camera di Baroni* donde están representados ilustres hombres de armas y letras.

Es solo el comienzo de una larga colaboración, en la que Leonardo y Bramante trabajarán juntos, como en el caso del cimborrio de la catedral; o en Santa Maria presso San Satiro, con mayor libertad de actuación porque se trata de una pequeña iglesia en el centro de Milán vinculada al mecenazgo de Visconti.

Bramante lleva a cabo allí algunos de sus innovadores experimentos que cambiarán radicalmente el lenguaje de la arquitectura moderna. En los registros del archivo parroquial, junto con otros proveedores y artesanos, aparece también el nombre de Leonardo, que recibe un pago de 58,13 liras antes del 31 de diciembre de 1489, y otro idéntico antes del 31 de diciembre del año siguiente. La parroquia de Santa Maria le paga mucho mejor que la Veneranda Fabbrica del Duomo.[4]

La nota de recordatorio milanesa revela sobre todo el deseo de leer, y leer mucho, en campo científico y matemático, con la ayuda de textos en vulgar o, en su defecto, de quienes pueden saber más, y entender latín.

Para el *Meteorologica* de Aristóteles hay una vulgarización difundida en tradición manuscrita, y va acompañada de un comentario atribuido a Alberto Magno y Tomás de Aquino.

Para las matemáticas, los médicos Girolamo y Pier Antonio Marliani debían facilitarle un texto de álgebra compuesto por su padre Giovanni, profesor de la Universidad de Pavía, discípulo del gran Biagio Pelacani, y fallecido en 1483.

Más relevante es el grupo de textos que atañen a esa rama de la física medieval dedicada a la ciencia de los pesos y balanzas. Fray Felipe de Brera, a quien Leonardo ha prestado «ciertos gruppi» (otros inventos de entretejidos y nudos parecidos a los de Bramante), le mostrará un tratado *De ponderibus*. En otro pequeño cuaderno de esos días aparecen notas similares, con títulos de libros y nombres de sus propietarios: Cristofano da Castiglione y Francesco; «maestro Stefano Caponi, médico, sta en la Piscina, tiene Euclides de ponderibus»; «herederos de maestro Giovan Ghiringhello tienen obras de Pelacano».[5]

En el campo de la óptica y de la perspectiva, Leonardo recuerda al físico Fazio Cardano, profesor en Pavía él también, redactor de la *Prospectiva communis* de Giovanni Peckham en 1482. Messer Fazio le enseñará un texto sobre las proporciones, el *Libellus sex quantitatum* del matemático árabe Alkendi, apostillado por Giovanni Marliani, y un libro del jurista paviano

---

[4] APSMSS, *San Satiro, Chiesa Fabbrica*, cart. 1, fasc. 1, n.º 3.
[5] FoIII, ff. 1v, 2v, 47v, 86r.

Giovanni Taverna. Pero mientras tanto Leonardo ya se ha apoderado de su edición de Peckham y ha conseguido que le hagan un esquema del contenido de este libro y del de Euclides,[6] e intenta traducir el proemio latino, si bien no tarda en abandonar la ardua empresa.[7]

Muchos de los nombres mencionados parecen remitir a los círculos culturales de Pavía: Marliani, Cardano, Taverna, Ghiringhelli. En Pavía trabaja el «maestro Giovanni Franzese», es decir, Jean Pélerin Viator, autor de un *De artificiali perspectiva*. Paviano es también el médico ducal Nicolò Cusano, profesor de la universidad entre 1486-1499. Con todo, el indicio más relevante del paso de Leonardo por Pavía es, en este recordatorio, la referencia a la biblioteca viscontea-esforcesca del castillo de Pavía y al manuscrito de una obra fundamental para el progreso de sus estudios sobre óptica y perspectiva, la *Prospectiva* del polaco Witelo, más conocido como «Vitellione» o «Vitolone»: «Haz por tener el Vitolone qu'está en la librería de Pavía que tratta de matemáticas». No es una biblioteca pública, pero Leonardo consigue permiso para entrar y echar un vistazo al manuscrito: un hermoso códice en pergamino, lleno de diagramas e ilustraciones, pero cuyo texto, desgraciadamente, le resulta inaccesible, debido a su arcaica escritura gótica y al difícil latín especializado. No le queda otra, pues, que cerrar el volumen, apuntando en el Códice B solo la nota que encuentra en el último folio: «En Vitolone hay 805 conclusiones en perspectiva».[8]

Peckham y Witelo, pero también Alhacén y Roger Bacon: son estas las nuevas lecturas de Leonardo en el campo de la óptica y de la perspectiva. La óptica medieval, gracias a las investigaciones de los científicos árabes, ha avanzado mucho respecto a la óptica de los antiguos. El ojo ya no se estudia como fuente de un «rayo visual», una especie de haz perceptivo que supuestamente alcanza el objeto, tocándolo y envolviéndolo como una mano invisible, sino como un órgano receptor de los rayos de

---

[6] CA, f. 516r-v.
[7] CA, f. 543r.
[8] B, f. 58r.

luz reflejados en la superficie de los objetos. Una verdadera revolución.

En el Códice B se multiplican los recuerdos de Pavía, contemporáneos del periodo de colaboración con la Fabbrica del Duomo de Milán.

El motivo de una primera visita a Pavía pudo haber sido la apertura de las obras de reconstrucción de la catedral. El 22 de agosto de 1488 se coloca la primera piedra y se nombra una comisión presidida por Bramante, y de la que forman parte Amadeo y Cristoforo Rocchi.

Quizá sea a este el gran proyecto al que están vinculados los espléndidos dibujos de iglesias realizados en el Códice B: edificios de planta central, dominados por grandes cúpulas que recuerdan a la catedral de Florencia, y cuyo peso se descarga hacia abajo en una proliferación de ábsides y contrafuertes. Con ello están relacionados los dibujos y relieves de iglesias antiguas y medievales: la basílica de San Lorenzo y la iglesia románica del Santo Sepulcro en Milán, y la iglesia paleocristiana de Santa Maria alla Pertica en Pavía. En una hoja aparte, Leonardo recoge, en pequeños bocetos, las ideas más relevantes de una iglesia de planta central que había desarrollado en el Códice B.[9]

Y es aquí en Pavía donde, entre la catedral y la universidad, se le acerca un joven estudiante de Derecho que viene de Pisa: Benedetto de Benedictis. Benedetto deja su firma en una hoja de Leonardo, e incluso se proclama amigo suyo: *«Benedictus de Benedictis de Pisis / amicus Leonardi de Vincis de Florentia»*.[10] Pero, sobre todo, observando los dibujos de Leonardo, le dice que al menos uno de esos sueños arquitectónicos se está convirtiendo en realidad: el popular santuario de Santa Maria della Pietà en Bibbona, en la costa toscana entre Livorno y Piombino, una iglesia de planta central con un diseño geométrico perfecto, es más, el primer ejemplo conocido de esta tipología en la arquitectura moderna. La edificación ha sido dirigida por otro pisa-

---

[9] CA, f. 1.010v.
[10] CA, f. 1.010r.

no, Ranieri di Iacopo Tripalle, pero el proyecto es de Vittorio Ghiberti, hijo del gran Lorenzo y padre de Buonaccorso, con quien Leonardo ya ha entrado en contacto para consultar documentos y dibujos de la familia. Y es posible incluso que la idea de base no fuera del viejo Ghiberti, poco familiarizado con la arquitectura, sino del aprendiz de Vinci, en 1482, en vísperas de abandonar Florencia.

Leonardo se conmueve escuchando a Benedetto. Y él también toma la pluma y dibuja bajo la firma de su amigo la planta y el alzado de la iglesia de Bibbona tal como los recuerda, es decir, con una entrada y tres ábsides semicirculares que no estarán, en cambio, en la iglesia terminada.

De las iglesias, el interés de Leonardo se traslada por último a otros edificios relevantes de la antigua Pavía. Leonardo entra al castillo no solo para leer los libros de la biblioteca sino también para estudiar el sistema de chimeneas, pasea por los jardines y el parque, inspecciona las antiguas murallas necesitadas de restauración, los canales y el sistema fluvial conectado con el Ticino.[11]

Antes de abandonar Pavía, su última visita, quizá junto con su amigo estudiante, Benedetto, se centra en el lupanar. Incluso traza un estudio planimétrico del burdel de la ciudad, informando con precisión la distribución de los pobres cuartuchos en los que las chicas y las mujeres practican su oficio.[12]

---

[11] B, ff. 12r, 37v, 38r, 53r, 55r, 66r, 69v, 70r.
[12] B, f. 58r.

7. Gigantes y hormigas

Milán, 1488-1490

Escribir y dibujar cada vez más intensamente. Leonardo tiene hambre de papel. No es que le hagan falta grandes folios para dibujos y estudios preparatorios, sino más bien hojas corrientes en las que anotar ideas en rápida transformación, bocetos apresurados, diagramas que luego se borran y se copian en otros lugares a limpio.

Gracias a sus frecuentes visitas a la Fabbrica del Duomo, consigue que le regalen, o incluso sustrae, viejos registros de la Fabbrica que datan de cuarenta años atrás, arranca las hojas menos abarrotadas de escritura y las utiliza para sus anotaciones.[1] En una ocasión arranca una hoja de un registro judicial de una condena por maleficio, impuesta en noviembre-diciembre de 1489.[2] Otra vez se apropia de un salvoconducto que los responsables habían dado en 1484 a Pietro Piatti, Lazzaro da Palazzo y el alemán Alessandro da Marbach, autorizados a salir de Milán a pesar de la peste para ir a las canteras de Candoglia en Val d'Ossola y regresar con el precioso mármol gris rosado utilizado en la catedral.[3]

Es posible fechar de esta manera un nutrido grupo de hojas dispersas, testimonio de sus múltiples intereses en este periodo: estudios sobre artillería y nuevos modelos de bombardas, apuntes de mecánica y arquitectura, bosquejos para pórticos y apara-

---

[1] CA, ff. 20v, 37v, 56bv, 83r, 119v, 265r, 266r, 301v, 347v, 361v, 605av, 675v, 716v, 800v, 848v, 852r, 856v, 857v, 880v, 917cv, 945v, 946v, 950r, 1.096v; W, 12.476v, 12.632v, 12.634v.
[2] CA, f. 656br-v.
[3] CA, f. 954av.

tos de festejos. Entre otras cosas, una extraña hoja con proyectos de guerras submarinas, que resulta estar relacionada con la Fabbrica del Duomo por el recuerdo de una vid inventada por Brunelleschi para la cúpula de Santa Maria del Fiore.[4]

En una de estas hojas recicladas descubrimos su vínculo con un viejo florentino que vive de manera estable en Milán entre 1480 y 1487: Benedetto Dei, persona poco corriente, viajero y hombre para todo y en ocasiones también espía y agente secreto, gran conocedor de Oriente, amigo de Luigi y Luca Pulci, y autor de una curiosa *Cronica*.

Entre otras cosas, Dei es uno de los primeros en registrar la presencia de Leonardo en Milán, en sus *Memorie storiche B*, en las que recoge «Memoria del 15 de junio de 1480 de todos los mercaderes florentinos que a Milán llegaron en tiempos de Benedetto Dei». Al final aparece también el nombre de Leonardo, asociado a nombres de músicos, entre los que está Atalante Migliorotti: «Lionardo da Vinci pinctor, y Ridolfo Paganegli de Pisa, y Atalanta de la viola, y Franco Ciecho, y Andrea hermano de Malagigi de la v[i]vuola y <...> del maestro Mariotto, y meser <Filippo> Lapacino sacerdote». Evidentemente, el siempre bien informado Dei sabe que Leonardo ha ido a Milán con el inusual papel de músico y tocador de lira.[5]

Dei es conocido por sus contemporáneos como un prolífico escritor de cartas que, en sus viajes a Oriente, se convierten en informes de lugares y pueblos exóticos y maravillosos. Imitando su estilo, Leonardo finge entonces escribirle una carta «sobre las cosas de aquí de Oriente», contando una historia completamente inventada: la aparición de «un gigante que viene de la desierta Libia», nacido «en el mont'Atalante» y acostumbrado a vivir «en el mar de las ballenas y de grandes cachalotes y de embarcaciones».[6]

A pesar de la fantástica invención, el texto está claramente inspirado en algunas fuentes literarias: la *Divina Comedia* de

---

[4] CA, f. 909v. Véase también ff. 881r, 950r-v.
[5] Florencia, Biblioteca Nazionale Centrale, Magliabechiano II, II, 333, f. 51r.
[6] CA, ff. 852r; 265v.

Dante, el *Morgante* de Luigi Pulci y el *Ciriffo Calvaneo* de Luca Pulci, su hermano.

De joven, Leonardo debió de conocer en Florencia a los dos Pulci.

Luigi, en particular, fue primero cliente de Francesco Castellani y luego miembro de la cuadrilla de Lorenzo el Magnífico. Él también había abandonado Florencia a causa de desacuerdos con la esposa de Lorenzo, Clarice, y se había puesto al servicio del condotiero Roberto Sanseverino, con frecuentes estancias en Milán antes de morir en Padua en 1484.

Los poemas de los dos hermanos se encuentran sin duda entre las lecturas favoritas de Leonardo, que ama las narraciones en las que prevalece lo cómico, lo grotesco y lo inverosímil. Entre estas, el extraño poemilla de Antonio Pucci, *Reina d'Oriente*, que cuenta la increíble historia de una princesa oriental que viaja por el mundo disfrazada de hombre. Leonardo transcribe una octava entera, que, casualmente, es precisamente la descripción de un gigante horrible, «más negro qu'un abejorro», que cabalga «sobre un gran insecto zumbador» y «los ojos tenía rojos cual fuego ardiente».[7]

Como en el caso del monstruo marino, la imaginación de Leonardo va mucho más allá de la inspiración literaria inicial, en un crescendo imparable que transforma al gigante en un símbolo de la fuerza desmesurada de la Naturaleza.

La falsa carta a Dei empieza describiendo al gigante que acaba de caer, después de haber resbalado en un suelo que ha vuelto viscoso la mezcla de barro y sangre. La criatura es tan grande que «avanza por cima de las cabezas de los omnes a cavallo desde del empeine del pie hacia arriba». Hombres tan pequeños como hormigas se afanan por subirse encima de él, en un intento de herirlo y matarlo. Pero todo es inútil, el gigante se despierta emitiendo un bramido espantoso, y se venga atrozmente de esos molestos insectos, pisoteándolos o devorándolos.

---

[7] I, f. 139r.

En este momento, Leonardo empieza a utilizar en el texto la primera persona del plural. Ya no es un simple testigo que mira las cosas desde lejos, con desapego. Él también está presente en esa batalla, y ahora él también se ve abrumado por el terror, mezclado con la multitud desesperada de seres humanos en fuga: «Y nosotros seguíamos la huida». De nada sirven las murallas de la ciudad, de nada las casas o edificios. Todo es arrasado y destruido por el gigante. Como refugio solo quedan pequeños agujeros o cavidades subterráneas en las que esconderse, «como cangrejos o grillos o similares animales». Temblando en esa oscuridad, Leonardo ya no sabe si se lo han tragado o si está descendiendo por la enorme garganta del gigante: «No sé qué me decir ni qué me hacer, y empero me parece encontrarme nadando yo cabeza abaxo por la gran garg<an>ta, queda<r> con confusa muerte sepultada en el gran vientre».

Gracias a Benedetto Dei y Luigi Pulci recuerda Leonardo que es florentino y que tiene a su disposición una extraordinaria herramienta de comunicación: la lengua. Desde hace algún tiempo la influencia lingüística y cultural de Florencia, gracias a la difusión de las obras de Dante, Petrarca y Boccaccio, se ha ido extendiendo por toda Italia. Ser florentino en Milán, a finales de los años ochenta, puede conferir una posición de indudable ventaja, incluso frente a los poetas y hombres de letras de la corte.

Leonardo, consciente de sus orígenes y de su formación de plebeyo, empieza sin embargo a plantearse el problema del ennoblecimiento de la lengua. Hay un camino, y es el propuesto por el humanista Cristoforo Landino, profesor de humanidades en el Estudio Florentino, comentarista de Dante y Petrarca y autor de una importante vulgarización de Plinio el Viejo, que figura entre las primeras lecturas de Leonardo. Landino invita a sus contemporáneos a elevar su nivel lingüístico leyendo y estudiando asiduamente los clásicos antiguos y modernos, y enriqueciendo su vocabulario con el ejercicio de la derivación, basado en la selección y reutilización de palabras raras, doctas o latinas. Es el mismo camino seguido por Luigi Pulci, que había elaborado una recopilación léxica personal titulada *Vocabulista*:

un prontuario de palabras y cosas notables de la Antigüedad y la mitología.

Leonardo se convierte así en un coleccionista de palabras, combinando los diferentes métodos sugeridos por Landino: transcripción de palabras extrañas encontradas en el curso de sus desordenadas lecturas y derivación de lemas basados en la gramática, la sintaxis, el significado y el sonido. Las palabras más difíciles o raras pueden resultarle útiles a la hora de componer textos más exigentes desde el punto de vista retórico.

Los textos expoliados son simplemente los que se encuentran sobre su escritorio en esos años. No son el resultado de una elección meditada y, de hecho, ni siquiera pueden considerarse verdaderos defensores de la lengua vernácula toscana. En primer lugar, está el *Vocabulista* de Pulci, que le enseña el método y que, en el caso de muchas palabras, le ahorra el esfuerzo del expolio directo; luego el ya habitual Valturio, y por último dos textos narrativos que no esperaríamos, el *Novellino* de Masuccio Salernitano y las *Facezie* de Poggio Bracciolini, también traducidas al vulgar.

Las hojas que atestiguan este trabajo sobre la lengua se encuentran principalmente en el Códice Trivulziano, coetáneo del Códice B: miles y miles de palabras reunidas de forma desordenada, tal como aparecen en las páginas de esos libros. Al principio también hay una breve lista de libros, precioso testimonio de las primeras lecturas de Leonardo: «Donato / lapidario / Plinio / ábaco / Morgante».[8] Una gramática latina común, la de Elio Donato, empleada en las escuelas de la época, para intentar superar la barrera del idioma latino; luego un lapidario, un libro sobre las virtudes mágicas de las piedras, los minerales y las joyas; la *Historia natural* de Plinio el Viejo traducida por Landino; y, por último, el *Morgante* de Pulci.

No se trata de un mero ejercicio lingüístico. En este periodo, los papeles y manuscritos de Leonardo acentúan su carácter de registradores fieles de sus pensamientos. En el Códice Trivulziano

---

[8] Tr, f. 2r.

no es raro encontrar, al margen de la página, breves lemas y proverbios, memoria de una cultura popular toscana que Leonardo no quiere olvidar. En ocasiones, en estas breves frases, también podemos leer alusiones a situaciones concretas de su vida. El lema «Salvatico es el que se salva», jugando con la falsa etimología de *salvatico*, forma toscana de «selvático», parece recordar la historia del chico de Vinci, que pudo dar la impresión de ser precisamente alguien medio salvaje en la gran y civilizada Florencia, y que ahora también siente el peso de la condición de forastero en Milán; y en la misma hoja, entre caricaturas grotescas, está anotado un extraño y juguetón terceto antipetrarquista, que recuerda la poesía de Burchiello y Bellincioni: «Si el Petrarca tanto amó el laurel, / fu porque casa muy bien entre salchicha y tor<do>. / Yo no puedo de los carrillos fazer tesoro».[9] Reaparece el tema de la implicación entusiasta en la aventura del conocimiento, vivido como un asunto erótico, en el que a la intensidad de la pasión corresponde la intensidad del sufrimiento: «Donde hay más sentimiento, allí hay más gran martirio en el mártir».[10]

Los «libritos» de Leonardo más antiguos que nos han llegado se remontan a esta misma época. Los cuadernos de bolsillo son los mejores instrumentos para acoger, sin orden, las más variadas notas y dibujos, y para acompañarlo en inspecciones y viajes.

En concreto, se trata de dos pequeños cuadernos, el códice Forster III y la segunda parte del códice Forster I, en los que se presentan dibujos y notas de recetas, estudios sobre la catedral y máquinas hidráulicas. Además, el Forster III nos ofrece los primeros ejemplos de fábulas y facecias, dos géneros de literatura popular muy apreciados por Leonardo.

Citemos tan solo una facecia del Forster III, que escenifica una situación que podría haber ocurrido realmente en la corte esforcesca, con un lema que alude al asunto de la inclusión social de artesanos y artistas: «Uno artesano iendo a menudo a vicitar uno señor, sin más propósito ni nada que pedir, a lo que el

---

[9] Tr, f. 1v.
[10] Tr, f. 23v.

señor preguntó qué iba haciendo. L'otro dixo que vino allí para gozar de placeres de los qu'él disfrutar no potía; porque él de buena gana veía omnes más poderosos que él, como ven los plebeyos, pero el señor no potía ver si no omnes menos poderosos que él: et por aquesto los señores carecían de ese plazer».[11]

A lo largo del tiempo, de forma episódica, Leonardo seguirá recogiendo las facecias que escucha en la corte o que lee en las colecciones de Franco Sacchetti y Ludovico Carbone.

Le gustan especialmente los cuentos que se resuelven con un chiste, género que encuentra sus arquetipos en la sexta jornada del *Decamerón* de Boccaccio, en las facecias de Poggio Bracciolini y en las de Piovano Arlotto. Pero Leonardo no desdeña los relatos jocosos sobre frailes y predicadores, ni las llamadas «facecias bellas», es decir, las que se basan en dobles sentidos de naturaleza sexual, expresión libre de una actitud común a sus contemporáneos.

Y, además, le gusta mucho contar historias. A veces lo hace para provocar la risa de los oyentes, con el fin de captar con el dibujo las muecas de sus rostros en el acto de reír: y según se cuenta, eso es lo que hizo en un memorable banquete de campesinos.

En el caso de las fábulas, Leonardo, a pesar de conocer los textos de la tradición fabulística antigua y moderna, desde Esopo hasta los *Apólogos* de Alberti, prefiere recrear por sí mismo esas breves estructuras narrativas, que son casi siempre variaciones de la misma historia: la opresión, la violencia ejercida por una criatura contra otra, o la vana soberbia de un elemento que quiere situarse por encima o fuera del orden natural de las cosas, y que por ello es inevitablemente castigado.

En los textos más antiguos prevalecen ejemplos tomados de la realidad cotidiana, las cosas que utilizamos todos los días y que cobran mágicamente vida propia, como en la poesía de Burchiello: la vela, la tinta, el papel, el cuchillo, el espejo. En otros casos, son criaturas y elementos del mundo natural que adoptan formas y sentimientos humanos. Las pequeñas criaturas de la campiña

---

[11] FoIII, f. 34v.

toscana que tanta compañía hicieron a Leonardo cuando era niño: la hormiga, la cigarra, el grillo, la mosca, la araña.

Convierte incluso en fábula todo el ciclo del agua que pasa del mar al estado gaseoso y luego regresa a la tierra en forma de lluvia: una alegoría moral, en la que el movimiento ascendente del agua se explica por su «deseo de ascender», mientras que en la lluvia «la soberbia se convierte en fuga y cae del cielo, para luego ser bevido por la tierra secca, donde, largo tiempo encarcelada, faz penitenzia por su pecado».[12] El mayor ejemplo de ingratitud es el del papel, que se queja de que la tinta lo ha embadurnado por todas partes, pero no se da cuenta de que precisamente lo que está escrito en él será «la causa de su conservazión».[13] A veces, el texto es brevísimo, un simple apunte narrativo que, sin embargo, anticipa reflexiones más amplias, como la comparación entre naturaleza y arte: «Fábulas / El pinctor disputa y compite con la naturaleza. / El cuchillo, accidental armatura, saca las uñas del hombre, armatura natural. / El espejo se envanece con fuerza teniendo reflexada en sí a la reina y, una vez ida ella, el espejo permaneze vil».[14]

En los años siguientes Leonardo recopiló las fábulas en limpio en algunas hojas del Códice Atlantico, acaso con la idea de elaborar un florilegio orgánico. Mayor será la elaboración estilística de algunos textos más largos, que hacen gala de una cierta ambición literaria y retórica, como la historia del sauce que pide a la urraca que plante las semillas de la calabaza junto a sus raíces, que, en cambio, a medida que crece, quitará la vida al árbol.[15] Por último, regresa la figura simbólica de la pequeña mariposa nocturna, la «pinctada falena vagabunda» que, en la oscuridad, se ve inexorablemente atraída por la llama en la que arderá, impulsada por el deseo de destrucción, de muerte, que está escrito en el interior de cada uno de nosotros.[16]

---

[12] FoIII, f. 2r.
[13] Fo III, f. 27p.
[14] FoIII, f. 44v.
[15] CA, f. 188r.
[16] CA, f. 692r.

8. Un blanco armiño

Milán, 1488

Entre las láminas recicladas de la Fabbrica del Duomo suelen aparecer dibujos para aparatos escenográficos festivos. Estamos a finales de los años ochenta.

Entre los primeros encargos que obtiene Leonardo en la corte de los Sforza está precisamente el de organizador de fiestas y representaciones teatrales, es decir, supervisor, desde un punto de vista artístico y arquitectónico, de la instalación de las escenografías que, al aire libre, en los espacios ciudadanos, en las calles y plazas, y el interior, en los patios y estancias interiores del castillo o de los edificios señoriales, constituyen el escenario de los festejos.

Una buena ocasión suponen las celebraciones de la boda entre el duque de Milán Gian Galeazzo Maria Sforza e Isabel de Aragón, hija de Alfonso, duque de Calabria, e Ippolita Maria Sforza. Por tanto, los abuelos de la novia son Fernando, rey de Nápoles, y Francesco Sforza. El Moro, el hermano de Ippolita, es su tío y el prometido es su primo. A pesar de las guerras y traiciones que se producen entre ellos, todos son parientes, estos príncipes del Renacimiento.

Se trata de un acto político de gran importancia para el Moro, que de esta manera sigue ejerciendo un estrecho control sobre su sobrino y vuelve a aproximarse diplomáticamente al Reino de Nápoles. El acuerdo entre el Moro y el rey Fernando se produce en agosto de 1488.

Entre los artífices del acuerdo se encuentra un consejero ducal de su máxima confianza, Pietro di Giovanni da Gallarate o Gallerani, antiguo embajador en Nápoles en 1458 y entre 1479 y 1480.

Sus hijos ahora están en Nápoles y siguen tejiendo la urdimbre diplomática de los Sforza. Corresponde al mayor, Filippo, llevar a Milán, junto con el embajador napolitano Simonetto Belprat, un codiciado regalo de parte del rey: el prestigioso collar de la orden caballeresca de San Miguel o del Armiño, concedido al Moro ya en noviembre de 1486.

Su hija Bianca será enviada a Nápoles para casarse, el 25 de junio de 1489, con el mayordomo de la cámara del duque Alfonso, el pisano Ranieri Gualandi, con quien tendrá dos hijos, Alfonso e Isabel, que crecieron en la corte aragonesa bajo la tutela del rey tras la temprana muerte de su padre.

La concesión del collar del armiño fue inmediatamente difundida por la propaganda política esforcesca.

El poeta florentino Bellincioni, que también se había instalado en Milán en 1485 y es ahora miembro de la embajada de los Sforza en Nápoles, celebra al duque jugando con el contraste entre su apodo, el Moro, y el color blanco del pelaje del armiño: «L'itálico alazán blanco arminio, [...] todo armiño es, si bien nombre tenga negro».[1]

El Moro le ha encomendado una tarea de gran responsabilidad: ser el *cubiculario* de su sobrino Giangaleazzo, que consiste en no perderle de vista y espiar cada uno de sus movimientos y pensamientos.

Como poeta, Bernardo, sin embargo, celebra al joven duque de Milán y a su refinada corte de músicos y cantores, humanistas, médicos y arquitectos, y entre ellos aparece por primera vez el nombre de un pintor florentino, tan bueno que parece un nuevo Apeles: «De Florentia ha llegado hasta aquí un Apeles»; al margen, una nota marginal nos revela su nombre: «Magistro Lionardo da Vinci».[2]

Además, en un soneto en elogio de cuatro ilustres figuras de la corte de los Sforza, el medallista y orfebre Cristoforo Foppa, apodado «Caradosso», el humanista Giorgio Merula el Alessan-

---

[1] B. Bellincioni, *Rime*, f. g8v.
[2] B. Bellincioni, *Rime*, f. a8r.

drino y el bombardero Giannino Alberghetti, el poeta afirma que «del Vinci por sus dibujos et sus colores / los modernos et los antiguos sienten temor».[3]

En definitiva, Leonardo se ha visto por fin reconocido en la corte como pintor, y no solo como músico, ingeniero y organizador de fiestas. ¿Cómo ha podido ocurrir? Algo ha debido de ocurrir para que su relación con el Moro haya cambiado tan radicalmente.

En efecto, Ludovico lleva unos años prendado de una chiquilla llamada Cecilia, huérfana del noble Fazio Gallerani, de quien le correspondió ser tutor desde 1481, cuando ella solo tenía ocho años. Aunque la había comprometido oficialmente con Giovanni Stefano Visconti en 1483, el duque acabó rindiéndose a la pasión más desenfrenada, como confiesa en una carta a su hermano el cardenal Ascanio el 9 de julio de 1485: «Plazer que yo tomo ya desde haze algunos días con una joven milanesa notable de sangre, honestíssima y hermossa quanto huviera podido desear».[4]

Ludovico, habiéndose perdido detrás del rostro de esa adolescente, quiere congelar la imagen, antes de que el tiempo inexorable la cambie, y por ello le pide a Leonardo que pinte el retrato de la muchacha, que ahora no tiene más de quince años.

Podemos imaginar el proceso de la petición, quizá el primer verdadero encargo ducal al artista.

El Moro ha visto la *Virgen de las rocas*, y cree reconocer en el rostro del ángel sonriente el rostro de su Cecilia, y encarga a Leonardo que la retrate en la misma pose, con la misma mirada, con la misma sonrisa ambigua.

De esta manera, el pintor empieza a dibujar el busto en diferentes posiciones.[5] Y sobre todo parece ser capaz de captar su movimiento, su vida, en un maravilloso dibujo de la cabeza que se gira, y que recuerda al ángel de la *Virgen de las rocas*: en él se alternan, creando un efecto de extrema poesía, zonas inacabadas con

---

[3] B. Bellincioni, *Rime*, ff. e1v-e2r.
[4] ASMi, *Carteggio visconteo-sforzesco, Potenze Sovrane*, legajo 1.469, f. 70.
[5] W, 12.513r.

otras de perfecto realce, entre los ojos muy abiertos y lánguidos de la modelo y sus labios perfilados en una leve sonrisa.[6]

En otro dibujo, que retoma la pose de las manos (perdidas) de Ginevra de Benci, Leonardo estudia cuidadosamente la posición de sus manos.[7] La transición a la pintura se produce en la llamada *Dama del armiño*.[8]

LA DAMA DEL ARMIÑO

A diferencia del dibujo, en el cuadro de *La dama del armiño* la joven se gira en la dirección opuesta, su mirada ya no es oblicua, alusiva, dirigida al observador, sino que atraviesa el espacio, sin incertidumbre.

Su cabello queda recogido por el velo transparente que le rodea la cabeza, mientras que el suntuoso vestido denota la llegada de la moda española, mediada quizá por Nápoles. Un collar de ámbar oscuro, una preciosa joya perfumada, llega incluso a evocar olores. Una mano nerviosa y huesuda se extiende en actitud ferina, indecisa entre la posesión y la caricia, sobre una presa blanca y sinuosa que la tradición ha identificado con un armiño. Todo parece estar en perfecta correspondencia entre la pequeña fiera y la joven, como en un juego fisionómico: el movimiento nervioso de la pata y la mano, las líneas curvas de los perfiles, la mirada. El armiño es naturalmente una alegoría política, y hace referencia a la concesión de la orden de caballería al Moro, pero también está cargado de otros significados. El nombre del animal, en griego *galé*, puede aludir en efecto al mismo apellido de Cecilia, con un juego lingüístico parecido al que Leonardo ya había adoptado en el retrato de Ginevra. Además, en los bestiarios medievales se cuenta que el armiño prefiere morir antes que ensuciarse de barro en la fuga, de modo que se inter-

---

[6] Turín, Biblioteca Reale, 15.572r.
[7] W, 12.558r.
[8] Cracovia, Czartoryski Muzeum, XII-209.

preta como símbolo de castidad y pureza: dos virtudes que no parecen ser muy practicadas por el duque y su amante.

Por último, si es el propio Ludovico quien se proyecta en ese pequeño animal en brazos de la mujer, entonces el mensaje erótico es evidente: el depredador se ha convertido en presa, y está completamente a merced de su amada.

Este admirable retrato nace como cuadro de devoción privada, pero no tarda en convertirse en objeto de admiración colectiva, celebrado y envidiado incluso en otras cortes italianas, lo que apoya la hipótesis de la doble alegoría, política y erótica.

Bien lo entiende nuestro ya conocido Bellincioni, que en sus poemas no deja de celebrar a la bella Cecilia, y también al fruto del amor del Moro, el pequeño Cesare, nacido en 1491.[9] En un soneto «sobre el retracto de Madona Cicilia qual fizo Maestro Lionardo», el poeta escenifica un diálogo con la Naturaleza, envidiosa y airada porque Vinci ha retratado a la joven tan hermosa que el sol, comparado con sus ojos luminosos, parece solo una sombra oscura.[10]

---

[9] B. Bellincioni, *Rime*, ff. b6v-7v, d6v.
[10] B. Bellincioni, Rime, ff. c6v-c7r.

9. El gran Caballo

Milán, 1489

El matrimonio entre Isabel de Aragón y Gian Galeazzo Sforza se celebra por poderes en Nápoles el 23 de diciembre de 1488. A principios de 1489, el cortejo de la novia, compuesto por los embajadores de los Sforza y por el omnipresente poeta Bellincioni, parte por vía marítima hacia Génova. Un viaje desafortunado, entre tormentas y mareos.

El cortejo no llega hasta el 25 de enero a Tortona, donde el Moro ha ordenado que se preparen adornos y tapices. Pasan por calles engalanadas con divisas y festones y figuras de Gigantes y Hércules. En el patio del castillo los aguarda un enorme autómata, accionado en su interior por un niño: un guerrero a caballo, con cabeza de etíope (el Moro) y túnica blanca, que levanta la mano en señal de saludo hacia la princesa. Los invitados pasan al interior, donde se ha preparado un gran banquete al cuidado de Bergonzio Botta, el poderoso maestro de rentas ordinarias apasionado por las antigüedades, y en el curso del cual divinidades mitológicas y deidades fluviales y lacustres rinden homenaje a Isabel. El auténtico espectáculo convival presenta a Orfeo cantando el himeneo con la cítara, acompañado de una muchedumbre de cupidos, luego la procesión de las Gracias, de la Fidelidad conyugal, de la Fama y de Mercurio, la alegoría de la Impudicia vencida por la *Fides* y el final cómico de Sileno ebrio. La fiesta, sin embargo, destinada a impresionar a los invitados y predisponerlos favorablemente para su llegada a Milán, no cuenta con el favor de la fortuna: a la pobre Isabella la recibe una violenta lluvia, y la ceremonia se echa a perder entre discusiones y malentendidos.[1]

---

[1] B. Bellincioni, *Rime*, ff. p1v-p2r.

Desde Tortona el cortejo pasa a Vigevano, para llegar por fin a Milán el 1 de febrero, con una entrada solemne en el castillo. El patio tiene los muros revestidos de tela azul con festones de hiedra y laurel, figuras de centauros y deidades silvestres, mientras que en el gran claustro se ha levantado un pórtico de siete columnas «de zenevro», es decir, de enebro. No se podrá hacer nada más. La fiesta de boda se pospone para el año siguiente, porque la princesa debe observar el periodo de luto por la muerte de su madre, Ippolita Maria Sforza. Un mal presagio, que parece ensombrecer el destino de la desventurada Isabel.

De tanta actividad febril para preparar las celebraciones, a Leonardo no le quedan más que algunos dibujos del Códice B: aparatos decorativos efímeros, tapices, temas alegóricos, escenarios portátiles, el pórtico cubierto de enebro y un «cimborrio de fiesta».[2]

Son fragmentos de una implicación que puede intuirse más amplia, quizá incluso en el banquete de Tortona, en el que apareció un autómata a caballo que representaba al Moro. Ese modelo de estatua ecuestre tal vez sea la primera idea del proyecto que Leonardo se había ofrecido a realizar para el duque: el gran monumento a Francesco Sforza.

En el Códice B, en una hoja con textos y dibujos de artefactos decorativos y bombas incendiarias, Leonardo anota con escritura regular, de izquierda a derecha: «A día 28 de abril <...> recibí liras 103 y dineros 12 de Marchesino».[3] En blanco, el espacio para el año, que debería ser 1489.

Marchesino Stanga es el secretario ducal supervisor del tesoro y administrador de la anona, normalmente a cargo de los pagos a los artistas que trabajan para la corte. La cuantiosa compensación podría referirse no solo a los servicios ofrecidos por Leonardo para las fiestas en honor de Isabel, sino también a los primeros gastos incurridos para preparar el modelo del caballo esforcesco. El estudio y la vivienda del artista se encuentran

---

[2] B, ff. 3v, 4r, 28v, 35r, 54v, 78v.
[3] B, f. 4r.

actualmente en la Corte Vecchia, el antiguo palacio ducal de los Visconti, prácticamente frente a la catedral y al lado del palacio episcopal y de las oficinas de la Veneranda Fabbrica. Un gran complejo parcialmente abandonado: una elevada torre, aviarios y jaulas de animales exóticos abandonados y oxidados, hileras de habitaciones polvorientas y heladas en invierno. Probablemente Leonardo se mudó a esos locales hace algún tiempo, es decir, desde que empezó a trabajar para la Fabbrica.

Para entonces su nombre, «*Leonardus de Florentia ingeniarius et pinctor*», aparece inscrito en una lista de artistas disponibles para la corte junto con los de Bramante «*ingeniarius et pinctor*», Gian Giacomo Dolcebuono «*ingeniarius et schulptor*» y Giovanni Battagio de Lodi «*ingeniarius et murator*». En el anverso de la misma hoja aparecen los nombres de los ingenieros-bombarderos (Maffeo da Como, Cristoforo da Gandino, el Burato y Francesco da Pavia), de los ingenieros ducales propiamente dichos (el Amadeo, Giovanni da Busto, Antonio da Sesto, Giacomo Stramido, Andrea Ghiringhelli, Benedetto Briosco), y de los ingenieros de la ciudad de Milán (Lazzaro da Palazzo, Bartolomeo da Valle y otros).[4]

El proyecto del caballo, como ya se ha dicho, es grandioso y precisamente por eso debe de haber fascinado al Moro. Además, la primera idea prevé la superación de todos los demás monumentos ecuestres, antiguos y modernos, no solo en dimensiones, sino también en la actitud del caballo, que en los primeros dibujos se representaba en el acto de encabritarse, o incluso de atropellar a un enemigo.[5] El estudio de las proporciones del cuerpo del caballo y sus movimientos se reproduce sistemáticamente del natural.[6]

En sus manuscritos, Leonardo registra cuidadosamente los nombres de los caballos más hermosos presentes en Milán, junto con los nombres de sus dueños y las direcciones donde puede

---

[4] ASMi, *Autografi*, legajo 87, n.º 1.
[5] W, 12.357r, 12.358r.
[6] W, 12.317r, 12.310r.

ir a verlos. El gentilhombre de cámara del Moro, Mariolo de' Guiscardi, en su casa de San Vittore, cerca de Porta Vercellina, tiene una «albazhán florentino», un «cavallo grande, de fermoso cuello y asaz fermosa cabeza»; el halconero del duque, en Porta Comasina, tiene un rocín blanco con «fermosos muslos traseros»; y otro «cavallo grande» se encuentra en el Chermonino del señor Giulio.[7] Los mejores caballos, los más hermosos en términos de constitución y armonía de proporciones, se encuentran sin embargo en los establos de Galeazzo Sanseverino, el condotiero hijo de Roberto, ahora al servicio del Moro, del que también es casi yerno, ya que desde 1489 está comprometido con la hija natural del duque, Bianca Giovanna. En un dibujo se mide cuidadosamente la pata izquierda levantada de un caballo «ciciliano de meser Galeazzo», mientras que en otro se representa un caballo entero de perfil, con sus medidas, el «gianecto grande de meser Galeazzo».[8]

Sin embargo, pasan meses sin que se vea resultado alguno. El duque pierde la paciencia y el 22 de julio de 1489 desde Pavía hace que Pietro Alamanni escriba a Lorenzo el Magnífico: «El señor Lodovico tiene en su ánimo fazer una degnia sepoltura para su padre et ya ha ordenado que Leonardo da Vinci faga el modelo, es decir, un grandíssimo caballo de bronce, y sobre este el duque Francisco armado: et como Su Excelencia deseaba fazer algo en grado superlativo, me ha dicto que de su parte os escriba que desearía que le enviarais uno maestro o dos, aptos para tal obra: et si bien haya encargado esta cosa a Leonardo da Vinci, no me parece que se esfuerze mucho en saber realizarla».[9]

La carta constituye el primer documento cierto para la historia del monumento, pero es también un indicio de la desconfianza que el Moro empieza a sentir hacia Leonardo casi de inmediato, hasta el punto de pedir al Magnífico la intervención de otros artífices.

---

[7] FoIII, f. 88r.
[8] W, 12.294r, W, 12.319r. Véase también «medida del ciciliano» (CA, f. 794r).
[9] ASF, *Mediceo avanti il Principato*, legajo 50, n.º 155.

Para un discípulo de Verrocchio se trata de una humillación lacerante, y quizá el propio Lorenzo se dé cuenta de ello. De hecho, el 8 de agosto de 1489, su respuesta al Moro es negativa: «He examinado quién pudiera ser bueno para el proyecto facto para la Excelentia del Señor Ludovico de una sepoltura para su Ilustrísimo patre et señor mío, y en effecto, aquí no hallo maestro que me satisfagha».[10]

La carta de Moro no debió de pasar desapercibida para Leonardo. El artista pasa de inmediato al contraataque, pidiendo a sus amigos poetas y humanistas que celebren el grandioso proyecto con la poesía. Esos textos aspiraban a conseguir el doble propósito de exaltar la dinastía de los Sforza, reflejada en el monumento a su fundador, y de ganarse el favor del duque, vinculándolo moralmente a la continuación de la obra.

En una carta en latín a su tío Giovanni Tommaso, el humanista Piattino Piatti revela en efecto que el propio artista le ha pedido que componga un epigrama celebrativo y que también ha dirigido la misma petición a otros poetas. La carta, fechada por Garlasco el 31 de agosto de 1489, sirve de acompañamiento a un epigrama en el que se dice que la estatua, en cuanto símbolo de la virtud y del ánimo de Francesco Sforza, es capaz de alcanzar la altura de la bóveda celeste. En otro epigrama, Leonardo habla en primera persona, presentándose como florentino, de la familia Vinci *(Vincia proles)*, y como un imitador de los antiguos *(mirator veterum)*.[11]

Piattino tiene toda la razón al declarar que su arte es inadecuado para exaltar una obra tan egregia, pero sus tres epigramas no son peores que los (veintidós) que brotan de la fértil pluma del napolitano Francesco Arrigoni, antiguo preceptor, secretario y contable del duque de Calabria, tal vez presente en Milán con el cortejo de Isabel a principios de 1489. Habiendo llegado tam-

---

[10] ASF, *Carteggio Medici-Tornaquinci*, 2, 40
[11] P. Piatti, *Epigrammata et elegiae*, Milán, Alessandro Minuziano, 1502, ff. 63v-64r; *Epistolae ad Magnum Trivultium cum tribus orationibus et uno dialogo*, Milán, Gottardo de Ponte, 1506, f. 21r; *Libellus de carcere. Elegiae cum epigrammatis veteris et novis*, Milán, Gottardo da Ponte, 1508, f. XIIIv.

bién a sus oídos la petición de Leonardo. Arrigoni recuerda cuando, de regreso a Nápoles, espera en vano, solo con el valor de la poesía, conseguir algún empleo en la corte de los Sforza. Por lo tanto, enviará los epigramas al Moro acompañados de una carta fechada en Nápoles el 25 de febrero (probablemente de 1490): un pequeño parangón de las artes, que por un lado celebra la obra de la escultura, pero reitera por otro que solo la poesía es verdaderamente eternizadora.[12]

---

[12] París, Bibliothèque Nationale de France, mns. Italien 1592, ff. 167r-168v.

10. El cuerpo del hombre y el cuerpo de la tierra

Milán, 2 de abril de 1489

Es una primavera feliz, esta de 1489. Con mayor confianza en el porvenir, Leonardo reanuda una actividad apasionante ya iniciada en Florencia: el estudio del cuerpo humano, de la anatomía.

En un nuevo cuaderno, bajo el dibujo de una calavera y un texto sobre la vena maxilar, escribe asimismo una fecha: «A día 2 de abril de 1489».[1] Como siempre, registrar una fecha no es para él un hecho baladí: es un signo del tiempo.

Casi veinte años después, mirando retrospectivamente ese papel, sentirá la necesidad de precisar por qué escribió esa fecha, y qué empezó realmente ese día, y añadirá: «Libro titulado de figura humana».

En el reverso de la misma hoja aparece, en efecto, una lista de capítulos de este libro «de figura humana», lista que empieza con el tratamiento del ojo, y continúa en la hoja siguiente con la importante indicación «escribirás sobre filosomía», es decir, sobre fisonomía.[2]

El estudio de la «figura humana» no debe limitarse a la descripción superficial de las partes del cuerpo humano, orientada a la práctica de la pintura, sino que debe tender a captar las analogías que vinculan las formas de seres y criaturas aparentemente diferentes, así como las analogías entre las formas y los movimientos del mundo físico externo con las formas y movimientos de un mundo interno: la actividad del alma, la correspondencia entre los caracteres morales y psicológicos y las facciones externas de los rostros, de las actitudes, de las miradas. De esta manera,

---

[1] W, 19059r.
[2] W, 19.018r-v.

en sus minuciosos dibujos del cráneo, Leonardo se interesa por cuestiones jamás abordadas en la anatomía tradicional: no los músculos y el esqueleto, sino los secretos del alma y del cerebro, los mecanismos de la percepción, el movimiento, la manifestación del alma. En el centro de la investigación se halla, como es natural, el ojo, el más noble de los sentidos, considerado un perfecto instrumento geométrico porque se basa en el cristalino: según los estudiosos medievales, Alhacén, Witelo, Bacon, Peckham, el cristalino es el receptáculo del elemento vital de la virtud visual, y posee forma esférica, opinión errónea que se deriva del hecho de que, después de la muerte, el cristalino ya no se mantiene en tensión a causa de las fibras musculares.

En abierta oposición a la devaluación neoplatónica del conocimiento sensorial, Leonardo retoma el esquema tripartito del *De anima* de Aristóteles, según el cual la actividad perceptivo-intelectual se produce en tres ventrículos comunicantes del cerebro: el primero alberga el sentido común y la imaginación, o fantasía; el segundo, la *cogitatio*; el tercero, la memoria. Sin embargo, hay un cambio significativo: al primer ventrículo, llamado «imprensiva», se le atribuye la función de centro de recogida de sensaciones; el segundo ventrículo, en cambio, reúne sentido común, fantasía, intelecto y juicio.[3] Resulta evidente, por lo tanto, sobre qué base, incluso teórica, se propugnará la asimilación de los procesos de la fantasía a los de la actividad intelectiva. Muchas de las llamadas visiones de Leonardo no son la manifestación de una capacidad visual sobrehumana, sino la aplicación consciente de un procedimiento heurístico.

Una de estas visiones, la más célebre del mito de Leonardo, quizá, es la del hombre que conquista, con la fuerza de su inteligencia, la capacidad de volar por el cielo, como los pájaros.

En realidad, es el estudio de las aves lo que inspira, por analogía, la idea de máquinas voladoras con alas batientes, capaces

---

[3] W, 12.603r.

de despegarse del suelo utilizando la fuerza muscular del hombre para vencer la fuerza de la gravedad.

En el sueño del vuelo se fusionan todas las investigaciones científicas y tecnológicas: la anatomía (el estudio del movimiento muscular y esquelético), la mecánica (la fuerza, el peso, la transmisión de la energía), las matemáticas y la geometría.[4]

En el Códice B aparecen los primeros dibujos de alas mecánicas para ser aplicadas al cuerpo humano con un complejo sistema de correas. Desafortunadamente, estas alas, que por un lado recuerdan la forma de los planeadores modernos y, por otro, se parecen a las alas de un murciélago o un vampiro, resultan excesivamente pesadas a causa de los materiales disponibles. El hombre tumbado tendrá que adaptarse a la máquina, llevando las alas en los brazos y convirtiéndose en una suerte de pájaro, pero más adelante se examinará también la posibilidad de construir una máquina voladora con el hombre en posición erguida, en un intento de multiplicación de la fuerza muscular por medio de poleas de transmisión.[5]

Habrá que experimentar con la máquina y ver si vuela. Si cae, creará un problema, por eso Leonardo piensa en probarla él mismo a orillas de un lago lombardo, equipado con una especie de chaleco salvavidas: «Aqueste istrumento isperimentarás sobre un lago y llevarás en tu cintura un odre largo, a fin que al caer no te ahogases».[6]

Otras pruebas del modelo se llevan a cabo en el interior de la Corte Vecchia, donde se encuentra el taller de Caballo. El punto más adecuado es una sala de la planta de arriba, con una salida reservada en el tejado, junto a la alta torre que domina la antigua residencia de los Visconti, no expuesta a las miradas indiscretas de quienes trabajan en el cimborrio de la cúpula: «Y si estás en el tejado, al lato de la torre, los del cimborrio no ven»; la sala se cerrará con tablones de madera y la máquina voladora,

---

[4] B, ff. 74v-75r; CA, ff. 176r, 746r, 747r, 755r, 824r-825r, 841r, 842r, 843r, 844r-v, 846v, 848r, 852v, 853r, 854r, 858r, 859r, 860r, 861r, 862r-v, 863r, 898r, 934r, 1.058v.
[5] CA, f. 749r.
[6] B, f. 74v.

que cuelga del techo, se colocará sobre un andamio accesible con una escalera: «Zierra de tablones la sala de arriba y faz el modelo grande y alto, y tendrá sitio en el techo de arriba, y es más a propósito que un lugar en Italia para todos los respetos».[7]

En cualquier caso, el científico tiene en esta etapa plena confianza en la posibilidad de alcanzar el éxito en su empresa. Los cálculos geométricos y matemáticos no le despiertan ninguna duda. Al final, lo único que le faltaría al instrumento sería el *anima* del pájaro, y el hombre simplemente tendría que sustituirla por la suya propia: «De tal guisa diría que a tal istrumento, compuesto por l'omne, no le falta más que l'alma del pájaro, la cual alma ha de ser contrafacta por l'alma del'omne».[8] Una bagatela.

La analogía, esa es la ley que inspira la visión de la Naturaleza por parte de Leonardo. Es gracias a ese principio por lo que todas sus investigaciones científicas están conectadas entre sí y se suceden sin cesar. No existen barreras entre una disciplina y otra. El estudio del hombre vuelve a confundirse con el estudio de la tierra y del agua. La correspondencia entre el hombre y el mundo es la misma que se establece entre el microcosmos y el macrocosmos.

Hacia 1492, en un texto titulado «Comenzamiento del tratado del agua», Leonardo escribirá: «Al omnee dezían los antiguos mundo menor, y ciertamente la dicción de tal nombre está bien fallada, pues es tal que, como el omne compuesto está de tierra, agua, aire y fuego, este cuerpo de la tierra es el asemejante».[9] La tierra es como un inmenso cuerpo viviente, con sus fases de crecimiento y de enfermedad. Por él fluye una savia vivificante, el agua, el «vital umor de la terrestre máquina», que como la sangre fluye por innumerables venas subterráneas desde el gran Océano hasta los manantiales de las montañas, desde donde desciende nuevamente a lo largo de los ríos.

---

[7] CA, f. 1.006v.
[8] CA, f. 434r
[9] A, f. 55v. Véase también H, ss. 77r, 95r.

No se trata de una concepción original. Ya pensaban de la misma forma los filósofos antiguos también, por ejemplo Séneca en *Cuestiones naturales*, y poetas como Ovidio la cantaban así. Una concepción tan grande que la imagen, el dibujo, no alcanza para representarla. Hace falta la escritura. Si se quiere describir la inaprensible vitalidad del elemento móvil por excelencia, el agua, hace falta la infinita mutabilidad del lenguaje, de la palabra. A menudo, en sus observaciones sobre el agua, Leonardo se deja arrastrar por el ritmo de la poesía, del canto, acumulando una vertiginosa sucesión de imágenes, sensaciones, impresiones.

En una página del Códice Arundel, Leonardo casi se deja llevar por la concatenación de las frases, que siguen el mismo movimiento que el agua: «Aquesta las altas cumbres de los montes consume. Aquesta las grandes peñas socava y remueve. Aquesta expulsa el mar de las antiguas riberas, porque con la tierra arrastrada levanta el fondo. Aquesta los altos barrancos descompone y arruina; firmeza en ella jamás se ve que non corrompa de súbito su naturaleza». Al final, con una frase lapidaria, remacha la ley universal de la naturaleza que Leonardo ya había intuido de niño, el dominio absoluto del tiempo sobre todos los acontecimientos de metamorfosis de la creación: «Con el tiempo todo va variando».[10]

---

[10] Ar, f. 57p.

11. La Fiesta del Paraíso

Milán, 13 de enero de 1490

A principios de 1490, una vez terminado el periodo de luto, la corte esforcesca puede pensar por fin en celebrar los festejos nupciales de Isabel y Gian Galeazzo. El 13 de enero tiene lugar la Fiesta del Paraíso en el salón más amplio del castillo, la Sala Verde.

El director es el propio Leonardo, a partir de un libreto escrito por Bellincioni, quien explica así el nombre del festival: «La seguiente operetta compuesta por Meser Bernardo Belinzon es una fiesta o bien representatión llamada *Paraíxo*, la cual fiesta fizo fazer el Señor Ludovico en alabanza de la Duquessa de Milán, et llamase *Paraíxo*, porque en ella húvose fabricado con el gran ingenio et arte de Maestro Leonardo Vinci florentino el Paraíso, con todos sus siete planetas que girava, et los planetas estaban representados por omnes, en forma et ábitos que describen los poetas: los cuales planetas todos hablan en alabanza de la antedicha duquessa Isabella».[1]

Nosotros también podemos participar en la fiesta leyendo el fiel informe del embajador de la casa de Este, Iacopo Trotti.[2]

La sala está cubierta por un «cielo» hecho de festones de vegetales con las armas esforcescas y aragonesas, y las paredes están tapizadas de raso con lienzos en los que se representan historias antiguas y hazañas de Francesco Sforza.

A la izquierda hay un escenario con gradas de veinte brazos de largo cubiertas con tapicerías, y delante un escenario inferior para

---
[1] B. Bellincioni, *Rime*, ff. t4v-u3r.
[2] Módena, Biblioteca Estense, ms. it. 521 (J.4.21), ff. 283r-287r.

los músicos. En el centro de la sala, una tribuna de tres escalones forrados de alfombras y reservada a los duques, luego asientos y bancos para los consejeros, dignatarios y demás gentilhembras.

Al otro lado de la sala, el Paraíso, cuidadosamente oculto tras una cortina de raso, y precedido por unos bancos donde pueden sentarse los disfrazados.

Silencio, empezamos. Un preludio musical de pífanos y trombones, y una danza napolitana al son de tamboriles. Aparece la princesa que participa en los bailes: «Era hermosa y límpida, que parezía el sol». Se le presentan embajadas falsas, pretexto en realidad para introducir bailes y mascaradas españolas, polacas, húngaras, turcas, alemanas y francesas. Una sucesión interminable.

Por fin, al cabo de más de tres horas, da inicio la representación. Cae el telón, y entre gritos de asombro se muestra el Paraíso, que parece un enorme reloj astronómico, con la diferencia de que los siete astros no están pintados, sino que son personas en carne y hueso, actores que personifican a las distintas divinidades, Júpiter, Venus, etcétera, y que están encaramados peligrosamente sobre las ruedas giratorias de la gran máquina circular.

La idea se deriva, evidentemente, de la fascinación que Leonardo sentía en Florencia por el gran reloj del Palazzo della Signoria. La estructura resplandece entera con velas que simulan el cielo estrellado: «El Paraíxo estava facto a similitute d'un medio huevo, el cual del lado de dentro era todo d'oro con un grandíssimo número de velas a modo de estrellas, con ciertas hendeduras donde estavan los siete planitas, según sus grados altos y bajos. En torno al borde del dicho círculo estaban los XII signos con ciertas velas dentro de vitrio, que hazía una galana et hermosa vista, en el cual Paraíxo había muchas cantos y sonidos muy dulces et suaves».

Un niño-ángel anuncia la fiesta: tal como ocurría en las sagradas representaciones florentinas. Chirriando terriblemente entre cantos y sonidos «muy dulces et suaves», la gran máquina se pone en movimiento y, como una noria panorámica en un moderno parque de atracciones, deposita en el suelo, uno a uno, a todos los dioses, que van a rendir homenaje a la atónita Isabel, recitando los versos escritos por Bellincioni. Júpiter canta sus alabanzas, Apolo se maravilla de la existencia de un nuevo sol capaz de cegarlo, Mercurio habla del don de las tres Gracias y de las siete Virtudes, y así en adelante. Cada planeta adjudica un regalo para Isabel, y Apolo se los entrega a la duquesa junto con un «librito donde estaban todos los versos de la fiesta», es decir, una copia con dedicatoria del propio texto de Bellincioni, con el añadido de algunos sonetos en honor a los embajadores.

Según Bellincioni, el mérito de la invención de la fiesta (Júpiter y los planetas que honran a Isabel) ha de atribuirse al Moro. Pero en realidad la idea general es enteramente de Leonardo. Lo que Bellincioni no dice, o no sabe, es que toda la representación parece recordar a *Momo* de Leon Battista Alberti, un tratadillo contra la locura de los hombres y de los dioses. Los dioses, intrigados por la vida de los mortales, descienden del cielo a la tierra para observarlos de cerca, y se colocan en los pedestales de un teatro haciéndose pasar por las estatuas que los representan, pero al final son arrollados por un cataclismo provocado por el burlón de Momo. El Paraíso concebido por Leonardo se parece de manera preocupante a la sátira de Alberti: afortunadamente nadie comprende la sutil ironía de la alusión a una obra que escenifica la caída de los tiranos.

La gran novedad de la representación, con todo, reside en lo que hoy llamaríamos los efectos especiales. Leonardo conoce bien su poder de evocación. Cuando era niño, había aterrorizado a su padre al introducirlo en el cuarto oscuro donde había pintado el «monstruo de la rodela». Ahora, la gran máquina que aparece repentinamente en la sala a oscuras sorprende a los espectadores con el juego de luces que atraviesa las aberturas y los cristales, creando fantásticos juegos de sombras en las paredes de la habitación, en un crescendo de armonías sonoras y musicales creadas por extraños instrumentos musicales.

La fiesta fascina a los contemporáneos. Todos quieren imitarla. En Génova, el 12 de noviembre de 1490, se celebran las bodas de Eleonora Sanseverino, hermana de Gianfrancesco y Galeazzo, con Giovanni Adorno.

Nos hallamos otra vez ante una gran sala, en la que, al abrirse el techo, aparece una enorme luminaria celeste de la que descienden Apolo y los planetas, enalteciendo al Moro. El espacio teatral, tanto en Génova como en Milán, es todavía un espacio experimental, no del todo definido, que se apropia de lugares originalmente no destinados a tal fin: el patio de un palacio, el gran salón de fiestas y bailes.

Leonardo se enfrenta así por primera vez a un problema que solo se resolvería en el siglo XVI, con la construcción de los primeros teatros permanentes y los primeros escenarios fijos. Lo hace con la invención de escenografías móviles y maravillosos mecanismos que no son más que la aplicación práctica de sus estudios sobre las máquinas.

12. El Parangón

Milán, 1490-1492

No cabe duda: la Fiesta del Paraíso es un éxito. Y Leonardo aprovecha de inmediato para responder, con palabras y hechos, a quienes unos meses antes habían dudado de su capacidad para llevar a buen puerto el proyecto del monumento esforcesco o, más en general, habían devaluado las obras de los artistas, pintores y escultores, relanzando la tradicional primacía de la poesía y de las letras.

¿Por qué justo ahora? Leonardo no tiene un objetivo particular, porque hemos visto que la confrontación entre letras y artes es un lugar común en la literatura de la época humanística. Sin embargo, en ese mismo 1490 cae en sus manos un libro recién publicado en Milán, el *De gestis Francisci Sphortiae* o *Sfortiade* de Giovanni Simonetta, vulgarizado por Cristoforo Landino y prologado por Francesco Puteolano.

La obra es tan importante para la política cultural de los Sforza que algunos ejemplares en pergamino se vieron enriquecidos con espléndidas ilustraciones del miniaturista Giovanni Pietro Birago y entregados como regalo al Moro y a los grandes dignatarios de la corte.[1] Y también es importante para Leonardo, porque la utiliza como documentación del personaje que debe representar en el monumento ecuestre.

Desde un punto de vista histórico y literario, la *Sfortiade* es de hecho un monumento paralelo al de Leonardo. Además, el texto

---

[1] G. Simonetta, *Sfortiade*, Milán, Antonio Zaroto, 1490. Copias iluminadas: París, Bibliothèque Nationale de France, ms. Italien 372; Varsovia, Biblioteka Narodowa, Inc. F 1347; Londres, British Library, Grenville 7251; Florencia, Gallerie degli Uffizi, n.º 843, 4.423-4.430 (fragmentos).

está disponible ahora no en el arduo latín humanista de Simonetta, sino en la traducción vernácula de Landino, el gran divulgador a quien el joven Leonardo conoció en Florencia, y editor o traductor de libros que fueron fundamentales para él, como la *Divina Comedia* de Dante o la *Historia natural* de Plinio.

Leonardo abre pues el libro con confianza y, en las primeras páginas, las que llevan el prólogo de Puteolano, lee una dura crítica a las artes figurativas, consideradas inferiores a las literarias en su capacidad de comunicar la memoria de los hombres a lo largo del tiempo. Como reacción, empieza a escribir una serie de textos polémicos titulados *Proemios*, que servirán para abrir los libros y tratados que quiere redactar en los más variados campos del conocimiento.

En primer lugar, hay que defender la propia formación cultural originaria, que se ha conformado de forma autónoma respecto a la gran cultura humanística y literaria. A causa de su carencia de dominio del latín, Leonardo ha tenido un acceso limitado a los textos más importantes de la tradición científica y filosófica, pero justo por eso, paradójicamente, ha podido disfrutar de una libertad ilimitada en la elaboración de nuevas y atrevidas ideas.

Más que recurrir a autores antiguos (a los que llama *altori*), prefiere acudir a la fuente primera de todo conocimiento, la Naturaleza, madre de los seres vivos y maestra de aquellos antiguos *altori*; a la ciencia teórica y libresca antepone la obtenida a través del tamiz de la *sperientia*: «Si bien no sé como ellos aducir a los *altori*, algo mucho más grande y más digno aduciré aduciendo la *sperientia*, maestra de sus maestros». Por el contrario, los humanistas y hombres de letras, que para su conocimiento del mundo se basan únicamente en la autoridad de la tradición, serán dignos de considerarse «no inventores, sino trompeteros y recitadores de ajenas obras».[2]

Si la *sperientia* es maestra, Leonardo será su digno discípulo. Lo afirma en una hoja de la época, en la que dibuja una fantás-

---

[2] CA, f. 323r.

tica reelaboración del *mazzocchio*, el complicado tocado florentino utilizado en los talleres de dicha ciudad como modelo para ejercitar la perspectiva, transformado aquí en una especie de serpiente sinuosa: «Cuerpo nacido de la perspectiva de Leonardo Vinci, discíepulo de la sperientia», escribe como pie del dibujo; y añade: «Que este cuerpo se faga sine ejenplo de cuerpo alguno sino solo con sinples líneas».[3]

No es casualidad que en otra hoja de papel pase a dibujar Leonardo, con la misma técnica, no ese extraño tocado sino incluso el globo terráqueo, experimentando las modalidades de representación del *Mappa Mundi* que la evolución de la geometría proyectiva hizo posible a partir de las tablas de Ptolomeo.[4] De un sombrero al mundo, el paso es corto.

En el más famoso de estos proemios, aunque admitiendo que era un «no letrado», es decir, que no sabía latín, Leonardo rechaza indignado la acusación de ser un «omne sine letras»: «Sé bien que, por no ser yo letrado, algún prosuntuoso creerá razonablemente poder reprobarme con el alegar que soy un omne sine letras».[5]

Él mismo, a estas alturas, sueña con ser *altore*, autor de libros. Y su primer gran proyecto de libro es sin duda el de un libro de pintura. De esta manera, la antigua tradición de taller representada por el *Libro dell'arte* de Cennino Cennini se enlazaría con la línea humanista moderna de *De pictura* de Alberti; la práctica de la pintura con la teoría de la perspectiva y la geometría proporcional.

A tal propósito remiten algunas listas de títulos de libros y capítulos, compiladas en parte por discípulos y colaboradores, bajo dictado. Aquí confluyen los estudios de perspectiva y óptica, que continuamente se entrecruzan con los estudios anatómicos, hasta el punto de unir también en las mismas hojas los proemios

---

[3] CA, f. 520r.
[4] CA, f. 521r.
[5] CA, f. 327v.

de anatomía y de perspectiva.⁶ El análisis de las fuerzas de la naturaleza, inicialmente destinado solo a su representación en la pintura, se amplía en la minuciosa descripción de los acontecimientos, y adquiere autonomía propia, como en las espléndidas páginas sobre las aguas.⁷

Haciendo alarde de gran confianza en sí mismo, Leonardo abre así la composición de un nuevo manuscrito, el Códice C: «A día 23 de april de 1490 empezé aqueste libro y volví a empezar con el cavallo». La misma fecha, que evidentemente es muy importante, se repite en otra hoja en la que ha recogido facecias, fábulas, pensamientos, refranes y recetas: «A día 23 de abril de 1490».⁸

El Códice C supone una novedad notable en su laboratorio de escritura: no es un cuaderno de bolsillo, ni siquiera un cuaderno de trabajo como el Códice B y el Códice Trivulciano, sino un cuaderno de grandes dimensiones, de letra muy cuidada y con dibujos espléndidos, como si fuera un auténtico «libro». Se trata en realidad de una copia a limpio de textos y dibujos transcritos de otros cuadernos hoy perdidos.

El tema del «libro» nos llevará en la dirección del libro de pintura, porque se trata principalmente de luces y sombras. Y su continuación natural, de hecho, es un nuevo cuaderno hacia 1492, el Códice A, que recoge principalmente textos para el libro de pintura y para otros tratados científicos y técnicos sobre mecánica e hidrodinámica.

Además del estudio de la óptica y de la perspectiva, el libro de pintura se enriquecerá con numerosas reflexiones dedicadas a la práctica del arte y a sus métodos de enseñanza.

Por ejemplo, Leonardo consagra toda su habilidad lingüística y literaria a la composición de una serie de pasajes descriptivos, los *Modos de figuración*, que podrían ser útiles a un futuro discípulo para la composición de temas difíciles como la repre-

---

[6] CA, ff. 380r-v, 372v, 729v-r, 677v, 545v; W, 12350r; CA, ff. 327v, 323r.
[7] CA, ff. 302r, 564v, 217v.
[8] C, f. 15v; CA, f. 207r.

sentación de una tormenta, de una batalla, de una escena nocturna carente de luz.[9]

El Leonardo lector sabe bien que un buen libro debe empezar con una buena introducción, en la que hacer gala de algo de retórica y de un hermoso estilo. Al principio del libro de pintura, por lo tanto, será necesario definir qué es la pintura y cuál es su posición entre las disciplinas y formas de expresión.

Los fragmentos dispersos de esta introducción, nunca completada, son los textos que hoy leemos al inicio de la recopilación póstuma titulada *Libro de pintura*, y que a su vez se denominan *Parangón de las artes*.

Leonardo retoma en él el antiguo debate sobre la dignidad de las artes liberales. Entre los siglos XIV y XV los humanistas, de Petrarca en adelante, en su batalla contra la escolástica y las formas de conocimiento de finales de la Edad Media habían afirmado la excelencia de la poesía y de la literatura por encima de todas las demás disciplinas.

A la pintura y otras artes figurativas se las consideraba a un nivel inferior, incluso, a la par que las artes mecánicas. Leonardo no está de acuerdo, lo trastoca todo y sitúa la pintura en primer lugar, tanto desde el punto de vista comunicativo como cognoscitivo. En comparación con la poesía, el signo visual propio de la pintura prevalece merced a la simultaneidad e inmediatez de la representación, mientras que el mensaje verbal (entendido aquí principalmente en forma de transmisión oral, percibida a través del oído) tiene necesidad de fluir en el tiempo en una sucesión de signos.

El parangón se extiende a las otras dos artes practicadas directamente por Leonardo: la música y la escultura. La música es la «hermana menor de la pintura», porque es capaz de utilizar un sistema de proporciones armónicas afines al de la pintura, pero está sujeta al imperio del tiempo, y «muere» al final de la interpretación. En cuanto a la escultura, la pintura es superior a

---

[9] A, ff. 81r-113v.

ella al ser capaz, con admirable artificio, de transmitir la sensación del relieve, demostrando de tal manera ser «de mayor discurso mental», es decir, haber profundizado en mayor grado en el conocimiento de las cosas, y haber entendido la posición en el espacio a través de la perspectiva, las relaciones armoniosas de los colores, los efectos de las veladuras y del esfumado. Además, existe una diferencia fundamental en el funcionamiento manual: «Entre pintura y escultura no encuentro más diferencias, si no que el escultor ejecuta sus obras con mayor fatiga corporal que el pintor, et el pintor ejecuta sus obras con mayor fatiga mental». Mientras el pintor trabaja «muy cómodamente», el escultor intenta sacar del bloque de mármol «la figura que dentro d'este se encierra», «con mecanicísimo ejercicio», «con la cara embadurnada y todo enharinado con polvo de mármol que parece un panadero».

Es difícil no pensar, leyendo estas palabras, en la figura de Miguel Ángel en el imaginario de épocas sucesivas.[10]

El parangón entre poesía y pintura lleva también a Leonardo a cuestionar el valor del signo, tanto verbal como icónico. El icono, en relación de semejanza con el objeto que pretende significar, tiene para él un valor absoluto y universal que la palabra, arbitraria y cambiante en el tiempo y el espacio, no puede tener. De ello se deriva un ejercicio de interpretación icónica de la palabra que parece contemporáneo y no marginal en absoluto a la composición del *Parangón*.

En una gran hoja de papel, además de en algunas hojitas, Leonardo se entretiene componiendo breves sucesiones de iconos cuyos significados primarios, en el orden en el que aparecen, dan lugar a frases de significado completo: lo que hoy llamaríamos jeroglíficos. Un juego, nada más que un juego; pero a Leonardo siempre le ha gustado jugar.

Además, el juego también fue creado para uso cortesano, para la comunicación cifrada de mensajes breves, eróticos a

---

[10] LDP 36.

menudo, normalmente fijados en la decoración de una joya, un broche o una prenda de vestir. A las princesas y a sus damas de honor les vuelve locas. El resultado es la creación de un auténtico vocabulario de palabras-imágenes, un libro de figuras, paralelo al libro de palabras que se va formando en el Códice Trivulziano, con infinitas posibilidades combinatorias.

En él está incluso representado el nombre de Leonardo: la figura de un león entre las llamas, que debe interpretarse con las palabras *lion-ardo*.

Entre los numerosos mensajes no faltan aquellos en los que el artista podría referirse a sí mismo, al difícil momento existencial que a veces le toca vivir, cuando ha de defender su obra y su vida de acusaciones y críticas: «De días pretéritos hasta el presente tiempo nunca he facto obra alguna, pero sé que las actuales me harán triunfar».[11]

En el *Parangón*, Leonardo es consciente del peligro de separar los papeles de la actividad intelectual entre el artista y el científico. Los grandes progresos alcanzados por el conocimiento humanístico han llevado a una ramificación tan amplia de la enciclopedia que pocos son capaces de dominarla en su universalidad. La unidad del conocimiento antiguo está a punto de desintegrarse en innumerables especialidades.

Sin ser un humanista, Leonardo es de los últimos en recoger el anhelo de universalidad que cifra el sueño inconcluso del humanismo. Es él mismo universal, desde el momento en que se sitúa en el centro del universo y hace converger en ese centro todas las herramientas del conocimiento, todos los métodos, todas las disciplinas.

La extensión universal de los intereses no es expresión de una mente sobrehumana, mágica, divina, capaz de entrar en sintonía con la naturaleza y arrebatarle sus secretos sin esfuerzo; muy al contrario, es la consecuencia necesaria de una elección ética, que no admite atajos ni jerarquías.

---

[11] W, 12.692-12.694, 12.696-12.697, 12.699.

La pintura es una forma de conocimiento universal porque ha englobado métodos de análisis geométrico-matemático y de experimentación de fenómenos que han trascendido el simple propósito del goce externo desencadenado por la ficción artística.

13. El hombre como medida del mundo

Milán y Pavía, junio de 1490

Junio de 1490. Francesco di Giorgio Martini llega a Milán, invitado a dar su parecer sobre el cimborrio de la catedral, el paralelepípedo de ocho caras que sostendrá la aguja principal donde se ubicará la célebre Madonnina.

El Moro no desaprovecha la oportunidad, y envía al famoso ingeniero también a Pavía para que examine la marcha de las obras de esa catedral, y el 8 de junio transmite una orden en tal sentido al secretario ducal Bartolomeo Calco, añadiendo también en la posdata los nombres de Leonardo y Amadeo: «Solecitando también magistro Leonardo florentino et magistro Ioanne Antonio Amadeo, obraréis que acudan ellos también».[1]

El 10 de junio Calco respondió al Moro que Francesco todavía estaba trabajando en el modelo del cimborrio de la catedral y que los diputados no querían interrumpirlo, y era probable que aún tuviera para otros ocho días; Leonardo, sin embargo, está disponible de inmediato: «magistro Leonardo florentino me dixo estar siempre presto cada vez que sea requerido, así que enquanto se envíe al sienés irá también él»; por último, será difícil contar con Amadeo, que se encuentra en el lago de Como con otro compromiso.[2]

Al final, se decide esperar a Francesco. Una vez concluido el trabajo para la catedral de Milán, Francesco y Leonardo parten hacia Pavía, llevando consigo amigos, sirvientes y caballos *(«dominos Franciscum Senensem et Leonardum Florentinum ingeniarios cum sociis»)*.

---

[1] ASMi, *Autografi*, legajo 102, n.º 34.
[2] ASMi, *Comuni*, legajo 48.

El 21 de junio se registra el pago de una cuenta de veinte liras a un posadero paviano, Giovanni Agostino de Berneriis, por el alojamiento de la brigada de dos ingenieros *«cum sociis et famulis suis»* en la Locanda del Moro *(«ad signum Saracini»)*, situada en piazza Grande cerca de la iglesia de Santa Maria Gualtieri.[3]

La corta estancia tiene como objetivo labores de asesoramiento para las obras de la catedral, pues ha de completarse la cúpula. Problemas muy parecidos a los de la catedral de Milán, con la diferencia de que el edificio paviano fue completamente reconstruido a partir de 1488, bajo la supervisión de Bramante y Amadeo.

En su regreso a Pavía, Leonardo encuentra otras ocupaciones más interesantes que los contrafuertes de la catedral. Estimulado por la presencia de Martini, se dedica a estudiar los testimonios de la civilización clásica, que hasta entonces había descuidado.

Por ejemplo, justo enfrente de la catedral hay una hermosa estatua ecuestre de bronce, por todos reputada como antigua, si bien tal vez ni siquiera represente a un emperador romano sino al rey bárbaro Teodorico. La gente la llama, quién sabe por qué, el Regisole, el sostén del sol.

Leonardo queda tan impresionado por la ilusión de vida, de movimiento, que esa estatua logra comunicar, que exclama que el arte de los antiguos es más digno de ser imitado que el arte moderno: «En el de Pavía es d'elogiar más el movimiento que cosa otra alguna / la imitación de las cosas antiguas es más loable que las modernas / no puede haver belleza y utilidad como apareze en las fortalezas et en los hombres / el troncto tiene casi la calidad de un cavallo libre / donde falta vivazidad natural ha de fazerse una accidental».[4]

Sí, es el concepto de vivacidad «accidental» lo que puede ayudarle a resolver el principal problema del proyecto del caballo

---

[3] *Registro delle spese della Cattedrale di Pavia*, 1487-1504, f. 30v (ahora no disponible).
[4] CA, f. 399r.

esforcesco en Milán. Para infundir en una estatua, inmóvil, la ilusión del movimiento es necesario plasmar en ella un movimiento «accidental», es decir, «no natural», como el movimiento portante, característico del Regisole. Y en un diminuto dibujo anota inmediatamente su nueva idea para el monumento: un caballo que ya no se encabrita, como en estudios precedentes, sino al paso.[5]

El encuentro con Francesco di Giorgio resulta, para Leonardo, algo apasionante. Siempre ha querido conocerlo y lo considera un maestro en muchos campos, desde la arquitectura fortificada hasta la ingeniería militar, desde las bombardas hasta las máquinas hidráulicas.

Como sugieren las notas y los dibujos del Códice B, ya ha consultado una copia del primer borrador del *Trattato di architettura* del autor sienés, concebido en la corte de Urbino y terminado después de la muerte de Federico da Montefeltro hacia 1484.

Años más tarde tendrá la oportunidad de volver a estudiar esa misma primera redacción, transcribiendo amplios extractos, y apostillando incluso el códice en pergamino de dedicatoria de la segunda redacción.[6]

El tratado de Francesco, que en muchas partes es una reelaboración del *De architettura* de Vitruvio (también traducido por él en lengua vernácula), acerca a Leonardo a un autor antiguo que fue fundamental para el desarrollo de la arquitectura renacentista, pero lamentablemente casi inaccesible en el texto original en latín, impreso en Roma en 1486 por Sulpizio da Veroli.

Y la idea más importante que Leonardo toma de Vitruvio y Francesco di Giorgio es la correspondencia de las proporciones entre el cuerpo humano y las estructuras del edificio en la arquitectura clásica, tratada a principios del libro tercero de *De architettura*. Una idea tan hermosa que Leonardo sueña de inmediato con darle una representación visual.

---
[5] W, 12.345r.
[6] Florencia, Biblioteca Medicea Laurenziana, Ashburnham 361.

Nace así el llamado *Hombre de Vitruvio*, el famoso dibujo de la figura humana inscrita en un círculo y un cuadrado, destinada a ser la ilustración del correspondiente pasaje de Vitruvio.[7] Ya lo habían intentado otros lectores de Vitruvio, como por ejemplo Francesco di Giorgio, en una pequeña e imprecisa figura marginal de su tratado.[8]

Leonardo empieza realizando un meticuloso trabajo con escuadra y compás, traza las líneas y rayas con delicadas incisiones y trazos de punta de plomo, luego recurre a la pluma y tinta marrón claro para repasar los contornos, añade los matices horizontales mediante plumeado y también con pinceladas de acuarela marrón. Solo al final añade, en la parte superior e inferior de la hoja, un texto en vernáculo tomado del pasaje de Vitruvio. Y, como es habitual, va mucho más allá de la pura y simple finalidad ilustrativa.

La figura humana ha adquirido relieve y dimensiones monumentales. Y, sobre todo, un extraordinario valor simbólico. Es el hombre en el centro del universo. El hombre universal, medida del mundo. Casi un autorretrato, porque el hombre universal es él, Leonardo.

---

[7] Venecia, Gallerie dell'Accademia, Gabinetto dei disegni e delle stampe, 228r. Véase también CA, f. 994.
[8] Florencia, Biblioteca Medicea Laurenziana, Ashburnham 361, f. 5r.

14. El diablillo

Milán, 22-24 de julio de 1490

22 de julio de 1490, fiesta de Santa María Magdalena, la santa pecadora. Leonardo reabre el Códice C, y en la primera hoja, la misma donde el 23 de abril registró orgullosamente el inicio de la composición del libro y la reanudación del diseño del monumento a Sforza, escribe: «Jacomo vino para quedarse migo el día de la Magdalena en 1490, a la edad de años 10».[1]

Ya hace uno o dos años, desde que se instaló en los locales de la Corte Vecchia, Leonardo tiene su propio taller y laboratorio, por lo que puede acoger a jóvenes discípulos y colaboradores. Y ahora llama a su puerta un cierto Giovan Pietro Caprotti de Oreno, de baja condición social: quiere confiarle a su hijo como aprendiz de taller.

Oreno, un pequeño pueblo al norte de Milán, alberga un convento de franciscanos amadeitas, seguidores del visionario místico Amadeo que vivía en San Francesco Grande, la iglesia de la *Virgen de las rocas*. Habrán sido ellos, los frailes, quienes hayan actuado como intermediarios. El niño solo tiene diez años y se llama Giangiacomo.

Leonardo no puede imaginarse ni remotamente que este es uno de los acontecimientos más importantes de su vida. Tampoco puede imaginarse lo que le sucederá al cabo de unas pocas horas.

El 23 de julio, sin demostrar gratitud alguna por quien le ha encargado de inmediato ropa nueva, Giangiacomo roba del bolso del maestro el dinero que tiene para pagarla, nada menos que

---

[1] C, f. 15v.

cuatro liras. Leonardo se da cuenta, e intenta en vano hacerle confesar el robo, pero al final decide dejarlo correr por más que, como buen hijo de notario, también se diga a sí mismo que es mejor anotarlo, porque lo que no escribes no existe. Retoma la hoja en la que había anotado la llegada del ladronzuelo y añade: «El segundo día le fize cortar dos camisas, un par de calzas y una casaca, y cuando me puse los dineros al lado para pagar dichas cosas, él me robó dichos dineros de la escarcela, y nunca fue possible fazérselo confesar, maguer yo tuviera verdadera certeza - liras 4». Al margen, una serie de adjetivos que identifican el carácter del mocoso: «Ladrón, mentiroso, obstinado, tunante». Más o menos los mismos que Pulci había utilizado en el *Morgante* para definir a su diabólico Margutte, «triste / y ladrón y tunante y padre de mentiras» (XIX, 142, 2-3).

Las fechorías continúan, y también Leonardo sigue escribiendo, en la misma hoja de papel. La lista se alarga, día tras día, mes tras mes.

El 24 de julio, Leonardo es invitado a cenar por el arquitecto ducal Iacopo Andrea da Ferrara: experto en Vitruvio, ha copiado el tratado y ahora ayuda a su amigo iletrado a comprenderlo un poco mejor.[2] Como es natural, se lleva consigo al niño, no puede dejarlo solo en el taller, dado lo que pasó el día anterior; y tal vez pueda empezar a enseñarle algunos buenos modales, cómo servir en la mesa, etcétera. Una nueva catástrofe. Giangiacomo rompe tres copas, sirve el vino con torpeza y, para compensar, come sin moderación y sin modales. En definitiva, «cenó por dos et hizo daño por cuatro», escribe abatido Leonardo.

Tampoco los otros jóvenes discípulos pueden sentirse tranquilos. El 7 de septiembre Giangiacomo hará desaparecer un «graffio», es decir, un estilo de plata por valor de veintidós dineros del escritorio de Marco, quien al final, después de una larga búsqueda, lo encontrará escondido en el cofre del chiquillo.

---

[2] Ferrara, Biblioteca Ariostea, Cl. II n.º 176.

El 26 de enero de 1491 robará a uno de los mozos de cuadra de Galeazzo Sanseverino que se estaba cambiando para una fiesta de disfraces de «omnes salváticos», quitándole el dinero de la escarcela que había dejado sobre la cama.

Un mes después, en febrero, robará a Leonardo un «trozo de cuero turco para hacer un par de botas», que el pintor Agostino Vaprio había regalado al maestro en casa de Sanseverino, y luego lo revenderá a un zapatero por veinte dineros, con los que compra inmediatamente los caramelos de anís y las peladillas que tanto le gustan.

El 2 de abril robará otro «graffio» de plata a otro incauto discípulo, Giovanni Antonio, que había dejado el instrumento encima de uno de sus dibujos durante un descanso en el trabajo.

Cualquier otro maestro habría expulsado inmediatamente de su taller a semejante sinvergüenza incorregible e impenitente. Leonardo, en cambio, no hace nada, no dice nada. Lo acepta todo, lo perdona todo.

Es más, la lista concluye con la anotación de los numerosos gastos realizados, durante ese primer año, por la ropa de Giangiacomo: dos liras por un manto, cuatro liras por seis camisas, seis liras por tres chaquetillas, siete liras y ocho dineros por cuatro pares de calcetines, cinco liras por un vestido forrado, una lira por un sombrero, una lira en cinturones y cordones y, por último, seis liras y cinco dineros por la confección de nada menos que veinticuatro pares de zapatos.

En otra hoja aparece otra lista de objetos necesarios para el recién llegado: «1 pechero, 1 manttel, 1 gualdrapa, 6 serviyetas con el toallo, 1 juego de sábanas, 2 camisas».[3]

Da comienzo así una de las relaciones más ambiguas y al mismo tiempo más duraderas de su vida: la que mantiene con el aprendiz que en un futuro desarrollará cierta ambición como discípulo y artista; con el chico de rostro espléndido y cuerpo armonioso que le servirá como modelo ideal del desnudo masculino.

---

[3] CA, f. 651v.

«Prendadísimo de gracia y belleza, tenía unos hermosos cabellos rizados y anillados, con los que Lionardo se deleitaba», escribió Vasari; y Lomazzo añadirá: «Un joven muy hermoso, sobre todo a sus quince años», amado por el maestro más que cualquier otro.

A partir de esta época, en las hojas del maestro aparece una suerte de retrato de niño que se repetirá más o menos constantemente a lo largo de los años, en todas las posturas, de perfil, de frente, en escorzo: un rostro de angelito sonriente, con largos rizos rubios que le caen por los hombros.

Pero el ángel se revela desde el primer día como un diablillo, hasta el punto de ganarse de inmediato el sobrenombre de Salaì, el diablo rebelde evocado por Pulci en el *Morgante*, en el episodio de la malvada y aterradora bruja Creonta (XXI, 47, 7).

Las anotaciones acerca de Salaì también nos revelan los nombres de los nuevos discípulos milaneses que son las primeras víctimas de Salaì, atraído como una urraca por el brillo de sus «graffi», plateados. No son aprendices ni conviven con Leonardo, pero acuden a su taller para conocer los secretos de ese maestro singular, tan diferente de otros artistas contemporáneos. Uno es Marco d'Oggiono, tiene veinticinco años y es hijo de un orfebre: ya ha practicado la pintura de la mano de pintores como Bernardo Zenale y Bernardino Butinone. También tiene su propio taller y trabaja con un aprendiz miniaturista, Protasio Crivelli. Sin embargo, Leonardo escribe «estaba migo», expresión que en este caso significa trabajar juntos, en el mismo taller.

Giovanni Antonio Boltraffio, en cambio, coetáneo y amigo de Marco, no es un pintor profesional, sino un aficionado que no necesita vender cuadros para ganarse la vida. De familia noble, su cercanía con Leonardo deriva de su interés por cultivar sus aficiones de caballero: convertirse en un experto en el arte conociendo sus secretos desde dentro, aprender un poco de todo, desde la técnica del dibujo con punta de plata hasta el arte del retrato, y escuchar las muchas cosas increíbles que dice Leonardo: qué es la pintura y por qué es superior a todas las demás disciplinas, cuáles son sus principios matemáticos y geométricos, cómo funciona la óptica y la perspectiva, etcétera, etcétera. Leonardo le enseña sus dibujos, especialmente los de las Vírgenes florentinas. Y Boltraffio se enamora, aprende y forma su propio estilo, abstracto y onírico. A partir de una idea del maestro, realiza un maravilloso dibujo de la cabeza de la Virgen, hecho tal vez con ese «graffio» de plata que le robó Salaì, inmediatamente convertido en píldoras de anís y peladillas.[4] Y de este dibujo se deriva la composición de una estupenda y dulcísima Virgen amamantando al Niño, la llamada *Madona Litta*, probablemente coloreada por su amigo Marco.[5]

Los nombres de los discípulos de este primer círculo milanés, abreviados o mediante siglas, aparecen también en una breve lista de pagos, escrita por Leonardo con letra normal: «Fran(ces)co / Fran(cesco) 3 / yo 4 / S(alaì) 2 / g(iovanni) a(antonio) 4 / M(arco) 5 / Franc(esc)o 2 / allade 8».[6]

Y no son los únicos que están en el estudio. En este periodo, Leonardo volvió a permitirse un animal de compañía con el que jugar y mantener ocupado al diablillo Salaì.[7] En un dibujo de estudios de óptica, hace su aparición una perrita agazapada en el suelo, tal vez justo a los pies del artista, debajo de su escritorio. Es muy parecida a la que tuvo en Florencia, y seguirá siendo objeto de estudio, para las patas y la cabeza, en los años posteriores.[8]

---

[4] París, Musée du Louvre, Département des arts graphiques, 2.376r.
[5] San Petersburgo, Museo del Hermitage, 249.
[6] CA, f. 371r.
[7] CA, f. 599 r.
[8] W, 12.714r; I, f. 96r; W, 12.361 (copia de Francesco Melzi).

15. «Omne salvático»

Milán, 26 de enero de 1491

Volvamos por un momento a esa fiesta de «omnes salváticos» durante la cual Salaì hurgaba en las escarcelas de los participantes.

La fiesta se enmarcaba en las celebraciones de dos suntuosas bodas, la de Ludovico el Moro y Beatriz de Este y la de Anna Sforza, hermana de Gian Galeazzo, y Alfonso de Este: celebraciones en las que, naturalmente, también se ve involucrado Leonardo.

El 8 de diciembre de 1490 Calco, que debe decorar el Gran Salón del castillo, envió al refrendario de Pavía la petición de convocar a algunos pintores a Milán: Bernardino de Rossi, Zenale, Butinone de Treviglio, Troso de Monza, «Agustino et magistro Lionardo», es decir, Agostino Vaprio y el propio Leonardo. El 24 de enero de 1491 tendrá lugar en la sala un magnífico baile y, para esa fecha, toda la decoración deberá estar lista. ¿Qué deben hacer los seis pintores? Pintar en grandes lienzos veintinueve hazañas de armas de Francesco Sforza, obviamente tomadas de la *Sforziade* de Simonetta, y realizadas con una técnica de claroscuro monocromático que imita el mármol sombreado.

El centro estratégico del programa iconográfico está «en l'alto contra la puerta», donde destaca el retrato de Francisco «a caballo bajo un arco triunfal». Aunque los documentos y los informes de los embajadores no lo dicen, es evidente que este gran lienzo solo puede haber sido pintado por Leonardo. Se trata de la presentación pública, ante la corte milanesa y los representantes de los Estados italianos y de las potencias extranjeras, del grandioso proyecto del caballo esforcesco.

Dos días más tarde, el 26 de enero de 1491, le corresponde a Galeazzo Sanseverino, yerno del Moro, participar en el programa de celebraciones. El condotiero opta por celebrar una justa, en la mejor tradición caballeresca de las cortes renacentistas.

A Leonardo, que conserva un claro recuerdo de los festejos mediceos de 1475 celebrados por las *Stanze* de Poliziano, se le llama para «organizar la fiesta», es decir, para montar todo el aparato (vestuario, decoración, música) que debe enmarcar las justas, y que de hecho llama más la atención de los presentes que el torneo en sí mismo.

También en esta ocasión Leonardo se concentra en los efectos especiales, creando una serie de disfraces para los justadores y su séquito en los que la fantasía combinatoria corre a rienda suelta, mezclando figuras inusuales y formas animales.

En la plaza, donde se han instalado los palcos, llegan las distintas procesiones, precedidas por un carro triunfal en el que va montado un recitador de versos: al frente de los cortejos, el marqués de Mantua Francesco Gonzaga, Annibale Bentivoglio y Fracasso Sanseverino, vestidos al estilo indio.

Para hacerse una idea de la vestimenta del torneo, basta leer las notas de Leonardo sobre el traje de desfile de un cierto «meser veneciano Antonio Gri, compañero de Antonio Maria», el anciano gentilhombre Antonio Grifo, un poeta apasionado por Dante y Petrarca, precisamente al servicio de los Sanseverino, y en esta ocasión compañero de armas de Antonio Maria Sanseverino.

En el escudo vemos un espejo, símbolo de las virtudes; en la cresta, plumas de pavo real, símbolo de la belleza del buen servicio; en el casco, una media esfera, símbolo del mundo, coronada por un pavo real.

La sobreveste del caballo está tachonada de ojos de pavo real sobre campo de oro y, a cada lado, una rueda con las figuras de la Fortaleza y de la Prudencia, esta última vestida de rojo, sentada en un trono de fuego (célebre emblema aragonés, al que Leonardo llama, con cadencia dialectal milanesa, «focosa catedra»), y representada con tres ojos, una hoja de papel y una ramita de laurel en la mano, para significar la esperanza que se deriva del buen servicio.[1]

Según cuenta un testigo de excepción, la princesa Leonor de Aragón, madre de Beatriz y Alfonso de Este, el protagonista del torneo, Galeazzo Sanseverino, lleva un yelmo dorado con cuernos retorcidos y una serpiente alada con cola y patas que bajan hasta el caballo, que a su vez está cubierto de escamas doradas, decoradas con ojos de pavo real, pelos y cerdas. Sobre el escudo dorado del príncipe campea una figura barbuda, que identifica a Galeazzo como jefe de un cortejo de «omnes salváticos», características figuras de largas barbas, con mechones de cerdas en sus caballos, similares a bárbaros primitivos como los escitas, los tártaros o los circasianos, y armados con bastones deformes.

Diez trompetas de formas extravagantes con registros agudísimos tocan una música extraña y exótica, y zampoñas de piel de cabra se utilizan a modo de cornamusas. Tras ellos, los demás justadores: Nicolò da Correggio, hijo y yerno de Galeotto Pico della Mirandola, el conde Alessandro Sforza, el conde Francesco Sforza, el campeón de Marchesino Stanga, Mariolo de Guiscardi, etcétera.

Como era de esperar, Sanseverino gana el torneo, rompiendo doce lanzas en doce ataques; y la justa es celebrada por Bellincioni, quien se hace así la ilusión de emular a Poliziano.[2]

Pero vayamos detrás de las quintas, a las habitaciones del palacio del príncipe, donde sus mozos de cuadra se desnudan para ponerse las curiosas prendas diseñadas por Leonardo. Como ya hemos visto, uno de ellos deja su ropa y la bolsa de dinero en el borde de la cama. Rápido como un rayo, Salaì saca de la bolsa todo el dinero que encuentra, un total de dos liras y cuatro dineros.

El recuerdo del increíble episodio lo conserva el propio Leonardo, en la ya citada hoja del Códice C: «Ítem a día 26 de ennero siguiente, estando yo en casa de meser Galeazzo da San-

---

[1] Ar, f. 250 r.
[2] B. Bellincioni, *Rime*, f. d2r-v.

severino organizando la celebrazión de su justa, y desnudándose ciertos mozos de cuadra para probarse algunas ropas d'omnes salváticos, que a dicha celebración asistían, Jacomo se acercó a la escarcela d'uno de ellos, la cual estava en la cama con otras ropas y le quitó los dineros que encontró dentro: liras 2 dineros 4».[3]

La anotación es importante para nosotros no solo por el recuerdo de la fechoría de Salaì, sino también por el testimonio preciso de esta mascarada de los «omnes salváticos». Se trata de figuras habituales en el imaginario popular y carnavalesco de la Baja Edad Media, símbolos de un estado incorrupto de la humanidad, casi portadores, en su rudeza, de una sabiduría primordial. Para Leonardo quizás sea algo más. «Salvático es lo que se salva», dejó escrito en el Códice Trivulziano, pensando en sí mismo, en el chico salvaje de Vinci que en Milán todavía aparece como «omne sine letras».[4] Y pensando también en su madre, además, en la salvaje muchacha circasiana procedente de un mundo todavía totalmente inmerso en la naturaleza.

En el carnaval medieval, la representación del hombre salvaje se desarrolla siempre de la misma manera: con figuras semidesnudas ataviadas con ropas salvajes, follaje, pieles de animales y armadas con inevitables bastones nudosos que no son más que juguetones símbolos fálicos, listas para caer sobre los hombros de los desprevenidos espectadores.

En nuestra celebración, Sanseverino se presenta en el escenario ducal como hijo del rey de las Indias, pronunciando un discurso que empieza con una fingida e incomprensible lengua bárbara y continúa en lengua vernácula. El cortejo de «omnes salváticos» que lo sigue es, por lo tanto, un cortejo de indios, y su canto se conserva, entre los cantos carnavalescos contemporáneos del contexto milanés, en un manuscrito del noble poeta Gaspare Visconti: «Somos indios / veri zingaros de naturaleza [...], gentes semos de causar daño, / en cuevas vivimos, / no llevamos ropa puesta».[5]

---

[3] C, f. 15v.
[4] Tr, f. 1v.
[5] París, Bibliothèque Nationale de France, ms. Italien 1543, f. 236r-v.

La visión del «omne salvático» permanecerá en las fantasías de Leonardo durante mucho tiempo: en uno de sus últimos dibujos aparece una figura a caballo, a medio camino entre lo salvaje y lo humano, tocando un pífano que parece ser la extensión, o el tronco, de una máscara de animal.[6]

---

[6] W, 12.585r.

16. María entre rosas, azucenas y violetas

Milán, 1491-1492

¿Y la *Virgen de las rocas*? ¿Qué ha sido de esa obra? ¿No debía entregarse a la cofradía de la Inmaculada y colocarse en el gran marco dorado del altar? Un documento del archivo de los Sforza parece sugerir una historia completamente diferente.

En una fecha no especificada, pero probablemente a principios de 1491, poco después de la muerte de Evangelista de Predis, su hermano Giovanni Ambrogio y Leonardo envían al duque una extraña súplica. Los dos recapitulan rápidamente los acontecimientos que siguieron al contrato de 1483.

Se hacía necesario realizar «un retablo de figuras en releve metida toda en oro fino et uno quadro de una nuestra dueña pinctada a óleo et dos quadros con dos Ángeles grandes pinctados similmente a óleo»; por todo habían de recibir ochocientas liras imperiales, más una compensación que debía fijar una comisión de expertos.

Ahora bien, esa cantidad apenas sirvió para cubrir los costes del gran marco dorado. Según los dos pintores, el valor de conjunto de la obra alcanza las mil doscientas liras, es decir, trescientos ducados. Los cofrades, sin embargo, no les hicieron caso y valoraron el cuadro de Leonardo, ya realizado, «la dicta nostra dueña facta a óleo por el dicto florentino», solo en veinticinco ducados, es decir, cien liras. Y en cambio su valor real ha de ser de cien ducados, escriben los suplicantes, porque esta estimación la encontraron «en personas que querían comprar dicta nuestra dueña».

Por lo tanto, los pintores apelan al duque para que la estimación correcta sea confirmada por una auténtica comisión de expertos, o de lo contrario la cofradía deje el cuadro en manos de los suplicantes, «que dictos cofrades dexen a los dictos exponentes dicta Nostra Dueña facta a óleo».

En el documento, Leonardo y Giovanni Ambrogio no pueden evitar decir, con cierto sarcasmo, que «dicti Cofrades no están en talibus expertos et quod cechus non iudicat de colore».[1]

El término *dexen*, es decir «dejen», en lugar de *devuelvan*, parece indicar que la tabla, aunque terminada, no ha llegado a ser entregada, sino que permanece en manos de Leonardo, probablemente porque no hubo acuerdo sobre la compensación final. Y de hecho el 25 de mayo de 1486 la cofradía había nombrado cuatro procuradores *ad negotia*, es decir, especialistas en litigios y controversias. Al fin y al cabo, como se atestigua el 23 de diciembre de 1489, ya han pagado casi la totalidad de la deuda, setecientas treinta liras, a los tres artistas, y ahora exigen la finalización y entrega de la obra, de lo contrario procederán mediante acciones legales.[2]

¿Qué había ocurrido? ¿Y quién había hecho esa oferta de solo cien ducados por el cuadro de Leonardo? Los documentos, en lugar de aclarar estas cuestiones, proponen otras nuevas, enredando un asunto ya de por sí intrincado. Aunque la solución tal vez sea más sencilla de lo que parece.

Si Leonardo no ha entregado el cuadro, eso quiere decir que se lo ha llevado consigo a su nuevo estudio-vivienda, es decir, a la Corte Vecchia, adyacente a las obras de cimborrio, y base de operaciones ahora para el proyecto del caballo esforcesco. Y allí mismo, en esos edificios, se encuentra la Capilla Palatina, que fue el primer lugar de culto en Milán dedicado a la Inmaculada Concepción, oficiado por los frailes franciscanos. Un cofre rebosante de tesoros, dicha capilla, repleta de tallas de marfil, preciosos tejidos de seda y oro y relicarios de inestimable valor realizados por orfebres milaneses. Junto a la capilla, el alto campanario de San Gottardo, con un admirable reloj mecánico, el primero de la ciudad en dar con precisión las veinticuatro horas del día. ¿Quién más, si no el duque, podría querer que ese cuadro decorara la

---

[1] ASMi, *Autografi*, legajo 102, n.º 34.
[2] ASMi, *Atti dei Notai di Milano*, legajo 2.817, notario Pietro Pecchi.

capilla del antiguo palacio? ¿Y quién más, bajo cuerda, podría haber sugerido a los dos pintores esa estimación que plantear a la cofradía, sabiendo muy bien que nunca sería aceptada?

Jamás sabremos cómo fueron realmente las cosas, porque no tenemos una respuesta oficial del Moro a la petición. Quizá el duque interviniera de modo informal con el convento y los artistas, sugiriendo otra solución: él se quedará la primera *Virgen de las rocas* para la Capilla Palatina de la Corte Vecchia, y Leonardo hará otra.

La segunda *Virgen de las rocas* será casi igual que la primera, y además más grata para los comitentes, porque incluirá aquellas cosas que hasta ahora no ha querido hacer y que tanto gustan a los frailes, como por ejemplo las aureolas sobre las cabezas de las figuras sagradas; solo después de la entrega de este nuevo cuadro la comisión de expertos podrá expresar su parecer.

¿Cómo puede decirle nadie que no al duque? A esas alturas, Leonardo depende totalmente de él, ha pintado el retrato de Cecilia, se desplaza como ingeniero para inspecciones de todo tipo, organiza fiestas, diseña disfraces para mascaradas y, sobre todo, tiene que hacer el Caballo. No puede negarse.

Ya tiene una tabla de álamo de ese tamaño, quizá se la haya dado el propio duque, en 1485, para el cuadro solo esbozado de una «Nuestra Señora» destinada inicialmente a Hungría. En ella, sobre la preparación de yeso, solo queda un rastro de composición: una Virgen arrodillada en adoración al Niño, parecida a la que aparece en algunos de sus dibujos preparatorios, y en la misma pose que el *San Jerónimo*.[3] Es mejor dejarlo correr, hay que darse prisa.

LA SEGUNDA VIRGEN DE LAS ROCAS

Leonardo cubre la tabla con una imprimación nueva y menos transparente. Recupera en estarcido cartones parciales

---

[3] W, 12.560r; Nueva York, Metropolitan Museum of Art, 1917.17.142.1.

de la primera versión, pero también introduce muchas innovaciones notables, dibujadas a mano alzada: la conformación de las rocas, las dimensiones de las figuras, las nuevas especies botánicas. Replantea de manera nueva el claroscuro de los drapeados de las figuras, en particular el del ángel arrodillado.[4] En esta fase del trabajo, las dos tablas de la *Virgen de las rocas* están una al lado de la otra, pero la segunda no es en ningún caso una copia de la primera.

El resultado es de un efecto monumental sin precedentes, basado en el relieve conferido a las figuras y en el colorismo, que ahora tiende hacia una especie de unidad tonal. Al simbolismo floral de la Pasión lo sustituye un simbolismo mariano de rosas, azucenas y violetas. La variante más evidente es la del ángel, que ya no señala con el dedo índice y ya no mira al observador como una esfinge.

Al cabo de uno o dos años la nueva *Virgen de las rocas* estará terminada, o casi.[5] Faltará la aplicación final del color del lejano cielo entre las rocas, porque faltará el costoso azul ultramar; y faltarán varios detalles más, como los mechones rojizos de los niños.

Leonardo no está solo en esta nueva obra. Dos colaboradores asiduos de su estudio desde hace algún tiempo, Marco d'Oggiono y Giovanni Boltraffio, le ayudan de manera significativa, por más que no resulte fácil reconocer y distinguir sus intervenciones: por ejemplo, en un pequeño cartón conservado, el de la cabeza de san Juan niño.[6] Una colaboración muy estrecha, contemporánea y paralela a la que nos revela otro cuadro, que realizaron juntos Marco y Giovanni, la *Resurrección* de la iglesia de San Giovanni sul Muro, la llamada *Pala Grifi*, hoy en Berlín, que de hecho debe mucho al arte de Leonardo y a la segunda *Virgen de las rocas*.

El caso es que ha llegado el momento de entregar la tabla; mejor dicho, ambas tablas. La primera al duque, para la Capilla

---

[4] W, 12.521r.
[5] Londres, National Gallery, inv. 1.093.
[6] París, Musée du Louvre, Département des arts graphiques, 2.347r

Palatina. La segunda a la cofradía, para el altar de la capilla de San Francesco Grande, junto con los dos paneles laterales de los ángeles músicos, ejecutados por los alumnos.

Solo queda esperar la compensación prometida por los frailes y el pago del duque. Y tal vez no lleguen ni lo uno ni lo otro.

17. Taller en Corte Vecchia

Milán, 1491-1493

Durante todo 1491, en el taller de la Corte Vecchia se trabaja sin pausa. No se trata solo de la segunda *Virgen de las rocas*, confiada al cuidado de Marcos y Giovanni. El maestro comienza a contemplar la fase final del monumento esforcesco, es decir, la preparación del modelo y la fundición del coloso.

En cierto momento toma un nuevo pliego de papeles y en la que para él es la primera hoja, y para nosotros la última, empieza a escribir, no con pluma sino con la misma piedra roja con la que dibuja: «En la tarde del 17 de mayo de 1491. Aquí se pondrá recuerdo de tocdas aquestas cosas las cuales son relevantes para el propósito del caballo de bronze que al presente se encuentra en proceso»; y debajo, dibuja inmediatamente el detalle de la «armadura del macho y hembra de la colada del caballo».[1]

Dando la vuelta a la hoja, realiza uno de los dibujos más hermosos relacionados con este proyecto, toda la armadura de la cabeza del caballo: «Estas son las piezas de la forma de la cabeza y el cuello del caballo con su armadura y herrajes».[2] Luego sigue escribiendo sobre el asunto hasta el 20 de diciembre de 1493.[3]

Dibujos, proyectos, cálculos para la armadura del caballo y para la solución de los enormes problemas tecnológicos que surgirán con la fusión de una cantidad tan grande de metal demuestra que estamos ya muy cerca de completar el proyecto.

---

[1] MaII, f. 157v. Un esquema de conjunto de la armadura del caballo de tierra en AC, f. 577v.
[2] MaII, f. 157r.
[3] MaII, f. 151v.

Se necesitará una enorme cantidad de bronce para la fundición, y es posible que algún miembro de la tesorería haya sugerido al duque la posibilidad de abandonar esa obra colosal y costosa y conformarse con una estatua de mármol más barata. Es inútil gastar mucho dinero en una estatua de bronce que en el futuro alguien podría llevarse fácilmente, o ser destruida y refundida para fabricar bombas.

Y entonces Leonardo, cuyos ojos son capaces de vislumbrar el largo horizonte de los milenios y la gloria, defiende orgullosamente su proyecto, destinado a desafiar la acción misma del tiempo, «consumidor de todas las cosas»: «Si no quieres hacerla de bronze, para que no te sea arrebatada, has de saber que todas las cosas buenas de Roma fueron botín de ciudades y tierras conquistadas por esos mismos romanos. Y de nada valía el ser de pesos maravillosos, como lo era la aguja y dos caballos. Y si lo haces tan tosco que nadie haya que quiera llevárselo, que se convierta en muros y argamasa. Haz como te plazca, que todo tiene su muerte. Y si te dixeran que no ha de hazerse cosa que dé más onor al artífice que a quien gasta, deves saber que las más de las cosas dan más onor a quien las haze que al pagador».[4] Y prosigue: «Dime si alguna vez, dime si alguna vez se edificó en Roma cosa alguna».[5]

Extraña anotación, dado que el Moro le ha dejado carta blanca para la empresa del caballo. Pero quizá el duque no sea un buen «pagador» y Leonardo esté empezando a preocuparse.

Sin ningún apoyo familiar, Leonardo se ve obligado a pensar en su futuro y en el de su taller, y tal vez en una mayor independencia, económica también, frente a la presión del poder.

Entre sus papeles son frecuentes las cuentas de dinero, recuerdos de pagos, de recibos, de préstamos, de sumas por cobrar; y lo serán cada vez más en los años sucesivos. Una situación paradójica, si pensamos que su fama sigue creciendo. Pero no debemos olvidar lo que en un día escribirá Vasari: «No teniendo lo que bien

---

[4] MaI, f. 0r.
[5] CA, f. 579r.

puede decirse nada, y trabajando poco, continuamente disponía de criados y caballos, de los que se deleitaba mucho, y en particular de todos los demás animales, a quienes gobernaba con grandíssimo amor y paciencia». En pocas palabras, Leonardo dilapida lo que tiene. Cuando recibe un pago, gasta y malgasta con largueza y generosidad, mantiene a sirvientes, discípulos, caballos, se compra ropa principesca, invita a comer y a beber a toda la cuadrilla. Y Salaì también se suma, robándole el dinero de su escarcela. Cuando se acaba el dinero, vuelve a la antigua miseria. Se aprieta el cinturón, y anota hasta los más pequeños gastos para intentar llegar a final de mes.

Lo más sorprendente es que Leonardo, a sus cuarenta años, hijo de un notario y nieto de un mercader, artista y artesano más o menos reconocido dentro de la corte, siga tratando el dinero como lo haría cualquier humilde trabajador o campesino: guardando y tal vez escondiendo, en diferentes cucuruchos según las diferentes clases de monedas, el dinero en efectivo, tal como ha querido que le pague el tesoro ducal, o el de la Fabbrica del Duomo. Como si no se hubiera percatado de que, a esas alturas, está naciendo a su alrededor un mundo nuevo, una finanza inmaterial, en la que los capitales se mueven con letras de cambio y anotaciones en los libros contables de los bancos y sus corresponsales. Y lo que no escribes no existe.

Y así, en julio de 1492, abre su caja, ahora siempre cerrada con llave a causa del impredecible Salaì, abre sus cucuruchos de monedas y empieza a contar, convirtiendo los valores de las diferentes monedas en la unidad de medida vigente en Milán, la lira imperial: «A día 10 de julio de 1492. En florines de Ren 135, liras 445 / en doblones 6 dineros <...>, liras 112 dineros 10 / en doblones de dineros 5 y ½, liras 201 dineros 12 / en ducados 9 de oro y escudos 3, liras 53 / liras 811 en total».

La cuenta está escrita con piedra roja, instrumento habitual para anotaciones y bocetos más rápidos, en la última hoja de un cuaderno en el que entre motivos ornamentales de nudos entrelazados aparecen, y no es casualidad, una alegoría sobre la ingratitud, «La leña alimenta el fuego que la consume», y una amarga reflexión sobre la virtud y la riqueza: «No se dimanda riqueza la que puede perderse. La virtud es verdadero bien y es verdadera recompensa para su poseedor. Ella no se puede perder, ella no nos abandona, a menos que la vida no nos deje primero. Siempre guardamos con temor las cosas y las externas riquezas, dexando muchas veces a sus dueños en la desgrazia y en el ridículo, al perder su posesión».[6]

El total parece considerable: más de ochocientas liras imperiales, equivalentes a doscientos ducados, la cantidad total prevista en el contrato de la *Virgen de las rocas*, que se repartirán entre tres artistas. En realidad, no es gran cosa, si se tiene en cuenta que es todo lo que Leonardo ha logrado ahorrar hasta entonces, después de los diez años que ha pasado en Milán.

Los fantasmas de la incertidumbre aún no se han desvanecido. Poco consuelo es querer convencerse de que la virtud es el verdadero bien y que es más segura y digna de confianza que las «cosas» y las «externas riquezas». Tal vez un poco más de «cosas» no vendrían mal.

El 27 de septiembre de 1492 reaparece en la puerta del taller el maestro Tommaso, es decir el extravagante Zoroastro, que había acompañado a Leonardo a Milán diez años antes: «Regresó maestro Tommaso, trabajó para sí hasta día penúltimo de febrero».[7] «Trabajó para sí» significa que Leonardo le deja la libertad de hacer lo que quiera, alojándolo con él, a cambio de algunos pequeños trabajos. Tommaso no es ni alumno ni aprendiz, sino un maestro independiente, o mejor aún, un viejo amigo.

Para burlarse de él, quizá con un doble sentido obsceno, Leonardo le hace confeccionar una extraña túnica tejida con *gallozzole*, es decir, con una especie de bellotas, por lo que a sus muchos fantasiosos apodos (Zoroastro, Chialabastro, Alabastro) se suma el de Gallozzolo, y también el de Adivino.

Ambos comparten un respeto sagrado por toda criatura viviente. Zoroastro nunca mataría a un animal, no come carne, ni viste nada más que lino y tejidos de origen vegetal: el cuero, la piel y las pieles, dice, son cosas cadavéricas.

---

[6] A, f. 114v.
[7] FoIII, f. 88v.

Con la libre colaboración de Zoroastro, familiarizado con diversas aplicaciones técnicas y metalúrgicas, prosigue Leonardo el trabajo del proyecto para la fundición del caballo Sforza.

El 12 de octubre llega a Milán Giuliano da Sangallo, uno de los más grandes arquitectos del Renacimiento, desde hacía bastante tiempo al servicio de Lorenzo el Magnífico, con el encargo de presentar a Ludovico el Moro los planos de un gran palacio que el duque pretende edificar. Y Sangallo se reúne también con Leonardo, y discuten juntos los problemas técnicos de la fusión.

A finales de 1493, el proyecto parecía casi terminado. Ya es parcialmente visible en la Corte Vecchia, y aunque no se muestre al público, sí es accesible al Moro y a los funcionarios de la corte. El modelo de «tierra», es decir, de arcilla cruda, está formado por un caballo de doce brazos de altura, es decir, más de siete metros.

Leonardo está listo para la fusión y solo espera a que se reúna la suficiente cantidad de metal. Unos días antes de Navidad anota su última fecha en el cuaderno dedicado a la empresa: «A día 20 de diciembre 1493 conclullo fundir el caballo sine cola y en yacere».[8]

Las soluciones técnicas adoptadas no se limitarán a sus cuadernos, sino que tendrán difusión autónoma, al menos en términos generales, entre ingenieros y «bombarderos», hasta el punto de que todavía serán recordadas con admiración en el siglo siguiente. Probablemente la mejor idea sea utilizar no uno sino varios hornos de reverberación, que podrían haber fundido simultáneamente las grandes masas de metal.[9]

---

[8] MaII, f. 151v.
[9] CA, f. 1.103r (hacia 1508).

18. Maestra naturaleza

Lombardía, 1491-1493

Un día, en el patio de la Corte Vecchia, ante el estupor de mozos y discípulos, se descarga un gran saco repleto de piedras. Leonardo explica pacientemente a todos que esos guijarros fueron en otros tiempos criaturas vivientes, ahora petrificadas: «Conchas y corales carcomidos todavía pegados a las piedras».[1] Él mismo había encontrado diversos fósiles y corales durante un viaje a Monferrato.[2]

Lo extraordinario, y él se percató de inmediato, es que se trataba de fósiles de animales marinos: los hizo traer desde las colinas de Parma y Piacenza, que ciertamente no están a orillas del mar; pero eso le basta para empezar a imaginar una historia de la tierra y del mundo en perpetua transformación. Como le ha enseñado Ovidio en las *Metamorfosis*, donde ahora hay una montaña antes estuvo el mar.

No es improbable que, incluso en los meses de más intenso trabajo en torno al Caballo, Leonardo, como es habitual en él, se distraiga o haga muchas otras cosas.

Un día, al atardecer, desde lo alto de la torre de la Corte Vecchia, se queda absorto contemplando sobre el lago Mayor una «nube en forma de enorme montaña llena de peñascos ardientes».[3]

O, simplemente, Leonardo desaparece, se marcha. Aprovechando las inspecciones en las fronteras del ducado realizadas por otros funcionarios e ingenieros ducales como Bramante y el

---

[1] Lei, f. 9v.
[2] Lei, ff. 8v y 10v.
[3] Lei, f. 28r.

humanista Domenico della Bella apodado Maccagno, autor de una *Chorographia Verbani lacus* dedicada a Gaspare Visconti e impresa en Milán en 1490. No van de turismo, por supuesto.

En 1493, Bramante, acompañado por un séquito de ingenieros y bombarderos, inspecciona la zona del puente de Crévola en el valle de Ossola, un punto débil de las defensas de los Sforza, expuesto a la amenaza inminente de las incursiones suizas. Más que por la guerra, Leonardo se interesa por el trabajo y la vida de los hombres.

En Domodossola, impresionado por el funcionamiento de la rueda hidráulica de un molino, hace un dibujo y se lo envía a Florencia a Bernardo Rucellai, como atestiguará un día Benvenuto di Lorenzo della Volpaia, el hijo del ingeniero que sucedió a Marmocchi en la regulación del reloj del Palazzo Vecchio de Florencia: «Copia d'uno instrumento que Lionardo da Vinci mandó a Bernardo Rucellai de Francia realizada allí por un campesino de Domdassoli».[4]

Una hoja del Códice Atlántico nos proporciona un testimonio preciso de uno de estos viajes. A finales de primavera, Leonardo sube a Valsassina desde Lecco, probablemente junto con el superintendente ducal Ambrogio de Ferrari, quien va a abastecerse de madera de buena calidad en el valle de Trozzo, el actual Valvarrone.

Valsassina es una región estratégica para el ducado, rica en minas de hierro, cobre y plata. Leonardo registra cuidadosamente los nombres de los lugares visitados, sus particularidades geológicas y botánicas, y también las «buenas posadas»: la cascada de Fiumelatte frente a Bellagio y la villa de Marchesino Stanga, las montañas que se ciernen sobre Lecco y Grigna, hasta Bormio y la Valtellina llamada «Voltolina», poblada de armiños: «Subiendo por el lago de Como, para ver Magnia, se halla el valle de Ciavenna, donde el Mera río se mete en ese lago. Aquí se encontran montañas áridas y altíssimas con grandes peñas.

---

[4] Venecia, Biblioteca Nazionale Marciana, ms. 5363, f. 7v. Véase también CA, f. 229r; G, ff. 93v y 95r; Ar, f. 223v; W, 12.599r.

En estas montañas hay páxaros d'agua llamados maragoni. Aquí crecen abetos, alerces y pinos, gamos, gamuzhas, rebecos y terribles osos. No se puede subir más que a 4 pies».[5]

No cabe duda, a Leonardo le fascinan las montañas, le gustaría ascender a la cima, aunque fuera a cuatro patas, y mirar el mundo desde lo alto. Un verano llegó al Monte Rosa, llamado entonces Monboso.

Durante el camino, en Ivrea, admira el canal que pasa sobre el río Dora, construido en 1468 por Iolanda de Saboya, y contempla la gran montaña blanca que domina el paisaje, observando: «Montañas de Invrea, en su parte selvagia, producen diferente tramontana».[6]

Recorre los valles, y luego, con valentía y dificultad, asciende cada vez más, hasta el glaciar, para examinar desde una mayor altura los efectos de la rarefacción del aire y los procesos meteorológicos.

Desde allí arriba, entre rocas y hielos eternos, habiendo llegado a las proximidades de lo que los antiguos creían que era la esfera de fuego, contempla por debajo de él el despliegue de los valles excavados por la acción de los ríos, hasta la gran llanura envuelta en la niebla. A su alrededor, en el silencio, solo el blanco cegador del hielo y el azul del cielo.[7]

Y tal vez recuerde las historias de su madre sobre la montaña más alta del mundo, la montaña sagrada del Cáucaso, perpetuamente cubierta de nieve y hielo. Fue ella quien le enseñó a venerar a estos gigantes de la tierra.

Entre 1488 y 1492, como hemos visto, Leonardo ha seguido profundizando en su estudio de la naturaleza sobre la base del principio de analogía entre el mundo animado e inanimado, entre el microcosmos y el macrocosmos.

El cuerpo de la tierra le parece sustancialmente parecido al del hombre. Sin embargo, la investigación anatómica, tanto

---

[5] CA, f. 573br-v
[6] CA, f. 563r.
[7] Lei, f. 4r.

del cuerpo humano como del cuerpo del caballo, le hace plantearse nuevas cuestiones sobre el problema del movimiento, generado a su vez por la energía vital. ¿De qué manera se transmite el impulso de la fuerza motora a las extremidades? ¿Cómo responde el complejo sistema de mecanismos, palancas y equilibrios formado por huesos y músculos al impulso inicial?

El cuerpo humano es como una máquina, que solo puede comprenderse aplicando las leyes de la mecánica a cada una de sus partes, de forma individual y en relación con el todo. Pero la analogía también puede funcionar al revés. La máquina también puede interpretarse como un organismo vivo.

Leonardo inventa entonces una rama absolutamente nueva de la investigación tecnológica: la anatomía de las máquinas. El análisis cuantitativo de la transmisión de fuerzas en los engranajes, embragues y fricciones se convierte en una especie de indagación anatómica, es decir, se basa en una minuciosa disección de los componentes de la máquina: tornillos, palancas, poleas, resortes, ruedas dentadas, tambores, correas de transmisión.

Leonardo sigue la teoría antigua y medieval de las cuatro potencias de las que todo fenómeno físico depende: movimiento, peso, fuerza y percusión. Identifica en sus máquinas, entre las principales cuestiones, el problema de la transformación del movimiento continuo en movimiento alterno, y viceversa. La fuerza producida por el giro de una rueda movida por energía muscular o hidráulica puede así transmitirse a máquinas de uso práctico como la maquinaria textil.

La suma de esta vasta investigación tecnológica, nunca antes abordada por ningún otro ingeniero, converge en un tratado sobre los «elementos maquinales», que, obviamente, tampoco llegó a completarse nunca. Nos queda un testimonio en el Códice de Madrid I, un espléndido manuscrito en el que se copian en limpio textos y dibujos de máquinas.

En su apertura, una datación orgullosa, escrita con pluma y tinta en sentido regular, en la parte superior y en el centro del folio: «A día primer de ennero de 1493»;[8] pero su recopilación se extiende también a los años siguientes.

Dibujos y textos teóricos se demoran en el análisis de mecanismos simples y complejos, en cuestiones de geometría, en la teoría de las cuatro potencias, estudio de los centros de gravedad. El título de «elementos maquinales» parece inspirado en el más célebre de Euclides, *Elementa geometriae*; y de hecho el principio unificador de todas estas investigaciones parece ser la geometría, con su capacidad de ofrecer un modelo mental de la máquina en movimiento. En los dibujos, la precisión geométrica se combina con la capacidad de representación artística. El sombreado y el resaltado deben plasmar el objeto de forma tridimensional y, a veces, incluso en movimiento, con una sucesión de imágenes superpuestas, como en transparencia.

En la historia de la ciencia, esta tentativa se antoja de enorme importancia, por más que, a fin de cuentas, pasara desapercibida para sus coetáneos y la posteridad hasta hace pocas décadas. Por primera vez se ofrece un tratado de mecánica con un apartado tan amplio de aplicaciones, deducidas de principios teóricos, con análisis cuantitativos y esquematizaciones geométricas. Leonardo consigue unificar en sus investigaciones las dos grandes tradiciones de la mecánica, que hasta entonces se habían desarrollado por separado: por un lado, la mecánica teórica, clásica y medieval, carente de aplicaciones; por el otro, la mecánica práctica de los talleres de los artistas e inventores tardomedievales. Al hacerlo puede reivindicar, incluso frente a los ingenieros de su época, una mayor cualificación y autonomía en la jerarquía de las artes y las disciplinas: el ingeniero-pintor-científico ya no es un técnico, un «mecánico», sino un investigador de los secretos de la naturaleza, un filósofo e intérprete. Y la mecánica, a su vez, representa el nivel más alto de las ciencias matemáticas; de hecho, es su «paraíso», como escribiría muchos años después: «Sobre la mecánica / La mecánica es el paraíso de

---

[8] MaII, f. 1v.

las ciencias matemáticas, porque con ellas se llega al fruto matemático».[9]

Se advierte una preocupación constante por dar un orden al desarrollo de estos tratados: «Haz que'l libro de los elementos maquinales con su práctica vaya delant que la demostración del movimiento y la fuerza del omne y demás animales, y mediante ellos tú podrás provar toda demostración tuya»; «El libro de la sciencia de las máquinas va delant que el libro de los beneficios».[10] Otra prueba de que, en su visión, no hay fronteras entre las disciplinas. Todo converge, y todo se sostiene, en la dimensión universal del conocimiento.

---

[9] E, f. 8v.
[10] W, 19.009r, 19.070v.

19. «Isla Beata»

Milán, 1492-1494

Bellincioni muere el 12 de septiembre de 1492. El poeta se había abierto camino en la corte de los Sforza con sus rimas mordaces y a menudo malévolas, y obtuvo como recompensa una antipatía más o menos generalizada. Quizá solo tuviera un amigo, un sacerdote, Francesco Tanzi, apodado «Cornigero». Es él quien honra su memoria encargándose de la edición de las *Rime*, auspiciada por el poderoso funcionario ducal Gualtiero da Bascapé y publicada en Milán el 15 de julio de 1493. El editor es Filippo di Mantegazza, apodado «Cassano», por cuenta de Guglielmo di Rolando di Sannazaro.

El volumen se abre con una hermosa viñeta del poeta en su escritorio. Algunos dicen que la ha dibujado Leonardo. Con todo, la sátira de los demás cortesanos, que nunca han podido soportar al pobre Bernardo, ya se ha desatado, e incluso entre los papeles de Leonardo encuentra hueco un escrito anónimo en su contra, cinco octavas no autógrafas, escritas en el reverso de un folio del Códice Atlántico.[1]

No es la primera vez que Leonardo se ve involucrado en estas rencillas entre poetas. En una recreación anónima de la fábula de *Psique y Cupido* escrita por Apuleyo aparece la extraña descripción de un sepulcro dentro del templo de Baco, el dios del vino. Se trata de la tumba de un humanista contemporáneo, Girolamo Squarzafico de Alessandria, discípulo de Filelfo y muy activo en Milán en el mundo editorial. Al escritor, que

---
[1] CA, f. 53v.

goza de fama de borracho, «deshonesto bebedor, más bien la peste de los buenos vinos», se le retrata en el acto de beber directamente del lagar mediante una pajita: «Y él con los ojos et las venas inflamatas e inchadas parezía no encontrase sufiziente spíritu para satisfazer su ansia, y casi un ojo se le veía fallar, y él, temblando, quedar medio muerto».[2]

Naturalmente, el autor del retrato es «l'astuto et sagaz pinctor Vinchi». Por suerte es una tumba imaginaria, porque el pobre Squarzafico sigue vivo en realidad. Si Leonardo llegó a hacer realmente un retrato de él, habrá sido en forma de caricatura, retomando otros chistes suyos sobre los efectos desestabilizadores del vino: el dibujo de un bailarín borracho o un bosquejo de relato sobre la ebriedad de Mahoma.[3] Efectos que él también conoce bien. El vino nunca falta en sus cuentas de compras.

En cualquier caso, un nuevo festejo nupcial da motivos a los poetas de los Sforza para celebrar el monumento ecuestre diseñado por Leonardo y, por tanto, para celebrar a su promotor, Ludovico el Moro.

El 30 de noviembre de 1493 tiene lugar en Milán la boda por poderes entre Bianca Maria Sforza, hija de Galeazzo Maria y sobrina del Moro, y Maximiliano de Habsburgo, emperador del Sacro Imperio Romano Germánico y aliado de Ludovico. A la ceremonia seguirá el viaje a Innsbruck del cortejo nupcial, del que también formará parte el pintor Giovanni Ambrogio de Predis, «socio» de Leonardo y que se convertirá en el retratista oficial de la augusta pareja.

Milán se engalana con la acostumbrada decoración, mediante festones y escudos heráldicos. El poeta cortesano Baldassarre Taccone, secretario de Visconti, en el breve poema que celebra la boda, *Coronatione e Sponsalitio de la S.ma Regina M. Bianca Maria Sforza Augusta*, dedica unas octavas al caballo esforcesco, precisando la ubicación del taller en la Corte Vecchia,

---

[2] Milán, Biblioteca Trivulziana, n.º 26, ff. 68v-70r.

[3] Tr, f. 28r; CA, f. 188r. De ella se derivará, unos diez años después, la escena de Baco y el banquete de borrachos en el tapiz del mes de agosto, realizado por Bramantino para Trivulzio.

y reiterando la superioridad de la obra de Leonardo sobre la estatuaria antigua, por encima de Fidias, Mirón, Escopas y Praxíteles: «Verás en la Corte fazerse de metal / en memoria del padre un grande coloso [...]. Leonardo Vinci solo atreviose a fazerlo, / estatuario, buen pinctor et buen geómetra: / tan raro ingenio del cielo impetra».[4]

En sus epigramas, el condotiero humanista Giovanni II da Tolentino y el poeta Lancino Curzio exaltan el coloso como si ya estuviera terminado. Tolentino finge que es Francesco Sforza quien habla con Gian Galeazzo y el Moro; Curzio hace que tome la palabra el propio equino, quien se dirige a un estupefacto observador.[5]

En esa misma ocasión, Pietro Lazzaroni, en un epitalamio para Bianca Maria Sforza, parece referirse más bien a una imagen pintada.[6] Y, en efecto, en una carta fechada el 29 de diciembre, Beatriz de Este escribe a su hermana acerca de un cuadro que representa a Francesco Sforza a caballo que ha sido exhibido en un arco triunfal de la catedral.[7] Quizá se trate del viejo lienzo que ya había sido izado «en l'alto contra la puerta» del Gran Salón del castillo para la fiesta de baile del 24 de enero de 1491.

Esta fiesta se celebra en honor de Beatriz. La princesa se convirtió en la esposa del Moro con solo dieciséis años y, desde el momento de su llegada a Milán, se encontró en el centro de un animado círculo poético y artístico.

Una pequeña corte la acompañó desde Ferrara: el gentilhombre Niccolò da Correggio y el escultor Gian Cristoforo Ganti, apodado «Romano» por su origen, autor de un hermoso retrato en mármol de la princesa y célebre asimismo como can-

---

[4] B. Taccone, *Coronatione e Sponsalitio de la S.ma Regina M. Bianca Maria Sforza Augusta*, Milán, Leonardo Pachel, 1493, f. 14r-v.
[5] París, Bibliothèque Nationale de France, mns. italien 1543, f. 104v; G. da Tolentino, *Epistolarum libri*, Milán, Giovanni Castiglione, 1512, f. 18v; L. Curzio, *Epigrammaton et Sylvarum libri*, Milán, R. y A. de Valle, 1521, ff. 7r y 49r. Otro epigrama anónimo se encuentra en CA, f. 818r.
[6] P. Lazzaroni, *Epithalamium in Nuptiis Blancae Mariae Sfortiae cum Maximilian Romanorum Rege*, Milán, Antonio Zaroto, 1494, f. 6p.
[7] ASMa, *Vigevano*, serie E XLIX,2.

tor y músico, además de estudioso de la arquitectura antigua y de Vitruvio.

Devoto de Beatriz es el aristocrático poeta Gaspare Ambrogio Visconti, quien se convirtió en miembro del Consejo Secreto del Ducado en 1493. Más que en el Moro, su atención se centra exclusivamente en las dos princesas, Bianca Maria Sforza y Beatriz de Este, y a cada una de ellas le dedica un cancionero completo.[8] El resto de su producción poética, dedicada a su amigo ferrarés Niccolò da Correggio, fue publicado con el título de *Rithimi* en ese mismo 1493 por el ya conocido sacerdote Tanzi, quien en 1494 también se hizo cargo de una edición de las obras en vulgar de Petrarca, *Cancionero* y *Triunfos*, con un comentario que recoge las anotaciones de Visconti. No era un ambiente del todo favorable para el Moro, aunque Visconti continuó mostrándole su devoción en la dedicatoria del poema *Paulo e Daria* impreso en 1495.[9]

Es indudable que Leonardo habrá frecuentado la sede del cenáculo visconteo, el palacio de San Pietro en Camminadella, la actual via Lanzone cerca de San Ambrosio, a pocos pasos de San Francesco Grande: la iglesia de la *Virgen de las rocas*.

Allí hay una rica biblioteca, con ediciones de textos importantes para él, como el tratado *De Architectura* de Vitruvio y la *Cosmographia* de Ptolomeo. El huésped más ilustre es Bramante, que reside allí desde 1487, y no dejará de participar también en el juego poético colectivo con algunas rimas burlescas, recogidas por Visconti en uno de sus manuscritos misceláneos.[10]

Bramante contribuyó a la decoración de las estancias del palacio con la representación de condotieros y hombres ilustres en la sala llamada precisamente *Cámara de los Barones*, y con los fantásticos entramados vegetales de la *Cámara de los Árboles*. Y

---

[8] Viena, Österreichische Nationalbibliothek, Serie Nova 2.621; Milán, Biblioteca Trivulziana, 1.093 y 2.157.
[9] Ejemplar iluminado de dedicatoria: Berlín, Staatliche Museen, Kupferstichkabinett 78 C 27.
[10] París, Bibliothèque Nationale de France, mns. Italien 1543, ff. 70r-74r.

retrató al propio Leonardo hablando con él frente a un globo terráqueo suspendido en el aire. El rostro de Leonardo se presenta con una mueca de dolor, casi una caricatura, y grandes lágrimas caen de sus ojos, mientras el jovial Bramante ríe abiertamente. No es otra cosa que la antigua leyenda del enfrentamiento entre los filósofos griegos Heráclito y Demócrito, quienes, al considerar el destino del mundo y del género humano, rompen en lágrimas uno y el otro en carcajadas. Una historia ya apreciada por Ficino y recordada en los poemas de otros amigos de Visconti, Antonietto Fregoso y Domenico Maccagno.

Al disfraz bromista de Bramante corresponde la sátira poética de Visconti, quien se burla en un soneto de Leonardo, sin nombrarlo, por más que sea fácilmente reconocible por dos rasgos típicos de su modo de actuar: «En la idea / mantiene firme la efigie de sí mismo, / que a otros pinctar queriendo, sucede a menudo / que no a este sino a sí mismo crea. / Verdad es que deja atrás lo que más importa / que es el deambular con el cerebro / cada vez que la luna mengua». El primer rasgo, que cada pintor no hace otra cosa más que pintarse a sí mismo, Leonardo lo toma del *Convivio* de Dante, citado en el Códice A: «Quien pincta figura si no puede ser ella no puede fazerla».[11] El segundo punto es, en cambio, más venenoso, y refleja lo que todo el mundo dice ya en Milán: que a Leonardo le gusta perderse detrás de sus extravagantes investigaciones y de sus extraños experimentos, en lugar de completar las obras que le han confiado. En definitiva, que se dedica a «deambular con el cerebro».

Otra casa milanesa que visita Leonardo es la del noble Enrico Boscano. En efecto, su nombre aparece en una extraña opereta de Enrico, el relato de un viaje imaginario a un país utópico titulado *Isola beata*.

El prefacio, en forma de carta a Enrico, está firmado por su primo Andrea, que escribe así: «Tu casa era fragua y cimiento de sabios y academia de muchos señores condes y caballeros, filó-

---

[11] A, f. 113v.

sofos y poetas y músicos, todos adornados de virtudes y buenas costumbres y conocimientos». Entre sus nombres, Visconti y Fregoso, Bartolomeo Simonetta, Cesare Sacchi, Lancino Curzio, Bernardo Accolti apodado «el Único Aretino», Tanzi y Bellincioni, el fraile dominico Cornelio Balbi, Ambrogio Archinto y, por último, antes de algunos músicos, «algunos pictores et ingenieros Leonardo da Vinci, Bramante y Caradosso». Andrea utiliza una palabra antigua, «academia», que ha vuelto a ponerse de moda en el Renacimiento y que evoca la idea de libre colaboración intelectual y artística.

Una idea que empieza a intrigar al propio Leonardo. ¿No sería estupendo crearse una academia propia, reunir a su alrededor una multitud de espíritus elegidos, una isla dichosa en la que conversar sobre los secretos y las bellezas de la vida y la naturaleza, libre de toda limitación y compromiso? Ya tiene un nombre bonito y altisonante: *Achademia Leonardi Vinci*. Y también están los emblemas y las insignias: una serie de extraordinarios diseños de tejidos y nudos, es decir, símbolos de su propio nombre y del nombre de su pueblo, Vinci.[12]

Una academia en la que la única regla será la libertad: los únicos lazos, los únicos vínculos, los únicos *vinci* serán los nudos del amor y la amistad.

---

[12] Milán, Pinacoteca Ambrosiana, °9.595 y °9.596A-B-C-D-E.

20. Un anillo para Caterina

Milán 1493-1494

En 1493 los cuadernos de bolsillo de Leonardo están repletos de notas personales, fechas y nombres que nos hablan de su vida, día a día.

Para empezar, la situación económica ha mejorado gracias a los pagos de los tesoreros del Moro: «a día primero de fevrero <1493> liras 1.200».[1] En comparación con seis meses antes, son nada menos que 400 liras más, es decir, un centenar de ducados. Pocas veces ha visto Leonardo tanto dinero junto.

El inquieto Tomás ha vuelto, efectivamente, pero para trabajar por su cuenta hasta el 27 de febrero de 1493.

Unos días más tarde llega un aprendiz alemán, Giulio, que tampoco es en realidad un discípulo propiamente dicho, sino un artesano metalúrgico que trabaja más para sí mismo que para Leonardo, y debería compensarle con una pequeña suma, pero prefiere pagarle directamente con parte de su trabajo: «A día 18 de marzo, vienne Iulio tudesco a quedarse migo».[2] Su presencia, en todo caso, puede ayudar a Leonardo en el estudio de los «elementos maquinales», y en la realización práctica de algunos de los mecanismos que está ideando, para verificar mediante la «sperientia» si funcionan de verdad.

Tommaso realiza seis candelabros, Giulio hace «algunos resortes» y sigue trabajando por su cuenta hasta el 27 de mayo de 1493; prepara un martinete para Leonardo hasta el 18 de julio; luego vuelve a trabajar por su cuenta hasta el 7 de agosto, «y esto un medio día para una mujer»; luego realiza dos cerraduras para Leonardo hasta el 20 de agosto.

---

[1] FoIII, f. 88v.
[2] FoIII, f. 88v.

Cuando echan cuentas, en noviembre, ambos están endeudados con Leonardo: Giulio debe devolverle cuatro mensualidades y Tommaso, nada menos que nueve.[3]

En la misma hoja del Códice Forster III en la que se registra la llegada de Giulio, sigue una lista de nombres que es un recuerdo de la antigua familia de Leonardo: «Antonio / Bartolomeo / Lucia / Piero / Lionardo», es decir, su abuelo Antonio y su abuela Lucia, su padre Piero, y su último hijo legítimo Bartolomeo, nacido en 1485, y, por último, él mismo, el hijo bastardo.[4]

Creo que no puede haber mejor evidencia que esta para considerar que la anotación que se lee en el envés de la hoja se refiere también a una persona ligada por vínculos de sangre a Leonardo: «A día 16 de julio / Catelina vienne a día 16 de julio de 1493».[5]

Una extraña hoja, que reúne apuntes sobre tres maravillosos caballos vistos por Leonardo en Milán en aquellos días, y la llegada de la misteriosa Caterina. La primera fecha está escrita con piedra roja, aislada, en la parte inferior, con la hoja al revés, y el 6 parece haberse corregido sobre un 5 anterior y erróneo. A causa de la emoción, Leonardo se equivoca en la fecha. Y el acontecimiento es tan importante que decide reescribirlo todo, con pluma, con el nombre de Caterina.

Sí, esta Caterina que llega a Milán el 16 de julio de 1493 es la madre de Leonardo. Su marido, el Buscarruidos, ha muerto recientemente y su desventurado hijo Francesco, enrolado en la milicia, también ha caído en Pisa, víctima de un disparo de espingarda. Sus hijas se han casado. Sola y sin más apoyo económico, ni por parte de la desafortunada familia Buti ni de la de su antiguo amante ser Piero, no le queda más opción que reunirse con su hijo natural en Milán.

No sabemos cómo pudo realizarse ese sueño, ni qué itinerario y dificultades tuvo que afrontar Caterina en el último viaje de su vida. Un viaje difícil, para una mujer sola o, mejor dicho, una

---

[3] H, f. 106v.
[4] FoIII, f. 88v.
[5] Fo III, f. 88r.

«vieja», a sus sesenta y seis años; pero tal vez sobrelleve bien su edad, porque es fuerte, de buena sangre, como no puede no serlo una criatura salvaje nacida y criada en las mesetas del Cáucaso.

Como es de suponer, no viajaría sola, sino siguiendo a algún grupo de peregrinos o de romeros. La habrá ayudado el tío Francesco, que siempre ha estado en contacto con Leonardo a lo largo de estos años.

Se reconstituye así un núcleo familiar original. Caterina se suma silenciosamente a la vivienda de la Corte Vecchia, al lado de su hijo, que entretanto se ha convertido en una persona importante en Milán, mucho más importante que el viejo notario ser Piero en Florencia.

Caterina no se queda desde luego de brazos cruzados para hacer el papel de «viejecita» junto al hogar. Nunca ha dejado de trabajar, en el curso de su vida: de niña, en su aldea de montaña; como esclava, en Constantinopla, Venecia y Florencia; como esposa-campesina, en Campo Zeppi. Buena montañesa, acostumbrada a una vida dura, se ocupa inmediatamente de todo y de todos: de su hijo, de Salaì, de los extraños e inestables discípulos que van y vienen sin horarios, Tommaso y Giulio, y, sobre todo, de la perrita que tenía la costumbre de acurrucarse a los pies del maestro, y que ahora parece inseparable de esta extraña y hermosa mujer de pelo completamente blanco que le susurra palabras que nadie entiende.

A Leonardo le gustaría permanecer el mayor tiempo posible al lado de su madre: tiene toda una vida que recuperar. Y en cambio se ve obligado a ir a Vigevano junto con la corte de los Sforza.

Después de su matrimonio con Beatriz de Este, el Moro ha intensificado las obras de reestructuración de la ciudad, del castillo, de los campos y de los canales, y el 2 de enero de 1494 regala a su esposa una nueva granja modelo, llamada precisamente la Sforzesca, ya celebrada por humanistas y poetas como Ermolao Barbaro y Bellincioni.[6]

---

[6] B. Bellincioni, *Rime*, f. b3v.

El artista se guarda en el bolsillo tres cuadernos de pequeño formato, que hoy forman el Códice H, y los llena de anotaciones y dibujos, principalmente con piedra roja. La anotación más antigua está fechada el 29 de enero de 1494; Leonardo, con vistas a su partida para Vigevano, deja algo de dinero a Salaì y a Caterina: ocho dineros a Salaì y dos veces diez dineros a Caterina, para sus gastos personales. Los demás gastos registrados en la nota es probable que correspondan todos a Caterina: «tela para medias liras 4 dineros 5, faldetas dineros 16, fechuras dineros 8 [...], anillo de jaspis dineros 13, piedra estrellada dineros 11».[7]

En Milán hace frío en invierno: hay que encargarle un par de medias de abrigo y un buen vestido forrado; y luego un regalo, tal vez, un anillo con jaspe y una gema veteada como una estrella. Cosas de escaso precio, que valen poco dinero, pero a Caterina le parecen un regalo digno de una reina.

Es extraño, pero es precisamente en este periodo cuando Leonardo empieza a diseñar máquinas para ser utilizadas en el sector textil, para la hilatura,[8] el tundido,[9] el perchado,[10] el entrelazado y la torcedura de hilos de seda,[11] y en la automatización de mecanismos como el movimiento de la lanzadera.[12]

En particular, la producción de tejidos de seda y oro y de accesorios de lujo es el mismo campo en el que había trabajado Caterina cuando era una joven esclava, en Venecia. No es una casualidad. Así vemos máquinas para batir oro, para perforar elaborados diseños ornamentales de tejidos y nudos, para hacer discos de oro perforados que coser en brocados y que su madre todavía llama «bizantinos», como las antiguas monedas imperiales que tuvo tiempo de ver en Constantinopla: «Para hacer bizantinos».[13]

---

[7] H, f. 64v.
[8] CA, ff. 1.050r, 1.090v.
[9] CA, ff. 39v, 1024r-v, 1.056r-v, 1.105r-v, 1.107r; FoIII, ff. 43v y 64v.
[10] CA, ff. 106r, 435r-v.
[11] CA, ff. 103ar, 549v, 1.023r.
[12] CA, ff. 884r-v, 892r-v, 985r, 986r.
[13] CA, ff. 14r, 29r, 67ar-v, 106v, 1.029v, 1091r.

Como es natural, estos estudios no son solo para contentar a Caterina. La mecanización del trabajo puede contribuir de manera importante al desarrollo económico del ducado, a la cría de moreras y gusanos de seda y a la producción de seda, centralizada por Ludovico el Moro precisamente en el territorio de Vigevano y de la Sforzesca.

Son estos los inventos verdaderamente útiles a la humanidad, exclama Leonardo en una de estas hojas: «Aquesta es la segunda en impresión de las cartas, y no menos útil y exercitada por los omnes y de más gananzia y más bella y sutil inventione».[14]

En la misma hoja de la lista de gastos de Caterina aparece escrito con pluma un recordatorio de algunas medidas que debe realizar en Vigevano: «Cuántos brazos tiene de alto el nivel de las murallas / cuán ancha es la sala / cuán larga la guirnalda». Las medidas servirán para el diseño de las pinturas que ha de hacer en los apartamentos ducales del castillo, en colaboración con Bramante.

En efecto, en otra nota aparece una lista de nombres de personas y cosas referentes a aparatos decorativos y obras de pintura: «Agugia Niccolao / refe / Ferrando / Iacopo Andrea / lienzo / piedra / colores / pincela / paleta de colores / sponja / tabla del duque».[15] El nombre Ferrando podría ser la primera constancia del discípulo llamado Ferrando Spagnolo, es decir, el pintor Fernando Yáñez de la Almedina.

Un presupuesto de gastos, minucioso en señalar colores y materiales caros como el azul, el oro, el albayalde, la tiza y el añil, nos da algo más de información sobre el proyecto pictórico, que se extiende también a las ventanas, a las «bovedillas» y a los «canalones»: un ciclo de «veinticuatro historias romanas», y un ciclo de «filósafos», es decir, antiguos sabios siguiendo el modelo de los hombres ilustres realizados por Bramante en la casa de Gaspare Visconti.[16]

---

[14] CA, f. 985r.
[15] H, f. 94r.
[16] H, ff. 124v-125r.

Es probable que las numerosas alegorías y empresas que pueblan el Código H[17] estuvieran destinadas también a parejos proyectos de decoración del castillo y a la vida de la corte. El protagonista es el Moro, que quiere presentarse como el benevolente protector de Gian Galeazzo, con un programa iconográfico en común con los ciclos figurativos contemporáneos de los iluminadores milaneses, en los ejemplares de dedicatorias de la *Sforziade* de Simonetta y de *Paulo e Daria* de Visconti. La escena es siempre la misma: el Moro protege a Giangaleazzo de los problemas, de las tormentas y de las preocupaciones de la política.[18]

La historia, por el contrario, será completamente distinta. En las salas cerradas del castillo, la atmósfera formal e hipócrita de la corte no logra ocultar aquello sobre lo que todo el mundo murmura: los oscuros juegos de poder del tío Ludovico, que no espera más que una buena oportunidad para deshacerse de su sobrino y apoderarse del ducado.

Leonardo prefiere pasar al aire libre la mayor parte de su tiempo. Deambula por las orillas del Ticino, entre canales y molinos, estudiando obsesivamente el movimiento del agua.

El 2 de febrero de 1494, en los alrededores de la Sforzesca, observa atentamente el agua que destaca mientras desciende por las llamadas «escaleras del agua», para salvar el desnivel con los campos inferiores y con el curso del río.[19] Pasa de los jardines a los huertos, y se fija en el método de cultivo de la vid, todavía utilizado hoy en día en los países nórdicos y típico, por ejemplo, de Borgoña, mediante el cual los zarcillos quedan protegidos bajo tierra en invierno para evitar las heladas.

Es precisamente el día 20 de marzo, víspera de primavera: mientras Leonardo escribe estas palabras, los agricultores están sacando las vides al exterior: «Vignias de Vigievane a día 20 de marzo de 1494, y con la invernada se entierran».[20]

---

[17] H, ff. 40r-v, 88v, 49v, 59v, 60v, 61r, 63v, 97v-100v, 117v, 130v.
[18] Otras alegorías parecidas: París, Musée du Louvre, Département des arts graphiques, 2.247r; Bayona, Musée Bonnat-Helleu, 656r.
[19] H, f. 65v.
[20] H, f. 38p.

En Vigevano no hay mucho más que hacer, porque las obras más importantes para la reforma de la espléndida plaza ya casi las ha terminado el veloz Bramante. Entre fiesta y fiesta, para entretenimiento de princesas y damas, Leonardo diseña una extraña «viola organista», es decir, un instrumento de cuerda accionado por medio de un teclado,[21] y un pabellón móvil de madera que se montará en el parque para solaz de la duquesa.[22]

De vuelta a Milán, la vida se reanuda con las habituales cuentas de la compra. Salaì le cuesta mucho a Leonardo, que lo mima y le compra las telas más caras: «A Salaì doblones 4 y 1 brazio de terciopelo de 5 liras y media; Sa. dineros 10, eslabones de plata; Salaì dineros 14 por cintas, hechura de la capa dineros 25», «paños 2 piezas para Salaì», «Salaì liras 6 en un arco, dineros 4 en un arco y calzones, dineros 10 en una cadena».[23] El 14 de marzo, Leonardo anota: «Tenía liras 13 dineros 4, me quedan liras 16 dineros 16».[24] En la misma fecha, llega otro mozo, Galeazzo («Galeazzo vinno a estar migo»): pagará cinco liras al mes por sus gastos; su padre le adelanta ahora dos florines del Rin, y el 14 de julio Galeazzo le dará otros dos.[25]

Entre estas minuciosas noticias de la vida cotidiana, hay un documento estremecedor. Otra lista de gastos, pero se trata de «gastos por la socteratura de Caterina». De su madre. La palabra *socteratura* está escrita sobre una palabra de mucha más fuerza, recién empezada, y eliminada de inmediato: *muer*, es decir, muerte.[26]

Estamos en condiciones de establecer el día preciso en el que murió y de qué enfermedad. En un antiguo registro milanés de defunciones aparece, el 26 de junio de 1494, la noticia de la muerte de una mujer llamada simplemente «Chaterina de Florenzia annorum 60», que murió de fiebre terciana doble conti-

---

[21] CA, ff. 93r, 568v, 586t; H, ff. 28r-v, 45v-46r, 104v.
[22] CA, ff. 95rv, 769rv; H, ff. 50v, 78v-79r, 89r, 94r-v, 123v-124r.
[23] W, 12.353r; FoII, f. 60v; h, f. 142r.
[24] H, f. 142r.
[25] H, f. 41r.
[26] FoII, f. 64v.

nua, es decir, la forma más perniciosa de la malaria *(«febre tertian continua dupla»)*, en casa del médico Concordio da Castronno *(«in domo magistri Concordi de Castrono»)*.[27]

La indicación de la edad no parece corresponder: la madre de Leonardo debería tener alrededor de sesenta y siete años, pero tal vez demuestre menos, ciertamente no tiene documento de identidad ni certificado de nacimiento, y los funcionarios del registro no acostumbran a hilar fino. ¿Quién sabe cuándo ha nacido? Asimismo, identificándola como una mujer recién llegada de Florencia, la llamaron simplemente «Chaterina de Florenzia», sin patronímico, apellido ni nombre de marido, porque ni siquiera Leonardo habrá sabido decirles cómo llamarla.

El encabezado de la nota nos revela exactamente la parroquia en la que se produjo la muerte y donde tuvo lugar la socteratura: *«Porta Vercellina parochia sanctorum Naboris et Felicis»*.

La sede de la parroquia y de las reliquias de los santos Nabor y Félix es la iglesia del convento franciscano de San Francesco Grande. La misma para la que Leonardo había pintado la *Virgen de las rocas*, para el altar de la capilla de la cofradía de Santa Maria della Concezione. Por un destino singular, el cuerpo de esta mujer llegada de un mundo lejano, condenada a la esclavitud y liberada más tarde, es depositado ahora por su hijo precisamente en la cripta de esa capilla, único lugar disponible donde un forastero como él, no perteneciente a ninguna comunidad parroquial o hermandad alguna, en un momento tan trágico, puede obtener una *socteratura* digna.

Una *socteratura* digna de una reina, para su madre, Caterina, que había sido esclava y última sobre la tierra, bajo la mirada protectora de la Reina del Cielo. «Cuando llegue mi hora —piensa Leonardo—, yo también haré que me pongan en esta cripta, junto a ella, junto a mi madre».

Los gastos para la *socteratura* no son escasos e incluyen todo el aparato del oficio de difuntos: el catafalco cubierto con un lúgubre palio negro, la cruz, el transporte a la iglesia, la cera, la

---

[27] ASMi, *Fondo Popolazione, Parte Antica,* 79, f. n.n.

campana, los libros, la esponja, y luego los honorarios y limosnas que hay que dar a los cuatro sacerdotes y cuatro clérigos que han oficiado el funeral, a los enterradores, al mayor de la cofradía, al funcionario que da el permiso de sepultura, al médico, además del habitual donativo de azúcar y velas, por un total de ciento veinte dineros.

Llama la atención la aparente frialdad del documento, la precisión obsesiva que distingue los diferentes objetos de este *officium mortis*, como si fueran los objetos devocionales de una Pasión. Mediante la escritura, Leonardo parece distanciar y exorcizar de sí mismo el acontecimiento traumático de la muerte, insertándolo en la contabilidad cotidiana, como si fuera un día en el que se registran algunos gastos extra. Pero él sabe muy bien que no lo es. Su lista sigue siendo un testimonio silencioso de un dolor inmenso.

21. Gramáticas y bestiarios

Milán, 1494

Su primera reacción, tras la muerte de Caterina, es encerrarse en la soledad del estudio de la Corte Vecchia. Solo le hacen compañía sus amigos libros y los cuadernitos que se ha traído de Vigevano. Un verano triste.

Fuera de la puerta del estudio hay inquietantes señales de que se avecina otra tormenta. La guerra, desencadenada por las ambiciones políticas del Moro, fomenta la entrada en Italia de Carlos VIII, rey de Francia, decidido a conquistar el reino de Nápoles. En julio, la vanguardia francesa al mando de Luis de Orleans llega a Vigevano, donde la reciben, como es natural, Ludovico y Beatriz. En agosto, en el castillo de Milán, los franceses hicieron una notable exhibición de la más moderna artillería ligera: serpentinas, espingardas y arcabuces, montados sobre simples ruedas de carro o en carretas tiradas por caballos.[1]

Es una época de guerra e incertidumbre, el trabajo del caballo queda suspendido y no hay nada que pueda hacerse. El 25 de agosto de 1494 Leonardo anota que ha recibido doce liras de un desconocido Pulisena, un funcionario ducal tal vez, en compensación por sus servicios en Vigevano.[2] Solo necesita tranquilidad, paz: «Si estás solo, serás todo tuyo». También necesita cerrar su habitación con llave, pero la puerta aún no tiene cerradura. Se la encargará a Giulio Tedesco, a partir del 15 de septiembre.[3] Y mientras tanto, temeroso de que le roben, hace inventario de la vajilla, la mantelería y la ropa de cama: «Peltre nuevo / 6 cuencos

---

[1] H, ff. 105v-106r, 108r, 117v, 122r-123r, 128r, 129r-130r, 132r-134r.
[2] H, f. 41r.
[3] H, f. 105r.

pequeños / 6 cuencos / 2 platos grandes / 2 platos medianos / 2 platitos / peltre viejo / 3 cuencos pequeños / 4 cuencos / 3 cuadritos / 2 cuencos pequeños / 1 cuenco grande / 1 platito / 4 candelabros / 1 candelabro pequeño / 3 juegos de sábanas / de 4 sábanas cada uno / 3 sábanas pequeñas / 2 manteles y ½ / 16 mantos / 8 camisa / 9 paños / 2 toallas / 1 palangana».[4]

Ahora que por fin tiene algo de tiempo para sí mismo, ¿a qué se dedica Leonardo, para aliviar también la angustia de su corazón? La respuesta es realmente sorprendente: a aprender latín. No lo había hecho en los años inestables y dispersos de su adolescencia, ni había tenido oportunidad de hacerlo después. Al principio, en el taller de Verrocchio y en el mundo de los ingenieros y artesanos, ni siquiera se había dado cuenta de que se trataba de una laguna, pero ahora en Milán, después de haber profundizado en el estudio teórico de una pluralidad de disciplinas como la óptica, la perspectiva, la geometría, la mecánica, la medicina y la anatomía, constata que la carencia de esa herramienta lingüística le impide el acceso directo a la mayoría de las obras fundamentales de los grandes autores antiguos y modernos, que están escritas o traducidas al latín. Solo una mínima parte ha sido traducida en lengua vernácula.

Y así, con extraordinaria humildad, Leonardo decide aprender latín, y hacerlo solo, de forma autodidacta, como siempre lo ha hecho todo en su vida. Se hace con una edición de una de las gramáticas elementales más difundidas de la época, las *Rudimenta grammatices* de Nicolò Perotti, y trata de condensar los elementos fundamentales de la conjugación de los verbos y de la declinación de sustantivos y adjetivos en sintéticos esquemas, evidentemente destinados a una fácil memorización.[5]

Otras veces transcribe listas de palabras latinas, como había hecho con las vulgares en el Códice Trivulziano. El ejercicio tiene

---

[4] H, f. 137v.
[5] H, ff. 1r, 2r, 3v-4r, 95r, 126v, 133v-136r, 137r, 138r-142r. Véase también CA ff. 137r, 569r, 761v (no autógrafo), 773v, 892v, 996r, 1025v; FoII, f. 54v; Ar, f. 251v; I, ff. 38v-39r, 40r, 50r-55v, 80r, 123v-126r, 134v-136r, 137r-138r; W, 12.352r.

sus dificultades y no es raro que cometa algún error o confunda la desinencia de una palabra, con el riesgo de no entender nada. Al pie de una de estas hojas, el escolar autodidacta, consciente de sus propios errores, se apunta a una regla general que debe seguir escrupulosamente: «Remira bien al final», es decir, piensa detenidamente al final.[6] No es un pensamiento existencial profundo, sino simplemente una advertencia: presta atención a la desinencia.

En las pausas del estudio gramatical, Leonardo retoma el ejercicio sobre alegorías y emblemas iniciado en Vigevano, y se le ocurre la idea de reunir todos los textos sobre los animales, sobre sus comportamientos y sobre las interpretaciones alegóricas y morales, que encuentra en los libros de su biblioteca. No se limita a copiar, sino que reelabora y recrea, con una estrategia lingüística excepcional que condensa las imágenes y reduce la prosa a una forma abreviada.

En orden, retoma en primer lugar un texto devocional del siglo XIV, el *Fiori di virtù*; luego pasa, sin solución de continuidad, a los *exempla* del tercer libro del *Acerba* de Cecco d'Ascoli, el poeta y astrólogo rival de Dante; y concluye con la *Historia natural* de Plinio el Viejo, como siempre en la traducción de Landino. Son ahora los animales exóticos o fantásticos del libro VIII de la *Historia natural* los que le interesan: dragones, serpientes, leones, panteras, leopardos, tigres, camellos, cocodrilos, basiliscos, anfisibenas, hipopótamos, camaleones. Animales que Leonardo nunca verá, y que ni siquiera existen, pero con los que es hermoso soñar.[7]

Así nació el *Bestiario*, uno de sus textos literarios más fascinantes. No se trata de una ocurrencia original, porque el bestiario es un género común de la cultura tardomedieval, derivado del antiguo *Physiologus*, y traducido también en toscano. Con todo, a pesar de su carácter recopilatorio, el florilegio leonardesco atestigua la extraordinaria sensibilidad con la que aborda el mundo animal, ya presente en las fábulas, y su afán por centrar la atención en los aspectos maravillosos y extraordinarios de la

---

[6] H, f. 139v.
[7] H, ff. 5r-27v.

naturaleza, reflejada en otros libros de su biblioteca: lapidarios, herbolarios, opúsculos de Juan de Mandaville y Alberto Magno, y el propio *Morgante* de Pulci.

Para Leonardo, el *Bestiario* no tiene interés naturalista alguno. Esas visiones de animales fantásticos e improbables, del basilisco al camaleón, de la salamandra a la «lumerpa», combinadas con los animales más comunes de su mundo campesino, parecen estar guiadas por una única obsesión, ya evidente en las fábulas: la guerra universal entre seres vivos, a menudo entre padres e hijos, con la visión de acérrimas luchas representadas en marañas de cuerpos.

El propio milano, que en los recuerdos de la infancia aparecerá como un símbolo oscuro de los primeros años de vida, se presenta aquí como un animal malvado que se cierne sobre un nido, emblema de la envidia dirigida incluso contra la propia descendencia: «Envidia. Del milano se lee que cuando ve que sus crías en el nido son de excesiva gordura, por envidia les picotea las costillas y déjalas sine comer».[8]

Esta colección de ejemplos extraídos del mundo animal probablemente esté destinada a ser utilizada en las composiciones alegóricas y políticas solicitadas por el Moro y sus dignatarios en la decoración de salones palaciegos o aparatos de fiestas.

Por ejemplo, la imagen del armiño, presente en el retrato de Cecilia Gallerani, se asocia aquí con el significado moral de la «moderanza»: «El armiño con el barro»; «La moderanza refrena todo vicio. El armiño antes prefiere morir qu'ensuciarse»; «Moderanza. Por su moderanza, l'armiño no come más que una vez al día, y antes se deja atrapar por los cazzadores que huir a su fangosa madriguera, para no empañar su grazia».[9]

Un emblema irónico, si pensamos en la furiosa concupiscencia que sentía Ludovico por Cecilia cuando ella era poco más que una niña. Todo menos moderanza.

---

[8] H, f. 5v.
[9] H, ff. 98r, 101r, 12r. Véase también el dibujo alegórico Cambridge, Fitzwilliam Museum, PD.120.1961.

22. El fin de la ilusión

Milán, 1494-1495

Fuera de esas paredes, el mundo sigue su curso. Los acontecimientos se precipitan. Después de la victoria de Rapallo, Carlos VIII llega a Asti el 11 de septiembre, recibe el homenaje de Ludovico y Beatriz y del duque de Ferrara Hércules de Este, luego pasa a Vigevano y en Pavía vive un dramático encuentro con el moribundo Gian Galeazzo y su esposa Isabel. El ejército francés avanza con toda tranquilidad hacia el sur. El 21 de octubre, en Pavía, atendido en vano por algunos médicos, entre ellos el amigo de Leonardo, Pier Antonio Marliani, Giangaleazzo muere en circunstancias misteriosas, víctima, según se dice, de un veneno; para el Moro es la culminación de una larga marcha a la conquista del poder. El 8 de noviembre Florencia expulsa a los Médici.

Los estados italianos se preparan para la guerra, restaurando las fortificaciones y disponiendo nueva artillería.

El Moro tiene una enorme deuda con el duque de Ferrara, nada menos que tres mil ducados, y Hércules de Este necesita metal para fundir nuevas piezas de artillería. Ludovico, para saldar la deuda, decide entonces donarle todo el metal que había acumulado para la fundición del caballo esforcesco, casi ciento sesenta mil libras. Quien recibe el encargo de transportar el metal por vías fluviales, desde Milán a Pavía y luego a Ferrara, es Giannino Alberghetti, el mismo ingeniero experto en bombardas que había sido amigo de Leonardo. El 17 de noviembre, Giannino entrega también tres pasavolantes al duque de Ferrara en Milán, incluido uno de estilo francés, y luego se marcha junto con el duque y el metal.

Para Leonardo supone una amarga decepción, una humillación que algún día podría ser atribuida a su propia culpa, a su habitual incapacidad para terminar las obras que empieza. Por si fuera poco, parece que hace tiempo que ni siquiera cobra su sueldo. Es posible que en enero de 1495 llegue incluso a abandonar Milán durante un breve periodo, para acompañar a su amigo Caradosso a Florencia en una delicada misión de investigación artística y anticuaria con Lorenzo di Pierfrancesco de Médici.

En las hojas rasgadas del Códice Atlántico leemos el amargo testimonio de este momento de crisis. Fragmentos de frases, borradores de cartas al Moro, denuncias de pequeñas miserias, como las cometidas por uno de sus colegas, Giannino tal vez, que «trató de enaxenarme todos los amicos», «intentando él fazer de Vuestra Señoría istrumento de su inicua y maligna naturaleza».[1]

En otro borrador, Leonardo insiste en obtener la justa «recompensa por mis servizios» e incluso los atrasos de «dos años de salario», recordando las dificultades de su vida, sus propios gastos y los de «los dos maestros los cuales continúan a star a mi costa y salario», y «haviendo tractado yo de ganarme la vita», y sin dejar de profesar obediencia al Señor: «Mi vita a vuestro servicio me tien continuamente preparato a obedezer».[2]

«Del cavallo no diré nada porque conozco los tiempos», se lee además en estos fragmentos.

Al final, Leonardo pide al duque que recuerde un pequeño encargo que le prometió, una magra compensación por la otra empresa mayor que se ha esfumado: «Se acuerde del encargo de pinctar los camerinos». Se trata de la decoración de los camarines del castillo de los Sforza, detrás de la Cámara de la Torre. No es un trabajo que dé grandes satisfacciones, pero Leonardo se adapta a él, colaborando con otros artesanos de menor nivel. Tal vez se refiera a este encargo una nota de suministro de colores, por sus buenas ciento veinte liras: «80 liras para el azul de Mag-

---
[1] CA, f. 1.079v.
[2] CA, f. 914r.

nia, cera para hacer las estrellas, albayalde y óleo, estaño para engastar el oro».[3]

Adquieren un notable significado político ciertos motivos en los que se representan las «armas et bardas del Ser.mo Rey de los Romanos», para celebrar la alianza con Maximiliano de Habsburgo. El 25 de abril de 1495 el castellano Filippino Fieschi informa al Moro del encuentro con los maestros que allí trabajan: Giovanni de Costantino terminaría su parte en un plazo de ocho días; «magistro Leonardo dize haver provisto por su parte, solo que le faltan las correas et dos cordones»; el maestro Ferrando Spagnolo ha terminado y Francesco da Merate terminará dentro de dos días.

Filippino concluye la carta recordando a Moro que había «solizitado trabajar día et nocte sin perdimento de tiempo», una recomendación que casi suena como un insulto para Leonardo, acostumbrado a trabajar en su estudio con extrema libertad y lentitud, y que ahora se ve emparejado con una cuadrilla de decoradores a destajo, y apremiado por los funcionarios ducales a avanzar sin perder tiempo.[4] Al final, el mismo superintendente de obras ducales, Ambrogio de Ferrari, informa al duque el 14 de noviembre de que se estaban pintando «los canalones de los camerinos de dietrás de la Cámara de la Torre».[5]

En esta obra colectiva, Leonardo cuenta con la colaboración de nuevos mozos y maestros. Uno de ellos, Enrico o Arrigo, conocido como «el Tudesco», es recordado por un crédito notable, nada menos que quince ducados de oro: «Arigo deve aver 11 ducados de oro / Arigo deve aver 4 ducados de oro a mitad de agosto».[6] Quizá la tesorería haya pagado una suma de conjunto solo para Leonardo, quien tiene que repartirla ahora entre sus colaboradores.

Entre sus notas, el maestro no deja de registrar un detalle importante de su vida diaria, la compra de vino, para él y su

---

[3] Ar, f. 227r.
[4] ASMi, *Autografi*, legajo 231, fasc. 3.
[5] ASMi, *Autografi*, legajo 230, fasc. 17.
[6] FolI, f. 24v. Véase también CA, ff. 571br (junto con otro discípulo, Guglielmo) y 773r.

gente: «Martes se compró vino por la mañana. / Viernes a día 4 de septiembre lo mismo».[7] Son tiempos difíciles, y un poco de vino no viene mal.

Finalmente, otro documento nos muestra a Leonardo involucrado en los pequeños asuntos de sus colegas lombardos: el 29 de septiembre de 1495, junto con el pintor Francesco da Vaprio, acepta valorar una obra de Andrea di Pietro da Caravaggio, la pintura de una habitación en casa del maestro Giovanni Antonio da Como en la parroquia de san Martino.

Esa habitación pintada no pasa de ser una obra modesta, tal vez el comedor de la casa, no de un príncipe o de un aristócrata sino de un simple *magister*. Leonardo y Francesco lo valoran solo en doce liras imperiales, es decir, apenas tres ducados. Pero qué más da.

Hasta un hombre universal, cuando está desempleado o casi, no desdeña apañárselas haciendo un favor a un amigo, a cambio de una velada en la taberna.

La posición de Leonardo en la corte ya no es la que era. Retrasos en los pagos, maledicencias, promesas incumplidas. Durante treinta y seis meses ha tenido que alimentar a mozos y discípulos, seis bocas, con solo cincuenta ducados.

Una vez más, Leonardo se harta y escribe al Moro, quejándose de la indigencia en la que vive y de la de su taller, situación que parece haberle empujado a otra breve fuga de Milán.

En el borrador, ahora conservado en el Códice Atlántico, Leonardo, evidentemente nervioso, reescribe la misma frase hasta tres veces, antes de llegar a una formulación aceptable: «Asaz lamento que el dever de ganarme el pan m'obligue a interrumpir el continuar la obra que Vuestra Señoría me encargó, mas espero en breve aver ganado tanto que pueda satisfazer con ánimo tranquilo a vuestra Excelencia».[8]

¿De qué obra se trata? Quizá siga siendo la de los camarines del castillo. Unos meses más tarde, preocupado, el arzobispo de

---

[7] FoII, f. 159r.
[8] CA, f. 867r.

Milán Guidantonio Arcimboldi escribirá al duque el 8 de junio de 1496: «El qual pinctor que pinctaba nuestros Camarinos hoy ha facto cierto escándalo por el que estuvo absente».[9] El duque, enfurecido, contestará que se mande llamar se inmediato en su lugar a Perugino desde Venecia «sustituto del pinctor que se ha absentado de Milán», petición que el prelado transmitirá rápidamente a la Serenísima.[10]

Una vez más, Leonardo, tras haber dejado una obra a medias, corre el riesgo de que algún otro lo sustituya en la corte de los Sforza. Al final no pasará nada. Una vez más, el duque se lo pensará mejor y confiará al artista una nueva gran obra.

---

[9] ASMi, *Autografi*, legajo 101, fasc. 16.
[10] ASMi, *Autografi*, legajo 230, fasc. 17.

23. Una lista de libros

Milán, 1495

Estos meses de guerra son difíciles para Leonardo, que vuelve a buscar la compañía de los libros, sus viejos amigos.

Sacrificando una buena porción de sus ahorros, decide incluso comprar tres libros bastante caros pero importantes, y además bonitos de ver por ir acompañados de un amplio conjunto de ilustraciones. El gasto es elevado y, por esa razón, como buen hijo de notario y nieto de mercader, siente la necesidad de escribir una breve anotación: «68 en la Crónica / 61 en la Biblia / 119 en Aritmetrica del maestro Luca / 248».[1] Se trata de la *Cronica vulgare* de Giacomo Filippo Foresti; de una biblia traducida por Nicolò Malerbi; y, sobre todo, de la *Summa de arithmetica geometria proportioni et proportionalita* de Luca Pacioli, recién impresa en Venecia el 20 de noviembre de 1494. Un libro que por sí solo vale lo que los otros dos, pero revolucionario, que manda al desván los viejos libros sobre el ábaco.

No pasa mucho tiempo y Leonardo decide elaborar la relación de sus libros. Cita nada menos que cuarenta títulos: un número considerable para un artista o para un ingeniero no letrado. Algunos de ellos todavía son manuscritos, pero la mayoría están impresos, los llamados «incunables». Casi todos están en lengua vernácula, porque Leonardo aún no sabe latín, a pesar de sus últimos intentos autodidactas por aprenderlo.

Hay un detalle significativo que confirma la primacía de la cultura visual y de la comunicación a través de imágenes: su notable interés por los primeros libros ilustrados, que suponen

---

[1] CA, f. 288r.

también, para los primeros tipógrafos y editores, un arduo desafío tecnológico, debido a la dificultad de asociar con las formas de los tipos móviles las tablas, realizadas todavía en su mayor parte con la técnica del grabado en madera, la xilografía y, más raramente, con el buril sobre placa de metal. En la práctica, Leonardo llegó a poseer los mejores ejemplares de esta temprana producción editorial del siglo XV: la crónica de Foresti y la Biblia vernácula (ya mencionadas), el *De re militari* de Valturio con sus máquinas de guerra, la *Summa de arithmetica* de Pacioli, el *Fasciculus Médicinae* de Johannes de Ketham. Muchos proceden de Venecia, donde el emprendedor y hermano menor de Filippo Giunta, Lucantonio, se ha especializado en la producción de grandes y espléndidos libros ilustrados.

A su interés por la literatura vernácula y la cultura popular toscana remiten en primer lugar el *Morgante* de Luigi Pulci y el *Driadeo* de Luca Pulci, a los que acompañan Petrarca y Burchiello, la *Acerba* de Cecco d'Ascoli y el *Quadriregio* de Federico Frezzi. Sorprende la presencia del obscena *Manganello*, cima culminante de la tradición misógina del siglo XV.

Hay pocos clásicos, también en versión vulgar: la *Historia natural* de Plinio el Viejo traducida por Landino, las historias de Livio y Justino, las *Epistulae* de Ovidio, el *De inventione* de Cicerón y su querido Esopo, fundamental para la composición de las fábulas.

El espacio del imaginario bajomedieval, que alimenta las primeras descripciones fantásticas de Leonardo, queda representado por el *Tractato delle più maravigliose cosse e più notabili che si trovano in le parte del mondo* de Giovanni de Mandavilla, pero también por libros como la *Chiromanzia*, el *Fiore di virtù*, el *Libro della vita de' filosophi* extraído de Diógenes Laercio y el *Lapidario*.

La preferencia dada a las traducciones vernáculas también se aprecia en la literatura humanística: *De re militari* de Valturio, *Della onesta voluta e valitudine* de Platina, las *Facezie* de Poggio Bracciolini; y en la de carácter científico-médico: la *Chyirurgia* de Guido de Cauliaco y el *Tractado circa la conservazion de la sanitade* de Ugo Benzi.

Resulta notable su interés por los libros de cartas y la epistolografía, que es un género de escritura que también practicaba Leonardo: las recopilaciones de epístolas latinas de Francesco Filelfo y su hijo Gian Mario, y el *Formulario di pìstole* atribuido a Landino.

No faltan textos gramaticales de introducción al latín, como el *Donato* y el *Doctrinal* de Alessandro di Villedieu, que complementan la gramática de Perotti. Y se incluye además un viejo libro del ábaco, aunque haya sido suplantado por la *Summa* de Pacioli.

La lista fue escrita a sanguina, apresuradamente, en un trozo de papel que apareció por casualidad sobre su escritorio y que fue reciclado de inmediato; en el envés, de hecho, hay notas sobre mecánica y óptica que datan de tres o cuatro años antes. No se trata de un inventario completo de todos los libros que realmente poseía, ni tampoco debe suponerse que todos los textos fueran leídos con la misma atención.

La hipótesis más probable es que la lista, redactada de forma absolutamente casual, haya estado motivada por un traslado ocasional de una parte de los libros y enseres, o por la salida repentina para un viaje, y que los títulos registrados sean precisamente los que menos le sirven, encerrados de momento en un arcón aparte.

De hecho, no aparece ninguno de los textos que Leonardo ha comprado recientemente y que mantiene siempre abiertos sobre su escritorio, como la *Summa* de Pacioli y el *Fasciculus medicinae*. Libros más nuevos, a los que otorga mayor confianza o con los que entabla un diálogo intenso, un desafío cognitivo.[2]

---

[2] CA, f. 559r.

24. El Cenáculo

Milán, 1495-1497

Ha pasado la tormenta de la guerra. Carlos VIII ha sido derrotado en Fornovo por la Liga Santa a la que también acabó adhiriéndose Milán, en un gesto de evidente traición.

Se abre un nuevo periodo de paz, puede volverse a pensar a lo grande, a imaginar o a soñar con grandes obras destinadas a perdurar en el tiempo. Y también hay que actuar con rapidez, porque es imposible saber si esta pausa no será más que una nueva breve ilusión.

El Moro vuelve a acordarse de Leonardo. La decoración de los camarines del castillo, aunque haya quedado inacabada, no está nada mal. Habría que explotar el talento del artista en otra empresa en la que tiene el mayor interés.

Desde hace años, la iglesia y el convento dominico de Santa Maria delle Grazie son objeto de especial atención por parte del duque, que pretende transformarlos en un conjunto monumental conmemorativo de su gobierno. Que algún día será también el monumento sepulcral de la dinastía y albergará su tumba y la de su consorte, Beatriz.

El grandioso proyecto arquitectónico ha sido realizado por Bramante, quien injertó un cuerpo de planta central en una iglesia tardogótica. En parte, todo este complejo religioso implica una suerte de parangón entre las artes, puesto que en él compiten la arquitectura de la reforma de Bramante, la escultura en la decoración en relieve de la iglesia y los futuros mausoleos, con las figuras de Ludovico y Beatriz confiadas a Cristoforo Solari, la pintura en la decoración de las estancias interiores, y especialmente del Refectorio.

La sala del Refectorio es una estancia alargada y espaciosa, en cuyas paredes enfrentadas de los dos lados menores se prevé un programa iconográfico centrado en la temática del banquete eucarístico, en los dos momentos de la Última Cena y del propio sacrificio de Cristo en la Crucifixión.

El fresco de la Crucifixión lo acaba de terminar Donato di Montorfano ese mismo año de 1495: una composición recargada y arcaica, repleta de caballeros antiguos y modernos y de santos aureolados. Queda la pared opuesta, a la que está destinado el tema de la Última Cena. Y el florentino Leonardo parece el más adecuado para representar un tema muy querido por la pintura toscana del siglo xv.

Después de haber realizado la *Virgen de las rocas* para una cofradía apoyada por los franciscanos y en honor al culto de la Inmaculada Concepción al que se oponían los dominicos, Leonardo acaba trabajando en el campo opuesto, en estrecho contacto con ese mismo fray Vincenzo Bandello que había sido el adversario más aguerrido de los inmaculistas, que es nombrado prior de Le Grazie en 1494.

El tema simbólico de la Institución de la Eucaristía será reelaborado con originalidad e insertado en una completa narración dramática del acontecimiento, fijada en el momento en el que Cristo, según el Evangelio de Mateo (26, 21-25) pronuncia las palabras: «Uno de vosotros me entregará». Detrás de la larga mesa los apóstoles se revolverán atónitos, sus sentimientos internos se manifestarán en las expresiones de sus rostros y en los movimientos contrastantes de brazos y manos, mientras en el centro emergerá la figura de Cristo, admirablemente aislada.

Después de esbozar las primeras ideas compositivas,[1] Leonardo opta por una visión frontal, basada en la rigurosa cuadrícula perspectiva en la que se inserta la escena: una larga habitación desnuda que finaliza con una gran puerta entre dos ventanas, abierta a un paisaje esfumado e indistinto.

---

[1] W, 12542r; Venecia, Gallerie dell'Accademia, Gabinetto dei disegni e delle stampe, 254.

De forma ilusoria, esa sala nos da la impresión de la ruptura del muro del propio refectorio, pero su monumentalidad deriva del hecho de que el punto de observación de un individuo situado en el centro del refectorio se encuentra mucho más bajo que el punto de fuga real, colocado a la altura de la cabeza de Cristo. En definitiva, Leonardo hace uso de una perspectiva no geométrico-lineal, sino teatral, escenográfica, en la que los planos del suelo y del techo se han inclinado, y los de las paredes laterales se han acortado. Es evidente que los estudios de óptica y perspectiva, integrados por la lectura de los teóricos medievales, le impusieron un replanteamiento de la pirámide visual que constituía la base de la perspectiva albertiana.

Una vez concebido este gran espacio virtual, había que poblarlo de figuras, cada una de las cuales debía caracterizarse por un movimiento particular. Algunas de estas actitudes están meticulosamente descritas en el cuaderno de bolsillo que acompaña a Leonardo en este periodo: «Uno que quería beber y bebió y dexa la cesta en su sitio y vuélvela hazia el proponente, / otro entrelaza los dedos de sus manos juntos y con pestañas rígidas se vuelve hacia el conpañero, / l'otro que con las manos abiertas muestra las palmas d'estas y levanta los hombros hazia las orejas y pone una boca de asombro, / otro habla al oído d'otro y este que escucha se vuelve hazia él y tiende las orejas sosteniendo un cuchillo en una man y en la otra el pan partido por ese cuchillo, / l'otro al volverse sosteniendo un cuchillo en la man vierte con esa mano una cesta sobre la mesa, / l'otro apoya las manos sobre la mesa y mira, / l'otro sopla en el bocado, / l'otro se inclina para ver al proponente y se faz sonbra con la man en los oxos, / l'otro se echa atrás del que se inclina y que ve al proponente entre la pared y l'inclinado».[2]

Para el siguiente paso se hace necesario salir del estudio y recorrer Milán en busca de fisonomías reales, que luego se elaboran en espléndidos dibujos.[3] Podemos reconocer algunas de

---

[2] FoII, ff. 63r-62v.
[3] W, 12.548, 12.552. Un ejemplo de estos bocetos hechos al natural, a sanguina, en CA, f. 477r.

ellas en los bocetos del mismo «librito» que nos proporciona asimismo los nombres de algunas de las personas de carne y hueso que fueron retratadas como apóstoles en la *Cena*.

Hay algunos dignatarios de la corte de los Sforza, como el poderoso consejero Pietro da Gallarate, antiguo embajador en Nápoles: «Meser Gian Domenicho Mezabarba y meser Giovan Francesco Mezabarba allado de meser Piero da Galera' bajo el manto de Belacqua»;[4] un mayoral privado de una mano, al servicio del médico y cirujano esforcesco Giuliano Marliani: «Giulian da Mar<l>iani médico tiene un mayoral sin mano».[5] Un vivaz retrato de un fraile podría ser el del general franciscano Francesco Sansone, a quien sus contemporáneos describían como «un hombrecito valiente y rubicundo de cara».[6] La cabeza de Judas, que representa en cambio la figura misma del mal y de la traición, según una anécdota recogida por el escritor ferrarés Giovan Battista Giraldi Cintio, adquiere supuestamente los mismos rasgos que el prior Bandello, quien seguía importunando al duque acusando a Leonardo de excesiva lentitud.[7]

La figura más importante es, naturalmente, la de Cristo, en el centro de la escena, fruto de un cuidadoso trabajo combinatorio.

Para su mano, Leonardo recurre a un joven de Parma, tal vez un maestro laudista de mano larga y ahusada: «Alessandro Carissimo da Parma para la man de Cristo».[8]

El rostro es la parte más difícil: debe tener una expresión indefinida de dulzura y melancolía, y ser más hermoso que los rostros de todos los demás apóstoles, incluidos los de san Juan y Santiago. Según cuenta Vasari, Leonardo no conseguía completarlo. Su amigo pintor Bernardino Zenale le aconseja entonces que lo deje como está, inacabado y esfumado. Pero mientras

---

[4] FoII, f. 57v.
[5] FoII, f. 43v.
[6] FoII, f. 19r.
[7] G. B. Giraldi Cintio, *Discorsi intorno al comporre de i Romanzi, delle Comedie, e delle Tragedie, e di altre maniere di Poesie*, Venecia, Giolito, 1554, pp. 193-196.
[8] FoII, f. 6p.

tanto Leonardo ha encontrado algo que podría inspirarle: el rostro de un soldado al servicio de un cardenal, e incluso la «cara fantástica» de una muchacha llamada Giovannina, una joven prostituta tal vez, dado que la ve en el hospital de Santa Caterina, último refugio de las mujeres perdidas de la ciudad: «Cristo / Giovan Conte el del cardenal del Mortaro / Giovannina cara fantástica está en Sancta Caterina en el hospital».[9]

Con todo, la figura de Cristo también resulta fundamental para Leonardo por otro motivo. Es posible que en ese rostro doloroso que parece inclinar la mirada proyecte su dolor infinito por el fallecimiento de su madre Caterina, fallecida en Milán unos meses antes. La nota de gastos de su funeral aparece en el mismo cuaderno que da fe del inicio de los trabajos del Cenáculo, los nombres de los modelos y la relación de los gestos y actitudes de los apóstoles.

Si el rostro de Cristo es, por lo tanto, un autorretrato ideal del propio Leonardo, ¿quién es la figura de su derecha, la única figura que no se mueve, con los ojos cerrados, las manos entrelazadas, reclinada hacia la izquierda? La iconografía sagrada nos dice que se trata de san Juan, el joven apóstol al que amaba Jesús. Pero su fisonomía es sin duda la de una muchacha, la de una mujer joven. Entre ella y Cristo, un gran espacio vacío se abre hacia lo alto: el vacío de la muerte, que separa para siempre al hijo de la madre. Porque esa figura femenina es ella, la Caterina.

LA ÚLTIMA CENA

La *Cena* se realiza en un enorme espacio de 4,60 metros de alto por 8,80 metros de largo.

La técnica es nueva, experimental, revolucionaria: a témpera y no al fresco, lo que permite proceder lentamente, con adiciones progresivas y modificaciones de color necesarias para lograr una armonía cromática de conjunto que hu-

---

[9] FoII, f. 3r.

biera resultado imposible con la velocidad de ejecución impuesta por un fresco. También es completamente innovador otro aspecto de la forma de trabajar. La superficie de la pared está enlucida con una preparación de masilla de cal y polvo de mármol mezclado con albayalde, óleo y cola animal, destinada a impermeabilizarla. Después de proyectar toda la construcción en perspectiva, Leonardo no emplea cartones, o por lo menos no los emplea de gran tamaño, sino que prefiere dibujar directamente, a mano alzada, como lo hizo en su día en la *Adoración*.

El caso es que, para la pintura mural, la técnica del temple graso, mezclada con óleo, sobrepuesta al yeso y a la imprimación, resulta muy arriesgada. Con el paso de los años, el aumento de la humedad en la pared del refectorio alterará los tonos originales y provocará el desprendimiento del color. La imparable degradación dará lugar, a lo largo de los siglos, a intervenciones de retoque y repintado, que tendrán como resultado un distanciamiento aún mayor de la obra original de Leonardo.

Solo la última restauración, realizada en los últimos años, ha logrado liberar los fragmentos supervivientes de la pintura, devolviendo la impresión de lo que la *Cena* daba a sus contemporáneos: una extraordinaria paleta de colores vivos que van cambiando sobre cuerpos y objetos en pleno relieve, una escena en la que Leonardo implementa de forma concreta la primacía de la pintura sobre otras formas de expresión, sirviéndose de técnicas similares a la escultura y la poesía, la colocación estatuaria de cuerpos en el espacio y el énfasis retórico de la narración simultánea de los diferentes momentos de la historia. Más aún, en los gestos de los apóstoles encuentra su manifestación visible la concepción leonardesca de la representación de los sentimientos del alma.

¿Cómo trabaja Leonardo? Escuchemos a un testigo de excepción, el joven fraile dominico Matteo Bandello, sobrino de Fray Vincenzo, prior del monasterio, y en el futuro un cuentista consagrado y obispo en Francia. Precisamente en la introducción de uno de sus cuentos, fray Matteo recuerda vívidamente su encuentro con Leonardo en el mismo convento donde él era fraile.

El refectorio está abierto, cualquiera puede entrar y decir lo que piensa, y a Leonardo, que no es un genio solitario, le gusta escuchar la opinión de todos. Normalmente acude allí temprano por la mañana, sube al andamio y trabaja sin parar, sin soltar el pincel, olvidándose incluso de comer y beber. Luego desaparece dos, tres o cuatro días, y vuelve al convento solo para pasarse una o dos horas delante del cuadro, sin más, contemplándolo en silencio. Por lo general no suele estar en el convento sino en la Corte Vecchia, donde todavía se encuentra el gran caballo de tierra, preparado para la fusión que nunca se produjo; y desde allí, «según le asaltaba el capricho o el antojo», corre furioso hacia la iglesia, incluso bajo el tórrido sol del mediodía, sube al andamio y da una o dos pinceladas a una de las figuras, y luego se va.

Un día llega al convento un personaje ilustre, el cardenal de Gurk Raymond Pérault. Las crónicas nos confirman que su paso por Milán se sitúa exactamente a finales de enero de 1497. Leonardo baja del andamio para honrar al prelado y conversa con él sobre muchas cosas, y en particular sobre la excelencia de la pintura, incluso desde el punto de vista profesional, es decir, sobre cuánto gana un pintor. El artista revela que dispone nada menos que de dos mil ducados de pensión ordinaria, suscitando el asombro del cardenal, que se aleja; y Leonardo cuenta luego a los restantes caballeros la historia del pintor fray Filippo Lippi, padre de Filippino, quien, habiendo sido esclavizado por los sarracenos hacia 1430, fue liberado gracias al arte de la pintura. Es posible que Leonardo exagerara con el cardenal. Su salario, según parece, no era de dos mil ducados sino de quinientos en este periodo: una cifra muy respetable en todo caso, si se compara con los mil escudos por año del gran jurista Giasone Maino y con los trescientos del humanista e historiógrafo ducal Giorgio Merula.

Cualquiera que sea el alcance efectivo del salario ducal percibido por Leonardo, el cuento de Bandello representa fielmente el típico modo de trabajar de este: intensas jornadas sin interrupción, intercaladas con periodos de estancamiento más o menos largos, en los que el artista acude a Le Grazie solo para contemplar la obra; o bien momentos en los que sale corriendo de la Corte Vecchia, para añadir solo «una o dos pinceladas».

Un método semejante termina necesariamente por impacientar a los comitentes. El 29 de junio de 1497, el Moro envía a Marchesino Stanga una lista de las obras importantes que debían completarse en Le Grazie: Leonardo debía terminar la *Cena* y pasar a trabajar en la otra fachada del Refectorio: «Item de apremiar Leonardo florentino para que termine la obra del Refitorio delle Gratie prinzipiada para atender luego a l'otra fachada del mismo Refitorio, et se fazian con él los capítolos subscritos de mano suya que le obligan a terminarlo en aqueste tiempo convenido con él».[10] Un pago final atestigua que, a pesar de todo, la obra prosigue: «1497. Item por trabajo facto en lo refectorio, onde pincta Leonardo los Apóstoles, con una ventana, liras 37.16.5».[11]

De hecho, los trabajos no se limitan únicamente a la *Cena*. Leonardo personalmente, o con la ayuda de sus discípulos, se encarga de la decoración del refectorio y de las demás salas del convento. Sobre la *Cena* se ejecutan tres grandes lunetos, los escudos de los Sforza entre guirnaldas de verdor y frutas, con inscripciones que celebran a la familia del Moro: el propio Ludovico con Beatriz («LV[dovicus] MA[ria] BE[atrix] EST[ensis] SF[ortia] AN[glus] DVX»), sus hijos Ercole, Massimiliano («MA[ria] M[a]X[imilianus] SF[ortia] AN[glus] CO[mes] P[a]P[iae]») y Francesco («SF[ortia] AN[glus] DVX BARI»).[12]

La misma familia ducal acaba siendo pintada, o más bien «superpuesta», sobre la *Crucifixión* de Montorfano, en la otra pared de la sala del refectorio, mediante figuras de orantes arrodilladas a derecha e izquierda de la Cruz. En la iglesia, en la

---

[10] ASMi, *Registro delle missive*, 206bis, ff. 161v-162r.
[11] ASMi, *Archivio Generale del Fondo di Religione*, legajo 1.398.
[12] Las siglas LV BE, entre retículas de rombos, en L, f. 14r.

puerta que comunica con el claustro, aparece la imagen del Redentor, del Salvador del Mundo, quizá en posición frontal, y bendiciendo. La misma imagen de Cristo en la *Última Cena*, que, sin embargo, ahora levanta los ojos y mira hacia nosotros.

Hoy en día, tras el desprendimiento de la pintura y los estragos del tiempo y de los hombres, de las figuras de los príncipes no queda nada más que fantasmas evanescentes. El Redentor ha desaparecido por completo, aunque quizá sobreviva en otro icono fascinante, inmediatamente imitado por Bernardino Luini en los frescos de otras iglesias milanesas, Santa Marta y San Martino a Greco. El icono del *Salvator Mundi*.

25. Entre Dánae y Venus

Milán, 1496

En enero de 1496 Leonardo vuelve al teatro, lo que implica la preparación del aparato escenográfico y la instalación de nueva y compleja maquinaria. Quizá utilice algunos de los mecanismos diseñados para los experimentos de vuelo en la Corte Vecchia. Mientras tanto, termina una máquina para afilar agujas, capaz de producir tantas agujas como para generar un beneficio anual de sesenta mil ducados, y piensa mostrársela a sus asombrados patrones: «Mañana por la mañana, a día 2 de ennero de 1496 tendrás fecha y provada la soatta» (la «soatta» era la correa de transmisión, que giraba sobre pequeños rodillos).[1]

El promotor del festival teatral es esta vez el hermano mayor de Galeazzo Sanseverino, el conde di Caiazzo Gianfrancesco, que acoge en su palacio milanés la representación de *Danae* de Baldassarre Taccone. La pieza mitológica escenifica el mito de Dánae, hija de Acrisio, rey de Argos.

Acrisio está asustado por un oráculo que le ha predicho que quien le causará la muerte será el hijo de su hija, y por eso segrega a Dánae en una torre. Pero todo es inútil. Júpiter, arrebatado de amor por la joven, logra poseerla en forma de una lluvia de oro que penetra en la habitación de la torre. De esta unión divina nacerá el héroe Perseo, que al final matará al malvado Acrisio, a pesar de que sea su abuelo. Taccone cambia el final de la historia y lo convierte en una comedia con un desenlace feliz. Acrisio, en lugar de morir, rejuvenece incluso, y Apolo desciende a la tierra para exaltar al Moro.

---

[1] CA, f. 874v; véase también CA, ff. 74av y bv, 86r, 159ar, 1.006v; W, 12.282r.

Como es habitual, Leonardo se encarga de crear los efectos especiales: la evocadora música que suena entre bastidores, la bóveda celeste con Júpiter y los demás dioses como en la fiesta del Paraíso, el descenso de un Mercurio volador desde el Olimpo, la lluvia dorada, la ascensión de Dánae transformada en estrella, la liberación de las cadenas del siervo Siro. En su libre reinterpretación del aburrido libreto de Tacconi, Leonardo no puede evitar introducir elementos que provienen de la tradición florentina de su juventud, de las representaciones sacras o de la cultura medieval, que ve incluso en el personaje mitológico de Dánae, milagrosamente preñada por la lluvia dorada de Júpiter, una figura alegórica de la Virgen María.

En una hoja de notas escénicas, junto al dibujo de una almendra en llamas, probablemente la máquina escénica necesaria para el ascenso y descenso de los dioses y de Dánae, apunta Leonardo la lista de personajes e intérpretes. Descubrimos así que el mismo autor, Taccone, personifica al criado Siro, mientras que el papel de Acrisio había recaído en el escultor Gian Cristoforo Romano, y el de Júpiter en Tanzi, el sacerdote que había publicado las rimas de Bellincioni. El papel de la hermosa Dánae había recaído en el hijo de Gian Cristoforo, Francesco, evidentemente un apuesto chiquillo de apariencia femenina. No falta la figura de un ángel «annuntiator de la fiesta», como en las representaciones sagradas florentinas. El final es grandioso, con todos los personajes que, tras la ascensión de Dánae al cielo, «se maravillan ante la nueva estrella y se arrodillan y a ella la adoran y con música termine la fiesta».[2]

La dirección es meticulosa y muy atenta a la recitación del texto. Para asegurarse de que los efectos especiales, la música y la maquinaria escénica estén sincronizados a la perfección, es necesario asimismo afinar la predicción del tiempo que se tardará en recitar las líneas del texto de Taccone, que está escrito en forma poética. Se trata de una pieza polimétrica, como el *Orfeo* de Poliziano: principalmente en octavas, pero a veces también

---

[2] Nueva York, Metropolitan Museum of Art, 1917.17.142.2. Un dibujo de escenografía y engranajes escénicos en CA, f. 874v; siluetas de actores en W, 12.461r, 12.720r.

en tercetos o sonetos. En su hoja de papel, junto al nombre de cada personaje-actor, Leonardo intenta recoger el número de unidades métricas correspondientes, con algunos ligeros errores cuando en lugar de octavas aparecen tercetos o sonetos.

En 1496 cae en manos de Leonardo un extraño libro. Resulta incluso difícil considerarlo un libro, porque consta apenas de cuatro hojas.

En la primera página, una hermosa xilografía representa a un hombre desnudo en el gesto de arrodillarse sobre un círculo que contiene varias figuras geométricas. A su alrededor y al fondo, un paisaje de ruinas que evocan la antigua Roma: restos de una columnata y el escorzo de un anfiteatro, el Coliseo tal vez. El hombre, empeñado en medir las figuras geométricas del suelo, sosteniendo un compás con la mano derecha, se gira con una singular torsión hacia arriba, para mirar una esfera armilar levantada con la mano derecha. En el marco del frontispicio aparecen las letras P y M, que señalan el seudónimo del autor declarado en el título del texto: *Antiquarie prospetiche Romane Composite per prospectivo Melanese depictore.*

Pasando la página, Leonardo lee con sorpresa dos sonetos con estrambote dirigidos a él, *Per tribure solo i' m'afatico* y *Victoria vince e vinci tu victor*, ambos celebrativos de su arte y, sobre todo, del grandioso proyecto del caballo, que las vicisitudes bélicas parecían haber hecho naufragar. Y en cambio, el enorme modelo de tierra sigue allí, en el patio de la Corte Vecchia, y la aprobación del duque y un nuevo suministro de metal serían suficientes para reanudar los trabajos. La obra podría superar a la de los más grandes escultores antiguos: Fidias, Praxíteles, Escopas. Una obra tan alta y terrible que casi da miedo y, es más, podría oscurecer el cielo.

El texto que sigue, titulado *Antiquarie prospetiche romane*, es un poemilla en tercetos que describe un itinerario por las antigüedades romanas, especialmente entre los hallazgos escultóricos esparcidos por los palacios de la aristocracia y de los príncipes de la Iglesia; y son precisamente estas indicaciones las que aportan elementos cronológicos útiles para situar la composición del poema hacia 1495-1496, mientras que los tipos de imprenta harían pensar en un impresor romano como Eucario Silber. En efecto, el folleto es una invitación a Leonardo para que se reúna con su autor en Roma y explore los vestigios de la Antigüedad como él. Es más, en tono jocoso el autor añade que el amigo, con todos sus conocimientos, no sería nadie en el ámbito anticuario (y por tanto artístico), si no hiciera esta bendita peregrinación a Roma: «No valerías para los antiguos un ardite». Para acrecentar su interés, además de recordar la extraordinaria abundancia de obras maestras que pueden verse, el autor anónimo insiste en ciertos rasgos jocosos, como cuando cuenta su descenso a las cavidades de la *Domus aurea*, recientemente descubierta, para contemplar la pintura antigua denominada «grutesca», «con pan con jamón manzana y vino, / para ser más extravagantes a la grutesca», y guiados por un maestro Pinzino «que nos hace embolver bien la cara y los ojos, / pareciendo así cad'uno un limpiachimeneas; / et nos dexa entrever toneles, ranas, / lechuzas y corujas y mochuelos, / rompiéndonos la espalda con las rodillas».

El prospectivo Melanese es un artista muy próximo a Leonardo, porque cita al maestro Zoroastro, a Verrocchio y a Antonio del Pollaiolo, autor de la tumba de Sixto IV. Entre los nombres propuestos hasta ahora se encuentran Bramante, Zenale, Bramantino, Giovanni Ambrogio de Predis, pero ninguno de forma convincente. El término *prospectivo* ha sido interpretado como «pintor», pero también podría significar, en un sentido más general, «estudioso de la perspectiva», es decir, de las dimensiones y proporciones de los cuerpos en el espacio. Alguien que ha estado junto a Leonardo en esos años, en sus primeros intentos de acercarse a textos como la óptica de Euclides y la *Prospectiva communis* de Peckham. Alguien que, al mismo tiempo, como sugiere el texto de las *Antiquarie*, parece tener competencia sobre todo en el campo de la escultura y las antigüedades.

Entre los papeles no autógrafos encontrados en los manuscritos de Leonardo, testimonio del clima de colaboración que reinaba en su taller, hay algunos que abordan los principios de la óptica y de la perspectiva, con expresiones más o menos parecidas a las que leemos en el Códice C, que puede fecharse aproximadamente en 1490.[3] Probablemente se trate de títulos y capítulos dictados por el propio Leonardo a alguno de sus colaboradores.

La misma caligrafía de esos papeles aparece en las cartas del orfebre Caradosso Foppa, al servicio de los Sforza y relacionado con Leonardo, en particular en las enviadas durante su viaje a Florencia y a Roma a principios de 1495. A Foppa le había encomendado el duque una delicada misión: intentar hacerse con el tesoro de los Médici, formado por joyas y objetos antiguos de inestimable valor. Los días 29 de enero y 9 de febrero refiere desde Florencia que ha conocido a Lorenzo di Pierfrancesco de Médici apodado «il Popolano», «el Pueblerino», mecenas de Botticelli y perteneciente a la rama de la familia que no ha sido expulsada de la ciudad, y que también ha visto algunas cosas, como el famoso «cuenco», hoy denominado Taza Farnesio; pero por desgracia «no encuentra lo mexor». Ha visto parte del tesoro en Viterbo, en casa del cardenal Ascanio Sforza. El 21 de febrero llega a Roma, donde amplía sus indagaciones en los palacios de distintos cardenales, logrando obtener de manos de Giovanni Borgia, cardenal de Monreale, una estatua de mármol mutilada que le ha parecido una Leda, la mítica muchacha amada por Júpiter transformado en cisne. No es una Leda en realidad, sino una Venus en cuclillas. En junio, con la Leda-Venus, regresa por fin a Milán.

¿Podría ser él el autor del poema, una vez de regreso, y quien lo hizo publicar en Roma con el apoyo del cardenal Ascanio, con el objetivo de avivar de nuevo el interés por el monumento ecuestre de Francesco Sforza en la corte esforcesca, y de despertar en Leonardo el deseo de realizar por fin un peregrinaje de anticuario a la Ciudad Eterna? ¿Y podría haberlo acompañado el propio Leonardo en la primera etapa del viaje, la que le llevó a Florencia a ver a Lorenzo il Popolano, a quien volveremos a encontrar en los años siguientes como su mecenas y amigo?

De hecho, Vasari narra, en la vida de Simone del Pollaiolo, apodado «el Cronaca», que este arquitecto, gran amigo y devoto

---

[3] Ar, ff. 100*v-103v.

de Girolamo Savonarola, llevó a cabo la construcción de la Sala del Consejo en el Palazzo della Signoria, no sin antes solicitar las opiniones de Leonardo y otros. El encargo a Cronaca, con la colaboración de Francesco di Domenico, apodado «Monciatto», y la supervisión de Antonio da Sangallo, se concretó efectivamente el 15 de julio de 1495, por lo que la estancia de Leonardo entre finales de enero y principios de febrero del mismo año junto a Caradosso y su encuentro con Cronaca resultan factibles. A esta estancia florentina también cabría adjudicar la génesis de un proyecto desarrollado una decena de años más tarde: el de un gran canal navegable desde Florencia hasta el mar, parecido al canal del Dora visto en Ivrea.[4] Además, este breve viaje a Florencia, el primero después de tantos años, le habría permitido volver a ver a sus viejos amigos, especialmente a los Benci, a quienes se les había confiado la inconclusa *Adoración*, y resolver de una vez por todas las cuestiones que quedaban en suspenso con los frailes de San Donato a Scopeto. En ello lo ayudó su padre ser Piero, que mantenía buenas relaciones con los frailes y con Filippino Lippi, que asumió el encargo para realizar una *Adoración* propia que en última instancia iría al altar del convento.[5]

En esta ocasión Leonardo, tal vez pensando en no volver nunca a Milán, anota también los nombres de influyentes mercaderes florentinos que podrían ayudarle, acaso a abandonar Italia: Giuliano Gondi, que está construyendo su magnífico palacio en via delle Prestanze después de haber demolido la casa en la que vivieron los Da Vinci, Tommaso Ridolfi que tiene muchas propiedades en Vinci, Tommaso Capponi, Gherardo Paganelli, Niccolò del Nero, Simone Zati, los Nasi, los herederos de Leonardo Mannelli, Guglielmo di ser Martino, Bartolomeo del Tovaglia, Andrea Arrigucci, Niccolò Capponi y Giovanni Portinari; y también los nombres de algunos posibles destinos, sedes de las sociedades mercantiles florentinas: Perpiñán, Roanne, Lyon, Amberes, París, Gante y Brujas.[6]

---

[4] CA, ff. 126r-127v, 563r, 1.007r-v.
[5] ASF, *Notarile Antecosimiano*, 16.837, ff. 180r-184r.
[6] CA, f. 1.024v.

Como revela la dedicatoria del *Antiquarie*, el proyecto del caballo esforcesco todavía es posible, y Leonardo aún puede presentarse, en concursos para otros encargos, como quien trabaja por cuenta del duque en el monumento de Francesco Sforza. Precisamente como escultor y experto en plástica del bronce, Leonardo se ofrece ahora a la Fabbrica del Duomo de Piacenza.

El obispo Fabrizio Marliani quiere adornar el edificio con nuevas puertas de bronce. El obispo, muy fiel al Moro, es un hombre combativo, obsesionado desde hace mucho por la moralización de la diócesis y el embellecimiento artístico de la catedral: un severo edificio románico en el que también estuvo la mano del gran Wiligelmo. Las nuevas puertas de bronce están destinadas a ser colocadas debajo del alto pórtico central, sostenido por dos huraños leones de mármol rosa de Verona.

Es probable que Leonardo se enterara del proyecto durante su paso por Piacenza en su breve viaje a principios de 1495. Por otra parte, la noticia ya circula en la corte y se sabe también que se han presentado artífices completamente inadecuados, entre ellos ese «bombardero», Giannino Alberghetti, quien apoyado por el superintendente Ambrogio de Ferrari había sido el instrumento de la decepción más grave que había sufrido Leonardo, el transporte del metal reservado para «su» monumento a Ferrara, con el fin de fundir bombardas.

En un borrador de carta en tercera persona (recordatorio de un informe que debían leer otros miembros de la comisión de Piacenza), Leonardo arremete contra estos pretendientes, y no solo para proponer su propio nombre sino también para defender con orgullo el papel del arte en la promoción política y civil, como lo había sido en la Florencia renacentista, con las grandes esculturas de Ghiberti y Donatello.

El núcleo de la argumentación es muy sencillo: se exhorta a los diputados de la Fabbrica del Duomo a evaluar atentamente las solicitudes recibidas de una banda de incompetentes («hay quien es maestro de jarras, quien de armaduras, quien campanero, quien sonajero, y hasta un bombardero»), porque esas puertas (como cualquier gran monumento) podrían ser fuente de gloria para la ciudad, o (si mal ejecutadas) de infamia. Piacenza, dice Leonardo, es como Florencia «tierra de paso donde concurren asaz los forasteros», en el cruce de importantes vías de comunicación; y Florencia («dotada de tan fermosas y magnas obras de bronze, entre las quales las puertas de su baptisterio», obra de Andrea Pisano y Lorenzo Ghiberti) ha sabido demostrar a la perfección su excelencia con la autopromoción cultural y artística. Mira por dónde, en Milán hay precisamente un maestro llamado desde Florencia: «No hay omne de tamaño valor y creedme a mí, salvo Lonar<do> Fiorentino, que faze en bronze el cavallo del duque Francisco», si bien luego dice de sí mismo que «no es algo de lo que deva fazerse estima, porque tiene que ver con el tiempo de su vida, y dudo que, por ser tamaña obra, jamás la terminará».[7]

En este punto Leonardo da vuelta al papel y reescribe el último argumento: «He aquí uno al qual para fazer aquesta obra suya el Señor ha traído de Florencia, que es un digno maestro, pero tiene tanto, tanto trabajo: nunca podrá terminarlo. / ¿Qué creéis que differenzia haya en ver una cosa bonita de una fea? Adjúntese a Plinio».[8] Sorprendentemente, para dignificar la discusión, entra en escena nada menos que Plinio el Viejo. El pasaje que hay que «adjuntar» es el muy célebre del último libro de la *Historia natural* (XXXV, 5): la historia de la obra maestra de Praxíteles, la Venus de Cnido, tan maravillosa como para suscitar la admiración universal de las gentes. La obra de arte, con su belleza, es capaz de ennoblecer la ciudad y la comunidad en la que se ubica. Su poder de fascinación erótica atrae a enormes multitudes de devotos, hasta el inesperado y bochornoso desenlace del incontenible acto de lujuria de uno de ellos, que se enamora de la estatua.

Y aquí, de repente, Leonardo interrumpe la relación con los diputados de Piacenza. Se da cuenta de que la yuxtaposición entre la escandalosa estatua de la diosa pagana y las puertas de

---

[7] CA, f. 887r.
[8] CA, f. 887v.

bronce de una catedral, que deberían contar muy al contrario historias bíblicas y edificantes, podría parecer un poco irreverente. Pero la imagen de Venus, la divinidad fecundante del amor y de la vida, permanece en él. Regresará un día, confundiéndose en la visión de un mito. El de Leda, resurgida en forma de la estatua traída de Roma por Caradosso.

26. Profecías

Milán, 1497

El 2 de enero de 1497 muere la jovencísima duquesa Beatriz, con veintidós años tan solo. Comienza un periodo de luto, durante el cual el Moro da algunas señales de penitencia por su vida pasada. Se trata, sin embargo, de un signo enteramente de fachada, porque desde hace algún tiempo, mientras Beatriz aún vivía, mantiene una relación con una nueva amante, la gentilhembra lombarda Lucrezia Crivelli, dama de honor de la propia duquesa.

Es más, apenas dos meses después de la muerte de Beatriz, en pleno periodo de luto, Lucrezia le da a Ludovico un hijo, Giovan Paolo. A Leonardo, como ya ocurrió en el caso de Cecilia, se le encarga el retrato de la favorita, *Retrato de dama*, que es el cuadro que hoy se denomina erróneamente la *Belle Ferronière*.[1]

RETRATO DE DAMA O BELLE FERRONIÈRE

La disposición del *Retrato de dama* es más pausada que la de *La dama del armiño* y da casi la impresión de ser un busto escultórico: el movimiento se concentra enteramente en los ojos, que se giran hacia la derecha del observador y parecen enviar un mensaje no expresado fuera de escena. También para este retrato, un poeta amigo de Leonardo, probablemente Antonio Tebaldeo, escribió tres epigramas en latín conservados en un folio del Códice Atlántico. Nada original: la habitual confrontación entre Naturaleza y Arte,

---

[1] París, Musée du Louvre, inv. 778.

que ensalza a Leonardo porque ha sabido vencer a la Naturaleza, e incluso a los Dioses, y al Tiempo, eternizando la imagen de esa belleza, de otro modo perecedera.[2]

Entre la finalización de la *Cena* y sus compromisos en la corte, Leonardo continúa distrayéndose con otras mil actividades. En uno de sus cuadernos aparece el proyecto de un retablo para la iglesia de San Francesco de Brescia, un convento vinculado sobre todo a la personalidad del general de la orden Francesco Sansone. Probablemente se trate de una sugerencia de este durante una de sus visitas a Milán, a San Francesco Grande, la iglesia de la *Virgen de las rocas*.[3] Leonardo traza un esquema de la composición, imaginada como un restringido espacio teatral en el que situar, alrededor de la figura central de la Virgen con el Niño, la multitud de personajes solicitados por el comitente: nada menos que once santos, entre los cuales, en primera fila, los protectores de Brescia Faustino y Jovita, luego Pedro y Pablo, la reina Isabel de Hungría, y todos los grandes franciscanos: el fundador Francisco, Antonio de Padua, Buenaventura, Bernardino, Luis de Tolosa.

No sabemos si Leonardo fue personalmente a Brescia, entonces bajo dominio veneciano. Donde sí estuvo fue en la zona de Cremona, para visitar la fortaleza de Soncino.[4]

En Milán Leonardo preparó un sistema para calentar el agua en el baño de Isabel de Aragón, la duquesa viuda de Gian Galeazzo que, en abril de 1497, fue expulsada del castillo y confinada en la Corte Vecchia: «Cerratura del bañio de la duquesa», «baño/ para scalentar l'agua en la estufa de la duquesa tomarai 3 partes d'agua caliente por 4 partes d'agua fría».[5]

Mientras tanto, tiene trato con hombres de armas, hay muchos en Milán ante la amenaza de la guerra: el maestro de esgrima

---

[2] CA, f. 456v. Los epigramas también están atestiguados, con algunas variaciones, en la Ciudad del Vaticano, Biblioteca Apostólica Vaticana, Ottob. lat. 2860, f. 160r.
[3] I, f. 107r.
[4] I, f. 79v.
[5] I, ff. 28v y 34r.

Gentile di Pagano dei Borri, para quien dibuja un álbum de soldados a caballo y a pie, los capitanes Giovan Conte y Biagino Crivelli, el joven Gonzalo Fernández de Oviedo, futuro capitán en las Américas, y sobre todo Pietro Monti, condotiero español al servicio de Galeazzo Sanseverino y autor de algunos notables tratados sobre el arte militar, recordado por su competencia en el uso de armas arrojadizas: «Habla con Pietro Monti sobre estas tales maneras de sacar los dardos».[6]

Y, como de costumbre, Salaì se encarga de ocupar su atención: «La capa de Salaì a día 4 de abril de 1497 [...]. Sale de suyo doblones 13. Salaì robó 4 dineros». Para la manufactura de la capa Leonardo se gasta veintiseis liras y cinco dineros en la compra de cutro brazos de tela argentina, terciopelo verde, corchetes, camisetas, puntillas, y en la confección.[7] El 8 de junio registra otros veintidós dineros entregados a Salaì «para agastar», y en los días siguientes, hasta el 16 de agosto sigue registrando los gastos más relevantes, y también un extraño recuerdo de su padre: «Piero d'Antonio en Florencia y compañeros en Bolonia».[8]

El 28 de septiembre, «víspera de San Miguel», aparece el recuerdo de la actuación musical de un niño prodigio, Taddeo di Nicolò del Turco, de apenas nueve años, un angelito de la edad que tenía Salaì cuando apareció en su taller: «Y ese día fue a Milán y tocó el laúd y fue juzgado entre los buenos intérpretes d'Italia».[9]

Además, el 17 de octubre se registra la compra de cuarenta y seis brazos de tela, por trece liras, catorce dineros y medio.[10]

Y también llegan nuevos discípulos, que colaboran tanto en el refectorio de Le Grazie como en las habitaciones del castillo: para cada uno de ellos Leonardo, con la contabilidad de un mercader, escribe cuánto se han ganado con su trabajo, cuánto

---

[6] I, f. 120r.
[7] L, f. 94r.
[8] CA, f. 691r-v.
[9] MaI, f. IV.
[10] I, f. 49v.

han recibido y cuánto deben recibir todavía: «A día 3 de ennero / Benedetto vino a 17 d'octubre por 4 ducados al mes / estuvo migo dos meses y 13 días / [...] / Ioditti vino a día 8 de septiembre por 4 ducados el mes / estuvo migo 3 meses y 24 días».[11] En otra hoja Leonardo enumera a los discípulos, ocho en total, colocando el importe de la renta mensual al lado del nombre de cada uno de ellos: «<Fra>nc(esc)o 4 / <...>berdo 4 / Gianmaria 4 / Benedetto 4 / Gianpetro 4 / Salaì 3 / Bartolomeo 3 / Girardo 4».[12] Francesco y Gianpetro podrían identificarse con los pintores Francesco Galli, apodado «el Napolitano» y Giovanni Pietro Rizzoli, apodado «Giampietrino».

En cualquier caso, la corte milanesa se ha ensombrecido mucho tras la temprana muerte de Beatriz de Este. El espacio del juego y las fiestas se ha visto sustituido por un retorno a las prácticas religiosas y a las predicciones de magos y astrólogos, que siempre han gozado de una posición respetable entre la familia Sforza.

En los últimos años, uno de ellos, el médico astrólogo Ambrogio Varese da Rosate, miembro del Consejo Secreto y prefecto del Estudio de Pavía, se ha vuelto cada vez más influyente en la corte. El duque no da un paso sin consultarle. Incluso para establecer el día y hora de una ceremonia pública o de la salida de un embajador, es necesario que el astrólogo establezca el momento más favorable de conjunción astral, o, como solía decirse en esos tiempos, «por punto de astrología».

El futuro se muestra cada vez más incierto. Desde las clases altas hasta los estratos populares, se va abriendo paso la tenebrosa espera de una nueva era. La llegada del fin de los tiempos vendrá anunciada mediante convulsiones y cataclismos aterradores. Circulan profecías de todo tipo, recitadas públicamente en las plazas y en las iglesias por frailes, sacerdotes y profetas errantes improvisados. En Florencia, Savonarola truena contra la corrupción moral de la Roma de los Borgia, y desde Oriente llegan rumores so-

---

[11] CA, f. 189r. Véase también «Benedetto 17 d'octubre» (I, f. 53v).
[12] CA, f. 713r.

bre los proyectos expansionistas del sultán turco Bayezid II. Todo puede ser una señal del apocalipsis que se avecina: nacimientos de monstruos, cometas, lunas de sangre, lluvias de sangre, terremotos, granizadas, apariciones de tres lunas.

Impresionado también por esta emergencia profética, Leonardo empieza a escribir, en el Códice I, una serie de textos breves que suenan como las profecías callejeras o cortesanas más aterradoras lanzadas en aquellos años.[13]

En otra hoja, con el título *Profezía de Lionardo da Vinci*, hay incluso un intento de ordenar todas esas breves profecías en forma de una única gran predicción.[14] Los textos deberán ser recitados en la corte «en forma de frenesí o desvarío, de locura mental», como si el «profeta» se encontrara en un estado de excitación de los sentidos y de la imaginación, de delirio y alucinación.

Al final se descubrirá que la terrible profecía del apocalipsis no es más que una larga cadena de acertijos y la tensión del miedo dará paso a una risa liberadora. Nada más que un juego, una broma. Detrás de los escenarios más terribles, los objetos o situaciones más comunes de la vida cotidiana.

Por ejemplo, los huesos que vuelven a moverse, y parecen anunciar la resurrección de los muertos en el fin del mundo («Veranse los huesos de los muertos, con velozes movimientos, tratar la fortuna de su motor»), son simplemente los dados, hechos de hueso y agitados en el cubilete, como revela un soneto contemporáneo de Bramante.

Leonardo copia cuidadosamente la mayoría de las profecías en otra hoja del Códice Atlántico.[15] Los setenta y ocho textos, precedidos por el título *Pronóstico*, describen feroces guerras, hambrunas, terremotos y signos celestes, que luego se resuelven en normalísimos aspectos de la realidad cotidiana.

En determinado momento, sin embargo, Leonardo empieza a escribir cuatro profecías, de forma más extensa, que tratan de los

---

[13] I, ff. 63r-67r, 39v, 138r, 139r.
[14] CA, f. 526av.
[15] CA, f. 1.033r.

metales, de la dote de las jóvenes, de la crueldad del hombre y de la navegación. Ya no es un juego, una adivinanza, sino la amarga realidad del ser humano, «cosa inútil en el mundo y arruinadora de todas las cosas creadas», que devasta y corrompe la naturaleza para arrancar los metales de las venas y las entrañas de la antigua madre tierra, con el fin de utilizarlos luego para construir armas y matarse entre sí; que quitan la libertad y el futuro a las jóvenes en matrimonios concertados y en innobles compraventas entre familias; que desafían los límites naturales surcando los mares con frágiles barcos, destinados a naufragar y esparcir los huesos de los mortales «en diferentes lugares del mundo».[16]

No hay nada que hacer, es la humanidad entera la que está enferma de locura. «Ya lo había comprendido Plinio en su *Historia natural*», piensa Leonardo mientras hojea un hermoso libro ilustrado que un joven pintor alemán le acaba de traer de Alemania. Su título es *La Nave de los locos*. Algunos de los grabados los ha hecho este joven que ahora se encuentra frente a él, y que contempla embelesado sus dibujos, especialmente los fantásticos tejidos de nudos de la *Achademia Leonardi Vinci*. Su nombre es Alberto Durero.

---

[16] CA, f. 1.033v.

27. Fray Luca Pacioli

Milán, 8 de febrero de 1498

En 1498 la *Cena* ya está terminada. Nos lo cuenta un fraile franciscano afincado en Milán desde 1496, en el propio convento de San Francesco Grande: el de la *Virgen de las rocas*.

No es un fraile cualquiera, sino uno de los expertos en matemáticas y geometría más originales de la época, antiguo discípulo de Piero della Francesca y profesor en Venecia y en varias ciudades italianas.

Fray Luca Pacioli da Sansepolcro es el autor de la *Summa de arithmetica* publicada a finales de 1494 y adquirida con cierto sacrificio por Leonardo en 1495, como ya hemos visto.

No es casualidad que, tras la llegada de fray Luca, se intensifique el interés por las disciplinas matemáticas en los manuscritos de Leonardo. En el ya citado Códice Forster II encontramos extensos extractos de la *Summa de arithmetica*.

Luca Pacioli, además de su conocimiento de las obras de Piero della Francesca, puede servir de mediador a Leonardo, pues sabe latín mejor que su amigo, en particular en los *Elementa* de Euclides, traducido al latín por Campano, y entusiasmarlo en una infinidad de desafíos a la inteligencia con problemas como la cuadratura del círculo, la representación de los cuerpos sólidos más complejos y la posibilidad de transformar figuras geométricas.

En Milán, Pacioli se dedica sobre todo a la redacción del tratado *Divina proportione*, que se terminó el 14 de diciembre de 1498, como lo atestiguan los dos códices de dedicatoria de la obra que se conservan, uno para Ludovico el Moro y el otro para Galeazzo Sanseverino.[1] El prólogo al Moro recuerda el desarrollo, el 8 de febrero de 1498, en el castillo y en presencia del duque, de un «loable y científico duelo» entre filósofos, arquitectos, ingenieros, inventores: el teólogo minorita Gomezio, los franciscanos Domenico Ponzone y Francesco Busti da Lodi, el condotiero Galeazzo Sanseverino, el astrólogo de corte Ambrogio Varese da Rosate, los médicos Alvise Marliani, Gabriele Pirovano, Nicolò Cusano, Andrea da Novara y el arquitecto ferrarés Iacopo Andrea.

Sobre todos ellos destaca Leonardo, elogiado por Pacioli por la realización de la *Cena*, y por el gran proyecto del caballo esforcesco, cuyas medidas están registradas: con su altura de doce brazos, es decir, 7.139 metros, desde el cuello hasta el suelo, para una masa broncea esperada de doscientas mil libras, equivalente a casi cien toneladas.

Además, se dice de Leonardo que ha escrito «la obra inextimable del movimiento local de las percusiones y de los pesos y de las fuerzas todas es decir pesos accidentales», y ejecutado los dibujos de los poliedros regulares que adornan este tratado.[2] Se trata de la representación de las figuras sólidas, los llamados poliedros platónicos, que fascinaron por su perfección la imaginación de los artistas del Renacimiento. En ellos se encarna la armonía de las relaciones proporcionales, la idea misma de la belleza. Piero se había dedicado a ello en el pequeño tratado *De quinque corporibus regularibus*, que Pacioli traducirá y añadirá como tercera parte de la *Divina proportione* en la edición de 1509.

De hecho, gracias a fray Luca, una hoja de estudios sobre dodecaedros y proyecciones cónicas procedente de un manuscrito del círculo de Piero acaba entre los papeles del Códice Atlántico.[3]

---

[1] Ginebra, Bibliothèque Publique et Universitaire, ms. Langues Etrangères 210; Milán, Biblioteca Ambrosiana & 170 sup. Se ha perdido un tercer códice para Pier Soderini.
[2] L. Pacioli, *Divina proportione*, Venecia, Paganino de' Paganini, 1509, f. 28*v*.
[3] CA, f. 533r-v.

El estudio de la geometría y el primer libro de Euclides, preparatorio a la ejecución de las tablas de poliedros, prevalecen en el Códice M, un cuaderno de pequeño formato que puede fecharse entre 1497 y 1498. Como siempre, el códice no está reservado a un único interés: en él se concentran notas de arte militar, óptica y tecnología, de mecánica y de física (la caída de cuerpos graves y líquidos, la resistencia del medio) que revelan el acercamiento a la tradición medieval de la física aristotélica: Giordano Nemorario, Alberto Magno, Alberto de Sajonia.

Es un momento importante en el desarrollo de los estudios leonardescos de mecánica, tras la fase de los «elementos maquinales» representada por el Códice I de Madrid. El análisis balístico de los proyectiles (el bolaño lanzado por una bombarda, el dardo disparado por una ballesta), combinado con algunos experimentos con el lanzamiento de las pelotas, demuestra que cada rebote consume una parte de la fuerza con la que se mueve el cuerpo.

Ahora se sigue la mecánica medieval basada en el concepto de *impetus*, en contradicción con el concepto aristotélico de *antiperistasis*, por más que luego se intente conciliar ambos sobre una base experimental.

Influido por autores modernos como Jordanus Nemorarius, Jean Buridan, Biagio Pelacani, Leonardo llega de esta manera a comprender la existencia del principio de inercia. El estudio de las matemáticas y de la geometría se le antoja entonces fundamental para la investigación de un mundo concebido en equilibrio armonioso, libre de fricciones.

Las transcripciones de Euclides continúan en la primera parte del Códice I, fechado hacia 1497, en el que se completa el estudio del primer libro iniciado en M, y se abordan otras proposiciones de los libros II, III y X. Entre los textos más importantes, la verificación de la proporcionalidad del movimiento en relación con la resistencia.

Leonardo ataca a los llamados «proporcionalistas», es decir, a un grupo de autores que van desde Aristóteles hasta Alberto Magno y Alberto de Sajonia, culpables de haber seguido un camino puramente mental en la interpretación de los fenómenos naturales.[4]

Hay que recordar, sin embargo, que el duro ataque a los «proporcionalistas» no significa en absoluto que Leonardo no continuara utilizando el método proporcional en el estudio de los movimientos. La *sperientia*, invocada como factor resolutivo en la investigación, no tiene aún el papel sistemático que adquirirá, más de un siglo después, con la llegada del método experimental.

Más o menos coetánea, la primera parte del Códice I contiene textos sobre el agua y sobre el problema del movimiento, así como un nuevo grupo de extractos y listas léxicas latinas de la gramática de Perotti. A finales de siglo, Leonardo ha acumulado una enorme cantidad de lecturas y transcripciones, imaginando nuevos y más ambiciosos tratados de ámbito científico.

Algunos de ellos deben haber alcanzado una forma cercana a su posibilidad de divulgación, como atestigua Pacioli en la dedicatoria a la *Divina proportione* en 1498. Materiales aún no organizados ni listos para su publicación, ciertamente. Pero del libro de pintura ya debería estar completa una parte teórica sobre la comparación entre la pintura y las demás artes y disciplinas.

En 1498, Leonardo sigue trabajando en la decoración de distintos espacios de los apartamentos del castillo, presionado y, de hecho, supervisado de cerca por los funcionarios ducales.

Los días 20, 21 y 23 de abril, Gualtiero da Bascapé informó al Moro del progreso de un nuevo encargo, la decoración de la Salita Negra, bajo la supervisión de Ambrogio de Ferrari, y de la gran sala de la planta baja del torreón cuadrado del norte. A propósito de esta última, el día 21 Gualtiero precisa: «El lunes se desarmará la sala grande de las tablas, es decir de la tore. Magistro Leonardo promette terminarlo a finales de septiembre, et que por eso se podrá etiam dorarlo: porque el puente que fará dexará vacuo por bajo del todo». El 23 puede añadir que «La

---

[4] I, f. 102r.

grand sala está separada de las tablas, y no se pierde tiempo en el camarino».[5] En la práctica, el pintor ha quitado todas las «tablas», es decir las estructuras bajas de madera que abarrotan la sala: así la sala entera podrá volver a ser utilizada por corte, mientras que él seguirá trabajando en el techo sobre los andamios hasta finales de septiembre.

De todas las invenciones decorativas de Leonardo, la de la gran sala de la torre, claramente derivada de la *Camera de li arbori* concebida por Bramante en la casa de Gaspare Visconti, se encuentra entre las más sorprendentes.

Con soluciones que anticipan la idea de la naturaleza artificiosa del manierismo, grandes raíces emergen de entre las rocas, y troncos de árboles del tamaño de columnas se elevan hacia la bóveda, enteramente cubierta por el vertiginoso entrelazamiento de ramas, frondas y hojas. Son moreras negras, y aluden obviamente al comitente Ludovico el Moro.

Y Cecilia, la hermosa joven de *La dama del armiño*, ¿qué ha sido de ella y del retrato de Leonardo? Han pasado diez años y se ha convertido en una mujer, madre de un niño de siete años, Cesare, hijo natural del Moro: el duque la ha recompensado con el feudo de Saronno y le ha proporcionado un buen matrimonio con el noble Ludovico Bergamini. Magro consuelo. Ya no es la amante del Moro, sino una más.

Lleva una vida principesca, es temida y respetada y tiene su propia corte en el palacio milanés que perteneció al desafortunado condotiero Carmagnola, y que hoy alberga el Piccolo Teatro di Milano, a pocos metros del Cordusio, del Duomo y de la Corte Vecchia. Es aquí donde, día tras día, Cecilia se mira en el espejo y se ve envejeciendo, mientras la muchacha del retrato sigue siendo siempre la misma, con ese mordaz animal blanco en sus brazos.

Luego, un día, le llega una carta de Mantua. Se la ha escrito el 26 de abril, Isabel de Este, con una extraña petición: que le

---

[5] ASMi, *Autografi*, legajo 102, fasc. 34.

envíe el retrato pintado por Leonardo, de inmediato, a través del mismo caballero que le ha llevado esta carta.[6]

La petición, explica Isabel, ha surgido así: se han puesto a hablar de algunos retratos de Giovanni Bellini y surgió el deseo de hacer un «parangón» con el de Leonardo. Evidentemente Isabel ya lo había visto y admirado, unos años antes, en una de sus frecuentes visitas a Milán y Vigevano para visitar a su hermana Beatriz, esposa legítima de Moro y rival de Cecilia. Quizá también le hayan llegado voces de que Leonardo ha realizado un retrato de la nueva favorita del duque, Lucrezia Crivelli.

Tal vez el auténtico propósito del «préstamo» no sea el del «parangón». Isabel ha dado comienzo a una larga maniobra de aproximación hacia Leonardo. ¿Por qué no convencerlo para que pinte un retrato suyo, que es una princesa de verdad, una auténtica mecenas de las artes y las letras, y no una favorita cualquiera, una prostituta de la corte? Sería un valioso trofeo para añadir a la colección de tesoros artísticos de su estudio mantuano.

Nadie puede decirle que no a la divina marquesa. Cecilia se resigna a enviarle el retrato el 29 de abril, quejándose solo del hecho de que, con el tiempo, su figura ha cambiado completamente respecto a la efigie pintada por Leonardo: «Por aver sido facto aqueste retrato en una edad tan imperfecta, que luego yo he cambiado toda esa efigie, tal es así que viendo epso et a mí a la vez, nadie juzgaría que fue facto para mí».[7]

Nada de «parangón». El tiempo, consumidor de todas las cosas, ha dejado también sus huellas en el rostro de la hermosa Cecilia

---

[6] ASMa, *Archivio Gonzaga*, t. II, 9, legajo 2.992, copia de cartas 9, n.º 169, f. 54p.
[7] ASMa, *Archivio Gonzaga*, serie E, XLIX, 2, legajo 1.615.

28. Sueño de Oriente

Génova y Milán, 1498

En 1498 la situación política vuelve a deteriorarse y la alianza entre Milán y el Imperio se topa con el amenazador resurgimiento de los intereses franceses en Italia.

El nuevo rey Luis XII está pensando otra vez en una expedición militar en la península, con el objetivo de apoderarse del reino de Nápoles y también de ajustar cuentas con el infiel señor de Milán. La posesión del ducado, que representa un eje fundamental de la geografía económica y política, puede garantizarle un dominio duradero sobre todo el territorio italiano.

El Moro, preocupado, vuelve a utilizar a Leonardo como asesor en arquitectura e ingeniería militar. Constituye una ocasión importante el viaje del duque a Génova para inspeccionar el puerto, destruido por una tormenta el 17 de marzo, y para visitar las fortalezas de Ronco, Alessandria, Tortona y Casale Monferrato en el camino de regreso. Muchos años después, el artista-ingeniero todavía recordará aquella «ruina fecha en parte del muelle de Génova» y las varillas de hierro cortadas y destruidas por la potencia del derrumbe.[1]

El viaje genovés es probablemente la ocasión de uno de los episodios más oscuros y fascinantes de la biografía de Leonardo, la posibilidad de un punto de inflexión radical que podría haber cambiado todo el curso de su vida, y quizá también de la cultura europea y mediterránea.

Génova es, en efecto, una de las puertas privilegiadas de intercambio con el Mediterráneo y, es más, después de la con-

---

[1] CA, f. 10r (hacia 1515).

quista turca de Constantinopla y del abierto enfrentamiento entre los turcos y Venecia, ahora es prácticamente la única presencia occidental en la capital del imperio, en el barrio de Pera o Gálata, al otro lado del Cuerno de Oro.

Las relaciones diplomáticas se ven favorecidas en particular gracias a los frailes franciscanos, que conservan un importante convento en Gálata. Ahora, a finales de siglo, llegan a Occidente mediante su mediación ofertas de empleo dirigidas a científicos, expertos en artes mecánicas, ingenieros y arquitectos, para una serie de grandes obras, puentes y fortalezas sobre todo, que el sultán Bayezid II completará en el transcurso de los años siguientes.

Al enterarse de los deseos del sultán, Leonardo no se lo piensa dos veces y le escribe una carta. El original de la carta (ahora perdido) se confió probablemente al mismo emisario que se acercó a él y que le había mostrado ese nuevo e increíble horizonte: creo que se trata de un fraile franciscano o un agente genovés, ya que la única copia del documento, la traducción turca en un registro de la cancillería del sultán, indica que la carta, escrita por un cierto «infiel llamado Leonardo» (en turco, «Lînardo adlu kjâfir»), fue enviada desde Génova el 3 de julio y llegó a Constantinopla cuatro meses después.[2]

En este texto, fascinante a pesar de su brevedad, el «infiel llamado Leonardo» se dirige personalmente a Bayezid II, declarándose su «sirviente» y «esclavo» (fórmulas rituales que tal vez le haya sugerido el agente genovés), y le comunica que ha preparado un proyecto de molinos de viento y de bombas para desecar la cala de embarque. Al enterarse también de que el sultán quiere construir un puente desde Gálata a Constantinopla, pero que su idea aún no ha sido llevada a cabo porque no le ha sido posible encontrar ingenieros expertos, Leonardo le presenta su proyecto, de un solo ojo de seiscientos sesenta metros, por debajo del cual podrán pasar incluso barcos con todas sus velas; y

---

[2] Estambul, Top-Qapu Seraj, E 6.184.

luego dobla la apuesta, sugiriendo también la visionaria idea de un puente móvil capaz de cruzar el Bósforo y conectar Oriente con Occidente.

La apuesta es demasiado audaz y probablemente el sultán se convence de que el infiel llamado Leonardo está loco o es un timador en busca de riquezas. Y en cambio el Códice L nos revela que Leonardo se dedicó realmente a la solución de los problemas relacionados con los proyectos propuestos en la carta al sultán: se reconocen los dibujos y los apuntes de los molinos de viento, la bomba hidráulica destinada a los barcos, es decir, la «tromba de galera», la «bastia o bien sustentáculo d'agua».[3]

En cuanto al proyecto del puente sobre el Cuerno de Oro, una brevísima nota y un pequeño dibujo bastan para demostrar que Leonardo ya había visto, de forma muy clara, la posibilidad de ejecutar el proyecto de un puente de un solo ojo capaz de descargar la inmensa masa de la estructura en ambos extremos: «Puente de Pera a Gonstantinopla, ancho 40 brazos, altura sobre el agua brazos 70, largo brazos 600, es decir 400 sobre el mar, y 200 brazos posados en tierra, de espaldas a sí mismo».[4] Traducido a las medidas actuales, el puente, de un solo arco, mediría 23,75 metros de ancho, 40,852 metros de alto, 350,16 metros de largo, de los cuales 233,44 metros salvan el Cuerno de Oro.

Lo cierto es que Leonardo confía en una respuesta afirmativa desde Constantinopla. Prueba de ello es que intenta aprender rápidamente tanto la lengua turca otomana como la escritura árabe de la que se sirven los turcos, trazando en otro cuadernillo algunas palabras en caracteres árabes que, con el significado genérico de «innovaciones» o «invenciones», parecen relacionadas con la carta al sultán.[5] Dibuja, quizá con la ayuda del fraile genovés que le ha enviado la carta, un tosco mapa de Constantinopla, con sus murallas con torreones que dominan el Bósforo, las calles que lo cruzan y el antiguo Hipódromo.[6]

---

[3] L, ff. 34v-36r, 90rv, 91r; ff. 25v, 24v; L ff. 19r, 28v, 33r.
[4] L, f. 66r.
[5] I, f. 122r.
[6] CA, f. 291v.

Muchos años después, en un folio francés tardío, copió algunos versos de un poema persa o turco, pero en caracteres latinos: «Sanasin chinberi ivr /humane daldi ciar chalinde /giusta asi»; un extraño texto que habla de la puesta del sol, y que traducido suena más o menos de esta manera: «El círculo del sol se acelera, como una rueda se sumerge en el océano, pero sin hacer que hierva».[7]

Y piensa también en el viaje, en los lugares limítrofes donde podría haber hecho escala o encontrar asilo: «Rodas tiene dentro 5.000 casas».[8] Rodas es el bastión de la orden de los Caballeros de San Juan o Jerosolimitanos, y el gran maestro Fabrizio Del Carretto está terminando la construcción de un formidable círculo de murallas; él también podría necesitar un buen ingeniero.

Con su imaginación viaja también a través de los libros de su biblioteca, por textos geográficos y científicos como la cosmografía de Ptolomeo, que le describen las características geomorfológicas, las diferencias climáticas y las mareas de un mar interior como el mar Negro. En las tablas de Ptolomeo sigue el curso de los grandes ríos del mundo, el Nilo y los ríos de la India y Asia Central;[9] y luego saca un pequeño mapa geográfico del Mediterráneo, desde España hasta el mar Negro, hasta Caffa, hasta Tana, en la desembocadura del Don, en el Cáucaso: los lugares de origen de su madre, Caterina.[10]

Como de costumbre, intentará añadir a la documentación libresca el consuelo de la experiencia práctica de quien realmente ha estado en Oriente: «Escribe a Bartolomeo Turco sobre el flujo y reflujo del mar del Ponto, y que entienda si este flujo y reflujo se produce en el mar de Hircania, es decir, mar Caspio».[11] Se trata de Bartolomeo di Giovanni, o «de los sonetos», capitán y viajero veneciano, autor de un extraño *Isolario* que describe las islas del mar Egeo en sonetos. Otro libro que probablemente

---

[7] CA, f. 283r.
[8] L, I cop.v.
[9] CA, f. 263r.
[10] CA, f. 1.106v (hacia 1497-1499). Véase también CA, ff. 832r, 1.007r-v (hacia 1493), 200v (hacia 1500); 227v y 901r (hacia 1515); A, f. 52r.
[11] CA, f. 697r.

entró en la biblioteca de Leonardo. Otra ventana al mundo, grande y terrible.

El sueño de Oriente, para Leonardo, es algo extraordinario. Una forma más de evasión, por supuesto, de un mundo y una corte en decadencia, al borde de la ruina, una decisión reflexionada como siempre en lo hondo de su corazón. Pero esta vez hay algo más, la sensación de un punto de inflexión radical y definitivo: el abandono de la civilización occidental y cristiana, y la apertura de horizontes grandiosos, de proyectos militares y de ingeniería en el imperio turco. ¿Qué habría podido lograr con los medios ilimitados que el sultán habría puesto a su disposición? ¿Cuál habría sido su nuevo espacio de libertad? ¿Qué maravillosos escenarios le habría ofrecido la naturaleza en las regiones más remotas de Oriente, ríos y mares y océanos y llanuras interminables, y las altísimas montañas en los confines del mundo donde había nacido su madre Caterina?

29. Un viñedo en la ciudad

Milán, 1498-1499

El sueño se desvanece en el aire. De Constantinopla no llega respuesta alguna. Leonardo se resigna, se queda en Milán y vuelve a concentrarse en la supervisión del complejo sistema de vías fluviales y canales navegables. Por lo demás, la regulación del agua es una de sus grandes pasiones, y ahora está tomando forma en la composición de un tratado sobre hidrodinámica (aplicada tanto a uso civil como militar), para el que ya ha escrito varios capítulos y listas de libros.[1]

La deuda que la corte tiene con el artista debe de ser ya considerable, y los tesoreros, faltos de liquidez debido a los enormes gastos incurridos tanto a causa de las obras de construcción y de la actividad artística como de las fortificaciones militares y la gestión de compañías mercenarias, se ven obligados a vender algunos bienes adquiridos recientemente por la cámara ducal. Será mejor tener contento a Leonardo, no sea que, en caso contrario, decida marcharse otra vez.

De esta manera, Leonardo se convierte en propietario de un viñedo en el barrio suburbano de Porta Vercellina, entre Santa Maria delle Grazie y San Vittore.

Una donación favorecida tal vez por el obispo de Piacenza, Fabrizio Marliani, a quien el Moro ha hecho la concesión, con dispensa pontificia, de todas las tierras que pertenecían antes al monasterio de San Vittore. Gravemente enfermo de gota, el obispo no ha podido avanzar con su proyecto de las puertas de bronce para la catedral, pero es posible que quisiera premiar a Leonardo de alguna manera.

---

[1] Ar, ff. 45r, 35r-v, 132r.

El primer documento que atestigua esta propiedad está fechado el 2 de octubre de 1498: en una permuta entre los procuradores del Moro (Giovanni Antonio da Landriano, consejero ducal y tesorero general, Bergonzio Botta, maestro de ingresos ordinarios y Gualtiero da Bascapé, juez de aranceles) y Gabriele de Suico, procurador de Elisabetta Trovamala, viuda de Luca Crotti, se menciona entre las tierras confinantes un viñedo donado al pintor por el Moro, y antes cedido a la cámara ducal el 2 de agosto de 1497.[2] El viñedo se extiende por aproximadamente dieciséis pérticas desde el cantón entre la carretera del canal y la gran avenida de San Vittore hasta la iglesia de San Gerolamo dei Gesuati, y llega hasta Redefosso, con una superficie equivalente hoy a doscientos metros por cincuenta, es decir, aproximadamente una hectárea. Tiene un valor inmobiliario notable, porque está ubicado en una zona de la ciudad susceptible de experimentar una gran ampliación edificatoria, destinada sobre todo a albergar las residencias de la élite esforcesca, casas y jardines de los funcionarios ducales. Próximas están, por ejemplo, la casa del bresciano Evangelista Rovedini, hombre de armas y maestro de cuadras del Moro; y el palacio del camarero ducal Mariolo de' Guiscardi, vendido en 1498 al cardenal Hipólito de Este.

En este mismo periodo, para Galeazzo Sanseverino tal vez, Leonardo ejecutó el proyecto de una casa señorial grande y espaciosa, en una hoja de papel que contenía instrucciones generales sobre las habitaciones y locales, escritas por la mano del cliente, sin duda una persona acaudalada, que quiere «una habitación grande para mí», y que prevé una numerosa servidumbre, una *canzelaria* para despachar trámites y un establo de dieciséis caballos.[3]

Puede parecer increíble, pero es la primera vez que Leonardo, a sus cuarenta y seis años, se convierte en dueño de algo. Hasta ahora nunca ha tenido nada en propiedad, a diferencia de su padre, el notario ser Piero, que a lo largo de los años ha segui-

---

[2] ASMi, *Rogiti camerali* legajo 105, n.º 360.
[3] CA, f. 426r. Véase también CA, ff. 1.050v, 1.090r. Acerca de Mariolo: I, f. 118v; FoIII, f. 88r.

do acumulando «cosas» y comprando casas y terrenos en la zona de Vinci.

Leonardo siempre ha estado libre de los vínculos y las preocupaciones que implica inevitablemente una propiedad. Y ahora, en cambio, esta donación supone para él un acontecimiento tan nuevo y emocionante que, tan pronto como puede, se arma de cuerdas, estacas e instrumentos de medición y va al viñedo, lo recorre a lo largo y ancho y mide sus brazos, según el uso milanés: en total son treintaiún brazos desde el puente de Tincone hasta el centro de la verja, y veintitrés brazos y medio desde el puente hasta la esquina de la carretera.[4]

Leonardo continúa haciendo estudios de su viñedo, entre otras razones para intentar calcular con precisión su valor pecuniario en caso de venta: cálculos complicados, ya que la pértica milanesa se divide en 1.855 parcelas, y Leonardo valora cada parcela en cuatro dineros cada una: «A 4 dineros el cuadrado, siendo la pertichа de 1.855 cuadrados, esta pertica viene a costar liras 371, es dezir, ducados 92 3/4, que las 15 pérticas vienen ducados 1931 y 1/4».[5] Nada mal como suma.

Las cuentas de Leonardo se intensifican, entre sus papeles, precisamente en los meses en los que, entre finales de 1498 y principios del 1499, los rumores de guerra se acercan y la ruina se acumula sobre la cabeza del Moro. Inmersa en una total inconsciencia, la corte esforcesca se divierte entre fiestas y banquetes sin prestar atención a los preocupados informes de los embajadores y agentes secretos.

Leonardo vuelve a pensar seriamente en abandonar Milán y en poner a salvo el dinero acumulado durante casi veinte años. No es de descartar que Ludovico el Moro pueda permanecer en el poder después de una guerra con Francia, gracias al apoyo de las milicias suizas y de Maximiliano de Habsburgo, pero por el momento es mejor tomar precauciones y no dejarse coger des-

---

[4] I, ff. 71r-70v. El brazo milanés corresponde aproximadamente a 60 cm.
[5] FoII, f. 54v. Véase también FoII, ff. 55r, 56r, 61r, 62r; I, ff. 50v, 51r, 58v, 59r, 61r, 118v-119r, 120v.

prevenidos ante una posible caída de los Sforza.

El 1 de abril de 1499 Leonardo salda cuentas con sus colaboradores: «Salaì liras 20 / para Fazio liras 2 / Bartolomeo liras 4 / Arigo liras 15 / 9 ducados de oro de Salaì»; luego hace la suma de todo el efectivo que encuentra en la casa, en monedas de todas clases: «Ducados 5 / ducados 1 / ducados 3 / me encuentro liras 218 a día primero de abril de 1499 / ducados 20 en la esquina de clavos en papel blanco / ducados 28 junto a la esquina de los clavos en papel azul / ducados 97 en la esquina de la repisilla encima de las ménsulas», y así sucesivamente, con los alfonsinos, los florines de Reno, los doblones, los ambrosini. Es curioso observar que Leonardo esconde las monedas en cucuruchos de color blanco y azul, que deja en los lugares más visibles, cerca de los contenedores de clavos, y a ambos lados de un largo estante, mientras que en la «caja», es decir, en el cofre, primer objetivo de posibles ladrones, solo quedan ciento cuarenta «puñados» de ambrosini envueltos en tela.[6]

Por último, quizá por insistencia por su parte, se concreta la escritura de donación de la viña, ratificada por el Moro, el 26 de abril de 1499. El documento certifica los límites del terreno, junto con la licencia de construcción y de cultivo de huertas.[7]

El acto, titulado *Littere donationis magistri Leonardi Guintii Florentini*, es también un importante pero tardío reconocimiento a la excelencia alcanzada por el artista, considerado superior a todos los artesanos antiguos, gracias a las múltiples obras *(multifaria)* que ha realizado y que serán testigos de su ingenio durante mucho tiempo.

Justo a tiempo. Inmediatamente después, el ejército francés, dirigido por Luis de Luxemburgo, conde de Ligny, Estuardo de Aubigny y Gian Giacomo Trivulzio, entra en Italia.

---

[6] CA, f. 773r.
[7] ASMi, *Autografi*, legajo 102, f. 34r; *Governatore degli Statuti* (antiguo *Registro Panigarola*), *Registri degli atti sovrani*, n.º 15, ff. 182v-183r. Véase también ASMi, *Archivio Generale del Fondo di Religione*, legajo 1.865, fasc. 3, 6, 86.

30. El ducado en llamas

Milán, 1499

El 24 de julio, tras pasar Asti, los franceses se despliegan en la fortaleza de Arazzo y amenazan las fronteras del ducado de Milán.

El castillo de Annone sufre un saqueo. El condotiero Galeazzo Sanseverino, sin luchar, se encierra en Alessandria y luego se retira, mientras que su hermano Gianfrancesco, conde de Caiazzo, en un espectacular gesto de traición, se pasa al lado del enemigo.

Otro traidor es Pietro da Gallarate, abuelo de Isabella Gualandi, antiguo embajador en Nápoles y elegido quizá por Leonardo para el rostro de uno de los apóstoles de la *Cena*, que abre su castillo de Cozzo Lomellina al paso del ejército francés y es recompensado de inmediato con el nombramiento real como senador.

Mientras el ducado arde, Leonardo, con absoluta calma, permanece en Milán, en su alojamiento de la Corte Vecchia, donde escribe algunas de sus notas sobre mecánica: «A día primero d'agosto de 1499 escriví aquí del movimiento y peso»; o se plantea todavía cómo calentar el baño de la duquesa viuda Isabel de Aragón, que sigue confinada en la Corte Vecchia con su hijo enfermo, el débil duquecito Francesco: «Del baño de la duquesa Isabella / facto para la stufa o bien baño de la duquessa Isabella».[1] Normalmente, en verano hace bastante calor en Milán, y resulta extraño que la princesa sea tan sensible al frío o tan delicada como para necesitar un baño caliente. En realidad, lo que pretende Leonardo es aproximarse a quienes, como futuros

---

[1] CA, f. 289r. Véase también Ar, f. 145v; I, ff. 28v, 31v.

nuevos amos, tienen todo que ganar. Isabel ciertamente no se pone del lado del Moro, culpable de la invasión francesa de Nápoles y de la muerte de su marido: y el duquecito Francesco estará entre los primeros en ser «liberados».

El avance francés, en efecto, es rápido e imparable. El 19 de agosto cae Valenza, y poco después Alessandria.

El 30 de agosto, un levantamiento popular, fomentado por los partidarios de Trivulzio, devasta las casas de los funcionarios ducales en Milán. Durante el tumulto, el tesorero ducal Giovanni Antonio da Landriano es asesinado por Simone Arrigoni. Ya nadie se siente a salvo.

El 2 de septiembre el Moro huye hacia Innsbruck para pedir ayuda a Maximiliano, confiando en la capacidad de resistencia del castillo, al mando del castellano Bernardino da Corte, y dotado de alimentos y municiones para afrontar un largo asedio. Y, en cambio, Bernardino también lo traiciona y llega a un acuerdo con los franceses, al igual que Filippino Fieschi y Cristoforo da Calabria. Bergonzio Botta se salva gracias a que meser Baldassarre Pusterla lo lleva del castillo a su casa.

Milán cae el 6 de septiembre y acoge a los dos condotieros victoriosos, Gian Giacomo Trivulzio y Luis de Luxemburgo, conde de Ligny. Testigo directo de los hechos, del 5 de septiembre al 12 de noviembre, venido con el embajador florentino Francesco Papi, es un humanista, Agostino Nettucci o Vespucci, antiguo discípulo de Poliziano y secretario y amigo de Maquiavelo.[2]

La entrada triunfal de Luis XII se produjo el 6 de octubre, y permaneció en la ciudad durante más de un mes para administrar justicia y organizar la conquista del ducado. Entre los nobles italianos que se apresuran a rendirle homenaje está en primera línea el antiguo enemigo de Fornovo, el marqués de Mantua Francesco Gonzaga. Junto a él, un joven noble de veinte años, Baltasar de Castiglione, que ha pasado los últimos años en la corte de los Sforza, enviado por Isabel de Este para estudiar griego y latín con Calcondila y Merula, y que seguramente cono-

---

[2] ASF, *Signori, Responsive originali*, legajo 12.

ció a Leonardo, y ahora es testigo directo de los estragos que los invasores están causando en Milán: «El castillo de los Sforza, que fuera antaño receptáculo para la flor y nata de los hombres del mundo, está ahora repleto de tabernas y perfumado con estiércol».

Leonardo espera pacientemente el desarrollo de los acontecimientos encerrado en su estudio. En el envés de la primera cubierta del Códice L, aislada en el centro, la nota «edifitios de Bramante» recuerda los dibujos y proyectos arquitectónicos que le legó su amigo Bramante, que ya se había marchado hacia Roma tras la muerte de Gaspare Visconti el 8 de marzo de 1499. A continuación, con la misma tinta, una serie de anotaciones rápidas y dramáticas que parecen haber sido escritas a principios de septiembre: «El castellano en prisión / el Bisconde despedazado y luego muerto su hijo / G<i>an della Rosa arrebatado los dineros / Borgonzo empezó y no lo quiso y por eso rehuyó las fortunas / el duque perdió el estado y las cosas y la libertad / y ninguna de sus obras se terminó para él».

Son las voces sin control que le llegan desde fuera, pero la realidad es otra. El castellano Bernardino no es un prisionero, sino un traidor. Galeazzo Visconti, que gozaba de la máxima confianza del Moro y era caballero sirviente de la duquesa Beatriz, fue uno de los primeros en traicionarlo. Bergonzio Botta se salvó porque él también se puso del lado de los franceses. Se dice que el Moro ha sido capturado en Valtellina, pero en realidad no es cierto, ha logrado continuar su fuga. Todavía no ha perdido su libertad, pero sí en efecto todo lo demás, «el estado y las cosas», es decir, el poder y la riqueza personal. Lo que sigue atañe directa y amargamente al propio Leonardo: no se ha llevado a término ninguna de las grandes obras que le ha encargado el duque, especialmente el caballo esforcesco.

En la primera página de ese mismo Códice L puede leerse una breve lista acerca de Milán también, tal vez una relación de cosas, lugares, personas que ver antes de una próxima marcha.

Destacan los nombres de Giovanni Ambrogio de Predis y del carpintero Gaspare Stramido, a quien los franceses encargan la reparación de las estructuras de madera de los puentes y puertas de Milán destrozados por la guerra.[3]

¿Cuáles fueron los primeros contactos de Leonardo con los vencedores? En un folio que lleva el dibujo de un teatro móvil o una escenografía semicircular adscribible a los últimos años milaneses con la inscripción «esto ha de vestirse de tela y luego clavarlo», se redacta un misterioso recordatorio, abierto por una frase igualmente misteriosa: «Buosca a Ingil y dille que lo esperas amorra, y que irás con él ilopanna».[4] Se trata de un simple lenguaje codificado: las palabras más «sensibles», *ingil, amorra, ilopanna*, están escritas al revés, por lo que el mensaje debe leerse así: «Buosca ligni y dille que lo esperas a rroma y que irás con él a nnapoli».

El significado es claro. Ligny es el comandante del ejército francés. Leonardo promete reunirse con él, para decirle que lo esperará en Roma y continuar luego juntos hasta Nápoles.

En un trozo de papel originalmente adjunto al memorando, Leonardo ha empezado a dibujar una pequeña y extraña fuentecilla coronada por un querubín, tal vez un artilugio para sorprender o congraciarse con los nuevos amos, que tal vez distribuyera generosamente vino en lugar de agua. En efecto, Leonardo añade una nota sobre la mezcla progresiva de vino y agua y hace de inmediato *sperientia* de ello, como lo revela la increíble mancha circular que el fondo de la jarra o el vaso ha dejado en el papel.[5]

El recordatorio de Ligny es fundamental para entender qué se propone hacer Leonardo a finales de 1499, y cuáles son sus verdaderas relaciones con los franceses, desde los primeros días de su llegada a Milán.

Ligny, primo de Carlos VIII y ya partícipe en la expedición de 1494, es uno de los miembros más destacados de la familia real

---

[3] L, f. 1r.
[4] CA, f. 669r.
[5] CA, f. 585r.

francesa y ostenta derechos feudales en el reino de Nápoles. En el momento de la conquista de Milán, Ligny ya pensaba, con la grandiosa proyección que había hecho su primo Carlos VIII, en continuar hasta Nápoles, cuya conquista recuerda haber sido sumamente fácil en 1495.

El 9 de septiembre envía a su agente secreto, Pietro Dentice, a Venecia para convencer a la Serenísima de que le preste ayuda logística a cambio de la cesión de puertos y territorios. Los contactos prosiguen con el secretario veneciano en Milán, Giovanni Dolce, y con el embajador ante el rey, Antonio Loredan. Pero Venecia, que tras haber sido atacada por los turcos tiene problemas más serios, da largas y la empresa fracasa. A Ligny se le asignaron otras funciones y murió siendo aún joven en Francia en 1503.

La muerte del joven príncipe supondrá un duro golpe para quienes tantas esperanzas habían depositado en él. Su secretario poeta, Jean Lemaire de Belges, le dedicará un poema, *La Plainte du Desiré*, en el que imagina a la Naturaleza llorando sobre el cuerpo de Ligny, mientras las dos ninfas Peinture y Rhetorique discuten entre sí sobre la primacía de la pintura: un pequeño parangón de las artes, en la que el poeta recuerda los nombres de los pintores que lloran la muerte de Ligny. Además de Gentile Bellini, Perugino y Jean Hay, está efectivamente Leonardo: «*Toy Leonard qui as graces supernes*». E inmediatamente después aparece el nombre de Jean de Paris, es decir, Jean Perréal, pintor y miniaturista de Carlos VIII y Luis XII, encargado de las celebraciones y de los aparatos de las entradas reales, y también del asesoramiento en ingeniería militar. Una especie de alter ego de Leonardo, que lo conoció en Milán en 1499 y le pidió que le explicara algunas de sus técnicas, como se recuerda en la nota de Ligny: «Sácale a Gian de Paris el modo de colorear en seco y el modo de la sal blanca y de fazer papeles enpastados».

De hecho, Jean es un experto en el método del pastel, útil para la ejecución rápida de escenas y retratos: ha acompañado a Luis XII a Milán para dibujar lugares y los principales acontecimientos militares de la breve campaña de Lombardía. El pintor francés aprovecha la oportunidad para entrar en contacto con

Francesco Gonzaga y ofrecerse a su servicio. Unos años más tarde su amigo Lemaire le dedicó *Les epistres de l'Amant Verd* (1512), y lo celebró como el segundo Zeuxis o Apeles en la *Legende des Venitiens* (1509), en la que relataba el triunfo de Luis XII sobre Venecia con la batalla de Agnadello. El pasaje en el que se habla de Perréal, quien representa admirablemente la batalla con la pintura, parece hacerse eco del *Modo de representar una batalla* que Leonardo ya había compuesto para su libro de la pintura.

El memorándum de Ligny está salpicado de verbos como «consigue, quita/coxe/pilla/llévate, compra y vende», e incluso «aprende», indicio de la prisa con la que Leonardo se prepara para abandonar Milán. Hay que buscar y llevarse los últimos libros importantes (Witelo, *De ponderibus*, las obras de Leonardo Cremonese), conseguir un certificado de la última donación recibida (la del viñedo, que podría alquilar al padre de Salaì), vender lo que no pueda llevar, comprar ropa cómoda de viaje (jubón, gorros, zapatos, calcetines) y tener preparadas las cajas para el transporte, una de las cuales se dejará en Vinci. ¿Cómo protegerlas de la lluvia y la nieve? Generalmente se utilizan gualdrapas, llamadas «mulateras», pero es mejor echar encima mantas más gruesas: «2 cajas cubiertas por mulateras, pero mejor serán las mantas porque son 3, de las cuales una la dejarás en Vinci».

Queda una última cosa por hacer: poner el dinero a salvo. Con casi cincuenta años, Leonardo ha aprendido que es mejor no llevar encima todos esos cucuruchos y paños repletos de ducados de oro y liras imperiales. El dinero también viaja, pero de forma mucho más segura si se desmaterializa mediante un simple pedazo de papel: una letra de cambio. El 14 de diciembre de 1499 acude a las sucursales milanesas de los banqueros florentinos Franceschi y Silvestro di Dino, hace cambiar su dinero e ingresa en cada uno de los bancos el equivalente a trescientos florines de oro y pide que le emitan dos letras de cambio, que serían libradas en Florencia el 7 de diciembre de 1499 y el 14 de enero de 1500, en su ausencia, por Giovanbattista di Benedetto di Goro a costa de los herederos de Piero di Gino Capponi y de Taddeo Gaddi. En total, llega a Florencia la suma de seiscientos florines: una suma enorme, por supuesto, pero que no es nada si se tiene en cuenta que es todo lo que Leonardo pudo ahorrar en casi veinte años en Milán.

El dinero queda depositado en la cuenta abierta a su nombre en el hospital de Santa Maria Nuova. Su director es desde hace algunos años el monje cartujo Leonardo de Giovanni Bonafé.[6] Coincidencias de la vida: el monje-banquero no solo lleva su mismo nombre, sino que está casi emparentado con él. Es el hermano de mona Lisa de Giovanni Bonafé, madre de Lucrezia Cortigiani, última esposa de ser Piero da Vinci y madrastra de Leonardo. Y, como es natural, desde hace años, el monje banquero es cliente de su cuñado notario.[7]

Ahora ya está todo arreglado. Es casi Navidad, hora de marcharse. Las cajas, llenas de ropa, objetos personales y, sobre todo, dibujos, libros y cuadernos se cargan en las mulas de viaje. El camino hacia Roma es largo.

Junto a la caricatura de un viejecillo sonriente que podría ser su amigo fray Luca Pacioli ya hay un pequeño mapa del primer tramo, desde Milán hacia Lodi o Pavía, con las distancias respectivas.[8]

Luego están previstas paradas importantes: Bolonia, donde ahora se encuentra su discípulo y amigo Boltraffio; Florencia, quizás gracias a la mediación de Agostino Vespucci, y, sobre todo, Vinci. El futuro es oscuro, incierto, pero al menos volverá a su pueblo, piensa Leonardo con el entusiasmo de un chiquillo, para recuperar fuerzas y energías mediante el contacto físico con su tierra, antes de la nueva e incierta aventura que le aguarda en el sur. ¿Qué le contará a su viejo tío Francesco, qué les dirá a sus hermanas de cuando su amadísima madre, Caterina, se adormeció para siempre entre sus brazos?

---

[6] ASF, *Ospedale di Santa Maria Nuova*, 5.638, f. 266r.
[7] ASF, *Notarile Antecosimiano*, 16.835, ff. 246v, 257r, 272v, 284r, 287v, 297v-298v; 16.838, ff. 100v-101r, 124r-125v, 166v.
[8] CA, f. 608v.

III. El errante

1. Isabel

Mantua, enero de 1500

Una tarde con un sol blanco. En un día de enero de 1500, Leonardo mira a su alrededor.

No está en Roma sino en el castillo de Mantua, suspendido entre la ciudad y las aguas brumosas de los lagos que va formando el río Mincio: la residencia del marqués Francisco Gonzaga y de su esposa Isabel de Este. ¿Cómo es que ha llegado hasta aquí?

Cuando salió de Milán, su pequeña comitiva no cruzó el Po, sino que tomó una dirección inesperada, hacia el este, pasando por Soncino y Cremona, los territorios que los venecianos acababan de conquistar a expensas del ducado de Milán con la ayuda de los franceses.

No son muchos quienes lo acompañan: Salaì y fray Luca Pacioli, que tiene una profunda relación con Venecia: de joven, de hecho, fue discípulo de los cursos de aritmética en la Escuela de Rialto, con el gran Domenico Bragadin.[1]

Sin duda, considerando la incertidumbre de los tiempos y el peligro de los caminos, viajarán protegidos por una escolta militar, primero francesa y luego veneciana, que se turnan. Una vez desvanecido el sueño de conquistar el reino de Nápoles por parte de Ligny, tal vez haya sido el propio fray Luca, de acuerdo con los emisarios venecianos en Milán, Giovanni Dolce y Antonio Loredan, quien haya sugerido el nuevo destino: ya no Roma, sino Venecia. Y, de camino a Venecia, Mantua es una parada casi obligada.

---

[1] L. Pacioli, *Divina proportione*, f. 28v.

Isabel, esposa de Francisco Gonzaga, hija de Hércules de Este, duque de Ferrara, y de Leonor de Aragón, y sobrina asimismo del rey de Nápoles, por lo tanto, tiene veintiséis años, es una mujer culta, orgullosa e independiente, y lo ha demostrado en repetidas ocasiones incluso ante su marido. Apasionada mecenas de artistas y escritores, y coleccionista de obras de arte antiguas y modernas, está ansiosa por dar la bienvenida a Leonardo. Ya lo había conocido en Milán y en Vigevano, envidiando no solo a su hermana Beatriz, que lo tenía a su servicio, sino también a quienes, como Cecilia Gallerani, han gozado del privilegio de que el divino artista pintara su retrato. Isabel ha llegado a pedir en préstamo el retrato de Cecilia, *La dama del armiño*, para compararlo con los de Giovanni Bellini; ahora tiene por fin la oportunidad de acoger al autor y de conseguir un retrato de su persona. Y supondrá para ella la posibilidad de un nuevo parangón entre pintura y escultura, dado que ya se ha hecho retratar dos veces por Gian Cristoforo Romano, el escultor amigo de Leonardo, que regresó a Mantua en 1497, una de perfil sobre una medalla y otra exenta en un busto de terracota que expresa plenamente la determinación de su carácter.[2]

Mientras cruza la ciudad, Leonardo apenas tiene tiempo de ver las extraordinarias obras arquitectónicas de Leon Battista Alberti, realizadas en parte por Luca Fancelli. Desde joven Alberti ha sido para él un modelo inigualable de intelectual y artista, y también de escritor: no solo conoce sus obras florentinas, de la fachada de Santa Maria Novella al Palacio Rucellai, sino que también tiene familiaridad con sus tratados, *De re aedificaria*, *De statua* y *De equo animante*, *De pictura* y las fábulas de los *Apologhi*. Y ahora la fachada de Sant'Andrea, con ese arco triunfal y las pilastras monumentales que se elevan desde el suelo hasta el tímpano, parece hacer revivir la grandeza de los antiguos romanos. La iglesia de San Sebastiano, de planta central, sobre un podio con escalones, le recuerda en cambio algunas iglesias que ya ha dibujado en el Códice B.

---

[2] Fort Worth (Texas), Kimbell Art Museum, AP 2004.01.

Muy cerca de San Sebastiano se encuentra la casa del insigne anciano Andrea Mantegna, inmerso en la evocación de la antigua Roma mientras ejecuta los *Triunfos de César*. Quién sabe si tendrá tiempo para verlos.

Hay que llegar rápidamente al castillo que, severo y almenado por fuera, ofrece maravillosas sorpresas en su interior.

Se dice que hay una sala entera pintada por Mantegna, una *camera picta* a la que llaman Cámara de los Esposos. Y luego están las estancias secretas donde Isabel lo invita ahora a entrar, un mundo privado y a ella reservado, para que se retire a leer, pensar, dialogar con los antiguos, contemplar la divina belleza del arte: un raro privilegio para una mujer de esos tiempos, por más que sea una princesa. Su *Studiolo* no tiene nada que envidiar a los de Ferrara o Urbino. Debajo de él se encuentra un oscuro sotanillo con bóveda de cañón, accesible por una escalera interior, destinado a ser el cofre que custodie los objetos más preciados del arte antiguo. Un templo consagrado a las Musas, presencias tutelares del programa iconográfico creado por Isabel para su decoración. Gian Cristoforo está realizando un refinado portal con bajorrelieves redondos de mármol blanco e inserciones de jaspe y piedras raras. En cambio, las paredes del *Studiolo* deberán albergar pinturas de temas mitológico-alegóricos encargadas a los más grandes artistas de la época, los venecianos Bellini y Giorgione, y luego a Perugino, Botticelli y Lorenzo Costa. Por ahora, de esas obras solo ha completado una: el *Parnaso* de Mantegna.

De los dos peregrinos, Leonardo y fray Luca, el segundo es el más rápido en corresponder a la hospitalidad de la marquesa: compone para ella un curioso tratadillo sobre el juego de ajedrez, pasatiempo dominante en las cortes, el *De ludo scachorum*, también llamado *Schifanoia*.[3]

Con Leonardo, en cambio, las cosas son un poco más complicadas. Isabel sabe que no puede esperar un cuadro como el de

---

[3] Gorizia, Biblioteca Coronini Cronberg, mns. 7.955 (en depósito en el Archivio di Stato de Gorizia).

Mantegna. No es su género, y además Leonardo no es como los demás, nunca se someterá a sus minuciosos y opresivos contratos. Pero un retrato, eso sí. Y tendrá que ser más hermoso que el de Cecilia. En el parangón de la belleza, las mujeres no admiten discusiones.

Leonardo no puede decirle que no. En rápidas sesiones de posado, tal vez en el propio *Studiolo*, sobre una gran hoja de papel preparada y alisada con polvo de tiza blanca, traza un rápido boceto a tamaño natural con punta de plomo, que luego repasa con piedra negra y roja y con un pastel amarillo.[4] Como es natural, le dice a la marquesa, tendrá que llevarse este dibujo, no puede dejárselo: le servirá de cartón para pintar el cuadro más adelante, cuando pueda volver a trabajar en él con tranquilidad, en Florencia o en cualquier otro lugar.

El caso es que Isabel insiste en que el maestro le deje algo, por lo que Leonardo se ve obligado a utilizar inmediatamente el cartón, haciendo agujeros en los contornos y transfiriendo el retrato mediante el estarcido a una copia del autor que permanece en Mantua y que será el origen de otras copias más o menos fieles. En esa copia tiene también la oportunidad de corregir de inmediato lo que en el original podría parecer como un grave error anatómico: la posición del brazo y la mano izquierdos.

Mediante unos cuantos rasgos esenciales, Isabel aparece representada casi de frente, con una mano encima de la otra, como si estuviera apoyada en una balaustrada, tal vez con un libro que simboliza sus aspiraciones intelectuales. El rostro, sin embargo, no mira al espectador, sino que se ofrece de perfil, fuerte y decidido, como en las medallas de Gian Cristoforo. Un perfil real, no idealizado, físicamente concreto: la frente alta, la nariz pronunciada, incluso con un atisbo de ojeras y algo de papada. Isabel no sonríe. Sus labios permanecen cerrados, el párpado inferior parece levantarse, el ojo se concentra con atención en algo que se nos escapa.

---

[4] París, Musée du Louvre, Département des arts graphiques, MI 753.

Ya no es el tono mágico y suspendido de los retratos femeninos de los años esforcescos de Leonardo. Aquí, en la dureza fisionómica, advertimos toda la angustia del presente, de la guerra y la violencia, la premonición de un mundo en ruinas, apenas fuera del refugio artificial que Isabel se ha construido.

2. Entre Venecia y el Isonzo

Venecia, marzo de 1500

Tras despedirse de Isabel, Leonardo llega a Venecia. Y llega allí con credenciales, las de los emisarios venecianos en Milán, que lo presentan al gobierno de la Serenísima como ingeniero y experto en el arte de la guerra.

Se trata de la emergencia más grave de los últimos meses. No ya la campaña de Lombardía, llevada a cabo rápida y victoriosamente junto con los franceses con la anexión de la región de Cremona, sino la feroz guerra que ha desatado en el Levante el sultán Bayezid II.

Los turcos no solo amenazan el «Dominio da Mar», sino también las fronteras orientales de tierra firme. En el mes de agosto anterior su imponente flota atacó y conquistó las florecientes colonias de Morea, y derrotó a la escuadra capitaneada por el almirante Antonio Grimani en la batalla de Zonchio. Un ejército al mando de Iskander Pascià, sanjak-bey de Bosnia, saqueó el Friul a principios de octubre, aterrorizando a la población de la otra orilla del río Tagliamento y retirándose con miles de prisioneros esclavizados. Poca o ninguna resistencia opuso la guarnición veneciana, que se atrincheró temerosa e impotente dentro de los muros de la fortaleza de Gradisca bajo las órdenes del superintendente del Friul Andrea Zancani y de su lugarteniente Bollani.

Una vez pasado el peligro, el gobierno destituyó inmediatamente a los pávidos funcionarios, reemplazándolos el 9 de octubre por el nuevo superintendente Piero Marcello, y el 12 de octubre por el nuevo lugarteniente Antonio Loredan, embajador ante el rey de Francia en Milán. De esta manera, Loredan regresó a Venecia y se dirigió al Friul a finales de año, para dedicarse de inmediato a fortalecer las defensas ante el temor a una próxima y más devastadora incursión.

El 13 de marzo de 1500, el Senado decide enviar al condotiero Giampaolo Manfron con los ingenieros de Zuan Ludovico da Imola, el castellano de Urbino, el maestro Alessio da Bergamo y el maestro Zorzi Spavento: una misión de ocho días para examinar los pasos de las fronteras. Como supervisores, los patricios Piero Moro y Angelo Barozzi, que apoyarán a Loredan. En esta ocasión, el Moro, antiguo patrón del Arsenal, presenta algunos dibujos e «ingenios» ya desarrollados por los ingenieros. La comisión parte el 22 de marzo, envía una carta desde Udine el 2 de abril, regresa a Venecia el 5 de abril y presenta en última instancia su informe al Senado el 22 de abril.

De ahí que Leonardo haya sido llamado a Venecia, quizá a través de Loredan. El nombre de Leonardo nunca aparece en los documentos oficiales, pero entre sus papeles hay en cambio un texto que da fe de su participación en la misión de inspección a orillas del Isonzo.

No es más que el esbozo de un informe dirigido a los señores del Senado o a una de sus magistraturas, escrito en un papel doblado varias veces para poder llevarlo más fácilmente en el bolsillo, y que se abre con una frase inicial reescrita y reelaborada varias veces: «Ilustrísimos Señores míos, aviendo yo bien examinado la calidad del río Isontio y entendido por los aldeanos cómo por qualquier parte de tierra pudiérase detener a los turcos en la parte de la <I>talia, al final conviene que lleguen a dicto río, por eso he juzgado que, aunque no se puedan montar reparos en ese río, que tengan que al final no se arruinen y destruyan por sus inundationes».[1]

Leonardo examina personalmente los lugares, interroga a los «aldeanos» y estudia la posibilidad de defensa en un territorio que parece desprovisto de barreras naturales. Cruza el puente de Gorizia, y recorre las orillas del Vipava: «Puente Goritia/Vilpago». Comprende de inmediato que el propio río, el Isonzo,

---

[1] CA, f. 638dv.

puede transformarse en la más poderosa arma de defensa y ataque. Basta acomodar a la movilidad e imprevisibilidad de su curso un sistema que puede modificarse según la situación; una serie de pilotes puntiagudos en el lecho del río, a los que se conectan esclusas móviles que puedan regular el flujo de agua, y en su caso aumentarlo, hasta el punto de hacer imposible que un ejército enemigo lo vadee, o incluso permitan arrollarlo y destruirlo con una inundación repentina.

Aquel rápido viaje de inspección por el Friul permanecerá en su memoria durante mucho tiempo. Quince años más tarde recordará la técnica de transporte de las bombardas al cruzar los canales de la laguna veneciana, del Lido a Venecia, y por los ríos Isonzo y Tagliamento, en Gradisca y en Venzone: «Bombardas de Lio a Venigia de la manera que dixe en Gradisca en Frigoli y en Avintione».[2] En 1517, ya en Francia, en el diseño de las esclusas para el palacio real de Romorantin recomendará un sistema de esclusas móviles parecido: «Y fágase la cerrazón móvil que yo ordené en Frigoli, del cual abierta una conpuerta, el agua que de ella salía exc<a>ba el fond<o>».[3]

Ese mismo 13 de marzo, mientras el Senado decide enviar la misión de los ingenieros al Friul, Leonardo no se encuentra en el Palacio Ducal, sino más tranquilamente en un estudio temporal veneciano propio, probablemente la hospedería secular del convento franciscano de Santa Maria Gloriosa dei Frari, con fray Luca Pacioli. Se habrá acercado también a la sede de los dominicos, Santi Giovanni e Paolo, o San Zanipolo: un lugar importante, que le recuerda al maestro de su juventud, porque en la plaza frente a la iglesia se encuentra el soberbio monumento ecuestre de Bartolomeo Colleoni, última obra de Verrocchio. Acaba de ser ultimado, no por el maestro, fallecido en 1488, sino por el veneciano Alessandro Leopardi. Los venecianos lo llaman ahora Alessandro del Caballo, al igual que los alrededores, hasta el cercano Cannaregio, donde todavía puede visitarse el laboratorio de la fusión.

---

[2] CA, f. 215 r.
[3] Ar, f. 270v.

El artista está poniendo en orden los papeles y dibujos traídos de Milán. Entre las cosas más recientes, que destacan por encima de las demás, se encuentra el boceto del retrato de Isabel de Este. Allí lo ve Lorenzo Gusnago, músico y constructor de órganos e instrumentos musicales, actividad que también habían practicado Leonardo y Atalante, originales creadores de «liras», es decir, violas de brazo.

Lorenzo lleva varios años instalado en Venecia, después de haber practicado su arte en la corte de los Sforza, y mantiene correspondencia con Isabel sobre el frecuente suministro de instrumentos musicales para la corte de los Gonzaga. De hecho, en una carta a Isabel, fechada el 13 de marzo de 1500, Lorenzo recuerda haber visitado recientemente a Leonardo y haber visto el retrato de la marquesa: «Y sta en Venecia Lionardo Vinci, el cual me ha mostrato un ritrato de la Señoría Vuestra, que es muy natural a ella, sta muy bien facto, no se puede mejor».[4]

Gusnago sale del estudio convencido de que el retrato de Isabelestará terminado en poco tiempo. Pero en realidad Leonardo, en las pocas semanas que permanece en Venecia, se siente atraído por tantas cosas que se ve incapaz de dedicarse de lleno a esa obra. La ciudad lagunar se le muestra en el apogeo de la civilización y de su esplendor.

Pacioli lo acompaña a la Escuela de Rialto, y lo introduce en un ambiente intelectual de vanguardia, en el que convergen exponentes de la antigua clase patricia y de la burguesía mercantil, investigadores y profesores de filosofía y estudios humanísticos, lectores y traductores del griego de textos aún desconocidos, y fundamentales en el ámbito científico: los tratados de dinámica de fluidos de Herón y Filón de Bizancio, las obras de Arquímedes, Euclides y Apolonio de Perga. Tal vez a Leonardo no le dé tiempo a encontrarse con el mayor de los divulgadores de la antigua cultura científica, Giorgio Valla, fallecido el 23 de enero. En todo caso, el legado intelectual de

---

[4] ASMa, *Archivio Gonzaga*, serie E, sobre 1.439, f. 55r.

Ermolao Barbaro, basado en el recurso directo a los textos originales de la tradición aristotélica, aún sigue representado por Girolamo Donà.

No lejos de Rialto, Leonardo puede reencontrarse en su ancestral palacio con vistas al Gran Canal con el viejo patricio Bernardo Bembo, para quien había pintado el retrato de Ginevra de Benci veinticinco años antes, y admirar la rica biblioteca por la que deambula su hijo Pietro, ahora perdidamente enamorado de una mujer friulana casada. Y probablemente haya empezado entonces su trato con el poderoso cardenal Domenico Grimani, cuyo nombre volvería a aparecer en sus papeles unos tres años después.[5]

Además, se siente atraído por los talleres de los artistas venecianos, el viejo y venerado Giovanni Bellini, y los más jóvenes Palma y Giorgione, en cuya formación deja una huella imborrable de su estilo, de su singular manera de sentir la luz y la atmósfera, de desdibujar los contornos de las cosas y de los seres vivos, como en un temblor generalizado.

Venecia es también la capital europea del grabado y la imprenta, y Leonardo no puede evitar acercarse a las últimas innovaciones tecnológicas en este ámbito. En primer lugar, el grabado sobre una placa de metal, que podría servir para imprimir los dibujos de la *Academia Leonardi Vinci*, como haría más tarde Alberto Durero. Frente al tradicional grabado en madera o xilografía, con líneas más gruesas e imperfectas, la placa de metal grabada con buril o la nueva técnica del aguafuerte, que incide la placa de cobre con ácido, podría permitir la reproducción de dibujos mucho más complejos, con un alto grado de definición en los detalles. Leonardo intuye que de esta manera podía incluso reproducir sus papeles íntegramente, tanto los dibujos como las partes de escritura, conservando la relación original entre palabra e imagen. La propia escritura especular, invertida en el momento de la impresión, resultaría fácilmente legible. Da comienzo así una original experimentación con técnicas y mate-

---

[5] Ar, f. 274r.

riales, como sugiere una nota de 1504 en el Códice de Madrid II: «Del vaziar esta obra en inprenta».[6]

En la propia zona de Rialto se encuentra la mayor concentración de puestos de libreros y de tiendas de grabadores y tipógrafos. Solo entonces, deambulando hambriento de libros entre los tenderetes, se da cuenta realmente Leonardo de la importancia de la nueva herramienta para transmitir conocimientos y se convence de la necesidad de dar a la imprenta algunas de sus obras.

Quizá visite la casa de Aldo Manuzio en San Paterniano, donde todavía está reciente la impresión de un libro extraordinario como la *Hypnerotomachia Poliphili*, publicado el año anterior y escrito por Francesco Colonna, un fraile del convento de San Zanipolo. Habrá mirado rápidamente las ilustraciones, viático del sueño de la antigüedad clásica y del viaje a Roma que anhela desde hace demasiado tiempo; pero también habrá juzgado el libro demasiado caro y haya preferido gastar sus escasos recursos para esta estancia veneciana en algún texto científico más accesible, o incluso literario (las *Metamorfosis* de Ovidio en la vulgarización de Bonsignori, publicado en 1497) o gramatical (un *Donatus latino et italice* de 1499), señal de un perenne interés por aprender latín, clave lingüística necesaria para el acceso a la literatura científica y tecnológica.

Venecia es maravillosa. Pero Leonardo no tiene la menor intención de establecerse allí ni de instalarse en un ambiente tan diferente al milanés, al que se ha acostumbrado, bajo la protección del Moro. El mundo veneciano es mucho más libre, y también más despiadado, y Leonardo no puede plantearse una guerra a los talleres familiares de los artesanos locales. Tampoco es concebible por parte del Senado ni del gobierno de la Serenísima un encargo en ámbito militar o ingenieril que le confiera la misma importancia social de la que podría gozar en Milán. La experiencia del Friul debe de haber sido esclarecedora a este respecto: los ingenieros militares al servicio de Venecia están considerados

---

[6] MaII, f. 119r.

como poco más que unos simples técnicos, completamente subordinados al parecer de los comisarios, elegidos por el Senado entre los miembros del patriciado. En otra ocasión, Leonardo vio a algunos supuestos inventores huir apresuradamente de la ciudad, después de haber intentado en vano construir un «molino en aguas muertas», es decir, una especie de rueda de movimiento perpetuo instalable en aguas de ciénagas o de pozos.[7]

Venecia es, por lo tanto, tan solo una etapa de su viaje, un punto de observación privilegiado desde el que esperar la evolución del escenario político y militar. A Venecia llegan diariamente despachos procedentes de todo el mundo, tanto de embajadores oficialmente acreditados ante las cortes europeas como de confidentes y agentes secretos. No cabe descartar que el propio Leonardo, a cambio de la hospitalidad concedida en la ciudad lacustre, fuera consultado por el Consejo de los Diez sobre la situación militar en Lombardía a finales de 1499: movimientos del ejército francés, estado de las plazas fuertes, etcétera. Del mismo modo, le llegan noticias preocupantes sobre el empeoramiento de los acontecimientos en el ducado, que reafirman la validez de su decisión de abandonarlo ya en diciembre. En Milán, solo quedaba como gobernador general Trivulzio, que se había ganado de inmediato el odio de la población por su política represiva. Al Moro, que se había refugiado en tierras del emperador, no le fue difícil regresar en febrero a una ciudad ya en rebelión y recuperar el poder. Una ilusión efímera, porque el duque fue definitivamente derrotado por los franceses en la batalla de Novara el 10 de abril. Trivulzio regresa a Milán, y de su sangriento vórtice vindicativo es víctima también Iacopo Andrea da Ferrara, el arquitecto amigo de Leonardo y apasionado lector de Vitruvio, que es ejecutado, decapitado y descuartizado, y cuyos pobres restos quedan expuestos a las puertas de la ciudad. Quién sabe qué habrá sido de su hermoso manuscrito de Vitruvio.

Dado que es preferible no volver a Milán, Leonardo, siempre acompañado por Salaì y Pacioli, se pone nuevamente en

---

[7] MaI, f. Ir.

camino hacia el sur, cruza las fronteras del Estado veneciano, atraviesa el Po, sube por la via Emilia hasta Bolonia, donde encuentra a su amigo Boltraffio, ahora al servicio del rico mercader y poeta Girolamo Pandolfi, apodado «Casio», quien le ha encargado su propio retrato y el retablo de la familia de la capilla en la iglesia de la Misericordia.

Florencia no está muy lejos. Al otro lado de las montañas.

3. De regreso a Florencia

Florencia, a partir de abril de 1500

Florencia ya no es la ciudad que él abandonó a los treinta años. Leonardo lo sabe bien.

Ya pudo percatarse de ello durante su corta estancia en 1495, cuando participó en las consultas para la construcción de la Sala del Consejo en el Palazzo della Signoria. Entonces la dominaba Savonarola, venerado por todos como un santo, pero poco después el fraile fue condenado y quemado vivo como hereje. Qué rápido cambian los juicios de los hombres. Ahora queda la República, renacida tras la expulsión de los Médici, y dirigida por el gonfalonero Pier Soderini, con el humanista Marcello Virgilio de Adriano Berti y Nicolás Maquiavelo al frente de la primera y de la segunda cancillería respectivamente. Una República débil, en esta Italia inquieta, invadida por ejércitos extranjeros y continuamente amenazada por los objetivos expansionistas del papa Alejandro VI y de su hijo César Borgia, «el Valentino», descaradamente protegido por los franceses.

¿Cuál es el primer sitio al que acude Leonardo nada más volver a su ciudad? El banco. El 24 de abril lo encontramos en el mostrador del hospital de Santa Maria Nuova, dirigido por Leonardo Bonafé, para verificar la ejecución del importante crédito milanés y retirar cincuenta grandes florines: una suma inicial que le permitirá sobrevivir en estos primeros meses de incertidumbre.[1]

Luego va a visitar a sus amigos de antaño, los Benci, en su hermoso palacio entre Santa Croce y el Arno. En su casa había

---

[1] ASF, *Ospedale di Santa Maria Nuova*, 5.638, f. 265v.

dejado en depósito, casi veinte años antes, la inacabada *Adoración de los Magos* y otras obras suyas, quizá el *San Jerónimo* también.

De igual modo conoce a nuevos mecenas como Lorenzo di Pierfrancesco de Médici, apodado «il Popolano». Pero no puede pedirles que lo mantengan de forma permanente.

Por una entrada de servicio hace una escapada al Palazzo della Signoria, allí está Lorenzo della Volpaia, el sucesor de Marmocchi, que sigue cuidando el gran reloj, y recibe seis liras el 13 de agosto «por aver acomodado el relox viexo».[2] Una obra grandiosa, de la que los florentinos están orgullosos y con razón, «el admirable y artifizioso relox que muestra el curso del sol et el movimiento de toctos los planetas, por mano de Lorenzo Vulpario».[3]

Va a ver cómo van las obras del gran salón, dirigidas por Simone del Pollaiolo, apodado «el Cronaca», y, si lo logra, conseguir un posible nuevo encargo. Un ir y venir de albañiles, carpinteros, enlucidores, todos blancos de polvo y de cal, y dos enormes paredes vacías llenas de manchas y agujeros. Leonardo se detiene a mirar esas formas irregulares en la pared, entrecierra los ojos, las manchas se convierten durante unos instantes en arremolinadas marañas de criaturas. Recobra de inmediato la compostura y sale del palacio sin ser reconocido.

Mejor mantenerse alejado, porque pudiera ser que en algún libro contable siguiera anotado su nombre como deudor por el anticipo de los veinticinco florines recibidos para el *Retablo de san Bernardo* en 1478, que nunca llegó a ejecutarse. La memoria de la burocracia es resistente.

Probablemente, como ya ha hecho en otras ocasiones, vaya a llamar a la puerta de algún convento. Quizá de nuevo a los franciscanos, gracias a la recomendación de Luca Pacioli.

El fraile nunca está quieto, va y viene de Sansepolcro y de otros lugares, pero normalmente se aloja en Santa Croce, y en noviembre recibe también el puesto del profesor de matemáticas en el Estudio de Pisa, que en realidad consistía en leer a Euclides en la sede florentina del Estudio, encargo que conservará hasta 1505.

---

[2] ASF, *Operai di Palazzo*, 10, f. 2v.
[3] F. Albertini, *Memoriale*, f. a6r.

En el convento, sede del estudio general de la orden, murió hace algunos meses (el 27 de octubre de 1499) el ministro general, el bresciano Francesco Sansone, a quien Leonardo conoció entre Milán y Brescia. Allí también está Giovan Francesco Rustici, hijo del chamarilero Bartolomeo di Marco, inquilino del taller de Benedetto da Maiano en via de' Servi, que está empezando a trabajar en la plancha de bronce que cubrirá la tumba terrena del gran Sansone. Es el comienzo de una colaboración entre Leonardo y el joven escultor, destinada a perdurar en el curso de los años.

Tanto Santa Croce como San Francesco Grande de Milán son comunidades conventuales de frailes menores. Con todo, el nombre de Leonardo también aparece en los documentos de un importante convento de franciscanos de la observancia, San Salvatore al Monte, en la colina de San Miniato en Florencia.

En 1499 el gremio de Calimala impulsó la renovación de la iglesia según un proyecto de Cronaca, el mismo arquitecto de la Sala del Consejo del Palazzo della Signoria. Sin embargo, la colina se ha visto afectada por recientes deslizamientos de tierra. Una cantera en la parte baja ha comprometido su estabilidad, y las diferentes capas de arenisca, caliza y esquisto corren el riesgo de deslizarse unas sobre otras debido a la penetración de agua. Los cónsules del gremio pidieron entonces la opinión de distintos arquitectos y albañiles. Para Simone del Caprino la culpa es de los «cambios del monte». Giuliano da Sangallo sugiere «sacar las aguas de la lluvia y hacer una zanja en el medio para ver de dónde viene el derrumbe». Iacopo del Pollaiolo, también conocido como «il Cronaca», achaca lo sucedido a la infiltración de agua, y su experiencia en el sector será recordada por Leonardo en una lista de 1503: «Aguas del Clonica».[4] Según el carpintero Filippo habría que retirar las aguas y levantar pilotes y grandes refuerzos con cadenas del edificio, tirando grava y argamasa y colocando bancos de piedra y pavimento de plomo para evitar

---

[4] Ar, f. 191r.

que el suelo se mueva; e incluso Giunta, maestro de obras del gremio, está de acuerdo con el encadenamiento del edificio.

Entre tantos expertos, entre tanta cháchara, aparece también, inmediatamente después de Sangallo, Leonardo. A diferencia de todos los demás, y crítico con ellos, no opta por proponer una solución «antinatural» o forzada como la eliminación total de las aguas o el encadenamiento, sino la restauración de las condiciones naturales del entorno, alteradas por la obra del hombre, es decir, por las canteras de piedra de la base de la colina, y el mantenimiento del flujo de las tuberías de alcantarillado, obstruidas por el tiempo y el abandono.[5]

No se conserva el texto del informe de Leonardo, sino un breve recuerdo de tres o cuatro años después: «Pedid al Santo y a los demás que os den la definitión et remedio del caso, et veréis que los omnes son elegidos como médicos de enfermedades para ellos desconocido».[6] De nuevo la analogía entre medicina y arquitectura, que Leonardo había destacado en su informe sobre el cimborrio de la catedral de Milán. Aquí la «enfermedad» resulta evidente, y le impulsa incluso a comenzar la redacción de un «tratacdo de las causas generadoras de la rotura de los muros», al que seguirá un «tratacdo de remedios».[7]

Por otro lado, también ha de hacerse frente a la oposición de los propietarios de los molinos de San Nicolò en Florencia, que no solo utilizan las aguas del Arno sino también las que bajan de la colina y que, por tanto, se oponen a las obras de control del agua: «Contra los molinos de Sancto Nicolò que no quieran ostáculo alguno en los canales suyos».[8] Solo al año siguiente, el 22 de marzo de 1501, se decidirá restablecer la funcionalidad de las alcantarillas y de las tuberías de agua, siguiendo el consejo de Leonardo.

Mientras tanto, incluso en Florencia, el artista sigue siendo perseguido por los corresponsales y emisarios de los Gonzaga.

---

[5] ASF, *Carte Strozziane*, serie II, 51/1, f. 454r-v.
[6] Ar, f. 147v.
[7] Ar, f. 157r.
[8] Lei, f. 30v.

A su paso por Mantua no solo dejó una grata impresión a Isabel, que insiste en su retrato, sino también a su marido.

El marqués Francesco Gonzaga, durante su última estancia en Florencia, se alojó en la espléndida villa del mercader Angelo del Tovaglia, en las colinas del sur, con una logia abierta a la vista del Val d'Ema, y le gustaría reconstruir un ambiente parecido en los alrededores de Mantua.

Con tal fin, encarga a su agente Francesco Malatesta que busque a Leonardo y le pida que haga un dibujo de Villa Tovaglia. Comisión que Malatesta ejecuta puntualmente, enviando el dibujo el 11 de agosto de 1500 con una carta que también nos transmite una importante frase de Leonardo: «El antedicho Leonardo dice que para hacer algo perfecto sería necesario poder transportar este sitio que está aquí allá donde quiere construir Vuestra Señoría, porque eso contentaría vuestra pretensión». Para recrear las mismas condiciones ambientales, sería necesario desmontar y transportar toda la colina, con su aire, su clima, su vegetación. El dibujo, escribe Malatesta, está incompleto en cuanto a los ornamentos y elementos de la arquitectura de jardín, típicos de las villas renacentistas: «Los ornamentos de verduras, de hedera, de box, de cipressos, ni de laurel». Si es necesario, Leonardo coloreará el dibujo, o sacará una versión pintada o un modelo tridimensional.[9]

Un dibujo, parecido al enviado a Mantua, no parece ni siquiera autógrafo, sino atribuible a la mano de un discípulo, es decir, Salaì. La lámina presenta la vista frontal y parcial de una enorme casa con fachada de estilo rústico en ladrillo visto o quizá sillares, una estilizada columnata a su izquierda, y la gran terraza con la división del jardín en compartimentos rectangulares, y efectivamente, carente de vegetación.[10]

Las primeras labores de asesoría florentinas tal vez ni siquiera le fueran remuneradas, pero al menos la de los Gonzaga pudo haber obtenido un excelente resultado para Leonardo: un buen contacto con la poderosa orden de los Siervos de María.

---

[9] ASMa, *Archivio Gonzaga*, serie E, XXVIII, 3, sobre 1.103, n.º 137, ff. 2r-v.
[10] W, 12.689r.

Los frailes servitas tienen antiguos y sólidos vínculos con los señores de Mantua porque en 1477 la tribuna de su iglesia de la Annunziata, casa madre de la orden, se construyó gracias al marqués Ludovico Gonzaga. Y, casualmente, el procurador del convento sigue siendo el viejo notario ser Piero da Vinci, que tiene trato directo con los servitas de más influencia: el prior fray Michele Cambi, fray Stefano di Giuliano da Milano, administrador del convento, y el anciano y reputado fray Zaccaria di Lorenzo da Firenze, auditor y procurador.

Precisamente el 31 de julio de 1500, ser Piero otorga la aceptación de los ricos ornamentos enviados como obsequio por la reina Ana de Francia y destinados al altar de la iglesia.[11] Los obsequios, *«unam planetam cum diacono et subdiacono et piviale de brocchato aureo cum fregis et aliis eorum ornamentis et cum armis dicte illustrissime regine»*, así como diez ducados de oro para la celebración de una *missa magna* en honor de la Virgen de la Anunciación, fueron entregados el 10 de julio por el emisario de la reina, «Johannes Rueri» de Tours. Un homenaje devocional y político a la vez. Detrás de la reina está el rey de Francia, Luis XII, quien se casó en 1499 con Ana, duquesa de Bretaña y viuda de Carlos VIII.

La situación política, en Italia y en Europa, es incierta. La República de Florencia no puede prescindir de una sólida alianza con Francia. Y ahora, sobre el altar de la Anunciación, alguien tendrá que pintar asimismo una gran tabla en honor a santa Ana, como gesto de devoción a la reina de Francia. ¿Quién sino el mayor pintor del momento?

El nombre ha debido de proporcionarlo el propio emisario, y es el que está en boca de todos en la corte francesa tras la conquista de Milán y haber contemplado la *Cena* en Santa Maria delle Grazie. El hijo bastardo del notario Piero da Vinci.

Un día, Leonardo va a saludar a su padre. No puede evitarlo, a esas alturas todo el mundo sabe que ha regresado a Floren-

---

[11] 22 ASF, *Notarile Antecosimiano,* 16.838, ff. 160v-161r.

cia. Ya le ha escrito una cartita, cuyo borrador se conserva, en letra regular, de izquierda a derecha.

Cuando quiere, Leonardo sabe escribir perfectamente con la mano derecha, y lo hace en las cartas y papeles destinados a otros, para no obligarlos a utilizar el espejo con el fin de leer su diabólica letra que parece la escritura de los árabes, de los infieles.

Es una simple respuesta a una carta que le escribió el propio ser Piero, lamentablemente perdida, pero que sigue siendo indicativa de una relación de afecto que, aunque débil, nunca se ha apagado entre ellos: «Padre queridíssimo, hasta lo último en el pasado no obtuve la carta que me escrivisteis, la cual en poco espazio me dio a la par placier y tristitia: placier, en que por ella entendí estabais sano, por lo cual doy gratias a Dios; tuve pesar, tuve pesar en sabiendo el malestar vuestro».[12]

Ser Piero, a pesar de su avanzada edad, sigue ejerciendo su profesión en el pequeño taller de Badia y del Palazzo del Podestá. Seguramente fue allí donde lo habrá visto Leonardo, que prefiere no acercarse a la casa familiar de via Ghibellina, defendida por la cuarta y última esposa de ser Piero, Lucrezia, hija del mercader de telas Guglielmo di Gherardo Cortigiani y de mona Lisa di Giovanni Bonafé. Piero, de casi sesenta años, se casó con ella el 12 de noviembre de 1485, inmediatamente después de la muerte de su tercera esposa, Margherita Giulli. Una casa grande, la de via Ghibellina, pero llena de chicos y de niños, todos los hijos legítimos que aún viven, once nada menos, que Piero tuvo con Margherita (Antonio, Giuliano, Lorenzo, Violante y Domenico) y con Lucrezia (Margherita, Benedetto, Pandolfo, Guglielmo, Bartolomeo y Giovanni). Piero ha ganado bastante dinero trabajando sin cesar durante más de cincuenta años, pero nunca se ha permitido nada para sí mismo, si acaso solo algunos trajes confeccionados con telas un poco más caras. Todo lo que ha ganado lo ha convertido tozudamente en bienes raíces, terrenos y fincas, todos en Vinci y su territorio.[13]

---

[12] CA, f. 178v.
[13] ASF, *Decima Repubblicana*, 9, ff. 1161r-1165r.

¿Qué se dijeron padre e hijo? ¿Qué palabras emplearían, más allá de la barrera del silencio, de la emoción? ¿Qué le habrá preguntado su padre sobre los últimos momentos de la vida terrena de Caterina? Nunca lo sabremos. Pero lo cierto es que una vez más ser Piero intenta ayudar a este hijo suyo que, con casi cincuenta años, todavía parece un inadaptado de vida irregular, actuando como intermediario ante los servitas, y favoreciendo su alojamiento en la hospedería del convento, en el ala occidental del segundo claustro.

Leonardo conoce así a fray Zaccaria, que es el fraile que se ocupa de los encargos artísticos y que, en particular, se afana por terminar las decoraciones de la tribuna y de las capillas de la iglesia. El 15 de septiembre de 1500, un escrito de los servitas, representados por fray Zaccaria y el antiguo carpintero y ahora arquitecto Baccio d'Agnolo, discípulo de Simone del Pollaiolo, describe el gran retablo de madera dorada que, en forma de arco triunfal, deberá albergar dos cuadros, uno a cada lado, y estar colocado en el centro de la tribuna, de modo que sea visible tanto desde la nave como desde el coro.[14] En noviembre de 1500, fray Zaccaria manda preparar el primer documento de compromiso del convento con Leonardo, y el maestro Valerio, profesor de teología en el estudio servita, paga catorce dineros al notario ser Gaspare de Ser Santi della Pieve por la redacción de la escritura.[15]

Y mientras tanto Leonardo tiene el placer de reencontrarse con un viejo amigo suyo, Filippino Lippi, en la Annunziata. De hecho, en uno de los cuadros del retablo, sobre el tema de la Asunción trabajará Filippino, que en años anteriores, también gracias a la mediación de ser Piero, había contribuido asimismo a resolver el conflicto con los frailes de San Donato a Scopeto, realizando una *Adoración de los Magos* que reemplazó la tabla que Leonardo nunca llegó a terminar.

---

[14] ASF, *Corporazioni religiose soppresse dal governo francese*, 119, 59, f. 210r.
[15] ASF, *Corporazioni religiose soppresse dal governo francese*, 119, 700, f. 113r.

4. Un Niño con dos Madres

Roma y Florencia, 1501

Después de dejar sus cosas en el convento de la Annunziata, Leonardo aprovecha este periodo aún libre de compromisos para viajar a Roma. Dada su precaria situación económica y humana, no cabe pensar en una escapada por puro placer personal. Algún coleccionista importante, confiando en su pericia, debe de haberle pedido que vaya a ver si en las distintas excavaciones arqueológicas realizadas en toda la ciudad ha aparecido algo.

¿Quién podría ser? ¿Isabel? ¿Los Gonzaga? ¿El cardenal Grimani? No importa. Leonardo puede satisfacer así uno de los mayores deseos de su vida: ir a Roma, contemplar y estudiar de cerca las reliquias de la civilización de los antiguos. De hecho, hasta ahora, Roma solo había sido para él un sueño, una visión largamente anhelada de la gran belleza de lo Antiguo, alimentada por los relatos de amigos y maestros coetáneos.

De joven, en Florencia, estudió las esculturas clásicas en el jardín de los Médici de San Marco, y estuvo en contacto con Bernardo Rucellai, protagonista de memorables visitas a las antigüedades romanas con Lorenzo y Juliano de Médici, y con León Battista Alberti. Las lecciones de anticuario de Brunelleschi y Donatello todavía estaban vivas en el taller de Verrocchio. En el de Francesco Rosselli se estaba trabajando en la primera vista panorámica moderna de Roma. Luego, en Milán, se cruzó con artistas que ya habían vivido o estaban a punto de vivir la experiencia romana: Bramante, Gian Cristoforo Romano, Francesco di Giorgio Martini, Giovanni Ambrogio de Predis, «il Caradosso»; y el autor de *Antiquarie prospetiche romane* lo había invitado de forma insistente a Roma.

Este viaje, muy breve, está atestiguado por la nota escrita en una hoja de papel doblada dos veces sobre sí misma, como si fuera a llevarla en el bolsillo: «A Roma. En el Tívoli viejo, en casa d'Adriano». Arriba a la derecha, con letra temblorosa, la fecha al uso florentino: «Laus Deo 1500 a día 20 de marzo / pagados por esta primera de cambio», es decir, el 20 de marzo de 1501, quizá relativa al regreso a Florencia y al pago de una letra de cambio que le entregaron en Roma para el reembolso del viaje.[1]

La «casa d'Adriano» es, naturalmente, la Villa Adriana en Tívoli, objeto de un apasionante redescubrimiento durante el Renacimiento, empezando por el humanista Flavio Biondo. Las estructuras arquitectónicas, saqueadas en siglos anteriores como canteras para materiales de construcción, están en gran parte hechas ruinas y apenas son reconocibles, pero Leonardo puede intuir algo de su grandiosidad y de su relación con las aguas y los elementos naturales. En el momento de su visita había dado inicio hacia poco una campaña de excavación promovida por el papa Alejandro VI. Las excavaciones, concentradas en la zona del teatro griego, sacaron a la luz las estatuas que adornaban el proscenio, las Musas sentadas, privadas por desgracia de cabezas y brazos, pero aún imponentes en su monumentalidad.

Cabe imaginar que Leonardo llevara en Roma, en su faltriquera, las pocas hojas impresas de la ya citada *Antiquarie prospetiche romane*, que proporcionan información más o menos actualizada acerca de la ubicación de las piezas de estatuaria antigua más relevantes en las viviendas de la aristocracia romana y de los cardenales.

En el Palacio Venecia, por ejemplo, está el cardenal Grimani. Y luego, como es natural, quiere volver a ver a su amigo Bramante, instalado en la Ciudad Santa desde 1499, que está trabajando en el claustro de Santa Maria della Pace, al servicio del cardenal de Nápoles Oliviero Carafa.

Inspirado por Bramante, a Leonardo le gustaría ver y estudiar todas las «anticaglias», pero es obvio que no tiene tiempo para

---

[1] CA, f. 618v.

hacerlo y, por lo tanto, se contenta con obtener una colección ya preparada de relieves y dibujos. Una colección que sería consultada con admiración algunos años más tarde por un anónimo que copió en uno de sus manuscritos algunos de esos dibujos, entre los que se encuentra el plano de un edificio que entonces se creía un «templo» y que en realidad es un teatro, el teatro marítimo de Villa Adriana: «Este sí es uno templo el qual era en uno libro que tiene Maestro Lionardo que fue excavado en Roma».[2]

La visión de las ruinas y las esculturas antiguas inspiraron a Leonardo una concepción de lo antiguo que será muy diferente a la de todos sus contemporáneos. Leonardo no es un clasicista. Más que la perfección estática y la armonía inmutable de las proporciones, lo impresiona el sentido de vida y movimiento que expresan las estatuas antiguas.

De aquí se deriva la concepción espacial de la figura humana en toda su obra pictórica posterior. La revelación plena y luminosa de lo que había intuido en Pavía diez años antes, frente al Regisole.

A finales de marzo de 1501 Leonardo ya está de vuelta en Florencia, en el convento de la Annunziata, y pocos días después recibe una visita inesperada.

El vicario general de la orden carmelita, el austero teólogo fray Pietro da Novellara, que ha venido para predicar en la catedral durante la Semana Santa, se encuentra en la ciudad. Es un gran amigo de Isabel de Este, que en una carta fechada el 27 de marzo le pide que vaya a buscar a Leonardo e indague qué clase de vida lleva y qué obras está realizando. Por encima de todo, fray Pietro tendrá que convencer al pintor para que realice una obra para el *Studiolo* de Isabel, con un tema absolutamente libre, o al menos «un pequeño cuadro de la Virgen tan devoto y dulce como es natural suyo». Isabel también pide que Leonardo envíe otra copia de su retrato a Mantua, porque Francesco Gonzaga ha regalado el que le dejó el año anterior.[3]

---

[2] Milán, Biblioteca Ambrosiana, S.P. 33/10, f. 57r.
[3] ASMa, *Archivio Gonzaga*, serie F, II 9, sobre 2.993, registro epistolar 12, n.º 80, f. 28r.

Fray Pietro lleva a cabo el encargo de inmediato. Va a visitar a Leonardo en su estudio y responde a Isabel el 3 de abril con una carta que es un precioso testimonio de la génesis de una obra que parece rápidamente afectada por la reciente experiencia romana y por un nuevo sentido del espacio derivado de la escultura antigua, en particular de las estatuas de las Musas descubiertas en Tívoli.

Escribe Novellara: «La vida de Leonardo es variada et indeterminata fuerte, así que pareze vivir al día»; una nota que da testimonio del confuso momento del regreso a Florencia. Desde que está en Florencia, Leonardo no ha hecho más que «un bosquexo en uno cartón», todavía inacabado, con figuras al natural, que el fraile describe así: un niño Jesús de un año que se aparta del regazo de su madre para agarrar un corderito, mientras María está casi en el regazo de su madre, santa Ana, y parece intentar retener al Niño. Para el fraile carmelita el simbolismo religioso resulta evidente: el cordero sacrificial es la Pasión, y santa Ana, la Iglesia; la Virgen quisiera alejar a Jesús del sufrimiento y la muerte de la Pasión, pero santa Ana, por su parte, se lo impide.

Al final, Novellara informa de que en el estudio hay dos discípulos que «fazen retratos», es decir, hacen copias del maestro, en las que el propio Leonardo a veces interviene: uno de ellos es Salaì, que ya tiene veintitantos años y ha aprendido del maestro los secretos técnicos que le permiten copiar sus obras a la perfección. Él, el maestro, parece entregado, en cambio, a una actividad completamente diferente, el estudio de la geometría, descuidando la pintura: «S'afana recio en la geometría, impazientíssimo con el pincel».[4] Y, sin embargo, está creando este admirable cartón.

Una verdadera sorpresa, porque hasta ahora ningún otro documento lo ha mencionado. ¿Quién ha encomendado el encargo a Leonardo? ¿Los franceses, devotos del culto a la madre

---

[4] ASMa, Archivio Gonzaga, serie E, XXVIII, 3, sobre 1.103, f. 272r-v.

de María, o los servitas? ¿El propio rey Luis XII, para rendir homenaje a su nueva esposa, la reina Ana? Es evidente que el cartón es para un retablo, y la hipótesis más razonable es que sea para el de la Annunziata, el mismo para el que trabaja Filippino, y para el mismo altar al que la reina Ana envió el año anterior sus riquísimos regalos.

SANTA ANA: EL PRIMER CARTÓN PERDIDO

Pietro da Novellara ha captado bien algunos de los temas iconográficos subyacentes a *Santa Ana*. En todo caso, el asunto general remite al culto a santa Ana, madre de la Virgen, propugnado por los servitas, así como por franciscanos y carmelitas, y está muy próximo al de la Inmaculada Concepción. Una expresión directa del culto, en la devoción popular, es la tradicional representación de santa Ana conocida en italiano como *Metterza*, en una síntesis de temas cristológicos y marianos.

Lo que atrae a Leonardo en esta iconografía es la pluralidad de las madres, que él tiende a representar una tras otra, en dibujos preparatorios en los que incluso parece verse un único cuerpo femenino de gran tamaño con dos cabezas.[5]

En un primer momento, en un dibujo terriblemente confuso en piedra negra repasado con tinta, pensó también en incluir un san Juan infantil hacia el que se inclina el Niño Jesús.[6]

En su imaginación emerge el recuerdo original de las figuras femeninas que poblaron su infancia: Caterina, la abuela Lucía y Albiera, la primera mujer de ser Piero. ¿O será siempre ella, Caterina, la que se vea replicada, multipli-

---

[5] Venecia, Gallerie dell'Accademia, Gabinetto dei disegni e delle stampe, 230; París, Musée du Louvre, Département des arts graphiques, RF 460r; dibujos del Niño: Venecia, Gallerie dell'Accademia, Gabinetto dei disegni e delle stampe, 257; W, 12.538.

[6] Londres, British Museum, Department of Prints and Drawings, 1875.612.17r.

cada, con un rostro casi idéntico, apenas marcado por el inexorable paso del tiempo?

Terminado el cartón de la Anunciación, Leonardo abre las puertas de su estudio a los frailes, y junto a los frailes empezará a entrar el pueblo llano, los curiosos que esperan en la plaza, y durante dos días enteros, según cuenta Vasari, por esa sala pasará toda una procesión: «Los hombres y las mujeres, los jóvenes et los viejos, igual que van a las celebraciones solemnes, para ver las maravillas de Lionardo, que causaron asombro en todo aquel pueblo».

5. Devanar husos

Florencia, 1501-1502

La carta de Novellara supone una pequeña decepción para Isabel. ¿Qué más le da el cartón de *Santa Ana*? Lo que ella exige es su retrato, por lo que vuelve a la carga y obliga al fraile a regresar a la Annunziata.

Fray Pietro le escribe de nuevo el 14 de abril de 1501, en plena Semana Santa. A través de Salaì «et de otros seres a él queridos», pudo verse con Leonardo el día de Miércoles Santo. El artista está tan absorto en experimentos científicos y tecnológicos que ya no presta atención a la pintura: «Sus experimentos matemáticos lo han distraído tanto del pintar que ya no soporta el pincel». A pesar de todo, está trabajando en un «cuadrito» para Florimond Robertet, secretario del rey de Francia. De modo que no es cierto que no esté pintando nada en absoluto.

Una vez más, Leonardo se declara bien dispuesto hacia la marquesa «por la humanidad a él mostrada en Mantua», y le promete que accederá a sus peticiones tan pronto como quede liberado de los compromisos que ha contraído con Luis XII: «Si pudiera despegar de la maestad del Rey de Franca sin su desgratia, como speraba a lo más largo dentro mes uno, que serviría más rápido a vuestra escelentia que a toda persona en el mundo».[1]

En este caso, la raíz francesa del encargo de la *Virgen de la rueca* es seguro: Florimond Robertet, barón de Aluye, Bury y Brou, consejero de la cámara de cuentas de Forez y ministro de Francia, tesorero de Francia y secretario de finanzas de Carlos VIII y más tarde de Luis XII y Francisco I. Robertet pudo haber conocido a

---

[1] ASMa, *Archivio Gonzaga*, serie E, XXVIII, 3, sobre 1.103, f. 272bis.r.

Leonardo en Milán en 1494 y en 1499. Además, es un apasionado coleccionista de arte.

LA VIRGEN DE LA RUECA

Pietro da Novellara describe a Isabel el pequeño cuadro de Robertet: la Virgen está representada en el acto de «devanar husos», es decir, enrollando hilado de lana, lino o cáñamo alrededor de una rueca; mientras tanto, el Niño desnudo se arrastra para agarrar entre risas el huso en forma de cruz, claro símbolo de la Pasión de la que la madre intenta desviarlo. Un humilde acto de la vida cotidiana de una mujer del pueblo que intenta redondear los magros ingresos familiares. Cuántas veces habrá visto Leonardo de niño a su madre Caterina hacer lo mismo en Campo Zeppi, hipnotizada por ese palito que gira vertiginosamente sobre sí mismo.

La fase preparatoria del cuadro está atestiguada por dos sugestivos dibujos del busto y la cabeza de la Virgen, en piedra roja sobre papel de color rojo.[2] No existen pinturas autógrafas de la composición terminada, pero sí numerosas versiones de taller que, en el mejor de los casos, nos permiten apreciar a las claras la novedad de la concepción visual de Leonardo, basada siempre en la representación dinámica de la vitalidad. La torsión de las dos figuras, la madre y el hijo, parece hacer visible el contraste de sus movimientos, inscritos en la forma geométrica perfecta de un cilindro que gira sobre sí mismo, como una rueca. La otra gran novedad es el paisaje, que es diferente en las distintas versiones.

En la más cercana al taller del maestro, el fondo está dominado por una fantástica cadena de montañas azules, que casi parece un panorama del arco alpino oriental, visto durante su viaje a Friul a principios del siglo XVI: los Dolomitas y Carnia, los valles de Tagliamento y del Isonzo, con

---

[2] Venecia, Gallerie dell'Accademia, Gabinetto dei disegni e delle stampe, 141; W, 12.514.

el perfil de un puente de múltiples arcos.³ De ser así, el paisaje que aparece en otra versión podría representar la desembocadura natural de esos valles, con las montañas que van descendiendo hacia un inmenso y tranquilo mar al fondo, y una isla plana en el horizonte.⁴ En esta otra versión, además, la rueca ha perdido el elemento horizontal que la hacía similar a una cruz, por lo que el significado simbólico de la Pasión se ha debilitado.

Las referencias de Novellara a los estudios geométricos y matemáticos de Leonardo son igualmente dignas de fe.

Junto al artista sigue estando Pacioli, que enseña a Euclides en el Estudio y es asiduo de la biblioteca del convento de San Marcos. La biblioteca está muy cerca de la Annunziata y es particularmente rica en manuscritos de obras sobre geometría, matemáticas, óptica y perspectiva. Materiales que serían de enorme interés para Leonardo, pero que lamentablemente le resultan inaccesibles por estar escritos en latín o incluso en griego.

Con todo, él también, valientemente, coge la costumbre de ir a San Marcos y hojear esos libros. En un folio en el que aparecen variaciones del tema del Niño mientras abraza el cordero para Santa Ana, puede verse una misteriosa línea en latín: «*Incipit liber enbadorum a Savasorda iudeo in ebraicho compositusu et a Plato Tiburtini in latinum sermonem translatus anno arabum dx. mense saphAr Capitulum primum in geometrice arithmetice unyversalia proposita*».⁵ Se trata exactamente del íncipit del *Liber embadorum*, es decir, «libro de la medida de los cuerpos», del matemático judío Savasorda, traducido al latín por Platón de Tívoli y encontrado por Leonardo en un códice de la biblioteca de San Marco.⁶

---

³ *Virgen Lansdowne*: anteriormente Montreal, Colección Reford, ahora Nueva York, colección privada.
⁴ *Virgen Buccleugh*: Drumlaring Castle (Escocia), Buccleug Colecction (en depósito en Edimburgo, National Gallery of Scotland).
⁵ Los Ángeles, The J. Paul Getty Museum, 86 GG 725 (anteriormente Castillo de Weimar, Colección gran ducal).
⁶ Florencia, Biblioteca Medicea Laurenziana, San Marco 184, ff. 120r-164v.

El resto del año 1501 transcurre sin acontecimientos significativos. El 29 de julio, Leonardo declaró haber recibido el alquiler del viñedo milanés por parte del padre de Salaì, Giovan Pietro da Oreno, quien se ha instalado, con su numerosa familia, en los terrenos y en la casa donada al pintor por el Moro.

Inmediatamente después acude a visitarlo el embajador de Mantua en Florencia, Manfredo de Manfredi, y el 31 de julio comunica a Isabel de Este que había entregado las cartas de la marquesa a Leonardo y le había instado a responder; en todo caso, el artista ya le ha dicho que ha empezado con lo que Isabel quería.[7] Nuevas promesas, sin ninguna consecuencia práctica.

La princesa, sin embargo, no desiste y pide que se interpele de nuevo a Leonardo con la excusa de un asesoramiento artístico. Entre el 3 y el 12 de mayo de 1502 se registra un nuevo intercambio epistolar entre Isabel de Este y Francesco Malatesta en relación con cuatro preciosos jarrones que llevan grabado el nombre de Lorenzo el Magnífico, hermosas reliquias de la colección de los Médici, dispersas tras su expulsión de Florencia. Los jarrones, cuya compra se le ha ofrecido a Isabel por el elevado precio de novecientos cuarenta ducados, están hechos de cristal de roca, ágata, jaspe, amatista, por lo que Isabel pide la experta opinión de Leonardo, que hace incluso un dibujo y declara su preferencia por los de cristal y amatista, «por ser cosa novedossa y por la diversidad de colores admirabile».[8]

No hay mucho más que hacer en Florencia para Leonardo. Quizá él también se confundiera entre la multitud de devotos que en febrero de 1502 acogieron la preciosa reliquia del hábito de san Francisco capturada por los florentinos tras la conquista del castillo de Montacuto, y la acompañe en procesión hasta el convento de San Salvatore al Monte: un extraordinario objeto sagrado que parece recordarse en una misteriosa anotación geométrica sobre la forma de «cuadrar» los triángulos, es decir,

---

[7] ASMa, *Archivio Gonzaga*, serie E, XXVIII, 3, sobre 1.103, f. 290r.
[8] ASMa, *Archivio Gonzaga*, serie F, II, 9, sobre 2.993, registro epistolar 13, n.º 195, F. 69v; serie E, XXVIII, 3, sobre 1.104.

imitando la forma del manto de un fraile: «Cappa Francisci».[9] O tal vez se detenga en los terraplenes, para observar el curso impetuoso de las aguas del Arno, y sus efectos en las orillas.[10] Y mientras tanto el dinero ya se le ha acabado: esos cincuenta florines retirados el 10 de noviembre de 1501 de la cuenta de Santa Maria Nuova.[11]

Leonardo no puede dejar de constatar que su regreso a Florencia, inicialmente acogido con curiosidad por sus conciudadanos, no ha dado grandes frutos hasta el momento. Vivió un breve momento de gloria cuando la gente hacía cola para ver el cartón de *Santa Ana*, pero luego el trabajo se estancó, y tal vez ni siquiera haya terminado la pequeña *Virgen de la rueca* para Robertet, dejando que alguien más la finalizara, por ejemplo, el joven Salaì.

Desde la Signoria, ninguna señal positiva: y aún está pendiente aquella vieja deuda del *Retablo de San Bernardo*. En Florencia las deudas no se olvidan.

---

[9] CA, f. 258v.
[10] L, ff. 1r, 31r-33r, 36v; CA, ff. 404v, 785br.
[11] ASF, *Ospedale di Santa Maria Nuova*, 5.638, f. 265v.

6. El nuevo César

Italia central y Romaña, 1502-1503

De repente, una nueva fuga. El cuaderno que Leonardo lleva en el bolsillo desde que dejó Milán y que ahora se convertirá en su fiel compañero de viaje, el Códice L, registra su paso por la zona de Piombino. ¿Qué ha ido a hacer allí?

Piombino es un pequeño señorío independiente, en una posición estratégica, encaramado en el promontorio frente a la isla de Elba, en las fronteras de las dos repúblicas eternamente enemigas, Florencia y Siena. En el verano de 1501, el condotiero Vitellozzo Vitelli expulsó a su antiguo señor, Iacopo IV Appiani, y la fortaleza acogió al nuevo, César Borgia, apodado «Valentino». En febrero de 1502, Borgia reside en la ciudad e invita incluso allí a su padre, el papa Alejandro VI. La conquista ha sido una operación promovida por Francia y es probable, por lo tanto, que la invitación a Leonardo llegara a través de los emisarios franceses en Florencia. O, si no, directamente de Borgia, que pudo haber conocido al artista en Milán con motivo de la conquista de 1499.

Probablemente, antes de partir, uno de esos emisarios le metió en el bolsillo una nota que tiene todo el aspecto de ser una solicitud de información confidencial, es decir, de espionaje, sobre la actual configuración política de la República florentina, que se remonta a la época de Savonarola: «Recordatorio a maestro Lionardo para aver lista la nota del estato de Florenzia, videlicet cómo se tiene el modo et estilo el Reverendo padre D. fray Jerónimo al ordenar el estato de Florencia, item les órdenes et forma expresa de cada uno ordenado por él et en qual modo forma et orden son servidos et si se sirven usque nunc».[1] Leonardo se marcha sin llamar demasiado la atención.

---

[1] CA, f. 628r.

En Florencia, la Signoria mira con creciente preocupación el ascenso de los Borgia y considera la política de conquista de Valentino en Italia central como una amenaza a su supervivencia. Para intentar apaciguarlo, la República le ofreció, a través de Cosimo di Guglielmo de' Pazzi, obispo de Arezzo, el nombramiento de capitán general en 1501, pero la iniciativa no llegó a buen puerto y Valentino prosigue con sus inquietantes planes.

En Piombino, Leonardo examina las fortificaciones militares y las instalaciones portuarias, dibuja bocetos cartográficos de la costa entre Populonia y Follonica, observa el movimiento de la ola «facta al mar de Piombino».[2] Pero, sobre todo, tiene la oportunidad de conocer al joven del que todo el mundo habla con admiración o terror, el nuevo César, el político y el condotiero sin escrúpulos y sin moral que parece obligar a la propia fortuna a obedecer su voluntad. Lleva escaso equipaje consigo: además de su pequeño cuaderno de bolsillo, algunos papeles de dibujo, unos cuantos instrumentos de medición y topografía, como la brújula y el transportador circular.

Luego regresa a Florencia, donde encuentra, como hemos visto, las habituales cartas de Isabel de Este a las que es necesario dar respuesta.

A principios de junio, la hecatombe. A Florencia llega la pésima noticia de que Vitelli también se ha apoderado de Arezzo en nombre de Piero de Médici, después de haber avivado las llamas de la revuelta en Valdichiana.

Vitelli, es bien sabido, se ha convertido en la peor pesadilla de Florencia, incluso más que Valentino. Antiguo condotiero al servicio de los franceses y luego de los florentinos en la guerra con Pisa, fue acusado de traición y su hermano Paolo llegó a ser decapitado. De esta manera, Vitellozzo juró muerte eterna en Florencia y se convirtió en uno de los capitanes más feroces de los Borgia, manteniendo al mismo tiempo una ambigua relación con Lorenzo el Popolano.

---

[2] CA, ff. 115v, 120v, 121v, 779v, 942r-v, 1002v; L, ff. 6v, 76v-77r, 82r, 82v-83r, 83v-84r.

El comisario militar florentino en Valdichiana es Guglielmo dei Pazzi, quien se refugia con su hijo, el obispo Cosimo, en la fortaleza de Arezzo para acabar rindiéndose. No faltan sospechas de un posible entendimiento con el enemigo, y la sospecha se transformaría casi en certeza en el caso de Leonardo, si se supiera lo que se dispone a hacer. Un juego muy peligroso, una auténtica traición a Florencia.

El caso es que el artista se adentra en territorio rebelde, sin duda con un salvoconducto de Valentino, y empiezan así una serie de reconocimientos que luego desembocarán en algunas de sus extraordinarias y modernísimas vistas cartográficas a vista de pájaro.[3] La indicación precisa de las distancias entre las ciudades y las plazas fuertes y los posibles puntos de paso de las tropas revela su evidente propósito estratégico-militar, esencial para la clase de guerra relámpago que han inaugurado Borgia y sus condotieros, con rápidos movimientos de pequeños contingentes de tropas ligeras en territorios montañosos y colinosos.

La atención de Florencia y de los estados italianos se centra enteramente en Valdichiana, y los propios franceses, preocupados por la excesiva ambición de los Borgia, se disponen a enviar una expedición que ponga orden en la situación y devuelva las llaves de Arezzo a la República florentina. Sin embargo, antes de que todo ello suceda, César reaparece por sorpresa desde el otro lado de los Apeninos, en las Marcas, y conquista Urbino sin disparar un solo tiro, la noche del 22 al 23 de junio, después de que el duque Guidubaldo da Montefeltro le diera incautamente permiso para cruzar el paso de Cagli con su ejército. Guidubaldo huye apresuradamente, se dice que en camisón, abandonándolo todo en manos de César: su espléndido palacio, el mobiliario, las colecciones de arte, la biblioteca.

Y Leonardo, ¿dónde está? A salvo, en Buonconvento, en territorio de Siena. Es allí donde un agente de Valentino probablemente lo convenza para ponerse de manera estable al servicio de Borgia con el cargo de arquitecto e ingeniero general, y con

---

[3] CA, ff. 910r, 918r; W, 12.277-12.278.

el poder de supervisar todo el sistema militar del dominio en formación: fortalezas, murallas, ciudades, baluartes.

Nadie le había ofrecido nunca tanto a Leonardo, ni siquiera el Moro, y cabe imaginar que no tarda en aceptar, muy convencido. El libre acceso a todas las fortalezas le permitirá, entre otras cosas, estudiar de cerca las obras maestras de ingeniería y arquitectura fortificada de Francesco di Giorgio Martini, la red de castillos y fortalezas creadas por Federico da Montefeltro y abandonadas por Guidubaldo.

De todas las promesas de Valentino, Leonardo anota en su cuaderno una que le excita más que todas las demás, más que el poder, el favor del príncipe, la riqueza y la gloria. La promesa de recibir dos libros, dos preciosos códices de Arquímedes: «Borges te conseguirá el Arquímedes del obispo de Padua y Vitellozo, el del Borgo en Sansepolcro».[4] Valentino («Borges») le regalará un manuscrito de Pietro Barozzi, obispo de Padua apasionado por las matemáticas.[5] Vitellozzo le conseguirá otro procedente de Sansepolcro, recientemente ocupado por sus tropas: la nueva traducción latina del corpus de Arquímedes realizada por Iacopo da San Cassiano, que quizá se trate de la misma copia escrita por el traductor, o la copia autógrafa de Piero della Francesca.[6] La sugerencia, antes de marcharse de Florencia se la ha dado seguramente fray Luca, que conoce personalmente a Vitellozzo (ha sido tutor de su hermano Camillo) y está al tanto a la perfección de lo que quedaba del legado de Piero en Sansepolcro, su ciudad natal. Parece un sueño. Arquímedes es para él el mayor ejemplo de científico, ingeniero e inventor del mundo antiguo, y hasta ahora nunca había conseguido hacerse con ninguno de sus libros.

Lleno de entusiasmo, Leonardo reescribe su primera anotación, «Arquímedes del Obispo de Padua», y planea de inmediato un itinerario seguro de Buonconvento a Foligno: «De Bon-

---

[4] L, f. 2r.
[5] Quizá se trate del códice del siglo XIII con la traducción de Guillermo de Moerbeke: Ciudad del Vaticano, Biblioteca Apostolica Vaticana, Ottob. lat. 1850.
[6] París, Bibliothèque Nationale, N. A. lat. 1538; Florencia, Biblioteca Riccardiana, ms. lat. 106.

convento a Casanova millas 10, de Casanova a Chiusi millas 9, de Chiusi a Perugia millas 12, desde Perugia hasta Santa Maria degli Angeli y luego hasta Fuligno».[7]

Es necesario acelerar el ritmo de la cabalgada y dirigirse en etapas forzadas hacia Urbino, recorriendo la via Flaminia pasando por Nocera, Gualdo, hasta el desfiladero de Furlo.

Cuando salen de Florencia, la noche del 24, una embajada florentina ya había llegado a la carrera a Urbino: de ella forman parte el obispo Francesco Soderini, hermano del gonfalonero, y el secretario de la Segunda Cancillería, Nicolás Maquiavelo. No reciben más que nuevas amenazas, pero dos días después el secretario envía a Florencia, a los Diez de Balia, una carta que ofrece un retrato elocuente de César: «Este señor es muy espléndido y magnífico, y en las armas se muestra tan animoso que no hay tan grande cosa que a él no parezca pequeña, y por la gloria y por adquirir estado nunca descansa ni conoce cansanzio ni peligro». El verdadero modelo del príncipe moderno.

Leonardo también llega sin aliento, pero es demasiado tarde: Maquiavelo ya se ha ido. Un encuentro fallido, pero mejor así. ¿Qué habrían dicho en Florencia de su ingeniero traidor?

Leonardo sube las escaleras del magnífico Palacio Ducal construido por Francesco Laurana y se encuentra frente a su nuevo príncipe. No cabe duda de que expone al duque sus ideas para reorganizar las fortalezas y desempolva todos sus visionarios proyectos de instrumentos y máquinas militares desarrollados en años anteriores: tanques blindados autopropulsados, artillería de nueva y mortífera potencia, máquinas voladoras, instrumentos de guerra submarina. A Borgia se le escapa un bostezo. Lo que le importa de verdad es el estudio concreto de las fortalezas del ducado, para consolidar el principado recién conquistado sobre bases sólidas. La conversación termina ahí.

El duque tiene prisa; no puede demorarse en exceso en Urbino. Luis XII está a punto de llegar a Italia, a Milán, para reci-

---

[7] L, f. 94v.

bir a los príncipes y embajadores de los Estados italianos, que se quejan de la política agresiva de los Borgia que ha alterado el antiguo equilibrio. Valentino debe correr a Milán para recuperar la confianza del rey y obtener de él nuevas ayudas materiales.

Leonardo podría haberlo acompañado, pero Valentino prefirió dejarlo en Urbino, intuyendo que un encuentro del artista con el rey de Francia y los dignatarios de la corte podría distraerlo de sus nuevos compromisos como ingeniero, tal vez con otros encargos artísticos.

Tras quedarse solo en las habitaciones desiertas del Palacio, Leonardo deambula con curiosidad en busca de detalles arquitectónicos: la escalinata, las columnas, la exquisita Capilla del Perdón diseñada por el joven Bramante.

Se cuela en el *Studiolo* de Federico da Montefeltro, admira la ilusión de vida de sus taraceas de madera y el doble retrato de los duques de Urbino realizado por Piero della Francesca.

De memoria, esboza un retrato de Valentino, tal vez para un futuro cuadro, el rostro de un hombre barbudo reproducido desde tres ángulos diferentes.[8]

Tampoco habrá resistido la tentación de entrar en la admirable biblioteca de la planta baja, en una enorme sala vigilada de cerca por los soldados, porque cada uno de esos manuscritos iluminados vale un tesoro. Cuando, de joven en Florencia, deambulaba por las tiendas de papelería cercanas al puesto de su padre, ya había oído hablar de esta empresa magnánima y alocada, y de los ríos de dinero que el duque enviaba a libreros, escribas e iluminadores florentinos, y con los que prácticamente se ganaban la vida todos, de Ghirlandaio a Francesco Rosselli. Qué diferencia respecto a su humilde biblioteca de «omne sine letras». Allí no hay ningún libro impreso, ni siquiera escrito en papel, porque al duque, como decía su principal proveedor, Vespasiano da Bisticci, «le habría dado vergüenza». Un paraíso, esa gran sala, con sus altas estanterías repletas de volúmenes, el techo

---

[8] Turín, Biblioteca Reale, 15.573.

en el que campea un águila negra entre lenguas de fuego. Quién sabe si podrá llegar al estante que más le interesa y podrá hojear alguno de los maravillosos libros de Piero, Arquímedes, Witelo, Vitruvio, Alberti, Francesco di Giorgio, todos allí, uno encima del otro.[9] No hay nada que hacer, los guardias son inflexibles, no dejan que se lleve nada.

Así que sale molesto del Palacio, sube las «escaleras salváticas del conte d'Urbino», recorre las murallas, toma sus medidas con atención, con el objetivo de trazar un plano de toda la ciudad, y recuerda por último el «palomar de Urbino a día 30 de julio de 1502».[10]

Y luego, por fin se pone otra vez en marcha y el viaje comienza de nuevo.

El 1 de agosto desciende hacia el mar, llega a Pesaro, estudia la Rocca Costanza, visita la biblioteca, como escribe en la segunda portada del Códice L: «Día primero d'agosto 1502 / en Pesero la librería»; al margen, en vertical, transcribe un dístico medieval extraído tal vez de algún manuscrito de esa biblioteca, dístico que, en esos días de suprema incertidumbre existencial y dominio de la fortuna, resuena como una fuerte admonición: «Decipimur votis et tempore fallimur, et mo[r]s deridet curas: anxia vita n[i]hil / Marcello está en casa de Iacomo da Mongiardino».[11]

El 8 de agosto está en Rímini. Al igual que en Mantua, se detiene con reverencia frente a la obra maestra de Alberti, el Tempio Malatestiano, y entre los arcos que se alinean a sus lados venera también la de Roberto Valturio, autor de uno de los libros más preciados de su biblioteca. Sin embargo, en la gran plaza donde quizá se aloje, en uno de los edificios municipales, su atención se siente atraída de inmediato por una antigua fuente romana, la úni-

---

[9] Ciudad del Vaticano, Biblioteca Apostolica Vaticana, Urb. 632 (Piero della Francesca, *De quinque corporibus regularibus*, con intervenciones autógrafas), 261 (Arquímedes, *Opuscula*, copia de Francesco del Borgo, primo de Piero, quien la copió en Riccardiano lat. 106), 265 (Witelo, *Prospectiva*), 293 y 1.360 (Vitruvio, *De architectura*), 264 (Alberti, *De re aedificatoria*), 1.757 (Francesco di Giorgio, *Taccuino*).
[10] L, ff. 6r, 7r, 8r, 19v-20r, 37v-38r, 40r, 73v-75r.
[11] L, II cop.v.

ca que trae agua potable a la ciudad (la actual Fontana della Pigna). Desde dos anillos concéntricos de paneles de mármol y pilares brota el agua hacia abajo desde quince caños, con diferente presión y, por lo tanto, diferente ruido. De ahí surge en Leonardo, que quizá no pueda dormir por las noches a causa del fragor, la idea de crear una verdadera música de las aguas, una «armonía», regulando los chorros a diferentes alturas y diferentes presiones, un artificio que tendría gran éxito en los jardines italianos del siglo XVI: «Hágasse un'armonía con las diversas caídas d'agua, como viste en la fuente de Rímini, como viste a día 8 de agosto de 1502».[12]

Dos días después llega a Cesena, a tiempo para ver la feria que se celebra con motivo de la fiesta de san Lorenzo: «En la feria de Sancto Lorenzo a Cesena 1502». Permanece en la ciudad varios días, y no deja de realizar rápidos bocetos de los detalles arquitectónicos y de las sugestivas murallas almenadas: «Ventana de Ciesena»; «el día de Santa Maria mediados agosto en Cesena 1502». Realiza los levantamientos y mediciones de las murallas, y proyecta las rampas de la «rocha de Cesena».[13] Como había hecho en Urbino, los levantamientos tenían como objetivo crear un plano de la ciudad. Leonardo utiliza un transportador circular que, colocado en un punto elevado del centro de la ciudad, relaciona todos los lugares con los distintos puntos cardinales, de modo que permita trazar un recorrido planimétrico preciso inscrito en la circunferencia. El método, tomado de Alberti, en los *Ludi matematici* y en la *Descriptio urbis Romae*, se revela en una anotación en la que Leonardo indica la posición de la fortaleza con relación al punto cardinal de la rosa de los vientos: «La rocha del puerto de Cesena sta en Cesena para la 4a del lebeche».[14] Por último, en su cuaderno se deslizan también anotaciones curiosas, como los enormes racimos de «uvas traídas a Ciesena», o un «carro de Cesena»; y, hablando de un carro, Leonardo deja escapar una ironía sobre los romañoles: «En Romaña, cabezas de todo tamaño de ingenio utilizan carros de 4 ruedas,

---

[12] L, f. 78r.
[13] L, ff. 9r-v, 10r, 15v, 36v-37r, 46v-47r.
[14] L, f. 67p.

de las cuales tienen 2 delante bajas y dos altas detrás, la cual cosa es gran desventaja de movimiento porque en sobre las ruedas de adelante se carga más peso que en sobre las de detrás, como mostré en la primera de los elementos».[15]

Leonardo no puede ir más allá de Cesena, porque los castellanos de Valentino niegan el paso a este ingeniero general que dice haber sido enviado por el príncipe, y que pretende meter las narices por todas partes y dibujar fortalezas y realizar extrañas anotaciones. Italia en ese momento está llena de espías y emisarios secretos.

Es posible que Leonardo enviara sus quejas a Valentino, que todavía estaba con Luis XII en Pavía. Y puntualmente, el 18 de agosto, el fiel secretario de Borgia, Agapito Geraldini da Amelia, con elegante escritura humanista, hizo redactar el salvoconducto de Leonardo para la inspección de las fortalezas de los estados controlados por Valentino. El documento está escrito en lengua vernácula, porque va dirigido «a todos nuestros locotenientes, castellanos, capitannes, conducteros, oficiales, soldados y súbditos», personas a menudo poco letradas y muy irascibles. El latín queda reservado para el solemne encabezamiento y la fecha, solo para infundir un poco de temor a quienes, leyendo el documento, saben que las amenazas del duque nunca quedan sin consecuencias. De esta manera, a Leonardo se le presenta como «nuestro distinguidíssimo et dilectissimo familiar arquitecto et ingeniero general», tiene el cometido de examinar todos los lugares y fortalezas, dispone de libre paso en todas partes para él y su gente, tiene la libertad de verlo y medirlo todo. Valentino ordena que se le brinde asistencia completa y que todos los demás ingenieros militares consulten con él y obedezcan su opinión. Nadie se atreve a hacer otra cosa «en la medida de que le importe no incurrir en nuestra indignación».[16]

Amparado por tan elocuente documento, Leonardo parte de nuevo y se va a «Porto Ciesenatico a día 6 de septiembre 1502 a

---

[15] L, ff. 72r, 77r, 82r.
[16] Belgioioso, Archivio Melzi d'Eril.

horas 15», donde traza la planimetría del puerto del canal.[17] Su misión se vuelve más delicada, porque se acerca a las fronteras del ducado de Ferrara, en una zona políticamente inestable, en la que también se centran las miras de Venecia.

Pero ahora Leonardo se reencuentra con Valentino y permanecerá a su lado durante los próximos meses. También tiene la oportunidad de conocer a Maquiavelo, que vuelve con una segunda legación en octubre y permanece junto a Valentino hasta el 21 de enero de 1503.

Leonardo acompaña los desplazamientos de su ejército. Incluso Pacioli, en *De viribus quantitatis*, relata el paso de un río que solo fue posible gracias a la construcción de un puente de madera diseñado por un «noble ingeniero» que no puede ser otro que Leonardo: «Cesare Valentino, duque de Romaña et al presente señor de Piombino, habiendo llegado estos últimos días con su exército a un río de unos 24 pasos de ancho et no encontrando un puente ni modo de hacerlo enseguida si no con pila de maderos todos de una medida, es decir, 16 pasos, y con estos su noble ingeniero, sin utilizar otras herramientas ni hierros ni cuerdas, fizo el puente sufficiente et bastante para trapassar su exército».[18]

El 11 de octubre de 1502 Leonardo presencia la toma de Fossombrone, lograda con el arte en el que Valentino era maestro: la traición.[19] Probablemente también participa en las vicisitudes del asedio y la conquista de Forlì. A finales de 1502, la derrota de la intrépida Caterina Sforza, que se oponía ella sola al avance de las tropas del Borgia, permitió también la conquista de la fortaleza de Ímola. Pero a estas alturas la frágil construcción política del duque empieza a tambalearse. Los príncipes derrocados llegan a un acuerdo con algunos de los condotieros de Borja, incluido Vitellozzo, quienes empiezan a temer a su propio señor. Guidubaldo aprovecha la rebelión para regresar a Urbino, que había quedado increíblemente desprotegido. Valen-

---

[17] L, f. 66v.
[18] Bolonia, Biblioteca Universitaria 250, ff. 193v-194r.
[19] CA, f. 121v.

tino se ve obligado a permanecer en Ímola, preparándose para la revancha y la venganza.

Leonardo no se queda de brazos cruzados. Realiza algunas observaciones geológicas y búsquedas de fósiles en el valle de Lamone, cerca de Faenza, y en esta última ciudad realiza el diseño de la catedral.[20] Toma nota de las distancias entre Ímola, Bolonia, Castel San Piero, Faenza, Forlì, Forlimpopoli, Bertinoro.[21] Diseña fortalezas fantásticas, capaces de resistir la artillería moderna.[22]

En Ímola puede observar el funcionamiento de las bombas hidráulicas, llamadas «tronbas de Ímola».[23] Pero, sobre todo, prosigue con su trabajo de levantamiento planimétrico urbano ya iniciado en Urbino y Cesena, sin duda por encargo de Valentino. Su obra maestra la realiza en Ímola, con el transportador circular de Alberti. El plano de la ciudad, inscrito en un círculo perfecto, se completa también en la coloración de los elementos fundamentales del plano: los ríos y canales en azul, las casas en rojo ladrillo, las calles en blanco, los jardines en verde, los campos en amarillo.[24] Se trata de la primera planta moderna de una ciudad. Ya no es la utopía de una ciudad ideal, sino el estudio concreto de la ciudad real, en la perspectiva de un urbanismo que considere atentamente todos los factores de desarrollo y relación de la ciudad con su territorio.

---

[20] L, f. 15v.
[21] L, f. 88v.
[22] CA, f. 116r, 132r, 133r, 134rv; L, f. 51v.
[23] CA, f. 885r.
[24] W, 12.284.

7. ¿Dónde está Valentino?

Roma y Florencia, invierno de 1503

A principios de 1503, Valentino parece haber recuperado las riendas del poder. En Senigallia se deshace de sus enemigos mediante la traición, Vitellozzo incluido. El 6 de enero toma Perusa, por mediación de su hombre de confianza, Geraldini, y el 28, Siena.

Leonardo también emprende de nuevo sus peregrinajes. En Perusa recibe el encargo, quizá del propio Geraldini, de realizar un monumento ecuestre de bronce «con l'efigie et retratto del duque Valentino que sobre un gran caballo del mismo metal todo armato resplandeciera». Por tal motivo, en su siguiente estancia en Siena, busca la colaboración de dos ingenieros expertos en fusión y metalurgia: «Pagolo di Vannocco en Siena / Domenico Chiavaio». Paolo di Vannoccio Biringuccio es ingeniero de la escuela de Martini, y su hijo Vannoccio, a su vez arquitecto, químico y maestro en el arte de la fundición, recordará algún día en su tratado *De la pirotechnia* el proyecto de Leonardo sobre la fundición del caballo esforcesco.[1]

Siena es recordada en otro apunte: la figura de una campana con la inscripción «Siena», y el doble dibujo de la campana en movimiento acompañado de la leyenda: «Campana de Siena, es decir, el modo de su movimiento resultado de la colocación del badajo suyo».[2] Nada más registra Leonardo de esta visita demasiado breve a la ciudad que tanto podría haberle enseñado, con su patrimonio de conocimiento de ingeniería, desde Taccola hasta Martini. Quién sabe si logra bajar al subsuelo, para visitar la mara-

---

[1] L, I cop. v.
[2] L, ff. 19v, 33v.

villosa red de Bottini, los acueductos con bóvedas de cañón que los ingenieros medievales habían logrado construir para garantizar el suministro de agua. O si logró ver los manuscritos y libros de Francesco di Giorgio, fallecido en 1501. Es posible que, exhibiendo el salvoconducto de Valentino, obtuviera alguno a través de los gobernantes de Siena, tal vez con la promesa de devolverlo después de consultarlo: la traducción en vulgar de Vitruvio, y las dos redacciones del tratado de arquitectura, en particular el precioso códice ilustrado en pergamino que en años siguientes encontraremos entre los libros de su biblioteca.[3]

En febrero Valentino viaja desde Siena a Roma para establecer las nuevas líneas de su conducta política con su padre, el papa Alejandro VI. Es probable que Leonardo se reúna allí con él esta vez también, por la vía Romea, la misma que recorrió dos años antes, y que está indicada por los nombres de dos de las paradas habituales de esa carretera: «Acquapendente y Orvieto».[4] Un camino bien trazado sobre un meticuloso mapa del Lacio que otro ingeniero ducal le ha pasado.[5]

La nueva estancia en Roma es muy corta y le ofrece la oportunidad de desvincularse de Valentino y de esta vida incierta, a merced de la suerte y de excesivos cambios repentinos.

En menos de un año, Leonardo ha recorrido sin descanso las carreteras de media Italia, sin excesivo beneficio para su arte o sus estudios, y quizá ni siquiera para su bolsa o su salud. También Maquiavelo, después de los acontecimientos de Senigallia, ha sido llamado a Florencia por la Signoria, pues se sospecha que el secretario adolece de un exceso de simpatía hacia el hombre que algún día inspiraría la figura del *Príncipe*.

En su segunda estancia romana, Leonardo parece preocupado por encontrar inmediatamente un nuevo protector. Una nota trazada por otra mano en una hoja del Códice Arundel resulta ser

---

[3] Florencia, Biblioteca Nazionale Centrale, Magliabechiano II.1.141; Biblioteca Medicea Laurenziana, Ashburnham 361.
[4] L, f. 10v.
[5] CA, f. 919r.

la firma del secretario del cardenal Grimani, a quien quizá ya conoció en Venecia en marzo de 1500 o en Roma en marzo de 1501: «Stephano Iligi canónigo de Dulcegno familiar del Reverendíssimo Cardenal Grimani a Santo Apostolo».[6] «Santo Apostolo» indica el barrio donde se encuentra la espléndida residencia del cardenal, Palacio Venezia, cerca de la Basílica de los Santos Apóstoles. En el mismo barrio, junto a la basílica, se encuentra el Palacio Colonna, residencia del condotiero Marcantonio Colonna, príncipe de Salerno, también recordado por Leonardo: «Marcantonio Colonna en Sancto Apostolo».[7]

En el Palacio Venezia puede admirar Leonardo la colección de antigüedades reunida por el cardenal, inspirándose para algunos dibujos tardíos de musas o ninfas danzantes; o incluso realizar dos pequeños cuadros para el prelado que serán mencionados en un inventario de 1528: «Uno cuadro una cabeza con girnalda de mano de Lunardo Vinci / Uno cuadro cabeza de angelote de Lunardo Vinci».

A principios de marzo de 1503, Leonardo acaba huyendo de Roma para regresar a Florencia.

Nada más llegar, como tiene por costumbre anota en un papel las cosas más urgentes que tiene que hacer.[8] Después de dejar sus arcones en la aduana, necesita un par de botas nuevas y una capa, y busca a algunos viejos amigos que pueden echarle una mano: un fraile del convento del Carmine, Piero di Braccio Martelli, Salvi Borgerini y, sobre todo, el patricio Francesco di Pierfilippo Pandolfini.

La vida errante y agotadora de los últimos años ha agravado su debilidad de vista. Tiene más de cincuenta años, ya no ve muy bien de cerca y se propone construir un «sustentáculo de las gafas», una nueva montura para las lentes con las que se ayuda a leer y escribir.[9]

---

[6] Ar, f. 274r
[7] Ar, f. 150v.
[8] Ar, f. 202v.
[9] Sobre las gafas de Leonardo, véase también CA, ff. 225r, 226v, 663r, 829r; F, f.

Con todo, a la cabeza de sus preocupaciones se halla la ansiedad por saber dónde está el príncipe al que acaba de abandonar, como lo revela la pregunta que abre esta lista: «¿Dónde está Valentino?». Es mejor poner el mayor número de millas posibles entre él y el vengativo duque. El amargo final de Vitellozzo, estrangulado en Senigallia, le ha servido de enseñanza.

En otra hoja, junto a los nombres de dos hombres de armas que ya estaban al servicio de Valentino, Paolo da Como y Marco da Rimini, alguacil de Rávena, aparecen los florentinos de Lattanzio Tedaldi, ser Pocantino, Pandolfini, el ingeniero Tanaglino, un tal Rosso, artesano de espejos, y un «libro de Benozo», tal vez un álbum de dibujos del pintor Benozzo Gozzoli.[10]

Una lista similar se encuentra en el Códice L, y la cierra una curiosa pregunta: «¿Cuánto vale un florín de sello?»; Evidentemente, tras la larga ausencia y los trastornos políticos y económicos, es necesario conocer el valor actualizado del florín «de sello», es decir, verificado, tal vez para cambiar las monedas extranjeras entregadas en pago. Además, todavía queda un arcón pendiente de pasar por la aduana, hay que recuperar varios objetos de cierta importancia: una costosa tela de tapiz, un juego de compases («seste»), un modelo de chaleco salvavidas («baga de nadare»). Necesita comprar papel de dibujo para retomar su actividad habitual («libro de papel blanco de dibujar»), y algo de carbón para calentar el estudio, en estos últimos días de un invierno más frío de lo habitual. Por último, le hace falta recomponer sus ropas, desgastadas en los últimos meses: la túnica que hay que cortar, el cinturón de la espada, las botas que *rimpedulare*, es decir, remendar porque los calcetines tienen agujeros, el jubón de viaje de cuero, el ligero gorro de viaje *(«cappello legieri»)*, el que estamos acostumbrados a ver aún hoy en el retrato convencional de Leonardo popularizado a partir de Vasari. Y así es como ven los florentinos a ese conciudadano que ha vuelto a

---
25r.
[10] W, 12.675r.

Florencia: como un peregrino que regresa cansado de un largo viaje.[11]

Entre los elementos más interesantes de la lista encontramos dos nombres, Maso y Giovanni de' Benci, cada uno de los cuales está asociado a la palabra *libro*: «El libro de Maso / el libro de Giovanni Benci». Es natural recurrir a viejos amigos del pasado, a los Benci, a los parientes de Ginevra. La situación, en realidad, no es fácil: la Signoria mira con recelo al ingeniero general de Valentino, que quizá haya ayudado a Vitellozzo Vitelli y Piero de Médici en el levantamiento de Valdichiana.

Además, los servitas de la Annunziata, sorprendidos por la inesperada marcha de Leonardo el año anterior, ausencia que había dejado a medio terminar las obras del gran retablo, no perdieron el tiempo: fray Zaccaria llamó a Lippi para la ejecución del retablo de la Asunción. Tal vez aludan a este episodio los versos del poeta florentino Ugolino Verino, que celebra a Filippino como el nuevo Apeles, y llama a Leonardo el nuevo Protógenes, un pintor antiguo proverbial por su extrema lentitud de ejecución: Leonardo, que por capacidad podría superar a todos los demás pintores, antiguos y modernos, no parece capaz siquiera de levantar su mano derecha en la obra que está pintando, y apenas completa una en muchos años de trabajo.[12] Verino retoma un lugar común de la literatura antigua, y también la opinión corriente de los florentinos de la época: con todo, de haber observado de verdad y con más atención a Leonardo en su trabajo, habría notado que la mano que sostiene el pincel no es la derecha sino la izquierda.

En 1502 Leonardo había abandonado Florencia a toda prisa, con muy poco equipaje, y probablemente hubiera dejado todas sus cosas, libros, cartones, instrumentos, en el estudio de la Annunziata.

Regresa allí ahora, pero con el temor de ser desalojado pronto, porque los frailes no querrán seguir pagando sus gastos.

---

[11] L, f. 1v.
[12] U. Verino, *De illustratione urbis Florentiae*: Florencia, Biblioteca Nazionale Centrale, IX 128, f. 33r.

En todo caso, encuentra algunos objetos preciosos de importancia para él, porque puede recuperarlos y tal vez empeñarlos: «Tableros de ajedrez / saleros para el verano / pinxceles / caxillas / jarrones antiguos / colgantes de cuello / faroles de una sola pieza / candelabros / cofrecillos / tarezea con tablas como jaspe».[13]

A pesar de la falta de ingresos seguros, Leonardo sigue viviendo sin reparar en gastos. Le gusta comer bien, no puede renunciar a ello. Salaì registra la compra de vino, pan, huevos y cuatro anguilas, y el maestro añade, en la misma hoja, el pan con pimienta y *biricocoli*, sabrosos y costosos híbridos entre albaricoque y ciruela, además de todos los demás gastos necesarios para su regreso: los nada menos que cuarenta y dos dineros entregados a Salaì, los arcones que deben pasar por la aduana, el material para el estudio (lápices, cuerdas, hojas), la ropa y los accesorios (un par de zapatos, algo de terciopelo y telas, el afilado de espada y cuchillo), el fuego de la chimenea (leña y carbón), el cuidado personal (el barbero). Al final, dos enigmáticas anotaciones «a Pagolo por una cru<c>ezita 20 dineros / para decir la ventura 6 dineros». El científico e ingeniero que investiga los misterios de la Naturaleza, lector de Arquímedes y Euclides, gasta 20 dineros en una pequeña cruz para colgarla en la habitación, y 6 dineros para que una gitana le prediga el futuro que tan oscuro se le antoja.[14]

Sin empleo y sin salario, Leonardo, en su largo deambular entre las Marcas, Romaña, Siena y Roma, se ha quedado con la bolsa vacía y ha tenido incluso, en ocasiones, que pedir prestado dinero a Salaì. El discípulo ha aprendido a escribir estas cosas: de lo contrario las deudas se olvidan, y lo que no se escribe no existe. Y así anota, con su escritura negruzca y algo tosca: «El lunez a día 13 de febrero presté yo liras dineros 7 a Lionardo para a gasta<ra> / et biernes dineros 7 en 1502». Leonardo borra entonces la nota y añade con escritura normal lo que parece ser el comienzo de una carta de queja a alguien que le ha pagado

---

[13] CA, f. 861r.
[14] CA, f. 877v.

poco o nada: «Después me fui de aquel nunca reciví nada más que aquestos pocos dineros me fueron / después me fui de».[15]

El 4 de marzo, Leonardo, que acaba de volver a Florencia, corre al Spedale di Santa Maria Nuova y retira otros cincuenta florines grandes: ahora solo le quedan cuatrociendos cincuenta florines en la cuenta.[16] Al día siguiente anota la retirada (llamándolos «ducados»), y le da cinco a Salaì, para saldar sus deudas con su discípulo: «Sábado a día 5 de marzo / recibí de Sancta Maria Nova / ducados 50 de oro que/dan 450 de los quales 5 / di el mismo día a Salaì / que me los havía prestado».

En la misma hoja, entre estudios sobre el agua y el vuelo de los pájaros, aparece una nota en la que Leonardo parece pedir al gonfalonero, es decir a Soderini, que cancele una antigua deuda suya (¿la de 1478 con la Signoria?) y haga que el notario emita un recibo de los pagos recibidos a cambio de su voluntad de realizar una tarea de «construcción» no mejor especificada: «Los gonfaloneros cancelen el libro y por la tarde me hagan una escritura del dinero recibido, luego frescaré libremente». La fecha se repite en el reverso con la indicación del lugar y año: «En Africo a día 5 de marzo de 1503».[17]

Estamos, por tanto, a orillas del Africo, el modesto afluente del Arno que desemboca en él al este de la ciudad, cerca de Rovezzano. Es posible que Leonardo esté empezando a pensar en algo útil para su ciudad. En Rovezzano hay molinos de cereales y batanes y un transbordador para cruzar el río, y estudiando una manera de regular el caudal del Arno aguas arriba de la ciudad podrían evitarse en el futuro sus catastróficas inundaciones.

No es un momento fácil. En Milán, o con Borgia, Leonardo se había acostumbrado a un estilo de vida holgado que le gustaría seguir manteniendo también en Florencia: ropa elegante, sirvientes, caballos. Pero a sus conciudadanos, acostumbrados a echar cuentas con lo que tienen en los bolsillos y a ir al grano, les deja una impresión poco positiva que un día resonará

---

[15] Ar, f. 271r.
[16] ASF, *Ospedale di Santa Maria Nuova*, 5.638, f. 265v.
[17] CA, f. 211r-v.

en la biografía de Vasari: la de un vagabundo incapaz de terminar nada y poco fiable.

El 8 de abril, Leonardo presta al miniaturista Attavante di Gabriello cuatro ducados de oro, entregados por Salaì en sus propias manos, y que ha de devolverle en un plazo de cuarenta días. El mismo día devuelve tres ducados a Salaì, para que el discípulo pueda hacerse «un par de medias rosadas con sus adornos», y queda en deuda con él por nueve ducados, mientras que Salaì le es deudor de veinte ducados que le ha prestado, de los cuales diecisiete en Milán y tres en Venecia.[18]

En otra ocasión anota: «Escribe el dinero que tienes de Salaì».[19] Un juego extraño ese de dar y recibir entre maestro y discípulo, y siempre desequilibrado a favor del discípulo. Leonardo se comporta con él como un padre indulgente que quiere mantener una apariencia de autoridad frente a los regalos y signos de condescendencia ante los caprichos de su hijo. Una relación estrecha que parece reflejada en una breve nota escrita por el propio Salaì: «Salai. lionardovici / lionardo-davici».[20] En otra nota, el discípulo promete hacer las paces con el maestro, después de una de las muchas discusiones entre ellos: «Salaì, io quero posar, es decir, no gueras, no más guera, que yo me rindo».[21]

En todo caso, Leonardo no le niega a Salaì el lujo de hacerse un par de hermosas medias rosas. Al fin y al cabo, si Salaì, que era un chico de campo sucio y desaliñado, se ha convertido en un dandi mimado y derrochador, todo es culpa suya. El 20 de abril le entrega otros veintiún brazos de tela, a diez dineros el brazo, para hacerse camisas.[22]

Una alusión a la elegancia del joven aparece también en un retrato suyo de perfil, pintado por otro discípulo.[23] Después de tantos gastos, y apenas tres meses después de la última retirada

---

[18] Ar, f. 229v.
[19] CA, f. 310v.
[20] Ar, f. 193v.
[21] CA, f. 663v.
[22] Ar, f. 229v.
[23] Ar, ff. 137r-136v.

de fondos, se hace necesario retirar otros cincuenta florines en Santa Maria Nuova el 14 de junio. Quizá para comprar un colchón nuevo y rescatar algunos anillos preciosos en la casa de empeño: «Gastados en xergones et en recuperar los anillos».[24]

Salaì tiene ahora veintitrés años, pero Leonardo sigue agasajándolo como cuando lo acogió en su taller; es más, ya desde la época milanesa le encomendó diversas tareas de confianza, desde la administración de los gastos diarios hasta las funciones de secretario e intermediario con el mundo exterior, como hemos visto en las cartas de Novellara. En algunas hojas, las listas de la compra, casi día a día, aparecen ahora plasmadas por la mano del discípulo, poco acostumbrado a escribir.[25]

Es fácil imaginar con qué resultados llevó a cabo estas tareas Salaì, ya que el propio Leonardo empieza a elaborar las cuentas él mismo, y también pide a uno de sus fámulos que haga lo propio.[26]

Las distintas listas de artículos de primera necesidad revelan lo que suele comerse en casa de Leonardo. Salvo algunas glotonerías ocasionales, se trata de una alimentación sana, a fin de cuentas, alejada del nocivo refinamiento de la cocina de las cortes renacentistas, y más acorde con los orígenes rurales del artista: pan con mantequilla, sopa, carne, salchichas, requesón, ensalada y hierbas, guisantes, vainas, salvado, pan, vino, frutas, naranjas. Y el vino, que nunca falta.

En las listas aparece frecuentemente la mención de una visita al barbero. Probablemente, Leonardo, que cuidaba mucho su aspecto y su vestimenta, sigue teniendo, a los cincuenta años, un rostro enmarcado por una espesa cabellera en la que el número de canas empieza a aumentar, haciendo inútil el uso de tinte para teñirlos de rubio.[27] El caso es que aún necesita al barbero para mantener ordenada esa cabellera. Su aspecto general corresponde al que quedará en la memoria de los coetáneos que

---

[24] CA, f. 885v.
[25] CA, f. 77r. Otros ejemplos con caligrafía similar: CA, f. 861r; Ar ff. 148r-v, 271r.
[26] CA, f. 369r; Ar, f. 31r; escrito por otra mano: Ar, f. 78v.
[27] Ar, f. 170r.

tuvieron la suerte de conocerlo, y que será descrito así en las páginas del Anónimo Gaddiano: «Era de hermosa persona, bien proporcionata, graziosa et de buena aparienzia. Llevaba uno traxe corto de color rosa hasta las rodillas, que entonzes se usaban vestiros largos, y tenía una fermosa cavellera, anillada y bien compuesta, hasta la mitad del pecho».

La novedad más importante es otra: la barba, que probablemente Leonardo nunca ha llevado hasta ahora. En sus últimos años de vagabundeo cedió por comodidad a esta nueva moda, dejándosela crecer, pero no demasiado. Anteriormente, en el siglo xv, la moda dictaminaba para los hombres un rostro sin pelo y cuidadosamente afeitado; llevaban barba los monjes y eclesiásticos griegos y los eruditos bizantinos que habían comparecido en el Concilio de Florencia y que, por lo tanto, habían sido ridiculizados como sucios machos cabríos por espíritus bromistas como Poggio Bracciolini. Pero ahora la moda ha cambiado, porque en la época de las guerras italianas los príncipes y condotieros, siempre a caballo y en el campo, ya no tienen tiempo para afeitarse: Francesco Gonzaga, Alfonso de Este, Valentino. Incluso el nuevo papa, Julio II, será barbudo y guerrero.

8. Libros y estudios florentinos

Florencia, primavera de 1503

Sin ocupaciones reales, Leonardo se concentra en sus libros y cuadernos: por fin tiene tiempo de mirar a su alrededor y de descubrir la riqueza del patrimonio bibliográfico de su ciudad en las bibliotecas de los conventos y en las casas de los intelectuales y patricios florentinos.

En el convento de Santa Croce sigue estando alojado Pacioli, quien durante la ausencia de Leonardo fue al Palacio el 30 de agosto de 1502 para rendir homenaje a Soderini, donando los modelos de los famosos poliedros a la Signoria a cambio de una remuneración de cincuenta y dos liras. Tiempo después, también en Palacio, hizo que su padre el notario ser Piero da Vinci le otorgara un poder, el 25 de noviembre de 1502.[1]

Desde Santa Croce, recibe Leonardo el 17 de abril de 1503 una extraña nota del maestro Giovanni di Domenico da Prato, regente del Estudio franciscano y profesor de física en el Estudio florentino, probablemente amigo y colega de fray Luca. El maestro Giovanni le certifica incluso la autenticidad de una legendaria correspondencia entre san Ignacio de Antioquía y la Virgen.[2] ¿Estaría buscando Leonardo en el convento algún texto mariano que le sirviera para la iconografía de santa Ana? Por su parte, el artista hace que un discípulo le escriba una carta en relación con una controvertida comisión sobre la que discute con el maestro Zaccaria de la Annunziata, en la que protesta diciendo que «no han de correr dineros entre nosotros».[3]

---

[1] ASF, *Notarile Antecosimiano*, 16.838, f. 448r.
[2] CA, f. 357v.
[3] CA, f. 98r.

Testimonio de otros contactos es un importante recordatorio, una larga lista de cosas que hacer y personas a las que ver, reescrita en dos versiones que se complementan.[4] No ha pasado mucho tiempo desde su regreso a Florencia y aún quedan algunas necesidades materiales por resolver. En primer lugar, la vestimenta, el aspecto exterior, a lo que Leonardo concede mucha importancia: así leemos «teñire las vestes», «botas, zapatos y calzas», «calzetines / veste de gabelador», «refazer el albornoz», «los birretes», y, por último, el instrumento que se le está haciendo necesario para la vista que se debilita al leer, las gafas y el latón de su montura: «Latón para gafas».

Los otros objetos de la lista son los necesarios para escribir, dibujar, hacer experimentos: «cuchillos / pluma para pautar», «laca», «regla / cuchillo muy fino», «cajita / barrenilla», «nuez moscada / goma / escuadra». También hay una nota relativa a la actividad artística, «niño que me faz de modelo», «niño para modelos»; mientras que otro atestigua la reanudación de los experimentos en vuelo: la «moneda de tafettán para las alias». ¿Cuánto cuesta la preciosa y ligera tela de seda que se utilizará para las alas de la máquina voladora?

Con todo, los instrumentos más importantes son los libros. Desgraciadamente, en esta lista, en lugar de registrar su título o contenido, Leonardo muchas veces escribe tan solo el nombre de la persona que los posee, o el lugar donde ir a buscarlos.

En todo caso, son indicaciones preciosas, porque dan una precisa idea de lo que Leonardo estaba haciendo en Florencia en esta primavera de 1503: no una actividad de estudio solitaria, separada del mundo, sino una búsqueda frenética de contactos entre los prohombres de la sociedad florentina, tanto para encontrar libros como para conseguir nuevos encargos.

Y así aparece de nuevo el nombre de los Benci, la familia de Ginevra y de su hermano Giovanni di Amerigo: un «libro de Maso», «mi mapamundi que tiene Giovanni Benci», «Giovanni

---

[4] CA, f. 331r; Ar, ff. 190v-191r.

Benci, el libro mío es de jaspes», es decir, un *mappa mundi*, quizá un viejo portulano en pergamino del abuelo Antonio, y un libro sobre piedras preciosas, dejado en custodia a su amigo en años anteriores, junto con la *Adoración de los Reyes Magos*.

En la nota «libro de Pandolfino» reaparece el nombre de Francesco Pandolfini, persona influyente en el Palacio por haber sido reelegido prior, propietario de una rica biblioteca en el palacio situado en la estrecha via dei Pandolfini, una zona familiar para Leonardo por hallarse cerca de la casa del padre en via Ghibellina y de sus lugares de trabajo, la sede del gremio de notarios en via del Proconsolo y de la Badia.[5]

Los otros libros mencionados explícitamente son un «libro del maestro Pagolo Infermieri», es decir, Paolo dal Pozzo Toscanelli, fallecido veinte años antes; uno o más «libros de mercado»; un libro «de arco y cuerda»; un «pueblo de Milán impreso»; «la Metaura», vulgarización de la *Meteorologica* de Aristóteles; el Monciatto, las «aguas de Clonica» y las «aguas de Tanaglino», es decir, los libros de aguas de Iacopo del Pollaiolo apodado «el Cronaca» y del maestro Tanaglino; y también sus propios «libros», es decir, sus cuadernos de estudio. Hay que encuadernar los pliegos sueltos de uno («atar mi libro»), y enseñarle otro al astrónomo Francesco Sirigatti, para recibir a cambio un documento escrito sobre cómo regular un pequeño reloj de sol: «Muestra a Serigatto el libro et que te dé regla del reloj anillo».

Por último, incluso la palabra «cordován» puede referirse al mundo de los libros: el preciado cuero rojizo que se utiliza para encuadernar los libros más preciosos.

Otros nombres de la lista nos remiten a la misma zona donde vive Pandolfini y trabaja ser Piero. Antonio Covoni está en la esquina de via Ghibellina, justo detrás del Palazzo del Podestá. Un poco más lejos queda la casa de los Pazzi («ve a la casa de Pazi»), la familia casi enteramente exterminada o exiliada tras la conjura de 1478.

---

[5] Otras apariciones: Ar, ff. 48r, 202v; W, 12.675r.

El último miembro superviviente, Guglielmo de' Pazzi, que regresó a Florencia con la República, ya no vive en el espléndido palacio confiscado muchos años antes, sino en una casa más modesta cerca de San Pier Maggiore. Desde hace años es un buen cliente del notario ser Piero, llamado por última vez a su casa el año 1500 para un arbitraje que involucraba a su hijo Cosimo, obispo de Arezzo.[6] Vinculado a Maquiavelo, fue comisario de la milicia en Arezzo y Valdichiana en 1502, y quizá por eso Leonardo, tan celoso por lo general de sus libros, le presta, cuando va a visitarle, un ejemplar de *De re militari* de Antonio Cornazzano.[7]

Luego está Lattanzio Tedaldi, otro amigo de Maquiavelo que vivía al lado del Duomo, en la esquina de via dei Servi, en casas que albergan en la planta baja algunos talleres que en otros tiempos alquilaron grandes artistas como Donatello. Tal vez sea aquí donde Leonardo conoce al joven Rustici, a quien Lattanzio, vicario florentino de Certaldo, encargó en la segunda mitad de 1503 la realización de un busto marmóreo de Giovanni Boccaccio; y mientras tanto registra los nombres de otros artistas y artesanos, ingenieros y maestros del ábaco con los que quiere verse: el escultor Andrea Sansovino, que trabaja en el grupo escultórico del *Bautismo de Cristo* sobre la Puerta del Paraíso del Baptisterio, los pintores Piero di Cosimo y Filippino Lippi, el ingeniero Lorenzo della Volpaia, el viejo abacista Giovanni del Sodo, pues pretende que le enseñe el cálculo fraccionario («para rotos físicos»), el orfebre Michelangelo di Viviano Brandini da Gaiole por una «cadenucha», un tal Renieri para una «piedra estrella», un tal Alfieri por una «taza», Rosso para la construcción de un espejo.

Y también está Luca Pacioli, que tendrá que enseñarle operaciones aritméticas difíciles: «Aprende la multiplicatión de las raíces del maestro Luca».[8]

---

[6] ASF, *Notarile Antecosimiano*, 16.828, ff. 70v, 72r-v, 144v; 16.838, ff. 152r-158r. Leonardo recuerda a «monseñor de' Pazi», es decir Cosimo, junto con un tal «ser Antonio Pacini», en CA, f. 514r.

[7] MaII, f. 3r.

[8] Las notas sobre cálculo fraccionario (CA, ff. 191r-192v, 517r-v, 560r-v, 1.029r-v, 1075r) y sobre proporciones (CA, ff. 376r, 386r) se derivan por el contrario de la *Summa*.

El nombre «Piero dal Borgo», es decir, Piero della Francesca, en una lista de libros, indica sin duda un libro de Piero procedente de Sansepolcro, tal vez su tratado *De prospectiva pingendi*, o tal vez el Arquímedes que le había prometido el año anterior Vitellozzo Vitelli, condotiero al servicio de Valentino.

El hecho de que el nombre de Piero esté inmediatamente precedido por la nota «cajas de Lorenzo di Pierfrancesco» sugiere también que el libro, después de los inciertos acontecimientos de los últimos meses y del asesinato de Vitellozzo, está disponible a través de Lorenzo el Popolano. De hecho, es a él a quien Leonardo pretende dirigirse para preguntarle sobre el otro Arquímedes, el que le prometió Valentino, y que antes perteneció a Barozzi, obispo de Padua: «Delante de Lorenzo de Médici, preguntarás por el tratado d'aguas del obispo de Padua».[9] El libro se denomina «tratado d'aguas» porque corresponde al tratadillo de Arquímedes *De insidentibus in humido*: no es casualidad que algunos fragmentos de ese opúsculo sobrevivan entre los papeles del Códice Atlántico.[10]

¿Por qué Lorenzo y no otro? Porque Leonardo sabe bien, como también se susurraba en Florencia, que entre Valentino y el Popolano, el orgulloso adversario de Pier Soderini, siempre ha habido cierto entendimiento, y espera encontrar, en las cajas de sus libros, también al ansiado Arquímedes.

También en casa de Lorenzo Leonardo recuerda una no mejor identificada «gramática de Lorenzo de Médici», tal vez una gramática latina con la que retomar su irregular estudio del latín.

Un contacto importante, este de Lorenzo di Pierfrancesco, el Popolano. Perteneciente a la rama secundaria de los Médici que había podido permanecer en la Florencia republicana tras la expulsión de Piero de Médici en 1494, Lorenzo siempre mantuvo un intenso contacto con los franceses, y también, bajo cuerda, con Valentino. Figura clave del mundo cultural y artístico, mecenas de Botticelli y Filippino Lippi, quien, al realizar su *Adoración de los Magos* para el convento de San Donato a Scope-

---

[9] Ar, f. 135r.
[10] CA, f. 413r-v.

to, en lugar de la que Leonardo dejó en suspenso, no perdió la oportunidad de rendirle homenaje, introduciendo su retrato en el cuadro. A Lorenzo también le apasiona la cultura científica y geográfica, como lo demuestra uno de los espléndidos Códices de Ptolomeo que posee.[11] Es protector de Amerigo Vespucci, quien, como agente suyo en Sevilla, le envía cartas que entre 1500 y 1502 describen sus viajes y ese recién descubierto continente que se le revela no como la India sino como un Nuevo Mundo. Entre otras cosas, esas cartas fueron inmediatamente traducidas al latín y publicadas en Florencia a principios de 1503 con el título *Mundus novus* por un tal *Iucundus* que probablemente era el florentino residente en Lisboa Giuliano di Bartolomeo del Giocondo, hermano del rico comerciante de sedas Francesco. Un día, ese nuevo mundo sería bautizado precisamente con el nombre de Amerigo: *América*.

Por desgracia, la esperanza de encontrar en Lorenzo un nuevo y poderoso mecenas se ve frustrada de inmediato: el Popolano muere poco después de su encuentro, el 20 de mayo.

Pero al menos en Florencia se halla su antiguo preceptor, el humanista Giorgio Antonio Vespucci, tío de Amerigo, seguidor de Savonarola, que llega incluso a vestir el hábito dominico en el convento de San Marcos.

De hecho, en las listas de Leonardo aparecen notas relativas a las grandes bibliotecas florentinas que deben visitarse en busca de libros: «Librería de Santo Marco / Librería de Sancto Spirito»; y en otra hoja: «El Vespuccio me quiere dar un libro de geometría».[12]

La librería de San Marco, promovida en el siglo XV por Cosme de Médici, es en términos prácticos la primera biblioteca pública de la ciudad, ubicada en una amplia y aireada sala con columnas, donde los libros están colocados en sesenta y cuatro mostradores de madera, divididos *ex parte orientis* y *ex parte occidentis*. Con una organización temática, están presentes todas las ramas del co-

---

[11] Florencia, Biblioteca Medicea Laurenziana, Plut. XXX, 2.
[12] Ar, f. 132v.

nocimiento, desde los clásicos de la literatura antigua, griego y latín, hasta los textos científicos y filosóficos en los que trabajaron Angelo Poliziano y Marsilio Ficino. Como ocurría habitualmente en las librerías de la época, los preciosos volúmenes estaban encadenados al mostrador, para evitar desagradables episodios de «préstamos» indebidos por parte de ávidos lectores. Así los ve Leonardo, quien de hecho anota «los libros encadenados».[13]

¿Por qué mostrador manifiesta preferencia? Casi solo por el mostrador XIX *occidentis*, donde se encuentran los libros de geometría: Euclides, Peckham, Fibonacci, además de Bacon y Alhacén. Ya hemos leído, en otro folio de Leonardo, la transcripción del íncipit de un raro texto matemático de Savasorda, extraído de un códice de San Marcos. Pero ahora reaparece finalmente un texto ya perseguido en los años milaneses, la *Prospettiva* de Witelo, recordado como «Vitolone en San Marco», y ya consultado por Pacioli: «Vitellione, que recuerdo haber leído en la biblioteca de los frailes de San Marcos en Florencia».[14]

Gracias a su familiaridad con Vespucci, Leonardo también pasa tiempo en las otras dependencias del convento, reuniéndose con otros frailes y teniendo acceso a sus celdas. En la de fray Gherardo, gran iluminador de libros para comitentes como Santa Maria del Fiore o Mattia Corvino, aprende la técnica de proyectar «sombras grandes extraídas de lucernas» (lo contará Vasari), una técnica ilusionista fundamental en los estudios sobre sombra y luz destinados al libro de pintura: «Sirven por último de las sombras las figuras que aparecen en el escritorio de Gerardo iluminador en Santo Marco de Florencia».[15]

Y eso explica la misteriosa «lucerna» que aparece en uno de los memorandos de este periodo: un modelo de lámpara de aceite con múltiples picos y pantalla ajustable para permitir efectos especiales de iluminación interior, útiles en la práctica de la pintura.[16]

---

[13] CA, f. 801r.
[14] Ar, f. 79v; L. Pacioli, *Summa*, f. 87r.
[15] W, 19.076r.
[16] W, 12.675r.

Por último, Leonardo encuentra a otro seguidor de Savonarola, Giovanni Nesi, probablemente un amigo de los viejos tiempos, que estuvo vinculado a Lorenzo el Magnífico, Ficino y la Compañía de los Magos, y se cuenta por lo tanto entre los probables inspiradores de la *Adoración de los Magos*.

Nesi es ahora, en la primera mitad de 1503, uno de los priores: podría echarle una mano. Leonardo le enseña sus dibujos, pero a su amigo solo le impresiona uno: un autorretrato al carboncillo (ahora perdido) en el que el artista ya empieza a representarse como un filósofo antiguo, uno de los exponentes de esa *prisca sapientia* venerada por Ficino, como Pitágoras.

Así lo describe en su *Poema*, la última obra filosófica y moral que está componiendo: «En carbón vi ya con arte entera / imagen venerable de mi Vinci, / que en Delos y Creta et Samos mejor no era».[17]

---

[17] Florencia, Biblioteca Riccardiana, 2.722, f. 89r.

9. En el campo de Pisa

Pisa y Florencia, verano de 1503

Toda esta frenética actividad empieza a dar sus frutos. En Palacio alguien se percata de la presencia de Leonardo y se le ocurre que tal vez pueda confiársele algo importante. Los recelos de la Signoria hacia el ingeniero de Valentino parecen haber quedado de lado, gracias tal vez a la labor de convicción de Maquiavelo, quien, habiéndole visto trabajar en las Marcas y Romaña, aconseja ahora a Soderini utilizarlo en la guerra contra Pisa.

La ciudad en la desembocadura del Arno, en efecto, dominada por Florencia desde 1406, aprovechó la llegada de Carlos VIII en 1494 para liberarse de ese pesado yugo. Florencia y Pisa están librando una larga y feroz guerra. Solo parece atisbarse un punto de inflexión en junio de 1503, cuando, después de un asedio que ha durado casi cinco años, las tropas florentinas se apoderan por fin de la fortaleza de Verruca, un espolón rocoso que se cierne sobre el Valdarno en dirección a Pisa.

El 21 de julio, el enviado de la Signoria, Alessandro degli Albizzi, llega al campamento de Cascina. Leonardo también está con él, junto con cuatro compañeros, como atestigua una carta enviada al día siguiente por el comisario Gerolamo da Filicaia a los Diez de Balia.[1] La comitiva sube inmediatamente a Verruca, recientemente conquistada. Por la tarde el otro comisario, Pierfrancesco Tosinghi, escribió al gonfalonero Pier Soderini, detallándole directamente la reacción de Leonardo.

---

[1] ASF, *Dieci di Balia, Responsive*, legajo 73, f. 232r.

El artista-ingeniero experimenta un placer casi estético ante el imponente sistema de defensa, y declara de inmediato su intención de trabajar en él para «hacerlo inexpugnable»: «Lionardo da Vinci vino, él y compañeros et les dejamos ver todo, al cual nos parece que la Verrucola le gustó mucho, et que la avía disfrutado mucho, et enseguida dice aver pensado en fazerla inespugnable».[2] No es cosa de todos los días «disfrutar» de una fortaleza como si de un delicioso manjar se tratase.

Probablemente sea solo la primera de una serie de inspecciones que atestiguan los dibujos de su nuevo cuadernote de apuntes, el Códice de Madrid II.[3] Leonardo continúa examinando atentamente la situación de los territorios circundantes, representándolos en varios relieves en ese mismo cuaderno, y luego lo recoge todo en un estupendo mapa en color, con una representación detallada de ciudades, pueblos, castillos, torres.[4] Se trata sin duda de uno de los dibujos que presenta a los comisarios, porque ha sido realizado en grandes hojas de papel con una elaborada técnica mixta, compás y punta de metal, piedra negra, pluma, tinta y acuarela. En otras láminas dibuja Leonardo el funcionamiento de los morteros que han de colocarse cerca de las murallas de Pisa: las trayectorias cruzadas de los proyectiles se convierten en una especie de lluvia de fuego y muerte que destruye toda construcción y toda criatura humana, un espectáculo fascinante por su espanto abstracto y geométrico.[5]

El 22 de julio, en el cuaderno que traía consigo hizo un croquis del curso inferior del Arno entre la Verruca y la desembocadura, y anotó: «Nivel del Arno el día de la Madalena 1503»,[6] y al día siguiente le enseña un dibujo al comisario Francesco Guiducci, quien escribe satisfecho el día 24 a la Balìa de Florencia: «Acto seguido estuve aquí hayer con una de Vuestras

---

[2] Florencia, Biblioteca Nazionale Centrale, Papeles Ginori Conti, 29/108.
[3] MaII, ff. 4r, 7v-8r.
[4] MaII, ff. 52v-53r; W, 12.683r.
[5] CA., ff. 31r, 33r, 72r-v, 1.002v; W, 12.275r y 12.337v.
[6] MaII, f. 1v. Véase también CA, ss. 305r, 491v.

Señorías Alexandro degli Albizi junto con Lionardo da Vinci et algunos otros; et visto el dibujo junto con el Governador, después de muchas discusiones y dudas concluyose que la obra fuera muy a propósito, o si realmente el Arno se deba girar aquí, o dejar allí un canal que, si bien no fuera navegable, al menos impediría que las colinas por los enemigos no pudieran atacarse».[7] Guiducci no añade nada más, porque los ingenieros informarán de todo de viva voz a la Balìa.

Esta es, pues, la principal tarea confiada a Leonardo: un proyecto para regular y canalizar el Arno con fines bélicos; más un estudio de viabilidad acompañado de dibujos que una participación real en su ejecución. Una idea que ya circulaba desde hacía muchos años y que, de hecho, había aparecido en los escritos leonardescos hacia 1495.[8]

Ahora, en sus papeles, le vemos volver a la concepción de nuevos métodos de excavación con grandes máquinas capaces de optimizar el trabajo.[9] ¿Para qué sirven máquinas tan gigantescas? No desde luego para el pequeño canal que rodea Pisa, de función estratégica limitada y conducido con tal incompetencia que influyó negativamente en el resultado de la guerra, empantanando al ejército florentino en remansos y ciénagas creados artificialmente.

Elementos naturales como los ríos no deben ser forzados sino más bien «halagados», como se hace en Flandes, escribe Leonardo en una nota que recuerda también el nombre del amigo florentino que se lo explicó, tal vez por experiencia directa: el medallista Niccolò di Forzore Spinelli.[10]

Poco a poco la suya se convertirá en una visión grandiosa y casi imposible, que irá mucho más allá de los objetivos militares de la guerra con Pisa: desviar el curso del Arno incluso antes de que llegue a Florencia, a la altura de Nave a Rovezzano, inmediatamente después de Pontassieve. El inmenso canal discurriría entre Prato y Pistoia, con un sistema de cuencas y esclusas supe-

---

[7] ASF, *Dieci di Balìa, Responsive*, legajo 73, f. 290r-v.
[8] CA, ff. 126r-127v.
[9] CA, ff. 3r y 4r.
[10] Lei, f. 13r.

raría el desnivel de Serravalle y descendería hasta Vicopisano atravesando las marismas de Fucecchio. De esta manera, quedaría resuelto el problema del desbordamiento del Arno en Florencia para siempre; pero sobre todo se haría posible crear una vía fluvial directa desde Florencia al mar, similar a los canales lombardos, permitiendo agilizar las rutas comerciales.[11]

Mientras tanto, Leonardo ha vuelto a Florencia. El 26 de julio se registra el gasto extraordinario de cincuenta y seis liras y trece dineros por los carruajes de seis caballos y los gastos de comida en el viaje al campo florentino «para nivelar el Arno con el de Pisa y levantarlo del lecho suyo». La suma es reembolsada al funcionario de la Signoria que acompañó a Leonardo, un tal Giovanni Piffero, que no es otro que Giovanni d'Andrea di Cristofano Cellini, un flautista y viola que tres años antes había sido padre de un niño, bautizado Benvenuto.[12]

Sin embargo, no existen otros comprobantes de pago en favor de Leonardo, que el 1 de septiembre tendrá que retirar otros cincuenta florines de oro de su cuenta en Santa Maria Nuova.[13] Se está quedando sin dinero, entre otras cosas porque, pocos días antes de partir para el campo de guerra, decidió hacer algo que nunca había hecho en su vida: comprar un terreno agrícola, una pequeña propiedad.

Esta vida errante, que parece no tener fin incluso después de que haya acabado su servicio a Valentino, empieza a pesarle. Nunca tiene tiempo para dedicarse con la calma necesaria a sus investigaciones, a la observación de fenómenos y a la experimentación, a leer y escribir en el estudio. Sí, ha llegado el momento de recoger los remos y pensar en asentarse, incluso aquí, en Florencia, o más bien en sus alrededores, en un contexto más tranquilo y más cercano a la naturaleza, como había sido el de su infancia en Vinci.

---

[11] MaII, ff. 22v-23r; W, 12.678-12.680.
[12] ASF, *Camera dei Comuni, Depositario dei Signori, Depositario di Entrata e Uscita*, n.º 15, f. 52v.
[13] ASF, *Ospedale di Santa Maria Nuova*, 5.638, f. 265v.

Y así, el 13 de julio de 1503, Leonardo compra al canónigo de Fiesole Francesco Eufrosino da Lamole, por siete florines de oro, siete *staiora* de tierra cultivable y un olivar en la meseta de Sant'Apollinare, cerca del oratorio del mismo nombre y de las antiguas murallas etruscas de Fiesole. Opta por recurrir como notario no a ser Piero da Vinci, su padre, sino al joven ser Bartolomeo di Giovanni Rossi o Rosso.

El 11 de octubre amplía la propiedad con un trozo de terreno limítrofe de tres *staiora* y medio, comprado a Galeazzo di Francesco Sassetti por diez florines de oro.[14] No es una propiedad grande, pero está ubicada en una hermosa posición, llena de sol y aire. Hay árboles frutales, y una cantera de piedra frecuentada por canteros y picapedreros de la zona.

---

[14] ASF, *Notarile Antecosimiano*, 18.270, ff. 17r e 45v.

10. La cabeza de Lisa

Florencia, primavera-otoño de 1503

Octubre de 1503. El ayudante de Maquiavelo en la Segunda Cancillería, es decir, el secretario del secretario, Agostino di Matteo di Giovanni Nettucci o Vespucci, hace una pausa en su trabajo como escribano y abre un libro. Ha empezado a trabajar en el Palazzo della Signoria el 1 de diciembre de 1494, inmediatamente después de la expulsión de los Médici. Es un notario con estudios de Derecho en Pisa, pero que en realidad se siente un poco humanista, porque ha sido incluso discípulo de Poliziano.

El volumen que escoge es una edición de las *Cartas familiares* de Cicerón: lo lee por placer, pero también por utilidad, porque lo usa para redactar cartas e informes. Se topa con una página en la que Cicerón evoca un cuadro antiguo, mítico y perdido, la *Venus* de Apeles, de la que se dice que cabeza y pecho fueron maravillosamente ejecutados, pero que quedó inacabada en todo lo demás debido a la muerte del artista. Un fragmento famoso, de gran belleza, ya marcado en el margen por una nota en tinta roja: «Apeles».

Agostino interrumpe la lectura, reflexiona un momento, toma la pluma, la moja en tinta oscura y añade al nombre del gran Apeles: «*Pictor. Ita Leonar/dus Vincius facit in omnibus suis/ picturis, ut est caput Lisae del Gio/condo, et Annae matris Virginis. / Videbimus quid faciet de aula / Magni Consilii, de qua re convenit iam cum Vexillifero 1503 Octobris*».[1]

Agostino conoce bien a Leonardo y su forma de trabajar. Seguramente lo ha visto en persona: en Florencia en 1495, en la

---

[1] Heidelberg, Universitätsbibliothek, inc. 481, f. 11r.

consulta para el gran Salón del Consejo; o en Milán, en septiembre de 1499, cuando fue enviado allí por Maquiavelo para informar de los extraordinarios acontecimientos de la caída del Moro y de la llegada de los franceses. Y ahora, Leonardo, cual nuevo Apeles, le parece alguien que deja inacabadas sus obras, como la cabeza de Lisa del Giocondo, y la de Santa Ana. Habrá que ver qué hará con su nuevo encargo en la Cámara del Consejo, encargo para el que ha llegado a un acuerdo con el gonfalonero.

La apostilla de Agostino, en apenas unas líneas, nos ofrece un testimonio extraordinario sobre tres de las obras de Leonardo, nada menos: la *Santa Ana*, la *Mona Lisa* y la *Batalla de Anghiari*.

De las tres, solo la primera está atestiguada por documentos anteriores, y no debe de haber avanzado mucho después del admirable cartón que atrajo a una gran multitud a la Annunziata. Quizá haya iniciado Leonardo recientemente su traslado a la tabla, limitándose a realizar únicamente la cabeza de santa Ana, como dice precisamente Vespucci. La maravillosa dulzura de su mirada materna emerge en un dibujo en piedra negra adscribible al mismo periodo.[2]

Completamente novedosa, en cambio, es la referencia a la cabeza de Lisa del Giocondo, es decir, de Elisabetta di Antonmaria Gherardini, nacida en 1479, segunda esposa en 1495 del rico mercader de sedas Francesco di Bartolomeo del Giocondo, y en 1503 ya madre, a sus veinticuatro años, de cinco hijos, dos niños y tres niñas.

Francesco, a su vez, tenía algunos asuntos pendientes con los servitas de la Annunziata, hábilmente solucionados en 1497 por el notario ser Piero da Vinci.[3] Ahora el mercader recibe a fray Zaccaria y a otros frailes en su casa, en via della Stufa, para resolver otra disputa a su favor, y un día obtendrá del convento el derecho a disponer una capilla familiar en la iglesia.

Tanto Francesco como Lisa mantienen excelentes relaciones con mucha gente, especialmente con el maestro Valerio, el pro-

---

[2] W, 12.533.
[3] ASF, *Notarile Antecosimiano*, 16.837, f. 279v.

fesor de teología al que Leonardo ya trató en la Annunziata. Una maraña de vínculos que puede explicar por qué, en cierto momento, el rico mercader, amigo tanto de los frailes como de ser Piero, recurrió a Leonardo. Quizá fuera precisamente en la primavera de 1503, cuando el artista acababa de regresar a Florencia y no parecía tener otros encargos.

Tal vez lo que se le pidiera a Leonardo no fuera únicamente un retrato de su esposa sino, según la costumbre de la época, un retrato doble de los esposos: de Francesco y de Lisa. Unas décadas más tarde, el Anónimo Gaddiano hará una referencia únicamente a su marido, errónea pero reveladora: «Retrató al natural Piero Francesco del Giocondo».

No sabemos si Leonardo comenzó alguna vez el retrato de Francesco, mientras que la apostilla de Agostino nos dice que en octubre, el de Lisa, después de un cartón inicial, ya había alcanzado la fase de ejecución sobre tabla de álamo, limitada únicamente a la cabeza de mujer. Leonardo tal vez lo empezara yendo a la casa de Giocondo en via della Stufa, cerca de la iglesia de San Lorenzo y del Palacio Médici.

LA MONA LISA: EL ROSTRO

Leonardo solo necesita unas cuantas sesiones de posado, escasos dibujos con los que plasma los detalles fundamentales de Lisa: el corte de sus ojos y su nariz, los rizos de su cabello que se deslizan hacia los lados de su rostro y parecen pequeñas ondas, y, sobre todo, su particular manera de sonreír, que lo atrae de manera inexplicable, como si le hiciera revivir otra sonrisa, esfumada, indefinible, lejana en el tiempo, pero profundamente grabada en su memoria: la de su madre, Caterina.

La retrata de tres cuartos y le pide que adopte posturas ya experimentadas en otras ocasiones, por ejemplo con Isabel de Este: sentada en una silla, debe colocar las manos una encima de la otra en el reposabrazos de su izquierda. En el cuadro la situará frente a un balcón, entre dos columnas que enmarcan el paisaje lejano.

Según Vasari, ni siquiera la sonrisa es una expresión espontánea, sino el resultado de una técnica refinada, ya adoptada en el campo de los estudios de fisonomía: en otras palabras, Leonardo reunió frente a la mujer a un grupo de músicos, cantantes y bufones, «que la hizieran estar alegre para quitarle esa melancolía que muchas veces la pintura suele dar a retratos que se fazen».

Además, siguiendo el modelo de los retratos de esposos ilustres como los de Piero della Francesca en Urbino, quizá pensara el pintor desde un principio en un fondo de paisaje abierto, que el propio comitente pudo haberle sugerido, evocando la hermosa vista de la que se disfruta desde su villa en Montughi. Pero el paisaje también podría haber recordado el del primer retrato femenino de Leonardo, *Ginebra de Benci*, y no cabe descartar que este nuevo encargo naciera precisamente después de haber visto el otro retrato en casa Benci. En cualquier caso, Leonardo no completará el cuadro ni pintará el paisaje hasta muchos años después, y será completamente diferente.

La génesis de esta obra no pasa desapercibida a sus contemporáneos, y además hemos visto que Leonardo en Florencia, en la primavera-verano de 1503, muestra su completa disposición a nuevos encuentros y nuevas experiencias y deja abierta de buena gana la puerta del estudio en el que prepara el cartón.

También entra allí un joven pintor de la región de las Marcas, Raffaello di Giovanni Santi, que imitará de inmediato la composición de Leonardo en tres de sus retratos de mujeres: el denominado *La Muda*, el de Maddalena Strozzi, esposa de Agnolo Doni, y la *Dama del unicornio*.[4] En el tercer cuadro, precedido por un pequeño pero intenso dibujo que parece retomar directamente el cartón del maestro,[5] la influencia de Leonardo es aún más intensa: detrás de la mujer están tanto la balaustrada como las columnas, y en su regazo aparece un animalito, como

---

[4] Urbino, Galleria Nazionale delle Marche; Florencia, Gallerie degli Uffizi; Roma, Galleria Borghese.
[5] París, Musée du Louvre, Départment des Arts Graphiques, 3.882r.

en *La dama del armiño*, un perrito símbolo de la fidelidad conyugal, que luego se transformará en un unicornio, símbolo de la pureza virginal. Pero hay algo de Leonardo que a Rafael le falta, algo que aún no es capaz de hacer: la sonrisa. Y eso no es poca cosa.

Rafael completará los tres retratos, mientras que Leonardo, por ahora, no pasa de la cabeza. Vasari, casi cincuenta años después, describiría solo esa, con atención microscópica a los detalles anatómicos, los pelos de las pestañas, las fosas nasales, los labios, las venas de la garganta y la «mueca tan placentera que era cosa más divina que humana a la vista», es decir, su maravillosa sonrisa.

Nada dice nada sobre todo lo demás, sin embargo. De hecho, el escritor de las *Vidas* nunca verá el cuadro, que entretanto ha ido a Francia, a Fontainebleu, pero escuchará el relato de alguien que lo había visto en Florencia antes de 1508, cuando Leonardo, «cuatro años penando en él, lo había dexado imperfecto».

11. La Batalla

Florencia, octubre de 1503-diciembre de 1505

¿Por qué deja en suspenso Leonardo la *Santa Ana* y la *Mona Lisa*? Porque, de repente, ya no tiene un momento libre, se ve abrumado por las cosas que ha de hacer.

En el verano de 1503, está atareado inspeccionando para la Signoria el campo de batalla de Pisa, y en octubre, como escribe Vespucci, Pier Soderini lo convoca al palacio para un nuevo e importante encargo público. Para poder aceptarlo, se reincorpora apresuradamente al gremio de pintores, y de hecho el Libro Rojo de la Compañía de San Luca registra con fecha del 18 de octubre de 1503 la reanudación del pago de sus cuotas de asociado, diecisiete dineros y cuatro denarios al año, más siete dineros para la fiesta de San Lucas.[1]

La empresa que le propone el gonfalonero es el mayor desafío de toda su vida, en su Florencia, en la ciudad que había abandonado muchos años antes, como hijo bastardo y pintor fracasado.

El Gran Salón del Consejo que ordenara construir Savonarola ya está terminado. La labor arquitectónica dirigida por el Cronaca ha sido rematada por la decoración en madera, supervisada por Baccio d'Agnolo hasta en sus menores detalles: bancos, respaldos, puertas, muebles.

Habrá un altar en el centro del muro occidental, ya se le ha encargado un retablo a Filippino Lippi en 1498.[2] Después de la muerte de Lippi, el retablo no se realizará hasta 1510, a cargo de

---
[1] ASF, *Accademia del Disegno*, 2, ff. 91v-92r.
[2] ASF, *Operai di Palazzo*, 8, f. 17r.

fray Bartolomeo: un grupo central de santa Ana, la Virgen, el Niño y san Juan niño entre una multitud de ángeles y santos.

El 10 de junio de 1502 también Andrea Sansovino recibió pagos por la estatua de mármol del Salvador que se colocaría sobre la plataforma del gonfalonero.[3]

Queda el inmenso campo vacío del muro oriental. La Signoria quiere llenarlo con dos grandiosas escenas de batalla, una al lado de la otra, para gloria de la renacida República: las gestas de armas con las que el pueblo florentino había defendido su libertad en los siglos anteriores; la batalla de Cascina en 1364 contra los pisanos, y la batalla de Anghiari el 29 de junio de 1440 en la que los florentinos, guiados por el condotiero Giovanni Paolo Orsini y por el patriarca de Aquilea Lodovico Scarampo, derrotaron al ejército milanés de Niccolò Piccinino.

A Leonardo se le confía este segundo episodio, que deberá realizarse en el lado derecho, en el enorme espacio de diecisiete metros de largo por siete metros de alto. Como es natural, hay que explicarle claramente lo que tiene que hacer. Nunca dejes demasiada libertad a estos artistas.

El promotor de la obra es Soderini, pero los verdaderos responsables del proyecto iconográfico son el primer canciller Marcello Virgilio de Adriano Berti y el secretario de la segunda cancillería, Nicolás Maquiavelo.

La fuente de referencia para el relato de la batalla se encuentra entre los propios libros del gonfalonero: no un texto histórico o de crónica, sino un breve poema latino, el *Trophaeum Anglaricum* del humanista Leonardo de Piero Dati.[4]

Agostino Vespucci extrae de él un breve resumen, una especie de guion, una traducción en imágenes, un relato comprimido en pocas grandes secuencias: el avistamiento del ejército milanés a lo lejos, la «gran polvareda» levantada por la infantería y los caballeros; la arenga del patriarca a sus seguidores, y la aparición milagrosa de San Pedro, «una nuve de la cual surxía San

---
[3] ASF, *Operai di Palazzo*, 10, f. 30r.
[4] Florencia, Biblioteca Riccardiana, 1.207, ff. 47v-58r.

Pedro que fabló al Patriarcha», porque era precisamente el 29 de junio, fiesta de los santos Pedro y Pablo; la batalla propiamente dicha, los furiosos combates cuerpo a cuerpo alrededor de un puente ganado y perdido en fases alternas, hasta el contraataque florentino y la victoria; por último, el entierro de los muertos y la composición de un «trophaeo» con los estandartes y armas de los vencidos. En definitiva, debe ser un gran cuadro histórico y heroico al mismo tiempo, una alegoría que exalte la fuerza y la virtud de Florencia.

Podemos imaginarnos la reacción de Leonardo. Esa historia, demasiado literaria, no le sienta muy bien. Más de diez años antes, en Milán, escribió una muy diferente *Forma de imaginar una batalla*, una representación extrema del vórtice de la violencia, una tormenta infernal en la que todo se mezcla y se confunde: el humo y el fuego de artillería, los gritos y los ruidos, el polvo y la tierra, la sangre que corre por el agua y el barro, los hombres y los animales.[5] La guerra no es una hermosa epopeya heroica con caballeros elegantes y banderas al viento, sino una «furiosa discordia» de elementos naturales, una «locura bestialísima».[6] Él ha visto en persona una guerra de verdad, hecha de muerte y devastación causada entre otras cosas por las nuevas armas de fuego, en el asedio de Colle Val d'Elsa en 1479, y la proyectó de manera visionaria y apocalíptica, como ingeniero militar y aspirante a hombre de guerra.

LA BATALLA DE ANGHIARI

En una obra pictórica de la magnitud de la *Batalla de Anghiari*, el factor tiempo es fundamental: el tiempo interno del relato, y el tiempo de percepción por parte del espectador, que necesita acostumbrarse al conjunto, adaptar la mirada a las diferentes condiciones de luz, desplazarse de un lado a otro, elegir una estrategia de lectura, identificar los

---

[5] A, ff. 111r-110v.
[6] CA, f. 728r; LDP 177.

diferentes episodios, agrandar los detalles, recrear en su interior lo que la imagen solo puede evocar: el movimiento, los sonidos, los olores.

Hace falta situar algo en el centro del vórtice, un momento de intenso valor simbólico. Y es entonces cuando Leonardo recupera un episodio omitido por Vespucci, pero presente tanto en el *Trophaeum* de Dati como en otras fuentes históricas: la captura del estandarte enemigo por parte de Orsini. Eso es lo que pondrá en el centro de la obra: el terrible combate cuerpo a cuerpo entre los capitanes de los dos ejércitos para conquistar el estandarte. Ya tiene en mente las distintas invenciones figurativas, con toda su potencia: los duelos de caballos y caballeros de la *Adoración de los Magos*, y los numerosos dibujos con enfrentamientos de dragones, grifos y animales fantásticos, y los estudios de los caballos encabritados para el monumento ecuestre de Francesco Sforza. Y empieza de inmediato a dibujar los primeros bocetos en hojas de papel ya utilizadas para anotaciones y diagramas sobre el tema del movimiento y su transmisión: vistas de conjunto de la lucha por el estandarte, y luego combates entre infantes y caballeros, detalles de cada infante en actitudes diferentes, duelos a muerte, caballeros y caballos encabritados y al galope o en filas compactas.[7]

Presta especial atención a la representación de ferocidad en las expresiones de los rostros de los guerreros.[8] En su imaginación, los caballos se funden con los jinetes. Las figuras resultantes se convierten en centauros míticos, las cabezas de los equinos se transforman en cabezas de leones y de hombres y los caballos, aun sin jinetes, siguen luchando ferozmente, contagiados por la «locura bestialísima» de los hombres, hasta el punto de morderse unos a otros.

---

[7] Venecia, Gallerie dell'Accademia, Gabinetto dei disegni e delle stampe, 214, 215, 215A, 216, 236r; Londres, British Museum, Department of Prints and Drawings, 1.854-1-3-17r, Windsor 12.330, 12.334, 12.36, 12.337v, 12.339r, 12340r; K, ff. 14v-15r; Turín, Biblioteca Reale, 15.577.
[8] Budapest, Szépművészeti Múzeum, 1.774-1.775.

Pero la historia de la batalla es también un relato «científico». La palabra clave que aparece en el guion de Vespucci es *ímpetu*, y es la misma palabra que se repite en los estudios leonardescos sobre mecánica, fuerza, golpeo y percusión.

Hace ya bastantes años que Leonardo se ha interesado por la teoría medieval del impulso, crítico con la teoría aristotélica del movimiento, basada en la *antiperistasis*: emerge de ello una idea de fuerza como una «virtud espiritual», es decir, incorpórea, que se transmite por un motor activo a un objeto pasivo, incluso contra la inclinación natural.[9] La batalla será una sublime visualización de fuerzas antagónicas: acción y reacción, golpe y resistencia. El choque frontal de dos caballos al galope, la espada y el proyectil que atraviesan un cuerpo humano no son más que interesantes problemas de mecánica que hay que analizar con atención. No es casualidad que los primeros dibujos aparezcan en las hojas que atestiguan la reflexión sobre los temas del movimiento y la fuerza.

Una vez más, Leonardo ha ido mucho más allá de las peticiones de los comitentes. Agostino Vespucci, el secretario de Maquiavelo, se muestra un poco escéptico. Y en la página de Cicerón concluye la apostilla y la comparación entre Apeles y Leonardo con las siguientes palabras: «*Videbimus quid faciet de aula Magni Consilii*». Vamos a ver qué hace en el Gran Salón del Consejo. El resultado final. Si alguna vez hay un final.

Lo que sí hay es un principio, y a lo grande. La Signoria asigna a Leonardo un gran espacio para trabajar con tranquilidad en la ejecución de los enormes cartones previstos para la obra.

Un espacio que también tiene un valor simbólico en la historia reciente de Florencia: la llamada Sala del Papa, en el claustro grande del convento dominicano de Santa Maria Novella. En el siglo anterior, ese amplio salón, construido por Lorenzo Ghiberti con los aposentos contiguos, acogió durante periodos más o menos largos a los pontífices que pasaban por Florencia; si bien en

---

[9] B, f. 63r; CA, f. 836r.

ocasiones se transformó asimismo en salón de baile social para el joven Lorenzo el Magnífico y su amante Lucrezia Donati.

El 24 de octubre de 1503, Leonardo recibe las llaves y entra en la sala donde más de sesenta años antes se celebraron las audiencias solemnes del Concilio de Florencia, encuentro ideal entre Oriente y Occidente. Entre sus bóvedas habían resonado las voces del papa Eugenio IV, del emperador bizantino Juan VIII Paleólogo, del patriarca de Constantinopla José II, de Cosme de Médici, de Leonardo Bruni, de Poggio Bracciolini, de Toscanelli y de Leon Battista Alberti.[10] Y luego, ahí al lado, el grandioso cofre de obras de arte que es la iglesia, empezando por la fachada de Alberti, y el convento y estudio de los dominicos, faros de cultura y espiritualidad ahora guiados por el prior maestro Sebastiano de Michele Buontempi y por el maestro regente Vincenzo di Francesco.

Primera decepción. Abandonadas desde hace algún tiempo, las estructuras no se encuentran en muy buenas condiciones. Por el tejado cae la lluvia, las palomas entran y salen a su antojo por ventanas rotas o inexistentes. Por eso, en primer lugar, el 16 de diciembre los priores y el portaestandarte de Justicia deben aprobar la reparación del tejado.

Leonardo no puede empezar a trabajar allí antes del 8 de enero de 1504, y solo después de esa fecha es inscrito en la lista de pagos de los Señores de Badia, y luego de los Trabajadores de Palacio. Por este motivo, para cubrir sus necesidades se ve obligado una vez más a recurrir a su cuenta corriente de Santa Maria Nuova, retirando cincuenta florines el 21 de noviembre.[11] El gobierno de la República, aquejado de constantes estrecheces, nunca ha sido un buen pagador.

Una parte importante de la labor material la componen los trabajos de carpintería: serán fundamentales para las estructuras de soporte de los cartones y para el gran puente móvil que habrá que

---

[10] ASF, *Signori e Collegi, Deliberazioni in forza d'ordinaria autorità*, 105, ff. 105v-106r.
[11] ASF, *Ospedale di Santa Maria Nuova*, 5.638, f. 265v.

montar en palacio, pero también, y de inmediato, para las obras necesarias para hacer habitable la Sala del Papa y las dependencias adyacentes, los antiguos apartamentos papales, que durante los dos años siguientes se convirtieron en la casa de Leonardo y de su «familia», Salaì, sus discípulos, los mozos y colaboradores. La figura del carpintero jefe, Benedetto di Luca Buchi, curtido en las infinitas obras que recientemente ha habido en el Palazzo della Signoria, es imprescindible. En cambio, el suministro de madera se solicita a la Opera di Santa Maria del Fiore.[12]

Leonardo anota una larga lista de objetos de uso cotidiano que le harán falta en su nuevo alojamiento, para las funciones de dormitorio, cocina y baño. Para su actividad intelectual, el espacio más importante sigue siendo el estudio, escrupulosamente amueblado y equipado con candelabros y lámparas, porque es a menudo donde pasa el único momento tranquilo del día, en el que puede permanecer solo consigo mismo y leer y escribir, sea por la tarde o por la noche: «Candelabros / candil / lámparas / tintero / tinta / jabón / colores / [...] / trípode / sfera / plumado / atril / varita / sponja».[13]

El 28 de febrero llegan las maderas y cuerdas para la construcción de ventanas y puertas, y sobre todo para «el puente con la scalera et con todas las industrias necesarias et sus enseres».

El albañil Antonio di Giovanni trabaja como un gato en los tejados del convento que hay que nivelar: Leonardo le hace bajar para abrir un pasaje en la pared divisoria entre la Sala del Papa y su habitación, para no verse obligado a salir al aire libre, al claustro, bajo el aire helado del invierno. Las ventanas y ventanales, tanto en el palacio como en el convento, exigen un imponente trabajo.

El frío es insoportable en los vastos espacios expuestos a todos los vientos y a toda intemperie. Para cubrir las «ventanas selváticas» se encargan a la papelería Meo del Fontana ocho cuadernos de folios reales; para tapar las ventanas del Palacio y en el Salón del Papa, treinta y nueve libras y cuatro onzas de cera blanca, con

---
[12] ASF, *Signori e Collegi, Deliberazioni in forza d'ordinaria autorità*, 107, f. 3v.
[13] CA, f. 1.109cr.

aguarrás y esponjas, y treinta y siete brazas y media de tela; para el cierre del ventanal de la Sala del Papa, y para las ventanas de la Sala del Consejo en palacio, otra partida de tablones de abeto.

Llegan también por fin los materiales para los cartones: una resma y dieciocho cuadernos de folios reales suministrados por el papelero Giovandomenico di Filippo, una sábana de tres hojas para los dobladillos y varios suministros de trementina blanca y esponjas.

Al final, en la larga lista de pagos, aparece él también, Leonardo: ciento cuarenta liras, «por una parte de su obra».[14] Muy poco, y al cabo de un tiempo, el 27 de abril, el artista vuelve a llamar a la puerta de Santa Maria Nuova para retirar otros cincuenta florines de su cuenta.[15]

Para la formalización del contrato todavía habrá que esperar: día 4 de mayo, en palacio, en presencia de los testigos Nicolás Maquiavelo y Marco di ser Giovanni da Romena. El documento certifica que «Lionardo di ser Piero da Vinci, ciudadano florentino» ya lleva «varios meses» trabajando en el cartón para el cuadro del Gran Salón del Consejo, y por ello ya ha recibido treinta y cinco grandes florines en oro. Los Señores fijan la finalización del cartón para finales de febrero de 1505 y el salario mensual en quince grandes florines de oro al mes. Si el artista no termina el cartón en el plazo señalado, deberá devolver todas las sumas recibidas y entregar lo realizado; si, por el contrario, ya ha empezado a pintar en el palacio las partes terminadas del cartón, podrá continuar la obra y los términos del contrato se prolongarán, con el pago de los gastos adicionales.[16]

A pesar de la benevolencia y la confianza otorgadas por los Señores, las cosas avanzan con una lentitud exasperante.

El 30 de junio de 1504, Leonardo recibió cuarenta y cinco florines como provisión por tres meses, de abril a junio, mientras

---

[14] ASF, *Operai di Palazzo*, 10, ff. 59r-61v.
[15] ASF, *Ospedale di Santa Maria Nuova*, 5.638, f. 265v.
[16] ASF, *Signori e Collegi, Deliberazioni in forza d'ordinaria autorità*, 106, ff. 41v-42r.

se liquidaban los emolumentos de sus operarios. Ocupado con un sinfín de otras tareas, Buchi encuentra tiempo por fin para montarle la puerta en la abertura que conduce desde su habitación al Salón del Papa: durante todos estos meses, Leonardo ha vivido allí sin puerta. En el tejado del Salón las obras están lejos de terminar, y se oye un continuo ruido de pasos y voces de trabajadores. También llega al convento el panadero Giovanni di Landino, que trae ochenta y ocho libras de harina triturada blanca por un importe total de siete liras y media, para volver a amasar el cartón.[17]

El 30 de agosto se efectúan ulteriores pagos por las cuerdas, cáñamos y barras de hierro para el puente, mientras que los boticarios Francesco y Pulinari del Garbo envían veintiocho libras de albayalde alejandrino, treinta y seis libras de blanquete sólido y dos libras de yeso, que servían evidentemente para preparar la base del cartón.[18]

El 31 de octubre, Leonardo recibió otras doscientas diez liras en concepto de provisión por los dos meses posteriores a junio.[19] El extraño retraso en los pagos y el tipo de suministros revelan que en el otoño de 1504 Leonardo aún no ha hecho gran cosa. Las partes del cartón todavía están allí, en la Sala del Papa, y ya es mucho si se han completado los trabajos de preparación de la base pictórica o, como máximo, si se ha realizado un panel de prueba. Los trozos del andamio, con la madera que llegó casi un año antes, yacen desmontados en el suelo. La fecha límite de febrero de 1505 se acerca inexorablemente.

Mientras tanto, desde el otro lado de Florencia llegan noticias poco reconfortantes. La Signoria ha decidido confiar el otro cuadro, la *Batalla de Cascina*, previsto para la otra mitad de la misma pared del Gran Salón, a un joven artista de talento, pero más conocido como escultor que como pintor: Miguel Ángel Buonarroti, hermano de aquel otro Leonardo que de niño había sido objeto de abusos por parte del maestro del ábaco.

---

[17] ASF, *Operai di Palazzo*, 10, ff. 62r-64v.
[18] ASF, *Operai di Palazzo*, 10, ff. 65r-66v.
[19] ASF, *Operai di Palazzo*, 10, f. 69r.

Es posible que la opinión de los comitentes sea que el estímulo de la competencia podría despertar a Leonardo de su letargo y empujarlo a aceptar el desafío con su joven rival. Y efectivamente, Miguel Ángel, que instala su laboratorio en el Spedale dei Tintori de Sant'Onofrio, se pone inmediatamente a trabajar a toda prisa, como tiene por costumbre. Ya ha recibido su provisión de catorce cuadernos de folios reales y de harina triturada para preparar el cartón.[20]

A finales de año, mientras todavía se registran los pagos de las ventanas que serán enlucidas y enceradas en el Gran Salón del Palacio, Miguel Ángel recibe tres cuadernos más de hojas, cera blanca, esponjas, trementina y toda la madera para su puente.[21]

Y entonces, un buen día, a principios de 1505, ese genio atormentado lo deja todo y se marcha, porque el papa Julio II lo ha llamado a Roma para la construcción de su monumento sepulcral, con la astronómica promesa de diez mil ducados; y ni siquiera la Signoria puede decirle que no al papa. Solo queda el cartón, listo, abandonado a su suerte. Una visión completamente diferente a la de la *Batalla de Anghiari*: una multitud de heroicos desnudos masculinos que se enzarzan a orillas de un río.

---

[20] ASF, *Operai di Palazzo*, 10, ff. 67r-70r.
[21] ASF, *Operai di Palazzo*, 10, ff. 70r-73v.

12. El duelo con Miguel Ángel

Florencia, 1504

Y de este modo, en el Gran Salón del Palacio, se afrontan durante un breve periodo de tiempo los dos máximos artistas del Renacimiento, Leonardo y Miguel Ángel. No deben de haber sido relaciones fáciles, tanto por la ocasional rivalidad creada por la Signoria con la estrafalaria idea del doble encargo como por la natural diversidad de caracteres y concepciones artísticas.

Acerca de su rivalidad, real o presunta, no tardan en florecer animadas anécdotas transmitidas por las voces de los florentinos que tuvieron la increíble oportunidad de ver a los dos pintores trabajando, uno al lado del otro.

Según el Anónimo Gaddiano, Leonardo se encuentra un día pasando por la piazza di Santa Trinita, a medio camino de su recorrido habitual, entre Santa Maria Novella y el Palazzo della Signoria. Un grupo de florentinos está reunido en los soportales situados a los pies del medieval Palacio degli Spini. Esos «omnes de bien», decididos a discutir un pasaje de Dante, reconocen a Leonardo, lo acogen entre ellos y le piden que les explique el texto dantesco. En ese momento Leonardo ve la figura solitaria y esquiva de Miguel Ángel, quizá también de camino al Palacio, y con natural modestia propone: «Michele Agnolo os lo declarará». Pero Miguel Ángel, creyendo que pretende burlarse de él, responde airado: «Declaralo tú mismo que hiziste el dibujo de un cavallo para fundirlo en bronce y no pudiste fundirlo et por vergüenza lo dejaste correr»; luego, dándole la espalda, se aleja, dejando a Leonardo silencioso y rojo de vergüenza. La ofensa es muy grave, porque hurga en la herida de la mayor humillación de Leonardo: haber estado a punto de completar la gran hazaña del caballo esforcesco, y haberse visto después impedido de hacerlo por acontecimientos de los que no era directamente responsable.

En otra ocasión, recuerda el Anónimo, Miguel Ángel lo atacó, recordándole la falta de competencia y fiabilidad de los comitentes lombardos, culpables del fracaso del caballo: «¿Et qué te creías tú a esos capones de melanesios?».

Es extraño que estas anécdotas se centren en la actividad de Leonardo como escultor, mientras que en Florencia Leonardo pretendía presentarse sobre todo como pintor en la *Batalla de Anghiari*. En sus escritos sobre el parangón de las artes, iniciados en Milán, declaró abiertamente la superioridad de la pintura sobre la escultura. Una idea inaceptable para el joven Miguel Ángel, considerado ya un excelso escultor, pero lo suficientemente animoso como para aceptar el desafío en el campo de su rival, la pintura. De hecho, da a sus contemporáneos la sensación de poder superarlo, debido a la condición grandiosa y terrible de sus invenciones.

Más allá de estos episodios legendarios, Leonardo y Miguel Ángel tuvieron la oportunidad de encontrarse y chocar antes incluso de verse enfrentados en palacio.

Un primer germen de rivalidad surgió con la obra maestra de Miguel Ángel, el *David*, realizado a partir de un enorme bloque de mármol de Carrara ya muy dañado muchos años antes por torpes artesanos, confiado a Rossellino y luego abandonado cerca de la Opera de Santa Maria del Fiore, detrás de la catedral. En el verano de 1501 se le confió en última instancia a Miguel Ángel, quien trabajó en él con furia y a escondidas, al amparo de un muro levantado apresuradamente, y al final sacó de ello la obra maestra que conocemos. Quizá Leonardo también estuviera allí, el 23 de junio de 1503, entre la multitud de comitentes, artistas y ciudadanos florentinos que se agolpaban al pie de aquel muro, intentando ver la obra completa a través de la brecha abierta ese día.

Pero ahora ¿dónde colocar esa grandiosa figura desnuda, símbolo de la fuerza juvenil y heroica en la que quisiera encarnarse el ideal de la joven República florentina? Para resolverlo, el

25 de enero de 1504, la Opera solicita la opinión de un nutrido grupo de artistas y expertos, una treintena en total, entre los que se encuentra naturalmente Leonardo, junto con varios de sus amigos: Andrea della Robbia, el minero Attavante degli Attavanti, el muy anciano Francesco Filarete, heraldo del Palacio, Giovanni d'Andrea apodado «Piffero», Biagio d'Antonio, Piero di Cosimo, Lorenzo della Volpaia, Cosimo Rosselli, Sandro Botticelli, Giuliano y Antonio da Sangallo, Simone del Pollaiolo, el Cronaca, Filippino Lippi, Andrea Sansovino, el Perugino, Lorenzo di Credi.

El documento recoge fielmente las palabras pronunciadas por Leonardo: «Confirmo que esté en la lonja que ha dicho Giuliano sobre el murete donde las espalderas están fijadas al costado del muro con ornamento decente y de manera que no perturben las ceremonias de oficios».[1]

Palabras que, como es lógico, enfurecen a Miguel Ángel. Pero ¿cómo? ¿Qué su *David* es un impedimento para las ceremonias públicas, y se pretende esconderlo bajo la lonja? Miguel Ángel persiste y al final gana su batalla, consiguiendo que se coloque el *David* al aire libre, ante la entrada principal del Palacio y junto a la columna Marzocco, en el lugar donde habitualmente se celebran los acontecimientos más importantes, se proclaman los anuncios de convocatorias y medidas legislativas, se celebran las recepciones de príncipes y embajadores extranjeros.

A pesar de su orgullo, Miguel Ángel es consciente de que todavía tiene mucho que aprender de Leonardo en el campo de la pintura. En 1504, el taller donde Leonardo trabaja en el cartón de la *Batalla*, la Sala del Papa en Santa Maria Novella, se abre a quienes quieran observar la obra del artista. Entre amigos y posibles rivales, el propio Miguel Ángel se coló con sus ayudantes y amigos.

Leonardo se acuerda en sus notas de uno de ellos por lo menos: «granacco», es decir, el pintor Francesco Granacci, for-

---

[1] AOSMF, *Deliberazioni degli Operai*, 1496-1507, f. 186r.

mado en la estela de Ghirlandaio y Filippino Lippi, y primer guía artístico del joven Miguel Ángel;[2] un joven muy apuesto, veinte años atrás, modelo de desnudo masculino, hasta el punto de que Filippino lo había retratado, completamente desnudo, en su *Resurrección del hijo de Teófilo* en la Capilla Brancacci del Carmine, junto a los admirables frescos de Masaccio. Quizá no sea casualidad que junto a su nombre aparezca, apenas visible en la hoja de Leonardo, el dibujo de un desnudo con un miembro viril erecto.

Ahora bien, es Miguel Ángel quien copia algunos detalles de los cartones de Da Vinci, como el caballo encabritado en la *Lucha por el estandarte*, y otro caballo en carrera;[3] y quizá se inspire también en la composición de *Santa Ana* para su *Tondo Doni* y en otro dibujo.[4] También acude Rafael, y retoma en sus bocetos la composición de la Lucha y un detalle de la cabalgada.[5] Y Rustici copia el cartón y otros dibujos de caballos en su único cuadro, *La conversión de san Pablo*.[6] Junto con ellos también copiaban de las invenciones de Leonardo un jovencísimo Andrea del Sarto y muchos otros. La obra, incluso antes de su nacimiento, en el torbellino de su creación, es ya «escuela del mundo», como dirá un día Vasari.

Pero incluso Leonardo, en este periodo, aprendió algo nuevo de Miguel Ángel: su manera única y extraordinaria de concebir la figura humana en el espacio, tal como aparece en los desnudos de la *Batalla de Cascina*, y en el poderoso vigor del *David*. Una dimensión escultórica sin precedentes aparece entonces en los dibujos de Leonardo, empezando por los de la *Batalla de Anghiari*, y se funde con la lección de la estatuaria antigua.

Un primer ejemplo de esta revolución estilística se encuentra en una composición concebida para su amigo y poeta Anto-

---

[2] Ar, f. 137v.
[3] Londres, British Museum, Department of Prints and Drawings, 1895.0915.496.
[4] Oxford, Ashmolean Museum, WA 1846.37.
[5] Oxford, Ashmolean Museum, WA 1846.176.
[6] Londres, Victoria and Albert Museum.

nio di Neri di Segna Guidi, un rico mercader de sedas de Santa Croce que también era amigo de Maquiavelo y Botticelli, de quien poseía su famosa *La calumnia de Apeles*. Antonio, seguidor del cardenal Soderini en Roma y vinculado al tráfico marítimo por motivos comerciales, le pidió un cuadro que estuviera relacionado con el mundo del mar. Y Leonardo decide representar al propio dios del mar, Neptuno, que domina el elemento ecuóreo: una figura heroica como la del *David* de Miguel Ángel, erguida y desnuda, surgiendo de las aguas, en el centro de una cuadriga espumosa de caballitos de mar. Pero, como era habitual, ese cuadro nunca llegó a realizarse. Antonio tendrá que conformarse con un dibujo más o menos terminado, que pasará a su hijo Fabio tras su muerte. Hoy, también ese dibujo se ha perdido. Solo queda un estudio preparatorio con la nota «baja los caballos», y otro dibujo de caballos sobre los que se yergue la figura de Neptuno-David.[7]

---

[7] W, 12.570 y 12.591.

13. Entre Isabel y Salaì

Florencia, 1504-1505

Pocos días después de que se redactara el contrato formal para *La batalla de Anghiari*, en 1504, Leonardo recibe una carta de Isabel de Este. La marquesa no ha olvidado en absoluto las precedentes promesas del artista y vuelve a la carga el 14 de mayo, adjuntando su carta a otra dirigida a su corresponsal en Florencia, Angelo del Tovaglia. En definitiva, la princesa se conforma, a cambio del retrato que había iniciado en Mantua cuatro años antes, con una pintura sobre otro tema, «una figura de un Cristo jovencito de años doce». Previendo ya las excusas que pondrá Leonardo, ocupado con los trabajos de la *Batalla*, sugiere a Tovaglia que le diga que el cuadrito será «un tomar recreatión et exaltatión cuando la historia dé fastidio». No hay plazo de entrega, pero «bien cierto es que cuanto más antes nos lo entregue terminado, mayor obligazión para con él tendremos».[1] En la carta a Leonardo es más explícito, y llega incluso a recordar el boceto del retrato: «Quando estubisteis en esta tierra et me retratasteis con carbón, prometisteis fazerlo de toda vez de color»; y se detalla más en la solicitud: «Uno Christo jovencito, de años unos doce, que sería de esa edad que tendría quando disputaba en el templo, et facto con esa dulzura et suavidad de aire que tenéis como arte peculiare en excelentia».[2]

Un «Cristo jovencito». No podemos dejar de recordar una enigmática anotación de Leonardo: «Cuando hize poner a Dome-

---
[1] ASMa, Archivio Gonzaga, serie F, II, 9, sobre 2.994, registro epistolar 17, n.º 55, f. 19v.
[2] ASMa, Archivio Gonzaga, serie F, II, 9, sobre 2.994, registro epistolar 17, n.º 56, f. 20r.

nedio como amorzillo me metisteis en prisión, ahora si lo fago grande vos me haréis peor», quizá en referencia al escándalo del proceso por sodomía en 1476.³ Es posible que Isabel estuviera informada de que, entre los esbozos de Leonardo, debe de haber algún dibujo de un adolescente con la semblanza de Cristo. En la respuesta de Tovaglia leemos la habitual promesa de Leonardo de que se compromete a pintar el cuadro en sus ratos libres. Tovaglia piensa incluso en apremiar al artista, dirigiendo también la misma petición a Perugino, para animarlos a una especie de parangón; sin embargo, le asalta la duda de que la suya, más que una carrera de velocidad, sea de «tardidad»: «Tamen me dudo con fuerza no vayan a competir juntos en carrera de tardidad: no sé quién en esto superará al otro: tengo por seguro que Lionardo ha de salir victorioso».⁴

Tovaglia conoce bien a Leonardo. Y el deseo de Isabel no será satisfecho, por más que esta intente en vano el 31 de octubre volver a apremiar al artista: «Quando sintáis fastidio de la storia florentina, intentad poneos a fazer esta figureta para recreación vostra».⁵

Y así, el 24 de enero de 1505, ante la desgana de Leonardo, el astuto Salaì da un paso al frente. Esta vez el que escribe es otro corresponsal de Isabel, Luigi Ciocca. Junto con el abad de Fiesole ha ido a visitar a Perugino y luego llama a Salaì. El discípulo de Leonardo se da aires de experto en arte, corrigiendo incluso algunos detalles del encargo de Perugino, y se ofrece a hacer él mismo lo que su maestro no ha hecho: «Certificándola que aviéndole mandado un discepulo de Leonardo Vinci, joven para su etad muy talentoso llamado Salai, ha elogiado mucho la imaginación et ha corregido un poco alcunas cosetas que el antedicto Reverendo Abbad et yo abíamos dicto al Perusino [...]. Esa Salai tendría grand desseo de fazer algo galante para V. Ex. et

---

³ CA, f. 680r (aprox. 1504-1504). En la misma hoja de papel, un pensamiento: «Cuando yo creeré aprenderé a vivir, y yo aprenderé a morir».
⁴ ASMa, Archivio Gonzaga, serie E, LXI, I, sobre 1.890, n.º 281.
⁵ ASMa, Archivio Gonzaga, serie F, II, 9, sobre 2.994, registro epistolar 17, n.º 128, f. 44r.

empero teniendo voluntad de algún cuadritto u otra cosa, me puede dar consejo, et del pretio me esforzaré por que sea plazantero».[6]

Una oferta extraña, la de Salaì, que sería inexplicable si no se plantea la hipótesis de que, durante 1504, mientras Leonardo se afanaba en la Sala del Papa en Santa Maria Novella para intentar hacer habitables aquellos espacios insalubres y comenzar a trabajar en el cartón, entre pagos que llegan a cuentagotas y trabajadores reacios, el discípulo pudo aprovechar la situación para tomar el control de las cosas del maestro.

Lleva muchos años colaborando con él en los detalles mínimos que completan sus obras, ha aprendido a copiar a la perfección sus hallazgos, a mezclar y destilar las legendarias pinturas transparentes y, sobre todo, a echar mano a los dibujos y cartones ya utilizados en la trasposición de algunas pinturas sobre tabla. Por lo tanto, no le resulta difícil crear «algo galante», algún «cuadritro», como una Virgen de los Husos o un «Cristo jovencito», y hacerlo pasar casi por auténtico.

Además de esta actividad, Salaì también sigue ocupándose de la gestión económica de la «familia» del maestro: no sin cierta rivalidad con otro discípulo y amigo suyo de mayor edad, Tommaso, apodado «Zoroastro», que se siente humillado al recibir dinero de Salaì.[7]

El caso es que el dinero se gasta demasiado rápido y con demasiada facilidad, y en cierto momento Leonardo, obligado a recurrir con frecuencia a la cuenta corriente de Santa Maria Nuova y anotar las cuentas de gastos, debe forzar también a Salaì a anotar la cuenta del dinero que recibe y que gasta. El 25 de mayo de 1504 el discípulo escribió, con la letra un tanto angulosa de alguien que había tenido una educación muy irregular e intermitente: «La mañan de santo zanobi a día 25 de ma<y>o en 1504 recibí de Lionardo Vinci ducados 15 de oro y empe<c>é a gastar»: en las listas sucesivas, entre el sábado 25, el domingo 26, fiesta de

---

[6] ASMa, Archivio Gonzaga, serie E, sobre 1.105, n.º 343.
[7] Ar, f. 149v.

Pentecostés y el lunes 27, Salaì llega a gastar nada menos que 261 dineros, de los cuales 62 van la criada Monna Margarita y 58 para rehacer un anillo, más una serie de gastos de ropa, barbería, velas y comida.

Estos días, al menú habitual del taller de Leonardo se le añaden algunos platos especiales: unas pocas setas, y además huevos, harina y moras. A Salaì se le había antojado comerse una buena tarta.[8]

---

[8] Ar, f. 148r.

14. Murió ser Piero da Vinci

Florencia, 9 de julio de 1504

En otra hoja con listas de gastos anota el propio Leonardo, con escritura regular de izquierda a derecha, un pago a Zoroastro: «En la mañana de Sancto Piero, a día 29 de junio de 1504, saqué ducados 10, de los cuales di uno a mi fámulo Tomaso para gastar».[1]

Es la fiesta de san Pedro y de san Pablo: la fiesta de su padre. Ser Piero, a pesar de su avanzada edad (ha cumplido setenta y ocho años recientemente), sigue asistiendo a su banco en la Badia y redactando escrituras, como siempre ha hecho a lo largo de su vida. El último lo ha otorgado el 26 de junio. Los días siguientes, un poco cansado, se queda en casa. El 6 de julio hizo llevar a la Badia el testamento de un cliente que incluía una donación anual de doce barriles de vino. Los monjes estarán encantados, sonríe para sus adentros el viejo notario.

En Florencia hace calor, el aire es bochornoso y no se mueve, cuesta hasta respirar, pero a Leonardo no le importa: es el clima ideal para probar el secado de la pintura en un panel de prueba de la *Batalla* en la Sala del Papa en Santa Maria Novella. No, no tiene tiempo para ir a ver a su padre, hay mucho que hacer.

Al fin y al cabo, se habían visto unos días antes, el 21 de junio, cuando el viejo notario fue personalmente a Santa Maria Novella para redactar el capítulo del convento.[2] Antes de marcharse, entró en la Sala del Papa y vio lo que puede verse del cartón: el terrible tumulto de la *Lucha por el estandarte*. Y tal vez se acordó del susto de muchos años atrás, cuando su hijo le gastó la broma de la *Medusa*.

---

[1] CA, f. 196v. Otra lista breve en escritura normal: W, 12.602v.
[2] ASF, *Notarile Antecosimiano*, 16.839, ff. 187r-191r.

Leonardo sigue anotando en sus hojas los pequeños gastos cotidianos. El 1 de julio le da un florín a Salaì «para gastarlo en casa», el 2 toma uno para sus gastos personales, el miércoles 3 por la tarde le da otro a Tommaso «antes de cenar», el sábado 6 por la mañana le da otro más, el octavo por la mañana saca un florín de la caja «ni siquiera 10 dineros». Y, por último, en escritura regular también, escribe una de las notas más sobrecogedoras de su vida: «El miércoles a hora 7 murió Ser Piero da Vinci a día 9 de julio de 1504 / miércoles cerca a las 7 horas».[3]

Es la mañana del miércoles 10 de julio: alguien corre a Santa Maria Novella y le lleva la noticia al maestro. En la emoción del momento, Leonardo repite obsesivamente las palabras que deberían fijar el instante preciso del acontecimiento: el día del mes, el día de la semana e incluso la hora. Su padre dejó de vivir en mitad de la noche: las siete horas, contadas según el uso italiano desde la puesta del sol, corresponden más o menos a las dos de la mañana actuales. En cambio, se confunde con la fecha, adelantada al día anterior, el 9 de julio, que sin embargo era martes.

La nota se copia y se amplía en otra hoja. Leonardo empieza a escribir «miércoles a horas a día», dejando espacios en blanco para el número de horas y el día; luego lo borra todo furioso, vuelve al principio y continúa de manera más formal: «A día 9 de julio 1504 de miércoles a horas 7 murió ser / Piero da Vinci notario en el palaz<z>o del podestá. Mi padre / a horas 7. Era de edad de años 80. Dejó 10 hijos va/ro<n>es y 2 hembras».[4]

Para conjurar y exorcizar el dolor, como había hecho en la «socteratura» de Caterina, Leonardo elabora una especie de acta de defunción, que muestra en orden el día del mes y de la semana, la hora, el nombre del difunto, su profesión, su lugar de trabajo, edad, herederos. El hecho de que el notario sea también su padre ni siquiera se menciona en la primera nota, y se registra con gran retraso en la segunda. Los demás recuentos también son imprecisos: Piero no tiene ochenta años, sino setenta y

---

[3] CA, f. 196v.
[4] Ar, f. 272r.

ocho; y en realidad deja nueve hijos varones: Antonio, Giuliano, Lorenzo, Domenico, Benedetto, Pandolfo, Guglielmo, Bartolomeo y Giovanni; y dos hembras: Violante y Margherita. Si Leonardo escribe «diez hijos varones» es porque en la cuenta también se incluye a sí mismo, el hijo bastardo de Caterina, nunca legitimado por Piero.

Debido al gran calor, el difunto no puede permanecer mucho tiempo en la casa de via Ghibellina, a causa de la incipiente corrupción y el mal olor, de modo que se le lleva en seguida a la iglesia, al día siguiente, a la Badia. Se levanta la losa de mármol de la tumba familiar, encargada por el propio Piero treinta años antes. El cadáver, envuelto en un sudario y depositado por los monjes, se coloca junto a los de sus esposas Francesca y Margherita y los pequeños cuerpos de los hijos que murieron siendo aún jóvenes, o incluso recién nacidos y bautizados: Maddalena, Bartolomeo, Guglielmo Francesco y otra niña sin nombre, quizá hija ilegítima. Una macabra reunión familiar.

¿Dónde está Leonardo el 11 de julio? Lo imaginamos de pie en la austera iglesia de la Badia en el funeral de su padre. Apartado, detrás de una columna. Es posible que el día anterior, tras salir corriendo de Santa Maria Novella para ir a via Ghibellina, pueda haber entrado en la casa de su padre y llorar sobre su cuerpo expuesto en la gran cama de su habitación del primer piso. No es que a la última esposa de Piero, Lucrezia, ni a sus hermanastros les haga especial ilusión volver a verlo, pero no pueden no dejarlo entrar. Quizá sospechen que el bastardo, valiéndose de sus poderosos amigos en la Signoria, pueda reclamar algo de la herencia, que es cuantiosa en ingresos y bienes raíces. Puede parecer increíble, pero ser Piero, notario especialista en todo tipo de testamentos, legados y trifulcas hereditarias, ha muerto intestado. No se ha preocupado en absoluto del hecho de que tarde o temprano tendría que dejar este mundo.

Sin hacer caso a las murmuraciones, Leonardo mira a su alrededor, en esa casa que nunca ha sido suya y donde nunca ha vivido. Ya está dividida en dos partes, una para los hijos mayores, huérfanos de la tercera esposa, Margherita, y otra para la última esposa, Lucrezia, y sus hijos aún pequeños. Cuántas cosas en las habitaciones, cuántos enseres acumulados por su padre en el curso de su larga vida: y hay muchos recuerdos que pertenecen a un pasado lejano, que transportan a Leonardo a las tan queridas figuras de su infancia, a su abuelo Antonio y a su tío Francesco.

Tampoco faltan cosas suyas, esparcidas aquí y allá: obras de pintura, de talla o de terracota de cuando era aprendiz con Verrocchio, cosas todas que su anciano padre conservaba religiosamente. Leonardo se conmueve al ver la antigua cama del abuelo Antonio y de la abuela Lucia, y la cuna donde él también dormía cuando era niño. Y le parece percibir el olor de Vinci que sube de las bodegas: unos quince barriles de vino tinto, del bueno, que ser Piero siempre ordenaba traer de sus fincas.

Una fiel fotografía de la casa y de su contenido nos la deja el viejo notario Cetto di Bernardo, quien entre julio y agosto irá a hacer un inventario detallado de los bienes de ser Piero para una futura sucesión hereditaria. Escribirlo todo, escribir siempre: lo que no escribes no existe. Mona Lucrezia lo sigue de cerca, obligándolo a no olvidar nada: ni siquiera el «estrado de cagar».[5]

En la habitación de Piero, Leonardo vuelve a ver la gran cama de nogal con arcones taraceados y un dosel con cortinas de flecos, luego una camita de nogal con incrustaciones y una cabeza femenina tallada en relieve en la cornisa, «una cabeza es decir el retracto de Francesco», y una «Nuestra Señora en medio relieve toda d'oro con un dosel pequeño»; un armario con dos ángeles tallados y pintados, que contiene en su interior algunas joyas que usaba la difunta Margherita y un cofrecillo suyo pintado y dorado; y además objetos de vidrio, cristales, vajillas de lujo, tazas y vasos dorados, un crucifijo tallado al estilo «tudesco», un «par d'huevos de vestruzo»; en los arcones, toallas y fundas; ropas pretenciosas como un paletoque color violeta forrado de tafetán rojo, un jubón de raso negro con capucha rosa, una capa violeta.

---

[5] ASF, *Notarile Antecosimiano*, 5.111, ff. 93r-111v.

Sobre el escritorio del estudio, tres estuches de latón para gafas, una lámpara, «una charta de navegar», «un imán en una cajita» y «un <m>apamundi», todo lo que queda de la vida aventurera en el mar del abuelo Antonio cuando era joven; y, sobre todo, todos los libros notariales y de cuentas que fueron el mundo de escritura de Piero: «Veintidós libros atados en fila de varios volúmenes», y los libros de cuentas de las fincas, «un libro amarillo titulado libro verde de ser Piero / un libro titulado libro de villa cuvierta blanca corrige blanca», «un libro rojo de Francesco hermano de ser Piero / más scripturas et actas de pleitos de más personas».

En las otras salas Leonardo vislumbra varias obras de arte y devocionales, y reconoce algunas como suyas y juveniles: un cuadro con san Francisco, otro con «una cabeza de rostro santo», una Virgen María en yeso, un san Sebastián «blanco» y además una cabeza de Cristo, una Nuestra Señora, dorada, un san Francisco «con dos cuadros», «dos niños et dos cabezas et uno sancto Bastián»; un «tondo» y una Nuestra Señora, «dos cabezas en cuadros de mujeres», «una puerta de cámara con figuras».

Una visión fugaz de aquella casa de via Ghibellina. Con cosas que no son suyas. Nunca volverá a verla. Leonardo regresa a Santa Maria Novella.

Las dos hojas en las que registra la muerte de su padre seguirán utilizándose para frías cuentas de dinero, del 11 de julio al 16 de septiembre: un goteo de pagos a Salaì y a Tommaso, y retiradas de la caja. Gastos continuos, entre otras cosas para el lujoso vestuario de Salaì: «Para el j<u>bón florín uno / para el j<u>bón y para el sombrero florines 2 / al zapatero florín uno».

El 3 de agosto se sumará a los «bocas» la llegada de un nuevo discípulo, Iacopo Tedesco, al que el maestro tendrá que pagar un carlino al día, mientras que Iacopo realizará varios pagos a Leonardo, Salaì y Tommaso desde el 9 de agosto al 16 de septiembre.[6]

La vida se reanuda, con su habitual y atroz contabilidad de dar y de recibir.

---

[6] CA, f. 196v; Ar, f. 271v.

15. «En caja en el munasterio»

Florencia, octubre de 1504

A principios de otoño, a causa de una ausencia momentánea de Florencia, Leonardo siente la necesidad de hacer un inventario de sus posesiones más preciadas, antes de guardarlas bajo llave en unos arcones. Abre un cuaderno iniciado hace poco más de un año y escribe en las primeras páginas, ya parcialmente ocupadas por relieves cartográficos y dibujos a sanguina del curso bajo del Arno y el territorio circundante realizados en el verano de 1503.

La primera lista «en caja en el munisterio» nos presenta las prendas más preciadas de su guardarropa.[1] A diferencia de otros artistas excéntricos o solitarios, Leonardo ama la compañía y la conversación de príncipes y cortesanos, y viste como ellos, con ropas a la moda y confeccionadas con telas preciosas. De esta manera, acaban en el arcón al menos dos túnicas, abrigos cortos de viaje de mangas anchas y capucha, o con forro de tafetán; un *albernuzzo*, el amplio manto con capucha que los españoles imitaron de los árabes; una túnica catalana de color rosa llamada *catelano*; una capa de color violeta oscuro con capucha de terciopelo; y otra capa de estilo francés que anteriormente perteneció a César Borgia, y que quizá le obsequiara él mismo; varios jubones de colores vivos, violeta y carmesí, de raso o camello, tela de lana parecida al pelo de camello, las ineludibles medias rosas, violetas y negras, una gorra y una camisa de lino finísimo, además de una tela pintada que debió de servir para cubrir un tapiz. Pero el arcón reserva una sorpresa. No hay solo

---

[1] MaII, f. 4v.

cosas de Leonardo. De una veintena de prendas, tres nada menos, dos túnicas y un jubón, pertenecen a Salaì y son también de corte elegante, a la francesa, y confirman la intensa interrelación de las vidas del maestro y del discípulo.

La otra lista, en cambio, es de libros, amontonados en otros dos arcones, uno grande («Recuerdo de los libros que dexo cerrados en el arcón») y otro pequeño («en caja en el munasterio»), junto con una lista resumida de cincuenta «libros» de los cuales no se indica el título ni el contenido, pero que se cuentan por tamaño (veinticinco pequeños, dos «mayores», dieciséis «más grandes») y tipo de encuadernación (seis «en pergamino» y uno «con cubierta de gamuza verde»), y que debían de ser los propios cuadernos de trabajo autógrafos de Leonardo.[2] Se trata de la mayor lista de libros que el artista recopiló durante su vida: un total de ciento dieciséis, a los que se deben sumar los cincuenta cuadernos personales. Vuelven a aparecer muchos textos ya presentes en la lista de 1495, pero el incremento resulta en todo caso notable. En menos de diez años, Leonardo, un lector voraz, ha acumulado una biblioteca personal que podría ser la envidia de muchos de sus contemporáneos, e incluso de los llamados «hombres de letras». Obviamente, es posible que la lista no represente la totalidad de su biblioteca (es solo el inventario un tanto aleatorio del contenido de dos arcones dejados en el convento), y no a todos los libros anotados (algunos quizá estén por casualidad entre sus libros, como préstamos ocasionales de amigos) corresponde el mismo grado de interés o lectura. A pesar de lo incompleto y la falta de homogeneidad, es posible intentar en todo caso un balance parcial.

En primer lugar, se confirma la importancia del anaquel literario. Se presta una atención no episódica a las fábulas de Esopo, en varias ediciones que incluyen traducciones al vernáculo, italianas y francesas, y una versión en verso.

Entre las formas métricas prevalecen las octavas narrativas del poema *Ciriffo Calvaneo* de Luca Pulci y la traducción de

---

[2] MaII, ff. 2v-3v.

Pharsalia de Lucano; en octavas también está *Geta e Birria*. En tercetos está *De re militari* de Antonio Cornazzano.

En cuanto a la poesía lírica, desaparece Petrarca y encontramos en su lugar la edición de los *Rithimi* del aristócrata milanés y amigo de Bramante, Gaspare Visconti.

La narrativa en prosa, entre la historia y el relato fantástico y mitológico, está representada por el *Aquila* atribuido entonces a Leonardo Bruni, por el *Atila flagellum Dei*, por el *Guerrin Meschino* y por las versiones en vernáculo del *Romulion* de Benvenuto da Ímola y de las *Metamorfosis* de Ovidio.

En la estantería de la cuentística vemos ahora el *Novellino* de Masuccio Salernitano (ya consultado en tiempos del Trivulziano). Aparece la *Vita civile* de Matteo Palmieri (texto presente, por ejemplo, en la biblioteca Pandolfini). Finalmente, un título sorprendente como la *Nave de los locos* de Sebastian Brandt, una mordaz sátira del mundo contemporáneo que al parecer inspiró el *Elogio de la locura* de Erasmo.

También es muy rica la estantería de las gramáticas latinas, los manuales de estilo y de retórica, y de los diccionarios: herramientas que siguen teniendo su utilidad de consulta, para quien es consciente de no haberse convertido aún en un «omne de letras». Además de los títulos presentes en 1495 encontramos las *Rudimenta grammatices* de Nicolò Perotti (utilizadas en los códices H e I), la gramática de Prisciano, las *Regulae grammaticales* de Guarino da Verona, el *Donadello* y el *Donato gramatico*, las *Varietates sententiarum seu synonima* de Stefano Flisco da Soncino, los *Exempla exordiorum* de Gasparino Barzizza, el *Vocabulista ecclesiastico volgare latino* de Giovanni Bernardo Forte de Savona, las *Elegantiolae* de Agostino Dati.

A la ya significativa sección epistológrafa (el *Formulario* y los dos Filelfos) se suma la versión en vernáculo de la *Epistole de Phalari*.

Nuevos libros de tema religioso atestiguan los frecuentes contactos con el mundo eclesiástico, especialmente en Florencia y Milán: el *De civitate Dei* y los *Sermones* de san Agustín traducidos al vernáculo, un libro de prédicas de san Bernardino de Siena, una *Pasión de Cristo* (de Bernardo Pulci tal vez), un *De tentatione*, una *Del tempio di Salamone, la Vita et li miracoli del beatissimo Ambrogio* de Paolino Milanese y probablemente un libro del místico portugués de origen judío Amadeo Mendes da Silva.

La gran novedad, sin embargo, en comparación con la lista del Códice Atlántico, es el mayor peso de la cultura científica y filosófica (ya casi la mitad de los libros censados, entre los que también aumenta el número de los disponibles únicamente en latín). Autores y títulos reflejan el prodigioso ensanchamiento de los intereses y las investigaciones de Leonardo a finales del siglo xv.

Emerge una traducción de los tres primeros libros de la *Elementa geometriae* de Euclides, mientras que se agolpan los libros sobre ábacos. El título «cuadratura del círculo» es una posible referencia al *Tetragonismus* de Luca Gaurico, la primera edición de *De mensura circuli* de Arquímedes.

En el campo de la literatura científica y médica, Leonardo ha adquirido los textos de mayor difusión en las universidades y entre el público culto. Por lo tanto, especifica que posee la edición latina del *Fasciculus medicinae* publicado en Venecia en 1491. Otros textos médicos son el *Tractatus de urinarum iudiciis* de Bartolomeo Montagnana, el *De natura humana* de Antonio Zeno, el *Anatomice sive historia corporis humani libri V* de Alessandro Benedetti, al que se suma el «libro de medicina de caballos». El *Liber phisionomiae* de Miguel Escoto está dedicado al estudio de la figura humana, y la onirocrítica también está presente, con el popular manual de *Sogni di Daniele*.

Sigue siendo relevante la presencia de textos de Aristóteles o atribuidos a él (los *Problemata*, las *Propositiones* y la *Metaura*), y de la tradición aristotélica medieval, desde Alberto Magno y Alberto de Sajonia hasta Walter Burley. El «libro de Giorgio Valla» que abre la lista hace referencia a la enciclopedia *De expetendis et fugiendis rebus* impresa por Aldo Manuzio en Venecia en 1501. En cuanto al estudio del mundo y del cosmos, se constata la posesión de los tratados árabes de astrología, *Alcabizio* (traducido en lengua vernácula por Francesco Sirigatti), *Albumasar*, un folleto astrológico de Firman de Beauval (el *De mutatione aeris*), un «cuadrante», la *Cosmografía* de Ptolomeo, mientras que para el estudio paralelo de las aguas y fluidos del cuerpo humano se sirve de una traducción de la *Pneumatica* de Filón de Bizancio.

Además, entre los textos técnico-artísticos, el nombre de «Francesco da Siena» se refiere sin duda a Francesco di Giorgio, cuyo tratado va en buena compañía con los de Leon Battista Alberti (el *De re aedificatoria*, los *Ludi mathematici* y el perdido *De navi*). Leonardo tiene la posibilidad de cruzarse con esta obra en ambos momentos de su historia editorial, comparando dos manuscritos por lo menos. Entre 1503 y 1504 retoma textos y dibujos de un códice autógrafo de la segunda redacción, centrando su atención en la arquitectura militar, en el uso de materiales, en las fundaciones marinas y la defensa de los puertos.[3] Sin embargo, mientras transcribe estos textos, tiene también a su disposición un códice de la primera redacción, único volumen de su biblioteca que ha sido posible identificar hasta el momento, porque lleva una serie de apostillas autógrafas, marcas de lectura y pequeños dibujos.[4]

Por último, entre las gramáticas latinas, hay una que, por encima de otras, atrae nuestra curiosidad: las «reglas de Francesco da Urbino», no un humanista ilustre como Perotti o Guarino sino un modesto maestro de escuela, Francesco di Giovanni de Urbino, activo en Florencia a finales del siglo xv con un salario anual de sesenta florines.

Veinte años antes, a Francesco se le confió la educación del hijo de un funcionario pelagatos de la Signoria, Lodovico Buonarroti, pero el muchacho rebelde se escapaba en cuanto podía para dibujar y practicar pintura. Su nombre era Miguel Ángel.

Por desgracia, hoy en día no sobrevive ninguna copia de ese libro. Nunca sabremos cómo eran las reglas de Francesco y por qué asustaron tanto al pequeño Miguel Ángel y, en cambio, atrajeron a Leonardo, de cincuenta años.

---

[3] MaII, ff. 85r-98r. Véase también Florencia, Biblioteca Nazionale Centrale, Magliabechiano II.1.141.

[4] Florencia, Biblioteca Medicea Laurenziana, Ashburnham 361, ff. 13v, 25r, 27v, 32r, 41r, 44v.

16. Sombras verdes

Toscana, octubre-diciembre de 1504

La Signoria no aplica de manera estricta la cláusula de finalización de la obra para la *Batalla de Anghiari* por la sencilla razón de que no deja de incordiar a Leonardo con nuevos encargos, distrayéndolo de la tarea principal, o incluso alejándolo de Florencia por periodos más o menos largos. Los cometidos son siempre los mismos: los propios de un ingeniero militar, encargado de inspeccionar fortalezas y vías de comunicación.

Hace aproximadamente un año, tras la caída de Valentino y de los Borgia, Piombino volvió a manos de su antiguo señor, Iacopo IV Appiani, y la Signoria necesitaba restablecer relaciones con el príncipe. Appiani, a su vez, necesita fortalecer las defensas de su pequeño pero estratégico estado marítimo y, como ingeniero, no hay nadie mejor que Leonardo, que ya había estado en Piombino en 1502.

El encargo implica el estudio de las fortificaciones existentes y el diseño de otras nuevas, especialmente en función de su capacidad para resistir la artillería. Leonardo proyecta, en efecto, un sistema articulado de fosos, caminos cubiertos, torres, casamatas: en algunos de sus dibujos parece verse la premonición de las fortalezas modernas, especialmente en la idea de una inexpugnable fortaleza circular.[1]

Sin embargo, no solo cuenta la guerra sino también la paz, de manera que se plantea sanear las marismas que corrompen el terri-

---

[1] CA, ff. 125r-v, 331v; MaII, ff. 37v-38v.

torio circundante, ampliando las tierras cultivables del príncipe: «Modo de secar lo masrisma de Pionbino».[2]

Quizá también haya tenido tiempo para un salto rápido a Roma, como sugieren las notas al inicio del Códice de Madrid II: «De muro. La caña cuadrada se hace en Roma, a costa suya, por 19 carlinos, y por 17 carlinos se hace a costa del señor de la muralla»; «Lunes de mañana, florín uno; sábado de mañana florín uno para Lorenzo»; «Roma lunes de mañana florín uno».[3]

El 1 de noviembre Leonardo está de regreso en Piombino, como recuerda en una nota con una fecha curiosamente errónea: «A día último de noviembre, por Todos los Santos 1504, hize en Pionbino al Señor tal demostratión»; en la hoja, el dibujo de una fortificación y otras anotaciones sobre la percepción visual.[4] Ese mismo día, al atardecer, en una habitación blanca de la casa del puerto donde está alojada, aquel ojo suyo maravilloso, entrenado para percibir detalles infinitesimales, registra un singular fenómeno óptico destinado al libro de pintura: «1504 en Pionbino el día de Todos los Santos / Sobre la pintura. Yo vi las sombras verdes que hazían las cuerdas, mástil y palos sopre d'una paried de muro andando el sol en ocaso, y esto suzedía que esa superfizie d'ese muro que no se teñía del claror del sol se teñía del color del mar que allí tenía como objeto».[5]

El 20 de noviembre, víspera de su regreso a Florencia, se encontraba en el alcázar de Piombino, para contemplar desde arriba «el fosso que yo enderezo» y el «camino cubierto».[6]

El mejor itinerario hacia Piombino, desde el valle del Arno, sube por el Val d'Elsa, pasa por San Gimignano y Volterra y baja después hacia el mar hasta Bibbona, donde puede admirarse la hermosa iglesia de planta central, Santa Maria della Pietà, cons-

---

[2] CA, f. 382r.
[3] MaII, f. 2r y 1v.
[4] MaII, f. 25r.
[5] MaII, f. 125r.
[6] MaII, f. 24v.

truida más de diez años antes por Vittorio Ghiberti, quizá partiendo de una idea del joven Leonardo.[7]

El mismo camino, a su regreso, lleva a Leonardo a su tierra natal, Vinci. Después de la muerte de su padre, es aún más importante para él volver a ver a su viejo tío Francesco, el único miembro de su antigua familia que aún sigue con vida. Es su propio tío, probablemente, quien lo ha invitado a ir allí, y por una razón muy importante: ha hecho testamento, el 12 de agosto, ante el notario ser Girolamo di ser Piero Cecchi, y ha dejado el usufructo de sus fincas en Vinci a su sobrino.[8]

Es evidente que no está satisfecho de cómo fueron las cosas cuando murió su hermano Piero, quien tal vez muriera intestado porque su esposa Lucrezia se oponía ferozmente a cualquier legado, aunque fuera mínimo, a Leonardo. Leonardo nunca llegó a ser reconocido y su tío Francesco sigue preocupándose por su futuro, como si su sobrino siguiera siendo todavía el joven de otros tiempos, sin oficio ni beneficio, y no el célebre artista que acaba de cumplir cincuenta y dos años. Este testamento, sin embargo, contraviene un acuerdo con su hermano firmado en 1492, en el que se establecía claramente que sus bienes solo los heredarían sus descendientes legítimos, y por lo tanto los hijos legítimos de Piero: «Después de la vida de Francesco todo pase a ser de ser Piero y de sus hijos y será bueno para nosotros y para nuestra familia y para nuestras fincas si lo haréis porque a Francesco le alcanza para vivir».[9]

Leonardo encuentra a su tío Francesco más o menos en las condiciones, nada prósperas, que aparecen descritas en la última declaración catastral de 1498: la antigua casa de Antonio da Vinci es «una casa en ruinas et en la que nadie habita», mientras que su tío vive en otra pequeña casa en el castillo y posee un viñedo con una casa en Colombaia, un campo de trigo en Merca-

---

[7] Un detalle preciso de la iglesia en W, 12.683r.
[8] ASF, *Notarile Antecosimiano,* 21.437, f. 198r.
[9] ASF, *Notarile Antecosimiano,* 16.841, leg. 4, f. 83r-v («Richordo de patti quiero estar entre ser Piero y Francesco»).

tale y un terreno con vides y olivos en Croce a Tignano.[10] Quizá renazca en él el deseo de vivir en Vinci, de concluir su vida como un círculo y regresar al punto de partida, a la tierra donde nació y donde vivió con su madre Caterina. Quizá también baje a Campo Zeppi, para encontrar y ayudar a sus hermanas, las hijas de Caterina, que se han quedado solas y pobres, y son ya ancianas también.

En sus hojas traza la silueta familiar del Montalbano y algunos dibujos sobre el tema del caserío rústico: casas rurales en pendiente, una casa con galería y estudios de rampas; quién sabe, no es una idea para un cliente adinerado, sino para él mismo, el sueño de una pequeña casa rústica inmersa en la campiña en la que nació.[11] También aparecen los dispositivos mecánicos que piensa aplicar al «molino del bocín de Vinci», es decir, el molino que tenía alquilado su tío por noventa y cuatro liras al año, con una muela adecuada para triturar los colores.

Leonardo recorre las fincas del tío Francesco, en particular la de Botro, en el actual desfiladero de Serravalle, donde se imagina regulando los cursos de agua que descienden de Montalbano y creando un pequeño lago artificial, a modo de reserva de agua.[12] Tal vez le preste algo de dinero a su tío, para que pueda ir apañándoselas con la gestión de la finca, pero también se informa sobre su valor: «La valenzia de Botro».[13] Puede que también suba a la casa de Anchiano donde nació, y que su padre, en la declaración de impuestos de 1498, había descrito como en estado de abandono: «Una finca con una casa de trabajador casi arruinada et una pequeña casa principiada de patrón et con tierras de cultivo, olivares, fructales, vides y bosquezillos».[14]

Un momento dulce, aquí en Vinci, antes de volver a subir al caballo y regresar a Florencia. La vendimia ha sido buena y se han recogido muchas aceitunas. Y el vino nuevo burbujea en las tinajas.

---

[10] ASF, *Decima repubblicana,* 8, f. 405r-v.
[11] CA, ff. 592r-v, 765v-766r.
[12] W, 12675r, 12676r; CA, f. 952 r.
[13] Ar, f. 191r.
[14] ASF, *Decima repubblicana,* 8, f. 1.164v.

Las pausas en el trabajo de la *Batalla* nunca son momentos vacíos. A un observador externo podrían parecer poco concluyentes en términos de tareas artísticas, dado que de vez en cuando el maestro y los discípulos se ponen incluso a jugar a las cartas, como sugiere la anotación «cartas de xugar».[15]

Al contrario de lo que pueda pensarse, las jornadas de Leonardo no conocen pausas y están siempre dedicadas a lo que ahora se ha convertido en su principal actividad: el estudio de las ciencias naturales, la óptica, la perspectiva y la mecánica. Prueba de ello es la enorme cantidad de hojas escritas entre 1500 y 1505, a veces reunidas en nuevos manuscritos, pero que en su mayor parte permanecen sueltas sobre su escritorio, un repertorio móvil de ideas y dibujos que pueden manipularse, transcribirse, modificarse, con absoluta libertad, sin que exista ya jerarquía alguna. Estos centenares de hojas reflejan también las condiciones de una existencia errante, vivida al día, con la incertidumbre del mañana, y proyectada por lo tanto en la escritura diaria, limitada a esa única página que puedes completar en el corto espacio de tiempo que se te concede antes de que caiga la noche o se apague la lámpara de la mesa.

El factor unificador de todos estos estudios parece ser cada vez más la geometría. En Florencia, en el convento de Santa Croce, sigue viéndose con su amigo Pacioli, profesor de matemáticas del Estudio, a quien puede recurrir para aclarar problemas matemáticos y geométricos difíciles y recibir sugerencias sobre textos que debe leer. Por su parte, fray Luca, cuando el 21 de julio de 1505 acude a las oficinas de la cancillería en el Palazzo della Signoria para otorgar un poder, convoca como testigo al propio Leonardo, que está trabajando en la *Batalla* en el Gran Salón.[16]

Entre otras cosas, el estudio de los primeros principios de la geometría, como ya habían aclarado Leon Battista Alberti, Piero della Francesca y Francesco di Giorgio, es también el funda-

---

[15] CA, f. 105ar.
[16] ASF, *Notarile Antecosimiano,* 7.532, f. 106r. Notario ser Andrea di Romolo Filiromoli.

mento de la ciencia de la pintura, y es a partir de aquí que Leonardo retoma el proyecto del libro de pintura iniciado en Milán. Si para aquel libro ya había pensado en un arranque muy retórico y polémico sobre el parangón entre las artes, ahora prefiere precederlo con algunos capítulos sobre los principios geométricos de la pintura. Sin embargo, la meditación sobre la entidad inmaterial del punto, la línea y la superficie lo lleva a la descomposición de la realidad en partes cada vez más pequeñas, hasta la intuición de un paradójico e inquietante «ser de la nada», cuyo concepto, trasladado por analogía desde del campo espacial al campo temporal, extiende su dominio en el tiempo.[17]

Leonardo también sigue apasionándose por el estudio de las proporciones y las relaciones proporcionales. Entre los nuevos libros que caen en sus manos, de difícil comprensión porque están escritos en latín, se encuentra la gran enciclopedia de Giorgio Valla, *De expetendis et fugiendis rebus*, la primera de las obras metidas en el arcón «del munasterio». No se trata solo de estudios teóricos: la observación directa de los fenómenos naturales pone continuamente ante sus ojos los procesos de transformación de las figuras a lo largo del tiempo, y la hipótesis de poder conferir una regla a estos procesos sobre bases matemáticas y geométricas le parece sencillamente fascinante. Así empezará, lleno de orgullo, un nuevo cuaderno dedicado exclusivamente a la *strasformatione*: «Libro titulado de strasformatione, es decir, d'un cuerpo en otro sine disminutión de materia ni acrescimiento de materia» y, en la página siguiente, «Principiado por mí Leonardo da Vinci a día 12 de julio 1505».[18] Las figuras geométricas, visualizadas de manera concreta en el espacio, le parecen cobrar vida propia y transformarse incesantemente en otras figuras, como si fueran elementos maleables de esculturas.

Otro autor al que lleva años dando caza es Arquímedes, el mítico inventor antiguo que se ha convertido para él en el mayor modelo de ingeniero e investigador, digno de imitar y emular. En tiempos de Valentino confió en vano en obtener los dos

---

[17] Ar, f. 131r.
[18] FoI, f. 3r-v.

manuscritos que le prometieron Borgia y su capitán Vitellozzi. Con mayor modestia, debe contentarse, mientras tanto, con la primera edición de los opúsculos de Arquímedes publicada hasta ese momento, además de los extractos presentes en la enciclopedia de Valla: la recopilación editada por el célebre astrólogo Luca Gaurico, titulada *Tetragonismus id est circuli quadratura*, y publicada en Venecia en 1503.

En el mismo periodo, el hermano menor de Luca, el humanista Pomponio Gaurico, publicó un gran elogio del valor artístico de Leonardo en un original libro sobre escultura, *De sculptura*, impreso en Florencia por Filippo Giunta el 25 de diciembre de 1504, con el apoyo de Bernardo Rucellai.

El panegírico se extiende tanto al ámbito de la escultura como al de la pintura, con referencias al caballo esforcesco y la *Cena*, pero también a su compromiso actual con los estudios geométricos y tecnológicos inspirados en Arquímedes.

Leonardo queda incluido entre los grandes escultores de bronce del Renacimiento, en una línea directa que va desde el viejo Donatello hasta su discípulo y émulo Verrocchio, y ahora es justamente famoso por su «*Archimedaeo ingenio*»: «*ipse Alverochii discipulus Leonardus Vincius, Equo illo quem ei perficere non licuit in Bois maximo, pictura Symposii, nec minus et Archimedaeo ingenio notossimus*».[19]

Luca y Pomponio, originarios de la zona de Salerno, eran estudiantes en la Universidad de Padua cuando Leonardo y Luca Pacioli pasaron por Venecia en el año 1500, y tal vez no desaprovecharon aquella extraordinaria oportunidad de reunirse con él: entre otras cosas, el joven y polifacético Pomponio no solo estudiaba filología y literatura griega y latina, sino que también se ejercitaba en el arte de la fundición del bronce, en un pequeño taller frecuentado por pintores y escultores.

No es casualidad que los dos libros, el de Arquímedes y *De sculptura*, se crucen ahora en el escritorio de Leonardo; y que la

---

[19] P. Gaurico, *De sculptura*, Florencia, Filippo Giunta, 1504, f. f1r.

impresión del segundo se realice precisamente en Florencia, en el momento en que se reanudaba la actividad de las fundiciones, vinculadas también a la industria armamentística y de bombardeos, como en la de la Sapienza, cerca de la Annunziata. Una reanudación que se produce tras la larga interrupción que siguió a la marcha de Verrocchio hacia Venecia, y que parece vinculada al regreso de Leonardo, y a la obra de su joven compañero Giovan Francesco Rustici, autor de la lápida sepulcral de Sansone en Santa Croce.

Volvamos al «*Archimedaeo ingenio*». El furor geométrico de Leonardo se evidencia plenamente en la actividad que parece obsesionarlo en este periodo, y que está directamente ligada a la lectura del tratadillo de Arquímedes sobre la cuadratura del círculo: el análisis de las «lúnulas», es decir de los procedimientos de medición del espacio geométrico mediante el uso de líneas curvas aplicadas a líneas rectas, y el uso contemporáneo de cálculos de aproximación. Gracias a estas técnicas de resolución de la línea curva en línea recta, Leonardo sigue los pasos de Arquímedes al medir la circunferencia, y en la noche del 30 de noviembre de 1504 cree haber llegado finalmente a la solución del problema, que ni siquiera los antiguos habían logrado alcanzar. El ilusorio descubrimiento se cuenta con un juego de palabras que delata el entusiasmo por haber llegado a la iluminación de la verdad científica, en mitad de la noche, cuando hasta el papel se ha acabado, y también el aceite de la lámpara: «En la noche del sancto Andrés encontré el fin de la cuadratura del círculo y el fin de la lámpara y de la noche y del papel donde escribía se concluyó al fin de l'hora».[20]

La enunciación solemne, con la repetición obsesiva de la palabra *fin*, parece marcar la conclusión de una larga y difícil investigación intelectual, pero también el alivio de quien llega, tras una noche de vigilia febril, a ver de nuevo la luz del alba. La anotación se realiza, en efecto, en la mañana de la fiesta de San Andrés, el 30

---

[20] MaII, f. 112r.

de noviembre, como lo revela la variante del primer borrador, «mañana», corregida posteriormente a «noche». Noche mágica, la de San Andrés, noche de miedo, de oscuridad y de invierno, una noche en la que todo es posible: apariciones de espíritus, disfraces, prácticas adivinatorias, soluciones de enigmas.

Otra noche memorable: la Navidad, que tal vez también transcurrió como ferviente vigilia de estudio. Y por fin, la mañana, la iluminación, la intuición, la solución del difícil problema geométrico de cómo calcular y trazar una «zancada»: «Me fue dada como propina tal inven/tión la mañana de Navidad 1504».[21] Como propina, es decir, como regalo. Un regalo de Navidad.

---

[21] MaII, f. 118r.

17. Un infausto presagio

Florencia, 1505

Miguel Ángel ha huido, Leonardo se ha quedado solo. Y tiene que correr. Para no incurrir en incumplimiento y no verse obligado a devolver además el salario recibido, debe conseguir pintar algo por lo menos en la pared del palacio.

De modo que completa solo una parte del cartón, es decir, la que trasladará a la pared: el episodio central de la *Lucha por el estandarte*. Probablemente obtenga también una pequeña ampliación del plazo, tal vez unos meses, siempre que empiece a colorear. El dinero, sin embargo, deja de llegar desde palacio. De esta manera, el 24 de febrero de 1505, Leonardo tiene que retirar otros veinticinco florines de su cuenta en Santa Maria Nuova.[1]

Llegan por fin las ruedas del puente, suministradas por el pintor Nunziato el 28 de febrero de 1505, y se realiza un pago final de 79,11 liras «por haber hecho construir el puente», a Giovanni d'Andrea apodado «Piffero», el mismo que había acompañado, y pagado, el traslado al campamento militar cerca de Pisa en el verano de 1503.[2]

El 14 de marzo todo parece estar listo y los trabajadores de la Opera de Santa Maria del Fiore reciben la orden de montar el puente *«pro pictura Leonardi de Vincio fienda»* en el Gran Salón de Palacio; todos los materiales serán devueltos a la Opera una vez finalizada la empresa.[3]

---

[1] ASF, *Ospedale di Santa Maria Nuova*, 5.638, f. 265v.
[2] ASF, *Operai di Palazzo*, 10, ff. 74r-75v.
[3] ASF, *Signori e Collegi, Deliberazioni in forza d'ordinaria autorità*, 107, f. 25v.

Antes del 30 de abril de 1505, Leonardo ha conseguido que una enorme cantidad de materiales fluya hasta el Palacio: 100 tejas, una palangana de tierra y una jarra sobre el andamio de la pintura; varios caballetes, armarios y soportes de madera necesarios para sostener los cartones; nuevos tableros de andamiaje; una tinajita de cobre de siete libras para contener el aceite de linaza en el puente; 204 libras de aceite de linaza «entregado a la obra para la pictura», suministrado por Francesco Nucci; una libra de aceite de semillas de lino «para prueva para la pictura», suministrada por los boticarios Francesco y Pulinari del Garbo; 260 libras de yeso para mampostería; 89 libras y 8 onzas de brea griega «para la pictura»; 343 libras de yeso de Volterra; 11 libras y 4 onzas de aceite de linaza; 20 libras de albayalde de Alejandría; 2 libras y 10 onzas y media de esponjas venecianas. Para la pintura se reciben tres cuadernos más de folios reales boloñeses y varios botes de colores. Entre los numerosos gastos destaca uno absolutamente necesario: el mondapozos Bartolomeo di Giovanni dello Scalza recibe el encargo de vaciar y limpiar todos los pozos y «aliviaderos» de la Sala, es decir, los retretes. En esos años de trabajo continuo, podemos imaginarnos el estado en el que habían quedado las letrinas, con el constante ir y venir de los trabajadores, y qué olor nauseabundo encontraba Leonardo en aquellas salas.

Se paga a los colaboradores, los albañiles Lorenzo di Marco y Piero di Giovanni, y a los pintores que colaboraban con Leonardo. Raffaello d'Antonio di Biagio, asoldado a veinte dineros al día, recibe en total cuatro liras y quince dineros. Ferrando «spañolo pinctor», es decir, Fernando Yáñez de la Almedina, discípulo de Leonardo ya en Milán, y el fiel Tommaso di Giovanni, es decir, Zoroastro, «que muele lo colores», una tarea que parece humilde pero que es por el contrario de suma importancia, reciben en cambio cinco florines. Todo ello, como siempre, supervisado por Giovanni d'Andrea. Cincuenta florines van a Leonardo «por parte de su esfuerzo para fazer la pictura», además de dieciocho liras, nueve dineros y ocho denarios de reembolso por lo que había adelantado por su cuenta a Mariotto Galilei, camarlengo de aduana «por gabela d'un fardo suyo de ropas traídas desde Roma».[4] ¿El indicio de otro fugaz viaje a Roma? ¿O más bien el saldo de un impuesto no pagado sobre un cofre de ricas vestiduras llevadas a Florencia en la primavera de 1503, después del servicio con Valentino, y desde entonces confiscado por la aduana?

Con cuidado lento y meticuloso, Leonardo ordena preparar en la Sala Grande del palacio la zona de la pared a la que trasladará el cartón de la *Lucha por el estandarte*. Y solo entonces cobran conciencia los comitentes de la innovación revolucionaria que va a ser puesta en práctica. No se trata de un mero fresco que ha de ejecutarse rápidamente sobre yeso recién colocado y aún húmedo, sino de una pintura que revivirá la antigua técnica romana descrita por Plinio. Solo así podrá trabajar el cuadro como le gusta a él: sin prisas, completando los campos día a día, pero lentamente, con matices y múltiples superposiciones de colores y pinturas transparentes o semitransparentes.

En Milán ya vivió una experiencia similar con la *Última Cena*, y pudo comprobar la dificultad de hacer adherir y secar la tempera al óleo sobre una base de yeso tradicional. Por ello ha convencido a la Signoria para esperar a las temperaturas más suaves del verano, y unos grandes braseros le echarán una mano, para disolver la brea griega e impermeabilizar el muro.

Por fin ha llegado el gran día. El de la primera pincelada, el del primer trazo de color. Es la mañana del 6 de junio de 1505. Leonardo está inquieto, y visiblemente emocionado. Al salir de madrugada del convento de Santa Maria Novella, con todo el séquito de discípulos y aprendices, mira preocupado el agrupamiento de amenazantes nubes negras en la lejanía, mientras un fuerte y cálido viento del sur barre las calles de la ciudad.

Llega al palacio, entra en la Sala Grande, ordena los últimos preparativos, sube al puente y los discípulos empiezan a traerle los cuencos de colores. En un silencio preñado, apenas roto por

---

[4] ASF, *Operai di Palazzo*, 10, ff. 76r-79v.

el silbido del viento que se cuela entre las rendijas de las ventanas cubiertas de telas, las campanas de la Badia empiezan a tocar las campanadas de las trece, que corresponden más o menos a nuestras nueve, el comienzo de la hora canónica tercia. Leonardo levanta su pincel.

Y de repente, mientras la campana de Montalina dobla desde la torre del Palazzo del Podestà, el viento abre de par en par las ventanas y las hace sacudirse con violencia, y la lluvia empieza a caer furiosa, durante todo el día. El cartón se afloja en el andamio, los mozos asustados vierten agua del gran cántaro que llevan y, al final, el cántaro se cae y se rompe. Parece una señal del cielo, un cuadro apocalíptico, y así nos lo describe Leonardo en las primeras páginas de su cuaderno: «A día 6 de junio 1505 en viernes al toque de las 13 oras comenzé a colorear en Palacio, en el cual momento de colocar el pincel se estropeó el tienpo y estaba en el banco llamando a los hombres a la razón, el cartón se rompió, el agua se derramó y rompiose el cántaro de agua que traían y enseguida se estropeó el tienpo y llovió hasta la tarde agua grandíssima y estubo el tienpo como de noche».[5]

A pesar del infausto presagio, el trabajo debe continuar. El 31 de agosto Ferrando el español «por pintar con Leonardo» recibe cinco florines, y Tommaso, «su mozo para moler y colorear», un solo florín; y se traen otras ocho libras de aceite de linaza.[6]

Leonardo no tiene la tranquilidad y el ánimo para trabajar como le gusta, pero probablemente logre completar, más o menos, la *Lucha por el estandarte*. El 31 de octubre, los registros de los Trabajadores de Palacio, además de la gruesa lona que servirá de pretil para el puente y de la cera blanca para encerar las ventanas enteladas, registran el suministro de otras once onzas de aceite de nuez, diez onzas de albayalde y sesenta libras de yeso para albañilería, para preparar una nueva parte de la pared que se ha de pintar.[7]

Esa pequeña cantidad de aceite de nuez parece indicar un cambio experimental en la composición de la pintura. Es posi-

---

[5] MaII, f. 2r.
[6] ASF, *Operai di Palazzo*, 10, ff. 80v-81r.
[7] ASF, *Operai di Palazzo*, 10, ff. 82v-83r.

ble que la prueba del aceite de linaza no saliera bien. Y, de hecho, corren rumores de que el aceite es de mala calidad y de que el proveedor ha engañado a Leonardo. Pero él sigue intentando resistir. A finales de año, en la pared del palacio, logra completar al menos la pintura de la *Lucha por el estandarte*, la impresionante maraña de caballos y jinetes que duplican su tamaño natural, por una extensión de seis por cuatro metros.

El último documento explícito sobre la *Batalla de Anghiari* está fechado el 31 de diciembre de 1505: el reembolso de los costes de los colores y su molido, efectuado directamente a dos de los colaboradores de Leonardo, Zoroastro y el nuevo aprendiz Lorenzo del Faina.[8] Solo tiene diecisiete años este Lorenzo. Llegó la tarde del 14 de abril de 1505, como anota escrupulosamente el maestro, añadiendo además el recuerdo de la retirada, al día siguiente, de veinticinco florines del chambelán de Santa Maria Nuova.[9] Sabe leer, escribir y hacer cuentas mejor que Salaì. Y no roba. Por lo tanto, es mejor confiarle inmediatamente las cuentas de los gastos diarios.[10]

---

[8] ASF, *Operai di Palazzo*, 10, f. 84r. Quizá sea este el chico de facciones angulosas retratado con tiza roja en CA, f. 634r.
[9] VU, f. 18v.
[10] Notas de gastos y otros escritos de Lorenzo: CA, ff. 342v, 364r, 523v, 528v, 541r, 1047r; Ar, f. 78v; W, 19.089r.

18. El sueño de volar, el cisne y Leda

Florencia, 1505-1506

14 de marzo de 1505. Los trabajadores de la Signoria y de la Fabbrica del Duomo se afanan arduamente para llevar andamiajes y madera al Palacio. Pero Leonardo no está allí. Se ha marchado de la ciudad, subiendo por la carretera que bordea Monte Ceceri desde Maiano hacia Fiesole, para ir a visitar su pequeña finca, el viñedo bajo las antiguas murallas de Sant'Apollinare. Es el periodo en el que las vides despiertan, y la linfa vuelve a ascender por los troncos. En la última curva, antes de llegar, su mirada se ve atraída por el singular movimiento de un ave rapaz de alas amplias: «Quand el pájaro tiene grand anc<h>ura d'alias y cola corta, y quiera elevarse, entonzes levantará fuerte las alias y, girando, recibirá el viento baxo sus alias, el cual viento, soplando a su alrededor, la empuxará hacia arriba con presteza, como el corto pájaro de presa que yo vi yendo a Fiesole, sobre la plaza de Barbiga, en el 5 a día 14 de marzo».[1]

Leonardo escribe estas palabras en el cuaderno de escasas hojas que hoy llamamos Códice del Vuelo de los Pájaros, dedicado casi en su totalidad a la observación del vuelo.[2] Apoyándose en sus nuevos conocimientos de mecánica y anatomía comparada, Leonardo es capaz de comprender ahora los delicados mecanismos de equilibrio entre las partes del cuerpo del ave, la configuración de sus alas, la posición del centro de gravedad, el vuelo mediante planeo.

Estuvo persiguiendo un sueño en sus años milaneses: el de crear una máquina capaz de vencer la fuerza de la gravedad y

---

[1] VU, f. 18v.
[2] Otras hojas esparcidas en CA, ff. 185rv, 186rv, 434rv, 493rv, 845rv.

permitir al hombre elevarse en el aire y desplazarse, como los pájaros, sobre llanuras y montañas; y así, con optimismo, decía que el problema no pasaba de ser un problema matemático, y que para resolverlo bastaba con darle a la máquina el alma del hombre.

Ahora está convencido de que no es posible superar artificialmente, o solo con nuestra fuerza muscular, la fuerza que nos mantiene pegados a la tierra. Solo queda, por lo tanto, una posibilidad: el vuelo de planeo, por medio de grandes alas ligeras montadas en los brazos, y capaces de sostener el cuerpo humano en las corrientes ascendentes de aire. Lo posible se vuelve real. Quizá llegue a realizar algún experimento con un rudimentario planeador, cuyas débiles estructuras, sin embargo, se estrellan contra el suelo. Pero no se rinde, y sigue soñando la más increíble de sus visiones, y al final de su cuaderno sobre el «vuelo de los pájaros» describe, en forma de profecía y con el verbo en futuro, el primer vuelo del hombre, el momento en que se lanzará libre por el aire: «Desde el monte que lleva el nombre del gran pájaro pillará el vuelo el pájaro famoso que henchirá el mundo de su gran fama»; «Pillará el primer vuelo el gran pájaro desde la cima de su magno Cecero, e hinchiendo de estupor el universo, hinchiendo de su fama todos los escritos, y groria eterna al nido donde nació».[3]

La profecía del vuelo es deliberadamente ambigua, porque el nombre de la colina, Cecero, también significa «cisne» en florentino. Y, además, ¿qué significa el «nido donde nació»? ¿El lugar donde la máquina voladora realizará su primer vuelo, o el «nido» donde realmente nació Leonardo, la tierra de Vinci, los riscos de Montalbano? ¿La cumbre del Monte Ceceri cerca de Fiesole, o el Colle Cecero, cerca de Lamporecchio, en las curvas de la pendiente hacia San Baronto?

Si Leonardo se hubiera lanzado en vuelo desde allí arriba, habría visto por debajo de él todos los paisajes de su infancia: la casa de Anchiano, el castillo de Vinci, la colina de Monsummano,

---

[3] VU, f. 18v y II cop.v.

la reluciente superficie del agua en las marismas de Fucecchio, la casa de su madre en Campo Zeppi. El sueño de volar es un sueño privado, personal, en el que Leonardo refleja todo su ser.

Es el cisne que, con su cuerpo blanco y sinuoso, vuela libre en el cielo. De hecho, en una hoja del propio Códice del Vuelo de los Pájaros, dibujada en sanguina y luego cubierta de escritura, aparece la imagen de su rostro de cincuentón aún juvenil, su barba rala y su pelo largo.[4]

En el mismo periodo, y nuevamente en una hoja de estudios sobre el vuelo de los pájaros, emerge ese otro sueño con el que ya nos hemos topado y que Leonardo considera su recuerdo más antiguo de la infancia.[5] Leonardo vuelve a verse otra vez en la cuna, y por encima de él revolotea, inquietante y amenazador, un milano. De repente, el pequeño rapaz cae en picado sobre la cuna, introduce su gran cola entre los labios del pequeño y empieza a moverla con violencia, a «golpearle». ¿Quién es ese milano?, se pregunta Leonardo. ¿Su madre, Caterina, que le amamanta? ¿Su padre, envidioso de esa felicidad primigenia, que lo alejó de su mundo y de su madre? Presagios de color oscuro, interrogantes colmados de angustia, a los que ya no será posible dar respuesta.

Coetáneo de los sueños del cisne y del milano es el nacimiento de una de sus invenciones pictóricas más fantásticas, *Leda*, en la que se representa el clásico mito del amor de Júpiter por Leda: el coito se produce solo tras la transformación del dios en cisne, y genera milagrosamente cuatro huevos que, al abrirse, dan a luz a los gemelos Cástor y Pólux, y a Helena y Clitemnestra.

No se sabe nada sobre el origen de esta creación, ni sobre su comitente, pero la datación es más o menos precisa: hacia 1504. Los primeros estudios aparecen, en efecto, como fantasmas evanescentes, en los márgenes de los dibujos de la *Batalla de Anghiari*.

---

[4] VU, f. 10v.
[5] CA, f. 186v.

Al principio, la figura es la de una Leda arrodillada.[6] Leonardo la toma de una estatua de mármol mutilada de Venus agachada, que se creyó representación de Leda, hallada en Roma por Caradosso en 1495. Curiosamente, la misma figura de mujer agachada que se gira para abrazar a un niño aparece en una de las viñetas de la edición de la Biblia propiedad de Leonardo: al principio del libro de Oseas, el viejo profeta a quien el Señor ordena tomar por esposa a una mujer *fornicaria*, una prostituta que perteneció a muchos hombres, y hacer de ella madre de una nueva y legítima descendencia de hijos de Israel. ¿Una visión de su madre, Caterina, y de él mismo, el hijo bastardo de la *fornicaria*, de la mujer «poseída» por muchos hombres?

La excepcional vivacidad del movimiento sigue una línea espiral ascendente, símbolo de la fuerza generativa de la naturaleza, que va de abajo hacia arriba. Leonardo continúa desarrollando la composición, haciendo que el cuerpo femenino adopte una posición erguida, en un complejo equilibrio de impulsos contrapuestos.[7] Se concentra en la creación de un refinadísimo peinado con el cabello en trenzas serpentinas recogidas sobre la cabeza en un juego de nudos y espirales;[8] y en elaborados dibujos de plantas, un junco y una estrella de Belén.[9]

Los chiquillos, hijos de Leda, se añadieron más tarde, tras otro descubrimiento de un grupo escultórico antiguo, en Roma, en 1512: el de la deidad fluvial del Nilo con sus afluentes, representado por un padre anciano rodeado de niños. En la nueva composición, Leda se ha levantado por fin: el coito se ha consumado, los recién nacidos están esparcidos por el suelo, el cuerpo de la mujer se eleva como una columna salomónica y su cabeza se inclina hacia abajo, para dirigir

---

[6] W, 12337v; Rotterdam Boysmans Museum, I 466; Chatsworth, Devonshire Collection, 717.
[7] Un dibujo diminuto al final de CA, f. 423r (hacia 1515).
[8] W, 12.515-12.518.
[9] W, 12.430 y 12.424.

una dulcísima mirada maternal a sus hijos. A partir de un primer cartón de Leda de pie, visto por Baldassarre Peruzzi, hizo Rafael su propio dibujo en 1505.[10] La mujer engendradora está ahora desnuda, ha salido de la cueva, de las entrañas de la tierra. Lanza una mirada sonriente a los niños que juegan en la tierra sin miedo. Su divino cuerpo avanza sin velos, abrazando el sinuoso cuello del cisne, una bestia benigna que ya no tiene la sutil crueldad del armiño.

Leonardo esperará muchos años antes de dar por terminada la obra, y continuará trabajando en ella y proyectando todo su nuevo caudal de conocimientos científicos y de técnicas pictóricas: el estudio anatómico del cuerpo femenino, el tamizado de los colores, la representación de una atmósfera y de un paisaje natural húmedo, del que emerge la señal visible del Eros fecundador. La *Leda* (hoy desgraciadamente perdida, y solo atestiguada por copias de discípulos) constituirá para él la traducción, en un lenguaje más maduro, el propio y el del incipiente clasicismo del siglo XVI, de la idea original de la *Virgen de las rocas*.

En junio de 1505, mientras está empezando a colorear la *Batalla*, Leonardo recibe otra triste noticia: su tío Francesco ha muerto en Vinci.

No hay tiempo para el dolor. A Leonardo le gustaría ir corriendo al pueblo para asistir al funeral de su tío, así como para hablar con los campesinos arrendatarios de este, y asegurar la continuación de las relaciones existentes y el éxito de las cosechas en los campos. Pero ahora no puede alejarse de Florencia y pide a la Signoria que intervenga ante el podestá de Vinci, Leonardo Iacopi, para que este efectúe una inspección de las fincas y de los campesinos que trabajan en ellas, y tutele los intereses del nuevo heredero: algo que la Signoria hace puntualmente, con misivas fechadas los días 23 y 24 de junio de 1505.[11]

---

[10] W, 12.759.
[11] ASF, *Notarile Antecosimiano*, 7.532, f. 100v, y 21.038, f. 88r; ASF, *Signori, Carteggio, Missive seconda cancelleria*, 31, f. 183r.

No sabemos si, durante su estancia en palacio, tuvo ocasión Leonardo de reunirse en junio en Florencia con el marqués de Mantua, Francesco Gonzaga, para un posible encargo de la Signoria. El marqués recibe toda clase de atenciones y se celebran fiestas y espectáculos musicales en su honor, pero Leonardo quizá evita acercarse a él, temeroso de nuevas peticiones de Isabel de Este.

Otro ausente es su viejo amigo y discípulo Atalante Migliorotti, quien, recordando la generosa hospitalidad de los Gonzaga, debería haber tocado para el príncipe, pero, en cambio, permanece en Pistoia, tal y como deja escrito, pidiéndole disculpas al marqués y prometiéndole regresar pronto para presentar una «nueva et inusitada forma de lyra» con nada menos que doce cuerdas seguidas.

Tal vez ese extraordinario instrumento musical sea otro invento de Leonardo, quien en el mismo periodo se ve con otro Migliorotti, Simone di Matteo. Y el viejo Simone deja algunas huellas de su propia escritura en las hojas leonardescas sobre el vuelo de los pájaros: algunos pasajes de un libro de herrería de Lorenzo Rusio y borradores de una carta en la que aparece el nombre de Domenico, el hermanastro de Leonardo, con quien tal vez Simone haga de intermediario.[12]

En efecto, las angustias familiares no han cesado. Llega la noticia de que los hermanastros no están de acuerdo en absoluto con el testamento de su tío y tienen la intención de impugnarlo. Y mientras tanto, incluso entre ellos mismos, entre los hijos de Margherita, encabezados por el joven notario ser Giuliano, y los hijos aún pequeños de Lucrezia, no logran llegar a ningún acuerdo, y hay discusiones sobre las muchas cosas que ha dejado su padre, sin rastro alguno de testamento.[13]

Harán falta casi dos años para concluir un acto de división de los bienes de ser Piero. El 30 de abril, los árbitros designados

---

[12] Ar, f. 147r; CA, ff. 591v, 655r.
[13] ASF, *Corporazioni religiose soppresse dal governo francese,* 43, 11, leg. 2, n.º 1; *Magistrato dei pupilli avanti il Principato,* 183, f. 143r, y 249, f. 201r

por las partes, todos miembros de importantes familias florentinas, Francesco di Piero Machiavelli, Filippo di Neri Rinuccini y Antonio di Guglielmo de' Pazzi, establecen la división en nueve partes iguales, cuatro para los hijos de Margherita y cinco para los hijos de Lucrezia, tutelados por su madre.[14]

Leonardo sigue el asunto de lejos, convencido de su propia exclusión. Quizá solo después del arbitraje escriba un borrador de carta, un amargo arrebato a su hermanastro Domenico: «Amadíssimo hermano mío, sirva esta solo para avisarte que en días passados reciví una tuya, por la cual entiendo has tenido herencia, del cual entiendo has fecho strema alegría: lo que, considerando yo eres prudente, con todo es claro que soy tan ajeno de tener bono juicio como tú de la prudenzia; con esto sea que te has alegrado de averte creado un solícito enemigo, que con todos sus estudios deseará livertad, la qual no será sin tu muerte».[15]

Pocos días después, el 3 de mayo, se presenta ante él un pariente lejano y, de repente, parecen haber vuelto los tiempos antiguos de la infancia. Se trata, en efecto, del sacerdote Alessandro Amadori, canónigo de Fiesole, hermano de su primera madrastra, Albiera. Quizá ya se conocieran en Fiesole, cuando Leonardo se convirtió en el pequeño propietario de la finca que lindaba con las murallas.

A causa de los impredecibles acontecimientos de la vida, el padre Alessandro es también el corresponsal de Isabel de Este, que sigue esperando obtener un cuadro de Leonardo para su *Studiolo*. De hecho, Isabel le ha escrito rogándole que insista en sus peticiones ante su sobrino y el padre Alessandro le responde, informándole de que se ha reunido con Leonardo y que ha insistido en el cuadro prometido a la marquesa. Como era de esperar, Leonardo le dice que empezará lo antes que pueda.[16] La siguiente carta de Isabel está fechada el 12 de mayo. Nada más que un cortés agradecimiento, último documento de esta larga historia, en el curso de la cual la obstinada princesa, acostum-

---

[14] ASF, *Corporazioni religiose soppresse dal governo francese*, 43, 11, leg. 2, n.º 1.
[15] CA, f. 541v.
[16] ASMa, Archivio Gonzaga, serie E, XXVIII, 3, sobre 1.105, f. 703.

brada a conseguir siempre lo que quiere, tiene que rendirse por primera y única vez.[17]

El 20 de mayo de 1506, Leonardo regresa al hospital de Santa Maria Nuova y retira otros cincuenta florines de su cuenta bancaria.[18]

Las relaciones con la Signoria se han vuelto gélidas. Pier Soderini no ve ningún progreso en la *Batalla de Anghiari* y empieza a dudar de Leonardo. Se rumorea que el artista ha estafado a la República.

Según Vasari, un día Leonardo se indigna con el cajero de la Signoria que le había dado como pago una cantidad de monedas de poco valor envueltas en papel, y las rechaza diciendo: «No soy pinctor de moneduchas». En otra ocasión, hace el gesto un tanto teatral de devolver dos años de salario a manos del propio gonfalonero.

Y luego, el golpe de efecto. El 30 de mayo de 1506, para sorpresa general, Leonardo se presenta en el palacio ante los señores y pide permiso para ausentarse de Florencia por un breve periodo. Ante el notario ser Nicolò Nelli se compromete a regresar en un plazo de tres meses, con una penalización de ciento cincuenta florines si no lo hace. Le avala Leonardo Bonafé, director de Santa Maria Nuova, donde están depositados sus ahorros, a esas alturas muy reducidos con el paso de los años, y donde ahora también quedan sus enseres domésticos y probablemente sus obras inacabadas, retiradas de Santa Maria Novella.[19]

No es el único que se va. Fernando Yáñez también abandona el taller de la *Batalla*, quizá ya después del último pago del 31 de agosto de 1505. Ha vuelto a España con su amigo Fernando de los Llanos, otro discípulo español de Leonardo. No han desaprovechado el tiempo pasado con el maestro, desde luego. Los dos Ferrandos han copiado todos los dibujos y cartones de su taller florentino, y se llevan con ellos toda una colección de

---

[17] ASMa, Archivio Gonzaga, serie F, II, 9, sobre 2998, cop. 160, n.º 250, f. 92v.
[18] ASF, *Ospedale di Santa Maria Nuova,* 5.638, f. 265v.
[19] ASF, *Notarile Antecosimiano*, 14.936, f. 45v.

composiciones, figuras enteras, detalles y cabezas: la *Virgen de las rocas*, *Santa Ana*, la *Virgen de la rueca*, el san Sebastián, el Cristo resucitado que descendió al Limbo, el *Salvator Mundi*, e incluso la cabeza de Lisa, que aparecerá inesperadamente en la escena de Pentecostés, en el grandioso retablo de la catedral de Valencia que les encargan el 1 de marzo de 1507. El lenguaje y el estilo de Leonardo llegan también a la remota España.

Antes de abandonar Florencia, sobre una hoja de estudios sobre el vuelo de las aves, Leonardo sigue dedicándose a observar la natación y el movimiento de las embarcaciones en el agua, y, es más, se promete probar una pequeña barca de vela en el Arno; pero le falta tiempo, y hay que copiar rápidamente las últimas anotaciones, para que no se pierdan: «Mira mañan todos estos casos y los copia, y luegɔ borra los originales y déjalos en Florencia, a fin que si perdiessen los que llevas tigo, que no se pierda la invention».[20]

Luego le da la vuelta a la hoja y le asalta de nuevo la preocupación por la posible disputa con sus hermanos por la herencia del tío Francesco. Quizá se pueda llegar a un acuerdo, reconociéndole el usufructo, pero sin reembolsar el dinero adelantado en préstamo por la finca de Botro, y sin perder nunca su condición de herederos de la nuda propiedad, a la espera de su muerte. Con el corazón lleno de amargura, Leonardo bosqueja entonces el borrador de una carta que tal vez nunca llegara a enviar: «Queríais summo mal a Francesco y le dejasteis disfrutar de lo vuestro en vida; a mí me queréis malíssimo».[21]

Una vez más Leonardo abandonará Florencia. Detrás de él, solo fracasos, obras iniciadas y nunca completadas: el *Retablo de San Bernardo*, la *Adoración*, *San Jerónimo*, *Santa Ana*, la *Mona Lisa*, la *Leda* y, sobre todo, inacabado en el muro del Palacio, la maraña de hombres y caballos de la *Batalla de Anghiari*.

Otra fuga, otro vuelo, otra desesperada búsqueda de libertad.

---

[20] CA, f. 571ar.
[21] CA, f. 571av.

19. La llamada de Milán

Milán, primavera de 1506

La decisión de marcharse no la toma Leonardo de un día para otro. La viene preparando desde hace mucho tiempo, en secreto. Son muchas las cosas que lo reclaman en Milán.

Desde que regresó a Florencia en 1500, siempre ha dejado abierto un canal de comunicación con sus amigos de allí y con el nuevo gobierno francés. Sigue vigilando, con la preocupación de un padre amoroso hacia los hijos lejanos que se imaginan expuestos a los peligros de la vida, las vicisitudes de sus obras más importantes. Había jurado a sus comitentes que las artes figurativas, mejor que cualquier otra forma de expresión, y sus obras en particular, serían capaces de desafiar el tiempo y hacer eterna la fama de quienes las promovían y pagaban. Y en cambio, desde Milán le llegan en varias ocasiones noticias de la catástrofe.

El gran caballo de arcilla abandonado en la Corte Vecchia acabó siendo blanco de los ballesteros gascones ya en los primeros meses de la invasión francesa, a principios de 1500. Un objetivo demasiado tentador para los buenos armígeros franceses, a los que, en los retazos de tiempo libre que les dejaban las tabernas y las cortesanas, no se les ocurrió nada mejor que emplearlo para sus ejercicios de tiro. Así lo recuerda un caballero jerosolimitano que casualmente pasaba por aquellos lugares, fray Sabba da Castiglione: «Y me acuerdo bien, y no sin dolor ni disgusto, lo digo, que tan noble et ingeniosa obra fecha blanco de ballesteros gascones».[1]

---

[1] S. Castiglione, *Ricordi*, Venecia, Gherardo, 1555, f. 51v.

Parece ser que los miserables restos de la obra, es decir, la «forma» del caballo, intentó llevárselos el duque de Ferrara, Hércules de Este, el mismo que robó todo el metal destinado a la fusión junto con el bombardero Alberghetti en 1494, y que ahora tiene la idea de construir él mismo, para su propia gloria, un hermoso monumento ecuestre en Ferrara. De hecho, el duque había escrito el 19 de septiembre de 1501 a su agente en Milán, Giovanni Pietro Valla, pidiéndole que negociara con el cardenal Georges d'Amboise la cesión de los restos del caballo, que «cada día se va deteriorando porque nadie se preocupa por él».[2]

El caballo también había sido visto y admirado por el rey de Francia, Luis XII, quien, espoleado por su asesor artístico Jean Perréal, había decidido llevarse a su patria, como magnífico botín de guerra, todas las obras de Leonardo presentes en Milán: el retrato de la última amante del Moro, Lucrezia Crivelli *(La Belle Ferronière)* y la *Virgen de las rocas* (la del duque, en la Capilla Palatina, porque la de los frailes no se puede tocar y, además, es aún más bonita), e incluso la *Cena*.

Parece ser que se intentó también separar la *Cena* del muro de carga: «Pero al estar hecha en el muro —dice Vasari— hizo que a Su Majestad se le pasaran las ganas, y quedó para los milaneses». Otro fragmento de leyenda, pero con una pizca de verdad. La pintura empezaba a mostrar los primeros signos de debilidad y agrietamiento debido a la humedad que desprendía la pared; y entonces alguien podría haber propuesto, como solución extrema para salvar la obra, despegar la superficie pictórica de la pared.

Mientras tanto, resultaba más fácil realizar las primeras copias. La obra es ya tan universalmente popular que de ella se hacen incluso grabados a buril, por parte de Birago y otros, con el añadido de detalles que no están presentes en la pintura, como, por ejemplo, las palabras pronunciadas por Cristo y reproducidas en una cartela sobre el mantel, *«Amen digo vobis*

---

[2] ASMo, *Archivio segreto estense, Cancelleria ducale estero, Ambasciatori, Agenti e Corrispondenti Italia,* Milán, sobre 19, núms. 53 y 55.

quia unus vestrum me traditurus est», y un nuevo e inesperado comensal abajo a la derecha: un perrito que roe un hueso arrojado por el apóstol Simón, o bien un gato que espera pacientemente su turno para alimentarse de los restos de la cena.[3]

El 29 de mayo de 1503, Antoine Turpin, tesorero principal del ducado, encarga a Bramantino que copie o haga copiar sobre lienzo «*mensam duodecim apostolorum depinctam in refetorio monasterii seu ecclesie sancte Marie gratiarum Mediolani*», y que entregue la obra antes de la Semana Santa de 1504, por la suma de cien escudos de sol, es decir, cuatrocientas liras imperiales.[4]

El 16 de junio de 1506 el protonotario apostólico Gabriel Gouffier encarga a Marco d'Oggiono, además de un políptico con las historias de Cristo, una copia de la *Cena* sobre un lienzo de diez por cinco brazos, «a semexanza del que está pinctado en el monasterio de li Gratii di Millano», rodeado por un marco dorado adornado con catorce medallones de profetas y sibilas, que se entregará en un plazo de tres años por una retribución de 275 escudos de sol.[5]

Para preparar otra copia, el Boltraffio ejecuta además seis grandes pasteles de las cabezas de Cristo y algunos apóstoles.[6] Y, por último, Antonio da Gessate pinta otra copia, también durante 1506, para el Hospital Mayor de Milán.

No son solo malas noticias las que llegan desde Milán. Marco d'Oggiono, el antiguo discípulo, tiene ahora su propio y próspero taller, protegido por el mariscal de Francia Gian Giacomo Trivulzio. Y Trivulzio, después de haber contribuido a derrocar a los odiados Sforza y tras conquistar el poder y la riqueza, tiene un proyecto grandioso en la cabeza, y Marco quizá se lo haya transmitido a su viejo maestro.

Trivulzio piensa en la gloria después de la muerte. Le hace falta una sepultura grandiosa, que puede granjearle una fama

---

[3] Viena, Albertina, inv. 1942/57 y 1952/366.
[4] ASMi, *Notai*, sobre 6.190, notario Francesco Morigi.
[5] ASMi, *Notai*, sobre 3.019, notario Nicolò Draghi. La obra es identificable con el lienzo de Ecouen, en depósito en París, Musée du Louvre, 781.
[6] Estrasburgo, Musée des Beaux-Arts, 295.

imperecedera. La tumba estará colocada en la antigua basílica de San Nazaro, dentro de un monumento coronado por la estatua del condotiero victorioso a caballo. Naturalmente, no puede pensarse en un monumento de esa clase sin recurrir a quien ya lo había concebido para el triunfo de los Sforza. El 2 de agosto de 1504, el mariscal ya había dispuesto en su testamento la suma de cuatro mil ducados a discreción de su heredero, su sobrino Gianfrancesco, para su futura tumba en San Nazaro, prevista en un «*archa marmorea elevata a terra saltem brachia octo vel circa laborata*».[7] Para el artista, se pensaba en Cristoforo Solari, si bien sobrentendiendo que, en caso de que Leonardo regresara a Milán, la tarea seguramente recaería en él.

También desde Milán, y desde Francia, en los últimos años le han llegado otros pedidos, como la pequeña *Virgen de la rueca* para Robertet, y probablemente el *Salvator Mundi*.

La persona que más unida ha permanecido a él es Giovanni Ambrogio de Predis, su socio en el contrato de la *Virgen de las rocas*.

Después de mucho tiempo, las vicisitudes judiciales de esa comisión aún no han concluido, al contrario, se han complicado con la llegada a Lombardía de los nuevos gobernantes, todos interesados en hacerse con obras de Leonardo para sus colecciones. La historia, a pesar de la abundancia de documentos, dista mucho de estar clara, debido entre otras cosas a la ambigüedad de las fuentes antiguas.

Leonardo ya ha realizado dos versiones del cuadro, de las cuales la primera (la del Louvre, de 1485) se encuentra en la Capilla Palatina de la Corte Vecchia, mientras que la segunda (la de Londres, de 1492) ha ocupado el lugar que originalmente correspondía a la primera, en el rico retablo dorado de Giacomo del Maino y Evangelista de Predis, en la capilla de la Inmaculada Concepción en San Francesco Grande.

Con la llegada de los franceses, parece que el cuadro de la Capilla Palatina tomó el camino de Francia para recalar en las

---

[7] ASMi, *Notai*, sobre 2.023.

colecciones reales, mientras que el otro permaneció hasta finales del siglo XVIII en la iglesia de San Francesco Grande.

El problema es que los cofrades de la Scuola della Concezione nunca pagaron a Leonardo y De Predis la compensación adicional que los pintores, en su momento, solicitaron con una súplica al duque. El 20 de noviembre de 1496 el notario Ambrogio Gaffurio, auditor y fiscal de la Scuola, había intentado realizar una auditoría entre la cofradía y los pintores. Había ido a buscar en vano al maestro Leonardo «de Venziis» de Florencia en el lugar donde solía vivir, en la Corte Vecchia *(«in curia Arenghi Mediolani, videlicet in porte Romane parochie Sancti Andree ad Murum ruptum Mediolani ubi tempore recesus dicti magistri Leonardi habitabat»)*, pero no la había encontrado («nullis repertis personis, sed reperta habitatione vacua»). Luego se dirigió a la oficina del gobernador de los Estatutos del Municipio de Milán en Broletto y se ofreció para sacar copias de los documentos del proceso en nombre del ausente Leonardo. Así pues, la notificación se envió a su domicilio milanés *«ad domum solite habitationis magistri Leonardi»*. Otra vez sin éxito. Y no se hizo nada más al respecto. Menudo esfuerzo, eso de perseguir a estos artistas geniales.

A principios de marzo de 1503, De Predis volvió a la carga. Esta vez había enviado a Luis XII, a través del lugarteniente del ducado, un ruego que reiteraba las peticiones de 1491. En resumen, el contrato original preveía la ejecución del retablo y de las tablas pintadas, en particular *«imaginem beatissime Virginis in tabula lignea plana, depincta ad oleum cum omnimoda perfectione»*, por una remuneración de ochocientas liras imperiales. El retablo había sido terminado y entregado, y pese a ello los cofrades siempre se habían opuesto a satisfacer la compensación final por la obra, y en particular por la tabla, ya solicitada y tasada por un posible comprador en cien ducados; según los cofrades, ese precio era un mercadeo injusto y deshonesto, indigno de la Virgen María; de esta manera, concluía De Predis que los cofrades debían devolver la tabla o pagar el *«pretium ab emptoribus oblatum»*.

El rey Luis XII respondió inmediatamente el 9 de marzo de 1503 con una carta redactada y firmada por Tristano Calco, que obligaba a la cofradía a satisfacer las peticiones de los suplicantes, y el 28 de marzo el pretor de Milán pedía que se ejecutara la carta real. Pero el 23 de junio la cofradía, mediante un acto otorgado por Battista de Capitani, se oponía al acuerdo y a la devolución de la tabla.[8]

Es posible que Giovanni Ambrogio, en 1503, ya hubiera informado de todo por carta a su antiguo socio, expresando su deseo de que estuviera en Milán, al menos para cerrar el asunto. La cosa se prolongó durante otros tres años.

El 13 de febrero de 1506 Bernardino di Leonardo de Predis y su sobrino Leonardo, hijo del difunto Evangelista, delegan su representación en Giovanni Ambrogio para liquidar la cuestión pendiente con la cofradía, así como para los demás gastos adicionales de la decoración del retablo; y Giovanni Ambrogio, que ahora vive en Santa Maria Podone, exige para ellos la suma de 634 liras imperiales.

El 4 de abril, fray Agostino de Ferrari, el viejo padre guardián del convento de San Francesco Grande, el mismo que se ocupaba de los encargos artísticos de la capilla desde finales de los años setenta, se reúne con Cesare Favagrossa de Cremona, prior de la Escuela y los demás cofrades para definir la estimación de la obra, pero se decide posponerlo todo por la ausencia de un miembro de la comisión de expertos, Paolo Sannazaro; el documento es importante porque certifica que Giovanni Ambrogio actúa también en nombre de sus hermanos y de su colega Leonardo (*«magistri Leonardi de Vinzii florentini filio quondam domini Petri nunc absentis a civitate et ducatu Mediolani»*), y que Leonardo, por lo tanto, le había mandado un poder especial desde Florencia.[9] En la misma fecha se produce el nombramiento del notario Battista de Ripa.[10]

Y al final, el 27 de abril, en la sala capitular del convento, la comisión compuesta por fray Agostino, Cesare Favagrossa de

---

[8] ASMi, *Cimeli*, carp. 1, fasc. 42, n.º 3.
[9] ASMi, *Cimeli*, carp. 1, fasc. 42, núms. 4 y 12.
[10] ASMi, *Notai*, sobre 6.212, notario Ambrogio Gaffurio.

Cremona y Paolo Sannazaro reconoce a los artistas, representados por Giovanni Ambrogio, la compensación adicional de doscientas liras imperiales, para que en un plazo de dos años esté terminada la tabla *«per manum dicti magistri Leonardi, dummodo dictus magister Leonardus venit ad hanc civitatem Mediolani et non aliter»*.[11]

Por lo tanto, la segunda versión de la *Virgen de las rocas*, que Leonardo había realizado rápidamente con la ayuda de Marco d'Oggiono y Boltraffio alrededor de 1492, aún inacabada (*«cumque etiam sit quod dicta ancona non fuerit finita in predicto tempore nec etiam de presente sit finita»*), ha sido colocada de todos modos en el retablo y está en posesión de los frailes, quienes la han devuelto a los pintores para su finalización (*«tunc prior et scolares tenerentur et debentur dare anchonam suprascripte ad fabricandam»*).

Leonardo tenía, pues, un buen motivo para regresar a Milán lo antes posible: terminar la *Virgen de las rocas* y obtener el saldo de la obra. Y luego otro motivo, el de verdad, mucho más profundo: volver a rezar en la capilla de la Concepción. Bajo ese suelo, bajo el altar, bajo el icono de una Madre que protege a su Hijo de un destino de sufrimiento, otra madre duerme un sueño tranquilo y sin sueños.

---

[11] ASMi, *Cimeli*, carp. 1, fasc. 42, n.º 5.

20. Al servicio de D'Amboise

Milán, de junio de 1506 a agosto de 1507

El regreso a Milán no es posible sin el aval y la protección, y probablemente la invitación, del gobierno francés, ahora en manos del teniente general del rey Charles d'Amboise, señor de Chaumont, Gran Maestre, Mariscal y Almirante de Francia, caballero de la Orden de San Miguel. Un nuevo mecenas ilustrado que también abrió a Leonardo nuevas posibilidades para la investigación científica y tecnológica.

Cuando el artista llega a la ciudad, en junio de 1506, es probable que sea D'Amboise quien lo acoja generosamente en su morada.

El príncipe quiere utilizar su genio en nuevos proyectos, en particular la construcción de una villa suburbana en la zona entre el canal y las vías fluviales del Nirone y de la Fontelunga, no lejos de los viñedos de Leonardo y de Santa Maria delle Grazie.

Leonardo da inmediatamente rienda suelta a su imaginación. La villa se integrará armoniosamente con los elementos naturales mediante fuentes y jardines.[1] Todo, en la casa y en el jardín, estará encaminado al placer del señor y al asombro de sus invitados.

No faltarán maravillas tecnológicas, como un reloj de agua equipado con un autómata que marcará las horas.[2] Las escaleras no tendrán que ser demasiado «melancólicas», es decir, empinadas y oscuras; en el jardín habrá un molino «ventilador» movido por el agua del canal artificial, para «generar viento en

---

[1] CA, ff. 551v, 629br-v, 732av y bv, 783r, 831r-v, 961r.
[2] W, 12.688, 12.716; CA, f. 65v; W, 12.480, 12.718.

cualquier época del verano»; y también manantiales, pomeranos y cedros con cubiertas para el invierno, estanques de peces, música de pájaros, armonías artificiales de instrumentos de viento en el molino, juegos de agua: «Farase a través del molino muchos conductos d'agua para casa y manantiales en diferentes lugares y algún tránsito donde quien pase por todas las partes baxas saltará el agua hacia l'alto y lo fará en interés de quien quiera empapar debajo a las fembras u otros que por allí pasen».[3] Incluso en los planos la casa se abrirá al paisaje que la rodea: «Pórtico sala pórtico / *a* es la corte del Gran Maestre, *b c* son sus habitaciones, *e* es su salón, y puede estar toda abierto delante», «césped / fuente larga / cubierta con malla de cobre y llena de pájaros».[4]

El jardín será un lugar consagrado a la diosa Venus, es decir, al placer y al amor. Un pasaje titulado «Para'l sitio di Venus» nos lo describe, claramente inspirado en un pasaje de las *Estancias* de Poliziano.[5] En el centro, una estructura que no debe parecer obra humana sino de la Naturaleza, una «piedra» atravesada por un gran porche. De sus pilares brotará el agua en diversas pilas de granito, pórfido y serpentina en el interior de hemiciclos, para luego continuar su curso por el prado, en pequeños arroyos. Hacia el norte, un laguito artificial con una pequeña isla en el centro, cubierto de una espesa y umbría vegetación. En el reverso de la misma hoja, un dibujo de caballos sobre los que se alza la figura de Neptuno-David, como en el diseño ya concebido para Antonio di Neri di Segna, y ahora quizá reciclado en la idea de fuente de jardín.

Pero el sueño de la isla beata, del *locus amoenus* donde todo sufrimiento queda suspendido y desterrado, no tarda en convertirse en pesadilla. Leonardo da vuelta la hoja de papel y empieza a describir, con su imaginación, la isla mediterránea de Chipre que el mito identifica como el hogar y el reino de Venus. Muchos «vagabundos navigantes», seducidos y excitados por la pro-

---

[3] CA, f. 732av.
[4] CA, f. 629br.
[5] W, 12.591r-v.

mesa de felicidad de la diosa, han intentado llegar a sus costas, que desde lejos parecen maravillosas, pero que esconden en cambio peligros mortales, acantilados afilados, olas arremolinadas y vientos aterradores. Vista de cerca, la isla paradisíaca resulta ser un páramo. Hundidos en la arena de sus playas, solo restos de barcos destruidos y varados, una visión similar a la del esqueleto del monstruo marino, que en última instancia evoca la aterradora imagen del Juicio Final: «Aquí podrían verse innúmeros navíos: rotos unos y medio expuestos por la arena, otros s'asoman por la popa y otros por la proa, algunos por el casco y otros más de costa. Y parecerá a semejanza de un Judicio que quiera risucitar navíos muertos, tal es la suma de ellos, que cubre toda la ribera septentrionale».

Entre proyectos de todo tipo el tiempo pasa rápido, y el plazo de los tres meses se acerca inexorable. Leonardo debería regresar inmediatamente a Florencia, pero D'Amboise no quiere perderlo.

El 18 de agosto comunica a la Signoria que sigue necesitando a Leonardo «para proporcionar cierto trabaxo que le habíamos facto principiar» y pide una prórroga del permiso.[6] Al día siguiente se constata de manera oficial la solicitud de prórroga de un mes en una carta de Geoffroy Carles, vicecanciller del ducado: «Et enseguida passado dicto plazo, se encontrará sin falta ante la V. Excellentia para satisfazerles en todo asunto, como es debido et conveniente».[7]

La Signoria concedió el permiso el 28 de agosto, con una carta que no ocultaba toda la acritud de Soderini: «De querer permanezer allende más tiempo, cada vez nos devolverá los dineros tomados por las obras, ya que no hay nada más que haya empezado, nos daremos por satisfechos si lo faze et de ello nos encomendemos a él».[8]

---
[6] ASF, *Signori, Responsive originali*, legajo 29, f. 169r.
[7] ASF, *Signori, Responsive originali*, legajo 29, f. 106r.
[8] ASF, *Signori, Missive, I cancelleria*, legajo 55, f. 161r.

El propio Soderini, el 9 de octubre, una vez expiradas todas las prórrogas, se dirige enojado a D'Amboise, casi culpando a Leonardo de haber «desfalcado» a la República; y para comprender la violencia de esta carta debemos recordar que el gonfalonero tuvo que afrontar un incidente diplomático mucho más grave, el causado por Miguel Ángel, quien huyó de Roma el 17 de abril, provocando la ira de Julio II: «Una vez más se escusa S. V. en concordar un día Leonardo, el cual no se ha comportado como devía con esta república, porque tomó una buena suma de dinero et ha dado un pequeño comienzo a una gran obra que devía fazer, y por amor de S. V. ya se han facto dos dilaziones. Deseamos no se nos pidan más, porque la obra debe satisfazer lo universal y no podemos, sin nuestra propia carga, seguir sosteniéndola [...] a S. V.».[9]

Ante este arrebato, D'Amboise comprende que no puede seguir comprometiendo a Leonardo con el gobierno de su ciudad, y el 16 de diciembre promete dejarle regresar; pero no pierde la oportunidad de responder a las viles acusaciones de Soderini, escribiendo uno de los más hermosos elogios de Leonardo jamás escrito por uno de sus contemporáneos. Para él, Leonardo es un artista tan extraordinario y reconocido que es digno de ser amado incluso antes de ser conocido en persona, tal como lo ha amado D'Amboise. Su grandeza como científico es superior a la de pintor: «El nombre suyo, celebrado por pinctura, queda oscuro en lo que merecería ser laudado en las otras partes, que son de grandíssima virtud en él, et queremos confesar que en las pruebas factas con él d'algo que le pedimos, de diseños et arquitectura et otras cosas pertinentes a la condition nuestra, nos satisfizo cum tal modo que no solo quedamos satisfectos con él, sino que hemos tomado mayor admiration».[10]

Leonardo ha abierto ante D'Amboise la parte más oculta de sus conocimientos científicos, tecnológicos y arquitectónicos, revelando la universalidad de su genio.

---

[9] ASF, *Signori, Missive minutari*, legajo 19, f. 124v.
[10] ASF, *Signori, Responsive originali*, legajo 29, f. 169r.

A pesar de las muchas promesas a la Signoria florentina, Leonardo permanece en Milán. El asunto ya ha traspasado los Alpes y amenaza con socavar las buenas relaciones entre la República y Luis XII, que sigue siendo duque de Milán.

El 12 de enero de 1507, el embajador florentino en Blois, Francesco Pandolfini (el mismo mencionado a menudo en los papeles de Leonardo de 1503), informa a los priores de su encuentro con el rey. Luis XII pide a la Signoria que haga lo posible para que Leonardo permanezca en Milán hasta su llegada, ya que desea tener una obra suya. Pandolfini puntualiza que «todo esto nació de un pequeño quadro suyo realizato rezientemente por aquí de mano suya»: se trata probablemente de la *Virgen de la rueca*, que Robertet está enseñando en la corte. Ahora el rey desea «ciertas tablillas de nuestra Señora et más cosas, segúnd me vendrán a la imaginatiōn, y tal vez también haga que me retrate a mí mismo». Mientras diserta sobre las cualidades de Leonardo, Luis XII pregunta si Pandolfini conoce personalmente al artista y el embajador responde que es muy buen amigo suyo. El rey pide entonces que sea el propio Pandolfini, el embajador de la República florentina, quien escriba a Leonardo para que no abandone Milán.[11]

Dos días después, con un breve refrendado por Robertet, el propio Luis XII, *«Loys par la gracia de Dieu Roy de France, Duc de Mellan, Seigneur de Gennes etc.»*, comunica a los Señores de Florencia el deseo de tener a Leonardo en Milán.[12] Para Soderini, se trata de una capitulación. El 22 de enero, la Signoria comunica a Leonardo y Pandolfini su plena aceptación de cuanto se ha incluido en la gentil solicitud del rey.[13]

Todavía es invierno, no es posible aún salir de la ciudad para planificar el jardín de las delicias de D'Amboise. Además,

---

[11] ASF, *Signori, Responsive originali*, legajo 29, f. 6r.

[12] ASF, *Diplomatico, Riformazioni, Atti pubblici*.
[13] ASF, *Signori, Missive, I cancelleria*, legajo 55, f. 173r.

el rey no tardará en llegar a Milán con toda su corte, y existe el riesgo de que Leonardo, en su condición de superestrella, sea solicitado por todo el mundo y no complete nada. El gobernador no puede esperar. Es época de carnaval, tiempo de fiesta. Es mejor aprovechar la efeméride de inmediato y explotar al artista para una hermosa representación, como las que realizó en tiempos de los Sforza.

El espacio teatral no está al aire libre sino en el interior, en la gran sala del palacio de D'Amboise, el mismo en el que probablemente Leonardo lleve alojado unos meses. El «salón de la fiesta», sin embargo, no es lo suficientemente grande para la máquina escenográfica que le gustaría construir, por lo que es necesario adaptarlo un poco; y también las escaleras y las puertas de acceso. El espectáculo ha de replantearse desde el punto de vista del público o, mejor dicho, de los espectadores más importantes: la disposición de los invitados y la organización de la propia sala en función del punto de observación del Señor y del palco de honor, delante del cual ha de pasar primero el desfile. Por último, las escaleras deben ser muy anchas, para que los disfraces no reciban golpes ni se dañen, y la salida de los actores debe estar separada de la salida normal de los espectadores.[14]

¿Qué poner en escena? La obra más célebre en las cortes del Renacimiento sigue siendo la de Poliziano, *Orfeo*. Leonardo recuerda que su amigo y discípulo Atalante Migliorotti ya se había medido con ese texto en un proyecto de representación para Francesco Gonzaga en Marmirolo, cerca de Mantua, en 1490.

Leonardo empieza de inmediato a dibujar: la escenografía general, el episodio de Eurídice perseguida por Aristeo y el final de Orfeo en el suelo con la lira destrozada por las bacantes.[15] Un pajarito mecánico, llamado el «ocel della comedia», como movido por el maravilloso canto de Orfeo, revoloteará de un lado a otro sobre una cuerda floja.[16]

---

[14] CA, f. 571br.
[15] Ar, ff. 231v y 224r; CA, ff. 363r, 534v; colección privada, *Foglio del teatro*.
[16] CA, f. 629bv.

Los dibujos van acompañados de leyendas que ilustran los momentos clave de la representación y del funcionamiento de la maquinaria escénica: «Quando s'abre el paraíso de Plutón, entonces haya diablos que toq<ue>n doce ollas a modo de bocas infernales. Allí se vea la muerte, las furias, Cervero, muchos querubines desnudos llorando, aquí fuegos factos de varios colores<res…>son vino bal<…>/ *Abcd* es un monte que se abre así: *ab* se va a *cd*, y el *cd* va a *ef*, y Plutón se descubre en *g* su residencia».[17]

El corazón de toda la tramoya es precisamente ese «paraíso de Plutón», la aterradora visión del Infierno que aparece ante Orfeo, quien con la maravillosa dulzura de su canto ha logrado abrir las puertas del inframundo. Hasta ese momento el público tenía ante sí una montaña, en la que se desarrollaba la primera parte de la tragedia, según el libreto de Poliziano: el enamoramiento de Orfeo, el interludio bucólico, la persecución de Aristeo, la fuga y muerte de Eurídice mordida por la serpiente, la desesperación de Orfeo. Ahora, de repente, la montaña empieza a abrirse y revela la cavidad del Infierno en su interior, donde Orfeo desciende para pedirle a Plutón la gracia de devolver a Eurídice a la vida. Todo en un crescendo paroxístico de sonidos y efectos especiales: diablos soplando y gritando dentro de grandes jarrones *(ollas)* que amplifican sus voces, varios personajes aterradores que se agitan y gritan por su cuenta, la Muerte, las Furias, Cerbero y una multitud de niños llorando. En definitiva, mucha confusión, a la que se suman los habituales chirridos y estridores del mecanismo, de los rodillos, de las ruedas que giran.

¿Cómo hacer realidad una idea tan ingeniosa? La estructura se plantea en dos partes separadas, dos semicírculos que giran uno al lado del otro y se alejan uno del otro. Como es habitual, Leonardo aprovecha la ocasión para experimentar con algunos de sus nuevos dispositivos tecnológicos, como las juntas articuladas. Pero en este punto también se deja influenciar por los recuerdos de la Antigüedad.

---

[17] Ar, f. 231v.

Durante sus cortas estancias en Roma pudo comprobar con sus propios ojos las ruinas de los grandiosos lugares donde los antiguos romanos celebraban sus espectáculos, los teatros y anfiteatros, y también el sugerente Serapeum de Villa Adriana en Tívoli, y ha leído algunas cosas en Vitruvio y Alberti, y lo ha discutido con sus maestros y amigos, Francesco di Giorgio, Giuliano da Sangallo, Gian Cristoforo Romano. Ahora, sin embargo, lo que tiene a su disposición es un espacio limitado, en la sala de un edificio, y por lo tanto no puede desmontar y volver a montar fácilmente la escena, debe conseguir que la escena misma se transforme por sí sola, pero sin que el público pierda la ilusión de estar inmerso en la *fabula*.

Y así realiza una tramoya admirable parecida a otra de la que había leído en la *Historia natural* de Plinio (XXXVI, 24), el teatro móvil de Curión: «Lo encuentro xunto a las magnas obras romanas que se fizieron dos anfiteatros que se tocavan por la espalda y luego con todo el pueblo giravan y se cerravan en forma de teatro y fazían esta forma».[18]

En estos meses, Leonardo corresponde a la generosa hospitalidad del príncipe poniendo a su disposición el precioso caudal de conocimientos que poseía sobre el sistema de fortalezas y defensas militares del ducado. Se proyectan nuevas fortalezas, especialmente en la frontera norte, expuesta desde siempre a la amenaza de los suizos. No es casualidad que la construcción del grandioso revellín del castillo de Locarno se empiece a construir el 17 de julio de 1507, por encargo de D'Amboise y probablemente basado en un diseño de Leonardo.

Es necesario salir al exterior y hacer inspecciones. Quizá incluso volviendo a Valsassina, donde tuvo lugar un episodio sensacional: la toma del castillo de Baiedo.

Allí está atrincherado con sus hombres Simone Arrigoni, que en 1499 asesinó a Landriani, tesorero del Moro, recibiendo a cambio, de manos de Luis XII el control del valle, estratégico

---

[18] MaI, f. 110r.

para el acceso al ducado y para las minas de metales. Este feroz señor feudal acaba revelándose muy poco de fiar, por lo que se hace necesario organizar una expedición contra él.

La fortaleza, situada sobre un alto espolón de roca y considerada inexpugnable, se conquista gracias al engaño y la traición. Capturado, Arrigoni es decapitado y descuartizado en Milán el 1 de marzo de 1507. Otro espectáculo, similar al del final del *Orfeo*, en el que el pobre poeta es descuartizado por las bacantes: solo que aquí todo es verdad, los gritos, la sangre, los pobres trozos del cuerpo del condenado.

Leonardo registra en directo el acontecimiento y extrae de ello una lección de estrategia militar: «Que los proveedores pueden ser vencidos de día y de noche por el castellano en cada una de sus requisitiones, y para ello deben dormir en casas de vigas delgadas, bajo pórticos que tengan rectitud, y los bombarderos en el frente de tales pórticos, y esto se faze para los falsos socorros, como fue quien traicionó a Simón Arrigoni».

El resto de la hoja lo ocupa el dibujo de una imponente fortaleza que recuerda el estilo de Francesco di Giorgio Martini, quizá empezado en 1502, y ahora modificado en forma de fortaleza de montaña, al estilo de la que D'Amboise quiere reformar en Baiedo.[19]

Leonardo se encuentra a estas alturas como en su casa, en las oficinas de la administración francesa. Un día está en la sala de espera de la oficina del vicario de policía. De repente siente la necesidad de anotar tres o cuatro pensamientos importantes sobre los elementos naturales, las aguas y las cuevas, los colores: coge un papel cualquiera de un escritorio y se pone a escribir a sanguina.

No se percata de que la otra cara del papel, ya escrita, es otro ejemplo de la inflexibilidad de una justicia que debe ser ejemplar con los malhechores grandes y pequeños, como esos pobres diablos que se exponen a ser encadenados en público por haber

---

[19] CA, f. 117r.

robado un poco de tela blanca o haber entrado a escondidas en la ciudad evadiendo a los recaudadores de gabelas; pero que también se muestra indulgente con un tal Dionisio Aribaldo que, culpable de haber herido a un cierto Martino Biscosso, se ofreció de inmediato a pagar una indemnización e impuestos.[20]

De esas mismas oficinas, además, le llega la mayor alegría: la recuperación del viñedo milanés, de aquella pequeña parcela de tierra de su propiedad en suelo lombardo, donde había intentado cultivar la vid al estilo de Vigevano y elaborar un vino que le recordase al de Vinci, que tanto le gustaba. Esta práctica de la viña ya había sido anotada, con las palabras «viñedo» y «ver la verdadera medida de la pértica», en una lista de cosas por hacer o por conseguir escritas en la hoja de anotaciones del «salón de fiestas».[21]

El 20 de abril de 1507, D'Amboise manda una carta desde Serravalle Scrivia a los magistrados de las rentas ducales extraordinarias y a la Cámara de Posesiones, ordenando la restitución total al artista de la propiedad del viñedo, previamente confiscado por el gobierno francés y cedido a un tal Leonino Bilia.[22] Orden que los magistrados ejecutan sin demora, con un decreto firmado por Giovanni Pietro Bossi el 27 de abril.

Y mientras tanto, a finales de abril, Luis XII llega a Milán, acogido con gran aparato, con toda probabilidad organizado por Leonardo también. El artista permanece al servicio del rey, e incluso hace que uno de sus delegados de confianza en Florencia retire todo el saldo de su cuenta de Santa Maria Nuova, ciento cincuenta florines, tal vez para protegerlo de una posible represalia por parte de la Signoria.[23]

Se acerca la hora de marcharse. El 5 de julio, uno de los mozos que han seguido a Leonardo a Milán, el joven Lorenzo,

---

[20] CA, f. 472r.
[21] CA, f. 571br.
[22] ASMi, *Governatore degli Statuti* (antiguo *Registro Panigarola*), *Registri degli atti sovrani*, 15, n.º 124, f. 183r-v.
[23] ASF, *Ospedale di Santa Maria Nuova*, 5.638, f. 265v.

escribe el borrador de una breve carta a su madre, a su cuñado Piero y a sus hermanas lejanas, con especial insistencia en la pequeña Dianira: «Requerdos a Dianira, fazedle mimos pa que no diga que yo no me acuerdo de ella».[24] Lorenzo también comunica un detalle importante: el maestro y él volverán pronto a Florencia, en septiembre, pero solo por unos días, porque tendrán que partir inmediatamente hacia Milán.

¿Y la *Virgen de las rocas*? Por culpa de los numerosos encargos que le ha confiado D'Amboise, e incluso el rey de Francia, Leonardo todavía no ha podido trabajar en ella y los frailes siguen ahí, refunfuñando. Por eso el artista nombra, el 23 de julio, mediante instrumento notarial, a sus apoderados *ad causas* Benforte (o Leoforte) y Modesto de Sanctis, Gabriele de Nava, Ambrogio da Rho, Vespasiano y Francesco de Sacchi, y Ambrogio da Vermezzo: el documento lo señala como habitante en Porta Orientale, parroquia de San Babila.[25] El 3 de agosto delega, junto con Giovanni Ambrogio de Predis, en el dominico Giovanni de Pagnanis, fraile de Santa Maria delle Grazie, para resolver cualquier disputa que pudiera surgir entre ellos.[26] El 20 redacta un poder especial.[27] Y, por último, el 26, Giovanni Ambrogio recibe, por cuenta de su socio, el primer pago de las cien liras imperiales prometidas por la hermandad para completar la obra.[28]

¿Qué impulsa a Leonardo a ir a Florencia, de manera mucho más apremiante que las cartas de la Signoria?

Como era de esperar, sus hermanastros, encabezados por el notario ser Giuliano, han impugnado el testamento de su tío Francesco. Se trata de una causa civil de lo más modesto, porque los bienes que ha dejado su tío no son gran cosa. La reacción de Leonardo parece desproporcionada, pero en realidad corresponde al gran dolor que siente por este acontecimiento inesperado,

---

[24] CA, f. 364r.
[25] ASMi, *Cimeli*, carp. 1, fasc. 42, n.º 13.
[26] ASMi, *Cimeli*, carp. 1, fasc. 42, n.º 14.
[27] ASMi, *Archivio Notarile, Rubriche dei notai*, 1.235, f. 48.
[28] ASMi, *Cimeli*, carp. 1, fasc. 42, n.º 6.

por la antigua herida que reabre: sus orígenes, su condición de hijo ilegítimo que no ha sabido nunca, en toda su vida, cuál era su verdadera familia.

El artista corre a ver al hombre más poderoso de la tierra, el rey de Francia, Luis XII, y le ruega que intervenga en su favor ante la Signoria, lo que el rey hace de buen grado el 26 de julio, con una carta en la que, por primera vez lo llama «*nostre paintre et ingenieur ordinaire*», calificación que sirve para hacer callar a Soderini de una vez por todas. Leonardo es suyo, «*nostre*», ya no es de Florencia, ni de la Signoria, ni de nadie más. La carta, como de costumbre, va refrendada por Robertet. Pide, expeditivamente, que el proceso se complete lo antes posible, porque el rey necesita que Leonardo regrese a Milán.[29] Unas pocas líneas. El rey no requiere de muchas palabras para ser obedecido.

D'Amboise también escribe el 15 de agosto, advirtiendo de la llegada de Leonardo a Florencia, a causa de una disputa con sus hermanos «por una herencia que le ha dejado uno de sus tíos». La licencia para su marcha le ha sido concedida «cum grandíssima dificultad», porque tenía que terminar un cuadro muy querido por el rey. Por lo tanto, la Signoria debe poner fin al caso lo antes posible y devolver al artista a Milán, sin hacerle perder más tiempo.[30]

---

[29] ASF, *Diplomatico, Riformazioni, Atti pubblici*.
[30] ASF, *Signori, Responsive originali*, legajo 30, f. 164v.

21. Casa Martelli

Florencia, de septiembre de 1507 a marzo de 1508

Leonardo llega a Florencia por fin. El 18 de septiembre escribe personalmente al influyente cardenal Hipólito de Este, pidiéndole que lo apoye en la causa contra su hermano Giuliano, enviando una carta a su favor al prior Raffaello Girolami, encargado por Soderini de concluir el litigio antes del día de Todos los Santos. Leonardo, que incluso sugiere al cardenal qué escribir en la futura carta, se profesa «visceral servidor suyo».

Tanta familiaridad con el poderoso cardenal, un señor mundano y elegante más que un príncipe de la Iglesia, no debería sorprendernos: Leonardo había tenido trato con él en Vigevano y Milán hacia 1494-1495, e incluso le había creado su emblema: la imagen de un halcón que lleva en el pico un mecanismo de reloj, con el lema «fal con tenpo».[1]

La carta está escrita con la elegante caligrafía del escriba Agostino Vespucci, secretario de Maquiavelo, y esto demuestra que Leonardo todavía puede contar con la amistad de los hombres que de verdad cuentan en el Palazzo Vecchio. Ni el texto ni la firma son autógrafos; sin embargo, en el original del archivo estense aún se conserva el sello de cera en el reverso, que lleva el perfil de una cabeza. Quizás una cornalina romana montada en un anillo, una de esas preciosas reliquias de la Antigüedad que se han convertido en el sello de Leonardo.[2]

---
[1] FoII, f. 63r.
[2] ASMo, *Archivio Segreto Estense, Cancelleria Ducale, Raccolte e miscellanee, Archivi per materia, Arti belle, Pittori, Vinci Leonardo*, sobre 16/4.

De ida y vuelta, entre Milán y Florencia. Leonardo no puede regresar al convento de Santa Maria Novella, obviamente, por lo que acepta la hospitalidad de Piero di Braccio di Domenico Martelli, un patricio florentino empleado en diversas misiones de la Signoria, estudioso de las matemáticas, muy docto en griego, latín y hebreo, amigo de Bernardo Rucellai y con quien ya había contactado Leonardo en 1503.[3]

Es una gran casa en via della Spada, no lejos de Santa Maria Novella y de los Orti Oricellari, el jardín de Palacio Rucellai al que también acude Maquiavelo. Una casa que quizá ya conociera en su juventud porque su padre Braccio, junto con Luigi Pulci, fue uno de los compañeros más íntimos y temerarios de Lorenzo el Magnífico. Casado con Costanza di Piero de' Pazzi, había mediado para pacificar la ciudad después del trágico 1478 y quizá ayudara a Leonardo a regresar a Florencia. Allí vive aún el viejo Braccio, todavía vivo y coleando, junto con todos sus viejos amigos, los queridos e inseparables libros recopilados a lo largo de los años y «abundantes cosas antiguas de Roma».[4]

Su hijo Piero sabe bien lo difícil que resulta para el intelectual y el científico encontrar cierta concentración en el tráfago de la vida cotidiana, y pone a disposición de Leonardo el ambiente tranquilo de su propia casa para que el artista pueda empezar a ordenar sus papeles, que se han acumulado en grandes cantidades después de 1500, y que en gran parte siguen sueltos debido a sus numerosos y repentinos viajes, que lo obligaron a recogerlo todo en un atado y a arrojarlo a los arcones que deja en el monasterio.

La prodigiosa memoria del propio artista empieza a no recordar exactamente dónde buscar una nota o un dibujo concretos, y en ello no le ayuda desde luego la ramificación de intereses y curiosidades en todas direcciones: el propio Leonardo es consciente de ello cuando escribe, parafraseando el Evangelio: «Así como todo reino dividido en sí mismo se desfaze, así todo ingegnio dividido en diferentes estudios se confunde y debilita».[5]

---

[3] Ar, f. 202v.
[4] F. Albertini, *Memoriale*, f. a4r.
[5] Ar, f. 180v.

Leonardo vuelve a abrir su arcón más preciado, el de los manuscritos y dibujos; los saca, especialmente las hojas sueltas, las extiende sobre una gran mesa y comienza a copiar sus notas en limpio, con humildad y paciencia.

Al cabo de seis meses, al final de su estancia florentina y en vísperas de su nueva partida hacia Milán, todavía tiene tiempo para dedicarse durante unos días a un último trabajo de transcripción: un fascículo entero dedicado a recopilar anotaciones y dibujos sobre la ciencia de los pesos, fundamental en el estudio teórico de la mecánica. Y con cierta solemnidad marca el día del inicio de la obra, en la primera hoja del cuadernillo: «Iniciada en Florencia, en casa de Piero di Braccio Martelli, a día 22 de marzo 1508».

E inmediatamente después añade, consciente de su método tan poco sistemático: «Y sea esta una recopilazión sine orden, extraída de muchos papeles los cuales he copiado aquí, sperando luego ponerlos en orden en sus lugares, según los temas que estos trataren; y creo que antes de que esté yo al final de esto, tendré que replicar la misma cosa varias veces; así que, lector, no me culpes, porque las cosas son muchas, y la memoria no las puede reservar y dezir: "Esta no quiero scribir, porque antes la scribí". Y si no quisiera caer en este error, sería nezesario que para cada caso que yo quisiera copiarlo, que para no replicarlo, tendría siempre que releer todo el passado, y másime estando con los largos intervalos de tienpo en el scribir, de una vez a otra».[6]

En la misma casa, transformada en una verdadera fragua de pensamiento y arte, Martelli acoge también al escultor Gianfrancesco Rustici. El gremio de Comerciantes o Calimala le ha encargado el 10 de enero de 1506 las estatuas de la puerta del Baptisterio hacia la Rectoría: un grupo de tres figuras de bronce, el Bautista predicando entre un fariseo y un levita.

La antigua hermandad entre Leonardo y Rustici se ve así restablecida, tal vez también reflejada en las humildes necesida-

---

[6] Ar, f. 1r.

des de la vida cotidiana, por ejemplo la compra de sábanas, como sugiere la siguiente nota: «Salvadore colchonero está en la plaza de Santo Andrea, entra por los peleteros, deve dar a Francesco par uno de sábanas y dineros 50».[7]

En otro lugar anota Leonardo sus dos nombres juntos, «Maestro Leonardo fiorentino en Milán / Francesco», y con otra letra (¿la de Rustici?) se añade el título de la obra que deberán realizar: «Jo. Bautista».[8]

La colaboración artística es muy estrecha, hasta el punto de dar pie a la opinión de que en esos bronces hay también algo de Leonardo, que regresa así a su primer aprendizaje verrocchiesco, como cuenta Vasari en la vida de Rustici: «No quiso Giovafrancesco, mientras realizaba en arcilla esta obra, a nadie a su alrededor que no fuera Lionardo da Vinci, quien en el hacer las formas, armándolas de hierro, y en fin siempre, hasta que las estatuas fueron fundidas, nunca lo abandonó».

Una vida un tanto apartada, la de la casa Martelli, sin aparecer demasiado en la escena pública. Mejor mantenerse alejado del palacio; alguien podría pedirle la restitución del dinero arrojado por la borda en la fracasada empresa de la *Batalla*. Uno de los miembros del gobierno de Soderini, Bartolomeo Cerretani, no se anda con rodeos cuando menciona el nombre de Leonardo en una de sus crónicas: «Estaba con el rey de Francia en Milán [...], trabajaba poco».[9]

Hay más gente, sin embargo, que le sigue teniendo un sincero cariño: Maquiavelo, Vespucci, el humanista Marcello Virgilio di Adriano Berti. Quizá sea este último quien le ponga al corriente de un sensacional descubrimiento arqueológico que tiene lugar el 29 de enero de 1508: una gran tumba etrusca en Castellina in Chianti, con misteriosas inscripciones que nadie sabe descifrar. Leonardo corresponde con un bello dibujo en el que plantea la hipótesis de la reconstrucción ideal de la gran

---

[7] CA, f. 491v.
[8] CA, f. 521v.
[9] Ciudad del Vaticano, Biblioteca Apostolica Vaticana, Vaticano Latino 13.661, ff. 61v y 108r.

mole circular y de la planta interna del mausoleo.[10] Este acontecimiento supone la enésima confirmación de la percepción que ha tenido desde joven de la fuerza consumidora del tiempo, que devora inexorablemente los restos de civilizaciones antiguas, las huellas de la miserable vida de los hombres.

El regreso a la escultura, para Leonardo, no está separado del interés por la anatomía. Solo un buen conocimiento de la anatomía pone en condiciones al escultor de representar el cuerpo humano con toda la vitalidad de sus miembros, evitando el error de muchos artistas que dan la apariencia de estar representando no musculaturas vivas, sino trozos de madera o bolsas llenas de nueces.

Leonardo pasa frecuentemente por el hospital de Santa Maria Nuova, recorre los pasillos, visita a los enfermos. El hospitalero sigue siendo el monje cartujo Leonardo Bonafé, casi pariente suyo, que gestiona su cuenta corriente y le sirvió de avalador ante la Signoria en 1506: fue él quien le dio permiso para realizar personalmente la disección de algunos pacientes del hospital fallecidos en los últimos días.

Un privilegio especial, que no debe divulgarse demasiado, porque las disecciones están formalmente prohibidas por la Iglesia y rara vez se autorizan, solo con fines de estudio, bajo la supervisión de ilustres médicos universitarios, y únicamente en cadáveres que ya no «pertenecen» a nadie, y que se pueden «desfazer» sin demasiados escrúpulos religiosos: los condenados a muerte y los desdichados que han sido rescatados sin vida en el Arno.

Y en cambio, Leonardo puede incluso recorrer las salas e identificar los casos más graves; ancianos abandonados y sin familia, peregrinos y desconocidos cuya identidad nadie conoce; puede discurrir con ellos y tomar nota de su historial médico y aguardar pacientemente su fallecimiento; y luego, en secreto, por la noche, en el sótano del hospital, ayudado por un cirujano

---

[10] París, Musée du Louvre, Département des arts graphiques, 2.386r.

y un fraile médico asignados por Bonafé, incidir los cuerpos aún calientes con un bisturí. Hay que actuar con rapidez, antes de que la Naturaleza y la muerte den comienzo a su implacable obra de destrucción.

Entre las anatomías más relevantes, las realizadas a algunas mujeres, tal vez jóvenes esclavas sin nombre que murieron de parto, o prostitutas a las que degolló un cliente. Estas mujeres son las últimas desheredadas de la tierra, y por eso cada una de ellas, con los ojos cerrados, esconde una vida de sufrimiento, y sus cuerpos desnudos y abandonados en el sueño de la muerte le hacen pensar, en el momento en que abre su carne y descubre la maravillosa complejidad del cuerpo femenino y del aparato genital y reproductivo que es el origen de todos los seres vivos, en su madre, Caterina.[11]

Leonardo es incapaz de olvidar el encuentro con un anciano de más de cien años, que le explica su estado y que unas horas más tarde, sentado en el borde de la cama, muere sin sufrimiento alguno: «Y aqueste viejo, pocas horas antes de su muerte, me dixo él pasar de cien años y que no sentía desfallezimiento alguna en su persona, mas sí debilidad. Y así, sentado en una cama en el hospital de Santa Maria Nova de Florencia, sin ningún otro movimiento ni signo d'accidente ninguno, passó de aquesta vida». Es una «dulce muerte», un pasaje leve, sin sufrimiento, y Leonardo inmediatamente quiere investigar su misterio: «Y le fize una natomía, para ver la causa de tan dulce muerte». Sin perder tiempo, ordena llevar al sótano el cadáver del viejo con el que ha estado hablando unos minutos antes y empieza a abrirlo, enrollando la piel y el tejido muscular, para llegar a los órganos internos lo más rápido posible. Un trabajo fácil, escribe en sus notas, porque ese cuerpo se ha resecado como una planta vieja. Sin humores, sin grasas, poca sangre. Como una planta vieja, murió simplemente por falta de linfa vital. Todo lo contrario, concluye, de lo que observó en la disección de un niño de dos años.[12]

---

[11] W, 12.281r, 19.095r-v, 19.101r-19.103r.
[12] W, 19.027v.

La herramienta fundamental en su estudio de la anatomía es el dibujo. Ningún otro médico o cirujano posee la capacidad que él tiene para representar órganos con tanta viveza y realismo, y ningún artista ha tenido jamás la oportunidad de realizar disecciones tan profundas como las suyas. Sus dibujos anatómicos, en la historia de la ciencia y en la historia de la humanidad, hacen visible por primera vez el misterio del cuerpo humano desde su interior. Nunca nadie se había atrevido a tanto, desafiando prohibiciones y tabúes morales y religiosos. Leonardo es perfectamente consciente de ello, de modo que empieza a pensar en cómo difundir sus investigaciones, en forma de tratado. Una gran obra, que en su imaginación llegaba a abarcar incluso ciento veinte libros. Y comienza de inmediato a escribir introducciones y proemios.

En uno de estos proemios, Leonardo ha de refutar una primera objeción grave: si es mejor asistir directamente a una lección de anatomía o consultar en cambio los cuadernos que está elaborando.

Es la objeción que él mismo se pondría, dado que defiende la primacía de la *«sperientia»*, de la investigación experimental realizada directamente a partir de los fenómenos, y que es superior a cualquier conocimiento teórico, abstracto o libresco, como se ve en la ciencia vana de los alquimistas «buscadores de crear oro y plata», o de los ingenieros en busca del movimiento perpetuo, o de nigromantes y encantadores: «Las cosas mentales que non han passado por los sentidos son vanas et ninguna verdad paren que no sea dañina».

En el caso de la anatomía, sin embargo, no es así. La experiencia directa que se puede obtener en una sola sesión anatómica es siempre parcial e imperfecta, mientras que Leonardo, con su trabajo como dibujante, ha logrado reunir diferentes imágenes, extraídas de la disección de nada menos que diez cuerpos humanos. Y, además, incluso mientras asiste personalmente a la sesión anatómica, el estudioso puede no ser capaz de mantener la frialdad necesaria, alterado o disgustado por el espectáculo de la descomposición del cuerpo humano.

Leonardo, en cambio, no ha sentido temor de permanecer incluso de noche en compañía de aquellos cadáveres descuartizados, desollados y espantosos: «Y si tú tendrás amor a tal cosa, quizá te será impidida por el estómago; y si esto no te impide, quizá te será impidida por el miedo con el abitar en los tiempos notturnos en compañía de tales muertos, descuartizados y desollados y espantosos a la vista». Y aunque se supere esta dificultad, faltarán en todo caso la excelencia del dibujo y el dominio de la perspectiva, la geometría y la mecánica, necesarios para la representación exhaustiva de lo que aparece ante los ojos durante la anatomía, en pugna con el tiempo y con el rapidísimo proceso de disolución y putrefacción.

Al final, Leonardo no sabe si ha conseguido alcanzar todos sus objetivos. Con la humildad del verdadero científico, concluye que serán los resultados de sus investigaciones los que hablen por él, que nunca ha escatimado esfuerzos en el trabajo ni ha buscado atajos.

El único verdadero obstáculo, su única obsesión, sigue siendo siempre la misma, la que le angustiaba cuando era joven, el tiempo: «Se hayan dado o no todas estas cosas en mí, los ciento veinte libros por mí compuestos darán sententia del sí o del no, en los cuales no he sido impedido ni por avaritia ni por negligentia, sino sol por el tiempo. Vale».[13]

Los blancos de la polémica son siempre los representantes de las pseudociencias, los alquimistas, los nigromantes, los encantadores. Contra ellos y contra la magia lanza otro texto sobre el estudio de la voz y del aparato fonador.[14] Esta es la gran novedad de sus recientes investigaciones anatómicas, que le han demostrado la falta de fiabilidad de la analogía entre microcosmos y microcosmos en la interpretación de los fenómenos particulares. Leonardo supera así decididamente la magia natural y la astrología de inspiración neoplatónica, cuyo influjo, a decir verdad, recibió en parte en su juventud florentina.

---

[13] W, 19.070v.
[14] W, 19.045-19.048.

Entre los órganos del cuerpo humano, el ojo, «ventana del alma», se convierte en un objeto de estudio privilegiado. Su análisis ocupa por sí mismo un cuaderno entero, el Códice D, compilado en 1508.

Durante años Leonardo había afirmado la superioridad de la pintura sobre la base de la superioridad del ojo respecto de los demás sentidos; y había comprendido, gracias al conocimiento de la óptica medieval, que el ojo es el terminal receptor de un haz luminoso procedente del exterior y reflejado por el objeto, y no el productor de un haz perceptivo que atraviesa el espacio hasta «tocar» la superficie del objeto. Ahora, sin embargo, se percata de que incluso el ojo ofrece una representación parcial, a veces engañosa, de la realidad. La virtud visual no se concentra en un único punto, sino que se extiende por toda la superficie curva del ojo, por lo que la imagen se ve obligada a adaptarse a esta, con un mecanismo de refracción.

El resultado es la superación de la perspectiva tradicional basada en una cuadrícula abstracta. La realidad, incluso la que no vemos ni percibimos es infinitamente más variada y esquiva. Las premisas teóricas de la pintura entran en crisis, y da comienzo el estudio de la variedad de lo visible: las deformaciones y anamorfosis, los engaños de las sombras, las transparencias, las atmósferas impalpables, las luces y los reflejos, las olas, las nubes, las nieblas, los vapores, los horizontes.

En su afán de aproximación a la naturaleza, la pintura tendrá que perseguir, a partir de este momento, el máximo de artificialidad, será ficción y no reproducción, tendrá que calcular minuciosamente el efecto que producen el claroscuro tonal y el contraste de luces y sombras sobre el ojo del observador. Ciencia y pintura vuelven a estar unidas, pero en la creación de una «admirable ficción». Es una revolución total en la relación entre arte y realidad, entre arte y naturaleza.

En el curso del intenso trabajo de reorganización de sus papeles, de escribir y reescribir sus textos, Leonardo vuelve también al antiguo proyecto del libro de pintura. Una lista de títulos de capítulos «de la pintura» aparece escrita por un estudiante bajo su dictado, y en ella leemos algunas cuestiones fundamentales de óptica y perspectiva, y sobre la relación entre realidad y ficción: «Porque las cosas pintadas parecen mayores de lo que no son», «cómo el espejo es maestro de los pictores».[15] Muchos de estos textos fueron copiados por el propio Leonardo en un gran cuaderno titulado Libro A.

Una gran parte del cuaderno, sin embargo, la ocupa un tema completamente diferente, esa rama de la observación de la naturaleza que más le fascina ahora: el estudio de las aguas. Luego, los textos vuelven a seleccionarse y se transcriben de nuevo en una serie de folios dobles sueltos, apilados simplemente unos sobre otros.

Nace así el Códice Leicester, iniciado en Florencia en 1505-1506, retomado y continuado entre 1508 y 1510. Se trata de un imponente trabajo de recopilación y transcripción de cuadernos anteriores, con el objetivo de recopilar materiales, más de mil textos, anotaciones, dibujos o incluso simples títulos de capítulos para un gran tratado sobre las aguas, con ramificaciones hacia temas más o menos vinculados a las aguas: las ciencias de la tierra, las grandes transformaciones geológicas provocadas por la acción erosiva del agua, la controvertida cuestión de la altura del agua del mar respecto a la tierra, los fósiles y los *«nicchi»*, las conchas, la doctrina de los elementos, la luna y los fenómenos de reflexión de la luz solar.

Esta gran recapitulación sirve a Leonardo para superar un angustioso momento de *impasse*, antes del punto de inflexión fundamental que experimentará su investigación en los años siguientes: la superación del principio de analogía en la interpretación de los fenómenos del macrocosmos, el extraordinario progreso de su conocimiento del cuerpo humano y de los principios de funcionamiento de la maravillosa máquina del microcosmos.

¿Cuál es la palabra clave que aparece con frecuencia en este cuaderno? La respuesta es sencilla: es la palabra «orden». Leo-

---

[15] CA, f. 1.004r.

nardo está obsesionado con el problema de poner orden en el caos de sus papeles y manuscritos, en el laberinto que ha ido creciendo libremente a lo largo de los años, siguiendo todas las ramificaciones de sus investigaciones.

Para llegar a la composición de tratados más o menos publicables, es necesario repasar las miles de páginas ya escritas, identificar los textos y revisarlos a la luz de nuevas experiencias o conocimientos, reorganizarlos por núcleos temáticos. Además, la incertidumbre de la vida y los numerosos desplazamientos de estos años han obligado a menudo al maestro a alejarse de su estudio y separarse de sus libros y manuscritos, dejándolos «encerrados» en un arcón.

Por último, del regreso a las ciencias de la tierra nace la idea de componer un texto que en parte parece tener cierta ambición literaria, y en parte supone dar rienda suelta a una actitud fantástica ya demostrada anteriormente.

Como en la carta a Dei, Leonardo, una vez más, volviendo a anhelar Oriente, finge estar escribiendo una carta al diodario de Soria, gobernador de Siria en nombre del sultán de Babilonia (el antiguo nombre de El Cairo). La carta, como si fuera la de un ingeniero enviado a estudiar un gran fenómeno natural, presenta el relato de un enorme cataclismo provocado por el desbordamiento de los ríos que descienden del monte Tauro, y en particular del Éufrates.[16] La carta va precedida por una *División del libro*, que sugiere una auténtica estructura narrativa.

En una ciudad de Siria apareció un predicador, un «nuevo profeta», que anunció la catástrofe inminente y por ello fue expulsado y perseguido, como suele ocurrir a los profetas de las desventuras, pero luego, al cumplirse su profecía, fue inmediatamente liberado, y venerado como santo. Leonardo, enviado por el diodario a la ciudad de Calindra en Armenia para investigar lo sucedido, está convencido de que no se ha tratado de un castigo divino, sino que hay que intentar encontrar las causas

---

[16] CA, f. 393v.

naturales del desmoronamiento de la montaña y del diluvio, de modo que empieza con una minuciosa descripción del monte Tauro. Por eso, visita atentamente la región, interroga a los habitantes, describe las características físicas y ambientales y, en cierto momento, incluso decide escalar incluso la altísima montaña, para observar mejor los fenómenos atmosféricos a diferentes altitudes. Pero los elementos de la naturaleza se desatan de nuevo, inundaciones aterradoras arrollan la civilización de los hombres, que quedan reducidos a animales, a «tropeles de cabras», en ciertas «ruinas de iglesias», e incluso él, el ingeniero, se ve obligado a huir despavorido como todos los demás. En el momento de mayor necesidad, un rayo de luz, de humanidad: las poblaciones afectadas son socorridas mediante suministros por gentes que antes eran sus enemigas.[17]

En esta ficción literaria confluyen las numerosas lecturas de los libros de su biblioteca: Plinio el Viejo, Ptolomeo con sus tablas cartográficas de Asia Menor, la *Metaura* de Aristóteles. También queda el recuerdo de una auténtica ascensión alpinista: la realizada quince años antes en el glaciar del Monte Rosa.

Además, Leonardo peca de cierta confusión entre el macizo meridional del Tauro y la cadena septentrional del Cáucaso, que incluso en los mapas antiguos, por ejemplo, los que acompañan a la *Sfera* de Goro Dati, parecen ser una sola cosa, una única montaña enorme que se extiende desde la desembocadura del Don hasta la cuenca del Tigris y el Éufrates, desde el mar Negro hasta el Caspio. Una montaña ligada a la memoria bíblica del Diluvio Universal, porque allí encalló supuestamente el Arca de Noé. Una montaña sagrada, porque es la montaña en cuyas laderas nació su madre, Caterina.

Al otro lado de la hoja, entre dibujos de montañas que son ya los de *Santa Ana* y la *Mona Lisa*, aparece una serie de profecías, articuladas sobre los mismos fenómenos naturales descritos en la carta, y dotadas a su vez de una «división de la profecía».[18]

---

[17] CA, ss. 393v y 573av.
[18] CA, f. 393r.

Entre esos textos hay una profecía titulada *Sobre los sueños*. Leonardo recoge allí algunos materiales oníricos, quizá los mismos que se repiten en sus sueños: el vuelo, la conversación con los animales y la comprensión de sus lenguas, la translocación instantánea de su propio cuerpo de un lado al otro del mundo sin movimiento aparente y, por último, el detalle más impactante: hacer el amor con su madre y con sus hermanas: «Usará<s> car<nalmente c>on madre y hermanas».

A sus casi sesenta años, Leonardo todavía sueña con mezclar su cuerpo de niño con el abrazo de su madre y sus hermanas pequeñas.

22. Buen día, meser Francesco

Florencia y Milán, primavera de 1508

Finales de marzo de 1508: todo está listo para el regreso a Milán. Un traslado definitivo, como sugiere la reorganización general de los cuadernos, de los papeles y de los materiales de estudio.

También la disputa con sus hermanos está en vías de resolución. Ser Giuliano di ser Piero ha comprendido que tiene todas las de perder, incluso en términos profesionales, en el choque con un hermanastro que goza del favor de tantos poderosos.

Quién sabe si se ven en la antigua casa de via Ghibellina. De ser así, Leonardo también habrá descubierto aquí, junto a la casa de su padre y de la familia Da Vinci, con sorpresa, la molesta sombra de su rival Miguel Ángel, que acaba de comprar, el 3 de marzo, las casas y las casitas adyacentes hasta la esquina de via Santa Maria, que ahora todos llaman via dei Marmi Sporchi, «calle de los mármoles sucios». En efecto, el escultor tiene la mala costumbre de dejar expuestos a la intemperie los bloques de mármol que ha adquirido para la tumba de Julio II, a la espera de enviarlos a Roma. Y respecto a las casas, no es que viva allí: solo las ha comprado para alquilarlas, para especular con ellas, con el mucho dinero que le saca al papa.

Mejor no pensar en ello y prepararse para el gran viaje. En Milán tiene que confirmar una donación que le prometió el propio Luis XII, la renta de once onzas de agua del canal de San Cristofano: aún no ha podido beneficiarse de ella a causa de la sequía del invierno anterior, aunque también debido a la deficiente regulación de los bocacaces por parte de las autoridades pertinentes. Le dan ganas de arremeter contra esos funcionarios e ingenieros ineptos,[1] pero al final se da por vencido y comprende que es mejor recurrir directamente a quienes tienen el poder real en sus manos.

Nos quedan así los borradores de tres cartas enviadas a Milán poco antes de salir de Florencia y entregadas por el propio Salaì.

El primero de los destinatarios es Geoffroy Carles, vicecanciller del ducado y presidente del parlamento del Delfinado y del Senado de Milán: Leonardo le recuerda la cuestión del canal, sobre la que ya ha escrito varias veces a meser Girolamo Cusano y a un tal «Corigero», que podría ser una vez más el viejo sacerdote Tanzi, conocido como «el Cornigero», y al final promete traer de Florencia «dos cuadros de Nuestra Señora» casi terminados.[2]

De tono similar, pero más abierto, es el doble borrador de una carta a D'Amboise, a quien se le dice que los dos cuadros están hechos «para el Cristianíssimo o para quien a vos os guste»; además, Leonardo pregunta cuál será su futuro «stantia» en Milán, es decir, su nuevo alojamiento, dado que no quiere seguir siendo de molestia al señor viviendo en su palacio; por último, la promesa de fabricar «herramientas y cosas» que alegrarán en gran medida a Luis XII.[3]

El último borrador, escrito en las mismas hojas que el de D'Amboise, es el más familiar. Su destinatario es un joven aristócrata milanés al que conoció el año anterior en la corte de D'Amboise, Giovanni Francesco Melzi, de diecisiete años, hijo del noble Girolamo, capitán de la milicia. Leonardo le pide también que se interese por la cuestión del canal con el presidente Carles y con Girolamo Cusano, influyente miembro del Senado de Milán, y le envía a Salaì, que también va a hablar con el presidente: «Buen día, meser Francesco, ¿querrá Dios que, con las muchas cartas que os he escrito, que nunca me hayáis

---

[1] CA, ff. 219v, 254r, 256r, 644r.
[2] CA, f. 1.037r.
[3] CA, ff. 872r y 1.037v.

respondido? Ahora esperad fasta que yo llegue, por Dios, os faré tanto escribir que tal vez os arrepintáis».[4]

Así pues, no es esta la primera carta que Leonardo le manda a Francesco. Ya le ha enviado muchas otras, y Francesco nunca le ha contestado: de tal modo, en broma, Leonardo lo amenaza con obligarlo a escribir hasta que se agote. Es una nota importante: en los meses anteriores, en Milán, Leonardo acogió a Francesco en su taller como discípulo suyo. Le costó bastante convencer a su padre Girolamo, quien por un lado no veía con buenos ojos a su hijo en compañía de alguien de vida tan irregular como Salaì, pero por otro no podía decir que no a un artista tan querido por los franceses.

También Francesco, como Salaì, es «un hermosísimo muchacho y muy querido por él», como escribiría un día Vasari, y como parece atestiguar un retrato dibujado y luego pintado por Boltraffio. Pero el interés de Leonardo estriba en algo más que en la belleza. Por primera vez en su vida se ha topado con un discípulo con una buena formación humanística.

El joven, nacido hacia 1490, ha estudiado en el Milán de Demetrio Calcondila, Iacopo Antiquario, Aulo Giano Parrasio, y quizá con este último, un estimado humanista que enseña en las Escuelas Palatinas y mantiene una estrecha relación con Carles. Sabe griego y latín. Es capaz de escribir con elegante caligrafía. Leonardo intuye que el muchacho será una ayuda preciosa para él en muchas tareas diferentes: lectura e interpretación de textos científicos en latín, actividades de secretaría, redacción y escritura de cartas, anotación de apuntes al dictado, la transcripción de textos de manera ordenada, acaso destinada a ser publicada en la forma definida de un libro.

Inmediatamente después de su regreso a Milán, en efecto, aparecen entre los papeles del maestro varias minutas de cartas escritas de su puño y letra por Melzi. Entre las primeras, una carta dirigida a Raffaello Girolami, prior de la Signoria que ha

---

[4] CA, f. 1.037v.

llevado la causa con sus hermanos, en la que Leonardo le pone al corriente de un importante cargamento de gemas y piedras preciosas llevadas a Florencia por Ridolfo Manini.[5]

El regreso a Milán se produjo en los días de Pascua, que en 1508 caía el 4 de abril. Esta vez Leonardo no viaja con Salaì, que le ha precedido en ir a Milán, sino con el otro mozo, Lorenzo, que ya le había acompañado dos años antes, y quizá con una pequeña escolta enviada por D'Amboise.

La carga, en caballos y carros, no es de poca consideración: todo lo que se puede sacar de Florencia; las obras inacabadas (la *Mona Lisa*, *Santa Ana*, *Leda*), y además cartones, cuadernos, dibujos, libros, herramientas y equipos, y por último toda la ropa y los objetos personales. En Florencia quedan los maravillosos cartones de la *Batalla de Anghiari*, requisados por la Signoria, y la tabla de la *Adoración de los Magos* en casa de los Benci.

Quizá también permanezca en Florencia el *San Jerónimo*, al que Leonardo ha vuelto a echar un vistazo antes de marcharse. Había un detalle que, tras las últimas investigaciones anatómicas en Santa Maria Nuova, ya no le convencía: la forma del músculo esternocleidomastoideo, tan evidente en el movimiento giratorio de la cabeza. Así que, por última vez, interviene en la tabla para corregir el error. Nada más. Y *San Jerónimo* permanece allí, inacabado para siempre.

Las cartas enviadas desde Florencia antes de la partida arrojan algo de luz sobre las actividades realizadas en estos meses de gran fervor artístico e intelectual. En primer lugar, las dos Madonas prometidas a Carles y D'Amboise. Leonardo habla explícitamente de «variadas grandezas».

La Madona «grande» puede ser la *Santa Ana*, con un evidente cambio de destino: ya no la iglesia florentina de la Annunziata sino el rey de Francia. En realidad, desde un principio,

---

[5] CA, f. 938v.

con la donación de la reina Ana de Bretaña, la obra estuvo destinada a ser un homenaje a la monarquía francesa.

Eso sí, en comparación con la primera composición descrita por Novellara en 1501, no ha dejado de cambiar con el tiempo, en un extraordinario proceso de metamorfosis. Es posible que, en octubre de 1503, según el testimonio de Agostino Vespucci, Leonardo hubiera iniciado la fase de pintura, limitada únicamente a la cabeza de Santa Ana.

En septiembre de 1507, de vuelta en Florencia, Leonardo se decidió por fin a completar el estarcido sobre la tabla de álamo, añadiendo y perfeccionando los detalles (el tocado del pelo, los drapeados, las montañas en el paisaje), y siguió aplicando el color.

Un pasaje atormentado, porque le llevó a dejar de lado otra versión, que entretanto se había desarrollado a partir de su primera idea: otro cartón completamente diferente, el actual cartón de Burlington House de *Santa Ana*, o bien *Virgen con el Niño, santa Ana y san Juan Bautista*.[6]

SANTA ANA: EL CARTÓN DE BURLINGTON HOUSE

El cartón de Burlington de la *Santa Ana* tiene la consistencia de ocho hojas grandes de papel pegadas entre sí y preparadas con un tinte de color marrón claro tendente al rojo. Leonardo había trabajado libremente con diferentes materiales, carboncillo, piedra blanca y negra, témpera, albayalde o blanco de plomo, creando extraordinarios efectos de esfumado y veladura, que eran al mismo tiempo escultóricos y monumentales.

En lugar del corderito aparece san Juan niño, renovando el tema de la relación entre los dos chiquillos, ya presente en la *Virgen de las rocas*. El Niño Jesús aparece en el acto de bendecir al Bautista, mientras con la otra mano parece acariciarle la barbilla.

---

[6] Londres, National Gallery, inv. 6337 (derivado del dibujo de Londres, British Museum, Department of Prints and Drawings, 1875.612.17r).

La Virgen y Santa Ana se funden en un único y macizo conjunto estatuario de inspiración clásica, que recuerda a las estatuas de las musas descubiertas en Tívoli y vistas por Leonardo en 1501. De ese doble cuerpo materno emergen, con una extraordinaria sensación de movimiento tanto el Niño como las cabezas de las mujeres, muy parecidas, una frente a la otra, casi sin distinción de edad.

¿Y la madona «pequeña»? Podríamos pensar en otra *Virgen de la rueca*; o bien en una nueva composición para la que solo se realiza el estudio de la cabeza femenina, con el cabello apenas insinuado mediante rápidas pinceladas de color ámbar, verde ambarino y albayalde. ¿Será quizá el boceto sobre tabla de álamo que hoy llamamos *Cabeza de muchacha* o *La despeinada*?

Parece casi un dibujo a mano alzada, intencionadamente inacabado, como la mítica cabeza de Venus pintada por Apeles. El cabello parece alejado del elaborado peinado de *Leda*, pero la inclinación de la cara, la expresión, los ojos entrecerrados parecen remitir efectivamente a una recuperación del rostro de Leda de pie.[7]

Las dos madonas anunciadas en las cartas a Carles y a D'Amboise, sin embargo, están inacabadas o apenas esbozadas a su llegada a Milán en la Semana Santa de 1508. Quizás *La despeinada* tome el camino de Mantua, para satisfacer el antiguo deseo de Isabel de Este de tener por fin una obra de Leonardo.

Con todo, no son los únicos cuadros devocionales ejecutados en los últimos años para clientes franceses. Leonardo también retoma el *Salvator Mundi*, el Cristo Redentor que pintó en un luneto de Santa Maria delle Grazie en 1497.

---

[7] Parma, Galleria Nazionale, n.º 263.

SALVATOR MUNDI

Dos dibujos en piedra roja, ahora en Windsor, atestiguan con precisión el inicio del proceso compositivo. Leonardo se concentra en dos detalles del vestido, los volantes de la manga derecha que envuelve el brazo levantado en gesto de bendición y el drapeado de la parte central de la túnica, sobre la que empieza también a dibujar el refinado friso decorativo del escote, y las dos bandas cruzadas de la estola.[8] La composición completa prevé una visión frontal, hierática, del rostro de Cristo, mientras que en la mano izquierda sostiene una esfera de cristal, símbolo del mundo. Un icono antiguo, que se remonta a los modelos de la pintura flamenca y nórdica inspirada en la *Devotio moderna* y la *Imitación de Cristo*, y ya retomado en Italia por Antonello da Messina y Bramantino. Su destino es, por lo tanto, evidente, a petición explícita de quien lo encarga, probablemente el rey de Francia: una imagen sagrada para la devoción privada del soberano.

Tel vez Leonardo no vaya más allá del cartón (ahora perdido), que origina una veintena de copias por lo menos, y de un grabado de Wenceslaus Hollar. Al menos tres de estas copias, sobre tablas de nogal, son obra de discípulos suyos como Luini, Salaì y Boltraffio en su taller milanés y bajo su control directo.[9] En particular, la versión Cook, atribuible a Luini, también presenta intervenciones autógrafas del maestro, y probablemente sea el ejemplar destinado al comitente regio.

Ahora bien, ¿por qué obligar a un discípulo a completar un cuadro tan importante? Leonardo percibe algo inquietante en la imagen que él mismo ha creado. Para empezar, la fijeza de la visión frontal, que nunca había adoptado hasta ese momento y que siente impuesta por el comitente

---

[8] W, 12.524-12.525 (aprox. 1506-1508).
[9] Abu Dabi, colección privada, versión Cook; colección privada, versión Ganay; Nápoles, San Domenico Maggiore.

y por la tradición iconográfica. Luego, esa mirada vidriosa, esos labios cerrados y sin sonreír, esa mano que no es posible saber si se levanta para bendecir y salvar, o para juzgar y condenar. Por último, es la propia figura de Cristo la que le inquieta, porque en ese rostro, en el sufrimiento del hombre de la Pasión, ya había proyectado toda su propia persona: en el Cristo de la *Última Cena*. Pero ya no es capaz de hacerlo en el icono del Redentor del mundo.

Todo pintor, en el fondo, se pinta a sí mismo. He aquí el misterio que esconde el *Salvator Mundi*. Es un autorretrato en el espejo, como el de Alberto Durero.

23. Un nuevo taller lombardo

Milán y el resto de Lombardía, 1508-1511

Pocos meses después de regresar a Milán, Leonardo titula de esta manera el comienzo de un nuevo cuaderno, el Códice F: «Empezado en Milán a día 12 de septiembre 1508».[1]

Otras listas interesantes aparecen en las portadas del códice, testimonio de los nuevos libros que llegan a su escritorio, en particular desde Venecia («libros desde Venecia»), y de los nuevos desafíos intelectuales y científicos: un «vocabulista vulgar y latino». Vitruvio, Aristóteles, Arquímedes, la anatomía de Alessandro Benedetti, Alberto de Sajonia, Giovanni Marliani, Avicena.[2]

También son nuevos los nombres de las personas a las que Leonardo recurre para obtener estos libros, en un Milán muy cambiado respecto a los tiempos de los Sforza: el teólogo fray Bernardino Morone para *De coelo et mundo* de Alberto Magno, el gentilhombre de Busseto Ottaviano Pallavicini para Vitruvio, y el antiguo dignatario esforcesco Niccolò della Croce, que le proporciona un texto de Dante, probablemente la *Quaestio de acqua et terra*, recién impreso por primera vez en Venecia, el 27 de octubre de 1508, editado por el agustino Giovanni Benedetto Moncetti, y con dedicatoria al cardenal Hipólito de Este. El médico veronés Girolamo Maffei podrá explicarle la variación a lo largo de siete años del nivel del Adigio. Entre las páginas del códice vuelve a emerger también el interés por los canales de Milán y de Martesana.[3]

---

[1] F, f. 1r.
[2] F, cub. v, y II cub. r-v.
[3] F, ff. 9v, 16r, 53r, 54v, 55r, f. 76v.

En general, el Códice F se centra en cuestiones mecánicas. El estudio de la fricción y de la resistencia del medio permite corregir la concepción aristotélica de la fuerza y abandonar definitivamente la idea de antiperistasis.

Tampoco falta, sin embargo, la investigación astronómica, con uno de los textos más interesantes, titulado *Lalde del sole*, que cita directamente la *Spera* de Goro Dati y los himnos naturales del griego Michele Marullo, un extraño poeta-soldado apasionado por la lectura de Lucrecio. Con inspiración casi poética, Leonardo celebra el sol como fuente de vida y calor para todo el universo y empieza a dudar de la cosmografía ptolemaica que sitúa la Tierra en el centro de la máquina universal. Como es natural, carece de las herramientas para demostrar sus dudas, pero es consciente al menos de la relatividad del punto de vista de esta tierra. Se adentra con su mirada en el infinito, e imagina, como Dante, estar viendo nuestro mundo desde distancias siderales, comprendiendo que no es más que una «mínima estrella», un «punto en el universo»: «Ahora bien, piensa en lo que parezería esta nuestra estrella a tanta distancia, y considera luego quántas estrellas se colocaría sea por longitud como por latitud entre esas estrellas, qu'están dispersas por ese spacio oscuro. [...] nuestro mundo, que parezería similar a una mínima estrella, la cual pareze un puncto en el universo [...]».[4]

También se alude al «sitio y la grandeza del simulacro del sol», conectado con el problema de Alhacén, en una hoja que presenta el precioso recuerdo de un papelero milanés: «Mira la tienda que fue de Bartolomé papelero».[5]

Otro cuaderno, el Códice K, recuerda algunos lugares a los que acude en Milán en este periodo: el «puestecillo aranzelario di Portanova», el «puerto de Casscano», los bocacaces del canal, y luego, más lejos, el Ticino.[6]

Y los libros no faltan, como es natural. Entre ellos, siempre se encuentra el tratado de arquitectura de Vitruvio, objeto de

---

[4] F, ff. 5r y 4v.
[5] CA, f. 79r.
[6] K, ff. 93v, 99v, 108v-109r.

una apasionada búsqueda desde principios de su periodo milanés. Ahora Leonardo se promete pedirle una copia a Ottaviano Pallavicini y buscar otra entre los papeleros: «Busca de Vetruvio entre papeleros».[7]

Luego se acuerda del códice copiado por su amigo Iacopo Andrea da Ferrara. Por desgracia, el desafortunado arquitecto, implicado en los disturbios que siguieron a la conquista francesa, fue decapitado en 1500, acusado de traición. ¿Pero qué ha sido del libro? Parece que incluso hay que ir a buscarlo a una taberna: «Meser Vincentio Aliplando que está cerca de la taberna dell'Orso tien el Vetruvio de Iacomo Andrea».[8]

En Milán empiezan los pagos regulares efectuados por los tesoreros reales. En un día no especificado de octubre, Leonardo anota: «A día <...> d'octubre de 1508 recivì escudos 30, 13 los presté a Salaì para completar la dote de su hermana y 17 me quedaron a mí». Un préstamo curioso, porque el padre de Salaì sigue vivo y podría haber dotado a su hija. Pero la familia de Salaì es una familia ávida, empezando por las codiciosas hermanas, Lorenziola, que se casa con Tomaso da Mapello, y Angelina, con Battista da Bergamo. Leonardo es consciente de que el dinero que va en esa dirección nunca regresará, y escribe unos versillos en latín para recordarse el no volver a prestar tanto dinero tan a la ligera: «*Non prestavis bis / si prestavis non abebis / si abebis non tam cito / si tam cito non tam bona / e si tam bona perdas amicum*».[9]

Luego, en otra hoja de papel, echa cuentas y ve que no le va tan mal: de julio de 1508 a abril de 1509 el suministro real asciende a trescientos noventa escudos y doscientos francos. Lo único preocupante es la progresión descendente de los ingresos: «Recuerdo de los dineros que tengo para mi provisión desde julio 1508 hasta abril próximo 1509, primero escudos 100, luego 100, luego 70 y luego 50 y luego 20 y luego 200 francos a 48 dineros el

---

[7] F, I cub. v y II cub. v.
[8] K, f. 109v.
[9] F, II cub. r.

uno».¹⁰ Respecto a los primeros pagos hace que Lorenzo, su mozo, escriba dos breves recordatorios al dictado: «Ítem e tenido en una partida cien de tosoliere / ítem en una otra otros cien de tosoliere Groliere / ítem una otra setenta»; «ítem e tenido la primera vez cien / la segunda otros cien / la tercera cincuenta y cinco / la cuarta setenta / la quinta».¹¹ El «tosoliere» es el tesorero del Ducado de Milán, el mercader lionés Étienne Grolier, y es el padre de un joven humanista, Jean, apasionado por las monedas antiguas y los libros valiosos, que colecciona y protege con preciosas encuadernaciones.

De ser por él, Leonardo permanecería todo lo posible en la soledad de su estudio, probando y volviendo a probar las fórmulas matemáticas y figuras geométricas que llevan años obsesionándolo en torno al eterno e insoluble problema de la cuadratura del círculo. De vez en cuando se engaña pensando que lo ha resuelto, como en la noche del 30 de abril al 1 de mayo de 1509: «Haviendo yo largo tiempo intento cuadrar l'ángulo de 2 lados curvos / es dez\<i\>r l'ángulo y el cual tiene 2 lados curvos d'igual curvatura / es dez\<i\>r curvatura nacida de un mismo círculo al presente la vi\<gi\>lia / de calendamayo en 1509 yo encontré el propósito a las ho/ras 22 en domingo».¹²

Sin embargo, cuando regresa a la realidad, se acuerda de que aún tiene que inspeccionar el canal de San Cristofano, sobre el que también debe intentar obtener el disfrute de sus derechos. Y así, habiendo abandonado la cuadratura del círculo, es allí donde lo encontramos, el 3 de mayo de 1509, en las esclusas de regulación del canal, dibujando la caída de agua de los bocacaces.¹³

Y así vuelve la vieja idea de diseñar y renovar Milán como una ciudad ideal, creando una nueva planimetría con las calles

---

¹⁰ CA, f. 522r.
¹¹ CA, ff. 523v, 528v.
¹² W, 19.145r.
¹³ CA, f. 1.097r. Véase también CA, ff. 221r, 254r.

principales, los canales, las puertas, las medidas en brazos y una vista de pájaro muy moderna en la que se distinguen los monumentos más importantes, la catedral con el cimborrio aún inacabado, el castillo, la torre de San Gottardo.[14]

Al servicio de D'Amboise, Leonardo, que ya está cerca de los sesenta años, vuelve a viajar incansablemente por Lombardía, realizando relieves geológicos e hidrográficos de los valles lombardos y extendiendo sus inspecciones incluso a las antiguas tierras venecianas conquistadas por los franceses en mayo de 1509: el lago Iseo, los territorios de Brescia y Bérgamo, Val Camonica, Val Trompia, Val Sabbia, Val Brembana.[15] Como ya había hecho en Toscana, proyecta una vía fluvial navegable entre Milán, el lago de Como, la Spluga y la Engadina. Un proyecto visionario y, como es natural, imposible.

No participa directamente en las operaciones militares, ni tampoco en la batalla de Agnadello, que sella a orillas del Adda, el 14 de mayo, la derrota del ejército veneciano. Es mejor mantenerse alejado de la guerra, «locura bestialísima» y además muy cara, como señala en el Códice Atlántico, ironizando sobre la vanagloria de los venecianos: «36 millones d'oro se jactaban los Venezianos de poter gastar en diez años en la guerra del imperio, iglesia, rey de España y Francia a trescientos mil ducados al mes».[16]

De regreso a Milán, opta por ocuparse en cambio de las celebraciones que festejan una vez más el triunfo de Luis XII el 1 de julio de 1509.

De hecho, todas las espectaculares maravillas parecen ser ideas suyas: una representación alegórica de la lucha de un Dragón contra un León, símbolos de Francia y Venecia; en la plaza del Castillo, «un caballo de maravillosa grandeza de relevo», con la imagen del rey; y, sobre todo, un león mecánico que se pone de pie a la llegada del rey, y se abre su pecho con una garra y saca

---

[14] CA, f. 199v. Véase también W, 19.115v.
[15] W, 12.673-12.674.
[16] CA, f. 584r.

bolitas azules llenas de lirios dorados, y las lanza a su alrededor, y hace lo mismo con su propio corazón.[17]

Es posible que conciba para esa misma ocasión, tomándolo del *Fiore di virtù*, un ingenioso motivo alegórico para las ropas de D'Amboise: la imagen de la calandria enjaulada que, volviéndose hacia un enfermo, puede dar una esperanza segura de salvación, con el lema «los pensamientos se vuelven hacia la esperanza».[18]

El lema también podría aplicárselo él mismo, que se siente como un pajarillo encerrado en una jaula dorada, y a veces preferiría escapar de ella y recuperar su libertad.

Mientras tanto, en el taller del maestro surgen las primeras rivalidades entre Salaì y Melzi.

El hasta ahora discípulo «favorito» tiene casi treinta años y se ve desbancado por el último en llegar, descendiente de una familia patricia milanesa que representa todo lo que él no es ni ha tenido nunca: el blasón, la riqueza, la posición social y sobre todo esa cultura humanista y literaria que Leonardo necesitaba desesperadamente.

Por otro lado, los demás discípulos y aprendices no tienen dudas sobre la naturaleza de la predilección por Salaì: uno de ellos dibuja, detrás de una hoja de estudios del Códice Atlántico, una torpe caricatura de Salaì con una gran nariz; más abajo, junto al nombre «Salai», hay un ojo en forma de cerradura en el que penetra, como si fuera una enorme llave, un miembro viril: una evidente traducción visual de la palabra *chiavare*.[19]

Lo que hace casi increíble esta hoja entre los papeles de Leonardo no es, sin embargo, esta caricatura obscena, sino el dibujo de un vehículo de dos ruedas, al que no le faltan su manillar, sillín, pedales y cadena de transmisión, esbozados por un discípulo

---

[17] P. Parenti, *Storia fiorentina*, Florencia, Biblioteca Nazionale Centrale, ms. II. IV.171, hoja intercalada entre f. 16 y f. 17.

[18] CA, f. 190v. Véase también H, f. 5r.

[19] CA, ff. 132v y 133v. [Este término italiano, que en su acepción vulgar significa *follar*, si bien procede del latín tardío *clavare*, clavar, se asocia fonéticamente con *chiave*, llave, de ahí el sentido de la caricatura mencionada. (*N. del t.*)].

que copia o recuerda de memoria una idea de Leonardo. Otro invento imaginario, que aplica los nuevos conocimientos de mecánica a una estructura análoga a la de una bicicleta moderna.

La hostilidad hacia Salaì también se deriva del hecho de que buena parte de los bienes de Leonardo parece haber pasado a ser para uso exclusivo del discípulo o de sus familiares. Por ejemplo, el viñedo donado por Ludovico el Moro, y restituido por Luis XII tras una confiscación temporal, está alquilado desde hace años al padre de Salaì, Giovan Pietro da Oreno, que se instaló en la amplia y confortable casa rústica situada en la finca. Además, Pietro también ha conseguido un poder para estipular escrituras con los vecinos: y, de hecho, el 6 de marzo de 1510 lo encontramos junto con Gerolamo Bugatti, prior del monasterio jesuato de San Gerolamo para un acto de copropiedad del muro divisorio entre el viñedo y el jardín del monasterio. En el documento, Pietro actúa en nombre de Leonardo y «Johannis Jacobi dicti Salibeni de Oppreno», es decir, de su hijo Salaì, y se considera en parte propietario de la tierra.[20] Pietro, sin embargo, no disfruta demasiado tiempo del viñedo, porque muere ese mismo año.

A Melzi no parecen importarle gran cosa todas estas historias y calumnias, y en cambio se esfuerza por aprender todo lo que puede de Leonardo: los rudimentos de la geometría y la perspectiva, que le faltan en su educación humanística, y la técnica del dibujo y de la pintura, sobre todo. El maestro le asigna ejercicios de dibujo, probablemente a partir de modelos plásticos de terracota como los realizados en Florencia en la época de la colaboración con Rustici para el grupo del Juan Bautista. De hecho, la figura del Levita, concebida para el Baptisterio de Florencia, inspira el primer dibujo conocido (y fechado) del joven Melzi, una cabeza de anciano sonriente, de perfil, dibujada a lápiz rojo, con la fecha y la firma que cada discípulo está acostumbrado a poner en su trabajo: en lo alto, «1510 a día 14 de

---

[20] ASMi, *Cimeli*, b. 1, fasc. 42, n.º 8.

augusto p.a sacada de modelo relievo Ioh/ Francescho da Melzo de años 17», y al pie «19 años. fr. Melzo».[21]

Reaparece también en el taller leonardesco Boltraffio, de regreso de Bolonia, y el maestro lo recuerda en sus apuntes por un torno,[22] pero también por un desagradable episodio, la fractura de una pierna: «1510 a día 26 de septiembre Antonio se rompió la pierna: a de star 40 días».[23] El torno de Boltraffio revela el constante interés tecnológico por el diseño de máquinas destinadas a los usos prácticos de la vida cotidiana y a la producción protoindustrial, como ruecas, prensas, engranajes de todo tipo. Entre los muchos proyectos, destacan los de molinos accionados por agua o por caballos. Y luego un borrador de un tratado sobre el arte «d'intornear los óvalos», que un discípulo de Melzi enseñará a Dionigi Maggiore a finales del siglo XVI.

En Milán Leonardo también regresa a la catedral, donde muchos años antes colaboró en el proyecto del cimborrio.

El 21 de octubre de 1510 el consejo de la Fabbrica del Duomo convoca a consultas, para el jueves 24 siguiente, a los ingenieros Giovanni Antonio Amadeo y Andrea Fusina, al «magister Leonardus Florentinus» y al arquitecto y escultor Cristoforo Solari, conocido como «el Gobbo», colaborador de la Fabbrica desde 1501 con la asignación genérica «ad laborandum [...] in figuris». En la sala del consejo de la Fabbrica es obligado hablar de la decoración de madera del interior de la catedral y, en particular, de la nueva sillería del coro. Evidentemente, los artistas lombardos están al corriente de algunos de los últimos encargos florentinos de Leonardo relacionados con los grandes proyectos decorativos en madera de Baccio d'Agnolo: el altar de la Annunziata para *Santa Ana* y la sala Grande del Consejo para la *Batalla de Anghiari*.[24]

---

[21] Milán, Pinacoteca Ambrosiana, Collezione dei disegni, Sala G, vitrina 3 (antes Biblioteca Ambrosiana, F 274 inf, n.º 8).
[22] W, 19.092r.
[23] G, cub.v.
[24] AVFDM, *Annali della Fabbrica del Duomo*, III p. 153.

Supone un motivo de alegría reencontrarse con Cristoforo. Leonardo lo conoció cuando el joven y brillante escultor, que maduró en Venecia, trabajaba en las obras de construcción de la Cartuja de Pavia y en las tumbas ducales de Beatriz y Ludovico en Santa Maria delle Grazie. También tuvo como discípulo a su hermano Andrea, que acababa de regresar de Francia, donde pintó frescos en el castillo del cardenal Georges d'Amboise en Gaillon. Y Andrea está ahora ocupado pintando un retrato de Charles d'Amboise, de tres cuartos y sobre un fondo de paisaje. Es extraño, pero en el planteamiento de ese retrato parece que volvemos a ver la *Mona Lisa*, en la que el maestro y amigo florentino ha vuelto a trabajar precisamente ahora en Milán, y precisamente en el paisaje.

Pese a estar al servicio de D'Amboise, Leonardo no se plantea demasiados problemas en acercarse al enemigo más cordial del gobernador francés, Gian Giacomo Trivulzio, quien no ha renunciado en modo alguno al grandioso proyecto de su propia tumba en la iglesia de San Nazaro: una manera como otra cualquiera de exhibir su imagen de poder y de continuar haciéndolo incluso después de la muerte. En el nuevo testamento del 22 de febrero de 1507, el mariscal de Francia, después de un primer encuentro con el artista tal vez, ha alterado su intención original, más modesta, optando por colocar su sepulcro en un nuevo edificio que se construirá frente a la entrada de la iglesia.[25]

Leonardo no empieza a trabajar en ello hasta después de su regreso a Milán en 1508. En primer lugar, pinta un retrato del mariscal, ahora perdido. Luego, su imaginación se reaviva ante la posibilidad de realizar ese monumento ecuestre que lo había obsesionado durante tantos años. Vuelve a la idea del caballo rampante, símbolo de fuerza incontenible, ya representado en los estudios para la *Batalla de Anghiari*. Caballo y jinete se superpondrán sobre una base monumental, un templete funerario sobre ocho columnas que ofrecerá a los lados unos prisioneros, figuras simbólicas de

---

[25] ASMi, *Notai*, legajo 4.152.

los enemigos derrotados por Trivulzio.[26] Una idea no muy distinta de la de Miguel Ángel para la tumba de Julio II en Roma.

El mariscal está impaciente y algo preocupado: Leonardo le ha enseñado los dibujos de sus visionarias ideas, pero nunca se ha llegado a hablar de los costes. Al final, entre 1510 y 1511, se prepara un presupuesto de la obra, titulada solemnemente «Sepulcro de Meser Giovanni Iacomo da Treulso». Comparado con los presupuestos astronómicos que Miguel Ángel consigue que le apruebe el papa en Roma, podría parecer incluso de lo más barato: solo 3.046 ducados, divididos en 1.582 ducados para la fabricación y el material del monumento ecuestre que se va a fundir en bronce, 389 para los mármoles, y 1.075 para su elaboración.

El documento menciona explícitamente la pieza más importante, «un corcel de grandeza al natural con el omne encima pide por el coste del metal ducados 500»: el mariscal, vivo y terrible en la gloria de la victoria. En el templete funerario de debajo, como en las tumbas reales francesas coetáneas, se encuentra la estatua de mármol del cadáver *gisant*, de la que Leonardo anota rápidamente los costes de elaboración: «para la figura del muerto que salga bien ducados 100».[27]

En el fondo de su corazón, Leonardo ya sabe que nunca completará este trabajo; de hecho, tal vez ni siquiera lo empiece. No es un arte para él. No tiene práctica con la escultura de mármol, ni siquiera sabría relacionarse con los proveedores que gravitan alrededor de la Fabbrica del Duomo y ya teme retrasos en las entregas y, sobre todo, retrasos en los pagos. Así que está preocupado, él más que el mariscal, si escribe una anotación como esta: «Si el mármol nos faz sufrir diez años, yo no quier esperar a que el pago pase el plazo del final de la obra mía».[28]

Al fin y al cabo, ¿por qué agobiarse, por qué apresurarse? Aún no está la gran capilla de San Nazaro. Las obras, dirigidas por Bramantino, no empezarán hasta 1512.

---

[26] W, 12.343, 12.353-12.356, 12.360.
[27] CA, f. 492r.
[28] CA, f. 752 r.

24. La cosmografía del pequeño mundo

Milán y Pavía, 1509-1511

La actividad en la que más se concentra Leonardo entre 1509 y 1510 es la reanudación de su estudio sobre anatomía.

El primer testimonio de esta reanudación aparece en una hoja de 1509. Además de uno de los proemios del tratado de anatomía, leemos dos breves listas de objetos que no solo se refieren a la actividad normal de lectura y escritura (papel, lápiz, carboncillo, tintero, plumas, cortaplumas), sino también a la preparación de una sala de anatomía, con los libros necesarios para el estudio (Avicenna «de giovamenti», por traducir, y los textos de los anatomistas Zerbi y Benedetti), la ropa adecuada para no ensuciarse en exceso de sangre y limpiarse a menudo («asecador / bata / cordones / zapatos [...] / una piel en el pecho / guantes»), y sobre todo algunas macabras herramientas: las tenazas, el cincel y la «sierra de hueso de fina dentadura». Sin olvidar las «gafas con cartón», para ver mejor, en esa confusión sanguinolenta de venas, nervios y vísceras; y «nuez moscada», para tapar el fedor a putrefacción. Y, por último, «faz por conseguir una calavera».[1]

Dos años después, en otra pequeña lista, el inventario del dormitorio y el estudio no es muy diferente: «peine / asecadores / chamisa / chalcetas / plumorulo / libros / gafas / gorro de dormir / carbones para dibujar / papel de usado cuadernos 3 / cuchillo / ducado de Salai / hojas para escribir / charbones».[2] Aquí tenemos, pues, ante nuestros ojos, no el reino de un aprendiz de brujo sino la humilde habitación de un artesano-lector, ilumi-

---

[1] W, 19.070r.
[2] CA, f. 829r.

nada y calentada a la buena de Dios por velas, lámparas de aceite y carbón.

Leer y trabajar en la oscuridad durante tantos años le ha debilitado la vista, y a partir de los cincuenta años al artista le hace falta utilizar gafas de presbicia, primero definidas como «gafas de 50 años» y luego «gafas de 60 años».[3] Un apoyo útil para leer y dibujar es también una «gaffa de cristal grande», es decir, una lupa de forma rectangular, montada sobre un soporte con mango: «Et estta tal gaffa se debe operar remota del ojo a un 3º de brazo de distancia et igualmente esté remota de la carta que ttú lees et si la alueño más essa carta parezerá mayor, en efecto la carta común en impreso parecerá carta de cajas de bottica»; «Esta gaffa es buen de tener en el iscritorio pero ssi la qiero tener por fuera faze de largo 1/8 de brazo y de ancho 1/12».[4]

Iniciadas en Milán ya a finales de los años ochenta, las investigaciones sobre el cuerpo humano se orientaron en sus comienzos hacia la representación pictórica. Más adelante, después de haber presenciado diversas disecciones y haber realizado él mismo una docena de ellas, Leonardo se convenció de la necesidad de sistematizar esta investigación, que ya le ha dado la posibilidad de descubrir nuevas relaciones entre los órganos y de adentrarse en sus mecanismos, de una manera nueva en comparación con la ciencia médica tradicional.

Al igual que en otros campos del conocimiento, al no poder leer textos médicos griegos y latinos directamente, en su idioma original, se ve obligado a utilizar inciertas versiones en vulgar, como la de la *Anatomía* de Mondino de' Liuzzi impresa en Venecia en 1494 en el *Fasciculus de medicina*. Sin embargo, es precisamente su posición marginal frente a la gran tradición antigua y medieval (Hipócrates y Galeno, los científicos árabes, la escuela de medicina italiana entre los siglos XIV y XV) lo que le permite intuiciones audaces, impensables para un médico de su época.

---

[3] Ar, ff. 190v, 191r, 202r; CA, ff. 226v, 331r, 663r; G, f. 90r; A, f. 12v.
[4] F, f. 25r.

Cuando le resulta posible, Leonardo realiza incluso personalmente disecciones: como hemos visto, en el invierno de 1507 a 1508, con mayor experiencia, entró en el hospital de Santa Maria Nuova de Florencia, examinó a algunos pacientes y diseccionó algunos cuerpos de hombres, ancianos, mujeres, niños. Es el cuerpo de la mujer, con el misterio de la matriz y del aparato reproductivo, lo que le atrae por encima de todo, empujándolo a realizar detallados dibujos.

De hecho, solo gracias a su profundo conocimiento del cuerpo femenino pudo concebir Leonardo la metamorfosis de la figura en obras como la *Mona Lisa* y *Leda*.

La gran novedad del método reside precisamente en esto: la operación anatómica no se describe solo con el instrumento inadecuado de la palabra (como sucedía en los tratados bajomedievales), sino sobre todo con el dibujo, que se afana por plasmar la forma y casi la última palpitación del cuerpo que estuvo vivo hasta hace pocas horas, antes de verse deshecho por el bisturí.

Leonardo desarrolla una técnica de dibujo particular, que tiende a la representación fiel de las partes anatómicas, pasando del conjunto completo a la transparencia, de la sección al matiz de los contornos. La pluralidad de puntos de vista (hasta ocho ángulos diferentes) da lugar a secuencias que casi podríamos definir como cinematográficas. Sin embargo, hasta el final, Leonardo no renuncia a la búsqueda de una analogía entre formas vivas y formas geométricas, como lo demuestran los dibujos que intentan asimilar la válvula tricúspide a las lúnulas.

La colección de dibujos anatómicos estaba destinada a la composición de un nuevo gran tratado de anatomía, el primero que representaría visualmente el cuerpo humano con tablas grandes y detalladas similares a las que adornaban los manuscritos y primeros incunables de Ptolomeo. La referencia a Ptolomeo surge del hecho de que, tanto para Leonardo como para los antiguos, el hombre es un «pequeño mundo», un microcosmos en el que es posible reconocer, por analogía, las mismas leyes del macrocosmos: «Con lo cual aquí con quince figuras enteras te será muestra la cosmografía del pequeño mundo, con el mismo orden que fizo por delante de mí Ptolomeo en su cosmografía».[5]

El proyecto del tratado de anatomía, en 1510, no podría realizarse sin la colaboración activa de alguna otra persona ni sin la nueva técnica de reproducción de dibujos mediante grabado sobre plancha de metal. Melzi puede ayudarle a transcribir textos y a leer fuentes científicas en latín. Pero también es necesaria la ayuda de un especialista: el joven y brillante Marcantonio della Torre, un médico veronés, hijo del famoso profesor paduano Girolamo della Torre.[6]

Marcantonio inició su carrera universitaria en Padua, pero en 1509 se trasladó a Pavía, donde probablemente conoció a Leonardo, haciéndolo participar en sus sesiones de anatomía. El maestro por su parte le presta su cuaderno con estudios y dibujos de hidrología, que evidentemente pueden serle útiles para la interpretación del sistema vascular en el cuerpo humano: «Libro del agua a micer Marcantonio».[7]

Por lo demás, en los cuadernos de anatomía no faltan referencias a personajes contemporáneos, recordados por algún detalle anatómico singular captado por el ojo de Leonardo, como es el caso del iluminador Francesco Binasco: «Retrata el brazo de Francesco iluminador que muestra muchas venas».[8]

El regreso a Pavía, sin embargo, no resulta feliz del todo para el viejo Leonardo. Es probable que Marcantonio ceda el lugar de honor al pintor en el teatro anatómico, y mientras sus asistentes diseccionan el cadáver y él ilustra las partes a los estudiantes, Leonardo traza rápidamente sus dibujos y toma notas. Los estudiantes cogen prestadas esas hojas, las transcriben y copian parcialmente, para facilitarse el estudio de la asignatura. Leonardo ve esos apuntes abreviados, adornados acaso con toscos dibu-

---

[5] W, 19.061r.
[6] Los nombres de ambos, «Cechino» y Marcantonio, aparecen en una breve lista de esos días: «color / formulario / arquímedes / cechino ch / a ioditti / Marcantonio / hierro estañado / hierro calado» (CA, f. 65v).
[7] W, 19.102r.
[8] W, 19.027r.

jos, y se enfada con los estudiantes «abreviadores», que han echado a perder su minucioso trabajo.[9] Incluso el propio Della Torre se solidariza con él, porque en ese mismo periodo escribe un tratado contra el moderno «abreviador» Mondinus, en el que aboga por un retorno al texto genuino y completo de Galeno.

En todo caso, la obra ya está muy avanzada, como lo demuestra el estado en el que se hallan los cuadernos de anatomía recopilados entre Milán y Pavía. Leonardo confía así en uno de estos cuadernos su esperanza de completar el tratado: «Esta invernada del mil510 spero enviar toda tal natomía».[10]

Una vez más, sin embargo, el destino frustra sus buenas intenciones. En 1511 muere Marcantonio della Torre, con casi treinta años, en Riva del Garda, víctima de una peste. Un contagio que quizá contrajera el médico durante una lección de anatomía.

---

[9] W, 19.084r.
[10] W, 19.016r.

25. Las obras y los días

Milán, 1508-1511

Las obras, fieles compañeras de los días, siguen viviendo, transformándose con el tiempo.

Pero no son las únicas. Están también los últimos discípulos, que copian fielmente los arquetipos de dibujos y cartones, y a menudo trabajan en sus propias mesas cercanas, en la misma enorme sala. En algunos casos, el maestro anota la idea o llega incluso a realizar el cartón, mientras los discípulos completan los pasos siguientes, trasladan la composición a la tabla mediante el estarcido y proceden a pintar y colorear. Ágiles en dominar los secretos del esfumado y de las pinturas transparentes, ahora podemos citar, además de a Salaì, Boltraffio, d'Oggiono, Solari y Melzi, también a Bernardino Luini y al jovencísimo Giovanni Pietro Rizzoli, conocido como «Giampietrino». Cesare da Sesto ya no está: lo ha traicionado para irse a Roma, con Rafael.

En Milán, la *Virgen de las rocas* vuelve a escena por última vez. El 18 de agosto de 1508, en casa de los hermanos Leoforte (o Benforte) y Modesto de Sanctis, Leonardo otorga a De Predis un poder para resolver cualquier disputa con la cofradía. En el documento todavía se declara vecino del barrio Porta Orientale, parroquia de San Babila.

Sin embargo, los hermanos de la Escuela tendrán que permitirle realizar, junto con sus discípulos y colaboradores, otra copia de su cuadro *(«ut ipse dominus Leonardus una cum suis possit retrahere et seu transumere dictam imaginem»)*, que será retirado de la capilla de la Concepción los días laborables durante cuatro meses, y puesto a su disposición en otra capilla o en una sala del convento, probablemente en los locales de la propia cofradía: se accede desde el patio de entrada del convento por el lado de San Ambrosio, y sus aireados ventanales dan al jardín trasero. Durante todo el periodo establecido el cuadro deberá volver al altar también con motivo de celebraciones solemnes, y todos los gastos de desplazamiento correrán a cargo de De Predis.

A esto le siguen los acuerdos entre Leonardo y De Predis, quien se compromete a realizar esta nueva copia *(«retrahere et seu transumere»)*, a venderla y a repartir a medias las ganancias con Leonardo; la copia se hará según lo ordenado por Leonardo.[1]

El 12 de octubre, Leonardo, en su casa, autoriza a De Predis a emitir un recibo.[2] Finalmente, el 23 de octubre, nuevamente en casa de Leonardo, se ratifica el pago final de las cien liras por parte de la Escuela, que había tenido lugar el día anterior, a manos de De Predis.[3]

La convulsa historia de la *Virgen de las rocas*, que dio comienzo veinticinco años antes, ha llegado por fin a su conclusión. En los últimos meses, la tabla, delicadamente montada sobre un carro de madera, ha estado yendo y viniendo entre la iglesia y el taller de los artistas.

¿Cuántas veces, al oír el chirrido de las ruedas en el suelo de la capilla de la Concepción, habrá pedido Leonardo a los mozos que se detuvieran, que redujeran la velocidad, que avanzaran con suavidad, sin hacer ruido? Allí abajo, en la cripta, duerme su madre, Caterina.

La *Leda* también avanza gracias a nuevos conocimientos sobre el cuerpo de la mujer. En Milán, en 1508, Leonardo dibuja una gran tabla anatómica que representa la sección de un torso femenino, con la inscripción «hembras de meser Iacomo / Alfeo y Leda en fabbri».[4]

La enigmática nota alude probablemente a los modelos escultóricos antiguos destinados a la figura de Leda: algunas esta-

---

[1] ASMi, *Cimeli*, carp. 1, fasc. 42, n.º 15.
[2] ASMi, *Cimeli*, carp. 1, fasc. 42, n.º 16.
[3] ASMi, *Cimeli*, carp. 1, fasc. 42, n.º 7.
[4] W, 12281r.

tuas de «hembras» en la casa de un coleccionista de antigüedades, un noble milanés antiguo amigo de Bellincioni, meser Giacomo Alfeo,[5] y una Leda conservada en la Contrada dei Fabbri. Entre la catedral y Cordusio, la Contrada dei Fabbri es el tradicional barrio de los orfebres.

Caradosso también tenía allí su casa-taller, por lo que Leda podría ser la antigua escultura que encontró en 1495 en Roma y que llevó a Milán.

Santa Ana ha alcanzado también el estado de obra casi terminada.[6] Se trata de la versión retomada en Florencia en septiembre de 1507. Leonardo ha realizado una serie de estupendos dibujos de cabezas con peinados y velos transparentes, de drapeados y de montañas, en los que contamina gráfica y pintura utilizando todas las herramientas a su alcance al mismo tiempo: piedra negra y roja, acuarela, realces en blanco, pluma y tinta.[7]

SANTA ANA

En el cuadro, la Virgen, sentada sobre las rodillas de santa Ana, atrae hacia ella al Niño que juega con un corderito, símbolo de la Pasión.

Las figuras emergen con fuerza de la superficie plana de la tabla, dando la impresión de relieve, de tercera dimensión. Una pirámide de cuerpos, cuya cúspide corresponde al velo de Santa Ana, y el ángulo inferior a su pie izquierdo, que se tiende hacia adelante, hacia la luz, saliendo de la oscuridad.

La masa ocupa todo el espacio interno de la pirámide, sacudiéndola en un movimiento que viene dado por la acción de la Virgen desequilibrada hacia el Niño. En primer plano, lo que parece un terreno de apoyo firme e inmóvil se

---

[5] B. Bellincioni, *Rime*, ff. k3r-v.
[6] París, Musée du Louvre, inv. 776.
[7] Nueva York, Metropolitan Museum of Art, 1951.51.90; París, Musée du Louvre, Département des arts graphiques, 2.257r; W, 12.526-12.527, 12.532; W, 12.394, 12.397.

revela, esfumado en la oscuridad, como carne viva, materia palpitante suspendida sobre un abismo.

Al fondo, el otro abismo cerúleo del paisaje, de las lejanísimas montañas suspendidas sobre aguas y vapores. Las mismas montañas de la *Anunciación*, de la *Virgen del clavel*, de la *Virgen de la rueca*, las enormes cadenas de roca y hielo descritas al diodario de Soria, el Tauro y el Cáucaso, los huesos y la carne de la madre tierra. Las montañas de Caterina.

Hacer visible lo invisible, la fuerza profunda de la naturaleza, la transferencia de energía e impulso de un cuerpo a otro, el movimiento de la vida misma. Un desafío extremo, imposible para un pintor.

Pero Leonardo ha leído, en su Plinio, la historia de un pintor que había logrado representar en imágenes lo que no se puede representar: el gran Apeles, que había pintado un cuadro de truenos, rayos y relámpagos, una aterradora mancha oscura atravesada por cuchillas de luz: «*Pinxit et quae pingi non possunt, tonitrua, fulgetra fulguraque, Bronten, Astrapen et Ceraunobolian apelante [Graeci]*», (*Historia natural*, XXXVI, 29). Plinio recogía en su relato las tres palabras griegas con las que se titulaba el cuadro de Apeles, y Leonardo las transcribió literalmente, influido por su color oscuro: «astrapen/bronten/ceraunobolian».

Leonardo escribe ahora en una hoja coloreada de azul, parecida a otra hoja en la que transcribió un famoso lema de Anaxágoras transmitido por Lucrecio: «Anaságoras. Todo prozede de todo, y de todo se faze todo, y todo vuelve a todo, porque lo que sta en los elementos está facto de esos elementos».[8]

Luego da vuelta el papel y, por el otro lado, dibuja una de sus fantasías más sobrecogedoras: la representación de lo que no puede ni debe ser representado, la epifanía de la pulsión profunda de la vida y de la sexualidad.[9]

---

[8] CA, f. 1.067r.
[9] Colección privada.

ÁNGEL ENCARNADO

Es un ángel joven que nos mira, varón y mujer al mismo tiempo, con la cabeza ladeada y sonriente, los labios carnosos, una larga cabellera de rizos serpentinos, un delicado pecho con un pezón túrgido rodeado por la areola, el brazo derecho doblado hacia adelante con la mano apenas perfilada en el gesto de señalar hacia arriba, la otra mano apoyada sobre el pecho para sostener un velo transparente que cae. Bajo el velo, el miembro viril erguido.

El dibujo del ángel hermafrodita, hoy llamado *Ángel encarnado*, es el único testimonio de una obra perdida que data del segundo periodo florentino, el llamado «Ángel de la Anunciación». Solo nos quedan estudios en piedra roja del brazo y la mano izquierda, y un poco agraciado dibujo de un discípulo.[10]

La obra nace del estudio del cuerpo de Salaì cuando tenía poco más de veinte años: e incluso el rostro del ángel puede asimilarse a la fisonomía del joven angelical que aparece a menudo entre los papeles de Leonardo, incluso por mano de sus discípulos o del propio Salaì.[11] El Ángel descendió a la tierra, se hizo carne, eros, exhibiendo la doble naturaleza del hombre y de la mujer, sagrada y profana, divina y angelical, heraldo de las fuerzas invisibles y terribles de la naturaleza.

El icono del hermafrodita viene de muy lejos. Entre las fuentes literarias y filosóficas, desde Platón al *Poimandres* de Hermes Trismegisto, se destaca el mito de la criatura primordial en quien la unidad original aún no estaba dividida en dos entidades separadas, masculina y femenina.

Entre las iconográficas, podemos citar las antiguas representaciones del joven Dioniso, objeto de recientes redescubrimientos anticuarios, y también de recreaciones libres, como la realizada por Miguel Ángel para el cardenal Raffaele Riario en Roma.

---

[10] Venecia, Gallerie dell'Accademia, Gabinetto dei disegni e delle stampe, 138; W, 12.328 (hacia 1503-1504); CA, f. 395br.
[11] CA, f. 290vb.

Pero hay más. En la portada del Códice F, junto a los recuerdos de los libros, leemos esta misteriosa nota: «Planta d'Ellefante d'India que tiene Antonello el mercero».[12]

Elefanta es una isla de la India en lo que hoy es la Bahía de Mumbai, recientemente descubierta y bautizada así por los portugueses. Hay allí un maravilloso templo de Shiva excavado en la roca. En su interior, oscuro como una cueva, emergen las colosales representaciones del dios, que los europeos interpretan como imágenes de Dioniso. Entre ellos, el alto relieve de Shiva Ardhanarisvari, el dios andrógino de pie, mitad hombre y mitad mujer, sonriendo y con el brazo en alto: la misma pose que el *Ángel encarnado*.

La información pudo haberle llegado a Leonardo a través de un informe o de un dibujo adjunto con la planimetría («planta») del templo de Elefanta, encontrado en Milán en el puesto de un mercader llamado Antonello. Hipótesis nada improbable, dado que los navegantes portugueses en la India fueron a menudo acompañados y financiados por mercaderes florentinos y toscanos como Giovanni da Empoli y Andrea Corsali, en relación directa con Leonardo.

La figura del ángel anunciador, del precursor, sigue evolucionando. Sus formas en movimiento, su masa muscular, emergen del fondo oscuro, como una escultura. Así nació *San Juan Bautista*.[13]

SAN JUAN BAUTISTA

San Juan Bautista es otra obra de inspiración florentina: el Bautista es, en efecto, el santo patrón de Florencia. La influencia de un modelo plástico, vinculado a la reciente colaboración con Rustici, resulta evidente: las figuras de bronce realizadas para el Baptisterio de Florencia tienen una sorprendente analogía gestual con estas últimas obras de Leonardo. Comparado con el ángel de la *Anunciación* y

---

[12] F, I cop.v.
[13] París, Musée du Louvre, inv. 775.

el *Ángel encarnado*, el joven Bautista cambia el movimiento y la posición de su brazo derecho, que recorre el espacio de izquierda a derecha, se arquea y termina con el dedo índice apuntando hacia lo alto. Hay un efecto escultórico, acentuado por el contraste entre las partes del cuerpo iluminadas por una luz lateral y el fondo muy oscuro. Con todo, el contraste carece de contornos nítidos, aunque se resuelva en un esfumado progresivo. Luz y sombra, bajo y alto, primer plano y fondo. El ambiguo San Juan es la manifestación extrema de la poética pictórica de Leonardo, declarada en los escritos del *Libro de la pintura*.

La interpretación del cuadro también sigue siendo ambigua: ¿tema sacro-devocional o pagano? ¿San Juan Bautista o un joven Baco-Dioniso? De hecho, la figura no viste la piel de camello, sino el *pardalis*, la piel de leopardo o pantera característica de la iconografía del dios.

Según los testimonios antiguos, parece que Leonardo realizó efectivamente un Baco que estuvo en posesión de Antonio Maria Pallavicini, condotiero y gentilhombre de Busseto al servicio de los franceses, que será decisivo para el último acto de su vida. Otra obra contemporánea, el denominado *Baco-San Juan*, creada por un discípulo como Melzi, presentará la misma ambigüedad que el *San Juan*.[14]

Este nuevo cuadro aparece como una variante de la iconografía del Bautista, es decir, un *San Juan en el desierto*. El santo, o más bien el Dios, está sentado, musculoso y con las piernas cruzadas, en un paisaje natural que es «desértico», en el sentido de que representa una naturaleza exuberante y desprovista de la presencia del hombre. Los atributos dionisíacos son evidentes, el largo bastón llamado tirso y el *pardalis*. Su mensaje, un retorno a los orígenes, a la naturaleza primordial, al abrazo de la Gran Madre, cuya oscuridad envuelve el cuerpo dorado del dios.

---

[14] París, Musée du Louvre, inv. 780.

26. Fulgores de incendios

Milán y Vaprio d'Adda, 1511-1513

De nuevo, el paso de la muerte. El 11 de febrero de 1511 fallece en Correggio el gran protector de Leonardo, Charles d'Amboise. Su sucesor, Gastón de Foix, asistido por el señor de La Palice, mantiene sin embargo los compromisos del Gobierno francés hacia Leonardo.

El presupuesto del ducado para el año 1510, aprobado en París el 21 de marzo de 1510, había previsto de hecho un pago *«à maistre Leonnard peinctre»* y *«à maistre Leonnard Vincy florentin»* de nada menos que cuatrocientas liras tornesas, es decir, ciento ochentaiún escudos de sol de oro y un cuarto. El registro había sido elaborado esta vez por el nuevo tesorero, hijo del anterior, fallecido en 1509, el humanista Jean Grolier; lo refrenda el ya conocido Robertet. El pago, normalmente previsto para el año siguiente, se abona después de la muerte de D'Amboise. Y ahora, el 17 de noviembre de 1511, también se aprueba en Blois el salario del año siguiente: la redonda cantidad de cuatrocientas liras tornesas.[1]

Con todo, la libertad de estudio y de arte que le había consentido la liberalidad de D'Amboise y el trato directo con el príncipe ya no resulta posible. Obligado a abandonar sus estudios anatómicos, el artista debe reanudar sus viajes por Lombardía en nombre del nuevo lugarteniente del rey. Los dominios franceses ya no son tan seguros.

El combativo papa Julio II, después de haber doblegado Venecia junto a los franceses en 1509, propugna ahora la necesi-

---

[1] ANP, J 910, núms. 1-2.

dad de expulsar al extranjero de Italia, formando una alianza entre los Estados italianos aliados de España y el Imperio, la llamada Liga Santa. En la corte de Maximiliano de Habsburgo, en Innsbruck, los últimos Sforza en el exilio tejen oscuras intrigas para volver al poder en Milán.

Mientras los grandes del mundo se afanan en planificar guerras y tumultos, Leonardo se dedica a una serie de investigaciones fluviales que, aunque inicialmente motivadas por exigencias militares y estratégicas, se transforman en un atento estudio de las vías de agua de Lombardía: la cuenca del Adda y el Martesana, Brianza, los lagos de Annone, Pusiano, Alserio.[2]

El artista vuelve a ver los Alpes, los relieves más cercanos más allá de los lagos de Lombardía y quizá los más lejanos en el Piamonte. En la zona del curso superior del Po, entre Monviso y la llanura, recuerda que cerca de Saluzzo y de una famosa cartuja hay una enorme montaña aislada, el monte Bracco o Mombracco, y allí, a una milla por encima de la cartuja, se halla un importante yacimiento de cuarcita, «una mina de piedra laminada, la cual es blanca como el mármol de Carrara sin manchas, que es de la dureza del pórfido». El 5 de enero de 1511 el maestro Benedetto, su compadre (probablemente el escultor Benedetto Briosco), promete conseguirle una tablilla para moler los colores.[3]

La guerra y los desórdenes, sin embargo, se acercan una vez más a Milán y al mundo tranquilo y ordenado del taller de Leonardo. A finales de 1511 divisa en la lejanía, tal vez desde un torreón del castillo, a la soldadesca suiza mientras da fuego a los pueblos pobres de la periferia: «A día 10 de dicienbre a horas 15 se prende el fuego / a día 18 de dicenbre 1511 a 15 horas se fizo este segundo incendio por Suizzos en Milán en el lugar dicho DCXC».[4]

---

[2] CA, ff. 740r, 741r, 742r.
[3] G, f. 1v.
[4] W, 12.416r.

El fulgor de los incendios ilumina un tiempo inquieto, hecho de presagios de ruina y destrucción, de signos proféticos, como los que aparecieron en Rávena ante la inminencia del gran enfrentamiento entre el ejército francés y el de la Liga. La inquietante imagen de un monstruo hermafrodita nacido en aquellos días emerge también en un dibujo del Códice Atlántico.[5] El domingo de Pascua de 1512, durante la batalla de Rávena, muere el joven y apuesto Gastón de Foix. Por más que la suerte de la batalla sea favorable a los franceses, su dominio se desmorona rápidamente.

Por precaución, Leonardo ya ha abandonado Milán. Ya durante los estudios y dibujos de las vías navegables lombardas se traslada a Vaprio d'Adda, a la villa Melzi, como huésped de la familia de Francesco.

La villa pertenece al tío de Francesco, Lancilloto, mientras que su padre Girolamo posee una propiedad al otro lado del río, en Canonica di Pontirolo. Los Melzi siempre han controlado este punto estratégico en el curso del Adda, importante a causa de las vías fluviales en la confluencia del río y el canal de la Martesana, y para el paso de una orilla a otra en transbordador. Además, Girolamo Melzi, antiguo castellano de Trezzo y comandante de la milicia milanesa, puede garantizar seguridad e incolumidad en este delicado momento de pasaje del poder.

En Vaprio, Leonardo ordena sus papeles ayudado por Melzi, y a cambio de la hospitalidad recibida proyecta una suntuosa renovación del antiguo edificio que da al río con una gran terraza. La villa habría adquirido con ello una perspectiva escenográfica, rodeada de torres-pabellones en las esquinas.[6] Pero, como siempre, sus ideas visionarias nunca llegarán a realizarse.

Leonardo se concentra entonces en la contemplación de la naturaleza. En un dibujo se representa a sí mismo como un viejo filósofo, sentado en la orilla del río, absorto en estudiar

---

[5] CA, f. 58br.
[6] W, 19.077v («sala de la torre de Vaveri»), 19.107v; CA, ff. 173r, 414ar y br, 1.098r.

los remolinos del agua.[7] En esa contemplación el tiempo pasa con la velocidad de siglos y milenios, y el vórtice de la vida, como el del agua impetuosa, empieza a mostrarse en la forma extrema del diluvio.

Desde las terrazas de la villa, o en sus alrededores más próximos, Leonardo realiza dibujos de paisajes de trazo aéreo y luminoso: el Adda entre Vaprio y Trezzo, las montañas lejanas, la vista de la Martesana en Concesa, el transbordador sobre el río.[8] Sopesa un proyecto para represar el río en la zona de Tre Corni y crear un canal que permita superar desniveles y rápidos.[9]

También se dedica a reorganizar los cuadernos de anatomía, a escribir nuevos papeles y a realizar nuevos dibujos, utilizando un manojo de hojas de color azul. Todo se sujeta, todo se conecta. El estudio del agua y las vías navegables se superpone con el de los vasos y de la hidráulica, y con el de la circulación sanguínea en el cuerpo humano. Al no poder realizar nuevas disecciones de cuerpos humanos, se sirve de los animales de la granja Melzi, como lo revela el grueso corazón de buey seccionado, para comprender el funcionamiento del corazón humano.[10]

A finales de 1512 los acontecimientos se precipitan, pero el refugio de Vaprio siguió siendo un lugar seguro, entre otras cosas gracias al rápido regreso de Girolamo Melzi al servicio de los nuevamente entronizados Sforza. El 19 de noviembre se rinde la guarnición francesa del castillo de Milán, y el 29 de diciembre Massimiliano Sforza, hijo de Ludovico el Moro, entra triunfalmente en la ciudad, acompañado de su hermanastro Cesare, hijo de Cecilia Gallerani, con la espada ducal desenvainada. Leonardo sigue tranquilo en Vaprio, donde, al margen del estudio del corazón de buey, anota su última fecha lombarda: «A día 9 de ennerio 1513», en la «cámara de la torre Vaveri», es decir, en su habitación, en la torre esquinada de Villa Melzi.[11]

---

[7] W, 12.579r.
[8] W, 12.398-12.400; CA, ff. 642ar, 645r.
[9] CA, ff. 388r-v, 642rb, 911r, 949v, 1016v.
[10] W, 19.077v.
[11] W, 19.077r.

Unos días más tarde traza un esbozo del castillo de Trezzo rodeado por el Adda, recientemente conquistado por la liga veneciana-española que apoya a Massimiliano Sforza. A estos días de contactos con los vencedores, a través de la mediación de los Melzi, se remonta también una nota que parece recordar a su colega Bernardino Zenale: «Ve a ver a Melzo y al imbajador et al maestro Bernardo».[12]

El regreso de Leonardo a Milán se produce sin problemas. Todos los antiguos cortesanos de Ludovico el Moro han vuelto con Massimiliano.

Leonardo anota el nombre de Barbara, hija de uno de ellos, Filippo Stampa, exiliado en 1499 y recién llegado, en una gran hoja azulada con un hermoso diseño de sierra de mármol: Barbara Stampa es ahora la esposa de otro partidario de los Sforza, Carlo della Tela, en cuya casa se supone que pintó Bernardino Luini los retratos de los nuevos duques.[13]

Además están los ya conocidos Crivelli, los parientes de la hermosa Lucrecia que fue amante del Moro. Leonardo se pasa por su casa para pedirle a la esposa de Biagino Crivelli que le aclare algo increíble: por qué el capón, cuando lo emborrachan, se cree que es una gallina y se pone a empollar huevos: «Preginta a la mujera de Biagin Crivello cómo el capón cría e incuba el huevo de la gallina, tras averse imbriagato».[14] Y los estupefactos Crivelli empiezan a creer que el viejo artista ha perdido la cabeza.

¿Dónde vive Leonardo estos últimos meses en Milán? Podría haber regresado al palacio de los Melzi, pero tal vez él y su joven discípulo Francesco prefieran un poco de libertad antes que la opresiva tutela del capitán Girolamo. También está el viñedo de San Vittore, pero evidentemente la casa ya está ocupada por la inoportuna familia de Salaì. De modo que acepta la hospitalidad de otro viejo noble milanés.

---

[12] W, 19.076r.
[13] CA, f. 2r.
[14] W, 19.101r.

El 25 de marzo de 1513 un registro de la catedral lo nombra como residente con Prevostino Piola, decurión, prior del Monte de Piedad y cuñado del historiador Bernardino Corio.[15] Una antigua familia, emparentada con los Visconti, y Prevostino ha encargado además obras de arte para la catedral. Su palacio está cerca de Porta Nuova. No es una coincidencia. Cerca llega el canal Martesana, y allí se encuentran las cuencas de la Incoronata y de San Marco.

Más tarde, el silencio cae sobre él. Durante largos meses, ningún documento, ni en sus cuadernos fecha alguna, ningún acontecimiento memorable. En ese silencio, signo tal vez de una total marginación por parte de la nueva corte esforcesca hacia el artista que se había vuelto demasiado amigo de los franceses, va madurando poco a poco la idea de un nuevo traslado. Una nueva fuga.

---

[15] AVFDM, registro no localizable hoy.

27. Los signos del tiempo

De Milán a Roma, 1513

En Milán, entre 1512 y 1513, Leonardo vuelve a presenciar una vez más un dramático cambio de régimen. Los Sforza han regresado y han expulsado a los franceses. Con todo, la transición resulta menos traumática que la de 1499-1500.

Leonardo, aunque carezca de subvención real, gracias la protección de Girolamo Melzi y de los demás aristócratas milaneses podría continuar con tranquilidad la tarea de reorganización de sus escritos, la actividad de enseñanza a su restringido grupo de discípulos y los toques finales a una serie de obras que, empezadas años antes para clientes que con el tiempo han ido desapareciendo, pertenecen ahora a su mundo privado e ideal. Su relación con estas se ha vuelto íntima, personal, casi como un diálogo con personas, o fantasmas, que lo miran desde las tablas inacabadas y a las que él va añadiendo, lentamente, día tras día, detalles infinitesimales, matices, velos de pintura transparente: *Santa Ana, Leda, Mona Lisa, San Juan Bautista*.

¿Qué quiere hacer a partir de ahora? Tiene ya sesenta años. El dinero ahorrado podría bastarle para vivir una vejez confortable, respetado y venerado por la élite milanesa y la nueva generación de artistas lombardos; y también están las rentas del canal de San Cristofano y del viñedo de San Vittore, por más que la casa siga estando ocupada por los codiciosos parientes de Salaì. Una vez concluidas tantas batallas, desvanecidas tantas ilusiones, vinculadas a menudo al efímero apoyo de un príncipe o de un mecenas arrollado por los acontecimientos o por la muerte, Leonardo podría prepararse para vivir con toda calma el último capítulo de su vida, lejos del ruido del mundo y de la sociedad.

Si dejara Milán, incluso podría regresar a Toscana, a Florencia o, mejor aún, a Vinci. El pleito con sus hermanos se ha resuelto favorablemente, y Leonardo dispone del uso de las fincas que le dejó su tío Francesco. Sería difícil llamarlo regreso al hogar, porque él nunca ha tenido un hogar, una familia: pero al menos sería un regreso a su tierra, a los campos donde lo trajo al mundo Caterina, entre los olivos y bajo las estrellas. Su vida podría terminar así, cerrando un círculo, entre las colinas y barrancos donde de niño observó por primera vez las formas de la naturaleza.

En los últimos años, al mirarse en el espejo, ha observado el rápido envejecimiento de un rostro que sus contemporáneos consideraban bello y armonioso. También ha disminuido esa legendaria fuerza física que, él bien lo sabe, es otro regalo de Caterina, una característica de los orgullosos y salvajes pueblos de las montañas del Cáucaso. Su mano derecha, que hasta hace poco era capaz de doblar el soporte de campana de pared o una herradura como si fuera plomo, empieza a mostrar síntomas de parálisis. Las arrugas han excavado profundos surcos, la belleza juvenil y madura va dando paso a una máscara que la fisonomía asigna a un carácter de sabiduría, de meditación. A su larga «cabellera» le hace falta algo de tinte desde hace unos años. Enralecida en la frente y la nuca, empieza ya a convertirse en una absoluta canicie. La barba, que antes era escasa, crece ahora larga y blanca. Sirve para enmascarar los signos del tiempo, y para completar esa figura de anciano sabio. Sí, ahora Leonardo parece de verdad un filósofo asceta, un nuevo Pitágoras o Platón, un druida, un profeta, un sacerdote de una misteriosa filosofía natural, a medio camino entre Hermes y Prometeo.

Este es el rostro que, en uno de estos últimos días milaneses, le permite retratar a Melzi.[1] El maestro se relaja y acepta posar, de perfil. El discípulo, con la piedra roja, traza rápidamente los contornos de ese rostro tan regular y sereno, con la frente alta y espaciosa, los ojos claros sin pestañas, la nariz recta como en las antiguas estatuas griegas, los labios cerrados y finos. El cabello

---

[1] W, 12.726. Hay una copia en Milán, Biblioteca Ambrosiana, F 263 inf., n.º 1 bis.

liso y ondulado, al igual que la barba, cae muy largo sobre los hombros.

Leonardo siente curiosidad. Cuando Melzi termina, le quita el papel y lo mira. No dibuja mal, Francesco, y además ha sido benévolo con los signos de la edad: sin arrugas ni en la frente ni debajo de los ojos. Sin embargo, ese pelo es demasiado uniforme, compacto.

Leonardo agarra la piedra roja y retoca el dibujo abajo a la derecha. Y el pelo cobra vida y movimiento, y se convierte en olas de un mar tormentoso.

De la misma manera, en este capítulo que parecía conclusivo, nada termina, y todo vuelve a empezar. De nuevo la poderosa llamada de la inquietud, el inagotable deseo de descubrir nuevos mundos, de aceptar nuevos desafíos. El viejo mundo está cambiando. Un viento tormentoso ha arrollado no solo Milán sino todo el panorama político italiano.

En Florencia la República ha caído, los Médici volvieron el 1 de septiembre de 1512 y el 9 de marzo de 1513 el cardenal Giovanni de Médici, hijo de Lorenzo el Magnífico, es elevado al trono papal con el nombre de León X y el apoyo del cardenal Luis de Aragón. *Le temps revient*, como decía Lorenzo. Humanistas e intelectuales saludan el nuevo pontificado como la edad de oro que traerá la paz al cristianismo después de un periodo oscuro de corrupción y guerra. En las celebraciones florentinas que festejan el acontecimiento, en primera fila entre promotores y financieros, está también el hermanastro de Leonardo, el notario ser Giuliano da Vinci, que encarga vestidos para las ceremonias.

Una posición de primer plano tiene en la nueva geografía política el otro hijo de Lorenzo, Juliano de Médici, también conocido como el Magnífico. Tras la elección papal de su hermano se convirtió en señor de Florencia, pero en realidad el gobierno de la ciudad lo ejerce su sobrino Lorenzo di Piero de Médici, más conocido como «Lorenzino» para distinguirlo de su más ilustre y magnífico abuelo.

Juliano, según el sagaz embajador florentino y amigo de Maquiavelo, Francesco Vettori, es un hombre «más hábil en la corte que en la guerra». Amante de las artes y poeta él mismo, gusta, por encima de la política, del contacto prolongado con un amplio círculo de escritores y artistas. Pietro Bembo, que lo conoció en Venecia a principios de siglo, lo sitúa como interlocutor en los diálogos de la *Prose della volgar lingua*, y lo mismo hace Baldassarre Castiglione en los diálogos del *Libro del cortesano*, ambientados en la refinada corte de Urbino. El arquitecto fray Giocondo da Verona le dedicó la edición de *Cesare* publicada por Aldo Manucio en 1513, y Ludovico Ariosto también se cuenta entre sus admiradores.

A Juliano, sin embargo, le hace falta un gran artista que combine para él la excelencia de las artes y el conocimiento. Y es así por lo que, a mediados de 1513, desde Florencia o Roma, parte un mensajero hacia Milán. Leonardo da Vinci, antiguo *«paintre et ingenieur ordinaire du Roy»* pero actualmente desempleado, recibe una invitación de Roma, para servir al magnífico Juliano.

La idea de regresar a Roma entusiasma al viejo Leonardo y le confiere un nuevo vigor juvenil. Para un artista del Renacimiento, Roma lo es todo. Un sueño. Años más tarde, el erudito Giulio Camillo Delminio testificará que Leonardo, la primera vez que llegó allí, exclamó: «La verdad es que hecha así ya la he visto en un sueño». Y el escultor Guglielmo Della Porta recordará otra frase de Leonardo: «Roma es la verdadera maestra del arte que se enmarca en el dibujo».

Y luego están los Médici, los antiguos protectores, los hijos de Lorenzo. A Juliano, de joven, ya lo conoció en los años de su exilio, en Milán en 1496, y en Ímola, con Valentino, en 1502. Y, además, en Roma, tiene muchos viejos amigos: Bramante, arquitecto de la nueva basílica de San Pietro, junto a fray Giocondo y Giuliano da Sangallo; Atalante Migliorotti, su antiguo compañero de viaje de Florencia a Milán en 1482, que incluso llegó a ser superintendente de la Fabbrica di San Pietro y recibió un boceto leonardesco sobre las proporciones de las columnas en la arquitectura antigua;[2] fray Luca Pacioli, ahora profesor del

---

[2] CA, f. 890r.

Estudio Romano; y el orfebre Caradosso. También llegará a Roma su asistente más extraño, Tommaso, apodado Zoroastro, que pasó al servicio de Giovanni di Bernardo Rucellai y de Miguel da Silva, el obispo de Viseu, amigo de Baldassarre Castiglione y futuro dedicatario del *Libro del Cortesano*. Sin embargo, no podrá volver a verlos a todos. Algunos han muerto trágicamente: Antonio di Neri di Segna, aquel para quien había dibujado el Neptuno, el mercader al servicio del cardenal Soderini, fue torturado y asesinado por los Médici en 1512.

El viaje ha sido cuidadosamente organizado. En vísperas de la partida, aquí están los gastos finales de sesenta y tres liras y dieciocho dineros para forraje, herraduras, impedimenta, sillas de montar, y caballo para Lorenzo, además de la cuenta habitual de débito y crédito con Salaì.[3] Luego, el cálculo de gastos de viaje, nada menos que trece ducados, relacionados con el peso del equipaje, quinientas libras, equivalentes a trescientos ochenta kilogramos, y con la larga distancia que se ha de recorrer, un total de trescientas millas: «13 ducados por 500 libras, de aquí a Roma: 120 millas es de Florencia a Roma, 180 millas de aquí a Florencia».[4] Solo podemos imaginar el enorme valor de esa carga: los últimos cuadros inacabados, los manuscritos y libros de la biblioteca, las herramientas y materiales del estudio y del taller, e incluso las ricas ropas y joyas que le habían regalado los príncipes a los que había servido.

El maestro no es el único que se prepara para el gran salto. Apenas diez días antes, el 14 de septiembre, Salaì, anticipándose a su larga ausencia, alquila, como si fuera de su propiedad, la casa con el jardín y el viñedo de San Vittore (*«sedimine uno cum zardino et vinea una»*) a un tal Antonio Meda durante tres años a cien liras al año, reservando algunas habitaciones de la casa para el uso de su madre (*«pro uxu matris dicti locatoris»*), es decir, la viuda Caterina Scotti.[5]

---

[3] CA, f. 59av.
[4] CA, f. 1.113r.
[5] ASMi, *Notai*, sobre 4.690, notario Simone Sovico.

Llega el día de la partida, registrado con gran solemnidad al principio de un nuevo cuaderno: «Salí de Milán para Roma a día 24 de sectiembre 1513 con Giovan Francesco de Melsi, Salaì, Lorenzo y el fanfoia».[6] Le acompañan sus últimos discípulos, Melzi, Salaì, el mozo Lorenzo y un sirviente.

La pequeña caravana recorre la via Emilia y Leonardo anota las etapas hasta Bolonia: «Firenzuola Borgo a San Donino Parma Reggio Modana Bolognia».[7] Una ruta de cienco veinte millas, atendida por diecisiete estaciones de posta y que se recorre en unos cuatro días. Dos o tres días por lo menos hacen falta para superar los últimos cien kilómetros de travesía por los Apeninos, pasando por Mugello.

En Florencia por fin. No sabemos nada de esta breve parada, de poco más de un mes, entre octubre y noviembre: ni dónde se aloja Leonardo, ni a qué se dedica, ni con quién se encuentra, ni si tiene la oportunidad de visitar su granja en Fiesole o de regresar a Vinci para batallar con los arrendatarios de las fincas que le dejó su tío Francesco.

Un solo documento: el 10 de octubre Leonardo pasa por el hospital de Santa Maria Nuova, para ingresar lo que queda de la comisión regia que recibió en Milán, trescientos escudos de sol de oro: «Lionardo de ser Piero d'Antonio da Vinci, pinctor a de tener a día X d'octubre scudos trescientos d'oro del sol, trajo dicto contante para recivirlo a su plazer».[8] No sabe que es el último depósito bancario de su vida. Nunca volverá a tocar ese dinero.

Una cosa es segura: en comparación con 1508, Florencia ha vuelto a cambiar, y por completo. En el Palazzo della Signoria ya no está ese exasperado gonfalonero tan airado con él, porque le exigía el pago por adelantado y luego no completaba nada, y ya no queda ni siquiera el recuerdo de algunas de ciertas antiguas y embarazosas deudas. Tampoco está Maquiavelo, habiéndose

---

[6] E, f. 1r.
[7] CA, f. 260v.
[8] ASF, *Ospedale di Santa Maria Nuova*, 5.641, ff. 193v-194r.

retirado a una villa para escribir quién sabe qué, después de haber sido investigado, encarcelado y hasta torturado. En su lugar, a la cancillería ha regresado el antiguo y muy de fiar secretario de Lorenzo el Magnífico, Niccolò Michelozzi, que ahora es también el gran corresponsal del magnífico Juliano.

Leonardo, como huésped de los Médici en Roma, no puede dejar de pasar por el Palacio Michelozzi y luego se dirige al palacio de los Médici en via Larga, para obtener información más precisa sobre la continuación del viaje.

Si regresa al Palazzo Vecchio, subirá corriendo las escaleras hasta el Gran Salón, que ahora, ya olvidado el orden republicano, se llama Sala de la Guardia (y allí se aloja la soldadesca), para ver qué queda de su boceto de pintura de la *Batalla*; pero no ve los cartones ni los dibujos, porque, como propiedad de la Signoria, se han depositado en Santa Maria Novella.[9]

El cartón de Miguel Ángel quedó miserablemente destruido cuando los soldados mercenarios al servicio de los Médici devastaron el Palacio en 1512, despojando también al Gran Salón de los preciosos muebles de madera de Baccio d'Agnolo. El cuadro de Leonardo no: la *Lucha por el estandarte* sobrevive en la pared. Los Médici impartieron instrucciones para salvarlo, y así, el 30 de abril de 1513, los registros de los Obreros de Palacio, los mismos que diez años antes anotaron cada mínimo suministro y cada mínimo pago a Leonardo por su *Batalla*, atestiguan la realización de «una armadura en la sala de la guardia a la pictura facta por Leonardo da Vinci para que no se la stropee»:[10] cuarenta y tres brazos de tablas, es decir veinticinco metros lineales, exactamente lo que se necesita para enmarcar el perímetro del cuadro y proteger de la incuria del tiempo y de los hombres el maravilloso desarrollo de caballos y jinetes de la *Lucha por el estandarte*. Un pequeño gasto, para salvar una gran obra maestra:

---

[9] F. Albertini, *Memoriale*, f. a6r: «los caballos de Leonardo Vinci» en el Gran Salón del Palacio; f. a5r: «dibujos de Leonardo Vinci» en la capilla adjunta a la Sala del Papa, en el segundo claustro del convento de Santa Maria Novella.

[10] ASF, Operai di palazzo, 14, f. 5p; 15, ff. 1v, 2v, 3v, 4v.

solo dieciocho liras y doce chicas, al carpintero Francesco di Cappello, quien «dixo que por armar entorno las figuras pintadas en la gran sala de la guardia por la mano de Lionardo da Vinci», «para defenderlas que no le sean stropeadas a dineros 4 el brazo».

La protección no durará mucho. Ya en 1549, Anton Francesco Doni recordará la impresión que le causó la pintura de Leonardo mientras subía la amplia escalinata: «Et subiendo las escaleras de la sala grende, diligentemente dad un vistazo a un grupo de caballos et d'omnes (un trozo de batalla de Lionardo da Vinci) que os parecerá cosa milagrosa».[11] Unos años más tarde le corresponderá a Vasari, por más que defina la obra inacabada como la «escuela del mundo», el triste destino de destruirla para dejar sitio a sus nuevos frescos históricos de exaltación de los Médici.

---

[11] A. F. Doni, *Disegno*, Venecia, Gabriele Giolito, 1549, ff. 47v-48r.

28. Ocaso romano

Roma, 1513-1514

A finales de noviembre de 1513 Leonardo y sus acompañantes llegan a Roma. Otras ciento ochenta millas, dieciocho estaciones de posta, unos seis días de viaje. Tal vez espere, o sueñe, ser recibido inmediatamente con una acogida principesca, digna de un gran artista como él.

En cambio, la primera amarga sorpresa: el magnífico Juliano de Médici resulta ser mucho menos magnífico de lo que podría pensarse. No lo acoge en su suntuosa residencia, el Palacio Orsini di Montegiordano (el actual Palacio Taverna), sino que lo manda al otro lado del Tíber, a una dependencia de la villa Belvedere construida hacia 1487 por el papa Inocencio VIII, cerca de los palacios vaticanos.

Una ubicación del todo marginal, destinada a los trabajadores de la corte papal y de la Fabbrica di San Pietro. Se trata de un edificio semivacío, situado cerca de la villa y abierto a las huertas y jardines del Vaticano. Amplios salones, de hasta cinco metros de altura, facilitados a los artesanos de la Obra como vivienda y taller.

Por si fuera poco, los asignados a Leonardo todavía están pendientes de reforma. El 1 de diciembre de 1513, el arquitecto papal Giuliano Leno, colaborador de Rafael, elabora una lista de las obras que aún quedan por realizar: «Cosas que se han de fazer en el Belvedere, en las estancias de meser Leonardo da Vinci». En la primera gran sala es necesario crear una estancia más pequeña y resguardada, delimitándola con un tabique de tablas de abeto de veinte palmos romanos de largo y alto, es decir, unos cuatro metros y medio; y además construir también el desván, ensanchar y levantar una ventana, hacer el solado, un tabique en la cocina, un gran armario de veinte palmos de largo y diez de alto, o sea, unos cuatro metros por dos, y cinco ventanas; y por último falta todo el mobiliario: «4 tablas de albaricoquero para comer con banquetas», tres estantes, un arcón, ocho taburetes, tres bancos para sentarse, una cesta de almacenaje. La segunda sala más grande, destinada al laboratorio, estará delimitada por un tabique de tablas de 56 palmos de largo y 23 palmos de alto, es decir, aproximadamente doce por cinco metros, con un banco para moler colores.[1]

Apenas una mención, en los cuadernos de Leonardo, de este primer e incierto periodo pasado en Roma: en Navidad, una pequeña deuda de Lorenzo por la compra de heno para el caballo: «Lorenzo deve dar julios 4. Se compró heno. Para Navidad».[2]

Juliano es un mecenas débil y en decadencia. Cuando va a visitarlo a Montegiordano, Leonardo lo encuentra muy maltrecho, en condiciones de salud delicadas que hacen temer por su vida y que se prolongarán durante todo el invierno.

Era de esperar: como una vela siempre encendida, la vida del príncipe se ha consumido prematuramente entre excesos y placeres y decenas de amantes, hombres y mujeres. No siente el menor interés ni por la política ni por la guerra, ni tampoco por los grandes escenarios a los que le gustaría proyectarlo su hermano el papa, que se lo imagina incluso como rey de Nápoles. Respaldado por el cardenal Luis de Aragón, está negociando su boda con Bona Sforza, hija de Isabel de Aragón, duquesa de Milán, o con Giulia, hija del último rey aragonés de Nápoles, Federico. Solo sueños, sueños inútiles, para el pobre Juliano, que prefiere conversar con sus amigos poetas: Bembo, Castiglione, Bernardo Dovizi da Bibbiena.

Sin embargo, ni siquiera ellos, los poetas, tienen tiempo para él. Todos se han convertido en políticos de mayor o menor poder, secretarios, embajadores y cancilleres. Incluso el humilde Bibbiena ha dado el gran salto: de secretario de Giovanni de Médici a cardenal.

---

[1] AFSP, *Libretto de ricordi 1513-A*, ff. 22, 28, 31, 33, 36. Lo que probablemente sea un plano de las salas del Belvedere se encuentra en CA, f. 429v.
[2] CA, f. 259r.

Leonardo se adapta a una vida bastante retraída, esperando a que Giuliano se recupere. En las obras que bullen alrededor del Vaticano se reencuentra con viejos amigos como Atalante y Bramante: pero el encuentro con este último, lamentablemente, resulta muy triste.

El juguetón amigo de otros tiempos, el irreverente compañero de Gaspare Visconti, se halla muy debilitado, tembloroso y semiparalizado por una enfermedad que hoy llamaríamos párkinson, y no puede hacer nada sin la ayuda de los demás, que son Antonio da Sangallo, Peruzzi y Rafael.

Leonardo vuelve a ver a un arquitecto e ingeniero de genio, además de filólogo clásico, epigrafista, anticuario y lector de Vitruvio, fray Giocondo da Verona, de quien conoce las obras de canalización efectuadas en los jardines del palacio real de Blois, realizadas durante el periodo en que el fraile estuvo en Francia al servicio de Luis XII.

También se reencuentra, en el apogeo de su fama, con Rafael, el pintor que, cuando era joven, diez años antes, acudió a su estudio florentino, copiando fielmente sus ideas pictóricas más audaces y transponiéndolas en pinturas nuevas y originales. Y, sobre todo, se reencuentra con Miguel Ángel, el rival de la empresa pictórica del Gran Salón del Palazzo della Signoria, derrotado también por el fracaso de esa obra.

De todos, Leonardo observa con sorpresa y asombro las obras realizadas en Roma en los últimos años. Bramante, que obtuvo carta blanca del anterior pontífice Julio II, ha cambiado prácticamente la faz de la ciudad, destruyendo iglesias paleocristianas, palacios, casas y barrios, hasta el punto de que le llaman maestro «Arruinante» o «Estropeante»: sus grandiosas concepciones han inspirado la inmensa obra de la nueva basílica de San Pedro, que será coronada la cúpula más grande del cristianismo.[3] De Rafael puede ver los frescos en la Estancia de la signatura, y en particular, en la *Escuela de Atenas*, sorprenderse al obser-

---

[3] Planos y bocetos del proyecto de Bramante en CA, ff. 429r, 733v. Estudios de cimbras para bóvedas en CA, ff. 270v, 316v, 537r, 609r, 696r, 770v.

varse a sí mismo en la figura central del viejo Platón, y a Miguel Ángel en el aislado y desdeñoso Heráclito. A Miguel Ángel ha de reconocerle a estas alturas toda la magnitud de su genio cuando entra en la Capilla Sixtina y dirige su mirada a lo alto, hacia la bóveda repleta de sibilas y profetas, el relato épico de la historia de la humanidad y su dramática relación con lo divino, la creación, el pecado original, el diluvio. Ante el máximo esplendor alcanzado por su tiempo, Leonardo debe contentarse con permanecer apartado, sin un encargo específico, en la vivienda del Belvedere.

¿Qué hacer en las salas y jardines del Vaticano? Baccio Bandinelli, un joven escultor hijo del orfebre Michelangelo di Viviano, discípulo de Rustici y acusado incluso de haber destruido, por envidia, los cartones de Miguel Ángel de la *Batalla de Cascina* en 1512, recuerda que él también vivió en el Belvedere junto a Leonardo, y que caminaban juntos entre los naranjos «con largos razonamientos, muy graves y útiles».[4]

Se pierde en abstrusas indagaciones filosóficas, cuando no incluso alquímicas, y pasa el tiempo modelando con cera «animales finísimos llenos de viento» que luego hace volar en el aire. Tortura a un «extraño» lagarto que le ha traído el viñador, transformándolo en un pequeño monstruo al colocarle escamas, alas y cuernos. Infla con aire finos intestinos de cordero hasta llenar toda la habitación: un símbolo, dice, de la virtud, que lo llena todo con su presencia. Experimenta con extrañas técnicas de destilación de tinturas transparentes para sus cuadros.

Se dedica tanto a estas tareas, en lugar de empezar a pintar, que el papa León X exclama impaciente: «¡Ay, ay!, este hombre es incapaz de hacer nada, pues empieza a pensar en el fin de la obra antes que en su principio». Y en definitiva «hacía un sinfín de locuras como esas, y estudiaba los espejos, y probaba extrañísimas maneras de buscar aceites para pintar, y barnices para mantener las obras que había realizado».

---

[4] Florencia, Biblioteca Moreniana, Palagi 359, leg. 2.

Es posible que Leonardo iniciara realmente una nueva obra figurativa para el pobre Juliano: el retrato de una dama que el Magnífico pudo haber conocido durante las negociaciones para el matrimonio napolitano planeado por el papa y el cardenal Luis de Aragón, en alguna de las muchas fiestas organizadas entre palacio del vividor cardenal y el de Montegiordano.

Una poeta del círculo de Costanza d'Avalos y Vittoria Colonna entre Roma, Nápoles e Ischia, Enea Irpino da Parma, celebra la belleza de la mujer representada por Leonardo en un retrato «en papeles», es decir, simplemente dibujado o esbozado en papel: «Claro et gentil mío Vincio, en vano pinta / quien hoy intenta retratar a Madona en papeles, porque no basta el arte / para retratar las de su alma eternas bellezas».[5] El nombre de la mujer amada por Irpino y cantada en su cancionero es Isabella, es decir, Isabella Gualandi, la hija de Ranieri, mayordomo de Alfonso de Aragón y Bianca Gallerani o da Gallarate.

Isabella no se ha visto hasta ahora con Leonardo, pero este tuvo bastante trato con los miembros de su familia durante los años de los Sforza: su abuelo Pietro da Gallarate, un dignatario esforcesco, es recordado en el Códice Forster II, y quizá su efigie aparezca entre los apóstoles de la *Cena*; y su tío Filippo fue quien le llevó el collar de la orden del Armiño al Moro desde Nápoles.

Ahora Isabella podrá reunirse con él, con total discreción, en una habitación del palacio romano del cardenal donde Leonardo, bajando de su refugio en el Belvedere, tiene la oportunidad de retratarla «en papeles». De hecho, el cardenal vive cerca, en el suntuoso Palacio San Clemente, el actual Palacio dei Penitenzieri, un severo edificio con torreones construido hacia 1480 por Baccio Pontelli para el cardenal Domenico della Rovere, y con frescos de Pinturicchio, a pocos pasos de la basílica de San Pedro y del Vaticano.

Es una segunda *Mona Lisa*, distinta de la *Gioconda*, a la que Lomazzo llamará *Mona Lisa napolitana*. De hecho, Lisa puede ser un diminutivo tanto de Elisabetta como de Isabella. Pero también es sorprendentemente similar a la primera y extraordi-

---

[5] Parma, Biblioteca Palatina, HH V 31, 700, f. 41r.

nariamente hermosa, como lo demuestran las celebraciones de poetas y literatos como Iacopo Campanile y Paolo Giovio, hasta el punto de que encendió el deseo de Juliano de poseer su retrato y, posiblemente, no solo el retrato.

Un episodio similar a este lo cuenta Leonardo en el *Libro de pintura*: «Y ya me acaeció a mí fazer una pintura que representaba una cosa divina, la cual, comprada por el amante, quiso quitarle la representazión de esta deidad para poder besarla sin sospechas, pero al final su conciencia venció a sus suspiros y a su luxuria, y le obligó a sacarla de casa».[6]

En la práctica, se trata de una pintura erótica. La *Mona Lisa napolitana* está escandalosamente desnuda, con el rostro no ya de tres cuartos, sino girado frontalmente hacia el observador, sin vergüenza. Al haberse perdido el cartón original, el retrato «en papeles», de la *Gioconda desnuda*, lo que queda es un cartón de taller,[7] y algunas copias realizadas por discípulos, una de las cuales puede atribuirse a Salaì. Y, sobre todo, la genial reelaboración de Rafael en *La Fornarina*.

Quien tiene la oportunidad de verse con Leonardo, en los raros y embarazosos momentos en que el artista aparece en la corte pontificia, confirma la impresión de que el viejo está un poco ido y cada vez le dan más «ventoleras», como diría Vasari.

Castiglione, que en ese mismo periodo escribía una obra fundamental en la que se refleja toda la sociedad de las cortes contemporáneas, el *Libro del cortesano*, ya había conocido a Leonardo en Milán en la época de los Sforza. En su libro lo recuerda entre los pintores «excelentísimos» (I, XXXVII), y utiliza libremente sus ideas sobre el parangón de las artes en una comparación entre pintura y escultura en la que otro viejo amigo de Leonardo, el escultor Gian Cristoforo Romano, se pronuncia a favor de la escultura (I, XLIX). Pero ahora, en 1514, tras verlo tan cambiado, le reprocha haber traicionado la verdadera vocación del arte para lanzarse a perseguir «nuevas quimeras» en

---

[6] PLD 25.
[7] Chantilly, Museo Condé, DE 32.

campos que le son ajenos: «Otro de los primeros pintores del mundo desprecia ese arte en el que es de rarísima valía y se pone a aprender filosofía, en la que tiene conceptos extraños y nuevas quimeras que él mismo, con toda su pintura, no podría pintarlas» (II, XXXIX). Para Castiglione, a esas alturas, el modelo ideal de pintor ya no es Leonardo, sino Rafael.

En realidad, Leonardo tenía otras cosas más importantes que hacer que preocuparse por las críticas de los literatos, o perseguir lagartos en los jardines del Vaticano o charlar con Bandinelli entre los naranjales. Nada de ventoleras. Aprovecha este tiempo vacío para intensificar sus investigaciones científicas y filosóficas, como lo demuestran los Códices G y E, y muchas hojas del Códice Atlántico, del Códice Arundel y del Códice Windsor; con la creciente ansiedad de quien siente que su jornada terrenal está llegando a su fin, con el tiempo que corre y nunca es suficiente para completar tantas obras inconclusas.

En el Castel Sant'Angelo realiza experimentos acústicos, pensando en un tratado *De Voce*. En Monte Mario encuentra un pequeño yacimiento de fósiles marinos, los llamados «nicchi», lo que confirma sus teorías sobre las transformaciones de la tierra en la larga perspectiva de las eras geológicas.[8] En los jardines del Vaticano hay una enorme cantidad de gatos vagabundos. Los gatos, amos indiscutibles desde siempre de Roma y de sus ruinas: en lugar de lagartos Leonardo empieza a perseguir gatos, los retrata en todas sus contorsiones, lo que inspira un libro sobre los movimientos de los animales, y a veces, cuando los ve azuzarse, se los imagina como feroces fieras leoninas.[9]

A finales de 1513, desde la terraza del Belvedere, reanuda las observaciones astronómicas, en particular de la luna, con un instrumento óptico que se asemejaba a un prototipo de telescopio: «Faz gafas para ver la luna grande».[10]

Leonardo llena decenas y decenas de hojas con dibujos y diagramas de lúnulas titulados a menudo *De ludo geométrico*,

---

[8] CA, f. 253v.
[9] W, 12.363r.
[10] CA, f. 518r.

y vinculados a investigaciones sobre las relaciones y transformaciones de figuras geométricas inspiradas en textos de Arquímedes como *De quadratura circuli* o *De sphaera et cylindro*.[11] Una verdadera obsesión: la ilusión de emular y superar al gran científico antiguo resolviendo el más arduo de sus problemas nunca lo ha abandonado.

Arquímedes es mencionado junto con Vitruvio en una página de esos mismos días titulada «Sobre la cuadratura del círculo y quién fue el primero que la encontró por casualidad».[12] Leonardo nunca ha dejado de buscar un códice completo de la obra de Arquímedes que recuerda que había visto en el momento de la conquista de Urbino por César Borgia en 1502. Lo ayuda un viejo conocido, Gaspare Torella, un judío valenciano convertido, antiguo médico de Valentino y ahora obispo de Santa Giusta di Oristano, quien le informa de que el manuscrito está con su hermano mayor Ausias en Cerdeña: «Arquímenides está completo con el germán del monseñor de Sancta G<i>usta en Roma, dixe avérselo dado a su germano que sta en Cerdeña, stuvo primero en la librería de Urbino, fue removido en tiempos del duque Valentino».[13]

Arquímedes es la figura ideal del ingeniero-inventor con el que a Leonardo le gustaría identificarse. Las indagaciones sobre las lúnulas o la cuadratura del círculo no son entretenimientos teóricos con un fin en sí mismos, como podría sugerir el título *De ludo geométrico*, sino que están orientadas a un desarrollo práctico, la construcción de un gran espejo parabólico que pretende recrear los antiguos espejos ustorios de Arquímedes. En una hoja de estudio sobre las cáusticas de la reflexión aparece de esta manera un pasaje extraordinario en el que Leonardo, después de imaginar lo que los antiguos romanos habrían podido hacer si hubieran tenido la tecnología de las armas de fuego,

---

[11] CA, ff. 122v, 124rv, 223r, 224r, 225rv, 244rv, 247v, 252rv, 253rv, 258r-260v, 264rv, 268v, 271rv, 285r, 315r, 316rv, 422r, 425r, 429r, 432rv,439r, 448r, 454r, 455r, 463r-v, 471r-v, 495r-496v, 498r-v, 616r, 621r-v, 627r, 640r,653r, 690r, 696r.
[12] G, f. 96v.
[13] CA, f. 968br.

«l'última valitud de bonbarda», evoca la muerte de Arquímedes, asesinado por un soldado romano mientras estaba absorto trazando figuras geométricas en la arena, y el descubrimiento-restauración de su tumba por parte de Cicerón en el 75 a. C..[14]

Solo en un campo Leonardo se ve obligado a detenerse: la anatomía y el estudio del cuerpo humano. Entre San Pedro y el Tíber se encuentra el antiguo e importante hospital que siempre ha acogido a los peregrinos romanos, el Santo Spirito, y Leonardo confiaba en poder continuar allí sus investigaciones. Aparte del hecho de que las disecciones siguen formalmente prohibidas por la Iglesia, el problema es que los estudios de Leonardo se centran cada vez más en el tema de la embriología: el origen de la vida, la concepción, la gestación en el vientre materno. El paso es corto, para abordar cuestiones muy peligrosas desde un punto de vista teológico y doctrinal: ¿cómo surge la vida?, ¿qué es el alma y cómo se infunde en el cuerpo? En estos mismos años los exponentes más radicales del aristotelismo averroísta sostienen que no es posible demostrar racionalmente la inmortalidad del alma individual. Un desafío abierto a la autoridad del papa, que ya había sancionado lo contrario en 1513, con la bula *Apostolici regimenis*.

Y de esta manera, también a Leonardo se le prohíbe realizar sus anatomías. Él mismo lo recuerda, en un borrador de carta a su protector Juliano: toda la culpa recae al parecer en la envidiosa calumnia de un artesano alemán, el maestro Giovanni degli Specchi, que lo habría denunciado al papa: «Esotro m'ha impedido la natomía con el papa reprobándola, y así en el ospidal».[15] La interrupción tiene graves consecuencias por otra razón. Leonardo casi ha terminado el tratado de anatomía, y está planeando incluso su publicación: «Y con el fin que no vaya perdido tal benefizio que doy a los hombres, enseño la manera de reimprimirlo con orden».[16] Ha hecho incluso una prueba de impresión

---

[14] Ar, f. 279v.
[15] CA, f. 500r.
[16] W, 19.007v.

trasladando algunos dibujos sobre placas de metal, que algún día serían vistos por un joven eclesiástico de la curia romana, Paolo Giovio, y por el pintor alemán Alberto Durero.

Pero todo termina aquí. Ante la imposibilidad de continuar sus investigaciones, Leonardo se ve una vez más obligado a abandonar la empresa.

29. El Magnífico Juliano

Roma y Florencia, 1514

Leonardo no elude las obligaciones que tiene con Juliano. Cuando el príncipe se siente un poco mejor, empieza a visitarlo con frecuencia, entablando una intensa relación de intercambio intelectual y humano como la que mantuvo con el Moro, con Valentino, con D'Amboise. Leonardo lo fascina con su conversación, impulsándolo a imaginar proyectos grandiosos como si estuvieran a su alcance. Y Juliano lo trata «más como un hermano que como un compañero», recordará algún día Benedetto Varchi. En la correspondencia codificada de esa época, Bibbiena reemplaza por convención el nombre de Juliano por el de Leonardo.

Quizá esté basado también en una ingeniosa invención de Leonardo el emblema de Juliano mencionado por Paolo Giovio, la rama medicea, el tronco de laurel que enmarca la inscripción GLOVIS, que leída al revés significa «si volge», es decir, «se vuelve a la esperanza». Pocos años antes, un lema similar había acompañado una alegoría de Charles d'Amboise, extraída del bestiario de *Fiore della virtù*: la calandria enjaulada que se vuelve hacia un enfermo dándole esperanza de curación: «Los pensamientos se vuelven hacia la esperanza».[1]

En la primavera de 1514, Leonardo intenta por fin llevar a cabo uno de los proyectos más queridos por su mecenas, una gran obra de ingeniería civil, el saneamiento de las marismas pontinas, entonces pobladas solo por los mosquitos de la malaria y por bandoleros. El proyecto fue aprobado el 20 de diciembre de 1513 por

---

[1] CA, f. 190v. Véase también H, f. 5r.

el papa, quien luego también concedió a su hermano el dominio sobre todo el territorio pontino al sur de Sermoneta.

Junto con Melzi, Leonardo abandona Roma hacia el sur. Realiza un cuidadoso reconocimiento hasta Terracina, como lo demuestra un gran mapa elaborado junto con su discípulo.[2] Se dirige a Civitavecchia para diseñar un nuevo puerto fortificado que serviría para impulsar el intercambio comercial entre Roma y los puertos del Mediterráneo.[3] Al regresar a Roma, inspecciona los procedimientos de acuñación de la ceca[4] y empieza a diseñar para Juliano máquinas para fabricar cordones y cuerdas, esenciales para el desarrollo de la marinería pontificia.[5]

En cualquier caso, Roma es un lugar privilegiado sobre todo para el estudio de la Antigüedad. Más de diez años antes, en la villa Adriana de Tívoli, Leonardo ya había visto las espléndidas Musas recién descubiertas, fuente de inspiración para su *Santa Ana*. En la villa Belvedere puede contemplar algunas de las obras maestras allí reunidas, como la famosa *Ariadna durmiente*, esbozada rápidamente en una hoja en la que también aparecen dos evanescentes dibujos a sanguina de Melzi: una mano izquierda escribiendo con la pluma y un mechón de cabello, quizás ambos, la mano y el mechón, pertenecientes al maestro.[6] También está la estatua del Nilo descubierta recientemente en el Campo de Marte: un gigante barbudo reclinado de costado con una multitud de querubines (personificación de los crecimientos periódicos del río), muy parecidos a los niños nacidos de los huevos eclosionados de Leda.

Otras pistas de la curiosidad anticuaria emergen en los manuscritos y dibujos, destacables en quien había sido considerado un «omne sine letras» consagrado a la escuela de la «maestra naturaleza», y que ahora se revela dispuesto a imitar las formas de los

---

[2] W, 12.684r.
[3] CA, f. 774v.
[4] G, f. 43r.
[5] CA, ff. 12r-13r.
[6] CA, f. 770v.

antiguos y a recoger su voz. De uno de sus libros más queridos, la *Historia natural* de Plinio el Viejo traducida por Cristoforo Landino, aflora un pasaje en el que se exalta la belleza de Italia, Roma y Campania: «¿Qué puedo fazer yo, empero, siendo tamaña la nobleza de todos estos lugares, tamaña l'excelentia de las cosas del pueblo? ¿Cómo podría ser nazida Roma sola? ¿De qué manera es el país de Campania tan fértil y de naturaleza tan dilectíssima? De forma que manifiesto es para un lugar ser obra de la alegreza de la naturaleza». La letra no es de Leonardo, sino de un amigo suyo, que también compone el encabezamiento de una carta a una «Magnifica Cecilia / Amantissima mia Diva lecta la tua suavissima», probablemente Cecilia Gallerani, *La dama del armiño*.[7]

Los viajes a Civitavecchia y Terracina no se agotan con relieves topográficos y proyectos de ingeniería hidráulica.

En Civitavecchia Leonardo investiga con pasión de arqueólogo las ruinas del antiguo puerto y las «cámaras imperiales factas sobre el muelle del puerto», comparando la *sperientia* directa de esos restos con cuanto ha leído en Francesco di Giorgio, Vitruvio, Alberti.[8]

En Terracina admira las imponentes ruinas del templo de Júpiter Anxur, y cerca de la catedral localiza una lápida que celebra los trabajos de saneamiento de las marismas pontinas promovidos mil años antes por el patricio romano Decio y apoyados por el rey godo Teodorico. A leer el epígrafe lo ayuda Melzi, quien transcribe algunas palabras, «*Teodericus R<ex> Semper Augustus bono reip<ublicae>*», en una hoja en la que Leonardo ha dibujado antes una vista de la villa del Belvedere desde Monte Mario.[9] Y Melzi por su parte observa y dibuja con curiosidad una «chimenea a la antigua», es decir, una pequeña estructura termal con cuatro pequeños nichos.[10]

---

[7] CA, f. 816r.
[8] CA, ff. 43r, 180v, 267r, 313v, 733r.
[9] CA, f. 213v.
[10] CA, f. 916r.

En la misma hoja del epígrafe de Teodorico y de la vista del Belvedere aparece un extraño poema, un soneto de consejos dietéticos inspirado en las reglas empíricas de la escuela médica salernitana: «Si quieres estar sano, observa esta norma». Fragmentos del mismo poema, escrito por la mano de Melzi, pueden leerse en otras hojas romanas, junto con referencias a su trato con médicos como Francesco Dantini da Lucca, médico del papa residente en el Palacio Farnese: «Carissimo et ama. / Carissimo et amantissimo / Julio caris mess. Eustathius / <...> / Si quieres estar sano / Messer Francesco Medico Luchese / en la Cadena en Casa dei Bolognesi en el cantón junto al cardenal Farnese».[11]

Son preceptos banales de una vida sana y equilibrada, sin excesos, especialmente en la alimentación. No comer sin apetito, y por la noche la cena debe ser ligera, los alimentos sencillos y bien cocidos y masticados cuidadosamente; el vino, diluido con un poco de agua y bebido a pequeños y frecuentes sorbos, pero solo durante la comida y nunca con el estómago vacío. Después del almuerzo, no hay que irse a dormir ni acostarse, sino que es preferible sentarse o estar de pie; y cuando la digestión llegue a su fin, «no esperar ni retrasar la letrina». No hacen falta demasiadas medicinas: es mejor prevenir, evitando los excesos de pasión o de ira o el aire pesado y dedicándose a ejercicios corporales moderados. Al acostarse por la noche, estar tapado y, sobre todo, «mantén tu mente feliz». El último precepto del soneto es «huye de la lujuria», una clara invitación a abandonar los excesos de la actividad sexual. Sin embargo, parece ser que, tal vez precisamente en Roma, Leonardo visita a «una cortesana llamada Cremona».

Quizá el viejo artista esté empezando a sentir señales de deterioro en su salud y trate de poner remedio. Nunca ha confiado demasiado en los médicos y, de hecho, está convencido de que mantener la salud solo es posible manteniéndose lo más alejado de ellos: «E ingéniate de preservar tu sanidad, lo cual tanto más

---

[11] CA, f. 315r.

conseguirás cuanto más de los físicos te guardes, porque sus composiziones son de la especie d'alquimia, de la cual no es menor el número de libros qu'existen de medizina»;[12] o bromea sobre su venalidad: «Todo omne desea fazer capital para dárselo a los médicos destructores de vidas. Por lo cual deven ser ricos».[13]

¿Qué clase de tratamiento le infligieron los médicos romanos? Una dieta severa, tal vez, basada en la prohibición de la carne, y que diera la impresión de que Leonardo, ya de por sí extravagante, era también vegetariano, como de hecho se dice de su compadre Zoroastro. Así lo recuerda, en efecto, el viajero de Empoli Andrea Corsali, en una carta enviada a Juliano de Médici nada menos que desde el sur de la India, en la posesión portuguesa de Kochi, el 9 de enero de 1516: «Algunos gentiles llamados guzzaratos, que no se alimentan de cosa alguna que tenga sangre, ni consienten entre ellos dañar a cosa animada alguna, como nuestro Leonardo da Vinci, viven de arroz, lacte et otros alimentos inanimados».[14]

En determinado momento, decepcionado también por los Médici, los de la eme mayúscula, que deberían haber sido sus nuevos mecenas, Leonardo acaba componiendo un amargo juego de palabras con el homógrafo término italiano plural para referirse a los médicos: «Los médici me creoron et destrusseron».[15] Los Médici, desde Lorenzo el Magnífico hasta Juliano, encumbraron su estatus, y ahora son tanto las curas de los *medici*, los médicos, al igual que la falta de fiabilidad de los Médici lo que lo está destruyendo y llevándolo casi al final de su vida.

Quizá tenga que empezar a preocuparse también de esa coyuntura. ¿Qué será de él si por algún accidente, un resfriado o una fiebre terciana, muere allí, en Roma, en la gran sala del Belvedere? El 11 de abril muere Bramante, y es sepultado con

---

[12] W, 19.001.
[13] F, f. 96v.
[14] A. Corsali, *Carta al Ilustrísimo Señor Duque Iuliano de Medici,* Florencia, Giovanni Stefano di Carlo da Pavia, 11 de diciembre de 1516, f. 4r.
[15] CA, f. 429r.

todos los honores en San Pedro, y él ha ido a su funeral; pero a él mismo ¿qué suerte le tocará? ¿A qué fosa lo arrojarán?

Me merezco un funeral como buen cristiano cuando menos, piensa Leonardo, y por eso solicita unirse a una cofradía de la buena muerte, la de los florentinos que residen en Roma, San Giovanni dei Fiorentini. El nombre del novicio «Leonardo da Vinci pinctor et escultor» lo propone, en su ausencia, el 8 de octubre de 1514, el maestro médico Gaiaco, y se aprueba en una primera votación con tres habas negras, y luego en la asamblea con cuarenta y un habas negras contra dos blancas.

Quién sabe quiénes serían los dos cofrades que votan en contra de Leonardo. Quizá, conociéndolo mejor que otros, ya hayan previsto los problemas que se avecinan. En efecto, para tener derecho a los honores funerarios a cargo de la confraternidad, es necesario pagar las cuotas regularmente. Leonardo, en cambio, no las paga nunca. Y no faltan quienes, en San Giovanni dei Fiorentini, se quejen y se preocupen: ese viejo parece ya tan maltrecho que corremos el riesgo de que se muera pronto y la cofradía tenga que pagar los enormes gastos del funeral sin haber recibido nada. Y de este modo la experiencia de Leonardo como cofrade novicio de San Giovanni termina casi de inmediato. El 31 de diciembre los cofrades votan otra vez y aprueban darle «los buenos días», es decir, expulsarlo sin demasiados cumplidos: «Et novamente in lo dicho nuestro padre governador y sus consejeros propusieron dar a Lionardo da Vinci pinctor los buenos días porque no había pagado la entrada en tiempo dicho, y mandaron la question al banco, y ganó por tres habas negras».[16]

Desde finales de la primavera de 1514, Leonardo se ha ido quedando cada vez más solo. Salaì ha vuelto a Milán, acaso con la excusa de su madre viuda enferma. En realidad, tiene una cita con el notario que, entre el 13 y el 16 de junio, otorga un poder

---

[16] ASGF, vol. 338, *Congregazioni 1510-1517*, ff. 115r, 125r

de su parte a su cuñado Tommaso da Mapello para el cobro del alquiler del viñedo San Vittore al arrendatario Meda, quien evidentemente, aprovechando la salida de Salaì, había dejado de pagar.[17] Al lado del viejo maestro, solo quedan Melzi y Lorenzo, y Lorenzo también desaparecerá pronto.

Y también se ha ido Juliano, que parte hacia Florencia el 16 de junio para asistir a la fiesta de San Juan Bautista. En Florencia, el príncipe vuelve a caer enfermo y sus achaques lo obligan a someterse a un largo periodo de tratamiento en los baños de Lucca, de los que no regresará a Florencia hasta el 2 de septiembre.

Leonardo, atendido únicamente por el fiel Melzi, sobrelleva una existencia difícil en el Belvedere, aunque siga dedicándose incansablemente al proyecto de un gran espejo parabólico y a los infinitos cálculos y dibujos necesarios para realizar las superficies curvas de las tejas reflectantes, que se montarán sobre una estructura de madera llamada *sagoma*.[18] Para esto sirve la aplicación obsesiva al *Ludo geométrico* y a las infinitas transmutaciones de las *lúnulas*: «Terminado a día 7 julio a las 23 horas en Belvedere, en estudio que me hizo el Magnificho 1514».[19]

Un verano largo, marcado por las miserias cotidianas y las jugarretas mezquinas de los turbios personajes que le han puesto a su lado para ayudarle en el proyecto.

Uno de ellos, un alemán llamado maestro Giovanni degli Specchi, intenta aprovechar la situación para hacerse con algunos de los secretos tecnológicos del maestro y explotarlos en su propio taller con fines de lucro. Además, va difundiendo maledicencias sobre él, hasta el extremo de conseguir que se suspendan las investigaciones anatómicas previstas en el hospital de Santo Spirito, quizá en presencia del papa.

Le ayuda en la empresa otro joven asistente, el maestro Giorgio, conocido como «el Tudesco», que no sabe una palabra de italiano, y se pasa el tiempo yéndose de parranda con los soldados

---

[17] ASMi, *Notai*, legajo 7.831, notario Eusebio Crivelli.
[18] CA, f. 750 r.
[19] CA, f. 244v.

del papa y deambulando con su escopetín para cazar pájaros entre las ruinas. Eso sí, es el más rápido en cobrar el dinero del salario mensual, siete ducados que el propio Leonardo debe darle de su propio bolsillo, descontándolos de los cuarenta que recibe, en nombre de Juliano, del banco de Bernardo Bini en Roma;[20] e incluso tiene el valor de protestar, y decir que le corresponderían ocho, y menos mal que el maestro pide siempre un recibo escrito y comprobado por el intérprete. Al final, no hace nada de nada, ni para Leonardo ni para el Magnífico, sino que trabaja por su cuenta en mil otras cosas: mordazas de banco y limas y otras herramientas de tornillo, y carretes para torcer seda y oro.

La reacción de Leonardo es furiosa, y en agosto, cuando le llegan noticias tranquilizadoras desde Florencia sobre la recuperación de la salud de Juliano en los baños de Lucca, se manifiesta abiertamente en largas cartas al distante e impotente mecenas.[21] Cartas que son aún más amargas, porque Leonardo, con su generosidad habitual, había acogido al joven alemán permitiéndole habitar y vivir con él en las grandes salas del Belvedere y comer juntos en la misma mesa, e incluso había intentado enseñarle un poco de italiano y le había confiado la ejecución de un torno: «Faz fazer el torno ovalado al tudesco».[22]

Para que Leonardo se calme, Juliano no puede hacer más que invitarlo a Florencia en septiembre y confiarle tareas nuevas y más importantes. Los Médici quieren reorganizar todo el barrio que rodea su palacio en via Larga. La iglesia de San Lorenzo, destinada a albergar las tumbas de los Médici y a convertirse en santuario familiar, debe completarse con la construcción de la fachada.

Leonardo regresa a Florencia y diseña la nueva fachada de San Lorenzo, retomando abiertamente el lenguaje clásico ahora dominante en la Roma de Bramante y Rafael.[23] Como de costumbre, no se contenta únicamente con la fachada, sino que imagina el edificio enmarcado por una transformación urbanís-

---

[20] ASF, *Carte Strozziane*, serie I, 10, f. 160r.
[21] CA, ff. 252r, 671r, 768r, 1.079v.
[22] CA, f. 334r.
[23] Venecia, Gallerie dell'Accademia, Gabinetto dei disegni e delle stampe, 238v.

tica más completa y funcional. ¿Qué sentido tiene esa espléndida fachada si no es el telón de fondo escénico de una plaza mucho más ancha y larga que la actual? En otra hoja de papel dibuja apresuradamente un plano, en el que imagina el derribo de las manzanas frente a la iglesia, con una larga plaza que llega hasta via Larga.[24] El lado menor del viejo Palacio Médici se convertirá en la fachada principal, porque da a la plaza. Y, enfrente, al otro lado de via Larga, tendrá que levantarse un nuevo e imponente palacio, apenas esbozado por Leonardo, y retomado en otra hoja donde también aparece, como un signo enigmático, el dibujo de un ojo y un mechón de pelo que se parece al de la *Mona Lisa*.[25] Más arriba, entre el convento de San Marcos y el de la Annunziata, se levantarán en cambio los «establos del Magnífico», donde habrá espacio para nada menos que ciento veintiocho caballos. Los caballos de los Médici también son dignos de ser cuidados como príncipes.[26]

Leonardo aprovecha la estancia florentina para localizar a viejos amigos y familiares, entre ellos el escultor Sansovino, su tío el sacerdote Alessandro Amadori, Baldassarre Peruzzi y el iluminador y papelero Giorgio Baldesi: «Francesco del Morano zapatero / meser Alessandro canónigo de Fiesole / Sansavino / si el sacerdote Alessandro Amadori está vivo o no / Martino Octonaio / Peruzo inflador / la llanura de Pisa del papelero Giorgio / gafas azules».[27] Peruzzi también es recordado por un «desnudo», una estatua antigua o un dibujo: «Desnudo del peruzzo».[28]

En cualquier caso, no está contento en absoluto con su situación con el Magnífico Juliano. El príncipe le parece cada vez más solo y desesperado. Una vez esfumada la idea de una esposa napolitana, su hermano el papa le ha arreglado un matrimonio político con una fea princesa francesa, Filiberta de Saboya. Parece

---

[24] CA, ff. 864r, 865r.
[25] CA, f. 854r.
[26] CA, f. 264v.
[27] CA, f. 225.
[28] CA, f. 266r.

ser que es alta, pálida, delgada, un poco jorobada y con una nariz larga. En compensación, es hermana de Luisa, madre de Francesco di Valois-Angoulême, el delfín de Francia, considerado por todos como el más probable sucesor del viejo y enfermo Luis XII, que no tiene herederos. Además, aportaría una dote de cien mil escudos en efectivo y otros cincuenta mil en joyas y vestidos, así como un salario mensual de quinientos escudos. Sin embargo, en lugar de pensar en su futuro, Juliano se hunde cada vez más en el oscuro ciclón del vicio, junto con su sobrino Lorenzino. En medio de alborotos y juergas, lo sorprenden una noche «en una o dos casas con cuatro o seis mujeres», como escribe Lorenzino a Filippo Strozzi el 3 de septiembre.[29]

Leonardo está preocupado, y es un alivio ver que Juliano se marcha de nuevo a Roma el 20 de septiembre. No lo acompaña porque el príncipe lo ha enviado al norte, para un viaje de exploración por los nuevos territorios que el papa pretende concederle, además del vicariato de Soragna, para establecer un futuro Estado mediceo en el valle del Po.

A los sesenta y dos años, Leonardo vuelve a montar a caballo y cruza los Apeninos apenas un año después del viaje desde Milán, y como siempre, anota las principales etapas en su último cuaderno. Desde la parada en una posada «en Parma alla Campana a día 25 de septiembre 1514»[30] hasta las orillas del Po: «A orillas del Po cerca de Santo Angiolo en 1514 a día 27 de 7mbre».[31] Luego, por fin, emprende el camino hacia Roma.

Allí le espera una sorpresa. El 18 de octubre llega Isabel de Este, acompañada por su inefable secretario Mario Equicola y recibida triunfalmente por el Magnífico Julián y la flor y nata de la sociedad romana: los cardenales Bibbiena y Cibo, y todos los poetas y literatos cortesanos habituales.

A la princesa la aloja el cardenal Luis de Aragón en el palacio de San Clemente, cerca de San Pedro. Un auténtico albergue

---

[29] ASF, *Mediceo avanti il Principato*, legajo 141, f. 53v.
[30] E, f. 80r.
[31] E, f. 96r (perdido).

de príncipes, porque en los últimos veinte años ha acogido nada menos que al rey de Francia Carlos VIII, al desventurado cardenal Alidosi y a su asesino Francesco Maria della Rovere, duque de Urbino, y al duque de Ferrara, Alfonso de Este. El caso es que hay razones políticas detrás de tanta hospitalidad. Con la complicidad del astuto cardenal, Isabel continuará su viaje a Nápoles en diciembre, en un vano intento de organizar el matrimonio entre el nuevo duque de Milán, Massimiliano Sforza, y la antigua reina de Nápoles, Juana de Aragón, la joven viuda de Fernando II, rey de Nápoles.

El 22 de octubre, Isabel, siempre hambrienta de arte y antigüedades, visita las grandiosas obras de construcción de la Basílica de San Pedro, ahora dirigida por Rafael y el viejo fray Giocondo, y luego pasa el resto del día en el Belvedere, para admirar las maravillas de la Antigüedad recopiladas por los papas del Renacimiento, el *Laocoonte* y la *Ariadna dormida*.

Leonardo, que acababa de regresar de Emilia, no puede esquivar la visita de Isabel, acompañada de su anfitrión, el cardenal de Aragón, y del séquito de cortesanos. ¿Qué se habrán dicho la divina marquesa y el viejo artista?

Ella es demasiado refinada e inteligente para molestarlo con el recuerdo de viejas promesas incumplidas: su retrato, el «Cristo joven». En cambio, esa tarde, después de despedir a todo el mundo, habrá disfrutado de su sublime conversación, y sobre todo de la contemplación, finalmente en vivo, de las obras maestras de las que hasta ahora solo ha oído hablar, y que el artista lleva unos diez años acarreando consigo mientras sigue trabajando en ellas, en la peregrinación infinita en que se ha convertido su vida: la *Mona Lisa, Santa Ana, San Juan Bautista, Leda,* y además los bocetos, los cartones, los dibujos. Quizá incluso pueda ver aquel en el que está el boceto de su retrato, pintado en Mantua: que sigue como estaba. Pero solo verlo, nada de tocarlo, apropiárselo, llevárselo, como a ella le gustaría, al cofre de su *Studiolo* en Mantua.

Tal vez sepa ya que todos esos tesoros están ahí en virtud de un pacto no escrito, y destinados a otra persona. Detrás de la puerta están los Médici, sus notarios, los contables y los guardarropas. Esperando la muerte de su artífice.

30. Apocalipsis en Roma

Roma, 1515-1516

En Francia, Luis XII agoniza. Juliano se ve obligado a marcharse lo antes posible para completar su plan de matrimonio con Filiberta, y la alianza política promovida por León X. Un nuevo viaje, a hurtadillas y en gran secreto, que Leonardo anota no sin inquietud: «Pártese el Magnífico Juliano de Médici a día 9 de ennero 1515 con la aurora desde Roma para ir a desposarse con su mujer en Saboya, y en tal día fue la muerte del rey de Francia».[1] En realidad, el rey Luis lleva muerto desde el 1 de enero, y Francisco I se convierte en rey con solo veinte años.

Cuando Juliano llega a Turín para desposarse con Filiberta el 10 de febrero de 1515, también encuentra esperándolo el nuevo y prestigioso título nobiliario de duque de Nemours, que le ha concedido el nuevo rey de Francia junto con la aprobación del matrimonio; y el papa, además, le concede también el 27 de febrero el vicariato perpetuo de Parma, Piacenza, Módena y Reggio.

Leonardo se queda nuevamente sin mecenas, pero al menos el papa se acuerda ahora de él y lo nombra supervisor de la artillería papal en el Castel Sant'Angelo, en lugar del difunto Matteo Gallo, con un documento que reconoce sus habilidades en el campo de la artillería, *«valde in bombarderiatus exercitio praticum et expertum […] ex approbata experientia et ex nonnullorum relatu»*, y, lo que es más importante en estos años difíciles, un salario mensual de diez ducados de oro, que se suman a los treinta y tres por estar al servicio de Juliano.[2]

---

[1] G, I cop.v.
[2] AAV, documento no disponible.

La paga es buena, y Leonardo no se queda de brazos cruzados, pues se pone a proyectar inmediatamente nuevos sistemas de encendido y una ingeniosa máquina de trefilado de listones metálicos con la que montar fácil y rápidamente la artillería ligera, sin necesidad de fundirlos todos en una sola pieza.[3]

Y luego dibuja una especie de catálogo de cañones modernos, incluidos los muy mortíferos traídos a Italia por los franceses en sus últimas y devastadoras campañas militares.[4]

En estos días de principios de 1515, hallamos a otro Giuliano que está a su lado: su hermanastro, ser Giuliano di Ser Piero, quien encabezó a los demás hermanos en el doloroso asunto de la disputa por la herencia del tío Francesco, y que ahora se ha vuelto más razonable, dado que se halla en Roma, como muchos otros florentinos, para realizar trámites de beneficios ante la curia. Entre los numerosos mercaderes y negociantes encontramos a un viejo conocido: Francesco del Giocondo, quien, gracias a la amistad de Filippo Strozzi y Lorenzino de Médici, obtuvo en agosto de 1514 unos lucrativos ingresos de la aduana de Roma.[5] Quizá también porque sus dos poderosos compadres, Filippo y Lorenzino, disfrutaban amenazando la virtud de su esposa mona Lisa.[6]

Tan pronto como regresa a Roma a finales de 1514, Leonardo manda una carta a Florencia que ha hecho escribir, como ya tiene por costumbre, a Melzi. El destinatario es Niccolò Michelozzi, a quien Leonardo se dirige con la antigua familiaridad de quien lo conoció en tiempos de Lorenzo el Magnífico: «Cuánto mayor hermano honrando». La carta cuenta sus cómicas vicisitudes en el laberinto de la burocracia pontificia, donde el viejo artista se ha aventurado para extraer de un registro el nombre de su hermanastro ser Giuliano. Pero «el libro no stava allí y me mandaron d'un sitio a otro antes que lo encontrasse». Al final,

---

[3] CA, ff. 10r-11r, 158r.
[4] CA, ff. 62r-63r.
[5] ASF, *Notarile Antecosimiano,* 18.996, f. 630r-v.
[6] ASF, *Mediceo avanti il Principato,* legajo 108, n.º 144.

impaciente, Leonardo acaba llamando a la puerta del datario papal, que es monseñor Baldassarre Turrini de Pescia, mecenas de Rafael. El clérigo le da esta singular respuesta: nada puede hacerse por un beneficio tan pequeño; de haber sido más ingente, la burocracia se habría puesto en marcha, acaso con la esperanza de un galardón por parte del titular del beneficio.[7]

Pero el datario ciertamente no haría el posible favor de forma gratuita. Se encuentra frente a Leonardo da Vinci, uno de los primeros pintores del mundo: ¿por qué no aprovecharlo? Así, monseñor Turrini le encarga dos pequeños cuadros devocionales, una Virgen con el Niño en brazos y «un chiquillo que es tan bello y gracioso que maravilla», como diría Vasari. De nuevo la imagen del ángel sonriente, del «Domenedio como amorzillo», que sigue obsesionando la imaginación de Leonardo.

Ahora que ser Giuliano está en Roma, que se ocupe él de esos latosos asuntos. Mientras tanto, el notario ha recibido hace poco una carta de su esposa Alessandra Dini, escrita en Florencia el 14 de diciembre. Lesandra se sorprende de no tener noticias de su marido, y le avisa de la llegada de un cierto Bastiano, orfebre, quien dice que le ha prestado una cadena y una hebilla, y que se ha enfadado mucho porque Giuliano, al salir, no había dejado instrucciones de que se le devolvieran; «no sé cuál cadena esta sea, pero me creo sea la que llevo en el cuello», dice la pobre Lesandra. En una posdata la mujer hace escribir: «Me avía olvidado deciros que deis recuerdo a vuestro hermano Lionardo, omne escelentíssimo y singularíssimo».[8] Y el escriba florentino del que se sirve añade sin que ella lo sepa: «La Lesandra a perdido el cerebro y empero se ha convertido en mujer sombría».

La carta pasa de las manos de ser Giuliano a las de Leonardo, para que este lea el cortés saludo de Lesandra y sonría ante la historia del collar. Lo más singular es que la hoja queda allí, olvidada, sobre su escritorio, y acaba por lo tanto siendo reciclada por Leonardo, quien escribe en el reverso sus apuntes de geome-

---

[7] CA, f. 819r.
[8] CA, f. 780v.

tría y una anotación importante: «Messer Batista dell'Aquila, camarero secreto del papa, él tiene mi libro en las manos».[9]

Es un indicio significativo de su presencia en la refinada corte de León X. Puede que las ocasiones no sean muchas, pero le habrán dado al menos la oportunidad de conocer a personas como Bembo y Bibbiena, Castiglione y Rafael, Giovio, León Hebreo y, por supuesto, el cardenal Luis de Aragón, que vive cerca de San Pedro.

Quizá sea precisamente el cardenal napolitano, engordado y prematuramente envejecido, quien aparece retratado por Leonardo en un rápido dibujo a sanguina sobre una hoja de notas tomadas en Civitavecchia.[10] De esta manera, con sus visitas a la corte, pueden empezar a circular sus manuscritos y dibujos, objeto de la mayor curiosidad y, por lo tanto, muy solicitados en préstamo.

De hecho, meser Battista no es otro que el orfebre de L'Aquila Giovan Battista Branconio, que se ha convertido en una figura influyente de la corte y gran amigo de Rafael, quien probablemente lo retrata en la figura barbuda del primer plano del *Autorretrato con un amigo*, y proyecta para él también un espléndido edificio hoy desaparecido, el Palacio Branconio.

El «libro» que tiene en sus manos es probablemente un manuscrito autógrafo de Leonardo. ¿Pero cuál de ellos?

La proximidad entre Branconio y Rafael sugiere naturalmente una copia del *Parangón*, el mismo texto retomado por Castiglione en el primer libro del *Cortesano*. ¿Y por qué se lo ha prestado a Branconio? Quizá por la misma razón por la que Leonardo le ha enseñado las tablas de anatomía a Giovio y al cardenal de Aragón: para su publicación.

En 1514, de los numerosos tratados previstos en los años anteriores solo uno parece estar en condiciones de imprimirse, y el propio Leonardo intenta calcular una previsión aproximada del libro: un volumen de ciento sesenta folios, es decir, trescientas veinte páginas, cada una de veintiséis líneas de cincuenta

---

[9] CA, f. 780 r.
[10] CA, f. 180r.

caracteres, para un total de cuatrocientos dieciséis mil caracteres.[11] Una tipología muy similar a las ediciones en octavo en caracteres romanos de Giacomo Mazzocchi, librero e impresor del Estudio Romano, colaborador de Rafael; o mejor aún, a los libros en cursiva de Filippo Giunta, el editor florentino apoyado por los Médici que recientemente, en 1513, reimprimió la edición ilustrada de Vitruvio y Frontino editada por fray Giocondo y utilizada por Leonardo.

Dado que el cálculo se hace por caracteres, y no por dibujos o gráficos, la hipótesis más probable es que Leonardo esté pensando en la parte textual de su tratado más importante, el que, en otras hojas romanas, lleva ahora el título de *Libro della pictura*, o *Libro de pintura*.[12] Sus últimos «libros» estarán dedicados a los colores y al arcoíris, junto con nuevos textos sobre sombras y efectos de luz, reflejos, fenómenos atmosféricos, nubes, horizontes, paisajes. La pintura, en cuanto forma de conocimiento *(scientia)*, se extiende definitivamente a todos los campos de investigación que contribuyen a la representación de la realidad.

En estas hojas, el papel de Melzi, con su inconfundible escritura, se vuelve cada vez más intenso. El discípulo escribe bajo dictado, o aprende a interpretar su escritura al revés y a copiar fielmente los textos.

A veces Leonardo interviene para corregir algo, como cuando inserta una palabra en un pasaje escrito por Melzi sobre el viento, el agua y la lluvia, y luego añade textos y dibujos sobre diluvios y derrumbes de montañas, concluyendo con las palabras: «Et el resto de tal razonamiento se tratará en el libro de pintura destintamente».[13] El «razonamiento» que debe incluirse en el *Libro de pintura* es el de la representación del diluvio, de los efectos catastróficos de la furia de los elementos. Leonardo lo elabora en varias ocasiones en las hojas romanas, hasta la gran síntesis titulada *Descriptión del diluvio* y *Diluvio y su demostra-*

---

[11] CA f. 696v.
[12] W, 19.076r; CA, f. 495r, y 215 r.
[13] CA, f. 215r.

tión en pintura.[14] Es el último gran desafío artístico e intelectual de Leonardo: representar lo que no puede representarse, las fuerzas invisibles e inmensas de la naturaleza.

Es posible que la idea se le ocurriera mientras contemplaba la escena del Diluvio Universal pintada por Miguel Ángel en la bóveda de la capilla Sixtina. El tema está de moda en estos años de inquietudes religiosas y temores colectivos ante el castigo divino que se cierne sobre la humanidad corrupta. Es posible que también hayan llegado a Roma noticias de una inmensa catástrofe ocurrida el 30 de septiembre de 1513, cuando una montaña entera se derrumbó en el Val di Blenio, bloqueando el curso de un afluente del Ticino, el Brenno, y creando un gran lago: la llamada Buzza di Biasca, otro elocuente ejemplo del terrible poder de la naturaleza que Leonardo recuerda para explicar el cataclismo primordial que pudo haber formado el mar Mediterráneo.[15]

Leonardo vuelve ahora a mirar el mar tempestuoso a orillas del Tirreno, en Civitavecchia, el movimiento arremolinado de la ola rompiendo en las rocas, el horizonte infinito sobre el elemento móvil, la gran extensión de las aguas que él ha intentado en vano embridar en puertos, canales, esclusas, saneamientos.

Al optimista proyecto de la recuperación de las marismas pontinas gracias a la actividad laboriosa del hombre se superpone la visión de la naturaleza, que desata todas sus fuerzas en el Diluvio. La visión, desde un pasado lejanísimo, de desplaza a un futuro cercano y se convierte en profecía. Ya no se trata del Diluvio bíblico, sino del Juicio Final, del Apocalipsis.

En una serie de maravillosos dibujos, Leonardo empieza a trazar la furia de los elementos que cae sobre un valle, trastornando la microscópica ciudad de hombres que hay debajo, y luego pasa a representar los detalles de la catástrofe: grupos de hombres y caballos arrastrados por la fuerza del viento junto con los troncos y árboles a los que se habían sujetado, explosiones de rocas y visiones de esqueletos que resurgen; y al final, en un crescendo imparable que elimina cualquier rastro figurativo

---

[14] G, f. 6v; CA, ff. 418ar, 418br, 981cr; Windsor 12.665r-v.
[15] CA, f. 901r. Véase también f. 227r-v.

reconocible del mundo de los hombres y de la naturaleza, solo quedan los dibujos de inmensos vórtices, de ondas cósmicas que nos «repatrian» al primer caos.[16] El luminoso sueño romano de Leonardo se está convirtiendo en una pesadilla.

El 31 de marzo, después de haber desembarcado en Civitavecchia, Juliano regresa por fin a Roma con su mujer Filiberta, festejada por el papa con un aparato decorativo tan suntuoso que cincuenta mil florines arden en pocos días. Leonardo vuelve a tener contacto con él, y tal vez para la ocasión se haga confeccionar un par de calcetines nuevos: «julios 20 a Lorenz<o> / julios 12 para medias / marzo ducados 19 y julios 4».[17] Rafael pinta el retrato del duque con el fondo del Castel Sant'Angelo en una pose de tres cuartos que recuerda claramente a la *Mona Lisa*.

La ilusión de una tranquilidad duradera, sin embargo, no tarda en desvanecerse. El papa sigue presionando para que Juliano ocupe el trono de Nápoles y ante la oposición de Francisco I vuelve a cambiar de alianza y se une a la Liga antifrancesa. El nuevo duque de Nemours, que debería ser vasallo del rey de Francia, tiene que encabezar el ejército de la Liga contra su monarca. Nombrado capitán general de la Iglesia el 29 de junio, se ve obligado, podemos imaginar con qué entusiasmo, a abandonar Roma el 3 de julio. No llega a sumarse a la Liga, porque cae enfermo al recalar en Florencia el 14 del mismo mes, y entre altibajos, no estará en condiciones de partir.

Un modesto favor de la fortuna, tal vez, porque la Liga sufre una humillante derrota ante Francisco I en la gran jornada de Marignano, la batalla de los Gigantes, el 14 de septiembre. Massimiliano Sforza se rinde y, a cambio, recibe una generosa pensión y una residencia en Francia, en el Hôtel de Cluny de París. Los franceses reconquistan, después de solo tres años, el ducado de Milán y regresan con fuerza a la escena italiana.

Como es natural, la política de León X y Florencia se vuelve inmediatamente profrancesa, y la colonia de mercaderes y ban-

---
[16] W, 12.376-12.388.
[17] CA, f. 109br.

queros florentinos de Lyon ni siquiera espera a Marignano para declararse abiertamente a favor del rey. El 12 de julio celebran su llegada a orillas del Ródano con un suntuoso banquete, durante el cual hace su aparición un león mecánico, símbolo tanto del Marzocco florentino como de la ciudad de Lyon. Entre siniestros crujidos de resortes y engranajes, el maravilloso autómata avanza dando unos pasos hacia el asombrado rey, se detiene, se abre y esparce una lluvia de azucenas, para gloria de la monarquía francesa. Lorenzino de Médici parece estar detrás de la fiesta y el banquete, mientras que el curioso león mecánico podría ser un proyecto del propio Leonardo, realizado por los artesanos de Lyon.

Hay que hacer las paces con el rey. El papa, con toda la corte romana, se dirige hacia Florencia, adonde llega el 30 de noviembre, recibido por el efímero aparato decorativo preparado por los artistas florentinos: Andrea Sansovino, Antonio da Sangallo el Viejo, Andrea del Sarto y Pontormo. Y también se colocan fachadas temporales de madera que cubren los informes muros frontales de la catedral y San Lorenzo. León X va a visitar a su hermano Juliano, que todavía está febril, y luego preside un consistorio de cardenales en el Palazzo della Signoria, en el Gran Salón, bajo los restos de la *Batalla* de Leonardo.

La caravana papal parte de nuevo, cruza los Apeninos y se detiene en Bolonia del 7 al 17 de diciembre, para el fatídico encuentro y acuerdo de paz con Francisco I. Luego regresa a Florencia, donde permanece hasta el 19 de febrero del año siguiente, mientras Juliano, cada vez más grave, es trasladado a la villa de los Médici en Careggi.

Finalmente, el 28 de marzo de 1516, León X regresa a Roma, tras cinco meses de ausencia.

¿Y Leonardo? Contrariamente a lo que era de esperar, no forma parte del multitudinario cortejo papal que recorre Italia. Viejo y cansado, se ha quedado en Roma, en el Belvedere, cada vez más aislado, cada vez más inmerso en sus pensamientos y en las últimas intervenciones sobre sus obras. El 3 de marzo lo encontramos inclinado sobre sus delirantes hojas de lúnulas: «La primera que se encuentra en esta regla / a día 3 de marzo 1516».[18] El mayordomo de la casa, Paolo Vettori, anota por un lado los considerables gastos del viaje papal a Bolonia y, por otro, sigue apuntando los salarios de los empleados de la casa de Juliano que permanecen en Roma, es decir, Leonardo y el maestro Giorgio, conocido como «el Tudesco», que a pesar de todo sigue ahí, y no ha llegado a ser expulsado. Los habituales treinta y tres ducados para Leonardo y los habituales siete para el maestro Giorgio.[19]

Mientras el papa regresa solemnemente a la Ciudad Santa, llega desde Florencia la trágica noticia esperada ya desde hace tiempo. El 17 de marzo de 1516, tras una larga y dolorosa agonía, Juliano de Médici ha muerto en la villa de Careggi. La vela ha terminado de consumirse.

---

[18] CA, f. 627r.
[19] ASF, *Carte Strozziane*, serie I, legajo 10, ff. 134-153(gastos de viaje del cortejo papal); f.160r (salarios mensuales).

31. El rey niño

Desde Roma a Amboise, 1516-1518

A finales de marzo de 1516 llega una visita inesperada. Antonio Maria Pallavicini, condotiero profrancés de la rica provincia de Parma, hijo de Pallavicino, marqués de Busseto y hermano de Ottaviano, antiguo amigo de Leonardo en Milán, se encuentra desde hace unos meses en Roma en calidad de embajador del rey de Francia.

Cuando llama a la puerta de Leonardo en el Belvedere, sabe que le lleva una misión especial. Acaba de llegarle una carta enviada desde Lyon el 14 de marzo. El remitente es uno de los dignatarios más poderosos y cercanos al nuevo soberano, el almirante de Francia Guillaume Gouffier, señor de Bonnivet, hermano de Artus, señor de Boissy, que había sido tutor del joven Francisco de Valois.

Además de pedirle que envíe un cuadro desde Florencia, una caja de perfumes y otros regalos destinados a la madre del rey Luisa de Saboya, Gouffier le recuerda explícitamente que organice el viaje de Leonardo de Roma a Francia, donde le esperan el rey y su madre con gran ansia: «*Et aussi vous pie de sollicitez maistre Lionard pour le faire venir par devers le Roy, car ledit seigneur l'actend à une grande devotion, et l'asseure hardyment qui sera le bienvenu tant du Roy que de madame da mère*».[1]

No se trata de una carta de invitación. El asunto ya debe de haber sido decidido hace algún tiempo, y tal vez se le haya comunicado al artista por otros canales en los meses anteriores, y evidentemente cuenta con el beneplácito del interesado. No es

---

[1] LNA, *Record Office, State Papers, Foreign and Domestic of Henry VIII*, series I, vol. 13, n.º 375 (57).

ningún misterio que Francisco, cuando aún era príncipe y delfín, se crio entre el mito y la admiración sin límites que se cultivaba por Leonardo en la corte de Luis XII, alimentada por el propio rey y por quienes conocieron al artista en Milán.

Después de la batalla de Marignano, y antes de bajar a Bolonia para encontrarse con el papa, el joven rey acudió el 11 de noviembre de 1515 a oír misa en el convento de Santa Maria delle Grazie, en Milán, y quedó encantado al contemplar la *Cena*, vista también por su cronista Pasquier Le Moyne. Junto a su madre encarga en Flandes un gran tapiz que reproducirá fielmente el cuadro de Leonardo, con un entorno arquitectónico diferente y más suntuoso, y que luego será donado a León X para celebrar la recuperada armonía entre Francia y la Iglesia.[2] Otra copia a tamaño natural, encargada a Giampietrino, llegará al castillo de Amboise en 1518, para ser colocada en la sala de la armería.[3]

Desde hace años, la familia real y los grandes del reino, enamorados de la civilización del Renacimiento italiano, compiten para invitar a Francia a las figuras más representativas de esa época: poetas, humanistas, oradores, artistas, arquitectos, ingenieros, músicos. ¿Qué victoria, qué gloria, podría ser mayor que conquistar al más grande de todos, Leonardo da Vinci, de quien se dice que languidece olvidado en una dependencia del Vaticano?

La mejor oportunidad para que el viejo Leonardo vaya a Francia es aprovechar el viaje de regreso del embajador, previsto para agosto.

A principios de agosto Leonardo todavía se encuentra en Roma, decidido a realizar algunas mediciones de la imponente basílica de San Pablo Extramuros: ancho y largo de las naves, del crucero y del pórtico.[4] Son sus últimos días en la ciudad, ocupado en furiosos preparativos para volver a empaquetar todas sus cosas junto con Melzi para otro viaje, el último, tal vez: sus preciosos cuadros, eternamente inacabados, los papeles y dibujos y

---

[2] Ciudad del Vaticano, Musei Vaticani, inv. 43.789.
[3] Ahora en la Abadía de Tongerlo en Bélgica.
[4] CA, f. 471r.

cuadernos, los libros, los materiales y herramientas del taller, la ropa. El equipaje de toda una vida.

El 12 de agosto, la comitiva de Pallavicini abandona Roma, acompañada por una escolta papal, hasta Castelnuovo, cerca de Verona, donde es recibida el 1 de septiembre por el gobernador general veneciano, Teodoro Trivulzio.

Cambio de escolta, paso al dominio francés, llegada a Milán el 8 de septiembre. Se alojan en el castillo de Porta Giovia, del que Leonardo dibuja un plano actualizado.[5]

Nueva salida el 24 de septiembre, acompañado de otros viajeros: el músico y virtuoso de la viola Giacomo da San Secondo, y su antiguo discípulo Salaì, que se une al maestro en su última aventura. También forma parte del grupo el mayordomo milanés Batista de Vilanis. Carros y jinetes suben por el valle de Ossola, cruzan el Sempione, bajan por el curso superior del Ródano hasta el lago de Ginebra, el 10 de octubre, y cruzan el Arve, la «Ribera de Arva», cerca del bastión de Saint-Jean y del pueblo de Saint-Gervais, como recuerda el propio Leonardo en una de sus anotaciones.[6] El 16 de octubre están en Lyon, el 24 en el puerto fluvial de Roanne, desde donde continúan en barco siguiendo el curso del Loira.

La llegada a Amboise se produce el 29 de octubre, en el ambiente festivo que envuelve la ciudad y el castillo real por el reciente nacimiento de la segunda hija de Francisco y la reina Claudia. Sin embargo, la alegría pronto deja paso al luto: el 14 de noviembre muere Pallavicini, exhausto por el largo viaje y las fiebres. Pero al menos ha cumplido su misión.

Leonardo está en Francia y el primer rastro de ello es una anotación evanescente, apenas legible, escrita al carboncillo: «Víspera de San Andrés». Una fecha sencilla, la víspera de San Andrés, 30 de noviembre de 1516. La inquietante noche de espíritus que precede al día de Todos los Santos.[7]

---

[5] CA, ff. 260r, 272v.
[6] CA, f. 237v.
[7] Ar, f. 211r.

Leonardo se convierte en «*premier peintre et ingenieur et architecte du Roy, meschanischien d'estat*». Francisco I le ofrece como alojamiento una residencia que le es muy querida desde el punto de vista afectivo y que podría servir perfectamente a los objetivos del artista: un pequeño castillo rural, a escasa distancia del palacio real de Amboise, la residencia de Clos-Lucé, en Cloux, construida en 1471 por un ministro de Luis XI, Estienne Loup, y luego habitada por Pierre Morin, tesorero de Francia, por Carlos VIII, por Ligny y, en última instancia, por Luisa de Saboya.

No es una casa grande pero sí adecuada para la instalación del último laboratorio de Leonardo: dos pisos unidos por una escalinata, los dormitorios en el primer piso y amplias salas aptas para estudios y talleres en la planta baja, junto a la gran cocina con chimenea. La criada francesa, Mathurine, se encarga de todo.

También hay una preciosa gata, que ni siquiera se vuelve para mirar al nuevo ilustre habitante de la casa. Total, todo el mundo sabe que ella es la verdadera dueña. Dándole la espalda, sigue realizando seráfica su aseo, y así la retrata Leonardo en uno de sus estudios geométricos, poco después de su llegada.[8]

El rey niño y el viejo artista no tendrán mucho tiempo para tratarse: en dos años y medio, podrán hacerlo durante siete meses apenas. En todo caso, cuando resulta posible, su relación es continua y privilegiada. El rey disfruta tanto de escuchar a Leonardo que intenta estar siempre con él. Esto es lo que escribirá un día Benvenuto Cellini, afirmando haberlo oído de boca del propio rey: «No quiero dejar de repetir las palabras que oí al Rey decir sobre él, las cuales él me dijo, en presencia del cardenal de Ferrara y del cardenal de Lorena y de Enrique II, rey de Navarra; dijo que nunca creyó que hubiera nacido en el mundo ningún otro hombre que supiera tanto como Lionardo, no tanto de escultura, pintura y arquitectura, sino que era un grandísimo filósofo».[9]

---

[8] CA, f. 268r.
[9] B. Cellini, *Discorso dell'architettura*, en *Due trattati di Benvenuto Cellini, uno dell'oreficeria l'altro della scultura coll'aggiunta di alcune operette del medesimo*, Milán, 1811, pp. 252-253.

Es un nuevo comienzo, que Leonardo asume con audacia juvenil, a pesar de sus sesenta y cuatro años. Quizá por primera vez en su vida pueda disfrutar del lujo de un verdadero *Studiolo*, como el de Isabel de Este, una habitación privada que no tiene que compartir espacio con el taller, el dormitorio, la cocina; y un verdadero escritorio que no es la mesa donde comer o trabajar, y verdaderas estanterías para libros y dibujos que no son paneras ni cajones de ropa sucia. Sonriendo, piensa para sí mismo que es como un san Jerónimo en el estudio, y ya no un san Jerónimo penitente, desnudo y desesperado, en el desierto. Nada mal como punto de llegada del viaje de la vida.

Coloca sobre caballetes, en la sala más grande y luminosa, los cuadros que lo han acompañado en los últimos años. Abre otra vez el arcón con los manuscritos y los libros y vuelve a trabajar en ellos con la colaboración de Melzi, a quien explica sus proyectos de organización con vistas a futuras publicaciones, especialmente el *Libro de pintura*. Solo hay que prestar atención a la gata que se cuela por todas partes y disfruta desordenando los papeles que quedan sueltos sobre el escritorio. Mejor cerrar la puerta cuando uno sale.

Melzi, por su parte, ya ha empezado a transcribir varios pasajes, algunos al dictado del maestro. Copia fielmente algunos dibujos y en ocasiones interviene para retocarlos. Ayuda a dibujar planos de calles, como la de Orleans.[10] Realiza un hermoso dibujo del panorama de Amboise, las murallas del castillo con todas sus torres y casas, vistas desde una de las ventanas del primer piso de Clos-Lucé.[11] Va en busca de nuevos libros como *De informatione corporis humani in utero matris* de Egidio Romano, publicado en París en 1515, libro importante para los estudios de embriología del maestro. Tan pronto como puede, escribe a su padre Girolamo, en Milán, extrañas cartas sobre el fin del mundo, tal vez un eco de sus conversaciones con Leonardo: «Jesus / Magnifice et honorandissimo patre etc. El muy sabio Platón

---

[10] Ar, ff. 188r, 70r y 71v, 270r y 263v.
[11] W, 12.727.

philosopho aprueba cómo dentro de treinta y seis mil años este mundo nuestro volverá al principio».[12]

A principios de 1517 Leonardo acompaña a Francisco I a las obras de construcción de la nueva residencia real de Romorantin, a orillas del río Sauldre. No es un viaje de placer. Hace frío y son más de cuarenta millas a caballo por caminos embarrados que cruzan ríos, bosques, llanuras. Para el traslado desde Amboise, los superintendentes de la casa real tuvieron que proporcionar al artista y a su séquito monturas adecuadas, como revela esta nota de mano francesa: «*A mons.r le contrerolleur des chevaucheurs de l'escuyerie du Roy en court pour les bailler faytement ou envoyer a M.r Lyonard florentin paintre du Roy pour les affers du dit seigneur. A Amboyse*».[13] El 14 de enero el rey parte hacia París, y Leonardo hacia Amboise, donde llega dos días después, en vísperas de la gran fiesta de San Antonio: «Vigilia de Sancto Antonio volví de Romorontino a Ambuosa et el rey partió, dos días antes de Romorontino».[14] Una larga separación, que durará casi un año. El rey no regresará a Amboise antes del 10 de diciembre.

En Romorantin Leonardo concibe la última de sus visiones arquitectónicas: la construcción de un inmenso palacio real que se ubicaría en el territorio con alas abiertas a los jardines y canales que pasarían entre los edificios y por debajo de ellos. De él quedan algunos planos, diversos estudios y dibujos, y sobre todo un breve proyecto escrito, sobre un papel donde la escritura parece seguir la metamorfosis de sus pensamientos, y perseguir el rastro gráfico de los dibujos.[15]

La naturaleza y la obra del hombre se encontrarían en este proyecto utópico que, sin embargo, aunque no llegue a realizarse, ejercerá una duradera y profunda influencia en la arquitectu-

---

[12] CA, f. 790 r.
[13] CA, f. 476r.
[14] CA, f. 920 r.
[15] CA, f. 209r, 582r, 583r, 806r, 963r; Ar, f. 269r. Véase también el trazado del Loira (Ar, f. 269r), y las notas para Romorantin (Ar, f. 270v).

ra francesa del siglo XVI, promoviendo la evolución del antiguo y severo castillo feudal hacia elegantes residencias señoriales, especialmente en el valle del Loira.

Además, el proyecto urbanístico está vinculado a la idea de una red de grandes canales de riego y navegación entre el Loira (Tours, Blois, Orleans), el Cher y el Sauldre (Romorantin), que retoma el antiguo diseño del canal navegable entre Florencia y el mar.[16]

El palacio de Romorantin recupera asimismo una idea del pasado, una vista de un espectacular palacio junto a un río, quizás construido para D'Amboise por encargo del rey de Francia, ya hacia 1508.[17]

Al regresar a Amboise, Leonardo retoma la escritura y se ocupa de sus pasatiempos favoritos: los problemas de geometría y mecánica. En una de estas hojas, en la luminosa sala de Clos-Lucé, abierta al campo primaveral, anota el 21 de mayo de 1517: «Día de l'Ascensión en Anbosa 1517 de mayo en Clu».[18]

En Amboise tiene la oportunidad de conocer a otros artistas y artesanos italianos que ahora están al servicio de la corte. Una familia de escultores florentinos, los hermanos Betti, lleva establecida bastante tiempo en Tours, pero aquí todos los llaman los Juste: Antonio ha trabajado para el cardenal Georges d'Amboise en Gaillon, y a Giovanni se le pidió en 1516 que realizara la grandiosa tumba de Luis XII y Ana de Bretaña, que se levantará en el santuario de la monarquía francesa, la basílica de Saint-Denis, a las puertas de París. Giovanni, con la colaboración de sus hermanos, planea colocar un friso en bajorrelieve alrededor de la base del monumento, celebrando las grandes hazañas de armas del soberano, las victoriosas campañas italianas y, en particular, la batalla de Agnadello. Para el dibujo, recurre como es natural a Jean Perréal, el pintor amigo de Leonardo que durante años siguió al rey en sus expediciones y retrató sus momentos más destacados, pero ahora tiene además la oportunidad de encon-

---

[16] CA, f. 920 r
[17] W, 12.292v.
[18] CA, f. 284r.

trarse con el viejo maestro y retomar directamente, a partir de sus dibujos originales, la composición de la *Batalla de Anghiari* y la *Lucha por el estandarte*, que aún hoy podemos admirar en la base de la tumba de Saint-Denis.

Por su parte, como un niño, Leonardo se involucra en todas las celebraciones de la corte francesa. A quienes lo solicitan les da ideas de mecanismos fantásticos y aparatos escenográficos. Y el león mecánico presentado por los comerciantes florentinos en Lyon en 1516 aún existe, y reaparece en Argentan el 1 de octubre de 1517 durante una celebración en honor de Francisco I, quien, «conducido hasta donde estaba el León, lo golpeó cum una virga, et ipso Leone se aprió et dentro estaba todo azul, que significaba amor según la manera de aquí».[19]

---

[19] ASMa, *Archivio Gonzaga, Esteri (Francia)*, XV, 3, 634, ff. 127v y 266r (cartas de Rinaldo Ariosto a Federico Gonzaga y de Anastasio Turrioni al marqués Francesco Gonzaga).

32. La visita del cardenal

Amboise, 10 de octubre de 1517

El 10 de octubre de 1517, un cortejo de caballeros recorre el breve camino que separa el castillo real de Clos-Lucé. En cabeza, el cardenal Luis de Aragón, de viaje por Francia después de haber rendido homenaje a Carlos de Habsburgo en Flandes. Es casi seguro que Luis y Leonardo ya se conocen: en Roma vivieron juntos, cerca de San Pedro, uno en el Palacio San Clemente y el otro en el Belvedere.

El cardenal no tiene el aspecto de un reverendo hombre de iglesia, sino más bien el de un príncipe renacentista, elegante y algo regordete, al que le gusta presentarse *«diffarzato»*, es decir, con jubón, la chaquetilla corta entonces de moda, o con una larga túnica rosa con franjas de terciopelo negro.

Ahora, a caballo, seguramente irá con jubón, botas, chaqueta de cuero, espadín y bonete de plumas. Lo siguen una decena de caballeros, todos acompañados de sus pajes de armas, intendentes, cocineros, mayordomos, intérpretes, palafreneros y mozos de cuadra, así como el secretario, el canónigo de Molfetta Antonio De Beatis. En total, treinta y cinco personas a caballo. Una auténtica invasión en casa de Leonardo. A la gata no le complace en absoluto y va a refugiarse en la habitación de Mathurine.

Es Antonio quien anota en su diario de viaje la crónica del extraordinario encuentro con «Lunardo Vinci, firentino, viejo de más de LXX años, excelentíssimo pinctor en la edad nuestra». En realidad, el artista tiene solo sesenta y cinco años, pero aparenta muchos más. Además, da la impresión de tener la mano derecha paralizada, tal vez a consecuencia de un ictus: «Bien cierto es que de él, por averle venido cierta parálesi en la dextra, no se puede experar ya cosas buenas». En definitiva, ya no pinta, ya no es capaz de «colorear con esa dulzura que solía», aunque sigue «faziendo dibujos et inseñando a otros»: es decir, a Melzi, mencionado así: «Tiene bien facto un criato milanés, que muy bien trabaja». De Beatis se interesa también por el notable salario que Leonardo recibe del rey, además del principesco alojamiento en Clos-Lucé: «Aqueste, ultra los gastos et estantia del rey de Franza, tiene 1.000 escudos al año de pensión et el criato trescientos». Cifras confirmadas más o menos por las cuentas de Jean Sapin, síndico de Languedoil y Guyenne, que en 1518, durante los dos primeros años de su estancia en Francia, asigna al «*maistre Lyenard de Vince paintre ytalien*» la suma de dos mil escudos de oro, y a «*messire Francisque Meyllcio ytalien gentilhomme qui se tient avec ledit maistre Lyenard*» la de ochocientas liras tornesas.[1]

Leonardo parece envejecido, pero todavía está lleno de vitalidad. Habla a rienda suelta de sus obras e investigaciones. Se proyecta hacia el futuro, hacia nuevos proyectos y nuevos desafíos. No piensa en la «pequeña vigilia de lo que resta», en la vida que se agota, y aleja de él la idea del fin, de la conclusión.

Evidentemente, al gozar de cierta familiaridad con el cardenal desde los días de su estancia en Roma, no tiene dificultad en actuar de cicerone, entre las maravillas de su estudio.

En primer lugar, los libros, los dibujos y los cuadernos de estudio, especialmente los de anatomía: «Este gentilhombre ha compuesto de notomía tanto particularmente cun la demostration de la pictura, sea de miembros, como de músculos, nervios, venas, junturas d'intestinos, et de cuanto puede razonarse tanto de cuerpos de omnes como de mujeres, de modo que nunca ha sido facto por otra persona. Lo cual hemmos visto con atención; et ya dijo él que había facto notomía de más de XXX cuerpos entre varones et fembras de toda edad».

Leonardo despliega también ante sus invitados otros manuscritos con estudios sobre las aguas y las máquinas, de tal interés

---

[1] ANP, KK 289, f. 352v.

que sugieren una futura publicación: «También compuso de la naturaleza de las aguas, de diversas máquinas et d'otras cosas, segúnd ha referido él, infinitad de volúmenes, et tudos en lengua vulgar, que si salen a la luz, serán pruvechosos et muy deleictables».

¿Cómo no regalar algunos a su ilustre huésped, que ha tenido la enorme cortesía de ir a visitarlo? Y de hecho dos de sus manuscritos tal vez estén registrados en 1566 en el inventario de libros del duque de Amalfi, Inigo Piccolomini de Aragón, conservado en el castillo de Celano en Abruzos: «Otro libro manuscrito titulado de pluribus valde utilis / Un libro escrito en mano titulada Leonardus».[2] Una herencia directamente ligada al cardenal, pero manchada de sangre.

El padre de Inigo, Alfonso II, había heredado el patrimonio de Luis como hijo huérfano de la hermana del cardenal, Giovanna d'Aragona, duquesa de Amalfi. La duquesa, que enviudó a los veinte años en 1497, se vinculó con un caballero napolitano, Antonio Beccadelli, desposándolo en secreto y teniendo tres hijos de él. Todos asesinados en 1511, duquesa, marido e hijos, por sicarios a sueldo de su hermano el cardenal. Solo sobrevivió el primer hijo legítimo de Giovanna, Alfonso II, sobrino del cardenal, quien lo acogió en su casa como hijo, asumiendo su tutela.

La mayor maravilla para los visitantes son los últimos cuadros de Leonardo: «Mostró ad su ilustre Señoría Ilustríssima tres quadros, uno de cierta mugier firentina, facto del natural, ad instantia del quondam magnífico Iuliano de Médici, el otro de San Iohane Bautista joven, et uno de la Madona et su hijo que stan puestos en regazo de sancta Ana, todos perfectíssimos».

No son estas las únicas obras de Leonardo que los huéspedes admiran durante su viaje. Al día siguiente, en el castillo de Blois, ven «un quadro donde está pintada al ógleo cierta dama de Lombardía muy bella de natural, pero en mi judizio no tanto como la señora Gualanda». La «dama de Lombardía» es probablemente Lucrezia Crivelli, en el cuadro *Retrato de una dama*,

---

[2] ASN, *Monasteri Soppressi*, 3.208bis, ff. 39v e 54v.

hoy llamado *La belle Ferronière*. Hermosa, sí, pero no tanto como Isabella Gualandi, la dedicataria del cancionero de Irpino que fue retratada por Leonardo en Roma en un cartón hoy perdido. Si el secretario del cardenal la recuerda de forma tan familiar, es porque la hermosa dama era una presencia familiar en su casa de Roma.

En diciembre la comitiva cardenalicia estará en Milán y verá también la *Cena*. En esa ocasión, por desgracia, De Beatis dará testimonio de su temprana e irreparable ruina: «Una cena picta en el muro por messer Lunardo Vinci cual lo encontramos en Amboys, que es excellentíssima, si bien está empezando a estropearse, no sé si por la humidad que rezuma el muro o por otra inadvertencia». Alguien les explicará también que los apóstoles son en realidad personas reales, cortesanos y gente de Milán: «Los personajes de ella son de natural retractos de varias gentes de la corte et Milaneses de ese tiempo, de verdadera estatura».

Entre los tres cuadros vistos por De Beatis en Clos-Lucé reconocemos sin problemas *San Juan Bautista* y *Santa Ana*, mientras que el primero, el retrato de «cierta mugier firentina, facto del natural», debería ser la *Mona Lisa* del Louvre, iniciado en 1503 e interrumpido en 1508, por lo que quedó inacabado y nunca fue entregado al comitente Francesco del Giocondo.[3]

De Beatis, sin embargo, añade la sorprendente indicación «ad instantia del quondam magnífico Iuliano de Médici». La expresión tiene todo el aspecto de reproducir una frase dicha por el propio Leonardo, con algunas omisiones debidas a las prisas de la escritura diarística, o a la incertidumbre del recuerdo, cuando al cabo de unos años De Beatis pase a limpio sus diarios en los manuscritos que se han conservado. El significado correcto debería ser: «Un retrato del natural de cierta mujer florentina [completado] a petición del difunto Juliano de Médici».

Así pues, el cambio de comitente nos remite a la Roma de 1514 y al último mecenas de Leonardo, el magnífico Juliano. Pero

---

[3] París, Musée del Louvre, inv. 779.

¿por qué habría de apasionarse tanto Juliano por el retrato de «cierta mugier firentina» iniciado diez años antes? ¿En qué medida se confunde esta historia con la del retrato apenas esbozado de la otra Mona Lisa, Isabella Gualandi, que data del mismo periodo romano?

Lo cierto es que, más de diez años después, la identidad de la mujer florentina que dio origen al retrato ya no le interesa a nadie: ni al cardenal ni a Leonardo. Frente a ellos, ese icono ya no tiene necesidad de nombre alguno. Con el paso de los años, el retrato, completado por el paisaje, se ha convertido en algo más: un laboratorio abierto en el que Leonardo ha seguido trabajando, proyectándose a sí mismo, su mundo, su infinita búsqueda de la verdad en la indagación de los secretos de la naturaleza y de la vida.

LA MONA LISA: EL PAISAJE

En la *Mona Lisa* el paisaje representa el proceso de transformación, «disolución» (*disfatione* escribe Leonardo) y recreación de la superficie terrestre. Fantásticas e inalcanzables cumbres rocosas se pierden entre los vapores de la atmósfera y los espejos del agua. Y sobre el sinuoso curso de un río se extienden los arcos de un puente, único elemento de acción humana en la zona.

No es un paisaje real, pues nunca lo han sido los paisajes de las pinturas de Leonardo, sino la memoria combinatoria de lugares verdaderamente vistos y de lugares tan solo soñados: los riscos toscanos de Valdichiana, las montañas de Lombardía que dominan los lagos de Como y de Iseo, las visiones de cimas primordiales excavadas por las aguas en la creación del mundo, o las que habrá al final de los tiempos. En un difícil equilibrio dinámico, la armonía solo parece lograrse después de una lucha cósmica, un diluvio interno cuyas aguas acaban de retirarse del fondo del retrato.

Con este paisaje la mujer establece una relación profunda e inquietante. La suya es una sonrisa de conocimiento, de conciencia del duelo, de la muerte, del tiempo que devora la vida y la belleza. El eco de otra sonrisa, también perdida en el tiempo. La sonrisa de Caterina.

Solo hoy, con las nuevas tecnologías de la reflectografía infrarroja podemos ver, o creer ver, un rastro del diseño original bajo la *Mona Lisa* en el Louvre. Una Lisa mucho más joven y aún poco consciente del tiempo y del futuro. Con todo, tal vez solo se trate de un fantasma.

Cuando el cardenal y su séquito cruzan el umbral de Clos-Lucé, Salaì no está. Se ha ido a otro lugar, o ha preferido no dejarse ver. No hay mención alguna de él en la crónica de De Beatis. El «criato milanés, que muy bien trabaja» es Melzi, evidentemente ya ocupado en la finalización de cuadros iniciados por el maestro como *San Juan en el desierto*, o en sus primeras composiciones de inspiración mitológica y ovidiana, *Flora* y *Vertumno y Pomona*.

Salaì, el antiguo discípulo, el ya no «hermoso joven» que se acerca a los cuarenta años, empieza a tener la desagradable y fundada opinión de no ser el discípulo más querido del maestro, e incluso de haber sido completamente apartado, por culpa de ese intrigante Melzi. Está ya harto del anciano gargajoso y tembloroso que ya no puede sostener el pincel en la mano y sigue delirando sobre cosas sin sentido, abstrusos problemas geométricos y cataclismos naturales. Le ha dado todo, su juventud, su belleza, su cuerpo, ya es suficiente. Él también tiene derecho a su vida.

Sus ausencias de Cloux son cada vez más frecuentes, aunque siga recibiendo su salario de la tesorería del rey, como siempre de manos de Jean Sapin, pero es una humillación ver que se le considera menos que a Melzi: doscientas cuarenta liras tornesas a «Salay de Pietredorain» el 11 de septiembre de 1517; otras sesenta liras tornesas «pour ceste foiz et non plus» en el presupuesto de 1518 aprobado el 20 de octubre de 1517; por último, cien escudos de sol de oro como regalo del rey por sus servicios: «*A Salay serviteur de maistre Leonnard de Vince paintre du Roy la somme de cent escus d'or soleil dont le Roy nostri dit seigneur luy a fait don en faveur des services qui luy a faiz soubz sondit maistre».*[4] Nótese que el tesorero Sapin siempre lo llama «serviteur», a diferencia de Melzi que es *«gentilhomme»*. Una nueva humillación.

Leonardo parece resignarse a la separación y le confía un último e importante encargo: la delicada tarea de entregar al rey las últimas obras maestras; *Mona Lisa, Santa Ana, Leda, San Juan*.

No se trata de una venta, sino de la ejecución de un acuerdo tácito que probablemente el artista había establecido con Francisco I al aceptar la invitación para trasladarse a Francia. La generosa suma puesta a disposición a cambio no es, por lo tanto, el precio de compra, sino un acto de liberalidad real, que Leonardo, a su vez, cede a Salaì para que la cobre en su totalidad, como si se tratara de una herencia anticipada. A él, ahora, que está a punto de dejar definitivamente las miserias de esta vida, ¿de qué le sirve todo ese dinero?

Salaì, que es previsor, se prepara ya para ese día y sabe que su futuro próximo no está en Francia sino en Italia, en su casa, y quiere volver allí como un caballero, no como un desgraciado o un *«serviteur»*. Parece ser que llega a prestar incluso quinientos escudos al antiguo duque Maximiliano, que siempre está sin blanca a causa de la buena vida de la que disfruta en París, y que, al no poder pagarle el préstamo, le pedirá pagarle a plazos el año siguiente, ciento veinticinco escudos por año, que cobraría en Milán.[5]

Salaì también llamó la atención del embajador florentino, Francesco Vettori. El viejo amigo de Maquiavelo busca un buen artista para pintar el retrato de la futura esposa de Lorenzino de Médici, Madeleine de la Tour d'Auvergne, sobrina del rey, pero acaba desistiendo, asustado por las excesivas exigencias pecuniarias del astuto discípulo de Leonardo: «Uno de estos discípulos de Lionardo da Vinci que está aquí, pero piden los cientos de ducados».[6]

Así pues, Salaì, en lugar de ir a Auvernia para pintar a la princesa, abandona Amboise en febrero de 1518 y llega a Milán,

---

[4] ANP, J 910, fasc. 4, núm. CXI y fasc. 5, núm. IIcXIII; KK 289, ff. 536v-537r.
[5] ASMi, *Notai*, legajo 5.499, notario Galeazzo Visconti.
[6] ASF, *Mediceo avanti il Principato*, legajo 142, n.º 157 (carta a Goro Gheri, 12 de febrero de 1518).

donde el 13 de abril concede otro préstamo de cuatrocientos doblones, es decir, nada menos que cuatrocientas ochenta liras,[7] y también cobra la gran suma que le había prometido el rey por la entrega de todos los cuadros de Leonardo. En efecto, el pago lo realiza el tesorero y recaudador general de finanzas del ducado de Milán, que es el ya conocido Jean Grolier, y se registra en el presupuesto del ducado aprobado por el rey el 13 de junio de 1518. Una bonita suma: 2.604 liras tornesas, tres dineros y cuatro denarios, equivalentes a 6.250 liras imperiales, es decir, aproximadamente 1.250 escudos, *«pour quelques tables de paintures qu'il a baillées au Roy»*.[8]

Quién sabe, tal vez a Grolier, un apasionado cazador de libros que ya había conocido a Leonardo en Milán en años anteriores, le hubiera gustado hacerse con el otro tesoro que quedaba en Clos-Lucé, la biblioteca y los códices autógrafos.

---

[7] ASMi, *Notai*, sobre 6.198, notario Francesco Morigi.
[8] ANP, J 910, fasc. 6, f. 87r

33. Etcétera

Amboise, primer semestre de 1518

En una fría noche estrellada de invierno, el 17 de enero de 1518, fiesta de San Antonio Abad, se revive en Cloux la antigua fiesta del Paraíso en honor del rey. La novedad, respecto a 1490, es que el acontecimiento se desarrolla de noche, con la simulación artificial de la bóveda estrellada.

Un ligero andamio de madera erigido en el jardín de Cloux se ha cubierto con paños de color celeste con estrellas doradas para los planetas, el sol y la luna, y los doce signos zodiacales; la columnata circundante está decorada con telas y estrellas, y entre los arquitrabes se colocan círculos de hiedra con festones en el medio; el espacio central tiene treinta brazos de ancho y sesenta de largo, con un palco reservado para las princesas: «Primero todo el patio cubierto fu con paños de color celeste con estrellas doradas ad similitud del cielo, luego stavan los principales planitas, el sol a uno lado et la luna por opuesto, que fazía una admirable visión, Marte, Júpiter et Saturno estaban puestos en su orden, con los 12 signos celestiales [...] et cierto eran 400 flameros talmente iluminados que parecía fuera espulsata la nocte».[9] Solo Leonardo pudo haber tenido una idea así: simular la noche dentro de la noche, e iluminarla con infinitos juegos de luz.

Vuelve la primavera y con ella la temporada de fiestas a Amboise. El 3 de mayo se celebran al mismo tiempo el bautismo del Delfín y el matrimonio de Lorenzino de Médici con Made-

---

[9] Descripción en una carta de Galeazzo Visconti recogida en M. Sanudo, *Diarii*, vol. 25, Venecia, 1.889, p. 310, col. 510-511.

leine de la Tour d'Auvergne.[10] En la gran plaza frente al castillo real, hacia el norte, se erige un arco triunfal, coronado por una gran columna sobre la que hay una figura desnuda con una bandera de lirios a la derecha y un delfín a la izquierda; a un lado del arco está la salamandra con el lema «nutrisco et extingo», al otro, el armiño con el lema *potius mori quam foedari*.

Para Leonardo, son recuerdos de un tiempo pretérito, el pasado en Milán al servicio de Ludovico el Moro, a quien se le había concedido la orden del armiño.

Los días 14 y 15 de mayo tiene lugar también la representación del asedio y la toma de un castillo, en recuerdo de la batalla de Marignano, utilizando las ideas ya puestas en práctica para una puesta en escena similar con motivo de la llegada de Luis XII a Milán el 14 de junio de 1507.

El falso castillo ha sido construido por Domenico Bernabei da Cortona, discípulo de Giuliano da Sangallo al servicio de la corte francesa durante muchos años, y ahora cercano a Leonardo en la elaboración de fantásticas ideas arquitectónicas que se materializarían en el futuro castillo de Chambord.[11] La estructura consta de «uno circuito ‹tan alto› cuanto un omne a caballo con almenas, cubiertas todas por dentro con telas pintadas ad similitud de muralla», con dos torreones y un *terraglio*, un terraplén de la altura de un hombre, precedido por un foso. Es decir, formada por telas clavadas a andamios de madera, con sus correspondientes almenas, falconetes que lanzan trapos y papeles, arcabuces y morteros que disparan al aire «globos desinflados en aire que, cayendo sobre la plaza, saltaban con gran plazer de todos et sine daño, cosa nueva et bien ejecutada cum ingenio». Se trata de la sorprendente aplicación práctica de los estudios que Leonardo había realizado en Roma sobre la dilatación de los cuerpos inflados, y que sus contem-

---

[10] ASMa, *Archivio Gonzaga, Esteri (Francia)*, XV, 3, 634 (carta de Stazio Gadio al marqués Francesco Gonzaga).
[11] Véase CA, f. 475v: «Recuerdos para nosotros maestro Domenico» (no autógrafo de Leonardo).

poráneos habían creído una manifestación de su espíritu fantástico.[12]

La fiesta obtiene un enorme éxito entre el pueblo, y de hecho, a causa de la multitud, la gente corre el riesgo de ser pisoteada y asfixiarse: «Con grand strechez et peligro de sofocarse por la multitud deseosa por ver cosa de tanta spectatión, ni siquiera pesaba el pagar dineros por tant'angostura que podieran arrancarse la cabeza para ver, ni a los de las casas desplacería romper los tejados ni derribar las fachadas para alquilar los sitios, siendo mucho mayior la gananzia del alquiler que el daño de la rotura». ¿Qué quiere ver la gente? En primer lugar, a su héroe, al rey niño que conquista el mundo, «armato con el yelmo en la cabeza et un gran penacho»; y luego los trajes fantásticos de los prohombres del Reino, de los capitanes de este simulacro de batalla: Bocale, escudero del rey, Lorges, Sainte-Colombe «vestido con una casaca de brocato turqués sobre campo verde»; y además otra vez el gran maestre de Francia Artus Gouffier, Louis de la Tremouille y Jacques de Chabannes de La Palice, «todos vestidos de zamaras de terciopelo ceniziento et de tella plateada con sombreritos en la cabeza a la tudesca, de terciopelo ceniziento pasado con tela de plata con plumas cenizientas y blancas».

Quizá todavía podamos ver esos maravillosos trajes: en los últimos dibujos que Leonardo realiza en Amboise.[13]

Entre estos disfraces aparece una figura femenina, la llamada *Pointing Lady*, que ya no es una fantasía festiva sino quizá tan solo una visión. Un mensaje del futuro, o de un pasado muy lejano, como podría ser la imagen de su madre Caterina. Evanescente como un fantasma, esfumada con piedra negra, la mujer está de pie sobre el fondo de lo que cabe imaginar como un paisaje natural: un río, una cascada, un bosque. El viento le alborota el pelo y hace temblar los drapeados de su vestido transparente. Se gira, sonríe como una madre amorosa o una amante

---

[12] ASMa, *Archivio Gonzaga, Esteri (Francia)*, XV, 3, 634 (carta de Stazio Gadio al marqués Francesco Gonzaga).
[13] W, 12.573-12.577, 12.580.

cómplice, y señala con el dedo índice de su mano izquierda algo que nosotros no vemos, pero que quizá Leonardo sí. ¿Qué es eso que ve él y que nosotros no vemos?[14]

Un día, en Clos-Lucé, se arma de valor y se mira en el espejo. El tiempo, consumidor implacable de todas las cosas, devorador de la belleza y de la vida, también ha trabajado sin piedad en la máscara de su rostro. De modo que toma su fiel piedra roja y traza el retrato de ese viejo en el que ya no se reconoce, la cabeza enmarcada por la larga cabellera blanca y una barba suelta, la mirada profunda, absorta, las bolsas bajo los ojos, las pestañas largas y fruncidas. Se ha envejecido aún más, ha deformado un poco su fisonomía. Más que el retrato ideal de un filósofo antiguo parece casi una caricatura.[15] Es extraño: los párpados parecen estrecharse y las pupilas encogerse, como si no estuviera encerrado en un estudio sino frente a un inmenso espacio abierto, una luz cegadora. El infinito. Lo eterno.

24 de junio de 1518. Retirado en su estudio, Leonardo recuerda que es un día de fiesta: una fiesta grande para un florentino, San Juan Bautista. Con un poco de nostalgia, en una hoja de estudios geométricos anota con precisión la fecha y el lugar donde se encuentra, el punto en el tiempo y en el espacio al que provisionalmente ha llegado su existencia: «A 24 de junio, el día de San Juan de 1518 en Ambosa, en el palacio de Clu».[16] Con una sonrisa, recuerda que cuatro años antes, en Florencia precisamente, con motivo de la fiesta del Bautista, se había organizado un grandioso espectáculo público, una pelea de leones en honor de Juliano de Médici. En aquellos días él estaba en Roma, pero en un viaje a Florencia en septiembre fue a ver los leones, encerrados en una casa de fieras detrás del Palazzo della Signoria, en lo que todavía hoy se llama via dei Leoni.

En la misma hoja, traza Leonardo un plano de las jaulas de esos gatazos poco sociables, las «estancias de leones de Florencia»,

---
[14] W, 12.581.
[15] Turín, Biblioteca Reale, 15.571.
[16] CA, f. 673r.

y, por último, en la esquina superior, añade dos palabras que podrían ser el comienzo de un teorema, pero que dejadas allí en suspenso casi parecen expresar, en estos últimos meses de su vida, su deseo de seguir adelante, de continuar el camino infinito del conocimiento: «Yo continuaré». Es una de esas hojas de papel francés que usa en ese período. En otra, por ejemplo, está pasando a limpio una larga demostración geométrica. De vez en cuando acaricia a la gata, que se ha encariñado con él, y ronronea acurrucada sobre sus piernas. En determinado momento, al final de la hoja, interrumpe la demostración con un «etcétera», y traza una línea horizontal hasta el final del renglón. Luego se lo piensa mejor, vuelve a coger la pluma y añade, encima de la línea, unas pocas palabras, el motivo por el que ha interrumpido tan importante trabajo: «Porque se enfría la sopa».[17]

Es de noche: desde la cocina, la criada francesa Mathurine le avisa de que la sopa está lista y levanta la voz enfadada, porque sabe que el maestro no oye, o finge no oír, absorto en completar su teorema. En realidad, oye perfectamente, pero no quiere molestar a la gata. Se acerca el mayordomo Batista de Vilanis, repite la invitación, explicándole paciente que la sopa está rica siempre que esté caliente.

El viejo aparta delicadamente a la gata, se levanta y deja dentro de ese etcétera todo lo que quisiera decir y no puede, porque la sopa se está enfriando: las innumerables investigaciones que empezó y nunca terminó, las obras figurativas que dejó abiertas y abandonadas, los proyectos de libros y tratados, su escritura infinita.

Una vida entera vivida bajo el signo de la libertad, una progresión ininterrumpida, sin fronteras ni barreras, que en determinado momento se detendrá solo por haber alcanzado el límite biológico o antropológico extremo. La postrera hora de la noche, el fin del aceite de la lámpara, el fin de la tinta o del papel, el fin de la vida.

---

[17] Ar, f. 245r.

34. Último acto

Amboise, primavera de 1519

23 de abril de 1519. El invierno ha sido especialmente rígido. Leonardo siente que su energía vital se desvanece. Recuerda haber escrito, treinta años antes, uno o dos pensamientos tranquilizadores sobre la muerte: «Tal como un día bien aprovechado proporciona un dormir feliz, así una vida bien empleada proporciona una muerte feliz» y «Una vida bien aprovechada es larga».[1]

Son esas cosas bonitas que escribes cuando eres joven: luego, cuando se acerca el momento, no te sientes ya tan seguro de haber aprovechado de la mejor manera el día y de que le siga un sueño feliz y merecido. Cuántas obras inacabadas, cuántos furores vanos. Su propia vida: una única obra inacabada. El tiempo sigue fluyendo imparable, y continuará haciéndolo incluso después del momento del tránsito. Como el agua de los ríos: «El agua que tocas del río es l'última de la que se fue y la primera de la que viene. Así el tiempo presente».[2]

El notario real Guillaume Boreau se apresura a acudir a Clos-Lucé para redactar el testamento en presencia de Francesco Melzi y de los testigos Esprit Fleury, vicario de la iglesia de Saint-Denis, el sacerdote Guillaume Croysant, el capellán Cipriano Fulchini, los frailes Francesco de Cortona y Francesco de Milán, del convento franciscano de Amboise. Es posible que el hermano Francesco provenga del convento milanés de San Francesco Grande, en el que los frailes todavía recuerdan el paso de Leonardo, y donde se exhibe con orgullo la *Virgen de las rocas*.

---

[1] Tr, ff. 27r y 34v.
[2] Tr, f. 34v.

El texto es minucioso, tanto en los detalles de las exequias y de la sepultura como en los relativos a los legados. Nada se olvida, nadie queda excluido. Leonardo se mostró igualmente meticuloso con motivo del funeral de Caterina. Ahora, su propio funeral es la ocasión de su extrema representación.[3]

Como buen cristiano, Leonardo encomienda su alma a Dios, a la Virgen, a san Miguel y a todos los santos y ángeles del Paraíso. Por excepcional concesión regia, el entierro tendrá lugar en el interior del castillo de Amboise, en la colegiata de Saint-Florentin. Un gran honor, solo posible con permiso real. Increíble ha de resultar el cortejo fúnebre, en el que tendrá que participar todo el clero de Amboise. El cadáver será transportado por los capellanes, acompañados por el colegio, es decir, por el rector o prior o por sus vicarios, y por los capellanes de la iglesia de Saint-Denis, y por todos los frailes menores. En Saint-Florentin se celebrarán tres misas mayores con diácono y subdiácono, y treinta misas rezadas de san Gregorio, y lo mismo deberá hacerse en Saint-Denis y en la iglesia franciscana. El féretro también estará acompañado por sesenta pobres, que portarán sesenta antorchas. Cada iglesia recibirá diez libras de cera en grandes cirios, destinados a los servicios religiosos prescritos. Los pobres del Hôtel-Dieu de Saint-Lazare d'Amboise, que llevarán las antorchas, recibirán sesenta dineros torneses. Un dinero cada uno.

Es hora de despedirse de los amigos y discípulos más cercanos. Francesco Melzi obtiene la parte más preciosa de la herencia del maestro, los libros y manuscritos, las herramientas del taller, los bocetos, los dibujos: «Ítem el predicto testatore dona et concede a Meser Francesco da Melzo, gentilhombre de Milán, cual remuneratión por los servicios factos a él por grazia en el pasado todos y caduno los libros que el dicto testador tiene al presente et otros instrumentos et retratos relativos a su arte et industria de pictores». El testamento no dice nada sobre los cuadros, las últimas obras maestras, ya cedidas a quien lo acogió

---

[3] Belgioioso, Archivio Melzi d'Eril, copia de Venanzio di Pagave (siglo XVIII).

generosamente en los últimos años, Francisco I. Melzi también recibe los derechos residuales del tesoro real, que le serán pagados por el tesorero general Jean Sapin, y el efectivo que hay en la casa, y su propio guardarropa, los vestidos principescos que se ha hecho confeccionar a lo largo de los años o le han sido regalados por los señores a los que ha servido: «Todos et cad'uno sus vestimentas como tiene al presente en el dicto loco de Cloux». Y también es Melzi a quien se designa como único albacea.

Por primera y única vez, se mencionan «todos y cad'uno los libros», que podemos imaginar reunidos en las estanterías del estudio de Clos-Lucé, en la gran sala esquinera de la planta baja, contigua a la sala de la chimenea. Aquí están todos juntos, los cuadernos autógrafos y los libros impresos, los incunables y las ediciones de principios del siglo XVI, los manuscritos y las glosas. Una biblioteca que es un organismo vivo mientras la mente que la creó y continúa creándola día tras día vive y opera, casi como una telaraña de hilos inmateriales de pensamiento que confluyen en los papeles de los volúmenes en los estantes. Esa fría fórmula notarial, «todos y cad'uno los libros», registra la última chispa de la vida, la última mirada de Leonardo a sus códices y a sus libros, antes de cerrarlos para siempre.

Salaì no está presente en el acto, como es habitual. De regreso de Milán, en marzo se dirige a París, donde el día 5 se reúne con el antiguo duque de Milán en el exilio, Massimiliano Sforza, y con su secretario Giambattista Confalonieri, y obtiene de ellos la promesa de quinientos escudos de oro, pagaderos en cuotas anuales de cienco veinticinco escudos, quizá por la venta de algunas de sus copias de las pinturas de Leonardo que hacía pasar por originales.[4]

En el testamento se le define como un simple *«serviteur»*. Leonardo le asigna solo la mitad del viñedo milanés, mientras que la otra mitad pasa al fiel mayordomo Batista, quien tendrá que vérselas y pleitear con el discípulo, que ya se ha construido allí

---

[4] ASMi, *Notai*, sobre 5.499, notario Galeazzo Visconti.

una casa y la alquila como si fuera de su propiedad. Parece que en el original del testamento, en ese punto, había un añadido marginal, refrendado por Melzi y el notario. Alguien se acuerda de las rentas del canal y del precioso mobiliario de Clos-Lucé. Leonardo le cede generosamente todo a Batista, mientras que a la criada Mathurine le da una túnica de buen paño negro forrada de cuero, una *socha*, un vestido de tela y dos ducados. Y ni siquiera se olvida de sus hermanastros, a quienes deja la totalidad de su depósito en Santa Maria Nuova, cuantificado en cuatrocientos escudos más intereses. Una gran satisfacción, frente a quienes le habían demandado en 1506 por la herencia de su tío Francesco.

Como es natural, la gata no aparece en el testamento. Pero la gata está ahí, acurrada junto a la chimenea encendida. No está durmiendo. Mira con tristeza a su viejo amigo que está a punto de irse. Lo ha entendido todo. Y su viejo amigo también la mira y le sonríe por última vez.

Su muerte se produce el 2 de mayo de 1519.

El cadáver permanece expuesto sobre la cama donde ha muerto, en la habitación del primer piso de Clos-Lucé. Tres días después, el viernes 6 de mayo, tiene lugar el solemne funeral previsto en el testamento. La triste procesión sube desde Cloux hasta el castillo real, hasta la iglesia de Saint-Florentin, donde permanece el féretro a la espera de la ejecución de la tumba.

El rey está lejos, en Saint-Germain-en-Laye. En medio de las celebraciones por el nacimiento de su hijo, Enrico ve llegar a Melzi a caballo, vestido de luto, y rompe a llorar ante la noticia de la muerte de su amigo: «Lloró triste Francesco, rey de Franza, / cuando Melzi, que había muerto, le dijo / el Vinci».[5]

Salaì tampoco está junto a la cabecera de Leonardo. Cuando se entera del testamento, se pone en marcha de inmediato, pero no hacia Amboise, sino hacia Milán. Allí, el día 16 de mayo de 1519, hace que Giambattista Confalonieri le pague

---

[5] G.P. Lomazzo, *Rime*, Milán, Gottardo da Ponte, 1587, p. 93.

cien escudos de los prometidos por el antiguo duque Sforza.[6] Luego se apodera de todo el viñedo. Una historia triste, de largas consecuencias judiciales con Batista de Vilanis, y destinada a una conclusión trágica: la muerte violenta de Salaì por un arcabuzazo disparado por un soldado el 19 de enero de 1524.

El 1 de junio de 1519, Melzi escribe a los hermanastros de Leonardo. Les comunica las últimas voluntades del maestro, el legado del depósito de cuatrocientos escudos en Santa Maria Nuova y de una finca en Fiesole, no mencionada en el testamento, pero tal vez presente en un codicilo perdido, y el envío inminente de una copia original del testamento, que les será entregada por uno de sus tíos, que se reunirá con él en Francia.

El joven caballero no se limita a una mera formalidad testamentaria. En la carta, con emoción, expresa todo el dolor de un hijo por un padre: «Creo que tenéis constantia de la muerte del maestro Lionardo, hermano vuestro y para mí como un óptimo padre, cuya muerte me sería imposible expresar el dolor que he tomado: y mientras estos miembros míos se sostengan juntos, poseeré perpetua infelicidad, y merecidamente, porque un sincero et ardientíssimo amor me traía diariamente. Para todos es un dolor la pérdida de tal hombre, el cual no está ya en poder de la naturaleza. Ahora Dios todopoderoso le conceda eterna quietud. Pasó de la presente vida el 2 de mayo con todas las órdenes de la Santa Madre Iglesia y bien dispuesto».[7]

Último acto. El 12 de agosto de 1519 el cuerpo de Leonardo es inhumado en el claustro de Saint-Florentin.[8] Ni siquiera en la tumba encontrará la paz.

Sus restos se dispersarán durante las guerras de religión, y la iglesia será devastada y finalmente demolida en 1808. Se cuenta que en la desolada explanada del castillo los niños del pueblo se pusieron a jugar con los huesos que encontraron entre las ruinas

---

[6] ASMi, *Notai*, sobre 5.499, notario Galeazzo Visconti.
[7] Original perdido.
[8] Original perdido (antes en Amboise, Saint-Florentin, Registro del Capítulo Real).

y que solo las manos compasivas de un jardinero los recogieron. Ahora descansan en la antigua capilla de Saint Hubert. Aunque ni siquiera sabemos si son los suyos.

De todos modos, Leonardo ya no está allí. Se marchó hace mucho tiempo, un frío día de mayo. Libre por fin, como su madre, Caterina. Más allá del espacio, más allá del tiempo.

Apéndices

Notas a los capítulos

I. EL CHICO DE VINCI

1. Tres horas después del ocaso

Sobre la familia Da Vinci, además de los estudios de Uzielli, sigue siendo fundamental la obra de R. Cianchi, *Vinci, Leonardo e la sua famiglia*, Milán, 1953.

Sobre los orígenes de Leonardo en Vinci: *Vinci di Leonardo. Storie e memorie*, edición de R. Nanni y E. Testaferrata, Vinci, 2004; *Leonardo a Vinci. Alle origini del genio*, edición de R. Barsanti, Florencia, 2019.

Sobre la historia de Vinci y su territorio: P. Santini, *Gli statuti di Vinci del 1418*, Florencia, 2023.

Sobre la cuestión de la casa de Anchiano: E. Möller, «Il luogo dove nacque Lionardo», en *Pagine di Storia della Scienza e della Tecnica*, serie I, VII (1952), pp. 96-105; R. Cianchi, *Sulla casa natale di Leonardo. Risposta al prof. Emil Möller*, Empoli, 1952; Id., «La casa natale di Leonardo», en *Università Popolare*, 9-10 (septiembre-octubre 1960), pp. 3-8.

Nuevos e importantes hallazgos archivísticos, en particular del Archivo Diocesano de Pistoia, se hallan en los siguientes estudios de M. Bruschi: «La fede battesimale di Leonardo. Ricerche in corso e altri documenti: Vinci e Anchiano», en *Achademia Leonardi Vinci*, suplemento al vol. X, Florencia, 1997; *Abitanti di Vinci in relazione con la famiglia di Leonardo nel Cinquecento inoltrato. Nuovi documenti*, San Miniato al Tedesco, 2001; *Tracce di Leonardo e di suoi familiari in archivi e biblioteche pistoiesi. Nuovi documenti*, Pistoia, 2005; *«Confini leonardiani». Ser Piero e le proprietà dei «Da Vinci» nella parrocchia di S. Lucia a Paterno. Nuovi documenti*, Pistoia, 2006; «I "Da Vinci" e le loro terre. Papino di Buto e Ser Piero ad Anchiano», en *Bollettino Storico*

Pistoiese, CIX (2007), pp. 141-150; *Gente di Leonardo. Uomini, chiese e territorio di Vinci e del Montalbano (secc. XV-XVIII)*, Pistoia, 2018; «Nanni di Venzo, Meo di Tonino e Piero di Malvolto testimoni al battesimo di Leonardo da Vinci», en *Erba d'Arno*, n.ᵒˢ 157-158 (verano-otoño 2019), pp. 81-94.

Véase también, para la figura de Piero di Malvolto y los demás testigos del bautismo de Leonardo, A. Malvolti, «Alla ricerca di Piero di Malvolto. Note sui testimoni del battesimo di Leonardo da Vinci», en *Erba d'Arno*, n.ᵒˢ 141-142 (2015), pp. 37-60; Id., «La casa di Fiore. Un'ipotesi sulla casa natale di Leonardo da Vinci», en *Erba d'Arno*, n.ᵒˢ 171-172 (2023), pp. 45-47.

2. «Reciviò como nomme Lionardo»

El recuerdo del nacimiento de Leonardo fue descubierto y publicado po E. Möller, «Der Geburtstag des Lionardo da Vinci», en *Jahrbuch der preussicher Kultur- besitz*, LX (1939), pp. 71-73.

3. Notarios y, asimismo, mercaderes

Sobre los da Vinci de Barcelona, su abuelo Antonio y la familia de Leonardo: A. Vezzosi, «Leonardo Da Vinci and his Family from the 14th Century until the Present-Day», en *Human Evolution*, vol. 31 n.º 3 (2016), pp. 169-189; A. Vezzosi y A. Sabato, *Il DNA di Leonardo. 1. Le origini. Da Vinci a Florencia, e Bacchereto fino a Barcellona e al Marocco*, pról. de C. Vecce, Florencia, 2018; *Leonardo e Bacchereto. «Terra da far boccali»*, edición de A. Vezzosi, Florencia, 2020; A. Vezzosi y A. Sabato, «The New Genealogical Tree of the Da Vinci Family for Leonardo's DNA. Ancestors and Descendants in Direct Male Line down to the Present XXI Generation», en *Human Evolution*, vol. 36, n.ᵒˢ 1-2 (2021), Florencia, 2021.

4. La mujer del Buscarruidos

Sobre la madre de Leonardo: R. Cianchi, *Ricerche e documenti sulla madre di Leonardo. Notizie inedite. La dimora dell'Accattabriga e della Caterina in Campo Zeppi a San Pantaleo di Vinci. Un'antica chiesetta da salvare*, Florencia, 1975; F. Cianchi, *La madre di Leonardo era una schiava? Ipotesi di studio di*

Renzo Cianchi con documenti inediti, introducción de C. Pedretti, edición de A. Sabato y A. Vezzosi, Vinci, 2008 (sobre Caterina como esclava de Vanni); E. Ulivi, «Sull'identità della madre di Leonardo», en *Bullettino Storico Pistoiese*, CXI (2009), pp. 17-49, e Id., *Su Caterina madre di Leonardo: vecchie e nuove ipotesi*, Florencia, 2017 (sobre Caterina di Antonio di Cambio); M. Bruschi, «La Chaterina di Leonardo», en *Bollettino Storico Pistoiese*, CXII (2010), pp. 183-199; M. Kemp y G. Pallanti, *Mona Lisa. The people and the painting*, Oxford, 2017, pp. 85-99 (sobre Caterina di Meo Lippi).

5. El misterio de Caterina

Acerca de la esclavitud en el Mediterráneo a finales de la Edad Media: R. Livi, *La schiavitù domestica nei tempi di mezzo e nei moderni*, Padua, 1928; C. Verlinden, *L'esclavage dans l'Europe médiévale*, Gante, 1955-1977; J. Heers, *Sclaves et domestiques au Moyen Age dans le monde méditerranée*, París, 1981; VV. AA., *La schiavitù nel Mediterraneo*, edición de G. Fiume, en *Quaderni storici*, 107 (2001).

Acerca de la trata de esclavos del mar Negro, desde Caffa y Tanais: C. Verlinden, «La colonie vénitienne de Tana, centre de la traite des esclaves au XIVe et au début du XVe siècles», en AA. VV., *Studi in onore di Gino Luzzatto*, vol. 2, Milán, 1950, pp. 1-25; M. Balard, «Esclavage en Crimée et sources fiscales Génoises au XVIe siècle», en *Byzantinische Forschungen*, XXII (1996), pp. 9-17; Id., Giacomo Badoer et le commerce des esclaves, en *Milieux naturels, espaces sociaux. Etudes offertes à Robert Delort*, París, 1997, pp. 555-564; H. Barker, *Egyptian and Italian Merchants in the Black Sea Slave Trade, 1260–1500*, Nueva York, 2014; S. Karpov, «Schiavitù e servaggio nell'economia europea. Secc. XI-XVIII», en *Schiavitù e servaggio nell'economia europea. Secc. XI-XVIII*, edición de S. Cavaciocchi, Florencia, 2014, pp. 3-10; Id., «Rabotorgovlia v Tane v XIV-XV vv.», en *Vizantiiskii Vremennik*, 101 (2017), pp. 128-142.

Acerca de la esclavitud en Florencia, y en Toscana: A. Zanelli, *Le schiave orientali a Florencia, nei secoli XIV e XV*, Florencia, 1885; I. Origo, «The Domestic Enemy. The Eastern Slaves in

Tuscany in the Fourteenth and Fitfteenth Century», *Speculum*, XXX (1955), pp. 321-366.

Sobre Francesco Castellani y sus *Ricordanze*: F. Castellani, *Ricordanze*, vol. I, *Ricordanze «A» (1436-1459)*, y vol. II, *Quaternuccio e Giornale B (1459-1485)*, edición de G. Ciappelli, Florencia, 1992-1995; G. Ciappelli, *Una famiglia e le sue ricordanze. I Castellani di Firenze nel Tre-Quattrocento*, Florencia, 1995; A. Decaria, Luigi Pulci e Francesco di Matteo Castellani: *Novità e testi inediti da uno zibaldone magliabechiano*, Florencia, 2009.

Sobre Pierfilippo di ser Piero da Vinci, desconocido hermanastro de Leonardo, y en general sobre la familia Da Vinci: E. Ulivi, *Per la genealogia di Leonardo. Matrimoni e altre vicende nella famiglia da Vinci sullo sfondo della Firenze rinascimentale*, edición de A. Sabato e A. Vezzosi, Vinci, 2008, pp. 32-38.

Sobre Donato Nati: R. C. Müller, «Mercanti e imprenditori fiorentini a Venezia nel tardo medioevo», en *Società e Storia*, LV (1992), pp. 29-60, y *The Venetian Money Market. Banks, Panics and the Public Debt, 1200-1500*, Baltimore y Londres, 1997.

Acerca de los nuevos documentos sobre Caterina, anticipados en la novela de C. Vecce, *Il sorriso di Caterina*, Florencia, 2022 [trad. española de C. Gumpert, *Caterina*, Madrid, Alfaguara, 2024]: Id., «Per Caterina», en *Leonardiana*, I (2023), pp. 11-48.

6. El vuelo del milano

Sobre la anotación de Leonardo y el ensayo de Freud: S. Freud, «Un recuerdo infantil de Leonardo da Vinci» (1910), en Id., *Psicoanálisis del arte*, Madrid, 1969, pp. 9-92; M. Marmor, «The Prophetic Dream in Leonardo and in Dante», en *Raccolta Vinciana*, XXXI (2005), pp. 145-180; C. Vecce, «Per un "ricordo d'infanzia" di Leonardo da Vinci», en *Studi di letteratura italiana in onore di Claudio Scarpati*, edición de E. Bellini, M. T. Girardi y U. Motta, Milán, 2010, pp. 133-150.

Sobre la importancia del tío Francesco como sustituto de la figura paterna (e incluso sobre la hipótesis de que sea el verdadero padre de Leonardo): D. M. Budd, «Leonardo da Vinci and Problems of Paternity», en *Source. Notes in the History of Art*, 25 (2005), pp. 15-24.

Sobre la escritura de Leonardo: M. Cursi, *Lo specchio di Leonardo. Scritture e libri del genio universale*, Bolonia, 2020.

El primer testimonio de que Leonardo era zurdo y de su escritura especular se encuentra en el *De viribus quantitatis* de Luca Pacioli: «Cap. IX. Onde escribir que no se lee sino con spejo. Escrive todavía al revés y con la zurda que no se pueden leer sino con el spejo es decir mirando el papel por el envés a contraluz, como sé que seguramente quiere decir, como lo faze nuestro Leonardo da Vinci luz de la pictura el cual es zurdo como repetidas veces se ha dicho» (Bolonia, Biblioteca Universitaria, ms. 250, f. 239v).

7. La sombra de Piero

Sobre ser Piero, su actividad profesional, su familia y sus relaciones con Leonardo: J. Beck, «Ser Piero da Vinci and his Son Leonardo», en *Source. Notes in the History of Art*, 5 (1985), pp. 29-32, e Id., «Leonardo's Rapport with his Father», *Antichità viva*, 27, fasc. 5-6 (1988), pp. 5-12; A. Cecchi, «New Light on Leonardo's Florentine Patrons», en *Leonardo da Vinci Master Draftsman*, pp. 121-139; E. Ulivi, «Le residenze del padre di Leonardo da Vinci a Firenze nei quartieri di Santa Croce e di Santa Maria Novella», en *Bollettino di Storia delle Scienze Matematiche*, XXVII (2007), pp. 155-171; Id., *Nuovi documenti e notizie sulla famiglia di Leonardo: i matrimoni di ser Piero e Francesco di Antonio da Vinci*, Florencia, 2007; Id., *Per la genealogia di Leonardo*, Vinci, 2008.; M. Kemp y G. Pallanti, *Mona Lisa. The people and the painting*, Oxford, 2017, pp. 60-84.

8. El ábaco y las letras

Acerca de la formación temprana de Leonardo: V. Arrighi, «Leonardo tra Vinci e Firenze dai documenti dell'Archivio di Stato», y «La formazione di Leonardo. La scuola, la bottega, la compagnia dei pittori», en *Leonardo a Vinci. Alle origini del genio*, edición de R. Barsanti, Florencia, 2019, pp. 47-67 y pp. 69-77; A. Vezzosi, «La formazione giovanile di Leonardo tra Vinci e Firenze», en *Studi sulla Formazione*, 23 (2020), pp. 69-84.

Sobre las escuelas de ábaco y los maestros florentinos: E. Ulivi, «Le scuole d'abaco e l'insegnamento della matematica a

Florencia, nei secoli XIII-XVI», en P. Freguglia Paolo, L. Pellegrini Luigi y R. Paciocco, *Scienze matematiche e insegnamento in epoca medievale*, Napoli 2000, pp. 85-110; Id., «Benedetto da Florencia, (1429-1479), un maestro d'abaco del XV secolo. Con documenti inediti e con un'appendice su abacisti e scuole d'abaco a Firenze nei secoli XIII-XVI», en *Bollettino di Storia delle Scienze Matematiche*, XXII (2002), pp. 5-242; Ead., «Un documento autografo ed altri documenti inediti su Benedetto da Firenze», en *Bollettino di Storia delle Scienze Matematiche*, XXVI (2006), pp. 109-125; Id., «Ancora su Benedetto da Firenze», en *Bollettino di Storia delle Scienze Matematiche*, XX-VII, (2007), pp. 289-314; Id., *Gli abacisti fiorentini delle famiglie del maestro Luca, Calandri e Micceri e le loro scuole d'abaco*, Florencia, 2013; Id., «Il Maestro Banco di Piero Banchi e la scuola d'abaco in Santi Apostoli a Firenze», en *Bollettino di Storia delle Scienze Matematiche*, XXXIV (2014), pp. 103-179.

Sobre la educación en la Florencia renacentista: R. Black, *Education and Society in Florentine Tuscany: Teachers, Pupils and Schools, c. 1250-1500*, Leiden, 2007.

Sobre el nacimiento de la imprenta y la empresa de los Giunta: A. Barbero, *Inventare i libri. L'avventura di Filippo e Lucantonio Giunti, pionieri dell'editoria moderna*, Florencia, 2022.

Sobre el peso del nacimiento ilegítimo: T. Kuehn, *Illegitimacy in Renaissance*, Ann Arbor, 2002.

9. En el taller de Andrea – 10. El aprendiz

Sobre Verrocchio y la época de aprendiz de Leonardo: E. Möller, «Leonardo e il Verrocchio», en *Raccolta Vinciana*, XIV (1930-1934), pp. 3-38; B. Berenson, «Verrocchio e Leonardo. Leonardo e Credi», en *Bollettino d'Arte*, serie 3, 27 (1933-1934), pp. 193-214, 241-264; K. Oberhuber, «Le problème des premières oeuvres de Verrocchio», en *Revue de l'art*, 42 (1978), pp. 63-75; A. Butterfield, *The sculptures of Andrea del Verrocchio*, New Haven, 1997; D. A. Brown, *Leonardo da Vinci: Origins of a Genius*, New Haven, 1998; D. A. Covi, *Andrea del Verrocchio*, Florencia, 2005; L. Pisani, *Francesco di Simone Ferrucci. Itinerari di uno scultore fiorentino fra Toscana, Romagna e Montefeltro*,

Florencia, 2007; L. J. Feinberg, *The Young Leonardo. Art and Life in Fifteenth-Century Florence*, Cambridge, 2011; E. Villata, *1478, a Year in Leonardo's Career*, Cambridge, 2022; J.-P. Isbouts y C. Heath Brown, *Young Leonardo. The Evolution of a Revolutionary Artist 1472-1499*, Nueva York, 2017; *Verrocchio il maestro di Leonardo*, edición de F. Caglioti y A. De Marchi, Venecia, 2019; *Verrocchio Sculptor and Painter of Renaissance Florence*, edición de A. Butterfield, Washington, 2019.

Sobre Leonardo y la escultura: M. Kemp, *Leonardo e lo spazio dello scultore*, Florencia, 1988; C. Pedretti, «A Proem to Sculpture», en *Achademia Leonardi Vinci*, II (1989), pp. 11-39; K. W. Brandt, *Leonardo e la scultura*, Florencia, 1999; *Leonardo da Vinci and the Art of Sculpture*, edición de G. M. Radke, New Haven y Londres, 2009; E. Villata, «Intorno a Leonardo scultore: una proposta di metodo e un'ipotesi di applicazione», en *Raccolta Vinciana*, XXXIV (2011), pp. 53-102.

Acerca de los estudios de drapeados: F. Viatte, *Léonard de Vinci: les études de draperies*, París, 1990; C. C. Bambach, «Leonardo and Drapery Studies on "Tela Sottilissima di Lino"», en *Apollo*, 159, n.º 503 (enero de 2004), pp. 44-55.

11 La Medusa

Sobre Leonardo, las artes mecánicas y los ingenieros del Renacimiento: L. Reti, «Tracce dei progetti perduti di Filippo Brunelleschi nel Codice Atlantico (1964)», en *Leonardo da Vinci letto e commentato*, edición de P. Galluzzi, Florencia, 1974, pp. 89-130; G. Scaglia, *Alle origini degli studi tecnologici di Leonardo*, Florencia, 1981; P. Galluzzi, *Prima di Leonardo. Cultura delle macchine a Siena nel Rinascimento*, Milán, 1991; Id., «Il caso Leonardo», en *Le scienze fisiche e astronomiche*, en Storia delle Scienze, edición de W. R. Shea, vol. 2, Turín, 1992, pp. 148-167; C. Maccagni, «Leggere, scrivere e disegnare la "scienza volgare" nel Rinascimento», en *Pratiche di scrittura e pratiche di lettura nell'Europa moderna*, edición de A. Petrucci, *Annali della Scuola Normale Superiore di Pisa. Classe di Lettere e Filosofia*, serie 3, 23 (1993), pp. 631-675, e Id., «Cultura e sapere dei tecnici nel Rinascimento», en *Piero della Francesca tra arte e scienza*, edición de M. Dalai Emiliani y V. Curzi, Venecia, 1996, pp. 279-292; P. Galluzzi, *Leonardo e gli ingegneri del Rinascimento*, Florencia, 1996; A. Bernardoni, *Leonardo ingegnere*, Roma, 2020.

Sobre el motivo de las formas curvas en Leonardo: K. Clark, *Leonardo e le curve della vita*, Florencia, 1979.

12. Santa Maria della Neve

Sobre el dibujo de un paisaje de 1473: G. C. Argan, «5 daghossto 1473», en AA. VV., *Leonardo. La pittura*, Florencia, 1985, pp. 12-15; A. Vezzosi, *Toscana di Leonardo*, Florencia, 1984; A. Natali, «La natura artefatta», en *Leonardo a Piombino e l'idea della città moderna tra Quattro e Cinquecento*, edición de A. Fara, Florencia, 1999, pp. 139-148; R. Nanni, «"Porterassi neve di state ne' lochi caldi..." Leonardo, Vinci e il Montalbano», en *Vinci di Leonardo. Storie e memorie*, edición de R. Nanni y E. Testaferrata, Vinci, 2004, pp. 93-111; A. Nova, «"Addj 5 daghossto 1473": l'oggetto e le sue interpretazioni», en *Leonardo da Vinci on Nature. Knowledge and Representation*, edición de F. Frosini y A. Nova, Venecia, 2015, pp. 285-301; M. Faietti, «Fra astrazione e naturalismo. Il "Paesaggio" degli Uffizi e il disegno fiorentino a penna negli anni del giovane Leonardo», en *Leonardo da Vinci 1452-1519. Il disegno del mondo*, edición de M. T. Fiorio y P. C. Marani, Milán, 2015, pp. 40-49; M. Bruschi, *Il Paesaggio di Leonardo datato 1473, il disegno RL 12395 e alcune «artifiziose invenzioni»*, Pistoia, 2019; *Leonardo a Vinci. Alle origini del genio*, edición de R. Barsanti, Florencia, 2019, pp. 79-104, 135-150 e 167-184.

Sobre el manantial milagroso de Sant'Alluccio: P. Santini, *Gli Statuti di Vinci del 1418*, Florencia, 2023.

13. La Montaña Sagrada

Sobre la Anunciación: *L'Annunciazione di Leonardo*, edición de A. Natali, Cinisello Balsamo, 2000; A. Natali, *Leonardo. Il giardino di delizie*, Cinisello Balsamo, 2002; D. Crociani y C. Marrone, *Il segreto della scrittura nell'Annunciazione di Leonardo da Vinci*, Florencia, 2021.

14. Primeras vírgenes
Sobre el tema iconográfico: A. Chastel, *Le Madonne di Leonardo*, Florencia, 1979.

15. Ginebra
Sobre el retrato *Ginebra de Benci* y las relaciones con Bembo: J. Fletcher, «Bernardo Bembo and Leonardo's Portrait of Ginevra de' Benci», en *Burlington Magazine*, CXXXI, n.º 1.041 (1989), pp. 811-816; *Virtue and Beauty. Leonardo's Ginevra de' Benci and Renaissance Portraits of Women*, edición de D. A. Brown, Princeton, 2001; L. Bolzoni, *Il cuore di cristallo*, Turín, 2010, pp. 241-257; M. Faini, «Per Bernardo Bembo poeta. Un possibile scambio poetico con Ginevra de' Benci», en *Albertiana*, 19 (2016), pp. 147-161; G. Dalli Regoli, «Leonardo, Ginevra e l'unicorno», en *Atti dell'Accademia Nazionale dei Lincei*, serie IX, vol. XL (2020), pp. 383-415, e Id., «Ginevra e le primule», en *Leonardo. Arte come progetto. Studi di storia e critica d'arte in onore di P. C. Marani*, edición de P. Cordera e R. Maffeis, Bolonia, 2022, pp. 7-12.

16. Un ángel para Verrocchio
Sobre el *Bautismo de Cristo*: A. Natali, *Lo sguardo degli angeli. Verrocchio, Leonardo e il Battesimo di Cristo*, Cinisello Balsamo, 1998.

Para Albertini véase la nueva edición del *Memoriale*, al cuidado de W. H. De Boer y M. Kwakkelstein, Florencia, 2010.

Sobre dermatoglifos y rastros biológicos en pinturas, dibujos y manuscritos: R. D'Anastasio, A. Vezzosi, P. E. Gallenga, L. Piefelice, A. Sabato y L. Capasso, «Anthropological Analysis of Leonardo da Vinci's Fingerprint», en *Anthropologie*, XLIII/1 (2005), pp. 57-61.

Sobre los espectáculos y cabalgatas en la Florencia de Lorenzo el Magnífico: P. Ventrone, *Le tems revient, 'l tempo si rinuova. Feste e spettacoli nella Firenze di Lorenzo il Magnifico*, Cinisello Balsamo, 1992.

17. Paraíso e infierno
Sobre la homosexualidad en Florencia: M. Roche, *Forbidden Friendships. Homosexuality and Male Culture in Renaissance Florence*, Oxford, 1996.

18. Esstos miserables días nuestros
Sobre la tumba de la familia Da Vinci en la Badia Fiorentina: A. Leader, «"In the tomb of Ser Piero". Death and Burial in the Family of Leonardo da Vinci», en *Renaissance Studies*, 31 (2016), pp. 324-345, e Id., «Tracing the Da Vinci Tomb in the Badia Fiorentina», en *Human Evolution*, vol. 31 n.º 3 (2016), pp. 149-158.

Sobre la hoja 42v del Codice Atlantico véase la *Lettura Vinciana* de C. Vecce, *I giorni di Leonardo*, Florencia, 2020.

Dada la importancia de este año de inflexión en la vida de Leonardo, véase E. Villata, *1478, a Year in Leonardo's Career*, Cambridge, 2022.

Sobre el Palazzo della Signoria, véase el clásico estudio de N. Rubinstein, *The Palazzo Vecchio 1298-1532. Government, Architecture and Imagery in the Civic Palace of the Florentine Republic*, Venecia, 2002.

Sobre Filippino Lippi: P. Zambrano y J. Nelson, *Filippino Lippi*, Milán, 2004.

Sobre las relaciones con Lorenzo della Volpaia: S. Taglialagamba, «Alle origini dell'orologeria di Leonardo: Andrea Verrocchio e Lorenzo della Volpaia per l'orologio di Mercato Nuovo», en *Achademia Leonardi Vinci*, N. S., 1 (2021), pp. 93-126.

19. Huida y regreso
Sobre la *Madona Benois*: *Leonardo. La Madonna Benois dalle collezioni dell'Ermitage*, edición de T. Kustodieva y C. Bertelli, Milán, 2019.

Sobre el misterioso Paolo di Leonardo da Vinci: C. Pedretti, «Paolo di Leonardo», en *Achademia Leonardi Vinci*, V (1992), pp. 120-122.

20. A los pies del ahorcado
Sobre la probable participación de Leonardo en la campaña bélica del otoño de 1479: C. Vecce, *Le battaglie di Leonardo*, Florencia, 2012.

21. La Adoración
Sobre la *Adoración de los Magos*: *Il restauro dell'Adorazione dei Magi di Leonardo. La riscoperta di un capolavoro*, edición de M. Ciatti y C. Frosinini, Florencia, 2017; *Il cosmo magico di Leonardo. L'Adorazione dei Magi restaurata*, edición de E. Schmidt, M. Ciatti y D. Parenti, Florencia, 2017; C. Vecce, «Appunti sull'Adorazione», en *Per parole e per immagini. Scritti in onore di Gigetta Dalli Regoli*, edición de S. Bruni, A. Ducci y E. Pellegrini, Pisa, 2022, pp. 165-168.

22. El santo y el león
Sobre el Jardín de San Marcos: C. Elam, «Lorenzo de' Medici's Sculpture Garden», en *Mitteilungen des Kunsthistorischen Institutes in Florenz*, 36 (1992), pp. 41-84.
Sobre *San Jerónimo*: S. Siari, *Le Saint Jérôme de Léonard de Vinci: un chef-d'oeuvre inachevé*, París, 2022.
Sobre el primer dibujo de San Jerónimo: M. Clayton, «A Head Study for St. Jerome», en *Leonardo. Arte come progetto. Studi di storia e critica d'arte in onore di P. C. Marani*, edición de P. Cordera y R. Maffeis, Bolonia, 2022, pp. 25-30.

23. La caverna
Para la lectura de los textos de Leonardo: C. Vecce, «Leonardo e il "Paragone" della natura», en *Leonardo da Vinci on Nature. Knowledge and Representation*, edición de F. Frosini y A. Nova, Venecia, 2015, pp. 183-205; Id., *La biblioteca perduta. I libri di Leonardo*, Roma, 2017, pp. 154-165.
Sobre la condena de 1481: L. Boeninger, «Ein Gerichtsurteil zu einer offenen Geldschuld Leonardo da Vincis aus dem April 1481 (ASF, Mercanzia 7265)», en *Mitteilungen des Kunsthistorisches Institut in Florenz*, 44 (2000), pp. 340-341.

II. EL HOMBRE UNIVERSAL

1. Una lira de plata
Sobre el traslado de Leonardo a Milán: M. Versiero, 1482: «Leonardo in transito, da Firenze a Milano», en *Rinascimenti in transito a Milano*, (1450-1525), edición de G. Baldassarri, G. Barucci, S. Carapezza y M. Comelli, Milán, 2021, pp. 95-122.

Sobre Leonardo y la música: E. Winternitz, *Leonardo da Vinci as a Musician*, New Haven, 1982; *Leonardo da Vinci y la música*, edición de M. Pérez de Guzmán, Madrid, 2003: M. Eisenberg, *Leonardo's Musical Instruments*, Novara, 2014; P. Innocenzi, *Technology and Performance during the Renaissance: The Musical World of Leonardo da Vinci*, Newcastle, 2023.

La hipótesis de la tabla de la *Asunción* es de A. Nova, «Una pala per l'Osservanza francescana a Milán. Un altro progetto incompiuto», en *Leonardo: arte come progetto. Studi di storia e critica d'arte in onore di P. C. Marani*, edición de P. Cordera y R. Maffeis, Bolonia, 2022, pp. 45-52.

Sobre Zoroastro: L. Brescia y L. Tomio, «Tommaso di Giovanni Masini da Peretola detto Zoroastro», en *Raccolta Vinciana*, XXVIII (1999), pp. 63-77.

Sobre las relaciones con Rucellai: P. C. Marani, *L'architettura fortificata negli studi di Leonardo da Vinci, con il catalogo completo dei disegni*, Florencia, 1984, pp. 17-18, e Id., «Leonardo e Bernardo Rucellai fra Ludovico il Moro e Lorenzo il Magnifico sull'architettura militare. Il caso della rocca di Casalmaggiore», en *Il Principe architetto*, edición de A. Calzona, Florencia, 2002, pp. 99-121.

Sobre la corte esforcesca y Leonardo en Milán: F. Malaguzzi Valeri, *La corte di Ludovico il Moro*, 4 vol., Milán, 1913-1923; G. Lopez, *La roba e la libertà: Leonardo nella Milano di Ludovico il Moro*, Milán, 1982; AA. VV., *Milano nell'età di Ludovico il Moro*, 2 vol., Milán, 1983; A. Ballarin, *Leonardo a Milano. Problemi di leonardismo milanese tra Quattrocento e Cinquecento. Giovanni Antonio Boltraffio prima della Pala Casio*, Verona,

2010; *Leonardo da Vinci Painter at the Court of Milan*, edición de L. Syson y L. Keith, Londres, 2011.

Resultan fundamentales los estudios sobre la moda, la orfebrería y las llamadas artes menores de P. Venturelli: *Glossario e documenti per la gioielleria milanese (1459-1631)*, Florencia, 1999; *La moda alla corte degli Sforza*, Cinisello Balsamo, 2019; *Arte orafa milanese 1450-1527. Leonardo da Vinci tra creatività e tecnica*, Cinisello Balsamo, 2021.

2. La Madre sin tacha

Sobre la *Virgen de la rocas*: G. Biscaro, «La commissione della Vergine delle Rocce a Leonardo da Vinci secondo i documenti originali», en *Archivio Storico Lombardo*, serie 4, 37, n.º 25 (1910), pp. 125-165; G. Sironi, *Nuovi documenti riguardanti la Vergine delle Rocce di Leonardo da Vinci*, Florencia, 1981; J. Shell y G. Sironi, «Documents for copies of the Cenacolo and the Virgin of the Rocks», en *Raccolta Vinciana*, XXIII (1989), pp. 103-118, e Id., «Un nuovo documento di pagamento per la Vergine delle Rocce di Leonardo», en *Hostinato rigore. Leonardiana in memoria di Augusto Marinoni*, edición de P. C. Marani, Milán, 2000, pp. 27-31; P. C. Marani, *La Vergine delle Rocce di Leonardo. Maestro e bottega di fronte al modello*, Florencia, 2001, e Id., «La Vergine delle Rocce di Leonardo, la sua fortuna iconografica e il Paliotto leonardesco di Santa Maria del Monte», en *Hostinato rigore. Leonardiana in memoria di Augusto Marinoni*, Milán, 2000, pp. 103-114; *Leonardo da Vinci Painter at the Court of Milan*, edición de L. Syson y L. Keith, Londres, 2011; V. Delieuvin, B. Mottin y E. Ravaud, «The Paris Virgin of the Rocks. A New Approach Based on Scientific Analysis», en *Leonardo da Vinci's Technical Practice. Paintings, Drawings and Influence*, edición de M. Menu, París, 2014, pp. 72-100.

3. Una partitura, una carta

Sobre el *Retrato de un músico*: L. Beltrami, «*Il Musicista* di Leonardo da Vinci», en *Raccolta Vinciana*, II (1906), pp. 74-80; G. Bora, *Due tavole leonardesche. Nuove indagini sul Musico e sul San Giovanni dell'Ambrosiana*, Vicenza, 1987; *Leonardo. Il Mu-*

sico, edición de P. C. Marani, Cinisello Balsamo, 2010; F. Fehrenbach, «Leonardo's Listener (Milan, Pinacoteca Ambrosiana). Power and Weakness of "la sorella della pittura"», en *Leonardo. Arte come progetto. Studi di storia e critica d'arte in onore di P. C. Marani*, edición de P. Cordera y R. Maffeis, Bolonia, 2022, pp. 13-17; P. C. Marani, *Leonardo. Ritratto di Musico*, Roma-Módena, 2022.

La posible identificación de Atalante es una importante propuesta de P. C. Marani, *Leonardo. Ritratto di Musico*, Roma-Módena, 2022, p. 165.

Sobre Josquin (que no es, con todo, el personaje retratado por Leonardo): S. Clercx-Lejeune, «Fortuna Josquini: a proposito di un ritratto di Josquin Desprez», en *Nuova Rivista Musicale Italiana*, VI (1972) pp. 1-25; W. Testolin, «Leonardo ritrae Josquin. Nuove conferme sull'identità del "musico" dell'Ambrosiana», en *Rivista Italiana di Musicologia*, 42 (2007), pp. 309-321.

Sobre la carta al Moro y las máquinas bélicas: M. Landrus, *Leonardo da Vinci's Giant Crossbow*, Berlín y Heidelberg, 2010; P. Brioist, *Léonard de Vinci, homme de guerre*, París, 2013.

4. Ingeniero arquitecto

Sobre la lectura de Valturio y el Codice B: C. Vecce, *La biblioteca perduta. I libri di Leonardo*, Roma, 2017, pp. 123-132.

Sobre arquitectura y urbanismo: L. Firpo, *Leonardo architetto e urbanista*, Turín, 1971; E. Garin, «La città in Leonardo», en *Leonardo da Vinci letto e commentato*, edición de P. Galluzzi, Florencia, 1974, pp. 309-325; C. Pedretti, *Leonardo architetto*, Milán, 1978; R. Schofield, «Leonardo's Milanese Architecture», en *Achademia Leonardi Vinci*, IV (1991), pp. 131-133; A. Fara, *Leonardo e l'architettura militare*, Florencia, 1997; S. Frommel y J. Guillaume, *Leonardo e l'architettura*, Módena, 2019; *Leonardo da Vinci: l'architettura*, edición de F. P. Di Teodoro, E. Ferretti, S. Frommel y H. Schlimme, Roma, 2023; E. Ferretti, *Con lo sguardo di Leonardo. L'arte edificatoria e il microcosmo del cantiere*, Florencia, 2023.

5. El cimborrio de la catedral
Sobre Amadeo: R. Schofield, J. Shell y G. Sironi, *Giovanni Antonio Amadeo. I documenti*, Como, 1989.
Sobre el asunto del cimborrio: P. C. Marani, «Leonardo, Francesco di Giorgio e il tiburio del Duomo di Milano», en *Hostinato rigore. Leonardiana in memoria di Augusto Marinoni*, edición de P. C. Marani, Milán, 2000, pp. 71-88; R. Schofield, «Amadeo, Bramante and Leonardo and the Tiburio of Milan Cathedral», en *Achademia Leonardi Vinci*, II (1989), pp. 68-100; G. Ceriani Sebregondi, J. Gritti, F. Repishti y R. Schofield, *Ad triangulum. Il Duomo di Milán, e il tiburio*, Milán, 2019.

6. Maestros y amigos
Sobre las listas y recordatorios de Leonardo: C. Vecce, *La biblioteca perduta. I libri di Leonardo*, Roma, 2017, pp. 65-68.
Sobre su relación con Bramante: L. H. Heydenreich, «Leonardo and Bramante. Genius in Architecture», en *Leonardo's Legacy*, edición de C. D. O' Malley, Berkeley, 1969, pp. 125-148; C. Pedretti, «New Discovered Evidence of Leonardo's Association with Bramante», en *Journal of the Society of Architectural Historians*, III (1973), pp. 223-27, e Id., «Il progetto originario per Santa Maria delle Grazie e altri aspetti inediti del rapporto Leonardo-Bramante», en AA. VV., *Studi bramanteschi*, Roma, 1972, pp. 197-204.
Sobre los estudios de óptica: *Leonardo da Vinci and Optics. Theory and Pictorial Practice*, edición de F. Fiorani y A. Nova, Venecia, 2013.
Sobre la estancia en Pavia: G. C. Sciolla, *Leonardo e Pavia*, Florencia, 1996.

7. Gigantes y hormigas
Sobre su relación con Dei: L. Boeninger, «Leonardo da Vinci und Benedetto Dei in Mailand», en *Mitteilungen des Kunsthistorischen Institutes in Florenz*, 29 (1985), pp. 385-388; C. Vecce, *La biblioteca perduta. I libri di Leonardo*, Roma, 2017, pp. 133-135.
Sobre el Códice Trivulziano: *Il codice di Leonardo da Vinci nel Castello sforzesco*, edición de P. C. Marani y G. M. Piazza,

Milán, 2006; C. Vecce, «Una nuova fonte del Codice Trivulziano. Le Facezie di Poggio», en *Raccolta Vinciana*, XXXVII (2017), pp. 105-130, e Id., «Leonardo filologo? In margine al Codice Trivulziano», en *La filologia in Italia nel Rinascimento*, edición de C. Caruso y E. Russo, Roma, 2018; B. Fanini, *Le liste lessicali del Codice Trivulziano. Tra-scrizione e analisi linguistica*, Florencia, 2018.

Sobre las fábulas y otros escritos literarios: Leonardo, *Favole e profezie. Scritti letterari*, edición de G. Cirnigliaro y C. Vecce, Milán, 2019; G. Cirnigliaro, *Leonardo's Fables. Sources, Iconography and Science*, Leiden, 2023.

8. Un blanco armiño

Sobre el cuadro *La dama del armiño*: B. Fabjan y P. C. Marani, *Leonardo. La dama con l'ermellino*, Cinisello Balsamo, 1998.

Sobre Cecilia Gallerani: J. Shell y G. Sironi, «Cecilia Gallerani: Leonardo's Lady with an Ermine», *Artibus et Historiae*, 13, n.º 25 (1992), pp. 47-66.

9. El gran Caballo

Sobre las bodas de Gian Galeazzo e Isabel: T. Calco, *Nuptiae Mediolanensium Ducum sive Ioannis Galeatii cum Isabella Aragona Ferdi- nandi Neapolitanorum Regis nepte*, en *Residua*, edición de G. P. Puricelli, Milán, G. B. y G. C. Malatesta, 1644, pp. 74-77; E. Casini Ropa, «Il banchetto di Bergonzio Botta per le nozze di Isabella d'Aragona e Gian Galeazzo Sforza nel 1489», en AA. VV., *Spettacoli conviviali dall'antichità classica alle corti italiane del '400*, Viterbo, 1982; AA. VV., *Leonardo e gli spettacoli del suo tempo*, Milán, 1983, pp. 24-25; G. Lopez, *La roba e la libertà: Leonardo nella Milán, di Ludovico il Moro*, Milán, 1982, pp. 51-54; R. Schofield, «A Humanist Description of the Architecture for the Wedding of Gian Galeazzo Sforza and Isabella d'Aragona (1489)», en *Papers of the British School at Rome*, LVI (1988), pp. 213-240; C. Munro Pyle, «Una relazione sconosciuta delle nozze di Isabella d'Aragona con Giangaleazzo Sforza nel febbraio 1489: Giovanni II da Tolentino a Baldassarre Taccone», en *Libri e Documenti*, XVIII (1993), pp. 20-26.

Sobre el caballo: L. Fusco y G. Corti, «Lorenzo de' Medici on the Sforza Monument», en *Achademia Leonardi Vinci*, V (1992), pp. 11-32; *Leonardo da Vinci's Sforza Monument Horse. The Art and the Engineering*, edición de D. C. Ahl, Cambridge, 1995; A. Bernardoni, *Leonardo e il monumento equestre a Francesco Sforza. Storia di un'opera mai realizzata*, Florencia, 2007.

10. El cuerpo del hombre y el cuerpo de la tierra
Sobre las ciencias de la tierra y el estudio del agua: M. Baratta, *Leonardo ed i problemi della terra*, Turín, 1903; F. Fehrenbach, *Licht und Wasser. Zur Dynamik naturphilosophischer Leitbilder im Werk Leonardo da Vincis*, Tubinga, 1997; C. Starnazzi, *Leonardo. Acque e terre*, Florencia, 2002.

Sobre los estudios de anatomía: C. Pedretti, *Il tempio dell'anima*, Poggio a Caiano, 2003, e Id., *L'anatomia di Leonardo da Vinci fra Mondino e Berengario*, Poggio a Caiano, 2005; D. Laurenza, *De figura umana. Fisiognomica, anatomia e arte in Leonardo*, Florencia, 2001; Id., *La ricerca dell'armonia. Rappresentazioni anatomiche nel Rinascimento*, Florencia, 2003; Id., *Leonardo. L'anatomia*, Florencia, 2009; *Leonardo da Vinci's anatomical world*, edición de D. Laurenza y A. Nova, Venecia, 2011.

Del estudio de la figura humana y de la fisonomía surge la extraordinaria invención de las caricaturas, véase: F. Caroli, *Leonardo. Studi di fisiognomica*, Milán, 1991; M. Kwakkelstein, *Leonardo da Vinci as a Physiognomist Theory and Drawing Practice*, Leiden, 1994; *De' visi mostruosi e caricature. Da Leonardo da Vinci a Bacon*, edición de P. C. Marani, Venecia, 2023.

Sobre los estudios acerca del vuelo y la evolución de la máquina voladora: R. Giacomelli, *Gli scritti di Leonardo da Vinci sul volo*, Roma, 1936; *I libri del volo di Leonardo da Vinci*, edición de A. Uccelli y C. Zammattio, Milán, 1952; D. Laurenza, *Leonardo. Il volo*, Florencia, 2004; *Il libro del codice del volo. Dallo studio del volo degli uccelli alla macchina volante*, edición de E. Zanon, Milán, 2009.

Para la relación entre el arte, la naturaleza y la ciencia, son muy relevantes las aportaciones de F. Capra: *La scienza universale. Arte e natura nel genio di Leonardo*, Milán, 2009; *L'anima di Leo-*

nardo. *Un genio alla ricerca del segreto della vita*, Milán, 2012; *Leonardo da Vinci. Lo scienziato della vita*, Sansepolcro, 2023.

11. La Fiesta del Paraíso

Sobre la *Fiesta del Paraíso*: E. Solmi, *Scritti vinciani. Le Fonti dei Manoscritti di Leonardo da Vinci e altri studi*, Florencia, 1976, pp. 407-418; AA. VV., *Leonardo e gli spettacoli del suo tempo*, Milán, 1983, pp. 41-46; G. Lopez, *La roba e la libertà. Leonardo nella Milán, di Ludovico il Moro*, Milán, 1982, pp. 58-65.

12. El Parangón

Sobre la *Sfortiade* de Simonetta ha llamado la atención C. Dionisotti, «Leonardo uomo di lettere», en *Italia Medioevale e Umanistica*, V (1962), pp. 183-216.

Sobre el *Parangón*: Leonardo da Vinci, *Paragone. A Critical Interpretation with a New Edition of the Text in the Codex Urbinas*, edición de C. J. Farago, Leiden, 1992; *Il paragone delle arti*, edición de C. Scarpati, Milán, 1993.

Un cuidadoso análisis semiótico de las descripciones leonardianas se halla en C. Segre, «La descrizione al futuro: Leonardo da Vinci», en Id., *Semiotica filologica*, Turín, 1979, pp. 131-160.

Sobre los «jeroglíficos» de Leonardo: A. Marinoni, *I rebus di Leonardo raccolti e interpretati. Con un saggio su «Una virtù spirituale»*, Florencia, 1954; Id., «Rebus», en *Raccolta Vinciana*, XVIII (1960), pp. 17-28; Id., *Rebus*, Milán, 1983; C. Vecce, «Leonardo e il gioco», en AA. VV., *Passare il tempo. La letteratura del gioco e dell'intrattenimento dal XII al XVI secolo*, Roma 1993, vol. I, pp. 280-286; Id., «Parola e immagine nei manoscritti di Leonardo», en *Percorsi tra parole e immagini (1400-1600)*, edición de A. Guidotti y M. Rossi, Lucca, 2000, pp. 19-35; Id., «La parola e l'icona. Dai rebus di Leonardo ai "fermagli" di Fabricio Luna», en *Achademia Leonardi Vinci*, VIII (1995), pp. 173-183.

13. El hombre como medida del mundo

Sobre el *Trattato di architettura civile e militare* de Francesco di Giorgio Martini véase la edición de P. C. Marani, Florencia, 1979.

Sobre el proprio Martini: *Francesco di Giorgio architetto*, edición de F. P. Fiore y M. Tafuri, Milán, 1993.

Sobre el llamado *Hombre de Vitruvio*: P. C. Marani, «Leonardo, l'Uomo vitruviano e il trattato De statua», en *Hostinato rigore. Leonardiana in memoria di Augusto Marinoni*, edición de P. C. Marani, Milán, 2000, pp. 191-204; *Leonardo. L'Uomo Vitruviano fra Arte e Scienza*, edición de A. Perissa Torrini, Milán, 2009; *Approfondimenti sull'Uomo Vitruviano di Leonardo da Vinci*, edición de P. Salvi, Poggio a Caiano, 2012; *Leonardo e Vitruvio. Oltre il cerchio e il quadrato*, edición de F. Borgo, Venecia, 2019; C. Pedretti, «Nota sull'Uomo Vitruviano», A. Perisssa Torrini, «L'uomo vitruviano. Argomenti, riflessioni ed ipotesi», F. P. Di Teodoro, «Leonardo e Vitruvio. "De homine bene figurato"», y F. I. Apollonio y M. Gaiani, «Come Leonardo disegnò l'Uomo Vitruviano», en *Achademia Leonardi Vinci*, N. S., III (2023), respectivamente en las pp. 11-14, 15-32, 33-62 y 64-104.

14. El diablillo

Sobre Salaì: G. Calvi, «Contributi alla biografia di Leonardo da Vinci. Periodo sforzesco», en *Archivio Storico Lombardo*, XLIII (1916), pp. 469-476, e Id., «Il vero nome di un allievo di Leonardo: Gian Giacomo de' Caprotti detto "Salaj"», en *Rassegna d'Arte*, XIX (1919), pp. 138-141; P. Rajna, «Appendice alla soluzione di un enigma vinciano», en *Il Marzocco*, 14 de junio, 1925; E. Möller, «Salai und Leonardo da Vinci», en *Jahrbuch der Kunsthistorischen Sammlungen des Allerhöchsten Kaiserhauses*, XVI, 1928, pp. 139-161; E. Carusi, «Ancora di Salaì», en *Raccolta Vinciana*, XIII (1926-1929), pp. 44-52; C. Pedretti, *Studi Vinciani*, Ginebra, 1957, pp. 232-235; J. Shell y G. Sironi, «Salaì and Leonardo's Legacy», en *Burlington Magazine*, CXXXIII (1991), n.º 1055, pp. 95-108, e Id., «Salaì and the inventory of his estate», en *Raccolta Vinciana*, XXIV (1992), pp. 109-153; C. Pedretti, *Leonardo da Vinci. L'«Angelo incarnato» & Salai*, Foligno, 2009; R. Maffeis, "Ladro, bugiardo, ostinato, ghiotto". Un nuovo ricordo dal Morgante», en *Raccolta Vinciana*, XXXVIII (2019), pp. 1-11.

Sobre Marco d'Oggiono, Boltraffio y los primeros «leonardianos»: W. Suida, *Leonardo und sein Kreis*, Múnich, 1929 (ed. italiana de M. T. Fiorio, Vicenza, 2001); D. Sedini, *Marco d'Oggiono*, Milán-Roma 1989; *I leonardeschi a Milano. Fortuna e collezionismo*, edición de M. T. Fiorio y P. C. Marani, Milán, 1991; *I leonardeschi. L'eredità di Leonardo in Lombardia*, edición de G. Bora e D. A. Brown, Milán, 1998; M. T. Fiorio, *Giovanni Antonio Boltraffio. Un pittore milanese nel lume di Leonardo*, Milán-Roma, 2000.

Sobre la *Madona Litta*: D. A. Brown, *Madonna Litta*, Florencia, 1990; *Leonardo. La Madonna Litta dall'Ermitage di San Pietroburgo*, edición de C. Strinati, Roma, 2003; *Leonardo e la Madonna Litta*, edición de A. Di Lorenzo y P. C. Marani, Milán, 2019.

15. «Omne salvático»

Sobre las fiestas y justas de 1491: G. Porro, «Nozze di Beatrice d'Este e di Anna Sforza. Documenti copiati dagli originali esistenti nell'Archivio di Stato di Milano», en *Archivio Storico Lombardo*, IX (1882), pp. 483-534; G. Lopez, *La roba e la libertà: Leonardo nella Milano di Ludovico il Moro*, Milán, 1982, pp. 78-86 y 130-134; AA. VV., *Leonardo e gli spettacoli del suo tempo*, Milán, 1983, pp. 47-49.

Sobre los «omini salvatichi»: G. Fumagalli, «Gli "omini salvatichi" di Leonardo», en *Raccolta Vinciana*, XVIII (1960), pp. 129-57; C. Vecce, «Leonardo e il gioco», en AA. VV., *Passare il tempo. La letteratura del gioco e dell'intrattenimento dal XII al XVI secolo*, Roma, 1993, vol. I, pp. 271-279.

16. María entre rosas, azucenas y violetas

Sobre la versión londinense de la *Virgen de las rocas*: P. C. Marani, *La Vergine delle Rocce della National Gallery di Londra. Maestro e bottega di fronte al modello*, Florencia, 2003; L. Syson y R. Billinge, «Leonardo da Vinci's Use of Underdrawing in the Virgin of the Rocks in the National Gallery and St. Jerome in the Vatican», en *Burlington Magazine*, 147, n.º 1.228 (2005), pp. 450-463; A. Ballarin, *Leonardo a Milano. Problemi di leonardismo milanese tra Quattrocento e Cinquecento. Giovanni Antonio Boltraffio prima della Pala Casio*, Verona, 2010; *Leonardo da Vinci Painter at the Court of Milan*, edición de L. Syson y L. Keith, Londres, 2011.

17. Taller en Corte Vecchia – 18. Maestra naturaleza
Sobre los itinerarios de Leonardo en dirección a los Prealpes y los Alpes: M. Cermenati, *Leonardo da Vinci in Valsássina. Riproduzione e illustrazione critica di un foglio del «Codice Atlantico»*, Milán, 1910; Id., «Leonardo in Valtellina», en AA. VV., *Nel IV centenario della morte di Leonardo da Vinci*, Bérgamo, 1919, pp. 209-235; G. Uzielli, «Leonardo e le Alpi», en *Bollettino del Club Alpino Italiano*, XXIII (1889), pp. 81-156.
En general, sobre las máquinas y los elementos maquinales: *Leonardo da Vinci, I Libri di Meccanica*, edición de A. Uccelli, Milán, 1942; M. Taddei y E. Zanon, *Le macchine di Leonardo*, Florencia, 2005; R. Nanni, *Leonardo e le arti meccaniche*, Milán, 2013; *Leonardo da Vinci. La scienza prima della scienza*, edición de C. Giorgione, Roma, 2019.

19. «Isla beata»
Sobre la fábula anónima de *Psique y Cupido* y la sátira de Squarzafico: J. Allenspach y G. Frasso, «Vicende, cultura e scritti di Gerolamo Squarciafico», en *Italia Medioevale e Umanistica*, XXIII (1980), pp. 233-292; C. Pedretti, «The Mock Sepulchre», en *Achademia Leonardi Vinci*, II (1989), pp. 127-130.
Sobre la *Coronatione* de Taccone: G. Biancardi, «La Coronatione di Bianca Maria Sforza. Un poemetto in ottave di Baldassarre Taccone», en *Studi e Fonti di Storia Lombarda*, 13 (1993), pp. 43-121.
En general, sobre los Visconti y el ambiente cultural milanés de finales del siglo XV: G. Visconti, *I Canzonieri per Beatrice d'Este e per Bianca Maria Sforza*, edición de P. Bongrani, Milán, 1979; P. Bongrani, *Lingua e letteratura a Milano nell'età sforzesca. Una raccolta di studi*, Parma, 1986; B. Martinelli, «La biblioteca (e i beni) di un petrarchista. G. V.», en *Veronica Gambara e la poesia del suo tempo nell'Italia settentrionale*, edición de C. Bozzetti, P. Gibellini y E. Sandal, Florencia, 1989, pp. 213-261; R. Schofield, «Gasparo Visconti, mecenate di Bramante», en *Arte, committenza ed economia a Roma e nelle corti del Rinascimento (1420-1530)*, edición de A. Esch y C. L. Frommel, Turín, 1995, pp. 297-330; D. Bra-

mante, *Sonetti e altri scritti*, edición de C. Vecce, Roma, 1995; C. Munro Pyle, *Milan and Lombardy in the Renaissance*, Roma 1997; J. Pederson, «Henrico Boscano's Isola Beata. New Evidence for the Academia Leonardi Vinci en Renaissance Milan», en *Renaissance Studies*, 22 (2008), pp. 450-475; *Bramante a Milano. Le arti in Lombardia 1477-1499*, edición de M. Ceriana, E. Daffra, M. Natale y C. Quattrini, Milán, 2015; *Gaspare Ambrogio Visconti e la Milano di fine Quattrocento. Politica, arti e lettere*, edición de S. Albonico y S. Moro, Roma, 2021.

20. Un anillo para Caterina
Sobre el Códice H y el paso por Vigevano: R. Antonelli, «Una proposta di riordino del Manoscritto H e nuove ipotesi sulle antiche numerazioni», en *Raccolta Vinciana*, XXXII (2007), pp. 227-248; C. Vecce, «Leonardo e il Codice di Vigevano (una lettura del Codice H)», en *Valori Tattili*, 8 (julio-diciembre 2016), pp. 14-27.

Sobre la maquinaria textil: K. G. Ponting, *Leonardo da Vinci. Drawings of Textile Machines*, Wiltshire, 1979; F. Crippa y S. Sutera, *Leonardo e il mondo tessile. Il primo telaio meccanico*, Milán, 2005.

El documento sobre la muerte de «Chaterina de Florenzia» fue descubierto por E. Villata en *Leonardo da Vinci. La vera immagine. Documenti e testimonianze sulla vita e sull'opera*, edición de V. Arrighi, A. Bellinazzi y E. Villata, Florencia, 2005, p. 154.

21. Gramáticas y bestiarios - 22. El fin de la ilusión
Sobre el aprendizaje del latín: A. Marinoni, *Gli appunti grammaticali e lessicali di Leonardo da Vinci*, 2 vol., Milán, 1944-1952.

Sobre el *Bestiario*: Leonardo, *Favole e profezie. Scritti letterari*, edición de G. Cirnigliaro y C. Vecce, Milán, 2019, pp. 31-50.

23. Una lista de libros
La lista del Códice Atlantico es la base de los estudios sobre la biblioteca de Leonardo anteriores al descubrimiento de los Códices de Madrid, para lo cual pueden consultarse los estudios

citados al final del apartado *Estudios sobre los manuscritos, textos y cultura de Leonardo*. Véase recientemente C. Vecce, *La biblioteca di Leonardo*, Florencia, 2021.

24. El Cenáculo

Sobre el cenáculo: P. Brambilla Barcilon, *Il Cenacolo di Leonardo. Storia, condizioni, problemi*, Ivrea, 1984; P. Brambilla Barcilon y P. C. Marani, *Leonardo. L'Ultima Cena*, Milán, 1999; *Il Genio e le Passioni. Leonardo e il Cenacolo. Precedenti, innovazioni, riflessi di un capolavoro*, edición de P. C. Marani, Milán, 2001; P. C. Marani, *Il Cenacolo di Leonardo*, Milán, 2016; Id., Leonardo. *L'Ultima Cena*, Milán, 2018.

El testimonio de fray Mateo puede leerse en la novella I, 58 de M. Bandello, *Novelle*, edición de F. Flora, Milán, 1966, vol. I, pp. 646-647.

25. Entre Dánae y Venus

Sobre Dánae: *La Danae, commedia di B. Taccone, pubblicata per le nozze Mezzacorati-Gaetani d'Aragona*, edición de A. Spinelli, Bolonia, 1888; M. Herzfeld, «La rappresentazione della "Danae" organizzata da Leonardo», en *Raccolta Vinciana*, XI (1920-1922), pp. 226-28; K. T. Steinitz, «Le dessin de Léonard de Vinci pour la représentation de la Danae de Baldassare Taccone», en *Le lieu théâtral à la Renaissance*, edición de J. Jacquot, París, 1964, pp. 35-40, e Id., «Leonardo architetto teatrale e organizzatore di feste», en *Leonardo letto e commentato*, edición de P. Galluzzi, Florencia, 1974, pp. 255-261; AA. VV., *Leonardo e gli spettacoli del suo tempo*, Milán, 1983, pp. 49-53; C. Vecce, «"The Sculptor Says". Leonardo and Gian Cristoforo Romano», en *Illuminating Leonardo. A Festschrift for Carlo Pedretti Celebrating His 70 Years of Scholarship (1944-2014)*, edición de C. Moffatt y S. Taglialagamba, Leiden, 2016, pp. 223-238.

Sobre las *Antiquarie*: G. Govi, «Intorno a un opuscolo rarissimo della fine del secolo XV intitolato "Antiquarie prospettiche romane" composte per prospettivo milanese dipintore», en *Atti della R. Accademia dei Lincei*, III (1876); *Antiquarie prospetiche romane*, edición de G. Agosti y D. Isella, Milán-Parma, 2004.

Para información sobre Caradosso: P. Venturelli, *Arte orafa milanese 1450-1527. Leonardo da Vinci tra creatività e tecnica*, Cinisello Balsamo, 2021, pp. 276-291.
Sobre el informe de Piacenza y la importancia de la cita de Plinio: C. Vecce, *La biblioteca perduta. I libri di Leonardo*, Roma, 2017, pp. 112-113.

26. Profecías
Sobre los epigramas atribuidos a Tebaldeo: C. Damianaki, «Su un presunto epigramma di Antonio Tebaldeo (falsamente) ispirato alla *Belle Ferronière* di Leonardo da Vinci», en *Raccolta Vinciana*, XXXVIII (2019), pp. 13-36 (por más que dude de que se refieran a la *Belle Ferronière*).
Para las profecías, véase Leonardo, *Favole e profezie. Scritti letterari*, edición de G. Cirnigliaro y C. Vecce, Milán, 2019, pp. 51-76. Véase también: E. Gombrich, *Leonardo e i maghi. Polemiche e rivalità*, Florencia, 1984; C. Vecce, «Leonardo e il gioco», en AA. VV., *Passare il tempo. La letteratura del gioco e dell'intrattenimento dal XII al XVI secolo*, Roma, 1993, vol. I, pp. 287-302.

27. Fray Luca Pacioli
Sobre Pacioli y su relación con Leonardo: G. B. De Toni, «Leonardo da Vinci e Luca Paciolo», en *Atti del Regio Istituto Veneto di Scienze Lettere e Arti*, LXV (1905-1906), pp. 1.145-1.148; A. Marinoni, *La matematica di Leonardo da Vinci*, Milán, Arcadia, 1982; Id., «Leonardo e Euclide», en *Raccolta Vinciana*, XXII 1987, pp. 258-267; *Luca Pacioli e la matematica del Rinascimento*, edición de E. Giusti y C. Maccagni, Florencia, 1994; L. Pacioli, *De viribus quantitatis*, edición de A. Marinoni, Milán, 1997; A. Ciocci, *Luca Pacioli e la matematizzazione del sapere nel Rinascimento*, Bari, 2003, e Id., *Luca Pacioli. La vita e le opere*, Florencia, 2017; E. Ulivi, «Documenti inediti su Luca Pacioli, Piero della Francesca e Leonardo da Vinci, con alcuni autografi», *Bollettino di Storia delle Scienze Matematiche*, XXIX (2009), pp. 15-160 e Id., «L'ultimo testamento di Luca Pacioli con altri documenti inediti», en *Bollettino di Storia delle Scienze Matematiche*, XXXI,

n.º 1, (2011), pp. 35-57; *Pacioli 2017. Maestro di contabilità, matematico, filosofo della natura*, edición de E. Hernández Esteve y M. Martelli, Umbertide, 2018.

Sobre la gran sala de la torre, ahora llamada Sala delle Asse: M. T. Fiorio, «*... promete finirla per tuto Septembre». Leonardo nella Sala delle Asse*, Florencia, 2018; *La Sala delle Asse del Castello Sforzesco. Leonardo da Vinci. All'ombra del Moro*, edición de C. Salsi y A. Alberti, Cinisello Balsamo, 2019.

28. Sueño de Oriente

La carta al sultán Bayezid II, escrita en una larga tira de papel de 30 × 11 cm, se conserva en los archivos del Topkapi Seraj de Estambul. Se trata de la traducción en turco-otomano y con caracteres árabes realizada por un escriba imperial a partir del original perdido de Leonardo. Fue descubierto por Franz Babinger en 1951: véase F. Babinger, «Vier Bauvorshlage Leonardo da Vinci's an Sultan Bajezid II. (1502/3)», en *Nachrichten der Akademie der Wissenschaften in Göttingen*, Philologisch-Historische Classe, I (1952), pp. 1-20. Una fiel transcripción del original turco, con una nueva traducción al italiano, se halla en *Lettres de Léonard de Vinci aux princes et aux puissants de son temps*, edición de P. C. Marani, Roma, 2019, pp. 87-89 (importante también por su nueva propuesta de datación en 1498).

29. Un viñedo en la ciudad

Acerca del viñedo: G. Biscaro, «La vigna di Leonardo da Vinci fuori di Porta Vercellina», en *Archivio Storico Lombardo*, XXXVI (1909), pp. 363-396; L. Beltrami, *La vigna di Leonardo da Vinci*, Milán, 1920.

30. El ducado en llamas

Sobre el recordatorio Ligny: M. Herzfeld, «Noch einmal Leonardo und Ligny: eine Ergänzung zu G. Calvi's Aufsatz», en *Raccolta Vinciana*, XIII (1926-1929), pp. 53-62.

La cita de Leonardo en el poema *La Plainte du Desiré* puede leerse en J. Lemaire de Belges, *Oeuvres*, edición de J. Stecher, vol. III, París, 1885, p. 162.

Sobre Jean Perréal y sus relaciones con Leonardo: P. Durrieu, *Les relations de Léonard de Vinci avec le peintre français Jean Perréal*, París, 1919; L. Dorez, «Léonard de Vinci et Jean Perréal (Conjectures)», en *Léonard de Vinci 1519-1919*, edición de M. Mignon, Roma, 1919, pp. 67-86, e Id., «Léonard de Vinci au service de Louis XII», en AA. VV., *Nel IV centenario della morte di Leonardo da Vinci*, Bérgamo, 1919, pp. 371-372; P. Pradel, «Les autographes de Jean Perréal», en *Bibliothèque de l'Ecole des Chartes*, 121 (1964), pp. 132-186; C. Vecce, «"Piglia da Gian di Paris"», en *Achademia Leonardi Vinci*, X (1997), pp. 208-213; M. T. Fiorio, «Leonardo, Boltraffio e Jean Perréal», en *Raccolta Vinciana*, XXVII (1997), pp. 325-355.

III. EL ERRANTE

1. Isabel

Sobre Leonardo e Isabel: F. Viatte, *Léonard de Vinci, Isabelle d'Este*, París, 1999; F. Ames-Lewis, *Isabella and Leonardo. The Artistic Relationship between Isabella d'Este and Leonardo da Vinci 1500-1506*, New Haven y Londres, 2012.

Sobre Isabel y el *Studiolo*: S. Béguin, *Le Studiolo d'Isabelle d'Este*, París, 1975; S. Ferino-Pagden, *«La prima donna del mondo». Isabella d'Este, Furstin und Mäzenatin der Renaissance*, Viena, 1994.

Sobre *De ludo scachorum* atribuido a Pacioli, véase la reimpresión anastática: L. Pacioli, *De ludo scachorum*, Sansepolcro, 2007.

2. Entre Venecia y el Isonzo

Sobre la estancia en Venecia: *Leonardo & Venezia*, edición de P. C. Marani y G. Nepi Sciré, Milán, 1992.

3. De regreso a Florencia

Nuevos documentos sobre el convento de la Annunziata en relación con Francesco del Giocondo y ser Piero da Vinci se hallan en M. Kemp y G. Pallanti, *Mona Lisa. The People and the Painting*, Oxford, 2017.

4. Un Niño con dos Madres
Sobre el viaje a Roma y la sugestión de la Antigüedad: P. C. Marani, «Tivoli, Hadrian and Antinoüs. New Evidence of Leonardo's Relation to the Antique», *Achademia Leonardi Vinci*, VIII (1995), pp. 207-225.
Sobre la génesis de la *Santa Anna*: *La Sainte Anne l'ultime chef-d'oeuvre de Léonard de Vinci*, edición de V. Delieuvin, París, 2013.

5. Devanar husos
Sobre la *Virgen de la rueca*: *Leonardo dopo Milano. La Madonna dei fusi* (1501), edición de A. Vezzosi, intr. de C. Pedretti, Florencia, 1982.

6. El nuevo César
Sobre la relación con Borgia y Maquiavelo: L. Beltrami, *Leonardo da Vinci e Cesare Borgia*, Milán, 1916; P. C. Marani, *L'architettura fortificata negli studi di Leonardo da Vinci, con il catalogo completo dei disegni*, Florencia, 1984, pp. 49-63 y 161-209; S. Faini y L. Grossi, *Il lasciapassare di Cesare Borgia a Vaprio d'Adda e il viaggio di Leonardo in Romagna*, Florencia, 1993; C. Pedretti, *Leonardo, Machiavelli, Cesare Borgia. Arte, storia e scienza in Romagna 1500-1503*, Roma, 2003; P. Boucheron, *Léonard et Machiavel*, París, 2013.
Sobre los levantamientos cartográficos: N. De Toni, «I rilievi cartografici per Cesena ed Urbino nel manoscritto "L" dell'Istituto di Francia», en *Leonardo letto e commentato*, edición de P. Galluzzi, Florencia, 1974, pp. 131-148.
Sobre el mapa de Ímola: P. C. Marani, «La mappa di Imola di Leonardo», en AA. VV., *Leonardo, il Codice Hammer e la mappa di Imola presentati da Carlo Pedretti*, Florencia, 1985, pp. 140-141. En general véase: M. Baratta, *Leonardo e la cartografia*, Voghera, 1912; A. Cantile, *Leonardo genio e cartografo*, Florencia, 2003; C. Starnazzi, *Leonardo cartografo*, Florencia, 2003.

7. ¿Dónde está Valentino?
Sobre Ugolino Verino: A. Lazzari, *Ugolino e Michele Verino: studii biografici e critici. Contributo alla storia dell'umanesimo in Firenze*, Turín, 1897.

8. Libros y estudios florentinos – 9. En el campo de Pisa
Sobre los Benci y su importante papel en ámbito cultural: G. Tanturli, «I Benci copisti: vicende della cultura fiorentina volgare fra Antonio Pucci e il Ficino», en *Studi di Filologia italiana*, XXXVI (1978), pp. 197-313.
Sobre la biblioteca dei Pandolfini: A. Cataldi Palau, «La biblioteca Pandolfini: storia della sua formazione e successiva dispersione. Identificazione di alcuni manoscritti», en *Italia Medioevale e Umanistica*, XXXI (1988), pp. 260-395.
Sobre la biblioteca de San Marcos: B. L. Ullman y P. A. Stadter, *The pubblic library of Renaissance Florence. Niccolò Niccoli, Cosimo de' Medici and the Library of San Marco*, Padua, 1972; C. Vecce, «"Libreria di Sancto Marco"», en *Achademia Leonardi Vinci*, V (1992), pp. 122-125.
Sobre Nesi: E. Tortelli, «Giovanni Nesi e il suo omaggio a Leonardo da Vinci. Una inedita postilla», en *Raccolta Vinciana*, XXXVIII (2019), pp. 37-64.

10. La cabeza de Lisa
La importante apostilla de Agostino fue descubierta en 2005 por el investigador alemán Armin Schlechter: véase A. Schlechter, «Leonardo da Vinci's "Mona Lisa" in a Marginal Note in a Cicero Incunable», en *Early Printed Books as Material Objects*, edición de B. Wagner y M. Reed, La Haya, 2010, pp. 151-176.
Para los documentos sobre Francesco del Giocondo y Elisabetta Gherardini, basta con remitir a: M. Kemp y G. Pallanti, *Mona Lisa. The people and the painting*, Oxford, 2017. Otras contribuciones importantes: F. Zöllner, *Leonardo da Vinci. Mona Lisa. Das Porträt der Lisa del Giocondo*, Fráncfort, 1994; P. C. Marani, *Leonardo. La Gioconda*, Florencia, 2003 y 2019; C. Scaillerez, *Léonard de Vinci. La Joconde*, París, 2003; R. Hatfield, *The Three Mona Lisas*, Milán, 2014.

11. La Batalla
Sobre la *Batalla de Anghiari*: J. Wilde, «The Hall of the Great Council of Florence», en *Journal of the Warburg and Courtauld Institutes*, 7 (1944), pp. 65-81; P. Meller, «La Battaglia d'Anghiari», en *Leonardo. La pittura*, edición de A. Vezzosi y P. C. Marani, Florencia, 1985, pp. 130-136; F. Zöllner, *Battaglia di Anghiari. Fra mitologia e poetica*, Florencia, 1998; C. C. Bambach, «The Purchase of Cartoon Paper for Leonardo's Battle of Anghiari and Michelangelo's Battle of Cascina», en *I Tatti Studies*, 8 (1999), pp. 105-133; A. Polcri, «La "Battaglia di Anghiari" prima di Leonardo. Dai cassoni alla pittura murale», en *La mente di Leonardo. Al tempo della «Battaglia di Anghiari»*, edición de C. Pedretti, Florencia, 2006, pp. 72-79; A. Cecchi, «Niccolò Machiavelli o Marcello Virgilio Adriani? Sul programma e l'assetto compositivo delle "Battaglie" di Leonardo e Michelangelo per la Sala del Maggior Consiglio in Palazzo Vecchio», en *Prospettiva*, 83-84 (1996), pp. 102-115; M. Melani, *Il fascino dell'opera interrotta. La Battaglia di Anghiari di Leonardo da Vinci*, pres. de C. Pedretti, Poggio a Caiano, 2012; N. Marcelli, «Pier Soderini, Leonardo da Vinci e la Battaglia di Anghiari», en *Interpres*, XXXVI (2018), pp. 191-213; C. Vecce, *Le battaglie di Leonardo*, Florencia, 2012, e Id., «Il racconto della battaglia», en *Leonardo da Vinci. L'uomo modello del mondo*, edición de A. Perissa Torrini, Cinisello Balsamo, 2019, pp. 66-73 y 211- 221; *La Sala Grande di Palazzo Vecchio e la Battaglia di Anghiari di Leonardo da Vinci*, edición de R. Barsanti, G. Belli, E. Ferretti y C. Frosinini, Florencia, 2019.

12. El duelo con Miguel Ángel
Por la relación con Miguel Ángel: *La scuola del mondo. Leonardo e Michelangelo. Disegni a confronto*, edición de P. C. Marani y P. Ragionieri, Cinisello Balsamo, 2011; *Leonardo e Michelangelo. Capolavori della grafica e studi romani*, edición de P. C. Marani y P. Ragionieri, Cinisello Balsamo, 2011.

13. Entre Isabel y Salaì – 14. Murió ser Piero da Vinci
Sobre el inventario de los bienes de ser Piero: M. Kemp y G. Pallanti, *Mona Lisa. The people and the painting*, Oxford, 2017, pp. 229-234.

15. «En caja en el munasterio»
Sobre la lista del Códice de Madrid II: L. Reti, *The Library of Leonardo da Vinci*, Los Ángeles, 1972; A. Marinoni, «I libri di Leonardo», en *Leonardo da Vinci, Scritti letterari*, Milán, 1974, pp. 239-257; C. Vecce, *La biblioteca perduta. I libri di Leonardo*, Roma, 2017, pp. 77-85. Véase recientemente C. Vecce, *La biblioteca di Leonardo*, Florencia, 2021.

16. Sombras verdes
Sobre el viaje a Piombino: *Leonardo a Piombino e l'idea della città moderna tra Quattro e Cinquecento*, edición de A. Fara, Florencia, 1999.
Sobre el testamento del tío Francesco: R. Cianchi, «Sul testamento di Francesco da Vinci a favore di Leonardo», en *Nouvelles de la Republique des Lettres*, I (1984), pp. 97-104.
Sobre el «ser de la nada»: A. Marinoni, *L'essere del nulla*, Florencia, 1966.
Sobre Gaurico: P. Gauricus, *De sculptura*, edición de A. Chastel y R. Klein, Ginebra, 1969.

17. Un infausto presagio – 18. El sueño de volar, el cisne y Leda
Sobre la *Leda*: P. Meller, «Quello che Leonardo non ha scritto sulla figura umana. Dall'Uomo di Vitruvio alla Leda», en *Arte Lombarda*, 67 (1983-1984), pp. 132-133; G. Dalli Regoli, *Mito e scienza nella «Leda» di Leonardo*, Florencia, 1991; *Leonardo e il mito di Leda. Modelli, memorie e metamorfosi di un'invenzione*, edición de G. Dalli Regoli, R. Nanni y A. Natali, Florencia, 2001; J. K. Nelson, *Leonardo e la reinvenzione della figura femminile. Leda, Lisa, Maria*, Florencia, 2007.
Acerca de *La despeinada*: C. Pedretti, «La femme échevelée de Léonard de Vinci», en *Revue de l'Art*, 25 (1974), pp. 24-34; *La fortuna della Scapiliata di Leonardo da Vinci*, edición de P. C.

Marani y S. Verde, Busto Arsizio, 2019; A. Perissa Torrini, «*La scapiliata. Un'opera ancora alla ricerca di identità*», en *Achademia Leonardi Vinci*, N. S., I (2021), pp. 31-40.

Sobre los dos Ferrandos: *Ferrando Spagnolo e altri maestri iberici nell'Italia di Leonardo e Michelangelo*, edición de F. B. Doménech y F. Sricchia Santoro, Valencia, 1998; P. M. Ibáñez Martínez, *Fernando Yáñez de Almedina*, Cuenca, 1999.

19. La llamada de Milán - 20. Al servicio de D'Amboise
Sobre los espectáculos para D'Amboise: K. T. Steinitz, *Leonardo architetto teatrale e organizzatore di feste*, Lettura Vinciana, Florencia, 1969; A. Marinoni, «Il regno e il bel sito di Venere», en AA.VV., *Il Poliziano e il suo tempo*, Florencia, 1957, pp. 273-288; C. Pedretti, «"Non mi fuggir, donzella..."», en *Raccolta Vinciana*, XXVIII (1999), pp. 159-197; *Leonardo da Vinci. Il Foglio del Teatro*, edición de C. Starnazzi, Arezzo, 2002.

Sobre Leonardo en Milán, y en el revellín de Locarno: M. Viganò, «"Leonardo da Vinci fuggiva attraverso la pianura lombarda...". Suggestioni su opere a Milano (1499, 1506, 1507)», en *Raccolta Vinciana*, XXXIII (2009), pp. 109-140, e Id., *Leonardo a Locarno. Documenti per una attribuzione del "rivellino" del castello 1507*, Bellinzona, 2009.

21. Casa Martelli
Sobre la biblioteca Martelli: A. C. De la Mare y X. van Binnebeke, «A list of books from the Florentine Braccio Martelli», en AA. VV., *Tributes J. J. G. Alexander*, Londres, 2006, pp. 35-67.

Sobre el Códice Leicester, además de las ediciones de G. Calvi (Milán, 1909), de C. Pedretti (1984) y de M. Kemp y D. Laurenza (Oxford, 2019), véase: *L'acqua microscopio della natura. Il Codice Leicester di Leonardo da Vinci*, edición de P. Galluzzi, Florencia, 2018; A. Felici, *«L'alitare di questa terestre machina». Il Codice Leicester di Leonardo da Vinci. Edizione e studio linguistico*, Florencia, 2020.

Suobre Rustici y Leonardo: «P. C. Marani, Leonardo e gli scultori. Un altro esempio di collaborazione col Rustici?», en *Raccolta Vinciana*, XXIX (2001), pp. 103-123; P. Sénéchal, *Gio-*

van Francesco Rustici 1475-1554, París, 2007; T. Mozzati, *Giovanfrancesco Rustici. Le Compagnie del Paiuolo e della Cazzola*, Florencia, 2008; *I grandi bronzi del Battistero. Giovanfrancesco Rustici e Leonardo*, edición de T. Mozzati, B. Paolozzi Strozzi y P. Sénéchal, Florencia, 2010; A. Chiti, «Giovanfrancesco Rustici e Leonardo prima dei grandi bronzi del Battistero», en *Annali Aretini*, XXIII (2015), pp. 133-158.

Sobre la tumba etrusca de Castellina: C. S. Hillard, «Leonardo and the Etruscan Tomb», en *Renaissance Quarterly*, 71 (2018), pp. 919-958.

22. Buenos días, meser Francesco

Sobre Melzi: C. Pedretti, *Leonardo da Vinci on Painting. A Lost Book (Libro A) Reassembles from the Codex Vaticanus Urbinas 1270 and from the Codex Leicester*, Berkeley y Los Ángeles, 1964, pp. 97-109 y 260-264; *Libro di pittura*, edición de C. Pedretti y C. Vecce, Florencia, 1995, vol. I, pp. 21-27 y 93-108; R. Sacchi, «Per la biografia (e la geografia) di Francesco Melzi», en *ACME*, 70, n.º 2 (2017), pp. 147-161; G. V. Melzi d'Eril, *In casa Melzi con Leonardo*, Milán, 2019; C. Vecce, «Dalla parte di Melzi», en *Decoding Leonardo's Codices. Compilation, Dispersal and Reproduction Technologies*, edición de P. Galluzzi y A. Nova, Venecia, 2022, pp. 89-107; A. Nova, «Restituzione di Giovan Francesco Melzi e R. Sacchi, "Acceptante et consentiente". Addende biografiche per Francesco Melzi», en *L'ultimo Leonardo 1510-1519*, edición de P. C. Marani, Milán, 2020, respectivamente en las pp. 221-233 y 235-252.

Sobre la última corrección del *San Jerónimo*: M. Clayton, «Leonardo's Anatomical Studies and his Artistic Practice, and a Proposal for the St. Jerome», en *Leonardo da Vinci. Metodi e tecniche per la costruzione della conoscenza*, edición de P. C. Marani y R. Maffeis, Milán, 2016, pp. 177-184.

Sobre las vicisitudes del *Salvator Mundi*: B. Lewis, *The Last Leonardo. The Secret Lives of the World's Most Expensive Painting*, Londres, 2019; M. Kemp, R. Simon y M. Dalivalle, *Leonardo da Vinci's Salvator Mundi and the Collecting of Leonardo at the Stuart Courts*, Oxford, 2019; P. C. Marani, «Sul Salvator Mundi attribuito a Leonardo: oltre la cronaca, dentro l'atelier del maestro», en *Arte Cristiana*, CVII (2019), pp. 243-256, e Id., *Il Salvator Mundi saudita: novità sulla sua fortuna iconografica e una riconsiderazione*, Florencia, 2024.

23. Un nuevo taller lombardo
Sobre la *Lalde del sole*: C. Vasoli, *La lalde del sole di Leonardo da Vinci*, Florencia, 1973; Id., «Note su Leonardo e l'alchimia», en *Leonardo e l'età della ragione*, Milán, 1982, edición de E. Bellone y P. Rossi, pp. 69-77; E. Gombrich, *Leonardo e i maghi. Polemiche e rivalità*, Florencia, 1984.

Sobre el monumento de Trivulzio: C. Baroni, «Leonardo, Bramantino ed il Mausoleo di G. Giacomo Trivulzio», en *Raccolta Vinciana*, XV-XVI (1935-1939), pp. 201-270; M. Viganò, «Trivulzio e Leonardo. Appunti su una committenza (1482-1518)», en *Raccolta Vinciana*, XXXIV (2011), pp. 1-52, e Id., «Leonardo and the Trivulzio Monument. Some Questions and Evidence (1507-1518)», en *Illuminating Leonardo. A Festschrift for Carlo Pedretti Celebrating His 70 Years of Scholarship (1944-2014)*, edición de C. Moffatt y S. Taglialagamba, Leiden, 2016, pp. 239-255.

Sobre Solario: *Andrea Solario en France*, edición de S. Béguin, París, 1985; D. A. Brown, *Andrea Solario*, Milán, 1987.

Sobre el pintor Cesare da Sesto: M. Carminati, *Cesare da Sesto 1477-1523*, Milán, 1995.

24. La cosmografía del pequeño mundo
Sobre Marcantonio della Torre: D. Laurenza, «In Search of a Phantom: Marcantonio della Torre and Leonardo's Late Anatomical Studies», en *Leonardo da Vinci's Anatomical World*, edición de D. Laurenza y A. Nova, Venecia, 2011, pp. 61-77.

25. Las obras y los días
Sobre el *San Juan Bautista*: E. Villata, «Il San Giovanni Battista di Leonardo: un'ipotesi per la cronologia e la committenza», *Raccolta Vinciana*, XXVII (1997), pp. 187-236; Id., «Ancora sul San Giovanni Battista di Leonardo», en *Raccolta Vinciana*,

XXVIII (1999), pp. 123-158; Id., «"Forse il più importante di tutti i quadri". Elementi per la fortuna critica del San Giovanni Battista di Leonardo», en *Raccolta Vinciana*, XXX (2003), pp. 85-132; *Leonardo in Milan. Saint John the Baptist*, edición de V. Merlini y D. Storti, Milán, 2009.

Sobre el llamado *Ángel encarnado*: C. Pedretti, «The "Angel in the Flesh"», en *Achademia Leonardi Vinci*, IV (1991), pp. 34-51, y VI (1993), pp. 206-208; Id., *Leonardo da Vinci. L'"Angelo Incarnato" & Salaì*, Foligno, 2009.

26. Fulgores de incendios
Sobre los incendios de 1511: A. Recalcati, «Note sugli incendi del 1511 (RL 12416)», en *Raccolta Vinciana*, XXXVIII (2019), pp. 65-72.

27. Los signos del tiempo
Sobre la armadura de la *Batalla* en el Palacio: M. Bruschi, *«Le fighure dipinte nella sala grande». Maestranze alla Battaglia d'Anghiari di Leonardo nel 1513*, Pistoia, 2023.

28. Ocaso romano
Sobre Leonardo en Roma: M. Cermenati; «Leonardo a Roma nel periodo leoniano», en *Nuova Antologia*, 101 (1919), pp. 105-123 y 308-331; D. Laurenza, *Leonardo nella Roma di Leone X (c. 1513-16). Gli studi anatomici, la vita, l'arte*, Florencia, 2004; C. C. Bambach, «Leonardo and Raphael in Rome in 1513-1516», en *Late Raphael*, edición de M. Falomir, Madrid, 2013, pp. 26-37; A. Forcellino, «Leonardo a Roma», en *Raccolta Vinciana*, XXXVI (2015), pp. 133-161; *Leonardo a Roma. Influenze ed eredità*, edición de R. Antonelli, C. Cieri Via, A. Forcellino y M. Forcellino, Roma, 2019. Se han publicado recientemente nuevos documentos a cargo de M. Porri, «Giuliano de' Medici a Roma. Nuove evidenze documentarie su Leonardo e alcune precisazioni su Raffaello», en *Studi di Storia dell'Arte*, 34 (2023), pp. 69-82.

El recuerdo de Bandinelli se encuentra en L. A. Waldman, *Baccio Bandinelli and Art at the Medici Court*, Filadelfia, 2004, p. 903.

Acerca del cancionero de Irpino e Isabella Gualandi: C. Vecce, «La Gualanda», en *Achademia Leonardi Vinci*, III (1990), pp. 51-71.

Sobre la *Gioconda desnuda*: D. A. Brown y K. Oberhuber, «Monna Vanna and Fornarina. Leonardo and Raphael in Rome», en *Essays presented to M.P. Gilmore*, edición de S. Bertelli, Florencia, 1978, pp. 25-86; *La Joconde nue*, edición de M. Deldicque, Chantilly, 2019.

Sobre Castiglione: C. Vecce, «Tra Leonardo e Castiglione», en *Per civile conversazione. Con Amedeo Quondam*, edición de M. Santagata, B. Alfonzetti, E. Bellini, G. Baldassarri y S. Costa, Roma, 2014, pp. 1247-1258.

29. El Magnífico Juliano
Sobre los proyectos para Civitavecchia: L. H. Heydenreich, «Studi archeologici di Leonardo da Vinci a Civitavecchia», en *Raccolta Vinciana*, XIV (1930-1934), pp. 39-53; A. Bruschi, «Bramante, Leonardo e Francesco di Giorgio a Civitavecchia», en AA. VV., *Studi bramanteschi*, Roma, 1972, pp. 535-565.

Sobre la carta de Corsali: C. Vecce, «In margine alla prima lettera di Andrea Corsali (Leonardo in India)», en AA. VV., *Ai confini della letteratura*, Turín, 2015, pp. 69-83.

Sobre la incripción en la cofradía: C. L. Frommel, «Leonardo fratello della Confraternita della Pietà dei Fiorentini a Roma», en *Raccolta Vinciana*, XX (1964), pp. 369-373.

Sobre el viaje a Emilia: J. Sammer, «Leonardo da Vinci's Journey to Northern Italy in September and October of 1514», en *Raccolta Vinciana*, XXXVIII (2019), pp. 79-104.

30. Apocalipsis en Roma
Sobre la nómina a bombardero: J. Sammer, «Leonardo's Appointment as Bombarderius at the Castle of Sant'Angelo», en *Raccolta Vinciana*, XXXVIII (2019), pp. 73-78.

Sobre el hermanastro ser Giuliano: E. Möller, «Ser Giuliano di ser Piero da Vinci e le sue relazioni con Leonardo», en *Rassegna d'Arte*, XVI (1934), pp. 387-399.

Sobre el *Libro de pintura*: C. Vecce, «Tra Dante e Leonardo. Il "Libro di pittura" nella Roma di Raffaello», en *Dante, Leonardo, Raffaello. La Divina Consonanza di arte e poesia*, edición de M. Fagiolo, Roma, 2022, pp. 143-149.

Sobre los *Diluvios*: C. Vecce, «Raccontare la fine. I Diluvii di Leonardo», en *L'ultimo Leonardo 1510-1519*, edición de P. C. Marani, Milán, 2020, pp. 187-200.

31. El rey niño

Sobre Leonardo en Francia: C. Pedretti, *Léonard de Vinci & la France*, Foligno, 2009; L. Fagnart, *Léonard de Vinci en France*, Rennes, 2019; C. Occhipinti, *Leonardo da Vinci e la corte di Francia. Fama, ecfrasi, stile*, Roma, 2011; *Leonardo in Francia. Il maestro e gli allievi dopo la traversata delle Alpi. 1516-2016*, edición de S. Tullio Cataldo, Milán, 2016; J. Sammer, «Leonardo da Vinci's Journey to the Court of Francis I», en *Raccolta Vinciana*, XL (2023), pp. 111-146.

La carta de Gouffier es un descubrimiento de Jan Sammer, quien también es responsable de una reconstrucción precisa de los últimos años de Leonardo: J. Sammer, *Leonardo da Vinci. The Untold Story of His Final Years*, Praga, 2019.

Sobre el tapiz de la *Última Cena*: *Leonardo da Vinci's Last Supper for François I. A Masterpiece in Gold and Silk*, edición de P. C. Marani, París, 2019.

Sobre Romorantin: C. Pedretti, *Leonardo da Vinci. The Royal Palace at Romorantin*, Cambridge Mass, 1972.

32. La visita del cardenal

Sobre el diario de De Beatis: C. Vecce, «La Gualanda», en *Achademia Leonardi Vinci*, III (1990), pp. 51-71 e Id., *La biblioteca perduta. I libri di Leonardo*, Roma, 2017, pp. 35-44.

Sobre el particular papel de las montañas en los paisajes y su vínculo con lugares reales: C. Vecce, «Leonardo e le sue montagne», en *Les montagnes de l'esprit. Imaginaire et histoire de la montagne à la Renaissance*, edición de R. Gorris Camos, Quart (Valle d'Aosta) 2005, pp. 89-105; S. Albini, *Tutte le montagne di Leonardo*, Rudiano, 2023.

Sobre Salaì y la cesión de los cuadros de Leonardo: B. Jestaz, «François Ier, Salaì et les tableaux de Léonard», *Revue de l'Art*, CXXVI (1999), fasc. 4, pp. 68-72.

Sobre Francesco Vettori embajador en Francia: M. Simonetta, «Il matrimonio di Lorenzo e Maddalena (1518). Un ritratto dei rapporti fra i Medici e François Ier», en *Il sogno di François Ier. L'Italie à la cour de France*, edición de L. Capodieci y G. B. Brouhot, Roma, 2019, pp. 53-67.

33. Etcétera
Sobre el *etcétera* de Leonardo: C. Pedretti, *«Eccetera: perché la minestra si fredda»*, Florencia, 1975; C. Vecce, «"Una voce chiamantemi a cena"», en *«Tutte le opere non son per istancarmi». Raccolta di scritti per i settant'anni di Carlo Pedretti*, edición de F. Frosini, Roma, 1998, pp. 437-448.

34. Último acto
Sobre la acogida francesa de la obra de Leonardo: J. Barone, *Leonardo nella Francia del XVII secolo. Eredità paradossali*, Florencia, 2013.

Sobre los restos humanos atribuidos a Leonardo en la sepultura de Amboise: R. King, «Leonardo's Bones. Myth, History and Evidence», *Human Evolution*, vol. 31, n. 3 (2016), pp. 133-147.

Fuentes y bibliografía

Manuscritos de Leonardo y fuentes archivísticas:
Listado de siglas

CÓDICES DE PARÍS, INSTITUT DE FRANCE

A   2172 + 2185 (antes Ashburnham 1875/2, y Par. it. 2038)
B   2173 + 2184 (antes Ashburnham 1875/1, y Par. it. 2037)
C   2174
D   2175
E   2176
F   2177
G   2178
H   2179
I   2180
K   2181
L   2182
M   2183

CÓDICES EN OTRAS SEDES

Ar   Códice Arundel, Londres, British Library
CA   Códice Atlántico, Milán, Veneranda Biblioteca Ambrosiana
FoI Códice Forster I, Londres, Victoria and Albert Museum, National Library of Design
FoII Códice Forster II, Londres, Victoria and Albert Museum, National Library of Design

FoIII   Códice Förster III, Londres, Victoria and Albert Museum, National Library of Design
Lei   Códice Leicester, Seattle, The Collection of Bill and Melinda Gates
MaI   Códice de Madrid I, Madrid, Biblioteca Nacional de España, 8937
MaII   Códice de Madrid II, Madrid, Biblioteca Nacional de España, 8936
Tr   Códice Trivulziano, Milán, Biblioteca Trivulziana, N 2162
VU   Códice del Vuelo de los Pájaros, Turín, Biblioteca Reale, Codice Varia 95
W   Windsor, The Royal Library

MANUSCRITOS

LDP   *Libro di pittura*, Codice Vaticano Urbinate latino 1270, Ciudad del Vaticano, Biblioteca Apostolica Vaticana

ARCHIVOS

AAV   Archivio Apostolico Vaticano, Ciudad del Vaticano
ACP   Archivio Capitolare, Pistoia
ACVP   Archivio della Curia Vescovile, Pistoia
AFSP   Archivio della Fabbrica di San Pietro, Ciudad del Vaticano
ANP   Archives Nationales, París
AOSMF   Archivio dell'Opera di Santa Maria del Fiore, Florencia
APSMSS   Archivio Parrocchiale di Santa Maria presso San Satiro, Milán
ASF   Archivio di Stato, Florencia
ASGF   Archivio di San Giovanni dei Fiorentini, Roma
ASMa   Archivio di Stato, Mantua

ASMi Archivio di Stato, Milán
ASMo Archivio di Stato, Módena
ASN Archivio di Stato, Nápoles
AVFDM Archivio della Veneranda Fabbrica del Duomo de
Milán, LNA Londres, The National Archives

Formación de los códices de Leonardo

Al principio Leonardo solo utilizaba hojas de papel sueltas, a veces ya preparadas y coloreadas para plasmar dibujos. Sus textos más antiguos y con cierta ambición literaria (una serie de visiones de *mirabilia* de la naturaleza, el monstruo marino, la cueva, el fin del mundo, alternadas con un breve diálogo sobre la ley de la naturaleza) se presentan sobre este tipo de soporte, como en el caso del Códice Atlántico y del Códice Arundel, completamente desprovistos de dibujos. En las hojas sueltas del Códice Atlántico, con dibujos de ingeniería civil, arquitectura y máquinas de guerra, se desarrolla por el contrario una interacción cada vez más estrecha entre imágenes y textos (a menudo escritos en sentido regular, de izquierda a derecha), siguiendo el modelo de los cuadernos de apuntes de los ingenieros del siglo XV, consultados (en original o copia) por el joven Leonardo en Florencia.

Solo después de su llegada a Milán (1482), en paralelo a la intensificación de una actividad de lectura y estudio que deja de ser ocasional, empieza a trabajar Leonardo en cuadernos destinados a albergar su obra intelectual y artística, probablemente comprados a papeleros milaneses en pliegos regulares de papel ya preparado (en cuarto). El primero es el Códice B del Institut de France, que data de los años 1482-1490, compuesto en parte por notas y dibujos derivados de una fuente impresa, el *De re militari* de Roberto Valturio, traducido en lengua vulgar por Paolo Ramusio y publicado en Verona en 1483. Un poco más tardío es el Códice Trivulziano (hacia 1487-1490), que atestigua un intenso ejercicio de ennoblecimiento de la lengua, realizado con la transcripción de miles de vocablos de los libros que se hallaban en el escritorio de Leonardo: Valturio, el *Novellino* de Masuccio Salernitano, el *Vocabulista* de Luigi Pulci y la versión en lengua vulgar de *Facecias* de Poggio Bracciolini.

En este periodo Leonardo también inventó el cuaderno de pequeño formato o de bolsillo (de dieciseisavo, más o menos el tamaño de un iPhone de nuestros días), destinado a acompañar al artista en sus frecuentes desplazamientos y a dar cabida a notas rápidas, a menudo escritas con lápiz rojo (o sanguina). Entre los primeros ejemplos, el Códice Forster III, luego, en orden cronológico, el Códice Forster II, el Códice H, el Códice I, el Códice M, el Códice L, el Códice K. Ligeramente más grandes, en octavo, el Códice Forster I, y los últimos cuadernos, el Códice F, el Códice E y el Códice G.

Leonardo opta en cambio por un formato más amplio en folio para el primero de los códices, en el que transcribe a limpio textos y dibujos (sobre luces y sombras y óptica, así como una sección sobre el agua y la fuerza), el Códice C, mientras que en el Códice A (en cuarto), ligeramente posterior, se recogen sobre todo los textos para el «libro de pintura». También para la gran recopilación de sus dibujos de máquinas (Códice de Madrid I) y para el fascículo dedicado a la fundición del monumento ecuestre de Francesco Sforza (Códice de Madrid II) se prefiere el formato en cuarto.

El regreso al cuarto puede fecharse en la primera década del siglo XVI, cuando Leonardo (de vuelta en Florencia) pasa la mayor parte de su tiempo en su estudio, descuidando otras actividades en el campo artístico o de la ingeniería, hasta el punto de que dio a sus contemporáneos la impresión de ser un artista holgazán o «propenso a ventoleras». Su prioridad es restablecer el orden en el ahora confuso laberinto de aquellas hojas, copiándolas y reelaborándolas «a limpio» en el Códice del Vuelo de los Pájaros, en el Códice D sobre el ojo y la visión, en el Códice Leicester sobre el estudio del agua y la tierra y en la mayoría de los fascículos del Códice Arundel.

En los últimos años, la regla no es el cuaderno unitario sino más bien la hoja aislada o el fascículo suelto, contenedores textuales que su autor deja abiertos (y solo después de su muerte se agruparán en amplias y facticias misceláneas como el Códice Atlántico, el Códice Arundel y las colecciones de Windsor; parecida es también la situación del Códice Leicester, originalmente dieciocho folios dobles sueltos). Un caso particular de «libro abierto» (con muchas hojas en blanco o poco usadas) es el Códice de Madrid II, un batiburrillo de apuntes derivados de distintas fuentes (Euclides, Luca Pacioli, Francesco di Giorgio), cuyo formato en cuarto parece inspirado por la necesidad de disponer de un amplio espacio para dibujos de paisajes y estudios cartográficos en la época de la guerra de Pisa.

Manuscritos y dibujos tras la muerte de Leonardo

¿Qué queda de este inmenso corpus de escritos? Poco más de cuatro mil hojas de tamaños y formatos muy variados, desde el gran folio doble abierto hasta el minúsculo fragmento recortado por un desconsiderado coleccionista. Por desgracia, se trata de menos de la mitad de lo que Leonardo escribió durante su larga vida. Todo lo demás se ha perdido.

Tras la muerte de Leonardo en 1519, todos los códices, dibujos y libros de la biblioteca pasaron a su último discípulo y heredero, Francesco Melzi, quien los trajo de regreso a Italia, conservándolos celosamente entre Milán y Vaprio d'Adda. Giorgio Vasari y Giovanni Paolo Lomazzo tuvieron la oportunidad de verlos allí. Cuando también murió Melzi, en 1567, comenzó su dispersión: un ajetreado viaje a través de bibliotecas y colecciones de príncipes y aventureros, una historia intrincada y fascinante que adquiere a ratos los rasgos de una novela de espías.

El escultor Guglielmo della Porta (1515-1577) entró en posesión del códice que más tarde se convertiría en el Códice Leicester. El tutor de su heredero Orazio Melzi, Lelio Gavardi, intentó vender trece códices al gran duque de Toscana, parcialmente recuperados en Milán por los hermanos Guido y Giovanni Ambrogio Mazzenta, quienes a su vez donaron un códice al cardenal Federigo Borromeo (el Códice C, desde 1603 en la Biblioteca Ambrosiana), uno a Carlo Emanuele de Saboya y otro al pintor Ambrogio Figino. Otros tres códices fueron donados al escultor Pompeo Leoni, quien coleccionó muchos otros (en total, códices A, B, H, I, K, el Códice del Vuelo de los Pájaros, el Códice Trivulziano, los códices Forster y los de Madrid), junto con numerosas hojas sueltas y dibujos. Leoni se trasladó de Milán a España, trabajó para la corte real en Madrid y en El Escorial y se llevó consigo la preciosa colección de Leonardo, de la que reorganizó numerosos materiales, recortándolos y pegándolos en grandes hojas de papel: las de formato «atlántico» fueron reunidas en un solo volumen que por eso recibió el nombre de Códice Atlántico, mientras que otra encuadernación agrupa las hojas guardadas actualmente en Windsor.

A su muerte (Madrid, 1608), dos manuscritos quedaron en España, pasando de Juan de Espina (fallecido en 1642) a la Biblioteca Real de Madrid, luego a la Biblioteca Nacional, donde se perdieron por un error de catalogación y no volvieron a ser localizados hasta 1966 (Códices de Madrid I y II). También cabe suponer una procedencia similar para otros códices y folios actualmente en Inglaterra: el Códice Arundel y los folios de Windsor, adquiridos alrededor de 1630 por el gran coleccionista inglés Thomas Howard Earl of Arundel (fallecido en 1646). El Códice Arundel pasó posteriormente a la Royal Society de Londres (1666) y luego al British Museum (1831), y en la actualidad está en la British Library, mientras que la colección de hojas de anatomía y otros temas pasó a las colecciones reales del castillo de Windsor (no de forma integral, sin embargo: una hoja aislada de anatomía pasó a Weimar). Los actuales códices Forster I, II y III acabaron en manos de dos coleccionistas ingleses; Lord Edward Robert Bulwer-Lytton, diplomático en Viena en 1862, los compró allí en 1862 y se los vendió más tarde al escritor John Forster; a su muerte (1876), este último los donó al South Kensington Museum de Londres (actualmente Victoria and Albert Museum), donde conservaron el nombre del último propietario. Finalmente, el actual Códice Leicester reapareció más de cien años después entre los libros del pintor Giuseppe Ghezzi (1690), para ser adquirido al final por Thomas Coke, conde de Leicester (fallecido en 1759), de quien tomó su nombre. Tras la venta de la colección Leicester en Holkham Hall, el códice, tras un breve paso por las propiedades del petrolero estadounidense Armand Hammer (1980), fue adquirido por Bill Gates (1994) y actualmente es el único manuscrito de Leonardo de propiedad privada.

Los demás manuscritos de Leoni (el Códice Atlántico y los Códices A, B, H, I), gracias a Polibio Calchi y a Galeazzo Arconati, pasaron juntos con los Códices D, E, F, G, L, M a la Ambrosiana (1636), donde ya se encontraba el Códice C, y donde también llegó el Códice K, donado por Orazio Archinti (1674). El Códice Trivulziano, en cambio, se conservaba desde mediados del siglo XVIII en la biblioteca milanesa de los príncipes Trivulzio (que confluyó en la actual Biblioteca Trivulziana, en el interior del castillo esforcesco de Milán). El 24 de mayo de 1796 los franceses se apoderaron de toda la colección ambrosiana y la trasladaron a París, al Institut de France, donde el científico Giambattista Venturi le atribuyó las siglas alfabéticas actuales; y solo el Códice Atlántico regresó a Milán en 1815. Hacia 1841-1844 los Códices A y B sufrieron una grave sustracción de fascículos por parte de Guglielmo Libri, quien los revendió a Lord Ashburnham. Las secciones robadas regresaron posteriormente a la Bibliothèque Nationale de París (1888) y luego al Institut de France (1891). El Códice del Vuelo de los Pájaros (antes encuadernado junto con B y sustraído por Libri) lo compró primero el coleccionista milanés Giacomo Manzoni (1867) y luego el bibliófilo ruso Teodoro Sabachnikoff; donado en última instancia a la reina Margarita de Saboya (1893), actualmente se conserva en la Biblioteca Real de Turín.

Son bastantes más complejas las vicisitudes que rodearon la dispersión de los dibujos, de los que solo es posible seguir la trayectoria de algunos núcleos. Originalmente conservados por Francesco Melzi, fueron estudiados por Giorgio Vasari (que poseía algunos de drapeados y caricaturas del *Libro de dibujos*) y Giovanni Paolo Lomazzo (quien atestiguó la existencia de las caricaturas «esparcidas por todo el mundo», y en parte en un «libricciuolo» de Aurelio Luini y en manos del escultor Francesco Borella). Varios dibujos que permanecieron en la zona de Lombardía llegaron a la Ambrosiana y, en el siglo XVIII, a la colección del cardenal Cesare Monti en Milán, y fueron objeto de una publicación de Carlo Giuseppe Gerli (1784). Donados por la heredera del cardenal, la condesa Anna Luisa Monti, a Venanzio De Pagave (1770), llegaron en última instancia, después de pasar por las colecciones de Giuseppe Bossi y Luigi Celotti, a la Academia de Venecia (1822). Otras célebres recopilaciones nacieron gracias al mecenazgo de los príncipes del Antiguo Régimen: al cardenal Leopoldo de Médici, con la colaboración de Filippo Baldinucci, se le debe la colección de dibujos leonardescos en los Uffizi; la colección del Louvre se basa en cambio en la compra por parte de Luis XIV de la colección del banquero alemán Everhard Jabach, con posteriores incorporaciones de las colecciones de Giuseppe Bossi, de Horace His de la Salle y de Giuseppe Vallardi. Los dibujos de Leonardo viajaban a esas alturas por toda Europa y Jabach también había comprado varios de ellos después de su emigración a Inglaterra. El coleccionista piamontés Giovanni Volpato di Riva di Chieri había recopilado algunos en Francia e Inglaterra a principios del siglo xix, y a él se los compró Carlo Alberto di Saboya, estableciendo el núcleo original de los dibujos de Leonardo en la Biblioteca Real de Turín.

Códices de Leonardo en orden (más o menos) cronológico

CÓDICE B (Milán, Pavía y Vigevano, hacia 1485-1490)
París, Institut de France, ms. 2.173 + 2.184. Folios 84 + pp. 26, 231 × 167 mm.
Miscelánea de extractos y dibujos de *De re militari* de Roberto Valturio en la versión en lengua vulgar de Paolo Ramusio (Verona, Bonino Bonini, 1483), notas y dibujos de arte militar, geometría, arquitectura, urbanismo.
Dividido en dos partes hacia 1840 tras la sustracción de algunas hojas por parte de Guglielmo Libri; la parte extraída (p. 26), vendida a Lord Ashburnham, constituyó el Códice Ashburnham 1875/1, que luego pasó a la Bibliothèque Nationale de París con la signatura It 2.037, y por último de nuevo al Institut, con la signatura 2.184.

CÓDICE TRIVULZIANO (Milán, hacia 1487-1490)
Milán, Biblioteca Trivulziana, ms. 2.162. Folios 55, 195 × 135 mm.
Listas lexicales derivadas del *De re militari* de Roberto Valturio, en versión en lengua vulgar de Paolo Ramusio (Verona, Bonino Bonini, 1483), del *Vocabulista* de Luigi Pulci, del *Novellino* de Masuccio Salernitano, de las *Facecias* de Poggio Bracciolini y de otras fuentes aún no identificadas; dibujos y estudios arquitectónicos, refranes.

CÓDICE FORSTER I (1, Florencia, 1505; 2, Milán, hacia 1487-1490)
Londres, Victoria and Albert Museum, National Library of Design. 54 hojas, 135 × 103 mm.
Dibujos y notas sobre máquinas hidráulicas y estudios estereométricos. Originalmente, dos cuadernos independientes: Fo11, ff. 1-40 y Fo12, ff. 41-54.

CÓDICE C (Milán, hacia 1490-1491; iniciado el 23 de abril de 1490) París, Institut de France, ms. 2.174. Folios II + 30, 310 × 222 mm.
Textos y dibujos sobre luces y sombras, estudio del agua y de la percusión.

CÓDICE FORSTER III (Milán, hacia 1490-1493 con ampliaciones hasta 1497)
Londres, Victoria and Albert Museum, National Library of Design. 88 folios, 94 × 65 mm.
Anotaciones variadas, recetas, estudios de arquitectura, fábulas y una facecia.

CÓDICE A (Milán, hacia 1492)
París, Institut de France, ms. 2.172 + 2.185. Folios 1-64 + 81-114, 212 × 147 mm. Textos para el «libro de pintura» y para otros libros científicos y técnicos (mecánica, hidrodinámica, arquitectura, escultura). Dividido en dos partes hacia 1840 tras la sustracción de los ff. 65-114 por Guglielmo Libri; perdió los ff. 65-80 y los ff. 81-114, vendidos a Lord Ashburnham, que constituyeron el Códice Ashburnham 1875/2, que luego pasó a la Bibliothèque Nationale de París con la signatura It 2.038 y, en última instancia, de nuevo al Institut, con la signatura 2.185.

CÓDICE H (Milán y Vigevano, hacia 1493-1494)
París, Institut de France, ms. 2.179. Folios 142, 128 × 90 mm. Bestiario, refranes, apuntes y dibujos de empresas y alegorías, anotaciones de hidráulica y mecánica, apuntes gramaticales. Originalmente tres cuadernos independientes (H1, ff. 1-48; H2, ff. 49-94; H3, ff. 102-142).

CÓDICE DE MADRID I (Milán, hacia 1493-1497)
Madrid, Biblioteca Nacional, ms. 8.937. Folios I + 176. 212 × 148 mm.
Estudios mecánicos para un libro sobre «elementos maquinales». Originalmente, dos cuadernos independientes (MaI1, ff. 1-96; MaI2, ff. 97-184, y ocho hojas que faltan).

CÓDICE FORSTER II (Milán, hacia 1494-1497)
Londres, Victoria and Albert Museum, National Library of Design. Folios 143. 95 × 70 mm.
Mecánica de pesas, transcripciones de la *Summa de arithmetica, geométrica, proporcionali et proporcionalita* de Luca Pacioli (Venecia, Paganino de' Paganini, 1494); facecias, profecías, apuntes figurativos sobre la *Última Cena*). Originalmente, dos cuadernos independientes (FoII1, ff. 1-63, de los que faltan dieciséis hojas; FoII2, ff. 64-159).

CÓDICE I (Milán, hacia 1497-1499)
París, Institut de France, ms. 2.180. Folios 129. 100 × 75 mm.
Transcripciones de Euclides, apuntes gramaticales, textos sobre el agua y el movimiento, profecías. Originalmente dos cuadernos independientes (I1, ff. 1-48; I2, ff. 49-139, por un total de noventa y un folios efectivos, con cinco hojas perdidas).

CÓDICE L (Milán, Florencia, Toscana, las Marcas y Romaña, hacia 1497-1503)
París, Institut de France, ms. 2.182. Folios 94. 109 × 72 mm.
Apuntes de viajes entre Milán, Toscana, las Marcas y Romaña al servicio de César Borgia, apuntes sobre arquitectura militar, alzados de ciudades y fortalezas.

CÓDICE M (Milán, hacia 1498-1499)
París, Institut de France, ms. 2.183. Folios 94. 109 × 72 mm.
Transcripciones de Euclides, estudios de mecánica e hidrología.

CÓDICE DE MADRID II (1, Florencia y Toscana, hacia 1503-1505, y 2, Milán, hacia 1493)
Madrid, Biblioteca Nacional, ms. 8.936. Folios 157. 212 × 148 mm.
Apuntes y dibujos relacionados con la guerra de Pisa, proyectos para desviar el Arno, anotaciones sobre geometría aplicada y estereometría, pintura, óptica, perspectiva, arquitectura; listas de libros). En realidad, un único cuaderno (MaII1, ff. 1-140), al que se añade un fascículo irregular, de unos diez años de anterioridad (MaII2, ff. 141-157).

CÓDICE K (Florencia, hacia 1503-1506)
París, Institut de France, ms. 2181. Folios 128. 96 × 65 mm.
Transcripciones de Euclides, estudios de geometría e hidrología.
Originalmente tres cuadernos independientes (K1, ff. 1-48; K2, ff. 49-81; K3, ff. 81-128).

CÓDICE DEL VUELO DE LOS PÁJAROS (Florencia, hacia 1505)
Turín, Biblioteca Real, Cod. Varia 95. Folios 13. 213 × 153 mm. Estudios y dibujos sobre el vuelo de las aves.

CÓDICE LEICESTER (Florencia y Milán, hacia 1505-1508)
Seattle, Collection of Bill y Melinda Gates. Folios 36. 295 × 218 mm.
Recopilación de textos y dibujos para un tratado sobre el agua, la tierra, los cuerpos celestes, las transformaciones geológicas, los fósiles. Códice desmembrado en hojas aisladas en 1981.

CÓDICE D (Florencia y Milán, hacia 1508)
París, Institut de France, ms. 2.175. Folios 10. 220 × 158 mm.
Estudios sobre el ojo y la teoría de la visión.

CÓDICE F (Milán, hacia 1508)
París, Institut de France, ms. 2.177. Folios 96. 145 × 100 mm.
Estudios sobre fenómenos naturales: meteorología, cosmología, geología.

CÓDICE G (Milán y Roma, hacia 1510-1515)
París, Institut de France, ms. 2.178. Folios 93. 139 × 97 mm.
Estudios de botánica, mecánica, geometría, vuelo de aves, hidrología.

CÓDICE E (Roma, hacia 1513-1514)
París, Institut de France, ms. 2.176. Folios 96. 150 × 105 mm.
Estudios sobre elementos naturales, hidráulica, vuelo de pájaros, geometría, física, mecánica y ciencia de los pesos, pintura.

Grandes colecciones póstumas

CÓDICE ATLÁNTICO (hacia 1478-1519)
Milán, Veneranda Biblioteca Ambrosiana.
Miscelánea de escritos y dibujos diversos: estudios científicos y tecnológicos, máquinas de guerra y bombardas, máquinas industriales y excavadoras, palancas, proyectos urbanísticos, etcétera; textos literarios: fábulas, facecias, profecías; por un total de 1.118 textos de distinta extensión (desde grandes hojas plegadas hasta diminutos fragmentos), montados a finales del siglo XVI por el escultor Pompeo Leoni sobre 401 hojas de soporte de gran formato (y por ello llamadas «atlántico», de 645 × 435 mm), titulado en la encuadernación «dibujos de máquinas et de las artes secretas et otras cosas de leonardo da vinci recopilados por pompeo leoni». En la restauración realizada en Grottaferrata (1962-1970) todas las hojas y fragmentos fueron desprendidos de los papeles antiguos y reordenados por separado sobre paspartús de cartón rígido.

CÓDICE ARUNDEL (hacia 1478-1518)
Londres, British Library, ms. Arundel 263. 283 folios, de formato medio 210 × 150 mm: batiburrillo de hojas y folios dobles que originalmente se encontraban sueltos sobre el escritorio de Leonardo, con los más variados temas: descripciones fantásticas, el monstruo marino y la cueva, estudios sobre el agua, textos y dibujos de geometría, óptica, geología, notas personales. En 1998, las hojas fueron separadas de la encuadernación y aisladas sobre soportes individuales.

FOLIOS DE WINDSOR (hacia 1473-1519)
Windsor, Royal Library, 12.275-12.727, 19.000-19.152.
Más de seiscientos documentos y dibujos, en su mayoría proce-

dentes de una colección organizada en 234 hojas de soporte por Pompeo Leoni, y titulada en la encuadernación «dibujos de leonardo da vinci restaurados por pompeo leoni». Una vez desmantelada la recopilación entre 1836 y 1910, las hojas de anatomía volvieron a ensamblarse en tres álbumes marcados A (= Windsor 19.000-19.017), B (= Windsor 19.018-19.059), C (= Windsor 19.060-19.152, divididos en seis *Cuadernos de anatomía*, numerados del I al VI). En el desmantelamiento más reciente, terminado en 1994, todas las láminas fueron aisladas y clasificadas en los siguientes grupos: *Anatomía, Paisajes* (dibujos de montañas, ríos, paisajes, textos y dibujos para los *Diluvios*), *Caballos y otros animales, Figuras, perfiles, caricaturas, papeles misceláneos* (alegorías, rompecabezas, notas científicas, mapas geográficos).

LIBRO DE PINTURA (hacia 1540)
Ciudad del Vaticano, Biblioteca Apostólica Vaticana, Códice Vaticano Urbinate latino 1270. Folios 322, 204 × 148 mm.
Colección de textos sobre pintura y perspectiva, realizada por Francesco Melzi a partir de los manuscritos originales de Leonardo que obraban en su poder. Los textos están organizados en ocho partes, probablemente siguiendo indicaciones que se remontan al propio Leonardo: *Primera parte*, es decir, *Parangón de las artes* (I), *De los preceptos del pintor* (II), *De diversos accidentes y movimientos del omne y proportión de miembros* (III), *De vestidos et modo de vestir las figuras* (IV), *De sombra et luz* (V), *De los árboles et verduras* (VI), *De las nubes* (VII), *De l'horizonte* (VIII). La parte final del códice presenta la *Tabla* (ff. 301r-329r), y la *Memoria et notta de todas las piezas de libros de mano de Leonardo, que juntos componen el presente libro del Tractado de Pinctura* (ff. 330v-331r), es decir, una lista de dieciocho Códices rubricados con letras y símbolos. De ellos, solo siete corresponden a manuscritos existentes en la actualidad: para todos los demás textos, por lo tanto, el Códice Urbinate es un precioso testimonio de códices perdidos.

Las mejores herramientas para navegar por el mundo de Leonardo

Portal *e-Leo – Archivio digitale di storia della tecnica e della scienza* [Archivo digital de historia de la tecnología y de la ciencia], promovido por Romano Nanni en el sitio web de la Biblioteca Leonardiana de Vinci. El portal ofrece la posibilidad de consultar manuscritos y dibujos de Leonardo, con transcripciones en italiano y herramientas de investigación lingüística y textual, así como el acceso a los manuscritos y ediciones del *Libro de pintura* y del *Tratado de pintura*, y de otros autores como Francesco de Giorgio Martini y Bonaccorso Ghiberti (<www.leonardodigitale.com>).

La *Leonardo//thek@* coordinada por Paolo Galluzzi, en el Museo Galileo de Florencia. Un potente buscador que cruza por primera vez las imágenes y transcripciones de las hojas con las placas fotográficas originales creadas entre finales del siglo XIX y principios del XX, las filigranas, los índices léxicos y la bibliografía crítica; el proyecto, finalizado actualmente para el Códice Atlántico, se halla en fase de ampliación con la colección Windsor (teche.museogalileo.it/leonardo/home).

Portal sobre el *Tratado de pintura*, dirigido por Francesca Fiorani en la Universidad de Virginia en Charlottesville (www.treatiseonpainting.org); portal de la *Biblioteca de Leonardo*, editado por Carlo Vecce en el Museo Galileo (<bibliotecadileonardo.museogalileo.it>).

Ediciones de manuscritos y dibujos de Leonardo

La edición de referencia de los textos y dibujos de Leonardo es la Edición Nacional de los Manuscritos y Dibujos de Leonardo da Vinci, promovida durante el siglo XX por la Comisión Vinciana (antes Comisión Real Vinciana, establecida en 1905). Desde los años setenta, la editorial Giunti publica en Florencia ediciones de los códices, con reproducciones fieles de los originales en facsímiles y transcripciones diplomáticas y críticas: Códice Atlántico, edición de A. Marinoni (1973-1980, ediciones abreviadas 2000 y 2006); Códice Trivulziano, edición de A. M. Brizio (1980); Codice del Vuelo de los Pájaros, edición de A. Marinoni (1976); Códices Forster, edición de A. Marinoni (1992); Códices del Institut de France, edición de A. Marinoni (1986-1990); Códice Arundel, edición de C. Pedretti y C. Vecce (1998). Giunti ha publicado también el Códice de Madrid, edición de L. Reti (1974), el Códice Hammer (es decir, Leicester), edición de C. Pedretti (1987), el corpus de hojas sobre anatomía de Windsor, editado de C. Pedretti y K. Keele (1980-1985), y el *Libro de pintura*, edición de C. Pedretti y C. Vecce (1995).

Otras ediciones relevantes: Códices de París, edición de C. Ravaisson Mollien (París, 1881-1891); Códice Atlántico, edición de G. Piumati (Milán, 1894-1904) y de N. De Toni (Brescia, 2012); Códice Leicester, edición de G. Calvi (Milán, 1909) y M. Kemp y D. Laurenza (Oxford, 2019); Códice Trivulziano, edición de L. Beltrami (Milán, 1891) y de N. De Toni (Milán, 1939); Códice Arundel, Códices Forster y Códices A y B de París, edición de la Comisión Vinciana (Roma, 1923-1930, 1930-1936 y 1936-1941); Códices B, C, D y A de París, edición de N. De Toni (Grenoble 1960-1972); Códices de Madrid, edición de E. Ruiz García (Madrid, 2012); *Códice del Vuelo de los Pájaros*, publicado por T. Sabachnikoff, edición de G. Piumati (París, 1893). Una edición comentada del Códice de Madrid I la realizó D. Lohrmann (Colonia, 2018). J. Venerella (Milán, 1999-2007) es autor de una excelente traducción al inglés de los códices de París.

Sobre la colección Windsor, puede consultarse el catálogo de K. Clark (Cambridge, 1935-1937), reimpreso y ampliado con la colaboración de C. Pedretti (Londres, 1969); las ediciones de los cuadernos de anatomía, a cargo de G. Piumati (París, 1898-1901), y de O. C. L. Vangensten, A. Fonahn y H. Hopstock (Oslo, 1911-1916), y la ya citada de C. Pedretti y K.

Keele (Florencia, 1980-1985); la recopilación de otros dibujos, editada por C. Pedretti (Nueva York, 1982-1987). Son muy útiles los catálogos de las exposiciones comisariadas por M. Clayton: *Leonardo da Vinci. A Curious Vision*, Londres, 1996; *Leonardo da Vinci. The Divine and the Grotesque*, Windsor, 2002.

Sobre los dibujos de Leonardo, véanse los volúmenes editados por la Comisión Real Vinciana (Roma, 1928-1952), y los de la Edición Nacional, también publicada por Giunti: los dibujos de los Uffizi han sido editados por G. Dalli Regoli (Florencia, 1985), los de Turín, por C. Pedretti (Florencia, 1990), los de las colecciones americanas, por P. Trutty-Coohill (Florencia, 1993), los de la Academia de Venecia, por C. Pedretti, G. Nepi Sciré y A. Perissa Torrini (Florencia, 2003), los de las colecciones francesas, por P. C. Marani (Florencia, 2008), y los de Gran Bretaña, por M. Kemp y J. Barone (Florencia, 2010). Véase también *Disegni di Leonardo da Vinci,* grabados y publicados por C. G. Gerli (Milán, 1784, nueva edición de G. Vallardi, 1830); A. E. Popp, Leonardo da Vinci. *Zeichnungen* (Múnich, 1928); A. E. Popham, *The Drawings of Leonardo da Vinci* (Londres, 1945); *Léonard de Vinci. Dessins et manuscrits*, edición de F. Viatte y V. Forcione (París, 2003); *Leonardo da Vinci Master Draftsman*, edición de C. C. Bambach (Nueva York, 2003); *Leonardo da Vinci. I cento disegni più belli dalle raccolte di tutto il mondo*, edición de C. Pedretti y S. Taglialagamba (Florencia, 2012-2016); M. Clayton, *Leonardo da Vinci. The Divine and the Grotesque* (Londres, 2002), y *Leonardo. A Life in Drawing*, (Londres, 2018).

Existe una versión abreviada del *Libro de pintura*, compilado por Francesco Melzi hacia 1540, que fue impreso con el título de *Tratado de pintura*, editado por Raphael Trichet Du Fresne (París, Giacomo Langlois, 1651); véanse ahora las ediciones al cuidado de A. Sconza (París, 2012) y C. Farago, J. Bell y C. Vecce (Leiden, 2018). El Códice Urbinate, impreso por primera vez por G. Manzi (Roma, 1817) ha sido publicado a cargo de H. Ludwig (Berlín, 1882) y de C. Pedretti y C. Vecce (Florencia, 1995). F. Fehrenbach y F. Frosini están preparando una nueva edición en alemán, con traducción y comentario importante.

Algunas compilaciones derivadas de los manuscritos de Vinci son: *Del moto e misura delle acque* [Sobre el movimiento y la medición de las aguas], recopilado por Luigi Maria Arconati hacia 1643 en el Códice Vaticano Barberiniano Latino 4.332, y publicado al cuidado de F. Cardinali (Bolonia, 1926) y de E. Carusi y A. Favaro (Bolonia, 1923); nueva edición con introducción de F. P. Di Teodoro (Bolonia, 2018); el Códice Huygens, actualmente en Nueva York (Piermont Morgan Library and Museum, Department of Drawings, MA 1139), fue compilado por el pintor de Crema Carlo Urbino hacia 1560-1570 y publicado por E. Panofsky (Londres, 1940); el Códice Corazza, en la Biblioteca Nazionale de Nápoles, XII D 79, compilado hacia 1640 en el taller de Cassiano dal Pozzo, ha sido publicado por A. Buccaro (Nápoles, 2011).

Antologías de escritos de Leonardo

J. P. Richter, *The literary works of Leonardo da Vinci compiled and edited from the original manuscripts*, Londres, 1883 (Segunda edición, Oxford, 1939; reimpresión, Londres, 1970; *Commentary* al cuidado de C. Pedretti, Oxford, 1977); E. Solmi, *Frammenti letterari e filosofici di Leonardo da Vinci*, Florencia, 1899 (nueva edición a cargo de P. C. Marani, 1979); Leonardo da Vinci. *Der Denker, Forscher und Poet*, edición de M. Herzfeld, Leipzig, 1904; *The notebooks of Leonardo da Vinci*, edición de E. Mc Curdy, Londres, 1906 (edición definitiva, Nueva York, 1958; traducción al francés de L. Servicen, París, 1951); G. Fumagalli, *Leonardo «omo sanza lettere»*, Florencia, 1939 (segunda edición, 1952); *Selection from the notebooks of Leonardo da Vinci*, edición de I. A. Richter, Oxford, 1952 (nueva edición a cargo de M. Kemp y T. Wells, 2008); *Scritti letterari*, edición de A. Marinoni, Milán, 1952 (segunda edición, 1974); *Scritti scelti*, edición de A. M. Brizio, Turín, 1952 (segunda edición, 1966); *Scritti*, edición de C. Vecce, Milán, 1992; *Scritti artistici e tecnici*, edición de B. Agosti, Milán, 2002; *Lettres de Léonard de Vinci aux princes et aux puissants de son temps*, edición de P. C. Marani, Roma, 2019.

Estudios sobre los manuscritos, los textos y la cultura de Leonardo

G. Calvi, I *manoscritti di Leonardo dal punto di vista cronologico, storico e biografico*, Bolonia, 1925 (nueva edición a cargo de A. Marinoni, Busto Arsizio, 1982; reimpresión con un ensayo introductorio de L. Bertolini, Bolonia, 2019); A. Corbeau, *Les manuscrits de Léonard de Vinci*, Caen, 1968; C. Pedretti, *The Codex Atlanticus of Leonardo da Vinci. A Catalogue of its newly restored sheets*, Nueva York, 1978-1979; M. Cianchi y C. Pedretti, *Leonardo. I codici*, Florencia, 1995; C. C. Bambach, *Un'eredità difficile. I disegni e i manoscritti di Leonardo tra mito e documento*, Florencia, 2009; catálogos de las exposiciones sobre el Códice Atlantico coordinadas por P. C. Marani en la Biblioteca Ambrosiana, Novara, 2009-2015; *Il Codice Arundel di Leonardo. Ricerche e prospettive*, edición de A. Bernardoni y G. Fornari, Poggio a Caiano, 2011; R. Antonelli, *Leonardo da Vinci e i manoscritti tascabili di età sforzesca*, Cargeghe, 2019; *Svelare Leonardo. I codici, la Commissione Vinciana e la nascita di un mito nel Novecento*, edición de D. Laurenza y A. De Pasquale, Florencia, 2019; *Decoding Leonardo's Codices. Compilation, Dispersal and Reproduction Technologies*, edición de P. Galluzzi y A. Nova, Venecia, 2022; C. Vecce, «Leonardo da Vinci», en *Autografi dei letterati italiani, Il Cinquecento*, tomo III, edición de M. Motolese, P. Procaccioli, E. Russo, asesoría paleográfica de A. Ciaralli, Roma, 2022, pp. 277-315.

Sobre la escritura, es fundamental el ensayo de M. Cursi, *Lo specchio di Leonardo. Scritture e libri del genio universale*, Bolonia, 2020 (con bibliografía previa).

Estudios de crítica literaria y lingüística: A. Marinoni, *Gli appunti grammaticali e lessicali di Leonardo da Vinci*, Milán, 1944-1952; Id., «Leonardo da Vinci», en *Letteratura Italiana. I Minori*, vol. I, Milán, 1960, pp. 715-741; Id., «Leonardo as a Writer», en *Leonardo's Legacy*, Berkeley 1969, pp. 57-66; Id., «L'eredità letteraria», en *Leonardo*, Milán, 1974, pp. 56-85; G. Ponte, *Leonardo prosatore*, Génova, 1976; L. Lazzarini, «Leonardo da Vinci», en *Dizionario critico della letteratura italiana*, dirifido por V. Branca, Turín, 1986, vol. III, pp. 558-566; C. Vecce,

«Scritti di Leonardo da Vinci», en *Letteratura italiana. Le Opere*, edición de A. Asor Rosa, vol. II, Turín, 1993, pp. 95-124; R. Zwijnenberg, *The writings and drawings of Leonardo da Vinci. Order and chaos in early modern thought*, Cambridge, 1999; C. Scarpati, *Leonardo scrittore*, Milán, 2001; P. Manni, *Percorsi nella lingua di Leonardo. Grafie, forme, parole*, Florencia, 2008; M. Biffi, *Ingegneria linguistica tra Francesco di Giorgio e Leonardo*, Florencia, 2017; *Glossario leonardiano*, varios volúmenes, Florencia, 2011-2019; C. Vecce, «The Fading Evidence of Reality. Leonardo and the End», en *Insights*, 10 (2017), pp. 2-10; *Leonardo da Vinci e la lingua della pittura in Europa (secoli XIV-XVII)*, edición de M. Quaglino y A. Sconza, Florencia, 2022; C. Vecce, «Textual Metamorphosis. The Manuscripts of Leonardo da Vinci», en *The Life of Texts. Evidence in Textual Production, Transmission and Reception*, edición de C. Caruso, Londres, 2018, pp. 115-132; M. Biffi, *Il «mancamento delle parole». Osservazioni sulla lingua di Leonardo*, Florencia, 2021; *Leonardo da Vinci e la scrittura infinita*, edición de G. Frosini y A. Felici, Florencia, 2023.

Sobre la formación cultural y la biblioteca de Leonardo: G. D'Adda, *Leonardo da Vinci e la sua libreria. Note di un bibliofilo*, Milán, 1873 (reimpresión, Macerata, 2019); P. Duhem, *Études sur Léonard de Vinci. Ceux qu'il a lus et ceux qui l'ont lu*, París, 1906-1913; E. Solmi, «Le fonti dei Manoscritti di Leonardo da Vinci», en *Giornale Storico della Letteratura Italiana*, suppl., 10-11 (1908), pp. 1-344, y «Nuovi contributi alle fonti dei Manoscritti di Leonardo da Vinci», en *Giornale Storico della Letteratura Italiana*, LVIII (1911), pp. 297- 357 (más tarde en *Scritti vinciani*, Milán, 1924); A. Marinoni, «I libri di Leonardo», en *Leonardo da Vinci, Scritti letterari*, Milán, 1952, pp. 239-244 (más tarde, Milán, 1974, pp. 239-257); E. Garin, «Il problema delle fonti del pensiero di Leonardo», en *La cultura filosofica del Rinascimento italiano*, Florencia, 1961, pp. 338-401; C. Dionisotti, «Leonardo uomo di lettere», en *Italia Medioevale e Umanistica*, V (1962), pp. 183-216; A. Chastel, *Arte e umanesimo a Florencia, ai tempi di Lorenzo il Magnifico*, II ed., Turín, 1964; L. Reti, *The Library of Leonardo da Vinci*, Los Ángeles, 1972; C.

Vecce, *La biblioteca perduta. I libri di Leonardo*, Roma, 2017; *Leonardo's Library. The World of a Renaissance Reader*, edición de P. Findlen, Stanford, 2019; *Leonardo e i suoi libri*, edición de C. Vecce, Florencia, 2019 y Roma, 2019; *Leonardo's Intellectual Cosmos*, edición de J. Renn, M. Valleriani, S. Hoffmann y A. Becchi, Florencia, 2021; *La biblioteca di Leonardo*, edición de C. Vecce, Florencia, 2021.

Biografías y estudios documentales sobre Leonardo

Sobre Paolo Giovio, *Leonardi Vinci vita*: P. Giovio, *Scritti d'arte. Lessico ed ecfrasi*, edición de S. Maffei, Pisa, 1999, pp. 202-205, 234-235.

Sobre el libro de Antonio Billi y el Anónimo Magliabechiano: C. Frey *Il codice Magliabechiano CL.XVII.17 contenente notizie sopra l'arte degli antichi e quella de' Fiorentini da Cimabue a Michelangelo Buonarroti, scritte da Anonimo Fiorentino*, Berlín, 1892; *L'Anonimo Magliabechiano*, edición de A. Ficarra, Nápoles, 1968; *Il libro di Antonio Billi*, edición de F. Benedettucci, Anzio, 1991; C. Vecce, *Leonardo*, Roma, 1998, pp. 358-363.

Sobre Giorgio Vasari, *Vita di Lionardo da Vinci pittore, et scultore fiorentino*: G. Vasari, *Vite de' più eccellenti architetti, pittori et scultori italiani, da Cimabue insino a' tempi nostri*, Florencia, 1550 (y más tarde, en segunda edición ampliada, Florencia, 1568); Id., *Le vite de' più eccellenti pittori, scultori ed architettori, nelle redazioni del 1550 e 1568*, edición de R. Bettarini, comentario de P. Barocchi, xvol. IV, Florencia, 1976, pp. 15-38; Id., *Le vite de' più eccellenti pittori, scultori e architettori*, edición de E. Mattioda, Alessandria, 2017-2021; Id., *Vie de Léonard de Vinci peintre et sculpteur florentin*, edición de L. Frank y S. Tullio Cataldo, París, 2019.

Sobre Giovanni Paolo Lomazzo, *Gli sogni e raggionamenti* (1563), *Trattato dell'arte della pittura* (1584), e *Idea del tempio della pittura* (1590): G. P. Lomazzo, *Scritti sulle arti*, edición de R. P. Ciardi, Pisa, 1973-1974; C. Vecce, «La vita di Leonardo, da Vasari a Lomazzo», en *La réception des Vite de Giorgio Vasari dans l'Europe des XVIᵉ-XVIIIᵉ siècle*, edición de C. Lucas-Fiorato y P. Dubus, Ginebra, 2017, pp. 113-128.

Sobre las biografías posteriores: R. Trichet Du Fresne, «Vita di Lionardo da Vinci», en *Trattato della pittura*, París, 1651, pp. 9-20; G. B. Dei, «Leonardi a Vincio vita», en *Periodico della Società storica per la provincia e diocesi di Como*, XX (1912-1915), pp. 216-230; A. F. Durazzini, «Elogio di Leonardo da Vinci», en *Raccolta d'Elogi d'Uomini Illustri Toscani*, II ed., tomo II, Lucca, 1770, pp. 127-137; B. Oltrocchi, *Memorie Storiche su la vita di Leonardo da Vinci*, edición de S. Ritter, Roma, 1925; A. Mazenta, *Le memorie su Leonardo da Vinci*, edición de L. Gramatica, Milán, 1919 (nueva edición, 2008); G. B. Venturi, «Notices plus détaillées sur la vie et les ouvrages de Léonard de Vinci», en G. B. De Toni, *Giambattista Venturi e la sua opera vinciana*, Bolonia, 1924, pp. 195-210; C. Amoretti, *Memorie storiche su la vita, gli studi e le opere di Lionardo da Vinci*, Milán, 1804; G. Calvi, *Vita di Leonardo*, II ed., Brescia, 1949; C. Vecce, *Leonardo*, Roma, 1998 (II ed., 2006); C. Nicholl, *Leonardo da Vinci. The Flights of the Mind*, Nueva York, 2004; P. C. Marani, «Leonardo da Vinci», en *Dizionario biografico degli italiani*, vol. 64, Roma, 2005.

En general, sobre las biografías de Leonardo: C. Vecce, «Le prime "vite" di Leonardo. Origine e diffrazione di un mito della modernità», en *L'opera grafica e la fortuna critica di Leonardo da Vinci*, edición de P. C. Marani, F. Viatte y V. Forcione, Florencia, 2006, pp. 159-177; *The Lives of Leonardo*, edición de T. Frangeberg y R. Palmer, Londres. 2013; E. Carrara, «Biografi e biografie di Leonardo fra Rinascimento e prima età moderna (XVI-XVIII secolo)», en *Leonardo da Vinci. Disegnare il futuro*, edición de E. Pagella, F. P. Di Teodoro y P. Salvi, Cinisello Balsamo, 2019, pp. 157-181.

Importantes estudios y ediciones de documentos: G. Uzielli, *Ricerche intorno a Leonardo da Vinci, Serie prima*, Florencia, 1872; Id., *Ricerche intorno a Leonardo da Vinci, Serie seconda*, Roma, 1884; Id., *Ricerche intorno a Leonardo da Vinci, Serie prima*, II ed., vol. I, Turín, 1896; N. Smiraglia Scognamiglio, *Ricerche e documenti sulla giovinezza di Leonardo da Vinci*, Nápoles, 1900; G. Calvi, «Contributi alla biografia di Leonardo da Vinci. Periodo sforzesco», en *Archivio Storico Lombardo*, XLIII (1916), pp. 417-508; L. Beltrami, *Documenti e memorie riguardanti la vita e le opere di Leonardo da Vinci in ordine cronologico*, Milán, 1919; E. Villata, *Leonardo da Vinci. I documenti e le testimonianze contemporanee*, Milán, 1999; *Leonardo da Vinci. La vera immagine. Documenti e testimonianze sulla vita e sull'opera*, edición de V. Arrighi, A. Bellinazzi y E. Villata, Florencia, 2005; *L'Archivio di Stato di Milano per Leonardo*, edición de G. B. Sannazaro, Milán, 2020; D. Savini y S. Taglialagamba, «La Filza Dei. Giovanni Battista e i suoi documenti inediti su Leonardo da Vinci», en *Achademia Leonardi Vinci*, II (2022), pp. 53-88.

Bibliografías, monografías, catálogos, divulgación, ficción

Sirven de introducción bibliográfica E. Verga, *Bibliografia vinciana*, Bolonia, 1931; M. Guerrini, *Bibliotheca leonardiana*, Milán, 1991.

Disponemos de actualizaciones periódicas al cuidado de la Biblioteca Leonardiana de Vinci publicadas por la revista *Raccolta Vinciana*, disponibles en línea en <www.bibliotecaleonardiana.it>. *Raccolta Vinciana* es la primera y más importante revista de estudios sobre Leonardo, fundada en 1905, publicada en Milán por el Ente Raccolta Vinciana y dirigida por Pietro Cesare Marani. Otras publicaciones periódicas especializadas son: *Achademia Leonardi Vinci. Journal of Leonardo Studies and Bibliography of Vinciana*, fundada y dirigida por Carlo Pedretti, publicada por Giunti (1988-1997) y cuya nueva serie, dirigida por Annalisa Perissa Torrini y Margherita Melani, aparece desde 2021); y *Leonardiana*, dirigida por Pasquale Sabbatino y Carlo Vecce (desde 2023).

Entre las monografías más significativas sobre la vida y obra de Leonardo: E. Müntz, *Léonard de Vinci*, París, 1899; E. Solmi, *Leonardo*, Florencia, 1900, y *Scritti vinciani*, Florencia, 1976; K. Clark, *Leonardo da Vinci*, Cambridge, 1939 (nueva edición con introducción de M. Kemp, 1988); L. Heydenreich, *Leonar-*

do, Berlín, 1943; C. Baroni, *Tutta la pittura di Leonardo*, Milán, 1952; C. Luporini, *La mente di Leonardo*, Florencia, 1953; L. Goldscheider, *Leonardo da Vinci*, Londres, 1959; *L'opera completa di Leonardo pittore*, edición de M. Pomilio y A. Ottino Della Chiesa, Milán, 1967; M. Kemp, *Leonardo da Vinci. The Marvellous Works of Nature and Man*, Londres, 1981 (nueva edición) 2006); L. M. Batkin, *Leonardo. Il sogno del Rinascimento*, Turín, 1988; A. Chastel, *Leonardo da Vinci. Studi e ricerche*, Turín, 1995; D. Arasse, *Léonard de Vinci. Le rythme du monde*, París, 1997; P. C. Marani, *Leonardo. Una carriera di pittore*, Milán, 1999; F. Zöllner, *Leonardo da Vinci*, Colonia, 2003 (nueva ed., 2019); M. Kemp, *Lezioni dell'occhio. Leonardo da Vinci discepolo dell'esperienza*, Milán, 2004; E. Villata, *Leonardo*, Milán, 2005; G. Fornari, *La bellezza e il nulla. L'antropologia cristiana di Leonardo da Vinci*, Génova-Milán, 2005; H. Tanaka, *Leonardo da Vinci's vision of the world*, Sendai, 2005; P. C. Marani, *Leonardiana. Studi e saggi su Leonardo da Vinci*, Milán, 2010; *Leonardo da Vinci on Nature. Knowledge and Representation*, edición de F. Frosini y A. Nova, Venecia, 2015; E. Villata, *Leonardo*, Roma, 2015; M. Versiero, *Leonardo da Vinci*, Florencia, 2016, y M. Versiero, *Leonardo in «chiaroscuro»*, Mantua, 2019; C. C. Bambach, *Leonardo da Vinci Rediscovered*, New Haven y Londres, 2019; F. Frosini, *«Artefiziosa natura». Leonardo da Vinci dalla magia alla filosofia*, Roma, 2020.

Siguen siendo fundamentales todos los estudios de Carlo Pedretti, que puede ser considerado el mayor estudioso de Leonardo del siglo xx. Cabe recordar: *Documenti e memorie riguardanti Leonardo da Vinci a Bologna e in Emilia*, Bolonia, 1953; *Studi vinciani*, Ginebra, 1957; *Fragments at Windsor Castle from the Codex Atlanticus*, Londres, 1957; *Leonardo da Vinci on Painting. A Lost Book (Libro A) reassembles from the Codex Vaticanus Urbinas 1270 and from the Codex Leicester*, Berkeley y Los Ángeles, 1964; *Leonardo da Vinci inedito*, Florencia, 1968; *Leonardo da Vinci. The Royal Palace at Romorantin*, Cambridge Mass, 1972; *Leonardo da Vinci. A Study in Chronology and Style*, Londres, 1973 (nueva edición, Nueva York, 1982); *Il primo Leonardo a Firenze*, Florencia, 1976; *Leonardo architetto*, Milán, 1978;

Il tempio dell'anima, Poggio a Caiano, 2003; *L'anatomia di Leonardo da Vinci fra Mondino e Berengario*, Poggio a Caiano, 2005; *Leonardo & io*, Milán, 2008; *Bibliografia completa*, edición de M. Melani, Poggio a Caiano, 2019.

Catálogos de las principales exposiciones: *Leonardo da Vinci*, Milán, 1939; *La mente di Leonardo. Nel laboratorio del genio universale*, edición de P. Galluzzi, Florencia, 2006; *Leonardo da Vinci 1452-1519. The Drawing of the World*, edición de P. C. Marani y M. T. Fiorio, Milán, 2015; *Léonard de Vinci*, edición de V. Delieuvin y L. Frank, París, 2019.

Importantes estudios sobre la técnica y el diagnóstico de la obra pictórica: *Leonardo da Vinci's Technical Practice. Paintings, Drawings and Influence*, edición de M. Menu, París, 2014; *Leonardo and his circle. Painting technique in the light of restoration and scientific studies*, edición de A. Sgamellotti y B. G. Brunetti, Roma, 2022.

También el campo de las obras de divulgación ha tenido el mérito de acercar la vida humana, artística e intelectual de Leonardo al gran público; baste recordar, en los últimos años: A. Forcellino, *Gli ultimi giorni di Leonardo. L'invenzione della Gioconda*, Milán, 2014; Id., *Leonardo. Genio senza pace*, Roma-Bari, 2017; Id., *Il cavallo di bronzo. L'avventura di Leonardo*, Milán, 2018; W. Isaacson, *Leonardo da Vinci*, Nueva York, 2017; C. Gálvez, *Leonardo da Vinci cara a cara*, Madrid, 2017; A. Angela, *Gli occhi della Gioconda*, Milán, 2018; V. Sgarbi, *Leonardo. Il genio dell'imperfezione*, Milán, 2019; M. Melani, *Le cartoline di Leonardo*, Milán, 2020.

En la ficción narrativa, el punto de inflexión en la literatura del siglo XX está marcado por la obra maestra de Dmitri Merezhkovski, *La resurrección de los dioses: Leonardo da Vinci*, impreso por primera vez en ruso en San Petersburgo en 1901 (publicado en edición italiana por Giunti con el título *Leonardo da Vinci. La vita del più grande genio di tutti i tempi* [y en castellano con el título de *El romance de Leonardo, el genio del Renacimiento*, traducción de Juan Santamaría, Barcelona, Edhasa, 1993]). En los últimos años, podemos recordar: M. Desbordes, *La demande*, París, 1999; K. Essex, *Leonardo's Swans*, Nueva York, 2006; P. C.

Marani, *Le calze rosa di Salaì*, Milán, 2011; M. Malvaldi, *La misura dell'uomo*, Florencia, 2018; E. Gavrilina, *Ebbe nome Lionardo*, Florencia, 2018; M. Polidoro, *Leonardo. Il romanzo di un genio ribelle*, Milán, 2018; M. Marazza, *L'ombra di Caterina*, Milán, 2019; S. Bertocchi, *I pasticci di Leonardo*, Viareggio, 2019; C. Vecce, *Il sorriso di Caterina. La madre di Leonardo*, Florencia, 2023 [Trad. española de C. Gumpert, *Caterina*, Madrid, Alfaguara, 2024].

En el ámbito de las artes figurativas, entre los siglos XVIII y XIX, pintores y escultores revisitaron los principales episodios de la leyenda de Vasari (la muerte de Leonardo en brazos del rey Francisco o las sesiones de posado con la Gioconda). El joven Julio Verne también se vio influenciado por ella, y en 1855 escribió la comedia *Mona Lisa* (traducción italiana de S. Albini, prólogo de P. Sénéchal, Rudiano, 2022).

En cine y televisión, la mejor producción sigue siendo *La vida de Leonardo da Vinci* de Renato Castellani, con Philippe Leroy como Leonardo (1971). En cambio, series más recientes, como *Da Vinci's Demons* de David S. Goyer (2013-2015) y *Leonardo* de Frank Spotnitz y Steve Thompson (2021), cuentan historias que poco tienen que ver con la realidad histórica y humana de Leonardo. Al fin y al cabo, la figura que más se le acerca es la del bonachón y despistado inventor de *Non ci resta che piangere*, de Roberto Benigni y Massimo Troisi, interpretado por el inolvidable Paolo Bonacelli (1984).

Entre los documentales destacamos los producidos en el año del centenario de 2019: *Leonardo da Vinci. L'ultimo ritratto*, de Davide Savelli y Massimiliano Griner, con el asesoramiento científico de Carlo Vecce; *Io, Leonardo*, de Jesús Garcés Lambert, con Luca Argentero y la asesoría científica de Pietro C. Marani; la serie *Leonardo, l'uomo che anticipò il futuro*, con Massimo Polidoro; y el original *Essere Leonardo da Vinci. Un'intervista impossibile*, de Massimiliano Finazzer Flory. Actualmente está en fase de montaje la gran película documental de Ken y Sarah Burns y David McMahon *Leonardo da Vinci* (de próxima aparición).

I • CRONOLOGÍA DE LAS OBRAS DE LEONARDO • 1468-1481

FECHA	CUADROS	DIBUJOS, PROYECTOS Y ESPECTÁCULOS	MANUSCRITOS CÓDICES Y TEXTOS	CAPÍTULOS
1468-72		drapeados		I, 10
1470-75		colaboración en obras y proyectos de Verrocchio		I, 10
		«Monstruo de la rodela» (perdido)		I, 11
		Cabeza de Medusa (perdido)		I, 11
1473		*Paisaje de Valdinievole*		I, 12
		Anunciación		I, 13
1474-75	*Virgen del clavel*			I, 14
1475	*Ginebra de Benci*	*Dama del unicornio*		I, 15
		Filis y Aristóteles		I, 15
		Magdalena		I, 15
1475-76	Verrocchio, *Bautismo de Cristo* (detalles del ángel y paisaje)	Verrocchio, *Venus y Cupido* (detalles botánicos)		I, 16
	Verrocchio, *Tobías y el ángel* (detalles del perro y el pez)			I, 16

I • CRONOLOGÍA DE LAS OBRAS DE LEONARDO • 1468-1481

FECHA	CUADROS	DIBUJOS, PROYECTOS Y ESPECTÁCULOS	MANUSCRITOS CÓDICES Y TEXTOS	CAPÍTULOS
1475-76	Adán y Eva (cartón, perdido)			I, 17
1478	Retablo de san Bernardo (cartón, perdido)			I, 18
1478 ca		prensas de impresión (CA y Ar) mecanismos de relojes (CA)	primeros folios de las recopilaciones póstumas Códice Atlántico (CA) y Códice Arundel (Ar)	I, 7 y 18
1478-80	Madona Benois	Virgen y el Niño con un gato		I, 19
		Estudio para la Madona con un cuenco de frutas		I, 19
		alegorías mediceas		I, 20
		Adoración de los pastores		I, 21
1479		retrato de un ahorcado		I, 20
		estudios de ingeniería y maquinaria militar		I, 20
1480-81	Adoración de los Magos			I, 21
	San Jerónimo			I, 22
			la caverna y el monstruo marino (CA y Ar) transcripciones poéticas (CA)	I, 23

644

II • CRONOLOGÍA DE LAS OBRAS DE LEONARDO • 1483-1499

FECHA	CUADROS Y ESCULTURAS	DIBUJOS, PROYECTOS Y ESPECTÁCULOS	MANUSCRITOS CÓDICES Y TEXTOS	CAPÍTULOS
1483-85	*Virgen de las rocas* (I)			II, 2
1485	*Retrato de músico*		carta a Ludovico el Moro (CA)	II, 3
1485-90		maquinaria militar	Códice B	II, 4
			estudios urbanísticos (B, CA)	II, 4
1487-90		cimborrio de la catedral de Milán	carta a los diputados de la Fabbrica del Duomo de Milán (CA)	II, 5
			Códice Forster I-2	II, 7
1488	*Dama del armiño*			II, 8
1488-90			carta a Benedetto Dei (CA)	II, 7
			Códice Trivulziano	II, 7
1489-90		máquina voladora, estudios de anatomía y proporciones	escritos sobre el agua (CA, C)	II, 10
1489-94	Monumento ecuestre de Francesco Sforza (escultura perdida)	estudios de caballos		II, 9
1490		Fiesta del Paraíso		II, 11
			Proemios (CA)	II, 12
		Hombre de Vitruvio		II, 13
1490-91			Códice C	II, 12
1491		cortejo de «omnes salváticos»		II, 15

II • CRONOLOGÍA DE LAS OBRAS DE LEONARDO • 1483-1499

FECHA	CUADROS Y ESCULTURAS	DIBUJOS, PROYECTOS Y ESPECTÁCULOS	MANUSCRITOS CÓDICES Y TEXTOS	CAPÍTULOS
1492			Códice A	II, 12
			Parangón de las artes	II, 12
	Virgen de las rocas (II)			II, 16
		estudios de máquinas	Códice de Madrid I	II, 18
1493-94			Códice H	II, 20
		alegorías esforcescas	Bestiario (H)	II, 21
1494-97	camarines del Castillo (perdidos)			II, 22
1495-97	*Última cena*		Códice Forster II	II, 24
1496		representación de Dánae	Carta a los diputados de la de la Fabbrica del Duomo de Piacenza (CA)	II, 25
1497-99			Códice I	II, 27
1497-1503			Códice L	II, 27
1497	*Retrato de dama* o *Belle Ferronière*		profecías (FoII, I, L, CA, Ar)	II, 26
1497-98	Sala grande «de las tablas»	poliedros regulares para la *Divina proportione* de Luca Pacioli		II, 27
1498		puente de Constantinopla	carta al sultán Bayezid II	II, 28
1498-99			Códice M	II, 27
1499			recordatorio de Ligny (CA)	II, 30

III • CRONOLOGÍA DE LAS OBRAS DE LEONARDO • 1500-1518

FECHA	CUADROS Y CARTONES	DIBUJOS, PROYECTOS Y ESPECTÁCULOS	MANUSCRITOS CÓDICES Y TEXTOS	CAPÍTULOS
1500	*Retrato de Isabel de Este*		informe del Isonzo	III, 1 y 2
1501	*Santa Ana* (primer cartón, perdido)			III, 4
1501-02	*Virgen de la rueca*			III, 5
1502		mapa de Ímola		III, 6
1503		mapas de Toscana		III, 9
		canalización del Arno		III, 9
1503-05	*Batalla de Anghiari* (perdida)		Códice de Madrid II-1	III, 11 y 17
1503-07			Códice K	III, 16
1503-19	*Monna Lisa* o la *Gioconda*			III, 10 y 32
1503-19	*Santa Ana*			III, 10 y 25
1504		fortificaciones de Piombino		III, 16
1505		estudios geométricos	Códice Forster I-1	III, 16
		estudios sobre el vuelo de las aves	Códice del Vuelo de los Pájaros	III, 18
1505-10			Códice Leicester	III, 21
1505-19	*Leda* (perdido)			III, 18
1506		jardines de la villa de Charles d'Amboise	el sitio de Venus, en el Royal Collection di Windsor (W)	III, 20
1506-07	*Santa Ana* (cartón Burlington)			III, 22
1507		representación de *Orfeo*		III, 20
			carta a Hipólito de Este	III, 21

III • CRONOLOGÍA DE LAS OBRAS DE LEONARDO • 1500-1518

FECHA	CUADROS Y CARTONES	DIBUJOS, PROYECTOS Y ESPECTÁCULOS	MANUSCRITOS CÓDICES Y TEXTOS	CAPÍTULOS
1508		colaboración con Rustici	Códice D	III, 21
		estudios anatómicos	carta al diodario de Soria (CA)	III, 21
			cartas a Geoffroy Carles, a D'Amboise y a Francesco Melzi (CA)	III, 22
1508-11	Salvator Mundi			III, 22
		tumba de Gian Giacomo Trivulzio	Códice F	III, 23
		tablas de anatomía	estudios de anatomía (W)	III, 24
	San Juan Bautista	Ángel encarnado		III, 25
1510-15			Códice G	III, 23 y 30
1512-13		Villa Melzi en Vaprio d'Adda		III, 26
1513-14			Códice E	III, 27 y 29
1514	Retrato de Isabella Gualandi (cartón perdido)			III, 28 y 32
		saneamiento de las marismas Pontinas	cartas a Juliano de Medici (CA)	III, 29
		puerto de Civitavecchia		III, 29
		proyectos urbanísticos en Florencia		III, 29
1515		Diluvios	Diluvios (CA, G, W)	III, 30
1517		castillo de Romorantin		III, 31
1518		Pointing Lady	fiestas de Cloux y Amboise	III, 33

ÁRBOL GENEALÓGICO DE LA FAMILIA DA VINCI

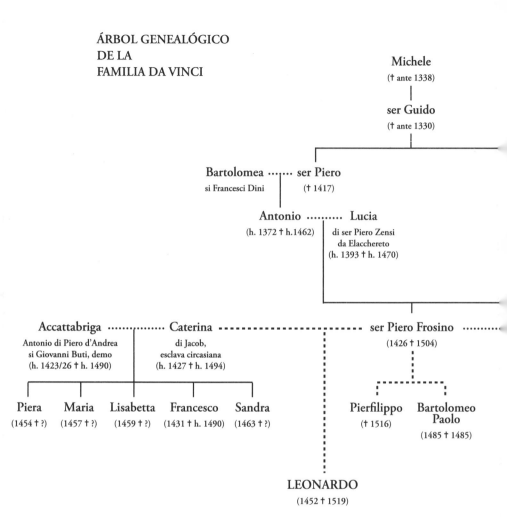
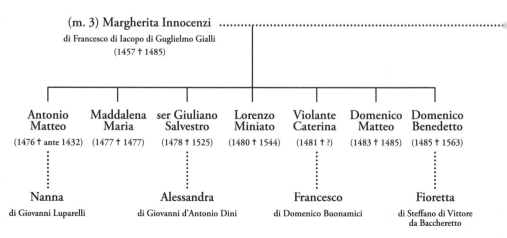

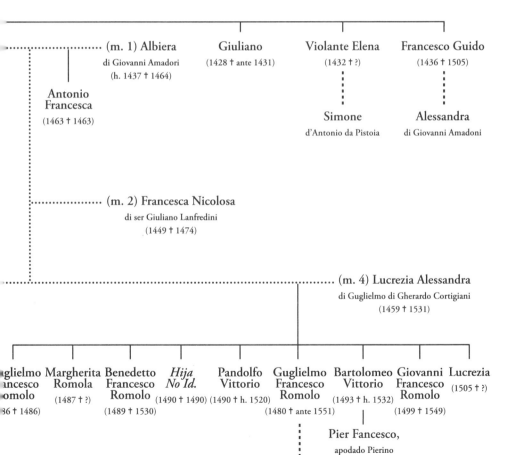

Agradecimientos

Al final (o al principio, que es lo mismo), me es grato recordar a quien me guio en los ya lejanos *Lehrjahre*, y quien compartió y comparte los *Wanderjahre* en el extraordinario mundo de Leonardo: de los maestros de los años universitarios Giuseppe Billanovich, Augusto Marinoni y Claudio Scarpati a los maestros y amigos de la Comisión Vinciana, Carlo Pedretti, Paolo Galluzzi, Roberto Paolo Ciardi, Pietro Cesare Marani; y además, en años más recientes, Alberto Quadrio Curzio, Giorgio Parisi y Roberto Antonelli, que quisieron involucrarme en las celebraciones de Leonardo promovidas por la Accademia dei Lincei.

Gracias, simplemente, a Giovanni Agosti, Sandro Albini, Alberto Asor Rosa, Carmen Bambach, Giorgio Baratta, Juliana Barone, Roberta Barsanti, Janis Bell, Roberto Bellucci, Andrea Bernardoni, Marco Biffi, Lina Bolzoni, Giulio Bora, Francesca Borgo, Mario Bruschi , Alfredo Buccaro, Fritjof Capra, Stefano Casati, Claudia Cieri Via, Giuditta Cirnigliaro, Martin Clayton, Marco Cursi, Gigetta Dalli Regoli, Vincent Delieuvin, Romain Descendre, Francesco Paolo Di Teodoro, Dario Dondi, Silvia Fabrizio Costa, Laure Fagnart, Barbara Fanini, Claire Joan Farago, Frank Fehrenbach, Simone Ferrari, Emanuela Ferretti, Paula Findlen, Francesca Fiorani, Maria Teresa Fiorio, Antonio y Maria Forcellino, Varena Forcione, Louis Frank, Sabine Frommel, Fabio Frosini, Giovanna Frosini, Cecilia Frosinini, Giuseppe Galasso, Claudio Giorgione, Mauro Guerrini, Jean Guillaume, Li Jingjing, Martin Kemp, Michael Kwakkelstein, Matthew Landrus, Pierre Laurens, Domenico Laurenza, Paola Manni, Max Marmor, Margherita Melani, Romano Nanni, Alexander Neuwahl, Alessandro Nova, Carmelo Occhipinti, Annalisa Perissa Torrini, Claudio Pescio, Margherita Quaglino, Jürgen Renn, Elisa Ruiz García, Agnese Sabato, Pasquale Sabbatino, Rossana Sacchi,

François Saint-Bris, Paola Salvi, Jan Sammer, Richard Schofield, Anna Sconza, Marcello Simonetta, Monica Taddei, Sara Taglialagamba, Lucia Tomasi Tongiorgi, Stefania Tullio Cataldo, Elisabetta Ulivi, Vladimiro Valerio, Paola Venturelli, Marco Versiero, Alessandro Vezzosi, Françoise Viatte, Marino Viganò, Edoardo Villata, Wang Jun y Frank Zöllner.

Un agradecimiento especial a Antonio Franchini, quien, después de mi novela *Caterina*, ha contribuido también con preciosos consejos a la redacción de esta «vida» del hijo de Caterina; a Paolo Fabrizio Iacuzzi, que cuidó con sabia y amorosa minuciosidad su forma editorial; a Martina Cosentino, por su esmerada revisión editorial; y sobre todo a Sergio Giunti, por la pasión compartida por Leonardo que, en una continuidad ideal entre pasado y presente, vincula la edición monumental de los códices leonardescos con la gloriosa época de los Giunti del Renacimiento.

Índice de obras

Adán y Eva, 94, *644*
Adoración de los Magos, 10, 121, 122, 124, 127, 333, 339, 374, 376, 379, 393, 477, *644*
Adoración de los pastores, 124, *644*
«Ángel de la Anunciación», 501, 503
Ángel encarnado, 501, 502, 503, *648*
Anunciación, 78, 79, 80, 81, 82, 500, *643*
Batalla de Anghiari, 386, 392, 399, 401, 403, 405, 419, 432, 435, 440, 441, 489, 490, 555, *647*
Bautismo de Cristo, 91, 92, 375, *643*
Caballo Sforza (monumento ecuestre a Francesco Sforza), 236
Cabeza de Medusa, 72, *643*
Cristo joven, 67
Dama del armiño, 188, 288, 298, 320, 388, 530, *645*
Dama del unicornio, 88, 388, *643*
Estudio para la Madona con un cuenco de frutas, 110, *644*

Filis y Aristóteles, 88, *643*
Gioconda (*Mona Lisa*), 522, *647*
Hombre de Vitruvio, 216, 595, *645*
Leda, 435, 437, 441, 477, 479, 494, 498, 510, 538, 562, *647*
Madona Benois, 110, 644
Magdalena, 88, *643*
Paisaje de Valdinievole, 76, 643
Pointing Lady, 566, 648
Retablo de San Bernardo, 101, 102, 104, 105, 135, 333, 350, *644*
Retrato de dama o *la Bella Ferronière*, 288, *646*
Retrato de Ginebra de Benci, 388, *643*
Retrato de Isabel de Este, *647*
Retrato de Isabella Gualandi (*Mona Lisa napolitana*), 522, 523, *648*
«Retrato de un ahorcado», 116, *644*
Retrato de un músico, 155
Salvator Mundi, 278, 441, 445, 479, 481, *648*
San Jerónimo, 127, 128, 135, 229, 333, 441, 477, *644*
San Juan Bautista, 478, 502, 510, 538, 559, *648*

655

Santa Ana, 344, 346, 350, 386, 390, 403, 441, 472, 477, 478, 489, 499, 510, 529, 538, 559, 562, 647
Tobías y el ángel, 90, *643*
Última Cena, 278, 430, 481, *646*
Venus y Cupido, 93, *643*
Virgen de la rueca, 346, 350, 441, 445, 453, 479, 500, 589, *647*

Virgen de las rocas, I: II, 10, 151, 153, 154, 155, 156, 187, 217, 227, 229, 230, 232, 235, 246, 256, 271, 289, 294, 437, 441, 443, 445, 448, 459, 478, 498, 569, *645*, *646*
Virgen del clavel, 83, 110, 500, *643*
Virgen y el Niño con un gato, 110, 644

Índice de nombres de personas

A
Acciaiuoli, Donato, 143
Accolti, Bernardo, apodado «el Único Aretino», 248
Adorno, Giovanni, 203
Adriano, emperador, 341
Agnola, mujer de Vanni di Niccolò di ser Vanni, 34
Agnolo di Polo, 62
Agostino de Domenico d'Agostino, 100
Agustín de Hipona, santo, 124, 416
Alamanni, Pietro, 193
Alberghetti, Giannino, 171, 187, 262, 285, 443
Alberti, Bernardo d'Antonio degli, apodado «el Calvo», 102, 104
Alberti, Leon Battista, 128, 143, 163, 183, 203, 207, 320, 340, 395, 418, 423, 456, 530
Albertini, Francesco, 462n, 516n
Alberto de Sajonia, 296, 417, 482
Alberto Magno, 173, 261, 296, 417
Albizzi, Alessandro degli, 380

Albumasar, 417
Alcabizio, 417
Alejandro Magno, 67
Alejandro VI, papa, 332, 341, 351, 363
Alessandro da Marbach, 167, 177
Alessio da Bergamo, maestro, 325
Alfeo, Giacomo, 498, 499
Alfieri, no identificado, 375
Alhacén, 64, 70, 174, 197, 378, 483
Alidosi, Francesco, apodado «el cardenal de Pavía», 538
Alighieri, Dante, 55, 101, 102, 133, 179, 180, 206, 223, 247, 260, 400, 482, 483
Aliplando, Vincentio, 484
Alkendí, 173
Amadeo, Giovanni Antonio, 147, 167, 213, 489
Amadio, Beato, *véase* Mendes da Silva, Amadeo
Amadori, Albiera di Giovanni, primera mujer de Piero d'Antonio da Vinci, 27, 43, 49, 50, 56, 344, *439*, 651
Amadori, Alessandra di Giovanni, mujer de

657

Francesco d'Antonio da
  Vinci, 50, 56, 58, 107
Amadori, Alessandro, 439, 536
Amadori, Giovanni di Zanobi,
  43, 129
Amboise, Charles d', 449, 451,
  452, 453, 454, 456, 457,
  459, 460, 475, 477, 479,
  486, 487, 490, 528, 550
Amboise, Georges d', cardenal,
  443, 490, 554
Ambrogio da Rho, 459
Ambrogio da Vermezzo, 459
Ambrosio, Giovanni, 168
Ana de Bretaña, reina de
  Francia, 337, 344, 478
Anaxágoras, 500
Andrea da Novara, 295
Andrea del Sarto, 403, 546
Andrea della Vivuola, 178
Andrea de Francesco di Cione,
  véase Verrocchio, Andrea del
Andrea di Pasquino, 107
Andrea di Pietro da Caravaggio,
  265
Andrea Pisano, también
  conocido como Andrea
  d'Ugolino da Pontedera, 286
Aníbal, 67
Anónimo Gaddiano (o
  Magliabechiano), 9, 32, 72,
  101, 126, 139, 371, 387, 400
Antiquario, Iacopo, 476
Antonello da Mesina, 86, 480
Antonello, mercader, 502
Antonia, mujer de Giuliano
  Bonaccorsi, 18
Antonio de Gessate, 444
Antonio de Padua, santo, 289
Antonio de Pistoia, 108
Antonio de Sesto, 192
Antonio di Giovanni, albañil,
  396
Antonio di Iacopo da Verona,
  119
Antonio di Leonardo da
  Bolonia, 82
Antonio di Lionardo di Cecco,
  24
Antonio, maestro, 172
Apolonio de Perga, 327
Appiani, Iacopo IV, señor de
  Piombino, 351, 419
Apuleyo, 243
Aragón, Alfonso II de, duque de
  Calabria y rey de Nápoles,
  185, 186, 558
Aragón, Federico de, rey de
  Nápoles, 519
Aragón, Fernando de, rey de
  Nápoles, 114, 185, 538
Aragón, Giulia de, 519
Aragón, Isabel, duquesa de
  Milán y más tarde de Bari,
  185, 186, 190, 191, 194,
  202, 289, 309, 519
Aragón, Juana de Nápoles, reina
  de Nápoles, 538
Aragón, Leonor de, 224, 320
Aragón, Luis de, cardenal, 512,
  519, 522, 537, 542, 556
Aragón, Martín de, rey de
  Sicilia, llamado «el
  Humano», 22

Archinto, Ambrogio, 248
Arcimboldi, Guidantonio, arzobispo de Milán, 266
Ardinghi, Benedetto, 119
Argiropulo, Giovanni, 103
Aribaldo, Dionisio, 458
Ariosto, Ludovico, 513
Ariosto, Rinaldo, 555n
Aristóteles, 103, 173, 197, 296, 328, 374, 394, 417, 472, 482, 483, 526
Arquímedes, 327, 354, 357, 367, 376, 417, 424, 425, 426, 482, 525, 526
Arrigoni, Francesco, 194
Arrigoni, Simone, 310, 456, 457
Arrigucci, Andrea, 284
Arsenio di Matteo, sacerdote, 56
Attavante de Gabriello, 369
Attavanti, Attavante del, 402
Auvernia, Madeleine de la Tour d', 562, 564-565
Avalos, Costanza d', 522
Avicena, 482
Aviz, Alfonso V de, llamado «el Africano», rey de Portugal, 95, 123
Aviz, Enrico de, llamado «el Navegante», 95
Aviz, Giacomo de, cardenal, 95
Aviz, Juan de, llamado «el Grande», rey de Portugal, 95

B

Baccino, jubonero, 96
Baccio d'Agnolo, 339, 390, 489, 516

Bacon, Roger, 174, 197, 378
Balbi, Cornelio, 248
Baldesi, Giorgio, 536
Baldovinetti, Alessio, 79
Banchi, Andrea di Banco di Piero, 129
Banchi, Banco di Piero, 54
Bandello, Matteo, fraile, luego obispo de Agen, 275, 276
Bandello, Vincenzo, fraile, más tarde prior de Santa Maria delle Grazie, 151, 271, 273
Bandinelli, Baccio, 521, 524
Bandini Baroncelli, familia, 100
Bandini Baroncelli, Maddalena di Piero di Giovanni, 85n
Banti, Papino di Nanni, 18, 19, 24, 26
Barbaro, Ermolao, 251, 328
Baroncelli, Bernardo di Bandino, 115, 116
Baroncelli, Simone d'Inghilese, 56
Barozzi, Angelo, 325
Barozzi, Pietro, obispo de Padua, 354, 376
Bartolini, Piero di Andrea, apodado «di Malvolto», 18, 19, 23-24
Bartolomeo da Valle, 192
Bartolomeo di Giovanni apodado «de los sonetos», 303, 308
Bartolomeo di Pasquino, 96
Bartolomeo fray, pintor, 391
Bartolomeo Turco, *véase* Bartolomeo di Giovanni

Bartolomeo, alumno de Leonardo, 303, 308
Bartolomeo, papelero, 483
Barzizza, Gasparino, 416
Bastiano, orfebre, 541
Battagio da Lodi, Giovanni, 167, 168, 192
Battista da Bergamo, 484
Bayezid II, sultán, 292, 301, 324
Beato Angélico (Fray Angelico o Giovanni da Fiesole, nacido como Guido di Pietro), 79, 121
Beccadelli, Antonio, 558
Beccanugi, Lottiera di Francesco, 22
Belcari, Feo, 129
Bellincioni, Bernardo, 143, 182, 186, 189, 190, 201, 203, 224, 243, 248, 251, 280, 499
Bellini, Gentile, 313, 321
Bellini, Giovanni, 320, 321, 328
Belprat, Simonetto, 186
Bembo, Bernardo, 86, 87, 92, 328
Bembo, Pietro di Bernardo, 513, 519, 542
Benci, Amerigo di Giovanni de', 85, 122
Benci, Andrea di Francesco de', 85n
Benci, Antonio apodado «del Pollaiolo», 52, 282
Benci, familia de los, 88, 121, 284, 332, 366, 373, 477
Benci, Francesco di Giovanni de', 85n
Benci, Dianora de Andrea di Francesco, 85n
Benci, Ginevra di Amerigo de', 86, 92, 188, 328
Benci, Giovanni di Amerigo de', 85n, 88, 366, 374
Benci, Maso o Tommaso de', 88, 366
Benedetti, Alessandro, 417, 482
Benedetto d'Antonio da Cristofano, apodado «del Ábaco», 54, 102
Benedetto di Leonardo, apodado «da Maiano», 55, 334
Benedetto, discípulo de Leonardo, 291
Bentivoglio, Annibale, 223
Bentivoglio, Giovanni II, 112
Benvenuto da Imola, 416
Benzi, Ugo, 268
Bergamini, Ludovico, conde, 298
Bernabei, Domenico, también conocido como Domenico da Cortona, «el Boccadoro», 565
Bernabini, Michele di Francesco, 134
Bernardino da Siena, santo, 289
Bernardino di Betto, apodado «el Pinturicchio», 522
Bernardo di Iacopo, 108
Bernardo di Simone, 108
Berneriis, Giovanni Agostino de, 214

Berti, Marcello Virgilio di Adriano, 332, 391, 464
Bertoldo di Giovanni, 126
Bertone, Domenico di, 18
Bertone, Lisa, mujer de Domenico de, 18, 19
Betti, Antonio, 554
Betti, Giovanni, 554
Biagio d'Antonio, 62, 402
Biagio di Nanni, 26, 29
Bilia, Leonino, 458
Billi, Antonio, 9
Binasco, Francesco, 495
Bini, Bernardo, 535
Bini, Giovanni di Niccolò, 135
Biondo, Flavio, 341
Birago, Giovanni Pietro, 205, 443
Biringuccio, Paolo di Vannoccio, 362
Biringuccio, Vannoccio, 362
Bischeri, Guglielmo di Iacopo, 69
Biscosso, Martino, 458
Boccaccio, Giovanni, 55, 70, 180, 183, 375
Boltraffio, Giovanni Antonio, 220, 221, 230, 315, 331, 444, 448, 476, 480, 489, 497
Bonaccorsi, Andrea di Giuliano, sacerdote de Vitolini, 19, 25, 26
Bonafé, Giovanni, 315
Bonafé, Leonardo di Giovanni, 315, 332, 440
Bonafé, Lisa di Giovanni, 315, 338

Bonciani, Francesco di Matteo, 108
Bonini, Bonino, 160
Bonsignori, Giovanni, 329
Boreau, Guillaume, 569
Borgerini, Salvi, 364
Borgia, César, apodado «Valentino», 332, 351, 352, 353, 354, 355, 356, 359, 360, 361, 362, 363, 365, 368, 371, 376, 380, 383, 414, 419, 424, 425, 430, 513, 525, 528
Borgia, familia, 291, 352, 353, 356, 419
Borgia, Giovanni, 283
Borri, Gentile di Pagano dei, 290
Borromeo, familia, 150
Boscano, Andrea, 247
Boscano, Enrico, 247
Bossi, Gian Francesco, 142
Bossi, Giovanni Pietro, 458
Botta, Bergonzio, 190, 306, 310, 311
Botticelli, Sandro, 62, 79, 116, 121, 134, 283, 321, 376, 402, 404
Botticini, Francesco, 62
Bracci, Alessandro, 86
Bracci, Giovanni di ser Tomme, 31
Bracci, Marco di ser Tomme, 26
Bracci, Tomme di Marco di Tommaso, 16
Bracciolini, Poggio, 181, 183, 268, 371, 395, 618

Bragadin, Domenico, 319
Bramante, Donato, 167, 172, 237, 238, 246, 247, 248, 253, 255, 270, 282, 292, 298, 311, 340, 341, 356, 416, 513, 520, 532, 535
Bramantino, Bartolomeo Suardi, conocido como, 244n, 282, 444, 480, 491
Branconio, Giovan Battista, 542
Brandini, Bartolomeo di Michelangelo, *véase* Bandinelli, Baccio
Brandini, Michelangelo di Viviano, 375
Brandt, Sebastian, 416
Briosco, Benedetto, 192, 505
Brunelleschi, Filippo, 51, 63, 70, 71, 163, 166, 178, 340
Bruni, Leonardo, 395, 416
Buchi, Benedetto di Luca, 396, 398
Buenaventura, santo, 289
Bugatti, Gerolamo, 488
Buonarroti, Leonardo di Lodovico, 55, 418
Buonarroti, Ludovico, 55
Buonarroti, Miguel Ángel, 210, 398, 399, 400, 401, 402, 403, 404, 418, 428, 452, 474, 491, 502, 516, 520, 521, 544
Buontempi, Sebastiano di Michele, 395
Burato, 192
«Burchiello», Domenico di Giovanni conocido como, 182, 183, 268

Buridan, Jean, 296
Burley, Walter, 417
Buscarruidos, *véase* Buti, Antonio
Bussone, Francesco, apodado «el Carmagnola», 298
Busti de Lodi, Francesco, 295
Busti, Bernardino de', 151
Buti, Andrea di Piero, 26
Buti, Antonio di Piero, apodado «el Buscarruidos», marido de Caterina, 28, 650
Buti, familia, 29, 31, 250
Buti, Francesco d'Antonio, hermano de Leonardo, 31, 250
Buti, Iacopo di Piero, 29
Buti, Lisabetta d'Antonio, hermana de Leonardo, 31
Buti, Lucrecia, monja, 62
Buti, María d'Antonio, hermana de Leonardo, 31, 107
Buti, Piera d'Antonio, hermana de Leonardo, 31
Buti, Piero d'Andrea di Giovanni, apodado «del Vacca», padre del Buscarruidos, 26, 28
Buti, Sandra d'Antonio, hermana de Leonardo, 31
Butinona, Bernardino da Treviglio, 220, 222

C
Calandri, Calandro di Piero, 54
Calco, Bartolomeo, 213, 222
Calco, Tristano, 446

Calcondila, Demetrio, 310, 476
Cambi, Michael, fraile, 337
Cambini, Piero di Domenico, 19, 24, 57
Campanile, Iacopo, 523
Campano, Giannantonio, 294
Canacci, Raffaello di Giovanni, 55
Canigiani, Bernardo di Simone, 89
Caponi, Stefano, 173
Capponi, Niccolò di Piero, 89, 284
Capponi, Piero di Gino, 314
Capponi, Tommaso, 284
Caprotti, Angelina, 484
Caprotti, Giangiacomo, apodado «Salaì», 220, 221, 222, 224, 225, 234, 251, 252, 255, 290, 291, 308, 314, 319, 330, 336, 343, 346, 349, 350, 367, 368, 369, 370, 396, 406, 407, 408, 410, 413, 415, 432, 475, 476, 477, 480, 484, 487, 488, 492, 497, 501, 508, 510, 514, 515, 523, 533, 534, 550, 561, 562, 571, 572, 573
Caprotti, Giovan Pietro da Oreno, 217, 349, 488
Caprotti, Lorenziola, 484
«Caradosso», Cristoforo Foppa, conocido como, 186, 248, 263, 283, 284, 287, 340, 436, 499, 514
Carafa, Oliviero, cardenal, 341

Carbone, Ludovico, 183
Cardano, Fazio, 173
Carissimo da Parma, Alessandro, 273
Carles, Geoffroy, 451, 475, 476, 477, 479
Carlos VIII, rey de Francia, 258, 262, 270, 312, 313, 337, 346, 380, 538, 551
«Casio», Girolamo Pandolfi, conocido como, 331
Castellani, Francesco di Matteo, 34, 36, 37, 39, 52, 179
Castellani, Lena, mujer de Francesco Matteo, 39
Castellani, Maria di Francesco, 30, 31, 34, 39
Castiglione, Baltasar de, 310, 513, 514, 519, 523, 524, 542
Castiglione, G., 245n
Castiglione, Sabba de, 442
Caterina de Antonio di Cambio, 32
Caterina de Jacob, madre de Leonardo, 12, 28, 30, 31, 32, 33, 34, 35, 36, 37, 38, 39, 40, 42, 43, 46, 48, 50, 52, 54, 59, 69, 80, 81, 107, 108, 111, 134, 153, 250, 251, 252, 253, 255, 256, 258, 274, 303, 304, 315, 339, 344, 347, 387, 410, 411, 422, 435, 436, 466, 472, 498, 500, 511, 561, 566, 570, 574
Caterina de Meo Lippi, 32
Cauliaco, Guido de, 268

663

Cecchi, Girolamo di ser Piero, 421
Cecco d'Ascoli, 88n, 260, 268
Cellini, Benvenuto di Giovanni d'Andrea, 551
Cellini, Giovanni d'Andrea di Cristofano, apodado Piffero, 383, 402, 428
Cennini, Bernardo, 52
Cennini, Cennino, 207
Cepperello, Benedetto di ser Francesco de, 102, 105
Cepperello, Francesco de, 55
Cera, Francesco del, apodado del Borgo, 354, 357n
Cerretani, Bartolomeo, 464
César, Cayo Julio, 351
Cesare da Sesto, 497
Cetto di Bernardo, 412
Chabannes, Jacques de, señor de La Palice, 566
Cibo, Inocente, cardenal, 537
Cicerón, 268, 385, 394, 526
Cieco, Francesco (Ciecho, Franco), 178
Cimabue, 9
Ciocca, Luigi, 406
Claudia, reina de Francia, 550
Colleoni, Bartolomeo, 134, 326
Colombini, Giovanni, 43, 128, 129
Colonna, Francesco, fraile, 329
Colonna, Marcantonio, 364
Colonna, Vittoria, 522
Concordio da Castronno, 256
Confalonieri, Giambattista, 571, 572

Conte, Giovanni, 274, 290
Corio, Bernardino, 509
Cornazzano, Antonio, 375, 416
Corsali, Andrea, 502, 532
Corte, Bernardino da, 310
Cortigiani, Guglielmo di Gherardo, 338, 395
Cortigiani, Lucrezia di Guglielmo, cuarta mujer de ser Piero da Vinci, 315, 411, 412, 421, 438
Corvino, Matías, rey de Hungría, 154, 378
Costa, Lorenzo, 321
Costantino, Giovanni de, 264
Covoni, Antonio, 374
Cremona, cortesana, 531
Cremonese, Leonardo, 314
Crescenzi, Pietro, 168
Cristofano da Castiglione, 173
Cristofano, Benedetto d'Antonio da, 54
Cristoforo da Calabria, 310
Cristoforo da Gandino, 192
Crivelli, Biagino, 290
Crivelli, Eusebio, 534n
Crivelli, familia, 508
Crivelli, Lucrezia, 288, 299, 443, 558
Crivelli, Protasio, 220
Cronaca, Iacopo del Pollaiolo, apodado el, 334, 374
Cronaca, Simone del Pollaiolo, apodado el, 283, 284, 333, 390, 402
Crotti, Luca, 306
Croysant, Guillaume, 569

664

Curión, 456
Curzio, Lancino, 245, 248
Cusano, Girolamo, 475
Cusano, Nicolò, médico, 174, 295

D
D'Angelo, Francesco, apodado «la Cecca», 113, 114
Daddi, Bernardo, 100
Dantini, Francesco, 531
Da Ponte, Gottardo, 194n, 572n
Dario, 67
Dati, Agostino, 416
Dati, Goro, 472, 483
Dati, Leonardo di Piero, 391, 393
Datini, Francesco di Marco, 22
De Beatis, Antonio, 556, 557, 559, 561
De Benedictis, Benedicto, 175
De Capitani, Antonio, 146n, 147n, 150
De Capitani, Battista, 447
De Ferrari, Agostino, fraile, 146, 447
De Ferrari, Ambrogio, 238, 264, 285, 297
De Filicaia, Gerolamo, 380
De Franceschi, Francesco (Franciscum Senensem), 213
De Pagave, Venancio, 570n
De Predis, Bernardino di Leonardo, 149, 447
De Predis, Cristoforo, 149
De Predis, Evangelista, 149, 150, 227, 445, 447

De Predis, Giovanni Ambrogio, 147, 149, 227, 244, 282, 311, 340, 445, 459, 497, 498
De Predis, Leonardo di Evangelista, 149, 227, 446
De Sanctis, Benforte (o Leoforte), 459, 497
De Sanctis, Modesto, 459, 497
De Valle, Ambrogio, 245n
De Valle, Rocco, 245n
Decio, patricio romano, 530
Dei, Benedetto, 178, 179, 180, 471
Del Carretto, Fabrizio, 303
Del Garbo, Francesco, boticario, 398
Del Garbo, Pulinari, boticario, 398, 429
Del Giocondo, Francesco di Bartolomeo, 377, 386, 387
Del Giocondo, Giuliano di Bartolomeo, 377
Del Nero, Niccolò, 284
Della Chiesa, Giorgio, 146, 148
Della Croce, Innocenzo, 147
Della Croce, Niccolò, 482
Della Porta, Bartolomeo, apodado «Fra Bartolomeo», 386
Della Porta, Guglielmo, 513
Della Robbia, Andrea, 402
Della Rovere, Domenico, cardenal, 522
Della Rovere, Francesco, *véase* Sixto IV

Della Tela, Carlo, 508
Della Torre, Girolamo, 495
Della Torre, Marcantonio di
    Girolamo, 495
Della Volpaia, Benvenuto di
    Lorenzo, 238
Della Volpaia, Lorenzo, 333,
    375, 402
Delminio, Giulio Camillo, 513
Demócrito, 247
Dentice, Pietro, 313
Dianira del Faina, hermana del
    aprendiz Lorenzo, 459
Dietisalvi, familia, 100
Dini, Alessandra, mujer de ser
    Giuliano da Vinci, 541
Diógenes, Laercio, 268
Dolce, Giovanni, 313, 319
Domenico di Michelino, 102
Domenico di Nanni, 52n
Domenico, cerrajero, 362
Donà, Girolamo, 328
Donatello, 60, 69, 70, 126, 285,
    340, 375, 425
Donati, Lucrecia, 92, 395
Donato, Elio, 181
Doni, Agnolo, 388
Doni, Anton Francesco, 517
Dovizi, Bernardo, apodado «el
    Bibbiena», cardenal, 519,
    528, 537, 542
Draghi, Nicolò, 444n
Durero, Alberto, 293, 328, 481,
    527

E
Egidio, Romano, 552

Enrique II, rey de Navarra
    (Enrique de Albret), 551
Equicola, Mario, 537
Erasmo de Róterdam, 416
Escipión el Africano, 67
Escoto, Miguel, 417
Esopo, 183, 268, 415
Este, Alfonso de, duque de
    Ferrara, 222, 224, 371, 538
Este, Beatriz de Milán, 222,
    224, 245, 246, 251, 270,
    288, 291, 311, 490
Este, Hércules de, duque de
    Ferrara, 262, 443
Este, Hipólito de, cardenal, 306,
    461, 482
Este, Isabel de, marquesa de
    Mantua, 298, 310, 319, 320,
    327, 342, 349, 352, 387,
    405, 438, 439, 479, 537, 552
Estuardo d'Aubigny, Bérault,
    conde de Beaumont-le-
    Roger, 308
Euclides, 64, 173, 174, 241,
    282, 294, 296, 327, 333,
    348, 367, 378, 417, 620
Eugenio IV, papa, 395

F
Falaris, 129
Fancelli, Luca, 167, 320
Farnese, Alessandro, cardenal,
    531
Faustino, santo, 289
Favagrossa, Cesare, 447
Fazio, aprendiz de Leonardo,
    308

Felipe de Brera, fraile, 173
Fernández de Oviedo, Gonzalo, 290
Fernando de los Llanos, 440
Ferrucci, Francesco di Simone, 62
Fibonacci, Leonardo, 54, 378
Ficino, Marsilio, 85, 88, 89, 247, 378, 379
Fidias, 245, 281
Fieravanti di Domenico, 109
Fieschi, Filippino, 264, 310
Figino, Girolamo, 142
«Filarete», Antonio Averulino, apodado, 163, 167
«Filarete», Francesco di Lorenzo, apodado, 102, 402
Filelfo, Francesco, 243, 269, 416
Filelfo, Gian Mario, 416
Filippo, carpintero, 334
Filiromoli, Andrea di Romolo, 423n
Filón de Bizancio, 70, 327, 418
Fiore de Barna di Nanni, 18
Firman de Beauval, 417
Fleury, Esprit, 569
Flisco, Stefano da Soncino, 416
Foix, Gastón de, 504, 506
Foresti, Giacomo Filippo, 267, 268
Forte, Giovanni Bernardo da Savona, 416
Forteguerri, Niccolò di Michele, 61
Franceschi, Giovanni, 314
Franceschi, Lodovico di Duccio, 17

Franceschi, Piero di Giovanni, 314
Francesco da Cortona, fraile, 569
Francesco da Merate, 264
Francesco de Pavia, 192
Francesco da Vaprio, 265
Francesco di Cappello, carpintero, 517
Francesco di Giovanni da Urbino, 418
Francesco de Iacopo, 16
Francesco Eufrosino da Lamole, canónigo, 384
Francesco Maria II della Rovere, duque de Urbino, 538
Francesco, alumno de Leonardo, 173
Francesco, boticario, 429
Franchi, Francesco di Andrea:
Franchini, Canetto, 26
«Francione», Francesco di Giovanni, apodado, 55, 113, 114
Francisco I, rey de Francia, *véase* Valois-Angoulême, Francisco de
Francisco de Asís, santo, 289
Francisco de Milán, fraile, 569
Fregoso, Antonietto, 247, 248
Freud, Sigmund, 11
Frezzi, Federico, 268
Frontino, 543
Fulchini, Cipriano, 569
Fusina, Andrea, 489

G

Gaddi, familia, 9
Gaddi, Taddeo, 314
Gadio, Bartolomeo, 157
Gadio, Estacio, 565n, 566n
Gaffurio, Ambrogio, 446, 447n
Gaiaco, médico, 533
Galeazzo, aprendiz de Leonardo, 255
Galeno, 493, 496
Galileo, Mariotto, 429
Gallerani (o de Gallarate), Bianca di Pietro, 522
Gallerani (o de Gallarate), Filippo di Pietro, 186, 522
Gallerani (o de Gallarate), Pietro di Giovanni, 185
Gallerani, Cecilia di Fazio, 261, 320, 507, 530
Gallerani, Fazio, 187
Galli, Francesco, apodado «el Napolitano», 291
Gallo, Matteo, 539
Galluzzi, Paolo, 11
Gangalandi, Giovanni, 30
Ganti, Francesco di Gian Cristoforo, 280
Ganti, Gian Cristoforo apodado «Romano», 245, 280, 321, 322, 340, 456, 523
Gaspare di ser Santi della Pieve, 339
Gaurico, Luca, 417, 425
Gaurico, Pomponio, 425
Geraldini, Agapito, 359, 362
Gherardini, Elisabetta o Lisa di Antonmaria, mujer de Francesco del Giocondo, 386
Gherardo di Giovanni di Miniato, 128
Gherardo di Piero, 33n
Gherardo, fraile, 378
Gheri, Goro, 562n
Ghiberti, Buonaccorso di Vittorio, 176
Ghiberti, Lorenzo, 51, 52, 64, 71
Ghiberti, Vittorio di Lorenzo, 176, 285, 286, 394
Ghiringelli, Andrea, 192
Ghiringhelli, Giovanni, 173, 174
Ghirlandaio, Domenico, 62, 81, 84, 101, 128, 134, 356, 403
Giacomo da San Secondo, 550
Gian Cristoforo Romano, *véase* Ganti, Gian Cristoforo
Gian della Rosa, 311
Gian Giacomo Quadri, apodado el «Dolcebuono», 167, 168, 169, 171, 192
Gianmaria, discípulo de Leonardo, 291
Giannetto, maestro, 172
Gianpetro, discípulo de Leonardo, *véase* Rizzoli, Giovanni Pietro, apodado «Giampietrino»
Ginori, Pier Francesco, 127
Giocondo, fray, 513, 520, 538, 543
Giolito, Gabriele, 517n
Giorgione, 321, 328

Giotto, 51
Giovanbattista di Benedetto di Goro, 314
Giovandomenico di Filippo, 397
Giovanni II de Tolentino, 245
Giovanni Antonio da Como, 265
Giovanni Antonio di Sant'Angelo, fraile, 147, 150
Giovanni da Busto, 192
Giovanni da Empoli, 502
Giovanni da Molteno, 167
Giovanni degli Specchi, 526, 534
Giovanni di Domenico da Prato, 372
Giovanni Franzese, *véase* Pélerin, Jean
Giovanni Piffero, *véase* Cellini, Giovanni d'Andrea di Cristofano, apodado «Piffero»
Giovanni Stefano di Carlo da Pavia, 532n
Giovannina, prostituta, 274
Giovio, Paolo, 9, 523, 527, 528, 542
Giraldi Cintio, Giovan Battista, 273
Girardo, discípulo de Leonardo, 291
Girolami, Raffaello, 461, 476
Giugni, Giovanni di Domenico, 54
Giulli, Margherita di Francesco di Iacopo di Guglielmo, tercera mujer de ser Piero da Vinci, 99, 338, 411
Giunta, maestro de obras, 335
Giunta, Filippo (de), 52, 53, 268, 425, 543
Giunta, Lucantonio (de), 53, 268
Giusto di Pietro, herrero, 19
Goes, Hugo van der, 172
Gomes Eanes, apodado «Gomezio», teólogo, 48, 95, 295
Gondi, familia, 118
Gondi, Giuliano, 284
Gonzaga, familia, 327, 335, 336, 340, 342n, 343n, 346n, 349n, 405n, 406n, 407n, 438, 439n, 440n, 555n, 565n, 566n
Gonzaga, Federico, marqués de Mantua, 555n
Gonzaga, Francesco, marqués de Mantua, 156, 223, 310, 314, 319, 320, 336, 342, 371, 438, 454
Gonzaga, Ludovico, marqués de Mantua, 337
Gouffier, Artus, 548, 566
Gouffier, Gabriel, 444
Gouffier, Guillaume, 548
Gozzoli, Benozzo, 121, 365
Granacci, Francesco, 402
Grifo, Antonio, 223
Grimani, Antonio, 324
Grimani, Domenico, cardenal, 328, 340, 341, 364
Grolier, Étienne, 485

Grolier, Jean, 485, 504, 563
Grosso, Nanni, 62
Gualandi, Alfonso, 186
Gualandi, Isabella, 186, 309, 522, 559, 560
Gualandi, Ranieri, 186
Gualtiero da Bascapé, 243, 297, 306
Guarino Veronese (o da Verona), 416
Guglielmo di ser Martino, 284
Guglielmo, discípulo de Leonardo, 264n
Guidi, Antonio di Neri di Segna, 404
Guidi, Fabio di Antonio di Neri, 404, 450, 514
Guidi, familia, 21
Guido, conde de Battifolle, 21
Guiducci, Francesco, 381, 382
Guillermo de Moerbeke, 354n
Guisa, Carlo di, apodado «el cardenal de Lorena», 551
Guiscardi, Mariolo de', 193, 224, 306
Gusnago, Lorenzo, 327
Gutenberg, Johannes, 52

H
Hay, Jean, 313
Habsburgo, Carlos V de, emperador, 556
Habsburgo, Maximiliano de, emperador, 150, 244, 264, 307, 505
Heráclito, 247, 521
Hermes Trismegisto, 501
Herodes el Grande, rey de Judea, 152
Hipócrates, 493
Hollar, Wenceslaus, 480

I
Iacomo da Mongiardino, 357
Iacopi, Leonardo, 437
Iacopo Andrea da Ferrara, 218, 253, 295, 330, 484
Iacopo da San Cassiano, 354
Iacopo di Maffeo, 28
Ignacio de Antioquía, santo, 372
Iligi, Esteban, 364
Inocencio VIII, papa, 518
Ioditti, discípulo de Leonardo, 291
Irpino, Eneas, 522, 559
Isabel, santa, reina de Hungría, 289
Iskander Pascia, *ver* Karatheodorìs, Alèxandros

J
Johannes de Ketham, 268
Johannes Rueri de Tours, 337
Jordanus Nemorarius, 296
José II, patriarca de Constantinopla, 395
Josquin des Préz, 155
Jovita, santo, 289
Juan VIII Paleólogo, emperador de Oriente, 395
Julio II, papa, 371, 399, 452, 474, 491, 504, 520
Justino, 268

K
Karatheodorìs, Alèxandros, apodado «Iskander Pascia», 324

L
Landino, Cristóforo, 86, 180, 181, 205, 206, 260, 268, 269, 530
Landino, Giovanni di, 398
Landriani, Giovanni Antonio (o de Landriano), 169, 306, 310
Landucci, Luca, 109
Lanfredini, Francesca di ser Giuliano, segunda mujer de ser Piero da Vinci, 56, 58, 60, 98, 294, 411
Lapacino, Filippo, 178
Laura de Noves, 87
Laurana, Francesco, 355
Lazzaroni, Pietro, 245
Le Moyne, Pasquier, 549
Leguterio, Marco, 167
Lemaire de Belges, Jean, 313
Leno, Giuliano, 518
León X, papa, 512, 521, 539, 542, 545, 546, 559
León Hebreo, Yehudah Abravanel apodado, 542
Leopardi, Alessandro, apodado del Cavallo, 326
Ligny, Luis de Luxemburgo, conde de, 308, 310, 312, 313, 314, 319, 551
Lippi, Filipino, 62, 101, 102, 110, 121, 284, 339, 366, 375, 376, 390, 402, 403

Lippi, Filippo di Tommaso, fraile, 79, 276
Lippi, Lorenzo, 114
Lippi, Meo, 32
Lisa di Antonio di Lionardo, 26
Liuzzi, Mondino de', 493
Livio, 268
Lomazzo, Giovanni Paolo, 220, 522, 572n
Loredan, Antonio, 313, 319, 324, 325
Lorenzo del Faina, aprendiz de Leonardo, 432, 485, 534
Lorenzo di Credi, 62, 81, 83, 84, 87, 110, 111, 135, 402
Lorenzo di Marco, peón, 429
«Lorenzo Monaco», Piero di Giovanni, conocido como, 79
Loup, Estienne, 551
Lucano, 416
Lucrecio, 161, 483, 500
Ludovico di Luca da Pistoia, 25
Luini, Bernardino, 278, 480, 497, 508
Luis XI, rey de Francia, llamado el Prudente, 123, 551
Luis XII, rey de Francia, *véase* Valois-Orléans, Luis de
Luis de Tolosa, santo, 289
Luperelli, familia, 31

M
«Maccagno», Domenico della Bella, apodado el, 238, 247
Machiavelli, Francesco di Piero, 439

Maddalena, esclava de Cosme el Viejo, 34
Maffei, Girolamo, 482
Maffeo da Como, 192
Maffeo da Treviglio, 154
Maggi da Abbiate, Bernardino, 166
Maggiore, Dionigi, 489
Maiano, Giuliano de, 55
Maino, Giacomo del, 147, 445
Maino, Giasone, 276
Malagigi della Vivuola, 178
Malatesta, Francesco, 336, 349
Malerbi, Nicolò, 267
Mandavilla, Giovanni de (Juan de Mandaville), 261, 268
Manfredi, Manfredo de', 349
Manfron, Giampaolo, 325
Manini, Ridolfo, 477
Mannelli, Leonardo, 284
Mansueti, Leonardo, fraile, 169
Mantegazza, Antonio, 159
Mantegazza, Cristoforo, 159
Mantegazza, Filippo, apodado «el Cassano», 143n, 243
Mantegna, Andrea, 321, 322
Manuzio, Aldo, 329, 417
Maquiavelo, Nicolás, 310, 332, 355, 360, 363, 375, 380, 385, 386, 391, 394, 397, 404, 461, 462, 464, 512, 515, 562
Marcello, Piero, 324
Marco da Rimini, 365
Marco di ser Giovanni da Romena, 397
Margarita, criada, 408
Maria di Nanni di Venzo, 18, 19
Mariotto, maestro, 178
Marliani, Alvise, 295
Marliani, Fabrizio, obispo, 285, 305, 305
Marliani, familia, 174
Marliani, Giovanni, 482
Marliani, Girolamo di Giovanni, 173
Marliani, Giuliano, 273
Marliani, Pier Antonio di Giovanni, 173, 262
Marmocchi, Carlo, 102, 238, 333
Martelli, Braccio, 106, 115
Martelli, familia, 464
Martelli, Piero di Braccio, 364, 462, 463
Martines, Fernão, 95
Martini, Francesco di Giorgio, 113, 163, 168, 213, 214, 340, 354, 362, 457
Martini, Meo di Tonino, 18
Martino, latonero, 536
Marullo, Michele, 483
Masaccio, 403
Masini da Peretola, Tommaso di Giovanni, apodado «Zoroastro», 143, 144, 235, 236, 282, 407, 409, 429, 432, 514, 532
Masini, Cristofano di Francesco, 23
Maso di Michele di Francesco di Cione, hermano de Verrocchio, 60, 70, 92
Masuccio Salernitano, 181, 416

Mathurine, criada, 551, 556, 568, 572
Matteo, notario, 117
Mayer, Giovanni, fraile, 167, 169
Mazzocchi, Giacomo, 543
Meda, Antonio, 514, 534
Médici, Bianca de, 106
Médici, Carlo di Cosimo de, 34
Médici, Cosme I de, gran duque de Toscana, 72
Médici, Cosme di Giovanni de, apodado «el Viejo», 34, 54, 377, 395
Médici, Donato de, obispo de Pistoia, 52
Médici, familia de, 60, 85, 86, 92, 95, 97, 102, 115, 125, 126, 141, 262, 340, 349, 385, 512, 513, 514, 516, 517, 532, 535, 543
Médici, Ginevra de, 85
Médici, Giovanni di Lorenzo de, cardenal: ver León X.
Médici, Juliano di Lorenzo de, apodado «el Magnífico», 512, 518, 532, 539, 547, 558, 559, 567
Médici, Juliano di Piero de, 92, 100, 105, 106, 115, 340
Médici, Lorenzo de, apodado «el Magnífico», 86, 87, 92, 100, 105, 112, 114, 124, 125, 126, 139, 156, 167, 179, 193, 236, 349, 376, 379, 395, 462, 512, 516, 532, 540

Médici, Lorenzo di Pierfrancesco de, apodado «il Popolano», 263, 283, 333, 340
Médici, Lorenzo di Piero de, apodado «Lorenzino», 512, 540, 546, 562, 564
Médici, Lucrezia di Piero, conocida como «Nannina» de, 97
Médici, Ottaviano de, 94
Médici, Piero di Cosimo de, apodado «il Gottoso», 61, 80
Médici, Piero di Lorenzo de, 352, 366, 376
Melzi, Giovanni Francesco di Girolamo, 221n, 475, 476, 487, 488, 489, 495, 497, 503, 512, 515, 529, 530, 531, 534, 540, 543, 549, 552, 557, 561, 562, 569, 570, 571, 572, 573
Melzi, familia, 506, 507, 508
Melzi, Girolamo, 506, 507, 510
Melzi, Lancillotto, 506
Memling, Hans, 83, 86, 172
Mendes da Silva, Amadeo, apodado «el Beato Amadio», 151, 417
Menica di Barna di Nanni, 18
Meo del Fontana, 396
Merula, Giorgio, apodado «el Alessandrino», 186, 276, 310
Mezabarba, Gian Domenico, 273
Mezabarba, Giovan Francesco, 273

Michele di Francesco di Cione, fraile, hermano de Verrocchio, 60
Michele di Giorgio del maestro Cristofano, 56
Michelozzi, Niccolò, 516, 540
Migliorotti, Atalante de Manetto, apodado «de la viola», 139, 141, 151, 156, 178, 438, 454, 513
Migliorotti, Manetto, 141
Migliorotti, Simone di Matteo, 141, 438
Miguel da Silva, 514
Minuziano, Alessandro, 194n
Mirón de Elèuther, 245
Moncetti, Giovanni Benedetto, 482
«Monciatto», Francesco di Domenico, apodado, 55, 284, 374
Mona Lisa, *ver* Gherardini, Elisabetta
Montagnana, Bartolomeo, 417
Montefeltro, Federico da, duque de Urbino, 113, 114, 215, 354, 356
Montefeltro, Guidubaldo da, duque de Urbino, 353
Monti, Pietro, 290
Montorfano, Donato de, 271
Morano, Francesco del, 536
Morigi, Francesco, 444n, 563n
Morin, Pierre, 551
Moro, Piero, 325
Morone, Bernardino, 482
Mortaro, cardenal de, 274

N

Nanni di Venzo, 18, 19
Nasi, familia, 284
Nati, Donato di Filippo di Salvestro, apodado «del Tinta», 36, 39, 69, 78
Nava, Gabriele de, 459
Nelli, Nicolò, 440
Nesi, Giovanni di Francesco, 379
Nettucci (o Vespucci), Agostino di Matteo, 310, 315, 385, 386, 390, 391, 393, 394, 461, 464, 478
Nexemperger da Graz, Giovanni, 167
Niccolò da Correggio, 245, 246
Niccolosa di Barna di Nanni, 18
Nicolini, Luigi di Bernardo di Lapo, 85
Niesenberger, Giovanni di Hans, 167
Niesenberger, Hans, *véase* Giovanni Nexemperger de Graz
Nucci, Francesco, 429
Nunziato, 428
Nuti, Bartolomeo di Antonio, 25

O

Oggiono, Marco d', 220, 230, 444, 448, 497
Orsini, Clarice, 102, 126
Orsini, Giovanni Paolo, 391, 393
Orso di Benedetto, 16

Ovidio, 70, 133, 134, 200, 237, 268, 329, 416

P
Pablo, santo, 289
Pablo da Como, 365
Pachel, Leonardo, 245n
Pacini, Antonio, 375n
Pacioli, Luca, fraile, 267, 268, 269, 294, 295, 297, 315, 319, 326, 327, 330, 333, 348, 360, 373, 375, 378, 423, 425, 513
Paganelli, Gherardo, 284
Paganelli, Rodolfo (o Paganegli, Ridolfo), 178
Paganini, Paganino de', 295n
Pagnanis, Giovanni de, 459
Pagneca, Piero di Bartolomeo, sacerdote, 18, 29, 44, 45
Palazzi (o da Palazzo), Lazzaro, 177, 192
Pallavicini, Antonio Maria, 503, 548, 550
Pallavicini, Ottaviano, 482, 484, 548
Pallavicini, Pallavicino, marqués de Busseto, 548
«Palma il Vecchio», Iacopo Negretti conocido como, 328
Palmieri, Mateo, 416
Pandolfi, Girolamo, *ver* «Casio», Girolamo Pandolfi conocido como
Pandolfini, Francesco di Pierfilippo, 364, 365, 374, 411, 453

Paolino Milanese, 417
Paolo, cantero, apodado «Assiolo», 171
Paolo di Leonardo da Vinci, fámulo, 112
Papi, Francesco, 310
Parenti, Piero, 487n
Parigi, Giovanni, 28, 51
Parrasio, Aulo Giano, 476
Pasquetti, Giovanni, 24
Pazzi, Antonio di Guglielmo de', 439
Pazzi, Cosimo di Guglielmo de', obispo de Arezzo, 352, 353, 375
Pazzi, Costanza di Piero de', 462
Pazzi, familia de', 100, 105, 106, 121, 374
Pazzi, Francesco de', 106
Pazzi, Guglielmo de', 353, 375
Pazzi, Iacopo de', 106
Pazzi, Piero de', 106
Pazzi, Renato di Piero de', 106
Pecchi, Pietro, 228n
Peckham, Giovanni, 173, 174 197, 282, 378
Pedretti, Carlo, 11
Pedro, santo, 289, 391, 392, 409
Pelacani, Biagio, 173, 296
Pélerin, Jean, apodado «Viator» o «Giovanni Franzese», 174
Pérault, Raymond, cardenal, 276
Perotti, Nicolò, 259, 269, 297, 416, 418
Perréal, Jean, 313, 314, 443, 554

675

«Perugino», Pietro di Cristoforo Vannucci conocido como, 62, 134, 266, 313, 321, 402
Peruzzi, Baldassarre, 437, 520, 536
Peruzzi, familia, 122
Peruzzi, Giovanna, 35
Petrarca, Francesco, 70, 87, 108, 133, 180, 182, 209, 223, 246, 268, 416
Piatti, Giovanni Tommaso, 194
Piatti, Pietro, 177, 194
Piccinino, Niccolò, 391
Piccolomini, Inigo, duque de Amalfi, 558
Pico della Mirandola, Galeotto I, 224
Pierfrancesco da San Miniato, 144
Piero da Gagliano, 33n
Piero della Francesca (Piero del Borgo), 294, 295, 354, 356, 357n, 376, 388
Piero di Carlo di Viva, 56
Piero di Cosimo, 375, 402
Piero di Giovanni, peón, 429
Piero di Michele, 82
Pierozzi, Antonino, obispo, 28
Pietro da Gorgonzola, 167
Pietro da Novellara, fraile, 342, 343, 344, 346, 347
Pinzino, maestro, 282
Piola, Prevostino, 509
Pioavano Arlotto, 183
Pippa di Previcone, 19
Pirovano, Gabriele, 295
Pitágoras, 379, 511

Platina, Bartolomeo Sacchi, apodado el, 268
Platón, 85, 501, 511, 521, 552
Platone Tiburtino (o da Tivoli), 348
Plinio el Viejo, 133, 180, 181, 206, 260, 268, 286, 293, 430, 456, 472, 500, 530
Pocantino, 365
Poliziano, Angelo Ambrogini conocido como, 92, 93, 114, 141, 156, 223, 224, 280, 310, 378, 385, 450, 454, 455
Pollaiolo, *véase* Benci, Antonio
Pollaiolo, Piero del, 52, 60, 100
Pontelli, Baccio, 522
Pontormo, Iacopo da, 546
Ponzone, Domenico, 295
Porris, Iacopo de, 166
Portinari, Benedetto, 172
Portinari, familia, 144
Portinari, Giovanni, 284
Portinari, Tommaso, 172
Praxíteles, 245, 281
Prisciano, 416
Prospectivo Melanese, 281, 282
Ptolomeo, 207, 246, 303, 377, 417, 472, 494, 495
Pucci, Antonio, 133, 179
Pulci, Bernardo, 416
Pulci, Luca, 133, 178, 179, 268, 415
Pulci, Luigi, 34, 52, 133, 143, 178, 179, 180, 181, 218, 220, 261, 268, 462
Pulisena, 258

Pusterla, Beldassarre, 310
Puteolano, Francesco, 205, 206

R
Rafael Sanzio, hijo de Giovanni Santi, 389, 403, 437, 497, 518, 520, 523, 524, 538, 541, 542, 543, 545
Raffaello d'Antonio di Biagio, 429
Ramusio, Paolo, 160
Redditi, Ginevra d'Antonio, 36
Renieri, no identificado, 375
Riario, Raffaele, cardenal, 502
Ridolfi, familia, 18, 29, 31
Ridolfi, Tommaso, 284
Rinuccini, Filippo di Neri, 439
Ripa, Battista de, 447
Rizzoli, Giovanni Pietro, apodado «Giampietrino», 291, 497, 549
Robertet, Florimond, 346, 347, 350, 445, 453, 460, 504
Rocchi, Cristoforo, 175
Romano, Gian Cristoforo, *véase* Ganti, Gian Cristoforo.
Romualdo da Candeli, 44
Rosselli, Cosimo, 402
Rosselli, Francesco, 340, 356
Rossellino, Bernardo, 401
Rossi (o del Rosso), Bartolomeo di Giovanni, 384
Rossi, Bernardino de, 222
Rosso, artesano, 365, 375
Rovedini, Evangelista, 306
Ruberti, Antonio di Giovanni, 108

Rucellai, Bernardo di Giovanni, 143, 144, 238, 340, 425, 462
Rucellai, familia, 143, 320
Rucellai, Giovanni, padre de Bernardo, 143
Rucellai, Giovanni di Bernardo, 514
Ruffo, Giordano, 88
Rusio, Lorenzo, 438
Rustici, Giovan Francesco, 334, 375, 403, 426, 463, 464, 488, 502, 521
Rustico, Bartolomeo di Marco del, chamarilero, 35

S
Saboya, Filiberta de, 536
Saboya, Luisa de, 548, 551
Saboya, Yolanda de, 239
Sacchetti, Franco, 55, 70, 183
Sacchi, Cesare, 248
Sacchi, Francesco de, 459
Sacchi, Vespasiano de, 459
Salaì, *véase* Caprotti, Giangiacomo
Saltarelli, Giovanni, 96
Saltarelli, Iacopo, 96, 97, 98
Salutati, Giovanni Andrea, 55
Salvadore, colchonero, 464
Salvestro di Giovanni, 120
Salvestro di Stefano, 108
Salvetti, Lorenzo di Antonio di Iacopo, 78
Salvetti, Tommaso di Iacopo, 37, 48, 78, 95
Salviati, Francesco, arzobispo de Pisa, 106

Sangallo, Antonio da, 284, 402, 546
Sangallo, Giuliano da, 236, 334, 335, 456, 513, 565
Sannazaro, Guglielmo di Rolando di, 143n, 243
Sannazaro, Paolo, 447, 448
Sanseverino, Antonio Maria, 223
Sanseverino, Eleonora, 203
Sanseverino, familia, 223
Sanseverino, Fracasso, 223
Sanseverino, Galeazzo di Roberto, 193, 219, 223, 224, 225, 290, 295, 306, 309
Sanseverino, Gianfrancesco, conde de Caiazzo, 279, 309
Sanseverino, Roberto, 160, 179
Sansone, Francisco, fraile, 146, 151, 273, 289, 334, 426
Sansovino, Andrea, 375, 391, 402, 536, 546
Sanudo, Marin, 564n
Sapin, Jean, 557, 561, 562, 571
Sassetti, Galeazzo di Francesco, 384
Savasorda, 348, 378
Savonarola, Girolamo, 284, 291, 332, 351, 377, 379, 390
Scalza, Bartolomeo di Giovanni dello, 429
Scarampo, Lodovico, 391
Scarlione, Bartolomeo, 147, 150
Scotti, Caterina, 514
Seneca, Lucius Anneus, 200
Serafino Aquilano, 141

Sforza, Alessandro, 224
Sforza, Anna, 222
Sforza, Ascanio, cardenal, 169, 283
Sforza, Bianca Giovanna di Ludovico Maria, 193
Sforza, Bianca María de Galeazzo Maria, 186, 244, 246
Sforza, Bona, 519
Sforza, Caterina Maria, 360
Sforza, Cesare, hijo de Cecilia Gallerani y Ludovico el Moro, 189, 298, 507
Sforza, Ercole Massimiliano, duque de Milán, 507, 508, 538, 545, 571
Sforza, familia, 150, 186, 205, 238, 291, 308, 510
Sforza, Francisco I, duque de Milán, 159, 163, 191, 194, 201, 222, 224, 245, 283, 285, 393
Sforza, Francisco II, duque de Milán, 286
Sforza, Galeazzo Maria, duque de Milán, 92, 201, 222
Sforza, Gian Galeazzo Maria, duque de Milán, 139, 185, 190, 245, 254, 262, 289
Sforza, Giovanni Paolo, hijo de Lucrezia Crivelli y Ludovico el Moro, 288
Sforza, Ippolita Maria, 185, 191
Sforza, Ludovico Maria apodado «el Moro», duque de Milán, 139, 149, 160, 187, 189,

194, 201, 222, 236, 244, 245, 253, 254, 258, 261, 262, 270, 277, 288, 294, 298, 307, 488, 490, 507, 508, 565
Signorelli, Luca, 134
Silber, Eucario, 282
Silvestro di Dino, 314
Simintendi, Arrigo de', 133
Simone del Caprino, 334
Simone di Antonio da Pistoia, marido de Violante di Antonio da Vinci, 25, 26, 27, 30
Simone di Antonio di Piero, 119
Simone di Michele di Francesco di Cione, hermano de Verrocchio, monje, 91
Simonetta, Bartolomeo, 248
Simonetta, Giovanni, 205, 206, 222
Sirigatti, Francesco, 374, 417
Sirtori, Simone de', 167, 168
Sixto IV, papa, 113, 151, 282
Soderini, Francesco, obispo, 355, 404, 514
Soderini, Pier, gonfalonero, 295n, 332, 376, 380, 390, 391, 440, 451, 452, 453, 461
Sodo, Giovanni del, 375
Solari, Andrea, 490
Solari, Cristoforo, apodado «el Gobbo», 270, 445, 489
Solari, Giovanni, 167
Solari, Guiniforte di Giovanni, 167

Sovico, Simone, 514n
Spavento, Zorzi, maestro, 325
Spinelli, Niccolò di Forzore, 382
Squarzafico, Girolamo, 243, 244
Stampa, Barbara di Filippo, 508
Stampa, Filippo, 508
Stanga, Marchesino, 191, 224, 238, 277
Stefano di Giuliano, fraile, 337
Stornaloco, Gabriele, 167
Stramido, Gaspare, 311
Stramido, Giacomo, 192
Strozzi, Filippo, 537, 540
Strozzi, Magdalena, 388
Suardi, Bartolomeo, conocido como «Bramantino», 244n, 282, 444, 480, 491
Suico, Gabriele de, 306
Sulpizio da Veroli, 215

T

«Taccola», Mariano di Iacopo, apodado el, 71, 362
Taccone, Baldassarre, 244, 245n, 279
Taddeo di Nicolò del Turco, 290
Tanaglino, maestro, 365, 374
Tanzi, Francesco, apodado «Cornigero», 243, 246, 248, 280
Taverna, Giovanni, 174
Tebaldeo, Antonio, 288
Tedaldi, Lattanzio, 365, 375
Tedesco, Andrea, 52n
Tedesco, Arrigo di Giovanni, 18, 29

Tedesco, Iacopo, alumno de Leonardo, 413
Telli, Taddeo di Domenico di Simone, 32
Teodorico, rey de los Ostrogodos, 214, 530, 531
Terzago, Aloisio, 154
Tocci da Vinci, Nanna di Michele, 44
Tomás de Aquino, 173
Tommaso da Mapello, 534
Torella, Ausias, 525
Torella, Gaspare, 525
Tormoli, Ambrosino de', fraile, 168
Tornabuoni, familia, 97
Tornabuoni, Leonardo, apodado «el Teri», 97
Tornabuoni, Lucrezia, 97
Toscanelli, Paolo dal Pozzo, 95, 102, 374, 395
Tosinghi, Pierfrancesco, 380
Tovaglia, Angelo del, 336, 405, 406
Tovaglia, Bartolomeo del, 284
Tremouille, Louis de la, 566
Tripalle, Ranieri di Iacopo, 176
Trivulzio, Gian Giacomo, 308, 310, 330, 444, 490, 491
Trivulzio, Gianfrancesco, 445
Trivulzio, Teodoro, 550
Troso da Monza, 222
Trotti, Iacopo, 201
Trovamala, Elisabetta, 306
«Tudesco», Enrico apodado el, aprendiz de Leonardo, 264
«Tudesco», Giorgio apodado el, maestro, 534, 547
«Tudesco», Giulio apodado el, discípulo de Leonardo, 249
Turpin, Antoine, 444
Turrini, Baldassarre, 541
Turrioni, Anastasio, 555n

U
Ubriachi (o Embriachi u Obriachi), Baldassare degli, 39
Ugolini, Baccio, 141

V
Valentino, *véase* Borgia, César
Valerio, maestro, 339, 386
Valla, Giorgio, 327, 417, 424, 425
Valla, Giovanni Pietro, 443
Valois-Angoulême, Francisco de (Francisco I, rey de Francia), 537, 346, 539, 545, 546, 551, 553, 555, 562, 665
Valois-Orléans, Luis de (Luis XII, rey de Francia), 300, 310, 313, 314, 337, 344, 346, 355, 359, 443, 446, 453, 456, 458, 460, 474, 475, 486, 488, 520, 537, 539, 549, 554, 565
Valturio, Roberto, 160, 161, 181, 268, 357
Vanni di Niccolò di ser Vanni, 28, 34, 48, 118
Vante di Francesco da Castello Fiorentino, 108

Vaprio, Agostino, 219, 222
Varchi, Benedetto, 528
Varese da Rosate, Ambrogio, 291, 295
Vasari, Giorgio, 9, 56, 60, 67, 71, 72, 84, 90, 91, 94, 111, 121, 126, 140, 141, 220, 233, 273, 283, 345, 365, 369, 378, 388, 389, 403, 440, 443, 464, 476, 517, 523, 541
Verino, Ugolino, 366
Verrocchio, Andrea del (Andrea di Francesco di Cione), 52, 61, 63, 66, 67, 68, 69, 70, 71, 72, 79, 82, 83, 85, 86, 90, 91, 92, 93, 96, 97, 104, 111, 114, 127, 134, 153, 159, 166, 194, 259, 282, 326, 340, 412, 425, 426
Verrocchio, Francesco di Luca, 60
Vespasiano da Bisticci, 52, 356
Vespucci, Agostino, *véase* Nettucci, Agostino.
Vespucci, Amerigo, 377
Vespucci, Giorgio Antonio, 377
Vespucci, Simonetta, 93
Vettori, Francesco, 512, 562
Vettori, Paolo, 547
Vilanis, Batista de, mayordomo, 550, 568, 573
Villedieu, Alessandro di, 269
Vincenzo di Francesco, maestro, 395
Vinci, Antonia di Piero da, hermana de Leonardo, 50
Vinci, Antonio da, hermano de Leonardo, 99, 338, 411

Vinci, Antonio da, abuelo de Leonardo, 17, 25, 27, 28, 44, 45, 46, 48, 49, 50, 54, 57, 75, 108, 156, 250, 374, 412, 413
Vinci, Bartolomeo da, hermano de Leonardo, 248, 250, 338, 411
Vinci, Benedetto da, hermano de Leonardo, 338, 411
Vinci, Domenico da, hermano de Leonardo, 338, 411, 438, 439
Vinci, familia da, 17, 19, 21, 474
Vinci, Francesco Guido da, tío de Leonardo, 24, 27
Vinci, Frosino da, primo de Antonio, 22
Vinci, Giovanni da, hermano de Leonardo, 338, 411
Vinci, Giovanni da, tío de Antonio, 19
Vinci, Giuliano da, hermano de Leonardo, 118, 338, 411, 461, 512, 540, 541
Vinci, Giuliano da, tío de Leonardo, 19, 24
Vinci, Guglielmo da, hermano de Leonardo, 338, 411
Vinci, Guglielmo da, sobrino de Guglielmo, fraile, 17
Vinci, Guglielmo Francesco da, hermano de Leonardo, 411
Vinci, Guido da, abuelo de Antonio, 21
Vinci, Lorenzo da, hermano de Leonardo, 118, 337, 411

Vinci, Maddalena da, hermana de Leonardo, 118, 411
Vinci, Margherita da, hermana de Leonardo, 338, 411
Vinci, Pandolfo da, hermano de Leonardo, 338, 411
Vinci, Pierfilippo di Piero da, hermano de Leonardo, 39
Vinci, Piero da, padre de Antonio, 17, 19, 20, 21, 43
Vinci, Piero Frosino da, hijo de Antonio y padre de Leonardo, 15, 19, 21, 22, 23, 24, 25, 31 32, 33, 34, 36, 37, 39, 43, 45, 48, 49, 51, 52, 53, 54, 55, 56, 57, 58, 59, 60, 61, 69, 71, 72, 73, 78, 79, 85, 91, 95, 97, 98, 99, 100, 102, 105, 106, 107, 108, 109, 118, 119, 120, 129, 135, 250, 251, 273, 284, 307, 315, 337, 338, 339, 344, 372, 374, 375, 384, 386, 387, 397, 409, 410, 411, 412, 413, 421, 438, 474, 515, 540
Vinci, Violante da, hermana de Leonardo, 338, 411
Vinci, Violante Elena da, tía de Leonardo, 24
Virgilio, 52, 161
Visconti, Galeazzo, 311, 562n, 564n, 571n, 573n
Visconti, Gaspare Ambrogio, 172, 225, 238, 246, 253, 298, 311, 416, 520
Visconti, Giovanni Stefano, 187
Vitelli, Camilo, 354
Vitelli, Paolo, 352
Vitelli, Vitellozzo, 351, 352, 366, 376
Vitruvio, 170, 215, 216, 218, 246, 330, 357, 363, 456, 482, 483, 520, 525, 530, 543

W

Weyden, Rogier van der, 83
Wiligelmo, 285
Witelo, llamado Vitellione o Vitolone, 174, 197, 314, 357, 378

Y

Yáñez de la Almedina, Fernando, apodado «Ferrando Spagnolo», 253, 429, 440

Z

Zaccaria di Lorenzo, fraile, 337, 339, 366, 372, 386
Zancani, Andrea, 324
Zaroto, Antonio, 205n, 245n
Zati, Simone, 284
Zavattari, Francesco, 146, 148
Zenale, Bernardino, 220, 222, 273, 282, 508
Zeno, Antonio, 417
Zoroastro, *véase* Masini da Peretola, Tommaso
Zosi da Bacchereto, Lucia di ser Piero, mujer de Antonio da Vinci, 23, 48, 49, 50, 56, 58, 250, 344, 412
Zuan Ludovico da Imola, 325

Índice

Introducción 7

I. EL CHICO DE VINCI

1. Tres horas después del ocaso 13
2. «Recivió como nomme Lionardo» 18
3. Notarios y, asimismo, mercaderes 21
4. La mujer del Buscarruidos 27
5. El misterio de Caterina 32
6. El vuelo del milano 42
7. La sombra de Piero 48
8. El ábaco y las letras 54
9. En el taller de Andrea 59
10. El aprendiz 63
11. La Medusa 69
12. Santa Maria della Neve 75
13. La Montaña Sagrada 78
    La Anunciación 79
14. Primeras vírgenes 82
    La *Virgen del Clavel* 83
15. Ginebra 85
    Ginevra de Benci 86
16. Un ángel para Verrocchio 90
    Bautismo de Cristo 91
17. Paraíso e infierno 94
18. Aquestos miserables días nuestros 100
19. Huida y regreso 105
    Madona Benois 110
20. A los pies del ahorcado 113

21. La Adoración	118
La Adoración de los Magos	122
22. El santo y el león	126
San Jerónimo	127
23. La caverna	130

II. EL HOMBRE UNIVERSAL

1. Una lira de plata	139
2. La Madre sin tacha	146
La *Virgen de las rocas*	151
3. Una partitura, una carta	154
Retrato de un músico	155
4. Ingeniero arquitecto	160
5. El cimborrio de la catedral	166
6. Maestros y amigos	171
7. Gigantes y hormigas	177
8. Un blanco armiño	185
La dama del armiño	188
9. El gran Caballo	190
10. El cuerpo del hombre y el cuerpo de la tierra	196
11. La Fiesta del Paraíso	201
12. El Parangón	205
13. El hombre como medida del mundo	213
14. El diablillo	217
15. «Omne salvático»	222
16. María entre rosas, azucenas y violetas	227
La segunda *Virgen de las rocas*	229
17. Taller en Corte Vecchia	232
18. Maestra naturaleza	237
19. «Isla Beata»	243
20. Un anillo para Caterina	249
21. Gramáticas y bestiarios	258
22. El fin de la ilusión	262
23. Una lista de libros	267
24. El Cenáculo	270
La *Última Cena*	274

25. Entre Dánae y Venus	279
26. Profecías	288
Retrato de dama o *Belle Ferronière*	288
27. Fray Luca Pacioli	294
28. Sueño de Oriente	300
29. Un viñedo en la ciudad	305
30. El ducado en llamas	309

III. EL ERRANTE

1. Isabel	319
2. Entre Venecia y el Isonzo	324
3. De regreso a Florencia	332
4. Un Niño con dos Madres	340
Santa Ana: el primer cartón perdido	344
5. Devanar husos	346
La *Virgen de la rueca*	347
6. El nuevo César	351
7. ¿Dónde está Valentino?	362
8. Libros y estudios florentinos	372
9. En el campo de Pisa	380
10. La cabeza de Lisa	385
La *Mona Lisa*: el rostro	387
11. La Batalla	390
Batalla de Anghiari	392
12. El duelo con Miguel Ángel	400
13. Entre Isabel y Salaì	405
14. Murió ser Piero da Vinci	409
15. «En caja en el munasterio»	414
16. Sombras verdes	419
17. Un infausto presagio	428
18. El sueño de volar, el cisne y Leda	433
Leda	436
19. La llamada de Milán	442
20. Al servicio de D'Amboise	449
21. Casa Martelli	461

22. Buen día, meser Francesco	474
Santa Ana: el cartón de Burlington House	478
Salvator Mundi	480
23. Un nuevo taller lombardo	482
24. La cosmografía del pequeño mundo	492
25. Las obras y los días	497
La *Santa Ana*	499
Ángel encarnado	501
San Juan Bautista	502
26. Fulgores de incendios	504
27. Los signos del tiempo	510
28. Ocaso romano	518
29. El Magnífico Juliano	528
30. Apocalipsis en Roma	539
31. El rey niño	548
32. La visita del cardenal	556
La *Mona Lisa*: el paisaje	560
33. Etcétera	564
34. Último acto	569

APÉNDICES

Notas a los capítulos	577
Fuentes y bibliografía	615
Cronología de las obras de Leonardo	643
Árbol genealógico de la familia Da Vinci	650
Agradecimientos	653
Índice de obras	655
Índice de nombres de personas	657

Este libro se terminó
de imprimir en
Móstoles, Madrid,
en el mes de
febrero de 2025